湖北省学术著作出版专项资金资助项目

中国科举文化通志　主编　陈文新

《游艺塾文规》正续编

【明】袁黄　撰

黄强　徐姗姗　校订

武汉大学出版社
WUHAN UNIVERSITY PRESS

图书在版编目(CIP)数据

《游艺塾文规》正续编/(明)袁黄撰;黄强,徐姗姗校订 .—武汉: 武汉大学出版社,2015.11

中国科举文化通志/陈文新主编

ISBN 978-7-307-17084-1

Ⅰ.游… Ⅱ.①袁… ②黄… ③徐… Ⅲ.科举考试—史料—中国—明代 Ⅳ.D691.46

中国版本图书馆 CIP 数据核字(2015)第 257241 号

责任编辑:朱凌云　　责任校对:刘　欣　　版式设计:马　佳

出版发行: **武汉大学出版社** (430072 武昌 珞珈山)

(电子邮件: cbs22@ whu.edu.cn 网址: www.wdp. com.cn)

印刷: 武汉中远印务有限公司

开本: 787×1092 1/16 印张:33.75 字数:733 千字 插页:4

版次:2015 年 11 月第 1 版 2015 年 11 月第 1 次印刷

ISBN 978-7-307-17084-1 定价:225. 00 元

作为一项从整体上影响国民生活的官员选拔制度，科举制度对于维护我们这个幅员辽阔的多民族国家的统一稳定，其作用是无论怎样估计也不会过高的。胡适这位新文化运动的领袖，虽然一再愤愤不平地说到中国文化的种种不是，但在《考试与教育》一文中，他也毫不含糊地指出：在古代那种交通极为不便的情形下，中央可以不用武力来维持国家的统一是由于考试制度的公开和公平。胡适所说的公平，包括三种含义：一是公开考选，标准客观。二是顾及各地的文化水准，录取的人员，并不偏于一方或一省，而是遍及全国。三是实行回避制度，“就是本省的人不能任本省的官吏，而必须派往其他省份服务。有时候江南的人，派到西北去，有时候西北的人派到东南来。这种公道的办法，大家没有理由可以反对抵制。所以政府不用靠兵力和其他工具来统治地方，这是考试制度影响的结果”①。这些话出于胡适之口，足以说明，即使是文化激进主义者，只要具有清明的理性，也不难看出科举制度的合理性。

作为一项从整体上影响国民生活的官员选拔制度，科举制度不仅具有历史研究的价值，而且有助于我们思考当今人事制度的改革问题。2005年，任继愈曾在《古代中国科举考试制度值得借鉴》一文中提出设立“国家博士”学位的设想。其立论前提是：我国目前由各高校授予的博士学位缺少权威性和公正性。之所以不够权威和公正，不外下述几个原因。其一，“各校有自己的土标准，执行起来宽严标准不一，取得学位后，它的头衔在社会上流通价值都是同等的”，这当然不公平。其二，研究生入学后，第一年大部分时间用在外语上，第二年大部分时间忙于在规定的某种等级的刊物上发论文，第三年忙于找工作，这样的情形，怎么可能培养出货真价实的博士？其三，几乎所有名牌大学都招收“在职博士生”，有的博士研究生派秘书代他上课，甚至不上课而拿文凭，这样的博士能说是名副其实的吗？只有设立“国家博士”学位，采用统一标准选拔人才，这样的“博士学位”才具有权威性和公正性。而国家在高级人才的选拔方面统一把关，不仅可以避免“跑”博士点和博士生扩招带来的许多弊病，有助于社会风气的改善，而且，由于只管考而不必太多地管教，还可以节省大量开支。就这一点而言，中国古代的科举制度的确是值得参考借鉴的。任继愈的这篇文章现已收入《皓首学术随笔·任继愈卷》（中华书局2006年版），有心的读者不妨一阅。

与任继愈的呼吁相得益彰，早在1951年，钱穆就发表了《中国历史上的考试制度》一文。针对民国年间（1911—1949）人事管理腐败混乱的状况，他痛心疾首地指出：科举制“因有种种缺点，种种流弊，自该随时变通，但清末人却一意想变法，把此制度也连根拔去。民国以来，政府用人，便全无标准，人事奔竞，派系倾轧，结党营私，偏枯偏荣，种种病象，指不胜屈。不可不说我们把历史看轻了，认为以前一切要不得，才聚九州铁铸成大错”②。钱穆的意思是明确的：参考借鉴科举制度，有助于人事管理的规范化和公正性。1955年，他在《中国历代政治得失》一书中进一步指出：“无

① 胡适：《胡适文集》第12册，北京大学出版社1998年版，第506页。

② 钱穆：《国史新论》，东大图书公司1984年版，第114~115页。

《中国科举文化通志》总序

陈文新

（一）

科举是中国古代最为健全的文官制度。它渊源于汉，始创于隋，确立于唐，完备于宋，兴盛于明、清两代。如果从隋大业元年（605）的进士科算起，到清光绪三十一年（1905）被废除，科举制度在中国有整整1300年的历史。科举制度还曾“出口”越南、朝鲜等国，扩大了汉文化的影响。始于19世纪的西方文官考试制度，其创立也与中国科举的启发相关。孙中山在《五权宪法》等演讲中反复强调：中国的科举制度是世界各国中所用以拔取真才之最古最好的制度。胡适也说：“中国文官制度影响之大，及其价值之被人看重”，“是我们中国对世界文化贡献的一件可以自夸的事”。①

科举制度具有如此强大的生命力，其原因在于，它在保证“程序的公正”方面具有空前的优越性。官员选拔的理想境界是“实质的公正”，即将所有优秀的人才选拔到最合适的岗位上。但这个境界人类至今未达到过。不得已而求其次，“程序的公正”就成为优先选择。“中国古代独特的社会结构是家族宗法制，家长统治、任人唯亲、帮派活动、裙带关系皆为家族宗法制的派生物，在重人情与关系的社会文化背景下，若没有可以操作的客观标准，任何立意美妙的选举制度都会被异化为植党营私、任人唯亲的工具，汉代的察举推荐和魏晋南北朝的九品官人法走向求才的死胡同便是明证。”“古往今来科举考试一再起死回生的历史说明：自古以来，中国就是一个人情社会，人情与关系在社会生活中起着重要的作用，为了防止人情的泛滥，使社会不至于陷入无序的状态，中国人发明了考试，以考试作为维护社会公平和社会秩序的调节阀。悠久的科举历史与普遍的考试现实一再雄辩地证明，考试选才具有恒久的价值。”② 从这一角度看，科举制度不但在诞生之初有着巨大的进步意义，而且在整个中国历史和世界历史上，都是一个了不起的创造。较之前代的选官制度，如汉代的察举、征辟制和魏文帝时开始推行的九品中正制等，科举制度都更加公正合理。

---

① 胡适：《考试与教育》，《胡适文集》第12册，北京大学出版社1998年版，第508页。

② 刘海峰：《科举学导论》，华中师范大学出版社2005年版，第113、136页。

《中国科举文化通志》编纂委员会

论如何，考试制度，是中国政治制度中一项比较重要的制度，又且由唐迄清绵历了一千年以上的长时期。中间递有改革，递有演变，在历史进程中逐渐发展，这绝不是偶然的。直到晚清，西方人还知采用此制度来弥缝他们政党选举之偏陷，而我们却对以往考试制度在历史上有过上千年以上根柢的，一口气吐弃了，不再重视，抑且不再留丝毫顾惜之余地。那真是一件可诧怪的事。”① 现代中国的人事管理理应借鉴源远流长的科举制度，这是毫无疑问的。至于如何借鉴，则是我们需要认真思考的问题。

（二）

作为一项从整体上影响国民生活的官员选拔制度，科举制度以其“程序的公正”为国家选拔了大量行政官员，在提高全民族的文化水准和维护我们这个多民族国家的统一稳定方面，发挥了直接而巨大的作用，这是其显而易见的功能；它还有其他不那么显著却同样值得重视的功能，即意识形态功能和人文教育功能：科举制度以其对社会的整体影响力将儒家经典维持世道人心的作用发挥到极致。我们试就此略作讨论。

明清时代有一项重要规定：科举以《四书》《五经》为基本考试内容。这一规定是耐人寻味的。《论语》《孟子》等儒家经典是秦汉以来中国传统社会维系人心、培育道德感的主要读物。我们经常表彰“中国的脊梁”，一个毋庸置疑的事实是，秦汉以降，“中国的脊梁”大多是在儒家经典的教育下成长起来的。以文天祥为例，这位南宋末年的民族英雄，曾在《过零丁洋》诗中说：“人生自古谁无死？留取丹心照汗青。”“丹心”，就是蕴蓄着崇高的道德感的心灵。他还有一首《正气歌》，开头一段是：“天地有正气，杂然赋流形。下则为河岳，上则为日星。于人曰浩然，沛乎塞苍冥。皇路当清夷，含和吐明庭。时穷节乃见，一一垂丹青。”身在治世，正气表现为安邦定国的情志；身在乱世，则表现为忠贞坚毅的气节。即文天祥所说：“当其贯日月，生死安足论。”1282年，他在元大都（今属北京）英勇就义，事前他在衣带中写下了这样的话：“孔曰‘成仁’，孟曰‘取义’。惟其义尽，所以仁至。读圣贤书，所学何事？而今而后，庶几无愧。”《四书》《五经》的教诲，确乎是他的立身之本。

文天祥是宝祐四年（1256）状元。这是一个值得关注的事实。它表明：进士阶层在实践儒家的人格理想方面，其自觉性远远高于社会的平均水平。宋代如此，明代如此，甚至连元代也是如此。清代史学家赵翼曾论及“元末殉难者多进士”这一现象：“元代不重儒术，延祐中始设科取士，顺帝时又停二科始复。其时所谓进士者，已属积轻之势矣，然末年仗节死义者，乃多在进士出身之人。”（赵翼《廿二史劄记》卷三十《元末殉难者多进士》）接下来，赵翼列举了余阙、泰不华、李齐、李黼、王士元、赵琏、周镗、聂炳元、刘耕孙、丑闾、彭庭坚、普颜不花、月鲁不花、迈里古思等死难进

---

① 钱穆：《中国历代政治得失》，三联书店2001年版，第89页。

士，最后归结说："诸人可谓不负科名者哉，而国家设科取士亦不徒矣。"① 在元末殉难的进士中，余阙（1303—1358）是最早战死的封疆大臣。他的朋友蒋良，一次和他谈起国难，余阙推心置腹地说："余荷国恩，以进士及第，历省居馆阁，每愧无报。今国家多难，授予兵戎重寄，岂余所堪。然古人有言：'为子死孝，为臣死忠。'万一不幸，吾知尽吾忠而已。"余阙殉难后，蒋良作《余忠宣公死节记》，开篇即强调说："有元设科取士，中外文武著功社稷之臣历历可纪。至正辛卯，兵起淮、颍，城邑尽废，江、汉之间能捍御大郡、全尽名节者，守豫帅余公廷心一人而已。"② 在余阙"擢高科"的履历与他忠勇殉节的人格境界之间，人们确认有其内在联系。无独有偶，《元史·泰不华传》在记叙元末另一著名的死节之臣泰不华（1305—1352）时，也着重指出：其人生信念的基本依据是他作为"书生"所受的儒家经典教育。在与方国珍决战前夕，泰不华曾对部从说过一番词气慷慨的话："吾以书生登显要，诚虑负所学。今守海隅，贼甫招徕，又复为变。君辈助我击之，其克则汝众功也，不克则我尽死以报国耳。""书生""所学"与捐躯"报国"之间关系如此密切，足见以《四书》《五经》作为基本考试教材的科举制度，它在维持世道人心方面的作用的确是巨大而深远的。

儒家经典维持世道人心的功能不仅泽及宋元，泽及明清，甚至泽及已经废除了科举制度的现代。其实这并不令人感到奇怪。原因在于，不少现代名流的少年时光是在科举时代度过的，他们系统地受过这种教育，耳濡目染，其人生观在早年即已确立并足以支配一生。儒家经典的生命力由此可见。科举制度的余泽亦由此可见。

这里我想特别提及五四新文化运动的领袖胡适，并有意多引他的言论。之所以关注他，是因为，世人眼中的胡适，只是一个文化激进主义者，以高倡"打倒孔家店"著称。人们很少注意到，胡适在表面上高呼"打倒孔家店"，但在内心里仍对孔子和儒家保留了足够的敬意，是儒家人生哲学的虔诚信奉者和实行者。唐德刚编译《胡适口述自传》，第二章有胡适的如下自白："有许多人认为我是反孔非儒的。在许多方面，我对那经过长期发展的儒教的批判是很严厉的。但是就全体来说，我在我的一切著述上，对孔子和早期的'仲尼之徒'如孟子，都是相当尊崇的。我对十二世纪'新儒学'（Neo-Confucianism）（'理学'）的开山宗师的朱熹，也是十分崇敬的。""在这场伟大的'新儒学'（理学）的运动里，对那（道德、知识；也就是《中庸》里面所说的'诚则明矣，明则诚矣'的）两股思潮，最好的表达，便是程颐所说的：'涵养须用敬，进学则在致知。'后世学者都认为'理学'的真谛，此一语足以道破。"同一章还有唐德刚的一段插话："'要提高你的道德标准，你一定要在"敬"字上下功夫；要学识上有长进，你一定要扩展你的知识到最大极限。'适之先生对这两句话最为服膺，他老人家不断向我传教的也是这两句。一次我替他照相，要他在录音机边作说话状，他说的便是这两句。所以胡适之先生骨子里实在是位理学家。他反对佛教、道教乃至基督教，都

---

① 赵翼著，王树民校证：《廿二史劄记校证》，中华书局 1984 年版，第 706 页。

② 杨讷等编：《元代农民战争史料汇编》中编第一分册，中华书局 1985 年版，第 268 页。

是从‘理学’这条道理上出发的。他开口闭口什么实验主义的，在笔者看来，都是些表面账。吾人如用胡先生自己的学术分期来说，则胡适之便是他自己所说的‘现代期’的最后一人。”① 胡适是在少年时代接受儒家经典教育的，在经历了废止科举、“打倒孔家店”等种种变故后，儒家的人生哲学仍能贯彻其生命的始终，由此不难想见，在中国传统社会尤其是科举时代，儒家经典对社会精神风貌的塑造可以发挥多么强大的功能。虽然生活中确有教育目标与实际状况两歧的情形，但正面的成效仍是不容忽视的。

“精神文明”是中国人常用的一个概念。“精神文明”是相对物质文明而言的，就个人而言，需要长期的修养，就民族而言，需要长期的培育。中国古人对这一点体会很深，所以常常强调“潜移默化”，经由耳濡目染的长期熏陶，价值内化，成为一种道德规范。如果这种道德规范大体近于人情，既“止乎礼义”而又“发乎性情”，它对社会的稳定，对人类精神境界的提升，都将发挥重要作用。这就是文化的功能。目前教育界所说的“深厚的人文知识素养，有助于塑造高尚的精神世界，提高健康的审美能力”，与这个意思是相通的。《四书》《五经》作为科举时代的基本读物，人文教育功能是其不容抹杀的价值，并因制度的保障而得到了充分的发挥。

美国学者罗兹曼认为：科举制在中国传统社会结构中居于中心的地位，是维系儒家意识形态和儒家价值体系正统地位的根本手段。科举制在1905年被废止，从而使这一年成为新旧中国的分水岭：它标志着一个时代的结束和另一个时代的开始，其划时代的重要性甚至超过辛亥革命；就其现实和象征性的意义而言，科举革废代表着中国已与过去一刀两断，这种转折大致相当于1861年沙俄废奴和1868年的日本明治维新后不久的废藩。② 罗兹曼的意见也许是对的。而我想要补充的问题是：在科举制废止之后，如何保证《四书》《五经》的人文教育功能继续得到发挥？

（三）

科举制度曾经有过辉煌的历史，科举制度对现代中国的发展更有足资借鉴的意义。整理与研究历代科举文献，其意义也需要从历史与现实两个角度加以说明：一方面是传承文化，传承文明，让这份丰厚的遗产充分发挥塑造民族精神的作用，另一方面是去粗取精，古为今用，让它在现实的中国社会重放异彩，成为人事制度改革的重要智力资源。这是我们编纂出版《中国科举文化通志》的初衷，也是我们不辞劳苦从事这一学术工作的动力。

《中国科举文化通志》重点包括下述内容：

1. 整理、研究反映科举制度沿革、影响及历代登科情形的文献。

---

① 胡适：《胡适文集》第1册，北京大学出版社1998年版，第418、433页。

② ［美］吉尔伯特·罗曼兹主编，国家社会科学基金“比较现代化”课题组译：《中国的现代化》中译本，江苏人民出版社1988年版，第335、635页。

从《新唐书》开始，历代正史多有《选举志》。历代《会要》、《实录》、《纪事本末》等史传、政书之中，相当一部分是关于科举制度沿革的资料。还有黄佐《翰林记》、陆深《科场条贯》、张朝瑞《明贡举考》、冯梦祯《历代贡举志》、董其昌《学科考略》、陶福履《常谈》等一批专书。历代《登科录》和杂录类书籍，也保存了大量关于科举的材料。唐代登科记多已散失亡佚，有清代徐松的《登科记考》可供参考。宋元登科记保存稍多，明清有关文献尤为繁富。

2. 整理、研究与历代考试文体相关的教材、试卷、程文及论著等。

八股文是最引人注目的考试文体。八股文集有选本、稿本之分。重要的选本，明代有艾南英编《明文定》、《明文待》，杨廷枢编《同文录》，马世奇编《澹宁居文集》，黎淳编《国朝试录》等；清朝有纪昀《房行书精华》，王步青编《八法集》；还有《百二十名家集》，选文3000篇，以明代为主；《钦定四书文》，明文4集，选文480余篇，清文1集，选文290余篇。稿本为个人文集。明清著名的八股大家，如明代的王鏊、钱福、唐顺之、归有光、艾南英，清代的刘子壮、熊伯龙、李光地、方苞、王步青、袁枚、翁方纲等人，均有稿本传世。相关著述数量也不少。清梁章钜《制义丛话》等，是研究八股文的重要论著。其他考试文体，如试策、试律等，也在我们关注的范围之内。这些科举文献，一般读者不易见到，或只能零零星星地见到一些，或虽然见到了也难以读懂，亟待系统地整理出版，以供研究和阅读。

《中国科举文化通志》包括以下数种：《历代制举史料汇编》、《历代律赋校注》、《唐代试律试策校注》、《八股文总论八种》、《七史选举志校注》、《四书大全校注》、《游戏八股文集成》、《明代科举与文学编年》、《明代状元史料汇编》、《钦定四书文校注》、《翰林掌故五种》、《贡举志五种》、《〈游艺塾文规〉正续编》、《钦定学政全书校注》、《梁章钜科举文献二种校注》、《〈清实录〉科举史料汇编》、《二十世纪科举研究论文选编》、《明代科举与文学编年》、《〈礼部韵略〉与宋代科举》、《元明科举与文学考论》、《游戏八股文研究》、《明代八股文选家考论》、《唐代科举与试赋》、《〈儒林外史〉的现代误读》、《科举废止前后的晚清社会与文学》等。我们这套《中国科举文化通志》，以涵盖面广和分量厚重为显著特征，可以从多方面满足阅读和研究之需。而在整理、研究方面投入的心力之多，更是有目共睹。我们的目的是为推进学术作出力所能及的贡献。

《中国科举文化通志》是一项规模宏大、任务艰巨、意义深远的大型出版文化工程。编纂任务主要由武汉大学专家承担，并根据需要从中国人民大学、南京大学、中国艺术研究院、厦门大学、华中师范大学、陕西师范大学、扬州大学、中南民族大学、中南财经政法大学等高校或科研院所聘请了若干学者。南京大学卞孝萱先生、中华书局傅璇琮先生、中国社会科学院邓绍基先生等在学术上给我们提供了若干指导；参与这一工程的各位专家不辞辛苦，努力工作，保证了编纂进度和质量；武汉大学出版社鼎力支持《中国科举文化通志》的出版；所有这些，我们将永远铭记在心。

2015年4月13日
于武汉大学

总 目 次

校订前言

——《游艺塾文规》正续编述略

黄　强

《游艺塾文规》（以下简称《文规》）和《游艺塾续文规》（以下简称《续文规》，与《文规》合称时称《文规》正续编）是明代嘉靖、万历间人袁黄编撰的两部举业用书，故《文规》又名《举业定衡》。袁黄，浙江嘉善人，明隆庆四年庚午科举人，万历十四年丙戌科进士，曾任河北宝坻知县，颇有善政，万历二十年擢升兵部职方司主事，在朝廷发兵助朝鲜抗击倭寇时参赞军机，后因与主事者不合而遭诬陷弹劾，罢职家居，闭户著书。天启改元追叙东征功，得赠尚宝司少卿。《文规》正续编成于其晚年罢职家居时，书的内容如《文规》前《小启》所云："将新科墨卷自破而承而小讲、大讲分类评订，如何而元，如何而魁，如何而中式，一览了然。"此二书本系袁黄为"杜门教子"而编撰，但袁氏是为当时人所熟知的八股文选家，此前编撰的《谈文录》、《举业彀率》、《心鹄》等书广为流布，此二书一旦编成，自不可能仅为家门独得之秘，在科举时代，其实用价值使之很快刊布海内，成为企盼中式的士人的必读教材。

同一部文献，刊布的当时与保存于后世的价值会有不同，而类似于《文规》正续编这样的科举文献，在不同的时空中的价值更是相去悬殊。在科举时代，无数士人看重它们的主要是应试的实用价值，当八股取士制度造成的后果已经成为历史陈迹的今天，当时间的潮水将明清两代众多的八股文选本、评本冲刷殆尽之后，物以稀为贵，偶然保存下来的少量选本、评本便成了研究科举史、文化史不可多得的重要文献。清代去今不远，八股文选本、评本尚多，而明代则不多见，至于像《文规》正续编这样，在中国古代文章学的宏阔视野中，全面系统、连续不断地剖析二十五年中的八科乡试墨卷、九科会试墨卷，囊括嘉靖、万历间三十六家论文精要（也涉及古文），带有八股文研究性质的明代大型评本，管窥所及，尚未见第二部，其研究价值是多方面的。

《游艺塾文规》正续编现存版本考述

清华大学图书馆藏《游艺塾文规》（清华本）共十卷六册，本书的标点即以之为底本。书高 268 毫米，宽 164 毫米，版框高 232 毫米，宽 258 毫米，《续修四库全书》据以影印。扉页竖排双行行书题书名云“新刻袁了凡先生游艺塾文规”，每行 6 字，上横排楷书 4 字云“举业定衡”，左竖排三行小字云：“了凡先生旧有《谈文录》、《举业彀率》及《心鹄》等书刊布海内，久为艺林所传诵，近杜门教子，复将新科墨卷自破而承而小讲、大讲分类评订，如何而元，如何而魁，如何而中式，一览了然。凡前所评过者，一字不载。买者须认叶仰山原板。”第一、第二行 30 字，第三行 29 字。后有《游艺塾文规引》，末署“赵田逸农袁黄坤仪甫书”。无目录，卷一首行顶格署“游艺塾文规卷之一”，以下各卷类推。各卷第二行至第五行下方由右向左依次署“赵田逸农了凡袁黄坤仪甫著，男袁天启若思，侄孙袁士鲲南之，侄孙袁祚熙载之甫同校，书林叶氏仰山绣梓”，独第三卷缺此题署。版式为半叶十行，著者的叙述和评论一般用大字，行 25 字，引用原文一般用小字，在原单行中分列两行，行 25 字。四周单边，白口，版心镌“举业定衡”四字，单黑鱼尾。书中有三处硃笔对原来误字的改动，不明何人所改。全书末叶下半叶有花叶图案，其中有双行题款云“万历壬寅孟冬月双峰堂余文台梓”，每行 7 字。据此可知此书刻成于万历三十年壬寅孟冬月，是叶仰山原板的覆刻本。此书始作于万历二十九年辛丑。虽说除首卷外，以后各卷只是袁黄将新科墨卷自破而承而小讲、大讲分类评订，耗时无多，但在两年不到的时间内编著而成，而且先后有叶仰山原板和余文台覆刻，不能不使人惊诧其时举业类用书的问世速度之快。时至今日，叶仰山原本已不复可见，此本除清华大学图书馆所藏一部外，国家图书馆以及安徽省博物馆各藏一部，国家图书馆的一部仅存前五卷，书中有两处文字缺漏，阅者以硃笔添加共 3 字。安徽省博物馆的一部缺扉页，但清华本有三处 4 字漫漶，可据此部校补。书中袁黄谓其子云：“今自辛丑溯至庚辰，录其佳者与汝一阅，恨简帙散失，遗漏颇多，然记此亦足以窥墨义之藩篱矣。”则《文规》所评乃万历八年庚辰至万历二十九年辛丑这二十二年间袁黄认为值得一提的乡会试墨卷。

国家图书馆藏《游艺塾续文规》（国图本）共十八卷十册，本书的标点即以之为底本。书高 251 毫米，宽 155 毫米，版框高 213 毫米，宽 248 毫米，《续修四库全书》据以影印。扉页不存，有《游艺塾续文规引》，文字大部分残缺，末句云：“故愚以为老师此言，乃今日取士之指南，百世语文之标准也。因述其言以为引。”署“赐进士出身前奉敕赞理蓟辽、保定、山东等处军务兼督朝鲜兵政加四品服兵部职方司主事袁黄撰”。有目录。卷一首行顶格署“游艺塾续文规卷之一”，以下各卷类推。各卷第二行至第五行下方由右向左依次署“赵田逸农袁黄坤仪甫辑，门人刘有执无竞甫阅，男袁天启若思甫订，嗣男叶绍袁仲韶、侄孙袁祚熙载之甫同校”。版式为半叶九行。著者的叙述和评论一般用大字，行 20 字，引用原文一般用小字，在原单行中分列两行，行 20 字。四周双边，黑口，版心上方镌“续文规”三字，单黑鱼尾。卷九缺第二十四叶，卷十二缺第二十三叶，却拉来卷九的第二十三叶充数，卷十三文末断断续续共缺 30 多字，第十八卷末残缺数叶。因扉页不存和末尾残缺，故不像《文规》那样可知确切的版本信息。此本安徽省图书馆藏有一部残本，扉页不存，目录仅存前三叶，缺卷九以后目录两叶，正文仅存前九卷，分为两册（估计因正文仅剩前九卷，故书贾去掉了卷九以后目录），但国图本卷九所缺第二十四叶和前九卷中有二十处共 29 字漫漶或缺漏，可据之补全。日本内阁文库（国立公文书馆）藏有一部全本。酒井忠夫的《袁了凡的生平及著作》一文（以下简称“《袁》文”）为此书所作的叙录云：“十八卷，十八册，明刊，内阁文库藏。”① 细核此本，版式为半叶九行，行 20 字，四周单边，白口，单黑鱼尾，版心上方镌“续癸甲文规”五字，各卷前题署与国图本相同，但除册数与国图本不同以外，分卷也有所不同，特别是题为“了凡袁先生论文”的卷三、卷四和卷五开头结尾的文字以及中间不少内容均不同于国图本和安图本，其他各卷中的分段亦小有不同，字数多寡略有差异，故知其与国图本并非同一版本。此本不仅扉页不存，也没有国图本所有的《游艺塾续文规引》和目录，但此本较为精善，缺漏错误之处很少，而国内版本则漫漶缺漏之处甚多，如此本在后，不可能将国内版本这些漫漶缺漏的文字复原，由此可证此本在前，上述国图本卷十以后各卷中的残缺部分皆可据以补足。鉴于内阁文库本卷三、卷四和卷五开头结尾的文字以及中间不少内容均不同于底本，我们在校订中特地将此三卷作为附录置于第十八卷之后，以便于研究者与底本对照。酒井忠夫已经意识到在《续文规》之前应该有《文规》，他在叙录中云：“在本书之前按理应该有辑录旧日‘文规’的书。”

《续文规》前九卷为三十六家论文，其中卷三、卷四、卷五均为“了凡袁先生论文”，第十卷开始才是对乡会试墨卷的评析，目录为“癸甲：破题”，第十一卷目录为“癸甲：承题”，第十二卷目录为“癸甲：小讲”。“癸甲”所指为何？内阁文库本为何称“续癸甲文规”？细考文中提及的中式者的科名，可知是指万历三十一年癸卯科乡试和万历三十二年甲辰科会试，“癸甲”乃癸卯与甲辰的天干合称，此种合称不多见，不妨各举三例以释其疑。

先看万历三十一年癸卯科乡试例：

1. “今年主司要以‘读书’为学……独孙克振不以‘读书’为学，亦能中式。”（卷十四）《江南通志》卷一百二十九《选举志·举人五》万历三十一年癸卯科出孙克振，云“滁州人”。

2. “浙江‘樊迟问仁’全，陈万言此作精莹雅炼，自足冠场。”（卷十五）《浙江通志》卷一百四十《选举十八·明举人》万历三十一年癸卯科出陈万言，云：

---

① ［日］酒井忠夫：《袁了凡的生平及著作》，尹建华译，《宗教学研究》1999 年第 2 期。

"秀水人，己未进士。"

3. "福建'举善而教不能则劝'，解元林欲楫通篇皆雅炼不群。"（卷十六）《福建通志》卷三十八《选举六·明举人》万历三十一年癸卯林欲楫榜出林欲楫，云："泉州府，欲栋弟，第一名，丁未进士。"

再看万历三十二年甲辰科会试例：

1. "今年首篇承题都是一直说下，惟余懋孳承云……王家彦承云……此二承略有古法存。"（卷十一）《江南通志》卷一百二十三《选举志·进士五》万历甲辰科杨守勤榜出王家彦，云"吴江人"；出余懋孳，云"婺源人"。

2. "二名鲁史作三段……闻今年场中主司亦以三股平讲为善。"（卷十三）《浙江通志》卷一百三十三《选举十一·明进士》万历三十二年甲辰科杨守勤榜出鲁史，云："余姚人，副使。"

3. "'不知命'全，会元杨守勤既重'命'字，全篇脉络，自当一气贯通……余往年评浙江乡卷，原许其可以作元，今年春榜初传，自信予言之不谬。"（卷十三）《浙江通志》卷一百三十三《选举十一·明进士》万历三十二年甲辰科杨守勤榜首出其名，云："慈溪人，状元，右庶子。"

此六例毫无疑问地表明目录中的"癸甲"是合称万历三十一年癸卯科和万历三十二年甲辰科，尤其是第一例和后三例中的"今年"，更是特指袁黄撰写此卷时的年份。由此可见，《续文规》紧随《文规》之后评析新科墨卷，中间没有间隔。酒井忠夫或未顾及内阁文库本《续文规》版心上方所镌"续癸甲文规"五字，或未细考其义，只是因《续文规》中收入了袁黄本人的《读书作文法十七条》等文章，而这些文章又见于由武之望等人编辑的刊刻于万历二十八年庚子的《举业卮言》卷四之中，而误以为《续文规》"出版于万历二十七年至二十八年袁黄被革职之时"。

《续文规》由袁黄本人"甫辑"，第十卷至第十八卷为其评析是没有问题的，因为行文中袁黄经常联系自己，如卷十三评万历三十二年甲辰会试墨卷，其中有云："往年予作'故君子尊德性'一节文字，只依经文，浑融合讲，并不分配，今年诸作则脱尽支离之习矣。卧病林皋，睹之不觉大快。"说明万历三十二年甲辰袁黄编撰《续文规》时正"卧病林皋"。但《续文规》成书过程不同于《文规》，由两个迹象可以确定这一点：其一，早在万历二十一年，袁黄就被革去兵部职方司主事之职，后归乡家居，写于万历二十九年的《文规》小引后尚且自署"赵田逸农"而不署官职名，又岂会在写得更晚的《续文规》小引后自署"赐进士出身前奉敕赞理蓟辽、保定、山东等处军务兼督朝鲜兵政加四品服兵部职方司主事袁黄撰"？其二，书中卷三、卷四、卷五均为"了凡袁先生论文"，亦大不类袁黄本人口吻。出现这两个例外，唯一的可能性是《续文规》最终是由袁黄的弟子整理编辑成书的，小引虽然是袁黄本人所写，但弟子们改署其进士出身及最终官职，确定卷三、卷四和卷五的目录时也执弟子礼而尊称“了凡袁先生”，各卷前“门人刘有执无竞甫阅”之署透露了个中消息。在袁黄的著述中，像《续文规》这样由其弟子后来将其所辑文稿整理编辑成书者并非个别。如《宝坻政书》乃“门生刘邦漠、王好善编辑”，卷首邳赞序云：“公去之日，士民已刻《德政录》矣。乃刘王二君以不尽公之迹也，收辑《宝坻政书》十二卷……但取公文移示谕之见诸实事者，次第编之。”① 《四书删正》、《书经删正》的情况更为特殊。《续文规》卷三《了凡袁先生论文·与邓长洲》云：“嘉靖乙卯年刻行，五十年来遍传天下。当时并不书弟之名……近有友人改作《删正》，而列弟名于上。”初刻时袁黄年仅二十三岁，并未署名，几十年后覆刻，友人改换书名，再署上袁黄之名。明乎此，《续文规》的成书过程也就很可以理解了。

《游艺塾文规》正续编的编撰者袁黄考辨

《文规》正续编的编撰者袁黄，曾因其劝善思想和慈善信仰而在明万历以后名噪一时，其书写的《功过格》和他人综合的以其《立命之学》为核心的《了凡四训》大行其道，在世俗民众和下层读书人中影响深远。时至今日，因其杂著中表现的慈善思想、养生观念、人生体验和感悟，适合时下社会生活的需求，已经成为互联网上的热门人物，甚至有撮合其事迹拍成电视剧者。国内的社会学研究者认为袁黄“是迄今所知中国历史上第一位具名的善书作者”，“袁黄的思想不仅对有清一代善书的编撰、流传发生了重要影响，而且对明末以后江南地区的民间慈善事业起到了指导作用”②。日本多位研究中国古代善书的学者确认“在善书发展上建立了功绩的袁了凡的东西很多”③。

然而，从更深广的层面看，仅仅将袁黄视为一位善书作者、慈善思想的先驱人物或八股文选家，尚不足以尽其底蕴。明末清初多有将袁黄与李贽相提并论者。如张履祥《告先师文》云：“本朝至隆万以后，阳明之学滋敝而人心陷溺极矣。卑者冥冥于富贵利达，既惟流俗之归，而其高者率盅于李贽、袁黄猖狂无忌之说，学术于是乎大裂。”④ 查继佐《罪惟录》列传卷十八竟并列“李贽袁黄”小传，称袁黄“有史论及‘四书’，极诋程朱，至尽窜注解，更以己意。坐非儒见黜，焚其书”。在他们眼里，袁黄与李贽一样，是挑衅儒门的异端。今日看来，尽管李袁二人异端的程度和内涵不同，但确有其相通之处。李贽犯事之后，袁黄颇有不平之意，其《与吴曲罗书》云：“近闻李卓吾已罹法网，未审果否。夫削发而拖朱，诚非中道，然世之缙绅干名犯义、殃民败俗者何

① （明）邳赞：《刻〈宝坻政书〉序》，《了凡杂著·宝坻政书》卷首，《北京图书馆古籍珍本丛刊》，书目文献出版社 1988 年版，第 80 册，第 546 页。

② 王卫平、马丽：《袁黄劝善思想与明清江南地区的慈善事业》，《安徽史学》2006 年第 3 期。

③ ［日］酒井忠夫：《袁了凡的生平及著作》，尹建华译，《宗教学研究》1999 年第 2 期。

④ （清）张履祥：《杨园先生全集》卷二十二，同治十年刻重订本。

限？乃不彼议，而独此之求，百懿不录，一眚见疑，乾坤不得为广大矣。老丈素有怜才好德之心，肯举手一援之否？仆与卓吾素不相识，亦未知其中所得若何，但豪杰处世，志与时违，小小作出格事，以渺抹世界，消磨壮志，恐未可以大奸极恶目之，而使向隅独泣也。"① 李贽入狱后，幸灾乐祸者有之，落井下石者有之，像袁黄这样为其辩护，视其为"志与时违"的"豪杰"，呼吁当道施以援手者百中无一，不禁令人刮目相看。如果从异端人物的角度研究袁黄，就更应对其生平著述有更多的了解。

不过，由于中日学者此前均未发现袁黄的《文规》，故而无法利用其中的资料。关于袁黄的生平和著述，研究者大都依据乾隆间人彭绍升撰写的一篇《袁了凡居士传》②，其实明末清初人朱鹤龄的《赠尚宝少卿袁公传》记袁黄生平事迹更早也更翔实③，是前者材料的主要来源。酒井忠夫的《袁了凡的生平及著作》一文依据除《文规》以外的丰富的材料进行了全面的考索，但一些细节问题依然不甚了然，文中甚至感慨"虽然袁黄的传这样多，但没有能搞清其生卒年"。学人更无从知晓作为《了凡四训》核心内容的《立命之学》（《立命篇》）来源于《文规》。

兹据《文规》正续编提供的材料及其他旁证材料再进行深入细致的考辨。

一、袁黄的字号。

袁黄，初名表，(《袁氏家训·家谱》④)，后改名黄，字坤仪（《文规》正续编卷首署）。改名的原因，明人姚旅《露书》（天启刻本）卷十四云："袁坤仪，初名表，丁丑拟元，以策侃直下第。后梦袁黄作会元，因改名为黄。比丙戌登第，会元为袁宗道，而黄汝良次焉。"聊备一说，难以稽考。独康熙二十年《嘉兴府志》谓其又字仪甫。古人之字表达其取名之义，袁黄之"黄"与"坤仪"两者之间有着同指呼应的联系。《易·坤》云："夫玄黄者，天地之杂也，天玄而地黄。""玄黄"因以指天地。"坤仪"也指大地，《旧唐书·音乐志三·祭神州于北郊乐》云："大矣坤仪，至哉神县。""仪甫"则与其名缺少这种呼应联系。袁黄著述往往署"了凡袁黄坤仪甫著""袁黄坤仪甫辑"等，疑康熙二十年《嘉兴府志》的撰者误取"仪甫"二字为袁黄的字。其初号学海，后改号了凡。改号的原因，袁黄自己在《文规》卷一《立命之学》中云："予初号学海，取百川学海而至于海之义也。是日改号了凡，盖悟立命之说，而欲不落凡夫窠臼也。"又号赵田逸农（《文规》正续编卷首署）。此号乃袁黄于万历二十一年削职为民后所取，故仅署于此年后的著述卷首。袁黄的《圆通精舍募田碑记》一文云："癸巳岁得师手书，索作《长生田记》，余心诺之，未暇也。今秋其徒如敬不远千里，谒余赵田草堂，求曩所诺文。"⑤ 文末注明作于"万历丙申秋日"，其年为万历二十四年丙申，可

---

① 黄宗羲：《明文海》卷二〇五，中华书局 1987 年影印版，第二册，第 2040 页。

② （清）彭绍升：《居士传》卷四十五，乾隆四十年长洲彭氏刻本。

③ 朱鹤龄：《愚庵小集》卷十五，《四库全书》影印本，上海古籍出版社 1987 年版，第 1319 册，第 188 页。

④ 《袁氏丛书》，明抄本，上海图书馆藏。

⑤ （明）葛寅亮：《金陵梵刹志》卷四，万历刻、天启印本。

知袁黄削职后家居，构赵田草堂，故有赵田逸农之号。

二、袁黄的籍贯。

《袁了凡居士传》谓其“江南吴江人”，即苏州府吴江县人，清代各个时期撰修的《江南通志》和《苏州府志》大都持此说。潘柽章《松陵文献》卷六《人物志六·袁黄传》（康熙三十二年潘耒刻本）则确指其为“邑之赵田人”，松陵即吴江。而不同时期修撰的《浙江通志》和《嘉兴府志》则大都谓其为浙江嘉兴府嘉善县人。何以有二说？《赠尚宝少卿袁公传》的解释是：“祖赘嘉善殳氏，因补其邑诸生。”《松陵文献》卷六《人物志六·袁黄传》则谓赵田“地与嘉善接，因入籍嘉善”。酒井忠夫据袁黄的曾祖父袁颢所撰《袁氏家训丛书》卷一《家难篇》考定：袁氏世居浙江嘉兴的陶庄，袁黄的四世祖袁顺因与支持建文、在姑苏密谋匡复的黄子澄有来往，事发后一度逃亡，后居于吴江，直至十多年后情势转危为安，方回到故乡陶庄，但其子袁颢留在了吴江，并入其籍。由此理清了袁黄的家世传承，证明其祖籍嘉兴，但酒井忠夫似又想以此证明袁黄作为袁颢的曾孙，谓其是“江南吴江人”也是不错的。问题在于，袁颢不可能预见到其子孙后代生活的变化，确定袁黄的籍贯，应当依据其本人的叙述。《文规》卷一中袁黄记述他长期生活在嘉善，自幼及长处处以嘉兴（嘉善）籍自诩。如《白战（论修词之法）》云“予幼随于凤麓昆仲至严绍峰家，绍峰留会文……于时嘉兴盛传白战之说，迄今四五十年矣。”《文须请教前修》云“忆予十八岁，见荆川唐先生于嘉兴天宁寺”；《科举全凭阴德》云“岂惟他郡？即吾郡言之……”，“无论合郡，就吾一县言之……”，以下所述或是嘉兴府或是嘉善县的情事；《谦虚利中》云：“辛未计偕我嘉善同胞凡十人，惟丁敬宇寅年最少。”细加核实，卷中凡言“吾郡”、“吾县”、“吾乡”、“我邑”，无一指江南苏州府或吴江县。即使是袁黄早年与为其卜终身休咎的孔姓老者相遇的慈云寺也是在嘉善①。不仅是袁黄，卷中言及其父亲和祖父情事，也无不是在嘉兴或嘉善，如“嘉兴包凭……与吾父往来甚厚”等。袁黄在嘉善长期居住地不再是陶庄，而是武塘。其作《天台慈云寺沙门释真清传》即署名“武塘了凡居士袁黄撰铭”②。王畿为袁黄的父亲袁仁所作的《小传》中云：“参坡袁公，名仁，字良贵，浙西嘉善人氏。祖颢、父祥皆乐隐居之道，著述甚多……公殁后二十年，武塘袁生表从予学习，聪明无比。”③ 雍正《浙江通志》卷十一“山川部”记嘉善县有“魏塘河”，注云：“在县东十二里，亦名武塘，相传魏武帝尝经此，故名。”显然，袁家在袁颢之后，袁祥、袁仁父子又回到了故乡嘉善，袁黄甚至可能出生在嘉善。当然，明代浙江嘉善县与江苏吴江县接壤，位于嘉善东北的陶庄或武塘均与吴江的赵田相去不远，袁家人可以往来于两处，家族在吴江也颇有影响，晚年袁黄削职后甚至托身于此，但其籍贯为浙江

---

① 雍正《浙江通志》卷二百二十八《寺观三》于嘉善县名下出慈云寺，注云：“在治西北，唐大中间创，宣德间增修，万历三年毁。”

② （明）如惺：《大明高僧传》卷四，万历间刻径山藏本。

③ （明）钱晓辑：《庭帏杂录·附录》，《笔记小说大观》第六编第五册，新兴书局有限公司1983年版，第2681页。此书另有一种版本，《四库全书存目丛书》收入，无附录。

嘉善是没有疑问的。在《庭帏杂录》下卷中，袁黄之弟袁衮记兄长事迹云："乙卯四兄进浙场，文极工。"科举考试考生如果冒籍是要受到惩处的，袁黄进浙场应试，无疑说明他是浙江嘉善籍。

三、袁黄的生卒年。

关于袁黄的生年，众说纷纭，莫衷一是，然据《文规》及相关资料可以考定。《文规》卷一《文须请教前修》云："明年十九岁，方山薛先生督学两浙，自湖（州）而之嘉（兴）。"方山薛先生指薛应旂，曾任两浙提学副使。明代提学副使三年一任，据上所引，袁黄十九岁时，薛应旂刚到任。薛氏何年任此职？《续文规》卷一《方山薛先生论文（门人袁黄手录）》云："辛亥七月，先生自南考功转浙江提学，甫下车即颁训戒……癸丑春，先生解任而归，予与陆舆中造其庐而就业焉。先生相见甚喜，接待甚殷。舆中送文五篇，予送三篇，先生各随题批释，备论文章之旨。"① 此辛亥为嘉靖三十年辛亥（1551），其年袁黄十九岁，这种情况下称自己年岁应指虚岁，由此年上推十九年，则袁黄生于明嘉靖十二年癸巳（1533）。又，《文规》首卷中的《立命之学》云"今六十九岁矣"，包括首卷《立命之学》在内的《文规》作于万历二十九年辛丑②，由万历二十九年辛丑（1601）上推六十九年，正是嘉靖十二年癸巳（1533）。冯梦祯《寿了凡先生七十序》云："今年先生春秋满七十矣，而十二月之十一日其悬弧之辰也。"③ 则袁黄生于嘉靖十二年癸巳十二月十一日，即公历1533年12月26日。

朱鹤龄的《赠尚宝少卿袁公传》谓传主"年七十四终"，据其生年推算，则袁黄卒于万历三十四年丙午（1606）。虽说袁黄是在削职为民后去世的，但其卒年可说是一个引人注意的敏感话题。因为袁黄在《立命之学》中叙述自己早年被一异人算定命中无子，无科第之分，寿仅五十三岁，但后得云谷禅师启迪，充广德性，力行善事，既得一子，又进士及第，作《立命之学》时年已六十九，其寿最终几何？《立命之学》广为流行后，这个问题自然是行善祈寿者所关心的，故朱鹤龄所言必有据。明李日华《味水轩日记》卷一万历三十七年己酉条下云："昔年袁了凡好奇，尝一交之，亦曾见冯具区

---

① 乾隆《浙江通志》（四库全书本）嵇曾筠序云："嘉靖辛酉，臣乡先达方山薛应旂为两浙提学副使。"此处时间记忆实有误。薛应旂《重修三学射圃记》（嘉靖东吴书林刻本《方山先生文集》卷七）云："三学射圃者，杭州、仁和、钱塘三学诸生习射之圃也……嘉靖辛亥，余叨视学政，属有司葺之。"《送李布政序》云："今年辛亥，余以学政获侍公于浙。"出于薛应旂本人所述，其赴任两浙提学副使是在嘉靖三十年辛亥（1551）应属无疑。

② 卷二中云："历来会元之承皆新警奇拔……今年许獬'畏圣人之言'，其承末句亦不用'哉'字、'乎'字。"《福建通志》卷三十六《选举四·明进士》万历二十九年辛丑张以诚榜云："同安县许獬，会试第一人。传见文苑。"卷四中云："今年会试所取之文，皆雅驯，皆和平，皆典硜……第四名潘汝桢。"《江南通志》卷一百二十三《选举志·进士五》万历辛丑科张以诚榜云："潘汝桢，桐城人。"例甚多，不备举，可见包括首卷《立命之学》在内的《文规》作于万历二十九年辛丑。

③ （明）冯梦祯：《快雪堂集》卷六，《四库全书存目丛书》，齐鲁书社1997年版，集部第164册，第121页。

先生。今二老俱殁。"① 则袁黄卒年不会在万历三十七年之后。《续文规》中袁黄评析了万历三十二年甲辰科会试墨卷，则其年袁黄仍在世，但已"卧病林皋"。万历三十三年乙巳（1605），好友冯梦祯（具区）去世，袁黄还写了《祭冯开之文》②。袁黄晚年有志于评析万历年间的各科乡会试墨卷，一科不漏，而今日未见到其评析过的万历三十七年之前的墨卷，仅有三十四年丙午科乡试和三十五年丁未科会试，其卒年很可能就在万历三十四年丙午。综合这两则材料加以考量，其年七十四这个说法也是非常可信的，因此，袁黄的生卒年为1533—1606年。

四、袁黄的应试与入仕经历。

《立命之学》是袁黄对自己一生命运尤其是应试与入仕经历的回顾和总结，问世后广为传播，尤为宗教信仰者所推崇。此文从不同的角度可以作出不同的评价，但由于文中所叙述的一些细节不甚明了，其应试与入仕经历仍有不少空白，进而影响了文字的阅读。兹依据《立命之学》现存最早的版本《文规》本加以梳理考辨。

1. "余幼年丧父，老母命弃举业而学医"，"后，予在慈云寺遇一老者，语予曰：'子，仕路中人也，明年即进学矣，何不读书？'予遂起读书之志。"

按：袁黄父卒于嘉靖二十五年丙午，《庭帏杂录》卷下云"丙午……父投笔而逝"③，则此年袁黄十四岁。《立命之学》又谈到隆庆三年己巳，袁黄访栖霞寺云谷禅师，云谷谓其受孔姓老者宿命之论的束缚："汝二十年来被他算定，不曾动转一毫。"由隆庆三年上溯二十年，为嘉靖二十八年己酉，其年袁黄十七岁，明年庚戌进学则为十八岁。上文考定嘉靖三十年辛亥薛应旂作为两浙提学副使视学嘉兴时袁黄十九岁，已在学中，时间上正相吻合。由此可知，袁黄十四岁至十八岁入学前曾弃举业专门学医。

2. "屠宗师即批准补贡，予窃疑之。后果为署印杨公所驳。直至丁卯年，殷秋溟宗师见予场中备卷……遂依县申文准贡。"

按：殷秋溟名迈，《本朝分省人物考》（天启刻本）卷十三云："殷迈，字时训，嘉靖辛卯举于乡……丁卯穆庙改元，起原官，视学两浙。"隆庆元年丁卯，袁黄就是由他批准补贡进入北监的。殷迈的前任为屠羲英，雍正《浙江通志》卷二十五"钱塘县儒学"条下云："嘉靖三十年知府、四十二年提学副使屠羲英继饰庙学。"袁黄嘉靖二十九年庚戌进学后至殷迈隆庆元年丁卯视学两浙之前，两浙提学副使屠姓者仅羲英一人，则袁黄所云"屠宗师"当即此人。屠羲英任浙江提学副使的三年间，即嘉靖四十二年

① 民国十二年刘承干刻《嘉业堂丛书》本。

② 袁黄：《袁了凡先生两行斋集》卷十三，明天启四年嘉兴袁氏家刊本。

③ （明）钱晓辑：《庭帏杂录》，《四库全书存目丛书》子部第86册，第765页。

癸亥至四十五年丙寅之间，袁黄有过一次补贡的机会，最终未能实现。其入学后至补贡前，共有嘉靖三十一年壬子、三十四年乙卯、三十七年戊午、四十年辛酉、四十三年甲子五次乡试年，目前知道他赴考的一次是上文提及的三十四年乙卯，结果是“文极工，本房取首卷。偶以《中庸》义太凌驾，不得中式”①。

3. “贡入燕都，留京一年……归游南雍……明年到部考科举，孔先生算该第三，忽考第一，其言不验，而秋闱中式矣。”

按：此段文字为《立命之学》中难解而易于为研究者误读之文。袁黄于隆庆元年丁卯贡入北监，“留京一年”，指隆庆二年戊辰，《续文规》卷四云“隆庆戊辰……余应贡在京”可证。“归游南雍”即转入南京国子监，时间是在隆庆三年己巳。理清了这样的线索，以下文字则可解。“明年”指隆庆四年庚午，“到部”是指到南京的礼部。明朝自永乐迁都北京以后，南京的部院官署仍然存在，故《文规》卷一《国家令甲》有“时林对山为南京礼部尚书”云云。明成化二十一年规定：“南京监生人等从南京都察院考送应天府乡试。”② 袁黄由北监转入南监，须于乡试之年由南京礼部进行考试选拔，方能送考，“到部考科举”指的是这一考试。在这次考试中袁黄考了第一，也就是监元，进而乡试中式。但不能笼统地说袁黄“举于乡”，因为他是以嘉善籍参加应天乡试，而非参加浙江乡试。故雍正《浙江通志》卷一百三十九《选举十七》“明举人”栏下记云：“隆庆四年庚午科：钱学弘，嘉善人。”并注云：“以下十五人应天中式。”下一人即袁黄，注云：“嘉善人，丙戌进士。”

4. “九月十三日，起求中进士道场，许行善事一万条。丙戌登第，授宝坻知县。”

按：袁黄隆庆四年庚午中举后至万历十四年丙戌进士及第前，其间共有隆庆五年辛未、万历二年甲戌、五年丁丑、八年庚辰、十一年癸未五次会试的机会。《文规》中提供了他四次参加会试的确证。卷一《谦虚利中》云：“辛未计偕我嘉善同胞凡十人，惟丁敬宇寅年最少，众意忽之，予告费锦坡曰：‘此兄今年必第。’”万历二年甲戌科会试袁黄是否赴试，虽无确证，但以常理推之，当不至于放弃。卷四中袁黄录入自己万历五年丁丑墨卷三篇，首篇前其门人顾元璘元玉评云：“余领先生之教不止于文，而此文则早暮寻绎，愈玩愈精。若庚辰之作，则如神龙行空，倏忽方变……癸未之作，则如祖师接众，语语当机……余皆谨录而崇奉之，盖先生三科硃卷，会元变态备尽其中。”誉扬过甚，虽不可取，但其师曾历丁丑、庚辰、癸未三科会试，于此可证。万历五年丁丑科不第的原因，袁黄在《续文规》卷四中云：“及揭晓，予果本房取首卷，以五策不合式

① （明）钱晓辑：《庭帏杂录》，《四库全书存目丛书》子部第86册，第765页。
② （明）王圻：《续文献通考》卷四十五，万历三十年松江府刻本。

下第。”策何以不中式？在内阁文库本《续文规》卷四中袁黄自己给出了答案：

> 丁丑会试……场中果定予为第一，蒲州主试以“御夷”一策，予深辟和议之非，大触其怒，弃弗录。当时唵嗒之封，王公鉴川实主其事，原是利国便计，而书生不谙远略，矢口雌黄。初亦不知其故，今检《世宗实录》，明书云：“报入礼部，左侍郎张四维首以为可。”盖王即张之母舅，而予之所诋，乃深触其忌也，其见黜宜矣。然因是而开璞见宝，名重四方，身非刘蕡，误得佳誉，可愧矣！

尽管此科因“御夷”一策触忌而下第，但其因此而名重四方。袁黄自视甚高，策如此，八股文也如此。在《文规》正续编中，或以他人口气，或直言不讳，揄扬自己各科会试墨卷。如《续文规》卷四云：“丁丑会试‘何如斯可谓之士矣’三节，予时在场中……当夜出场，为钱湛如诵之，渠踊跃称快，谓必会元无疑矣。”又如《文规》卷一云：“庚辰‘如有王者’一节，作者灿然矣，若发‘如有’二字，终当以鄙文为破的。癸未‘吾之于人’全章，众俱讲‘无毁无誉’，而吾独挑剔‘谁’字，与下节相应，恐亦得题中真髓。大率吾为文不尚修词，亦不废修词，假借玄音，发挥真理。有时极其铺张，阖辟万变，而胸中常含不尽之情；有时藻绘可观，铿然在耳，而终不使词胜于意，似于诸子颇有微长。”以如此文章而会试五次落第，袁黄笃信“科举全凭阴德”，进而发愿行善以求取功名的思想和行为也就毫不奇怪了。

袁黄万历十四年丙戌登第后，并未直接任宝坻知县。其《到任祭城隍文》云：“维万历十六年六月初九日，礼部观政进士袁黄奉命来知宝坻县事。”① 如此则万历十四年丙戌春登第后至万历十六年六月以前袁黄何往？赵用贤《松石斋集》卷二《议平江南粮役疏》云：“臣尝与一二同志者今礼部办事进士袁黄等考览沿革，究极根株。”② 此文收入《明经世文编》卷三百九十七时保留了文后的一则跋语，署“万历丙戌仲秋朔日吴郡陈瓒识”③，可见袁黄此间即作为礼部办事进士差用。至于此次“平江南粮役”事，袁黄有《苏州府赋役议》，收入《明文海》卷七十六。文前有其子袁俨小序云：“先君甫释褐，奉都察院札清算苏松钱粮，条议如左。惜丛弊已久，胥吏倡为浮言，眩惑当事，沮格不行，识者悲之。”

万历二十一年癸巳袁黄削职为民后，并非如研究者所言回到了家乡嘉善，而是居住在江苏吴江县赵田村。《文规引》云：“余家在汾之阳，及门诸君日以是道枉而问焉。”“汾之阳”何谓？原来，赵田之南有汾湖，袁黄故有此说。其后代亦居于此。同治《苏州府志》卷一百七云：“袁琏，字惕三，赵田人，籍嘉善，了凡之后。年十二能文，既补学官弟子，读书更勤，治其生，买田汾湖上，课子弟耕之。”

---

① （明）贺复征编：《文章辨体汇选》卷三十二，《四库全书》影印本，第1402册，第169页。
② （明）赵用贤：《松石斋集》文集卷二，万历刻本。
③ （明）陈子龙辑：《明经世文编》卷三百九十七，崇祯间平露堂刻本。

五、袁黄晚年的心境。

袁黄是一个颇有实际才干又想有所作为的正直之士，步入仕途仅数年，尚未施展身手，就遭诬陷弹劾，削职家居，其晚年心境之悲凉不言而喻。现在看来，编撰《文规》正续编，评析乡会试墨卷竟是袁黄晚年家居生活的主要寄托。正因为如此，《文规》正续编中提供了了解袁黄晚年精神世界的第一手材料。如上所述，内阁文库本《续文规》乃原刻本，其中卷三、卷四、卷五有不少内容为后来的重刻本所不具有。这些内容微妙地表达了袁黄对自身遭遇的愤恨和不平。

首先是引古今遭忌嫉谗毁者自慰。他说：

> 耿天台先生督学南中，专尚德行，奖恬退，抑奔竞，讲孔孟之正学于流风靡靡之时，而管登之、焦弱侯辈，遂翕然奋起。近有遭先生论劾者，造伪史谤之，而吠声者遂呶呶多口。先生居乡时，其孝友大节，直无间于父母昆仲之言，熏其德而善良者甚众。登第后考选科道，例当谒分宜父子，先生独关门不上。铨曹拟先生为吏科，分宜抑之为道。时诸御史之出差者例有厚馈，先生按甘肃，第以枸杞四斤侑空函，一时相诧，以为奇节。及差回，具疏论吴太宰鹏，实击分宜之党而触其讳。于时执友罗公汝芳虞其不测，为货黑羊以待之，幸而不为分宜所中则天也。先生以不党分宜为华亭所重。隆庆初，督学六年，俸满迁大理丞，竟以左袒华亭，重新郑之怒，新郑起相，修隙言官，先生几以风霾之察除名惩，赖江陵之救，留根于谪籍，而望风旨者复搜求之。假令新郑不早逐，则罗织之祸必至矣。先生以不袒新郑，故为江陵所重，万历初起谪籍，历中丞，又以不能媚灶见疏，除服里居，而江陵夺情之议起，缄书含讽，以伤其意，遂不内推，而推外抚。抚闽而荐逐臣迁客，多及江陵之所不悦者，由是大为所忌，致令省掖参劾。假令江陵不遽损，则其祸又不可胜言矣。此其立朝大节，彰彰在人耳目者也。予从先生游，见其内介外和，量宽心细，不以气节沾沾自喜，而以委曲济时为中道。每传坐听教，觉其精神常贯满于一堂之中。凡所启发，不以悟门为急，而以行门为先，循循有序，闻者莫不动心有进，真如春风发物，不知其所以然而然也。若先生者，非所谓成德君子哉？而不肖者被之以无根之谤，犹孔子之遇武叔，孟子之遇臧仓，本无足怪者，而人或信之，则不察之故也。

将南中文章名家辈出的原因归结于耿定向督学此地时专尚德行，奖恬退，抑奔竞，讲孔孟之正学于流风靡靡之时，进而赞美自己先生的孝友大节和立朝大节，这些都可以理解，然而在评析文风的过程中插入如此大段文字，尤其是充满主观感情的细致描述，就不免使人觉得其中大有深意了。这既是在为自己的先生辩护，也是在为自己的遭遇辩护；既是痛心人们因不察而轻信不肖者对自己先生的无根之谤，也痛心自己受到周围人的同样的误解。这样的表达仅是隐蔽的，还有更直露的抨击：

自古文章之士，多遭忌嫉谗毁。屈原见忌上官，韩非见忌李斯，毋论已，他如张九龄、萧颖士之见忌于李林甫，颜真卿之见忌于元载，韩愈之见忌于李逢吉，李商隐之见忌于令狐绹，韩偓之见忌于崔胤，杨亿之见忌于丁谓，苏轼之见忌于舒亶、李定，若近代之李献吉、薛君采辈亦遭谗阻，坎坷终身。或以材高起妒，或以词藻惭工，百懿不录，一眚见疑，含沙射影，信耳吠声，无所不至，是则宜然矣。予孤寒下士，铅椠未工，身非蛾眉，浪窃文人之号。人或有言，甘之如饴，然立朝之日，宜遭摈斥。今养拙东皋，杜门诵古，又以著述之谬，挂名弹章，当自反自责，勤勤改过，而增修其德，庶不负哲人玉成之意耳。

袁黄在这里将自己与屈原、韩非、韩愈、李商隐、苏轼等历史上遭谗阻的名人相提并论，足见其自视之高。所谓“自反自责，勤勤改过”云云，表面看起来是知过改过，可是字里行间傲气十足，将那些让自己立朝之日遭到摈斥，削职家居后又因“著述之谬，挂名弹章”的众小人骂得狗血喷头。

其次是引朱熹《四书章句集注》中的错误为自己被“挂名弹章”辩护。由此可以知道在明代科举考试中，以八股文“代圣贤立言”固然以朱熹的《集注》作为标准，但也有像袁黄这样的“尊经破注”者。其破注主要集中在朱熹对《四书》字句的阐释上。例如：

《论语》“学而时习之”，此是《论语》第一义。夫不学而能者，性也，学而非性矣，所谓反之者也。盖学则乖自然之体，不学又无入道之门，故夫子教人因学以复不学之性。学则须习，习则须时，所谓时习者，其紧要在复性，以不思不虑为工夫，以不识不知为究竟，习之久久，渐近自然，而性真呈露故悦。今乃不复自己之本性，而欲效他人之所为，是何等学问？况本注三段：第一段言“明善复初”，第二段言“时复思绎”，皆重致知上；第三言“学者将以行之”，曰将则学时犹未行耳。此是朱子自家学问，原非孔门学术，反不如时文兼知行之为优矣。

二节“朋，同类也”。夫同门为朋，出自《尔雅》；同志为朋，出自《易大传》。自古无以同类为朋者，不然，圣人之于民亦类也，岂皆朋乎？又云“自远方来，则近者可知”。夫论学则自近以及远，论应则重远而轻近。孔子道高德博，三千之徒，不远千里而来，至鲁问孔子，则曰：“此吾东家丘耶？”可见远人之观听最公，而近人之耳目易眩，若言“近者可知”则鄙矣。与人与众，原是乐体。如我一人为善固乐，不如一家为善尤乐，一家又不如一方一国。若说己之善及人，人来信从我然后乐，则私而小矣。大舜一生学问只是舍己从人，然则我去信从人，与人之善及我，又何尝不乐耶？

与《集注》相比，袁黄这样的解释是否确有道理又当别论，但至少袁黄本人是十分自信的。这还是次要的，关键在于袁黄对《集注》极端不以为然的态度。他认为

《集注》的错误是普遍的："以此言之，则其差谬处，恐十不止于六七也。"一部《四书章句集注》竟有十分之六七是错误的，那还值得奉为阐释的标准吗？更何况上面还只是就字句意义的阐释而言，他说：

然此犹论道理耳。至于礼仪名物，凡费考究者无一不谬。如"至于犬马，皆能有养"。《礼》：人子养亲，有六珍之奉。下三珍曰犬、豕、鸡，以犬为重。上三珍曰马、牛、羊，以马为重。是犬、马乃六珍中之最贵者，故曰"至于犬马"。有力者皆能备之，以有养矣，不敬，何以自别于今之孝者乎？如论"犬马待人而食，亦若养然"。即甚鄙陋，必不至以犬马比亲。朱子云然，由其读《仪礼》不熟耳。

在考证了多例之后，袁黄给出了这样惊世骇俗的结论："元晦十九岁登进士，五甲立朝，四十九年而归，归未几即没，故其所著述，皆在车马驰骤中匆忙辏集，何得遍考群书？固宜其无一不谬也。"在几乎所有的明人著述中，这样的结论也是十分罕见的。正是在这种立论的基础上，袁黄断然抨击世人对《集注》的迷信："今举世贸贸承讹习舛已。既不能明，又禁他人使不得明，甘心为世儒护短，而忍使孔孟之旨不白于天下，可惜也。"这样激烈的反对态度，其成为当时极有争议的人物，也就毫不奇怪了。

显而易见，晚年的袁黄表面看起来喜欢自嘲自讽，骨子里充满自尊自傲，一生奉行他行善积德、恬然容受的"立命之学"，其实到老远不能做到心如止水，宠辱不惊。类似于上文所引的文字出现在《续文规》的初刻本中已是骇人听闻，无怪乎后来出现的重刻本卷三、卷四、卷五中删去了大量具体内容，愤世嫉俗的锋芒收敛了许多。

六、袁黄著述补叙。

袁黄一生著述众多，《赠尚宝少卿袁公传》谓其"博学尚奇，凡河图洛书、象纬律吕、水利河渠、韬钤赋役、屯田马政以及……勾股、堪舆、星命之学莫不洞悉原委"。综观之，可分为举业时文类、修身养性类、政事实务类、经史学术类。其书有著而未梓者，梓而不存者以及存世者。酒井忠夫主要对袁黄现存著述作了考述，特别是提供了这些著述在日本的收藏情况，但未全面考察袁黄的著述，即使是所列袁黄的现存著述也尚有遗漏，兹在其考述之外，或分或合，再作补叙。

1.《谈文录》　梓而不存，《文规》扉页题识中述及此书，故此书必成于万历二十九年辛丑《文规》成书以前。由武之望等人编辑的刊刻于万历二十八年庚子的《举业卮言》卷四之中，收入袁黄的《读书作文法十七条》、《作论法六条》、《作表法六条》、《作策法二条》、《与友人论文书一首》等，这些文字大都分见于《续文规》中标题为"了凡袁先生论文"的卷三、卷四、卷五之中，内容有所增加。《续文规》卷三、卷四、卷五的标题"了凡袁先生论文"之后虽有"旧《文规》所刻者一篇不载"的说明，但只是与《文规》中袁黄谈文的内容不相重复而已，所收仍是旧文。因此，《谈文录》的主要内容应当就是《续文规》中标题为"了凡袁先生论文"的卷三、卷四、卷五的主体部分。

2.《举业彀率》　梓而不存，《文规》扉页题识中述及此书。《续文规》卷四云："丁丑岁予著《举业彀率》，备论炼格之法，传之四方，颇于时艺有益。至近日则又成文章一障矣。"

3.《心鹄》　梓而不存，《文规》扉页题识中述及此书。《文规》卷二云："丁丑以前程墨，《心鹄》中已备论之。今自辛丑溯至庚辰，录其佳者与汝一阅。"这里的丁丑是指万历五年（1577），由此可见，《心鹄》是在《文规》起始的万历八年庚辰科之前系统评析嘉靖、隆庆、万历初诸科乡会试程墨的书，与《文规》、《续文规》构成一个时间上相衔接的完整系列。

以上三种属于袁黄著述中严格意义上的举业时文类。

4.《书经删正》　酒井忠夫《袁》文列入了《四书删正》，未列此书，二书其实同时并行于世，由上文所引可知是袁黄著述中作年最早而又争议最大的两种。何以争议如此之大？《续文规》卷三《了凡袁先生论文·与邓长洲》云："悯正学之榛芜，开久迷之眼目，'四书'作便蒙书，经作详节，大删朱注而略存其可通者，于嘉靖乙卯年刻行，五十年来遍传天下。当时并不书弟之名，故家家传习，而并无议论。近有友人改作《删正》，而列弟名于上。夫不书名，则意在指迷，而可以相忘于物议；一书名，则迹涉贾誉，而遂来众口之呶呶。盖世间所忌者正在名，而今适犯其所忌也。"其实根源不在"书名""贾誉"，即使袁黄二十三岁刻此书时即署其名，同样会"遂来众口之呶呶"，根源在于"'四书'作便蒙书，经作详节，大删朱注而略存其可通者"。蔡献臣《清白堂稿》卷三有《烧毁四书书经删正等书札各提学》（癸卯）一札，云："《四书删正》、《书经删正》二部，如'宋朱熹章句，明袁黄删正'，此十字已足以骇矣……及取其书细加繙阅，则将朱注妄行删削，甚至并其注而僭改之，中间异说诐辞又多有与紫阳牴牾者……其真出于袁黄之手，或迂怪之士杂就之而托于黄，俱不可知。"要求各提学官将"原板尽行烧毁，其刊刻鬻卖书贾一并治罪"①。有意思的是，此札公布的万历三十一年癸卯，袁黄尚在世，前引《与邓长洲》书中的一段话可以视之为其对官府禁毁此二种书的回答。社会反应支持了他："先梓《四书》、《书经》删正，已被指摘，然禁之愈严而四方学者趋之愈众。"② 据酒井忠夫《袁》文介绍，《四书删正》有内阁文库藏本，则《书经删正》或亦有存世者。

5.《袁氏易传》三十卷、《毛诗袁笺》二十卷、《尚书大旨》十二卷、《〈春秋〉义例全书》十八卷、《礼记略说》、《周礼正经解义》共二十卷、《四书疏义》二十四卷、《袁氏通史》一千卷、《皇明正史》四百卷、《经世略》三百卷　著而未梓，见杨士范《刻了凡杂著序》："先生又以其余力发挥古先圣人之书，读《易》则有《袁氏易传》三十卷，读《诗》则有《毛诗袁笺》二十卷，读《书》则有《尚书大旨》十二卷，读

① （明）蔡献臣：《清白堂稿》卷三，崇祯间刻本。

② （明）杨士范：《刻了凡杂著序》，《北京图书馆古籍珍本丛刊》，书目文献出版社 1988 年版，第 80 册，第 513 页。

《春秋》则有《义例全书》十八卷，读《礼》则有《礼记略说》、《周礼正经解义》共二十卷，读《四书》则有《疏义》二十四卷，外古史有《袁氏通史》一千卷，今史有《皇明正史》四百卷，皆未梓行。”又见韩初命《刻祈嗣真诠引》：“先生登进士，名重于天下，天下士传诵举子业如《心鹄》、《备考》、《疏意》等书，令都市纸增价。又作《经世略》三百卷，《通史》一千卷，皆未梓，世莫睹焉。”① 上列十种书是否确曾著过？袁黄自己在《续文规》中提供了确切的信息，卷五云：“我壮年欲为经济实学，逢人而下问，遇事而广询，作《经世略》三百卷。曹含斋并取《袁氏通史》一千卷，许为我梓行。不意含斋物故，而底稿遂失，然其事皆能通晓而详说之也。”卷十八云：“其曲折具《〈中庸〉疏意》中，今不复赘。”既然《经世略》、《袁氏通史》、《四书疏意》三种不虚，则其余七种已著当属可信，只是《四书疏意》（含《〈中庸〉疏意》）据韩初命《刻祈嗣真诠引》及袁黄自述似已刻印行世。

6.《河图洛书解》见明万历三十三年建阳余氏刻《了凡杂著》，《北京图书馆古籍珍本丛刊》据以影印。

以上十二种属于袁黄著述中的经史学术类，但前十一种与举业也不无关系。《经世略》、《袁氏通史》、《皇明正史》等书有助于策论的写作，故袁黄是在《续文规》卷五的“作策语”中提及前二者。《袁氏易传》、《毛诗袁笺》、《尚书大旨》、《书经删正》、《〈春秋〉义例全书》、《礼记略说》、《周礼正经解义》、《疏义》诸种亦有助于“五经八股文”或“四书八股文”的写作。

7.《静生要诀》、《净行别品》、《训儿俗说》见明万历三十三年建阳余氏刻《了凡杂著》，《北京图书馆古籍珍本丛刊》据以影印。《训儿俗说》与酒井忠夫《袁》文中列出的《袁先生四书训儿俗说》（藏内阁文库）并非同一种书。后者是袁黄为了便于教子而对“四书”所作的通俗注解，前者则是劝子立志敦伦、崇礼报本的家训。

以上三种属于袁黄著述中的修身养性类。

酒井忠夫在《袁》文中共列袁黄著述二十种，加上以上补叙的十八种以及未计入的《文规》，汰其重复者，共得三十六种，据不完全统计，总卷数约在二千卷左右，迄今尚存二十五种以上，谓其著述等身，并非过誉之辞。

七、《了凡四训》的来历。

后人以《立命篇》为核心内容，综合袁黄其他劝善文而成的《了凡四训》，是属于袁黄名下的著述中对后世影响最大的一种，《立命篇》又不断单独刊行，二者迄今被宗教界视为著名的劝善书，印行册数惊人。《文规》的发现，澄清了《了凡四训》主要内容的来源。酒井忠夫认为内阁文库收藏的署有万历三十五年“丁未春孟日晏然居士书”的《立命篇》是他调查到的“有关袁了凡的最古的书籍”，现在看来，袁了凡著述现存版本最早的一种应该是署“万历壬寅孟冬月双峰堂余文台梓”的《游艺塾文规》。奥崎

① （明）韩初命：《刻祈嗣真诠引》，《了凡杂著·祈嗣真诠》卷首，《北京图书馆古籍珍本丛刊》，第80册，第546页。

裕司及酒井忠夫又认为《立命篇》写作于万历二十八年庚子袁黄六十八岁时①，现在可以确切地说是写于万历二十九年辛丑袁黄六十九岁时。因未见到《文规》，日本学者往往以为《立命篇》原为袁黄单行的教子之文，万历三十五年（1607）与另外两篇即《积善》（《科举全凭阴德》）和《谦虚利中》三文合成一本出版，《积善》（《科举全凭阴德》）源自袁黄于万历十四年至十八年编撰的《祈嗣真诠》。事实上，《科举全凭阴德》、《谦虚利中》、《立命之学》（《立命篇》）早在《文规》中就是顺序排列的三篇，也是声气相通、主旨统一的整体。内阁文库收藏的署有万历三十五年“丁未春孟日晏然居士书”的《立命篇》，首次将三文从《文规》中析出单行，统名为《立命篇》。明末流行的各种版本的《阴骘录》将《文规》本《科举全凭阴德》中的十个阴德故事配上《祈嗣真诠》“积善第二”中阐述“善有真有假”等七段文字，构成《积善》一篇，将《祈嗣真诠》“改过第一”作为《改过》一篇，与《立命之学》、《谦虚利中》合为四篇。清初的《丹桂籍》合此四篇为一书，称为《袁了凡先生四训》。今日通行本《了凡四训》各篇名称统一为“立命之学”、“改过之法”、“积善之方”、“谦德之效”。袁黄在《文规》中顺序而列《科举全凭阴德》、《谦虚利中》、《立命之学》三篇，实际目的十分单纯明确，就是服务于科举，所谓“举子业则心术阴骘其所重”②。《了凡四训》系统改名，目的是使三文具有普遍的劝善意义，适用性更广，却掩盖了撰者的初衷。而且其中用于劝善的实际事例绝大多数是“科举全凭阴德”和“谦虚利中”的故事，也留下了改名的痕迹。

《游艺塾文规》正续编在同类文献中的地位和价值

在明清八股文的发展史上，万历时期是一个重要的转折时期，《游艺塾文规》正续编的地位与价值决定于它恰恰是这一重要的转折时期出现的一部对万历以前的八股文写作具有总结性意义的研究著述。当然，不是说在《文规》正续编之前和之后就没有八股文的选本或评本，而且即使是选本，也都带有程度不同的点评性质，但是，与它们相比，《文规》正续编有其特点。

先看《文规》正续编与在它们之前或与之基本同时的时文选本或评本的主要区别。

据不完全统计，杜信孚、杜同书的《全明分省分县刻书考》一书中，主要评选八股文的明代时文选本和评本有以下19种：1. 薛应旂评选《新刊举业明儒论宗》（三山书林刻），2. 归有光批《新刊批释举业切要古今文则》（隆庆六年郭子明刻），3. 刘元震、刘楚光编《新刻乙未科翰林馆课东观弘文》（周竹潭嘉宾堂刻），4. 武之望等撰

① ［日］奥崎裕司：《中国乡绅地主の研究》，汲古书院1978年版，第314页。

② （明）韩初命：《刻祈嗣真诠引》，《了凡杂著·祈嗣真诠》卷首，《北京图书馆古籍珍本丛刊》，第80册，第546页。

《新刻举业卮言》，5. 郭子章辑《新刊举业利用六子拔奇》，6. 沈一贯辑《新刻沈相国续选百家举业奇珍》（以上三种周曰校万卷楼刻），7. 朱之蕃撰《刘太史汇选古今举业注释评林》（周昆冈刻），8. 徐奋鹏撰《新镌笔洞山房批点诗经捷渡大文》（王凤堂光启堂刻），9.《新镌翰林三状元会选二十九子品汇释评》（郑尚玄人瑞堂刻），10. 劭景尧评选、卢效祖辑《新刊邵翰林评选举业捷学宇宙文芒》（周时泰博古堂刻），11. 顾东谦辑《新刻癸丑科翰林馆课》（唐振吾广庆堂刻），12. 申绍芳撰《四书顺天捷解》、13. 邹守益批评《续文章轨范百家批评注释》（以上二种余氏自新斋刻），14. 杨慎撰《新镌杨状元汇选艺林代山》（熊龙峰忠正堂刊，可能是书商假托杨慎之名），15. 丁绍轼纂《新镌十六翰林拟纂酉戌科急出题旨棘闱丹篆》（李潮聚奎楼刻），16. 张瑞图辑《新刻开基翰林评选历朝捷录总要》（詹恒忠刻），17. 顾充撰《新锲评林注释历朝捷录》（熊冲宇种德堂刻），18. 李叔元辑《新锲诸名家前后场六部肄业精诀》（陈世瑛存德堂刻），19. 李贽辑、魏浣初增补《魏仲雪增补李卓吾名文捷录》（余应兴刻）。明代时文评选本凡是专门评选表、判、论、策者均在书名中标示，如李廷机评释《新镌翰林评选注释二场表学指南》（余良史刻），李廷机、焦竑辑《新镌十翰林评选注释名家程墨策纂二卷论纂二卷》（魏卿万瑞堂刊）等①。因此，上述19种中标明“举业”者虽不能完全排除其中包含策、论、表、判等文体，但可以肯定它们以评选八股文为主，而且大多数出现在《文规》正续编之前，因为《续文规》“论文”的三十六家中包含这19种书的不少编辑者。这19种书不能肯定均有存世刊本②，即使都有存世刊本，它们也和《文规》正续编的体例有所不同。有的属于单纯的选本，如第3、5、6、11、14、19这六种；有的或带批点、或带注释、或带评论、或带笺解、或兼而有之，如第7、8、9、10、12、13、16、17这8种；有的侧重于八股文章法理论的总结，如第2、4、18这三种；有的仅从书名看还不能判定其所属类别和性质，如第1、15这两种，前者或是场上之论的选本，或是八股文章法理论的汇总，后者可能是约请“十六翰林”出“模拟试题”并剖析题旨。与它们相比，《文规》正续编的特殊之处在于：（一）《文规》正续编涉及几乎所有的明代考试文体，其虽主要评论八股文，但表、判、论、策等时文文体亦在其考察视野之中，如《续文规》卷五《了凡袁先生论文》中的“十条作论语”、“十三条作表语”、“三条作判语”、“四条作策语”以及随时普遍渗透在各章中关于论、表、判、策等时文文体的论述。而上列诸种时文选本或评本往往专门选评八股文及论、表、判、策中一种。（二）《文规》正续编所评乃万历八年庚辰至万历三十二年甲辰这二十五年间袁黄认为值得一提的乡会试墨卷。时间跨度之长、试卷层次之高、时效性之强，上述19种时文选本或评本中很少能有和它们相比的。（三）《文规》

① 杜信孚、杜同书:《全明分省分县刻书考》，线装书局2001年版。

②《全明分省分县刻书考》的《出版说明》中云:（此书）“是作者在研究了中国地方志五千余种及其他相关资料的基础上编著而成的。它是一部从明洪武至崇祯二百七十六年刻书总目”。据此，无法肯定总目中的每一个子目都有存世刊本。

正续编所考察的明代乡试墨卷涉及两京、浙江、江西、福建、湖广、河南、山东、山西、广东、陕西、贵州、四川几乎当时全国各省份，地域之广与其时间跨度之长相结合，形成立体性的考察，这是上述19种时文选本或评本所无法比拟的。（四）作法理论丰富，《文规》正续编在中国古代文章学的宏阔视野中，在联系万历以前明代八股文流变的基础上，全面系统、连续不断地剖析二十五年中的八科乡试墨卷、九科会试墨卷，又囊括了嘉靖、万历间三十六家论文精要。这三十六家中，绝大多数是明代的古文或八股文的名家，如王鏊（守溪）、唐顺之（荆川）、瞿景淳（昆湖）、薛应旂（方山）、茅坤（鹿门）、沈位（虹台）、徐常吉（儆弦）、杜伟（静台）、郭子章（青螺）、顾宪成（泾阳）、吴默（因之）、董其昌（思白）、王衡（缑山）、孙鑛（月峰）、冯梦祯（具区）、李廷机（九我）、袁宗道（玉蟠）、陶望龄（石篑）、顾起元（邻初）、王肯堂（宇泰）、黄汝亨（寓庸）、武之望（叔卿）、顾大韶（仲恭）等①。作法理论指导的细致同样是上述19种时文选本或评本所无法比拟的。（五）由于上述19种时文选本或评本大多数出现在《文规》正续编之前，因此，《文规》正续编能够充分借鉴它们，吸收它们的精粹部分。例如，《武叔卿论文》便源于武之望等撰的《新刻举业卮言》，此外，《方山薛先生论文》、《青螺郭先生论文》、《象山邵先生论文》分别吸取薛应旂评选的《新刊举业明儒论宗》，郭子章所辑《新刊举业利用六子拔奇》，劭景尧评选、卢效祖所辑《新刊邵翰林评选举业捷学宇宙文芒》中的评论内容也是顺理成章的事。这种借鉴和吸收使得《文规》正续编成为一部具有全面总结意义的集大成式的明代八股文和其他时文的研究性撰著。

再看《文规》正续编与清代的几部总体考察和研究八股文的著述的主要区别。因为《文规》正续编成于万历末期，接其余绪或另辟蹊径总体考察和研究八股文的任务主要由清人完成。清人这方面的著述主要有俞长城的《可仪堂一百二十名家制艺》、高塘的《论文集钞》、阮元的《四书文话》、梁章钜的《制艺丛话》四部，以下分而述之。

俞长城的《可仪堂一百二十名家制艺》四十八卷成于康熙年间，入选宋人经义作者王安石、苏辙等七家，明人八股文作者九十三家，清人八股文作者二十家。虽系大型选本，但也有很强的研究性。"其所持择，不名一格，每人各序出处于简端，皆忠义文章之士，其人品佥壬者不与焉。用功甚巨，用心甚深，见者谓其以史法论文，五百年之文即可以当五百年之史，亦洋洋乎大观也哉。"② 书中每家之前有总题，如《题文文山稿》、《题苏颖滨稿》等，各篇之后多有评点，所题所评，自出手眼，颇中肯綮，素为后人所重。其编辑宗旨在于以人以文存史，但在理论的丰富、指导的细致、总结的全面以及对明代科举社会信息的反馈诸方面则不能和《文规》正续编相提并论。后者以明

① 以上所举各家按在《续文规》中出现的先后排列。原书中仅冠以字号，今一一考列其名，原来所冠字号均附见各家姓名后括号中，以便对照。

② 钱基博：《中国文学史》第六编第四章《明八股文》，中华书局1984年版，第939页。

人评明文，且又是以明代八股文名家评明文，自然更游刃有余。

高塘的《论文集钞》有乾隆五十一年初版本。全书分为上、下两卷，上卷为作法专论，如《茅鹿门论文》、《沈虹台论文》、《郭青螺论文》、《王缑山论文》、《吴因之论文》、《武叔卿论文》、《徐儆弦论文》、《董华亭九字诀》、《陆稼书一隅集论文》、《张有堂论文约旨》，等等。下卷分为《题体类说》、《文法集说》、《文品杂说》三个部分。书名为“论文集钞”，果然是集钞，上卷各家论文除了最后两家为清代以外，余皆出于《续文规》，“董华亭九字诀”就是《续文规》中的《思白董先生论文》。下卷三部分特别是《文法集说》可能也是有来历的。由此书所列诸家论文可见《文规》正续编之影响。

阮元的《四书文话》迄今未见。清代末科探花商衍鎏著《清代科举考试述录》，此书后的《征引书目》中出阮元《四书文话》，然而正文中仅一次提到《四书文话》，即在第七章第五节《八股文之选本、稿本》中云：“其总论制艺之书，有梁章钜之《制艺丛话》二十四卷……又有阮元之《四书文话》，分为二十四门……极为精详。是皆举八股而合论之，巨细兼包，有助于探讨八股文之用者。”二十四门之说出于阮元自己的《四书文话序》，除此以外，商先生未涉及《四书文话》的具体内容，由此可见，他并没有见过此书。启功先生在《说八股》一书中云：“讲八股文的专书，清代有阮元的《四书文话》和梁章钜的《制艺丛话》。”“阮元的书未见传本，内容不可知。”① 何怀宏曾多方寻觅而未得，在《选举社会及其终结》一书中谓其“并未付梓”，“手稿今亦不存”②。王章涛的《阮元年谱》提到《四书文话》，注云“未详”③。然则《四书文话》的编纂过程究竟如何，为何最终未能刊刻问世呢？

道光五年启秀山房刊《学海堂集》中保存了阮元的《四书文话》自序（阮元的《揅经室续集》中也有此序，但《揅经室续集》刊于道光十九年），序中有云：“唐宋诗话多，文话少，而明以来四书文话更少，非无话也，无纂之者也。余令学海堂诸生周以清、侯康、胡调德纂之，诸生共议分二十四门编之，一原始，二功令，三格式，四法律，五体裁，六命题，七程文，八稿本，九选本，十墨卷，十一社稿，十二元灯，十三名誉，十四考核，十五师承，十六风气，十七兴废，十八流弊，十九起衰，二十假借，二十一咎毁，二十二谈薮，二十三轶事，二十四五经文。虽未甚精详，然已积卷帙矣。录成二部，一存粤东学海堂，一携归江南，盖江南遗文旧说为岭南所无者尚多，俟再令家塾子弟补成之，时甲申冬日。”这里的“甲申”为道光四年（1804）。自序说得很明白，阮元确实曾命学海堂诸生编撰过《四书文话》，时间最迟也在道光四年冬日以前。初稿“虽未甚精详，然已积卷帙”，存有两个抄本，一本留在广州的学海堂，一本则由阮元本人带回了扬州。

---

① 启功、张中行、金克木：《说八股》，中华书局1994年版，第47页。

② 何怀宏：《选举社会及其终结》，三联书店1998年版，第164页。

③ 王章涛：《阮元年谱》，黄山书社2003年版，第1058页。

留在学海堂的一部，谭莹的《乐志堂文续集》中曾提及。卷一《胡稻香遗集序》云："诣侯赢之宅，《文话》不存。（谓君谟孝廉，阮文达师相尝嘱与君同撰《四书文话》。）"① 此云阮元曾嘱侯康与胡调德同撰《四书文话》。因为《四书文话》确实编成过，才会有"《文话》不存"之说，而侯康家里的《四书文话》应该就是阮元留在学海堂的那部。

带回扬州的这一部初稿，梁章钜见到了。《制艺丛话》卷一引《四书文话序》后云："此吾师所自作《四书文话序》，已刻入《揅经室集》中，而其实《文话》尚未成书。余以道光丙申（注：道光十六年）入觐京师，曾向师乞读此书，师曰：'此书初稿有两本，一存扬州家塾，一留广州学海堂。君此去广西，可就近索阅耳。'适余草创《丛话》亦已具初稿，急欲得吾师书印证之，先后函托广东林少穆督部、乔见斋廉访、张南山郡丞就近录副，讫不可得，均云学海堂中并无此稿矣。辛丑移抚吴中，旋以引疾就医邗上，乃得从吾师借观所存家塾稿本。凡二十四门，援据浩博，间有余稿中所未及采入者，因穷旬日之力，目营手缮，计增入余稿者十之一二。"梁章钜的这段话透露出三点信息：1. 他曾参考扬州家塾本《四书文话》来修订《制艺丛话》。2. 广州学海堂本《四书文话》至迟在道光十六年就已散失。3. 道光五年，阮元的《四书文话》自序刻入启秀山房刊《学海堂集》时，《四书文话》"尚未成书"，道光十六年，此序刻入《揅经室集》时，《四书文话》同样"尚未成书"，一直到道光二十一年，扬州家塾本《四书文话》依然只是"已积卷帙"的初稿。

显而易见，阮元最初命学海堂诸生周以清、侯康、胡调德纂辑成的只是《四书文话》的初稿，因为岭南资料有限，甚至"尚未成书"。阮元之所以带一部回扬州，是因为江南文化比较发达，希望找到"遗文旧说"增补原作，编完全书。但后来这个计划并未能实现，《四书文话》其实没有定稿，因此没能刊行。不过既然梁章钜曾见到过此书，或许此书仍存于世间。特别是此书曾有扬州家塾本，今日苦心寻觅而不可得，或许无意之中相逢于异日。

20 世纪 90 年代以来，随着科举制度和八股文研究的深入，阮元的《四书文话》引起了学人的重视。不过，虽然我们现在无法知晓书的具体内容，但是阮元的自序给我们留下了重要的线索，我们可以根据二十四门的名称以及借鉴了《四书文话》部分内容的梁章钜的《制艺丛话》来加以了解，另外还可以参照其他一些材料，例如阮元本人对科举和八股文的态度如何，其在《四书文话》自序中云："唐以诗赋取士，何尝少正人？明以四书文取士，何尝无恶党？惟是人有三等，上等之人，无论为何艺所取，皆归于正；下等之人，无论为何艺所取，亦归于恶，中等之人最多，若以四书文囿之，则其聪明不暇旁涉，才力限于功令，平日所诵习惟程朱之说，少壮所揣摩皆道理之文，所以笃谨自守、潜移默化，有补于世道人心者甚多，胜于诗赋远矣。"由此可见，他的态度

① 谭莹：《乐志堂文续集》，《续修四库全书》集部第 1528 册，上海古籍出版社 2002 年版，第 339 页。

与其学生梁章钜表现在《制艺丛话》中的态度毫无二致。再如，全书的第一门《原始》，应该是探究八股文的渊源，相当于总论。而这一门的具体内容，我们可以从《学海堂集》卷八《四书文源流考》中窥见端倪。《学海堂集》卷八中保存了学海堂诸生郑灏若、梁杰、杨懋建、周以清、侯康五人各自写的《四书文源流考》，其中周以清、侯康参与编订《四书文话》，所以这几篇文章应该就是《原始》一门的总纲。

从阮元所云“余令学海堂诸生周以清、侯康、胡调德纂之”之言来看，《四书文话》成于众手，从“诸生共议”的二十四门的标题来看，此书相当于八股文分门别类的遴选、汇编和八股文资料的长编。八股文的遴选、汇编和其研究资料的编排自然也可见到编者的眼光和见识，但毕竟不同于出于袁黄一人之手、显示其对八科乡试墨卷、九科会试墨卷独到见解的《文规》正续编。要想将新科墨卷自破而承而小讲、大讲，分类评订比较，说清楚如何而元，如何而魁，如何而中式，说得圆满允当、令人信服，没有在科场上长期锤炼形成的功夫，没有对八股文既能入乎其内又能出乎其外的把握，是很难做到的。

梁章钜对《制艺丛话》颇有自许之意，谓其“考证旧闻，触发新意，或有裨于举业”①。林则徐为此书所作《后序》云：“《制艺丛话》一书，自北宋逮于今，兹按其时代各成卷帙，兼以考证旧闻，网罗琐事，翼传注之遗阙，极风气之变迁，读者得由此以知人论世，虽七百余年之远，其盛衰正变，一一可辨乎升降。洵为自有制艺以来不可少之书也。”② 尽管如此，《制艺丛话》依然与《四书文话》体例基本相同，是八股文的遴选、汇编及其研究资料的编排。《四书文话》分为二十四门，《制艺丛话》则厘为二十四卷；《四书文话》按程文、墨卷、社稿、元灯等类别遴选、汇编八股文，《制艺丛话》则按宋代、明初、明中叶、明末、顺治初、康雍、乾嘉、道光等朝代顺序遴选、汇编八股文；《四书文话》有“十之一二”的内容被增入《制艺丛话》；两者的相通之处可见一斑。对所选文字的点评，袭用俞长城的《可仪堂一百二十名家制艺》为多，出于编者自己的真知灼见则不多。前贤论文部分间亦可见《文规》正续编中诸家论文的内容，如卷二十三中徐儆弦论文数则。《四书文话》初稿不见，《制艺丛话》却得以刻印行世，成为今日八股文研究的资料性专书，实有其偶然性。

通过《文规》正续编与清代的几部总体考察和研究八股文的著述的比较，撇开《四书文话》不论，可以看到，俞长城的《可仪堂一百二十名家制艺》重在以人以文存史，高塘的《论文集钞》则以《文规》正续编为“集钞”的蓝本，《制艺丛话》基本属于不同时期八股文的遴选汇编和八股文研究资料的长编，在流传至今的以八股文为主要文体的时文研究文献中，它们自有其特色，因而自有其地位和价值，然而，它们并非后来居上，并不能取代《文规》正续编特有的地位和价值。梁章钜在《制艺丛话》卷末的制艺名家题名表中于万历时期列有袁黄之名，为明代一百五十二家之一，说明梁氏

① 《制艺丛话·例言》，上海书店出版社2001年版，第7页。

② 《制艺丛话·后序》，上海书店出版社2001年版，第487页。

对袁黄的推崇。确实，就《文规》正续编考察对象层次之高、地域之广、时效性之强、理论色彩之丰富，就其分析之透彻、总结之全面而言，明清两代很少有专书能和它相比。如果考虑到八股文发展史上明代与清代的重要区别，考虑到《文规》正续编与明代八股文研究专书相比，属于具有全面总结意义的集大成式的研究性撰著；而与清代八股文研究专书相比，又纯粹以明代八股文为考察对象，其与众不同的地位与价值就会更加凸显出来。

万历时期是八股文发展史上重要的转折时期，这一点可以从明清之际重要的思想家顾炎武对万历前后八股文的不同态度加以考察。长期以来，顾炎武被视为抨击八股文不遗余力的重要人物，因为他说："愚以为八股之害等于焚书，而败坏人才有甚于咸阳之郊，所坑者但四百六十余人也。"① 仅凭此言，其否定八股取士之制的激烈态度足可定论，故今人抨击八股取士之制者往往引此为依据。但问题并非如此简单，梁章钜《制艺丛话》卷八引胡燮斋云："'此法不变，则人才日至于消耗，学术日至于荒陋，而五帝三王之天下，则不知其所终。'余谓亭林先生此言，并非欲因噎废食也。""亭林先生初名绛，其少作即熟精经学……通天、地、人之谓儒，亦从举子时早定根柢耳。""则亭林非不工时文者，工时文而痛诋时文若此，彼盖疾夫藉圣贤之言为梯荣钓宠之术，转相模仿，愈趋愈下，遂发此过激之论耳。"② 综观顾炎武的言行，胡氏所述符合事实，值得今人反思。首先，顾氏反对的是纯粹以获取功名富贵为目的、言行背道而驰的庸滥八股文，而并不反对作者将写作过程视为以圣经贤传陶冶自己心灵的过程的八股文。其《与潘次耕札》云："凡今之所以为学者，为利而已，科举是也。"③《与友人论门人书》云："夫道之污隆，各以其时。若为己而不求名，则无不可以自勉。"④ 在他看来，只要不汲汲于功名富贵，好的八股文甚至可以与"五经"一样，作为子弟求取真才实学的教材和参考书，《与李霖瞻》之一云："小儿以既足为师，名以衍生，亦颇谨饬。本经《毛诗》已完，令节读'五经'，兼诵先辈八股文百篇，意不在觅举也。趋庭变学，既已引置庄岳之间；挟策读书，亦多从游舞雩之下。"⑤ 顾氏让小儿衍生"兼诵先辈八股文百篇"，意竟"不在觅举"，其寄希望于儿辈者为何可想而知。如果说顾氏抨击一切八股文的话，又岂会让八股文败坏其子弟？其次，顾氏反对的是将经史束之高阁，凭记诵坊刻时文苟取科第者。其在《生员论》中云："国家之所以取生员，而考以经义、论、策、表、判者，欲其明六经之旨，通当世之务也。"⑥ 故"昔之三场，非下帏十

---

① 顾炎武著、黄汝成集释：《日知录集释》卷十六，上海古籍出版社 1985 年版，第 1260 页。

② 梁章钜：《制艺丛话》卷八，上海书店出版社 2001 年版，第 132 页。

③ 顾炎武：《与潘次耕札》，《顾亭林诗文集》，中华书局 1983 年版，第 166 页。

④ 顾炎武：《与友人论门人书》，《顾亭林诗文集·亭林文集》，中华书局 1983 年版，第 47 页。

⑤ 顾炎武：《与李霖瞻》之一，《顾亭林诗文集·蒋山佣残稿》，中华书局 1983 年版，第 186 页。

⑥ 顾炎武：《生员论》，《顾亭林诗文集·亭林文集》，第 23 页。

年，读书千卷，不能有此三场也”①。然而，“今以书坊所刻之义谓之时文。舍圣人之经典、先儒之注疏与前代之史不读，而读其所谓时文。时文之出，每科一变，五尺童子能诵数十篇，而小变其文即可以取功名……故败坏天下之人才”②。对明六经之旨，通当世之务，厚积薄发的八股文，顾炎武是赞赏的。他自己少年时就是这样实践的：“弟少习举业，多用力于四经。”③ 顾炎武如此擅长八股文，强调八股文写作必须出入经史时务，故其推崇科场风气较为清正的明代万历以前的八股文精品，《与彦和甥书》云：“万历以前，八股之文可传于世者，不过二三百篇耳。其间却无一字无来处……今欲吾甥集门墙多士十数人，委之将先正文字注解一二十篇来，以示北方学者。除事出‘四书’不注外，其‘五经’子史古文句法一一注之，如李善之注《文选》，方为合适。此可以救近科杜撰不根之弊也。”④ 若非读书千卷，出入经史，焉能无一字无来处？但若一心求名而非“为己”，又岂会下帏十年，读书千卷，出入经史？顾炎武素极服膺朱熹倡导的积极的应试动机，即“读圣贤之书，据吾所见而为文以应之，得失利害置之度外”⑤。《日知录》中云：“熹守南康，九渊访之，熹与至白鹿洞，九渊为讲‘君子小人喻义利’一章，听者至有泣下。熹以为切中学者隐微深痼之病。”⑥ 数百年之后深有同感，足见顾氏倡导“为己”的理想主义的应试动机与朱熹一脉相承。近几年来，已有学者提出应当正确理解顾炎武八股文取士“败坏人才”说，认为顾氏此说仅针对明代后期的科场流弊而言，并无全盘否定八股文取士制之意；对明代前期和中期作者读书千卷以至无一字无来处的八股文，他是充分肯定的⑦。此论甚确，但忽视了顾氏否定或肯定八股文最根本的标准是“为名”还是“为己”。

万历以前的士人是否真的有如顾炎武所言“为己而不求名”者？是否真的能做到“昔之三场，非下帏十年，读书千卷，不能有此三场”？是否真的有“无一字无来处”的可传之文？纯粹以明代八股文为考察对象、囊括三十六家论文精要、具有全面总结意义的《文规》正续编提供了直接的文本依据。乡会试墨卷之文是否言必由衷，或参差不一，尚不可一律视之，姑且置之勿论，而包括袁黄本人在内的三十六家，其论文或告戒亲子，或嘱托门人，或倾心挚友，自非敷衍之言，违心之论。王阳明云：“君子穷达，一听于天，但既业举子，便须入场，亦人事宜尔。若期在必得，以自窘辱，则大惑矣。”（《续文规》卷一）求取功名并不期于必得，而是以“言寡尤，行寡悔，禄在其中”和“修其天爵，人爵随之”等古训作为自己立身为人的准则。袁黄云：“文须实诣

---

① 顾炎武著、黄汝成集释：《日知录集释》卷十六，第1256页。

② 顾炎武：《生员论》，《顾亭林诗文集·亭林文集》，第23页。

③ 顾炎武：《答汪苕文书》，《顾亭林诗文集·亭林文集》，第60页。

④ 顾炎武：《与彦和甥书》，《顾亭林诗文集·亭林文集》，第58页。

⑤ 朱熹：《朱子语类》，《朱子全书》第14册，上海古籍出版社、安徽教育出版社2002年版，第415页。

⑥ 顾炎武著、黄汝成集释：《日知录集释》卷十六，第1412页。

⑦ 祝总斌：《正确理解顾炎武八股文取士“败坏人才”说》，《文史知识》2002年第2期。

乃亲切……汝辈听吾讲书，愿勿作空谈，听过句句切己理会。圣贤亦只是个常人，无甚高远，其心即是吾之心，其言即是吾之言。汝试扫却杂虑，虚心潜玩，哪一句不是吾人实受用的？如此做工夫，自然与翻阅讲章无头记问者不同。他日发为文章，便是自家屋里人说自家屋里事，此举业家第一等门路，亦是文章秘密藏。从此而进，便是单刀直入。”（《文规》卷四）研习儒家经典，不是作为干禄求名之具，而是修身养性之方，故须切己理会，勿作空谈。此言乃袁黄对儿子天启所发，可谓寄以厚望。唐顺之云：“夫业无定习，而心有转移。苟真有万物一体之志，则虽从事于举业以进身，未尝不为义途也；若使有独为君子之心，则虽从事于饬躬励行以退处，未尝不为利途也……盖时义虽卑，即此而鼓舞凝聚其精神，坚忍操炼其筋骨，沉潜缜密其心思，以类万物而通神明，故曰洒扫应对，精义入神，只是一理，艺之精处，即是心精；艺之粗处，即是心粗，非二致也。但古人于艺，以为聚精会神、极深研幾之实；而今人于艺，则以为溺心玩物、争能好胜之具。此则古与今之不同，而非所以为艺与德之辨也。仆所愿执事之于诸生，即举业之中而示之以穷经明理、反躬着己之路，而默消其干名好进之心，则是举业中德行道谊也。方且顺而导之，正不必逆而沮之也。”（《续文规》卷一）是否从事于举业以进身，并不是“义途”与“利途”的根本分界，关键在于是否穷经明理、反躬着己，换言之，是“为己”还是“为名”？端正应试动机的问题被袁黄归结为“文有根本”的问题，也是其余三十五家论文时每每涉及的核心问题。例如陈如冈云：“修业而趋时，则胸臆之真境，必有所抑。”（《续文规》卷七）武叔卿云：“吾辈日与世情交涉，岂能槁形灰心，一无所染？但把此心放得平平淡淡，来亦不冀，去亦不留。由义理以悦心，而或得或失，如沙鸟浮没于水上；履坦途以自适，而时行时止，犹浮云卷舒于空中。胸中时有此趣，便是上达君子，识见不日进于高明，吾不信也。若终日轇轇扰扰，惟利欲是念，一团秽俗填塞胸中，则志趣卑鄙甚矣。”（《续文规》卷八）此类说法表明，明代有识之士已充分注意到八股文的不同品位，在《文规》正续编中从未有过将八股文比做“敲门砖”的说法，恰恰相反，各家均鄙视那种不学无术之徒为侥幸获取功名富贵而不择手段走捷径的“功名八股文”，倡导优游儒家义理的“境界八股文”，此种文字须陶冶身心，厚积薄发，然后命笔为文，以期一旦入仕，不负天下苍生黎民，所谓“文之根在心，养之之法，须扫除习气，屏绝嗜欲，使胸中常有一段清明境界”是也。（内阁文库本《续文规》卷四）袁黄云：“昔归有光熙父，博洽有盛名。嘉靖庚子，张龙湖主南京乡试，得熙父卷，大加叹服，称为天下士，然以其经书义涉古奥难识，终不与首选。龙湖心实重之，谓海内无两也，尝自诧曰：‘世安有具只眼如张治者识归生耶？’熙父素恬静，不问家人生计，益闭门修业，直欲以古文为时义。”（《续文规》卷三）此等襟怀，令人敬佩。

《文规》正续编虽是评析乡会试墨卷之书，袁黄也力主“墨卷当看”，但这并不意味着他否认八股文作者应当具有融会古今的宏阔视野，恰恰相反，袁黄在分析墨卷的过程中十分重视作者读书的根底，涵泳于古今典籍之中，追求深厚的学养，闳其中而肆于其外，是袁黄也是其他三十五家论文内容的根本原则。袁黄云：“要读尽三代两汉之书，又要胸中不存一元字脚；要包罗天地古今之态，又要赤洒洒不染一尘。”“取‘五经’、《周礼》、《老》、《庄》、《列》、《荀》、《韩非》、《吕览》、《左》、《国》、《史》、《汉》，次第读之，口诵心惟，悠优涵泳，令其渐渍汪洋。握笔为文，分途策驭，无古无今，庶几可以名世。”类似的话，各家论文的过程中不胜枚举。评点文章时袁黄以及诸家习惯使用的同类术语是：“前辈作文用句用字，皆有来历，不似今人之鲁莽也。”“无一语不入情，亦无一语不逼古。”“无一字不深入，无一语不见道。”“凡天下一器一物，必有源流；凡文章一字一句，必有出处。”这不正是顾炎武赞赏万历以前优秀八股文所持的最高标准“无一字无来处”吗？

《文规》正续编不仅在于它的科举学价值，例如它保存了不少明代文人的乡会试墨卷，披露了他们的中式名次，被录取的某些细节，提供了八股文结构在明代的演进过程和衡文标准，论述了八股文以外的表、判、论、策的作法等，同时还具有多方面的研究价值。在《文规》正续编的文章学体系中，八股文属“文”之一体，与古文血脉相通，难分彼此，故两书中相当一部分“论文”的内容往往兼古文与时文而合论之。例如《文规》第一卷中的《前辈论文》、《文贵自得》、《文贵养气》，《续文规》第一卷至第九卷所载三十六家文论等。尤其是三十六家文论，有的可见于其文集之中，但相当一部分仅见于此书，构成了一座时文理论与古文理论交融渗透的理论宝库，《文规》正续编便有了中国古代文论尤其是明代文论的研究价值。《文规》正续编中所涉及的万历年间的文人名士中，有相当一部分是文学家，如王世贞、唐顺之、茅坤、归有光、汤显祖、袁宗道、袁宏道、袁中道等，书中提供了他们中一些人的生平资料，揭示了这一时期中的一些重要的文学现象，《文规》正续编因而又有其文学史研究的价值。此二书的文章评点方式有其独特之处：作法综论与文章评析熔于一炉，全文引述与局部点评相互映衬，破题、承题、小讲与正讲的评点既各自独立又彼此呼应，试官的批语与编者的评判相得益彰，因而自有其考察明代文章评点方式的价值。在科举文献的价值已经得到肯定的今天，具有上述多方面研究价值的《文规》正续编尤其值得重视。

入校版本概览

游艺塾文规

版本一　万历三十年壬寅（1602）孟冬月双峰堂余文台刻本（十卷）

清华大学图书馆藏一部（底本，简称“清华本”）
国家图书馆藏一部（仅存前五卷）（参校本，简称“国图本”）
安徽省博物馆藏一部（参校本，简称“安博本”）

游艺塾续文规

版本一　明重刻本（十八卷）

国家图书馆藏一部（底本，简称“国图本”）
安徽省图书馆藏一部（仅存前九卷）（参校本，简称“安图本”）

版本二　日本内阁文库藏明原刻本（十八卷）（参校本，简称“内阁文库本”）

凡　例

一、本书原文有大字小字之分，撰者袁黄评文之语均使用大字，被评诸文或使用大字，或使用小字，正编使用大字为多，续编使用小字为多，现一律改为大字。被评诸文或起讲，或二比，或四比，或缴结，或全文，一般作为引文加上引号，以便与袁黄评文之语相区别。袁黄针对引文中一句或数句所作的评语，则置于句后的括号中。

二、《游艺塾文规》现存三部属于同一刻本，仅有足本与残本的区别，少量字句清晰与模糊的区别，而漫漶缺损以及误刻处则甚多。凡属底本明显的讹误，校订中直接予以改正，一般不出校记。底本漫漶缺损之处凡可据参校本补正者则据以补正之，并出以校记。凡底本及参校本中均漫漶缺损者则予以辨析，辨析依据残留而模糊不清的字形、对股同位字词所呈现的用语标志以及当下文义，三者比照，确切无疑，方下定此字，稍有可疑处，或以“□”表示，付诸阙如，或列出疑似之字，写出校记，以备去取。凡底本及参校本中某些字句是否误刻尚在疑似之间，则据文义加以理校，并在校记中加以说明。《游艺塾续文规》的校订赖有较为精善的日本内阁文库本作为参校本，故底本中大量漫漶缺损以及误刻处得以补正。少量底本和内阁文库本均有的误刻处，则采取上述与《游艺塾文规》相同的理校的方式。无论是《文规》还是《续文规》，校订的基本原则是力求正文流畅可读，字句择善而从又必有所据，疑似之字由校记予以交代，以防有所误判。

三、《游艺塾续文规》校订的底本与内阁文库本相比，卷三、卷四、卷五内容有很大的不同，故将内阁文库本此三卷作为《续文规》的附录收入。其余十五卷分段有所不同，字数多寡略有差异，但内容完全相同，故除了将底本的漫漶缺损以及误刻处据内阁文库本补正外，不再将全文逐句逐字细校。

四、凡书中全篇引入的八股文，为保存其原始面貌且节省篇幅，未按八股文的结构体制，如破题、承题、起讲、正讲等重新安排，识者自能会心于其中。

五、凡原文大量使用的异体字，刻工为图省事而任意改变字体结构生造的字，经辨认后，一般改为规范的简化字。当可能产生歧义时，酌用繁体字或异体字。对于人名，尤取慎重态度。例如书中凡四见的“胡徵”，若改为“胡征”，其意义之敏感在明代显而易见，或许其本来的读音就应是“胡徵（zhǐ），与其误改，不如不改。凡字体的简化，均以《辞海》为依据。为保持书的原貌，通假字一般不作改动，但某些明显的通假字如“蚤”通“早”，则将前者改为后者。

六、本书文论部分，凡引用原文者，大都属节引，与原文文字多有出入，校订时除必要者予以出校之外，一般不作说明。凡出校者，依据的校本均出自文渊阁《四库全书》影印本。本书引用八股文原文时，上股或下股字句偶尔会有缺漏而不完整的现象，校订时仅对理解上可能产生歧义者出校记加以说明。

七、明代八股文题型中有所谓省略题，本书原文对省略题一般采取特定表达形式，如“《诗》云邦畿（至）所止”，即在题目头尾中间加一“至”字（有的为“止”，现径改为“至”），说明题目范围。此题完整形式应是“《诗》云：‘邦畿千里，惟民所止。’《诗》云：‘缗蛮黄鸟，止于丘隅。’子曰：‘于止，知其所止。’”省略题省去中间22字。校订时为便于读者辨识，对此类题型在“至”字上加括号作为标志。

八、书中出现大量人名，但也有少量称字者，加之不少人确已无法考知，故在校订时除对不少明显的讹误予以纠正外，不再作具体考辨，纠正的人名之误也不出校记说明考辨过程。书中引用文章破题或其他某些部分，往往将作者人名置于引文之后，易于引起歧义，现一律将人名加上括号，以示区别。

九、书中同一文题下引用若干篇范文，或同一篇范文中的若干部分，为避免分段过于细碎，同时节省篇幅，不再区分段落。

十、书中原有的段落主要采用另起一行作为标志，标点时一般采用原有的段落形式，必要时加以调整。

十一、书中文论部分通常使用条列的形式，同时在最末一条附加说明，如《续文规》卷之四“以上三十三条作文语”，卷之五“以上十二条作表语”，“以上三条作判语”云云，但实际条目数有时与作者交代的条目数不吻合，为了不再增加这种不吻合的情况，标点时除必须独立分段的文字以外，尽量以原条目文字为段落单位。

十二、为方便本书的研究，原书所有序跋、题款一律保存，如正编正文后有刻书者落款：“万历壬寅孟冬月双峰堂余文台梓”，亦在注释内予以说明。

游艺塾文规

《游艺塾文规》卷次

小　启

了凡先生旧有《谈文录》、《举业彀率》及《心鹄》等书刊布海内，久为艺林所传诵。近杜门教子，复将新科墨卷自破而承而小讲、大讲分类评订，如何而元，如何而魁，如何而中式，一览了然。凡前所评过者，一字不载。买者须认叶仰山原板①。

① 此段文字系本书扉页小启，扉页竖排双行题书目云“新刻袁了凡先生游艺塾文规”，上横排4字云“举业定衡”，左竖排三行小字即为本段文字。

游艺塾文规引

先民有言，曰立德、立功、立言，士之不朽三。纷哉士也！罔克蹈厥中者。劳绩复弗遑讫，仅挟一喙以竞鸣，以计不朽，吾业悲之。乃第夫言，则有四子六经，日月而丽天者；降而春秋之词命，列国之纵横，楚之骚，汉之歌，皓且理，去古犹迩也；再降而魏靡，晋史，唐之律、宋之词、元之曲，予曷取焉？举子业去彼，又有间矣。士人枯而肠，殚而力，以业是卑卑者，不幸哉！复念弘正诸大家，才不掩法，文不掩质，士犹得藉兹以格于往圣。流靡迨今，词亡情，意亡理，局亡法。三亡者具，悦乎众矣；半存半亡，悦者半；羞为是者，众摈之。是故一二气豪之士，岸然不顾流俗，谨奉先民之典刑，罔敢失坠。邻老欲售，乃易厥志，惫而弗前，咄嗟就木。其于诗骚古文词弗克肆力，而立德、立功渺未闻者，可鉴也。余家在汾之阳，及门诸君日以是道枉而问焉。夫诸君类多雄伟卓落，特患与时忤，故以是编授之。异日尔贾用售，一志千古，俾骚埒原玉①，诗埒苏李，文翼六经四子。荷斯道者，自姚江关山②以溯洙泗，或奇勋烈烈，声播铜柱南、大漠北，于及门诸君有厚望矣。

赵田逸农袁黄坤仪甫书

---

① 玉：疑似“王”，然于句意难通。上文既言“楚之骚”，此处“原玉”当以屈原、宋玉并称，故以“玉”为是。

② 关山：序文书写为行书体，此二字清晰无误，然代指何人何派不 明。“陆（象山）王（姚江）心学”一脉相承，而“象山”又非“关山”。或取此二字的一般意义，以示姚江与洙泗相隔甚遥，并喻“王学”渊源久远。

游艺塾文规卷之一

赵田逸农了凡袁黄坤仪甫著
男袁天启若思
侄孙袁士鲲南之
侄孙袁祚熙载之甫同校

前辈论文

驱驰艺林，雌黄今昔，披沙寻宝，剖璞商奇，前辈谈文夥矣，然挥麈者如牛毛，而当理者如麟角。姑采其至精者，以供濯祓。○魏文帝曰："文以气为主，气之清浊有体，不可力强而致。"○沈约曰："五色相宣，八音协畅，由乎玄黄律吕，各适物宜，欲使宫羽相变，低昂中节，若前有浮声，则后须切响。一篇之内，音韵尽殊，各句之中，轻重悉异。妙达此旨，始可言文。"○皮日休曰："万炼成字，千炼成句。"○刘勰曰："文之英蕤，有秀有隐。隐也者，文外之重旨；秀也者，篇中之独拔。"又曰："意授于思，言授于意。密则无际，疏则千里。或理在方寸，而求之域外；或议在咫尺，而思隔山河。"○挚虞曰："假义过大，则与类相远；造词过壮，则与事相违；辨言过理，则与义相失；丽靡过美，则与情相悖。"○张茂先曰："读之者尽而有余，久而更新。"○韩愈曰："养其根而俟其实，加其膏而希其光，根之茂者其实遂，膏之沃者其光晔。"又曰："和平之音淡薄，愁思之声要妙，欢愉之词难工，穷苦之言易好。"○柳宗元曰："本之《书》以求其质，本之《诗》以求其恒，本之《礼》以求其宜，本之《春秋》以求其断，本之《易》以求其动。参之《榖梁氏》以厉其气，参之《孟》、《荀》以畅其支，参之《老》、《庄》以肆其端，参之《国语》以博其趣，参之《太史公》① 以著其洁。"○苏轼曰："吾文如万斛之珠，取之不竭，惟行于所当行，止于所不得不止耳。"○陈师道曰："善为文者，因事以出奇。江河之行，顺下而已，至其触山赴谷，风抟物激，然后尽天下之变。子云惟好奇，故不能奇也。"○李涂云："庄子善用虚，

① 太史公："公"，底本无，据《柳河东集》增。

以其虚虚天下之实；太史公善用实，以其实实天下之虚。”○李梦阳曰：“古人之作，其法虽多端，大抵前疏者后必密，半阔者半必细，一实者一必虚，叠景者意必二。”○何景明曰：“意象应曰合，意象乖曰离。”○徐祯卿曰：“妙骋心机，随方合节，或约旨以植义，或宏文以叙心，或缓发如朱弦，或急张如跃楛，或始迅以中留，或既优而后促，或慷慨以任壮，或悲凄以引泣，或因拙以得工，或发奇而似易，此轮匠之超悟，不可得而详也。”○王世贞曰：“物相杂故曰文。文须五色错综，乃成华采；须经纬就绪，乃成条理。”○前辈论文虽众，其当理惬心者，大略不过如此。孔子曰：“修辞立其诚。”上列诸公所谈，虽极玄奥，总之，皆修辞之法耳。“立诚”二字，未之及也。诚者，真也。作文之法，其遣词也，须出自真情；其叙事也，须直逼真境。谈理性，便当直透本源；说工夫，便可措之实践。陈治道，真可用之经世；论人事，真能曲尽人情。如荆川先生“郑人使子濯孺子侵卫”一节，结云：“师以及师，庾斯报德之厚也，况亲受业如羿者，而忍杀之乎？友以及友，孺子料人之明也，况亲授业如蒙者，而不能察其奸乎？”句句皆题中真景。昆湖先生“用之则行”一节，众人讲“惟我与尔”句，皆扯孔颜作对，瞿讲云：“用则为邦之问，吾于子乎有望矣；舍则箪瓢之乐，吾于子乎有赖矣。”方是归美颜子真意。庚辰“如有王者”一节，作者灿然矣，若发“如有”二字，终当以鄙文为破的。癸未“吾之于人”全章，众俱讲“无毁无誉”，而吾独挑剔“谁”字，与下节相应，恐亦得题中真髓。大率吾为文不尚修词，亦不废修词，假借玄音，发挥真理。有时极其铺张，阖辟万变，而胸中常含不尽之情；有时藻绘可观，铿然在耳，而终不使词胜于意，似于诸子颇有微长。

举业三昧

时文虽小技，亦有三昧在焉。要读尽三代两汉之书，又要胸中不存一元字脚；要包罗天地古今之态，又要赤洒洒不染一尘。盖不读书穷理，则波澜易竭，润色无资，然使尘诠不脱，理障未空，岂能臻文章之妙境？故学文者，须先扫除鄙秽，涵泳性灵，有暇先静坐三、四月或半年，否则亦须随事遣情，于念中息念，将奔驰纷扰之妄心、艳慕纷华之妄见减得一分，便有一分干净，习之久久，自然尘芬渐退，澹泊虚融，然后取“五经”、《周礼》、《老》、《庄》、《列》、《荀》、《韩非》、《吕览》、《左》、《国》、《史》、《汉》，次第读之，口诵心惟，悠优涵泳，令其渐渍汪洋。握笔为文，分途策驭，无古无今，庶几可以名世。从古以来，文之佳者未必遇，遇者未必佳，得不得有命，勿论可也。唐以诗取士，而杜子美终身不遇，踯躅浣花；韩退之文起八代之衰，而四科不第，冷落障海，此岂文之罪哉？今之擅名艺院者，大率多以科第之高，而文章家之真派，故当别论，如世之尚古物者，有好事家，有鉴赏家，固不得而混也。昔欧阳率更见索靖碑，初看云：“浪得虚名。”次日再看云：“名下定无虚士。”坐卧其下，十日不能去。丙子在燕，冯开之初睹吾文，以为未佳，久之许可，遂相依不能去。今之学者，如开之之虚心者，几何人哉？

文须请教前修

世间万事，皆有法度，皆有源流，即小小技艺，亦须得人传授，方可名家，况文章乎？忆予十八岁，见荆川唐先生于嘉兴天宁寺之禅堂，即礼之为师，相随至杭，往返几两月。先生之学，大率以理为宗，每作一文，必要一段千古不可磨灭之意，见其阐发题意，往往皆逼真入微。我朝夕执书问业，《学》、《庸》、《论》、《孟》，大约皆完。除平常易晓者不录，录其深奥者，题曰《荆川疑难题意》。先生又躬阅而手订之，始付剞劂。尝语予曰："学者当借传以明经，不可驱经以从传；当尊经而略传，不可信传而疑经。"闻者以为名言。明年十九岁，方山薛先生督学两浙，自湖而之嘉。初考湖州，出"及其至也，虽圣人有所不知焉"。此题诸理斋有刻文，原不依"问礼问官"之说，谓："道固有出于圣人所知之外者，圣人固不得而尽知也。"湖士凡见此文者，皆遵用其说，方山大加称赏。及至嘉兴，出"居敬而行简"二节，此题前辈未尝有作也，诸生皆依"仲弓未喻夫子可字之意"立说。发案之日，方山大怒诸生无见识，且曰："仲弓贤者，身通六艺，岂有不识一'可'字之理？且均一可也，'可使南面'之'可'，便以为优，'可也简'之'可'，则以为劣，一字而两解之，此何说也？"予聆其论，隐然动唐师之想，知此二人同以理学为宗者也。然上下分殊，无由细领其教。及薛罢官归，予造其宅，始知薛公乃当时高才博学，极有时名，久困场屋不得第。我浙中前辈董中峰、来菲泉得举业正传，来乡、会皆中第二，选授丹阳知县。方山往谒之，呈其文，来公览之，告曰："文字有必中者，有必不中者，有歪文而可利中，有好文而必不中者，汝之文乃好而必不中者。"薛惊问其故，因出董中峰批点程墨一秩授之，曰："依此必中矣。"薛受而习之。菲泉壬辰会魁，方山乙未亦中第二。是日，方山出以示予，予早暮服膺，始知举业自有的传。予又慕昆湖瞿先生之高，闻其在籍，特往拜之。至姑苏，昆湖适揽舟北行，泊于阊门。予具衣冠进谒，瞿公极简易，不立崖岸，一见欢如平生。问曰："汝看我文，何篇最佳？"予曰："《五柳堂稿》篇篇皆佳。"先生曰："韩、柳、欧、苏集上，其文不能尽佳，吾独尽佳乎？有几篇可看。"首举"君子之道费而隐"之作，予起曰："此生所熟诵也。"先生问："何以见其佳？"予不能答。先生指示云："注：'费，用之广。隐，体之微。'要训此二字，不得不如此解。若论作文，只宜重讲'费'字，'隐'则非言语所可及者。你看一部《中庸》都说'费'，而其所以然处则隐也，故吾文云：'自其散殊者言之，天地之所以高深，鬼神之所以隐显，皆于是乎统焉，而特不得其故耳；自其流行者言之。'云云，大率重讲'费'字，而'隐'只在言外见之。"予深服其论，因请问别篇。先生曰："'君子务本'二句亦好。"予请其故，先生曰："注言：'凡事专用力于根本。'事有万端，本惟一致，岂有一事即有一本乎？又岂有事时方务本，无事时即无本可务乎？吾文以'培吾未离之天，防吾未萌之欲'

立论，颇似透彻。”予又请问，先生复举“不迁怒”二句文字示予，曰：“此二句是颜子心学工夫，闵、曾而下，皆不能及，故曰今也则亡。”时适有二童子在旁，先生指曰：“若说怒于甲者，不移于乙，如怒此童，而移于彼童身上，即我亦不曾如此，况颜子乎？我文中二小比云：‘太公以虚其体，而不牵于易发之私；随感以安其常，而不淆于难制之气。’先说‘太公以虚其体’，是内不迁于心；次说‘随感以安其常’，是外不迁于境。程子言：气之易发而难制者，莫如怒。今曰‘不牵于其私’，‘不淆于其气’，皆是模写不迁的景象。”连讲十余题，予心洒然，方知向之知先生未尽也，方知瞿也、唐也、薛也三先生之文，同一杼轴也。予非能文者，数奉教于君子，每拜一师，辄觉有一番进益，是故学者须虚心请益，多访高人。孔子曰：“毋友不如己者。”彼之识趣既卑，我之见闻益陋，即竟日悬梁，终宵凿壁，而燕僻在前，庸秽鄙俗之气，默默入吾肺腑中，不可救药也。然人不如己，我绝之，我不如人，人又岂肯友我哉？两执己见，胜友当绝迹矣。孟子曰：“事之云乎，岂曰友之云乎？”盖不如己者勿友，胜己者我当事之，此一定之法也。今之学者，师心自用，不肯屈志于前修，偶有一知半解，辄自负深玄，所作或稍清新，足惊众目，便神厉九霄，志轻先辈，政如夜郎王问汉使者：“汉何如我大也？”吾见今日须将浮惰之气，尽情扫除。如管东溟、冯具区、董思白诸先辈，皆当造其庐而礼请之，得其一言半句，即奉如蓍龟，绎其旨趣，以点化吾之凡骨。大率与前辈相处，真诚领教，即微言微动，皆受益无穷。苟不能虚怀承受，而反去检点人过，即圣贤与居，亦多见其可疑耳。嗟嗟！昔也，见贤思齐；今也，见贤生妒。昔也，见不贤而内省；今也，见不贤而外憎。内失己之益，外孤人之赐，如是而尚可为人乎？思之，勉之。

国家令甲

洪武间初开科举，诏群臣详定取士之法。“四书”外“五经”各占一经。《易经》主程传及本义，《书》主古注疏及蔡氏传，《诗》主朱传，《春秋》主胡传，及《左传》、《礼记》主陈皓集说及古注疏。后又以《书传》多错谬，命刘三吾等重加校正，凡蔡传得者存之，失者去之。又集诸家之说，足其未备，颁之学宫，令天下遵守。永乐中，又以宋儒一人之见，未足以尽先圣之旨，遂广募群儒，将“五经”“四书”，各集《大全》一部，搜罗群说，纤悉不遗，颁布天下，令生儒世守。予贡入南雍，大司成凤阿姜公谆谆启迪，欲令遍阅《大全》，且曰：“毋执一说，毋恃己灵。凡经书，初时且莫看注，先将本文大意熟复精思，觉通融浃洽，然后将本注逐一体贴，如其是也，不必自出己见，即须从之，如果难通，便当将《大全》诸说，更加详考。须要觌面与孔孟相逢，方是尚友之学，方不负朝廷作养。”时林对山为南京礼部尚书，姜盖其本房门生也，引予拜之。虽官居八座，衙门无事，予终日领教，因将批抹《四书大全》一部授予，告曰：“此光祖做秀才时所删定也。凡有一句一字可用者俱圈出，其不可用者皆抹杀。即朱传亦有可用及断不可用者，切须诠择。秀才们只以先入之见为主，而于《大全》等书，并不经目，不但孤陋寡闻，亦重负祖宗集书启发之深意矣。”国初，《大全》新颁，士皆遵用，故董中峰所批成弘间程墨，其立说皆远胜朱传。即唐、薛、瞿三师之文，皆洞见本源，发挥透彻，此举业正宗也。近来当道贵游，不加详察，专欲依注，拘定一家之言，不许纷毫走动，上不能遵二圣之谟训，下不能闯大方之藩篱，从此以后，士子之识见当愈卑，而文风当扫地矣。李石麓戊辰主试，出“由诲女知之乎”一节，语众试官曰：“知不论多寡，只论真妄，举知与不知而皆无自欺，只此便是真知，此知之外，更无知矣。若依注‘况由此而求之，又有可知之理’，则此知之外更别有知，而夫子所言反为不完之语矣。”故所作程文，全不依注，可称千古绝唱。张太岳辛未主试，出“先进于礼乐”全章，以注中“反过就中”为不得此章之旨，谓：“重中则野人不如君子，惟不重中而重质，则宁为野人，不为君子。”故程文纯重“质”字做，真可压倒元白。甲戌会试“学如不及”二句，旧说以注“言人之为学，既如有所不及矣，而其心犹悚然，惟恐其或失之”，遂分上句为功，下句为心，然天下岂有无心之功哉？会元孙鑛破云：“圣人论学者之心，敏于求而犹自歉也。”通在心上做，不落俗儒派头。丁丑“子贡问士”三节，予在场中与常仰坡同号，渠问此题大旨，予谓：“宜重本做。”渠答曰：“第三节注中分明说：‘本末皆无足观。’若重本则悖注矣。”及揭晓，程墨皆重本，一如予言。即如近年“仁者其言也讱”全，注云：“心常存，故事不苟”，则为难头上当补存心。若论至理，则为之难非事不苟之谓也。其为非徒在事，即是心去为难；亦非不苟于事，即是心常慎重，故一时程墨皆照本文发挥，并无①一人添入存心另讲者。孟义“舍己从人”二句，注云：“己未善，则舍己以从人；人有善，则乐取而为之于我。”以二句平说。观下文云“无非取诸人者”，只言取而不言舍，可见从处即是取处，不但不可作对，亦不可看作二层也。且舜是圣人，岂待有不善而后舍？即善处亦能舍己从人，并无丝毫系吝，所以为妙。程文墨卷并不依注，皆一直讲下。此等处皆足强人意思。尝欲薄游燕都，草一疏请遵祖制，以兴文运，而野老山栖，无心竞世，台省诸公，倘有同志，幸昌言于朝，以起士风之陋，其于世道人心非小补矣。

墨卷当看

前日之墨卷，后日之法程也。予幼颇不愚，自负深诣，见墨卷初出，心颇不惬，一一拈出而诋排之。时从管南屏先生游，告予曰：“墨卷者，今之中式文字，汝以彼为非，则与彼异趣矣。须要看得他好，方有入头处，方可利中。”予领其教，重复细阅，乃知向来多少粗心浮气。盖风檐寸晷之文，诚有不必尽善者，然词或未修，而意独出群；意或未佳，而气独昌顺；气或未畅，而理独到家。其他或轻清，或俊逸，或自然，

① 无：底本原脱，据文意增。

或平淡，有一可取，便足中式，不必专摘其疵，亦不必曲为之护，政使瑕瑜不掩，亦自成家。荆川先生批选程墨极精极细。昆湖先生将辛丑陆先生、戊戌袁炜、乙未许榖、壬辰林春、己丑唐先生五科会元墨卷，从头细批，阐其精微，破其关键。盖会前五人之精髓，以作甲辰之文字，所谓集大成者也。今之后生未尝不阅墨卷，亦未尝不选墨卷，然得其皮毛，遗其神理，总之，在影响之间耳。甚有选定之后，束之高阁，并不翻阅，政如市娼倚门，阅人虽多而留意者少，后来相见，即素所赏契者，亦茫然不复忆矣。儿须将吾所选定者枕藉观之，沉酣熟玩，使神与偕来，庶不负七十老子一片苦心耳。

文贵自得

从矩出方，固当远遵先范，而含珠吐瑞，尤当出自性灵。《易》曰："拟之而后言，议之而后动，拟议以成其变化。"此便是学文样子。始不拟议，则邪魔野径，驱斥为难；终不变化，则邯郸之步，秽态可怜，故须始于拟议，终于变化。昔人有步趋华相国者，以为形迹之外学之，相去弥远。又人学书，日临《兰亭》一帖，有规之者云："此从门而入，必不能成家。"是故学文者，当凝神深造，毋涉猎助长，当求之于牝牡骊黄之外，毋滑没于语言文字之中，当为信阳之舍筏，不可为北地之效颦。句法字法，各有源派，而不为古役；篇法章法，极合绳墨，而不堕蹊径。宋儒谢显道解《孟子》云："自然而得者，乃为自得。"杨龟山解云："得之于己者，乃为自得。"朱晦翁合而训之曰："自得者，自然而得之于己也。惟其自然，乃可得之于己。"故须从容涵泳，真积潜思，恍然有得，则启口容声，皆妙境矣。

用工贵专

今之学者，大率多用三六九日作文，勤者或间日作，此非善用功者也。凡进德修业，工夫只要专。如习一事，须使此事成就，然后傍及其他。昔某禅师谓参话头肯七日七夜念头不断，定有悟门。若果肯如是用功而不悟者，未之有也。孔子论学，开口便说"时习"。终日十二时中，并不间断，方谓之"时习"。作文者果能念念思维，绵绵不断，行住坐卧，心常在文，文既成，须呈明眼求正，有不安应时改定，改而未妥，不妨重复删削，既妥，请题再作，但要借他题目收吾精神，一念常凝，万缘俱断，不消半月，定有豁然透脱之期。盖改到无可改处，文字便佳，既佳之后，只不歇手，做十余日，觉得轻省，便熟矣。使一日做，一日不做，即终年拈弄，亦必不熟。譬如种木者，要使根株时时着土，定然随时生发，此时决定道理。昔荆川先生戊子年正月坐馆修业，一切纷华杂事并不膺情，终日坐想题目，饭至呼之常不应。四月，宗师来考，始出门，而举业遂大成矣。昆湖先生坐虞山五柳堂，终日作文，未及百日，出应学师之考，见水流风动，草长花开，恍然皆文机发见。是年遂登科，明年及第。周江郎亦只用三个月工夫作文，乡、会皆中第二。《悟真篇》云："凡言九载三年者，尽是迁延款日程，岂独修真哉？"时文亦然。

文有根本

文者，枝叶也，其根本在心，故心无秽念则文清，心无杂想则文纯；心不暴厉则文和，心不崎岖则文平；心能空廓则文高，心能入微则文精。如印之沙，如模出物，靡不相肖。故欲工文，先当治心。治心之法，非必谢事离尘，一无所膺，其念虑也，又非必闭目危坐，求息念以归真也。孟子曰："学问之道无他，求其放心而已矣。"倘一以求放心为主，只读书作文，亦是真正工夫。盖此心属火，火以丽木，心必丽事，即不着事，亦必着空。孟子称："必有事焉。"正谓动静必有事也。今读一书，吾收敛元神，扫除别念，口诵心惟，如对圣贤，读之而未有所得也，亦可借之以收吾放心；如有所得，则超然于语言文字之外实是。故读书作文，虽非息心之道，亦是聚念之方。念而常聚，正是主一无适也。先辈云："系心一处，无事不办。"即道家观窍守中，禅家念佛参话头，皆是收摄念头之法。学者作文，能鞭心入题，断诸妄想，陆士衡所谓："如游鱼衔钩而出重渊之深，如翰鸟膺缴而入层云之表。"到此田地，上不知有天，下不知有地，中不知有人，而惟知有此题；目不知有色，耳不知有声，口不知有味，而惟知有此题。一念在文，万营俱息，且不知我之为文，文之为我也。神岂有不凝，心岂有不存者哉？然待有题而后作文，无题即止；操笔而后为文，搁笔即止者，皆非善作文者也。盖作文之功，有时间断；存心之功，无时可息。是必不论有题无题，不论操笔搁笔，使眼耳鼻舌身意常要收敛，常如作文一般。日间应事接物，迎宾待客，穿衣吃饭，种种差别，而吾之提撕本念处，全无差别，则精神敛而愈邃，聪明蓄而愈深，虽不读书而书日明，虽不作文而文日进矣。程子曰："学非心得，则至老而益衰。"今之做举业者，幼时染缘尚浅，天真尚存，其文可看，长而一涉俗事，未及四十，气便衰而笔便窘矣。若是真正修行人，虽七十八十，其知愈神，其文弥妙，惟其有本故也。

文贵说理

万形有敝，惟理难磨。凡文之可传者，皆其说理者也。如以词而已矣，则朝荣暮瘁，东起西沉，纵有可观，特暂时光景耳。冯具区尝言："文有真奇，有伪奇；有真平，有伪平。凡根极理要，而开人不敢开之口，本立而千条提秀，气实而万派生光，此真奇也。若无理无意，而徒掇拾生字怪语以炫人耳目者，此伪奇也。有深邃之见，而出之以冲夷；有真切之思，而运之以和易；言言说理，字字切题，而无龃龉之态，读之冲然，而味之无极，此真平也。若不本之于理，而徒为率易之词，乃鄙夫庸谈耳，此伪平也。”故阅文者，不当论其奇平，而惟当辨其真伪。欲辨真伪，须就理上分之，不然，欲取奇才，而为伪奇所惑，欲收平正，而老迈不材之士，往往滥收。今一决之于理，则无二者之惑矣。理有真有伪，有浅有深，有虚有实，有微有显，有平有满，有偏有正，只就题中寻觅。说本有之理，而谈之历历可听，此真理也。理虽成章，而于题不肖，乍看斐然，然细寻转远，此伪理也。人所常言，亦人所共知，此浅理也。揣摩不能到，耳目不能及，而愈阐愈精，此深理也。如谈学问，而实可见之修为；谈治道，而实可措之行事，此实理也。可言而不可行，止资口吻，全无实用，此虚理也。意中觅意，奇外生奇，析精意于毫芒，呈巧思于罔象，此微者也。昭如日星，而万古不易；坦如大道，而日用常行，此显者也。闯其藩而未窥其奥，涉其麓而未登其巅，自谓深造，尚滞半途，所谓平也。见彻底里，语必十成，一言刺心，全体皆现，所谓满也。论有而遗无，语体而遗用，只通一路，不见大全，所谓偏也。以真词发真理，以实意写实情，坐断两边，独由中道，所谓正也。大抵要识见高则理路透，要学问洽则理路明，要精神聚则理路专，要工夫到则理路熟。不濯去旧知，而日来新意，则识见不高。不遇高人讲贯，不得奇书开发，则学问不洽。胸中有纤毫杂好则神便驰，有纤毫物欲则神便污，有纤毫驰骋则神便散，皆非聚精神之道也。或作或辍，似有似无，岁月悠悠，身心泄泄，甚至口诵书而意缘他务，身在馆而坐废光阴，不是昏沉，便属散乱，工夫何由而纯熟乎？今须力反前弊，一味用功，每遇作文，须借他题目，说我自家道理。道理既胜，彼区区修饰于句字间者，不啻退三舍矣。

文贵养气

文之词可以精修而工，意可以深思而得，独气不可强。其浑然者，不可以力镌；其浩然者，不可以袭取，此须善养而致之。养得气和，文始雍容而大雅；养得气壮，文始充实而称雄；养得气清，文始澄洁而无秽。养气之诀，备于《孟子》，曰：“夫志，气之帅也，气，体之充也。”志是主人，气是奴婢。凡欲养气，须先正其心，将万缘放下，使心君泰然。盖此志常凝，而一物不扰，则气自然宁定；此志常洁，而一私不染，则气自然清明；此志常寂，而一念不生，则此气便是混沌未分之气，是故当以养志为主。然孟子又曰：“无暴其气。”蹶者、趋者是气也，而反动其心。知蹶趋为害，则行须缓步，语要低声，凡百举动，须要从容和缓，端详闲泰，使冲和之气，充于四体，而塞乎两间。我与天地同在一点太和元气之内，由是而服气以养神也，则举天地之生我者，而还以毓吾之身；由是而行气以经世也，则举天地之生万物者，而挈之以立万物之命；由是而发为文章，则自我之盎然者出之，而我与天地同在笔端矣。故蹲之则泰山，而气极庄严，提之则流水，而气甚活动，操纵阖辟，无不如意。功夫全在平日涵养，内外夹持，助忘俱遣，机须自得，理合先天，久久习之，自有圣贤前辈气象，岂独为文字一节而已哉？

举业不可骋才情

经义之学，理微诡圣，即匪当行，词不宗经，便为谬论，本有一定之式所当遵守者也。可用之以涵泳真性，不可因之以流荡情尘；可用之以收拾放心，不可任之以过恣才思。故厚养邃衷之士，常能臻真妙境，而粗心浮气之徒，虽习焉而不工者也。今之论举业者类曰："此人才短而无纵横之气，此人情疏而无自得之词。"不知凡论文者，各有本色，举业文字，自有程墨可循，若稍骋才情，则如袒裼阔步于庙堂之上，欢歌笑语于君父之前，非其质矣。故才足以一日千里，而须范我驰驱，不失尺寸；情足以涵濡万状，而须循规蹈矩，入我彀中；是以贵涵养、贵中正、贵和平；但能循绳墨而濡之以化，则不出筌蹄而纵横自在，煅炼之极，妙入自然，而文始称工矣。

文有十忌

作文须知疵病，须识避忌，一一为汝陈之。一忌头巾气。俗儒恶派，老生常谈，方而不圆，执而不化，皆是老秀才家数，此头巾气也，岂可不避？二忌学堂气。蒙师杜撰，儿童相冒，识趣卑庸，见闻秽杂，此是三家村里学究所为，岂可不避？三忌训诂气。作文切不可指字释义，须要玲珑变化，不但意义不可蹈他一毫，兼词气亦不可袭他一字。即如《大学序》云："则既莫不与之以仁义礼智之性矣。"如此句法，何等累赘？首节注云："使之亦有以去其旧染之污也。"如此句法，何等软弱？又云："必至于是而不迁之意。"如此句法，何等执着？又云："必其有以尽夫天理之极，而无一毫人欲之私也。"如此句法，何等懒慢？王凤洲尝言："恶文字有一毫入在八识田中，无论今生难作好文，即来生隔世，亦还要流出恶文字来。"凡前二项头巾气、学堂气，大半多在注中，故凡天下秀才，读得注烂熟者，必不能作好文，凡会做文字者，必于注不熟者也。葵阳先生教其子與参，不令读注，人问之，曰："吾惧其染头巾气也。"卓哉！四忌婆子气。作文要直截，要撇脱，要轩豁磊落。若叮咛顾盼，嗒嗒不休，缠绕琐碎，举细遗大，便属婆子气矣。五忌闺阁气。文字须要顶天立地，展布得阔，若妍饰眉目，独逞娇词，粉黛情多，英雄气少，此闺阁中女子所为也。六忌乞儿气。富贵者，雍容庙堂；穷困者，沿门饾饤，东借西移，捉襟露肘。取餍①足于墦②间，索残羹于豪客。先辈诗云："抛却自家无尽藏，沿门持钵效贫儿。"此乞儿气也。七忌武夫气。《语》云：

---

① 餍：原作"压"，形近致误。所属原句用《孟子》中"齐人有一妻一妾"为典故，据改。
② 墦：原作"蟠"，形近致误，径改。

"不学诗，无以言。"以立言之体贵敦厚和平也。若争斗交驰，干戈杂出，当场怒张，全无礼乐揖逊之习，此文字之至陋者，所谓武夫气也。八忌市井气。文贵雅，不贵俗；贵清逸，不贵尘冗。若藏头露尾，饰伪为真，逐马尾之尘，而语言无味，竞蝇头之利，而面目可憎，此市井气也。九忌隶胥气。欺己欺人，畏首畏尾，言局蹐而不畅，气阻抑而不申，惯弄虚词，全无实意，此隶胥气也。十忌野狐气。文字自有真正脉络，一踏邪径，即万别千差。世间尽有野路文字偶然中式者，宗史所谓谬种流传，禅家所谓天然外道。自己既错，复以错路示人，譬犹古冢老狐，神通百出，终非真正修行道路，切宜避之。

白战（论修词之法）

予幼随于凤麓昆仲至严绍峰家，绍峰留会文。《论语》出"仁远乎哉"一节、《中庸》"力行近乎仁"、《孟子》"况居天下之广居者乎"。严公之文素多词，予因戏曰："昔欧阳永叔分韵作雪诗，禁用体物语，凡雪之字眼，皆不许用，谓之白战。今日三题皆仁，凡仁之字眼，取一纸录出，粘于壁上，一字不可用，犯者有罚，不持寸铁，独战文场，方为豪杰。"众唯唯从予，明日吕宇冈闻之，亦拟作三首。于时嘉兴盛传白战之说，迄今四五十年矣。近来后生浮慕清虚，凡见字眼，便指为恶句，欲一扫而空之，此偏也，非正也；此病也，非药也。大凡文字润泽者易中，枯槁者难中；富丽者易中，寒俭者难中；丰满者易中，瘦削者难中；酝藉者易中，浅露者难中；醲郁者易中，怯薄者难中；典雅者易中，倨野者难中；热闹者易中，寂寥者难中。所谓润泽、富丽、丰满、酝藉、醲郁、典雅、热闹者，皆善用字眼者也。如无字眼，必然枯槁，必然寒俭，必然瘦削，而浅露、怯薄、倨野、寂寥之弊，种种出矣。且如"穆穆文王"一节，顾会元云："恺悌之流，劳民忘其毁；圣明之戴，严主霁其威。"若无"恺悌"、"圣明"二语，文便单薄，若去"劳民"、"严主"，而但云"民忘其毁，主霁其威"，有何佳趣？如"仁者其言也讱"全，汤宾尹后股起云："议论与躬行无两操。"若去"议论"、"躬行"字眼，而但曰"言与行无两操"，便不成句矣。今前比云："议论与躬行无两操。"是单说"言行"；后比云："操行与持论无两衷。"是说出"言修行"。筋骨凛然，此便是极好文字。大率作文无理无意，而惟用字眼妆①裹②，苏东坡所谓"厚皮馒头"，诚为可厌，若借词以明理，用字以修意，骨肉停匀，华实并茂，如锦裹针，如璞包玉，乃天下至中至正之文，何得以字眼为拘乎？前辈论诗曰："炼句不如炼字。"作时文亦然，有一字炼法，有二字、三字、四字炼法。其一字炼法，要在活字上用力，如顾起元"纯敬之体，融敬之幾"，"纯"字、"敬"字、"体"字、"幾"字，皆是单字，而

① 眼妆：清华本原版缺失，据国图本正编补。

② 裹：原作"里"，形近致误，据文意改。

"纯"字、"融"字，则活字也。"以万境统一心，以一心御万境。""统"字、"御"字，其活字也，此活字在腰者。"天宁于极，理归于宗。""天"字、"宁"字、"极"字，皆是单字；"宁"字、"归"字，其活字也。"惇诚于天，抱真于性。""惇"字、"抱"字，其活字也。两字甚众，不必论。如汤宾尹："言也者，其仁人之时吐露乎？讱也者，其仁人之真精神乎？""时吐露"、"真精神"，乃三字法也。他如"古墨卷"、"亿万姓"、"千百年"、"明天子"、"大圣人"等，皆三字也。顾起元："止之准，握于渊微宥密之天；而止之符，显于天下国家之大。""准"字、"符"字是单字，在句末者，"渊微宥密"则四字也。文中自有宜用四字者，少则单薄矣。凡股中下句，如"柱之有磉"，稍薄稍弱，便承载不住，此岂可以字眼为嫌乎？尝记丙子冬，在京寓同冯开之、钱湛如作"为政以德"一节文，开之搁笔贮思，湛如问："何思？"开之曰："吾思德之字眼不得耳。"钱曰："天德何如？"冯曰："尘矣！今之时文用得如此尘字乎？"自丙子至今，又二十七年矣。汝辈作文，全要晓炼字之法，一字不新，全篇俱晦。盖作文无他巧，只要知换字法，腐字以新者换之，俗字以雅者换之，琐碎字以冠冕者换之。至于加减，全无定法。有减一字而直截，有增一字而悠扬者。但冗杂闲字，断然宜去，若紧关字面，岂宜轻裁？千万记取，毋杜撰也。

浙江文变

外省之文，大率与两京不同。两京程墨与会试相近，独外省则眉目各别，格调总殊。两京以理，浙江以词；两京以意，浙江以气；两京多奇笔，浙江多平调。故往年浙江之文只要稳，只要充满，只要明白。由两司做总裁，其年已长，其官已久，其心甚粗，其视经义恍然若隔世事，不复能别识，故人有"典显浅利中"之说，正谓其宦情浓郁，老眼昏花，不如此则不识耳。近来用京考，故文字顿改。数科以来，程墨说理用意，翻然一新。只如丁酉墨卷，若格调，若理趣，若意思，种种奇绝，骎骎有两京风味矣。故今日之文，不贵典而贵新，不贵显而贵邃，不贵浅而贵深。若稍有一毫尘腐、浮露、肤浅之态，决难望中。须要扫除俗套，掀翻理窟，自出一段精光，做天地间极好文字，庶几合格。一切庸俗、鄙猥、掇拾、饾饤之习，往年所望以利中者，今皆用不着矣。

词　忌

庚子浙场，先将时文新奇字眼，逐一拈出，各分一纸。房考官取卷呈堂，堂官专拣其有犯者黜之。沈应华以"组修"二字，李于鸿以"见解"二字，几乎被黜。呜呼！严矣。然绩学邃养之士，往往坐是见抑，连城隐璞，下生挥涕，流水离弦，钟期拊心，以数尺之污，而弃合抱之木，此志士所以动容，而英雄为之浩叹也。窃谓时文字眼，出自“五经”者，皆不须忌。如“幻”字，今人所最恶，然《书》曰：“诪张为幻。”字出壁经，何须深避？“遹”字出《诗经》，《诗》云：“谋犹同遹。”此类甚众，不能殚述。然有时所不忌，实无理而不用者，如“苍生赤子”，今时文去下二字，只曰“苍赤”，未审所谓苍赤者，果何物也？又如“林林总总”，今只曰“林总”，又如“独行不愧影，独寝不愧衾”，今除去“不愧”字，而只曰“衾影”，此等处皆碍理难通。善作文者，只要描写本题正意，岂必求奇于句字之间？只用寻常字，而发挥吾无限道理，乃是作家。

科第全凭阴德

《易》曰：“积善之家，必有余庆。”人家科第，大率皆由祖宗积德。今少年得意，辄嚣然自负，以为由我而致，不复念祖考累世缔造之艰，薄亦甚矣。试举闻见之所及者以告汝。

杨少师荣，建宁府人也，世以济渡为生。久雨溪涨，横流冲毁民房，溺死者顺流而下，他舟皆捞取货物，独少师曾祖及祖惟救人，而货物一无所取，乡人嗤其愚。逮少师父生，家渐裕，有神人化为道者，语之曰：“汝祖父有阴功，子孙当贵显，宜葬某地。”遂依其所指而定之，即今白兔坟也。后生少师，弱冠登第，位至三公，加曾祖、祖父皆如其官，子孙贵盛，至今尚多贤者。

鄞人杨自惩，初为县吏，存心仁厚，守法公平。时县宰严肃，偶挞一囚，流血满前，而怒犹未息。杨跪而宽解之，宰曰：“怎奈此人越法悖理，不由人不怒。”自惩扣首曰：“上失其道，民散久矣。如得其情，哀矜勿喜，喜且不可，而况怒乎？”宰为之霁颜。家甚贫，馈遗一无所取，遇囚人乏食，多方以济之。一日，有新囚数人待哺，家又缺米，给囚则家人无食，自顾则囚又乏粮。与其妇商之，妇曰：“囚从何来？”曰：“自杭而来，沿途忍饥，菜色可掬。”因撤己之米，煮粥以食囚。后生二子，长曰守陈，次曰守址，为南北吏部侍郎，长孙为刑部侍郎，次孙为四川廉宪，又俱为名臣。今楚亭德政，亦其裔也。

昔正统间，邓茂七倡乱于福建，始于沙县，蔓及延平等处，士民从贼者甚众。朝廷起鄞县张都宪楷南征，以计擒贼，后委布政司谢都事搜杀东路贼党，委都司张断事搜杀西路贼党。谢求贼中党附册籍，凡不附贼者，密授以白布小旗，约兵至日，插旗门首，戒军兵毋妄杀，全活万人，张混杀甚多。后谢之子迁中状元，为宰辅，孙丕复中探花。同时又有江西人王某，亦为司官，委查邓籍，厚情申改，免死数千人。夜梦神人语之曰：“尔子当与谢子皆中状元。”后果联科及第。

莆田林氏，先世有老母好善，尝作粉团施人，来取者即与之，无倦色。一仙来试其诚否，化一道人，每旦索食六七团，母日日与之，终三年如一日，乃知其诚也。因谓之曰："吾食汝三年粉团，何以报汝？府后有一地，葬之，子孙官爵至一升麻子之数。"其子依所点葬之，初世即有九人登第，累代簪缨甚盛，福建有"无林不开榜"之谣。

冯琢吾侍郎之父，为邑庠生，隆冬早起赴学，路逢一人倒卧雪中，扪之，半僵矣，遂解己锦裘衣之，且扶归救苏。梦神人告之曰："汝救人一命，出自诚心，吾遣韩琦为汝子。"及生琢吾，遂名琦。

台州应尚书，壮年习业于山中，夜鬼啸集，往往惊人，公不惧也。一夕闻鬼云："某妇人以夫久客不归，翁姑逼嫁之，明夜当系死于此，吾得代矣。"公潜卖田，得银四两，即伪作其夫之书，寄银还家。其父母见书，以手迹不类疑之，既而曰："书可假，银不可假，想儿无恙。"妇遂不嫁。后其子亦归，夫妇相保如初。公又闻鬼语曰："吾当得代，奈此秀才坏吾事。"傍一鬼曰："尔何不祸之？"曰："上帝以此人心好，命作阴德尚书矣，吾何得而祸之？"应公因此益自努励，善日加修，德日加厚。遇岁饥，辄捐谷以赈；遇亲戚有急，辄委曲维持；遇有横逆，辄反躬自责，怡然顺受。子孙登科第者，今累累也。

常熟徐凤竹栻，其父素富，偶遇年荒，先捐租以为同邑之倡，又分谷以赈贫乏。夜闻鬼唱于门曰："千不诓，万不诓，徐家秀才倒做了举人郎。"相续而呼，连夜不断。是年，凤竹果举于乡，其父因而益积德，孳孳不怠，修桥修路，斋僧接众，凡有利益，无不尽心。后又闻鬼唱于门曰："千不诓，万不诓，徐家举人直做到都堂。"凤竹官终两浙巡抚。

岂惟他郡？即吾郡言之，凡系世家，未有不由祖德深厚而科第绵延者。予旧馆于当湖陆氏，见其堂中挂一轴文字，乃其先世两代出粟赈饥而人赠之者。文中历叙古先济饥之人，子孙皆膺高位，谓陆氏他日必有显者。今自东滨公而下，三代皆为九卿，其言若为左券云。

屠康僖公，初为刑部主事，宿狱中细询诸囚情罪，得其无辜者若干人。公不敢自以为功，密疏其事，以白堂官。后朝审，堂官摘其语以讯诸囚，诸囚无不服者，释冤抑十余人，一时辇下咸颂尚书之明。公复禀曰："辇毂之下，尚多冤民，四海之广，兆民之众，岂无枉者？宜五年差一减刑官，核实其罪而平反之。"尚书为奏，允其议。时公亦差减刑之列，梦一人告之曰："汝命无子，今减刑之议，深合天心，上帝赐汝三子，皆衣紫腰金。"是夕，夫人有娠，后生应埙、应坤及应竣，皆显官。竣有文学，存心尤厚。居秋泾桥之浒，有一邻人贫甚，负其子孟玄银，不能偿，以屋基及小茔立契绝卖，准退前银。其子故长者，不肯受，告邻人曰："尔欲卖房与坟，吾当另酬汝直，前银送汝，吾不追也。"其邻人亦感其高谊，以实诉云："吾房实值若干，前因退债，故多写若干，今若还价，止当受若干，余者不敢领也。"孟玄亦高其义，复告之曰："汝不读书，尚知义理，不欲虚受吾直，况吾读书识字，岂肯见利忘义，而减汝之直乎？"固与之，邻人不胜感激。及竣归，邻人来访，竣留与小酌，邻人诉其子之厚德，且叙其感激之衷，竣惊曰："尔之房已卖，尔今何居？"曰："移某所。"竣呼其子，取前契还其邻人，且为筑其坟墓，戒其家人曰："世世毋相犯也。"今其坟尚在屋傍，无恙。以后登科第者甚众，皆埈子孙。埈号渐山，与吾父深交。予童时，吾父谈其德甚备，谓状志皆不能悉其什一，故作《屠谕德传》，具《一螺集》中。

嘉兴包凭，字信之，其父为池阳太守，生七子，凭最少，赘平湖袁氏，与吾父往来甚厚，博学高才，累举不第，留心二氏之学。一日，东游泖湖，偶至一村寺中，见观音像淋漓露立，即解橐中，得十金，呼主僧授之，令修屋宇。僧告以功大银少，不能竣事，复取松布四匹，检箧中衣七件与之，内纻褶，系新制。其仆请已之，凭曰："但得圣像无恙，吾虽裸裎，何伤?"僧垂泪曰："舍银及衣布，犹非难事，只此一点心，如何易得?"后工完，拉老父同游，宿寺中，公梦迦蓝来谢曰："汝子孙当享世禄矣。"吾父作文谓："天之报施，丝毫不爽，而护持正法，其应尤速。姑记其事，以俟他日之验。"后子汴、孙柽芳，皆登第作显官，惜吾父不及见也。

孙蜃川尚书之祖，为人淳厚公直，生平无一毫机械，是曰是，非曰非，乡人皆取平焉。一日，偶货物得银二两，公持以示人，则假银也。念此银既不可使用，亦不可留以误人，至东湖之滨，复从水中走数十步，投之深处。后生子，登第为副使，孙即蜃翁尚书。其曾孙辈多贤，书香正未艾也。

无论阖郡，就吾一县言之。支立之父为刑房吏，有囚无辜陷重辟，意哀之，欲求其生。囚语其妻曰："支公嘉意，愧无以报，明日延之下乡，汝以身事之，彼或肯用意，则我可生也。"其妻泣而听命。及支至家，妻自出劝酒，具告以夫意，支不听，卒为尽力平反之。囚出狱，夫妻登门扣谢曰："公如此厚德，晚世所希。今无子，吾有弱女，送为箕帚妾，此则理之可通者。"支为备礼而纳之。生立，弱冠中魁，官至翰林孔目。立生高，高生禄，皆贡为学博，禄生大纶，登第。

姚三韭本姓卞，博学善诗文。馆于怀氏，有女常行窥伺，卞岸然不顾。一日，晒履于庭，女作书纳于鞋中，卞得之，即托以他事辞归。吾祖怡杏翁作诗咏其事，有"一点贞心坚匪石，春风桃李莫相猜"之句，卞不受诗，且答书自辨其无此事。吾祖手缄其书，而题云："德至厚矣。"生子谌及曾孙锡，皆登进士，至今青衿尚济济也。

王宥号兰谷，嫡母生三女，长赘邹，次即吾母，三嫁陶庄陆氏，其婢生宥，父已老矣。邹狡甚，势不能相容，遂悉以田房授邹，而作一诗贻吾父，微示以反正之意。父没，邹据其田产，而遂居小屋中。深夜邹遣婢扣门污之，宥问曰："汝来何为?"曰："吾来就汝。"曰："吾断不为此无廉耻事，汝虽扣至天明，我终不开门也。"是夕，邹即紧随婢后，欲伺其失而罪之，闻宥言，大阻。后吾父白其诗于官，田庐反正。宥事母孝，娶妻亦孝。其母病卧予家，伤寒兼痢，势不能归，夫妇随而侍养，衣不解带，药先亲尝。问吾父病势如何，验其轻重，父曰："视其去后，色黄则轻，色黑则重。"宥辄侦伺其粪以告，昼夜凡百余起，必百余告也。扶翌起居，情真意笃，母感其夫妇，告曰："吾愿汝亦生孝顺儿孙。"后生子访，娶妇亦孝，孙慎德遂登进士，为御史。

顾忞性至孝，父娶妾生二子，钟爱之，忞每岁束修，悉以奉父。庚子春，馆于张氏，与予兄春谷订文会。赴馆之日，张廉知其孝行，即具一岁修银尽送之，告曰："今日得银，尔父未知也。此间适有田欲卖，可买之，俟秋成，可得余租若干。"忞曰：

“不可，岂可为几石米故昧心，且欺吾父哉？”卒持献其父。生子际明，少年登第。

翰林骢马沈①见泉之祖，游黎里罗汉寺，见后殿塌毁，观音坐雨中，发愿曰：“闻观音能与人智慧，吾作首募修此殿，求吾子孙有一二读书者足矣。”归而谋之妇，妇曰：“吾家现有糯米二百石，可悉卖以完其事。”遂独力完造。其孙尧中，曾孙梦斗，皆登第。吾父亦有文，纪之甚悉。

朱学博凤贤而有行，浙代巡是其门生，有乡人陷大辟，公贻书解之，而不受金。今生虞葑、廷益，官居显位，且有贤行。

姑父心松沈公，素慈祥恺悌，吾祖怡杏翁极钟爱之。十六岁而孤，里中陷以大粮长之役，吾祖不忍其破家也，携之潜匿芦墟。后闻里人更报其叔代之，心松曰：“叔家不及我家，奈何我安逸，而令叔受困乎？”即自出认役，幸不太费。后畏役，遂纳充司吏，随刘五清提学出巡，公平守法，时称为廉吏第一。同邑张公旦初充吏，后欲归儒，时有权提学收考童生，概县不知也。公连夜寄书，促旦往考，颇为效力。旦得入学，具银十两为谢，公笑而却之，曰：“我在学道提携人甚多，未尝受分毫谢礼，而乃受故人之金乎？只求子孙能读书足矣。”公为人乐易，未尝口道人过，与人语煦煦惟恐伤之。平居怒詈之声音、颜色，绝不加于婢仆。一日，赴燕浦氏，夜深仆从皆醉，公自操舟而归。既登岸，命诸仆之妻各扶其夫安寝。及旦，公未起，吾姑促之曰：“汝何今日独晏起乎？”公曰：“吾恐诸仆见我而惭，故未忍起耳。且俟其下田作业，吾徐起未晚也。”其忠厚不肯斥言人过如此。

微独心松，即其配袁夫人，予姑也，亦有厚德。生平未尝有疾言遽色，予偶坐其厨中，片饷间见所行三事，皆不愧古人。时表兄沈称病，医者索好酒制药，姑自起取酒。予曰：“婢颇众，何不使之？”曰：“此非重大事，何必劳人，且可以毋误。”予深服其言有理。顷之，携酒一瓯，置桌上。有仆名文成者，自外入，不知其为酒也，覆之于庭。姑出，问酒安在，予曰：“文成倾之矣。”姑曰：“是必误也。”适文成至，姑询其故，曰：“我将谓茶耳。”姑语之云：“不知误犯，汝原无罪。今后凡事要仔细，千粒米难成一滴酒，岂可不爱惜乎？”其人闻言，愧悔之色可掬。盖耿耿数言，严于捶楚矣。时有新亲家陆宅遣人候疾，小童持盘而入，覆于灶下，其母适值厨，自责其子，姑望见，急止之，曰：“此非有意，何得责之？”连步而前，视其器而语其母曰：“幸所碎不多，汝取其完者，碎者远弃之，勿留以碍人之足。”语其子曰：“今后持盘，不可令器皿过重，须缓步徐行。”时有一田保附陆舟问病，陆偶欲他往，其归不便，姑即送舟金，令其雇舟，又度其所送二物加厚，以米答之，又复周其食用。语予曰：“贫人候病，大是好心，岂可令他折本？”尝记吾父曰：“厚往薄来。”正是此意。片时偶见，所行所言，中伦中虑，以此行己，以此待人，终身岂有喜愠之色乎？使得终日侍奉，而备录其行事，岂但可以阐发幽光？兼可以砥砺末俗，即不然，善学者以之自养可也。予见

① 沈：原版缺损，据乾隆《浙江通志》卷一百三十三，沈尧中，浙江嘉善人，万历八年进士；沈梦斗，浙江嘉善人，万历五年进士，则此见泉必为沈姓。

婢仆有不如意事，思及吾姑，辄怡然解愠。今二十余年，无大怒矣。生子科，孙道原，皆登进士第。我邑无父子进士，有之，自道原始，岂可不念祖宗之厚德，而益培之也哉？

他如我家，及南北二钱与冯氏，皆以医起家，心在活人，功存济世，上天报施，断不爽也。然则今之习学业者，未论攻文，先当积德。如吾祖宗有厚德，而吾独放僻，则一念为非，足以损百年厚福。祖宗在天之灵，不可恃也。如祖宗未必种德，而吾独勤勤恳恳，一味为善，则可以感格天心，可以增修祖德，而子孙之福，且当由我而培之矣。此举业之先务，登第之要枢也。

谦虚利中

《易》曰："天道亏盈而益谦，地道变盈而流谦，鬼神祸盈而福谦，人道恶盈而好谦。"故谦之一卦，六爻俱吉。《书》曰："满招损，谦受益。"时乃天道，盖言惟谦谦，能为受福之地耳。予屡同诸公应试，每见寒士将达，必有一段谦光可掬。辛未计偕我嘉善同袍凡十人，惟丁敬宇寅年最少，众意忽之。予告费锦坡曰："此兄今年必第。"费曰："何以见之？"予曰："惟谦受福。兄看十人中，有恂恂款款，不敢先人，如敬宇者乎？有恭敬顺承，小心谦畏，如敬宇者乎？有受侮不答，闻谤不辩，如敬宇者乎？人能如此，即天地鬼神犹将佑之，岂有不发者？"及开榜，丁果中式。丁丑在京与冯开之同处，见其虚己敛容，大变其幼年之习。李霁岩直谅益友，时面攻其非，但见其平怀顺受，未尝有一言相报。予告之曰："福有福始，祸有祸先，此心果谦，天必相之，兄今年决第矣。"已而果然。赵裕峰光远，山东冠县人，童年举于乡，久不第。其父为嘉善三尹，从之官，慕钱明吾而执文见之，明吾悉抹其文，赵不惟不怒，且心服而速改焉，明年遂登第。壬辰岁，予入觐接夏建所，见其人气虚意下，谦光逼人，归而告友人曰："凡天将发斯人也，未发其福，先发其慧。此慧一发，则浮者以实，肆者以敛。建所温良若此，天启之矣。"及开榜，果中式。江阴张畏岩积学工文，有声艺林。甲午南京乡试，寓一寺中，揭晓无名，大骂试官，以为迷目。时有一道者在傍微哂，张遽移怒，谓："汝何为笑我？"道者曰："相公之文必不佳。"张益怒曰："汝又不见我文，乌知不佳？"曰："闻作文章心气和平，今听骂詈试官之词，则胸中不平甚矣，文安得工？"张不觉屈服，因就而请教焉。道者曰："命若该中，即文字不工亦中；命苟不该中，文虽工无益也。须自家做个转变始得。"张曰："命既不中，须安意听之，如何转变？"道者曰："造命者天，立命者我。力行善事，广积阴德，而又加意谦谨，以承休命，何福不可求哉？"张曰："我贫儒也，安得钱来行善事积阴功乎？"道者曰："善事阴功，皆由心造，常存此心，功德无量，且如谦虚一节，并不费钱，你如何不自反而骂试官乎？"张由此感悟，折节自持。旧处一馆，有服役童子甚顽，时加责治。后三年，馆于其家，不但不敢责詈，即气亦不敢诃于其面。丁酉梦至一室，其房甚高，有桌座在中亦高。适启其柜，得试录一册，中多缺行。问傍人曰：“此今科试录，奈何多缺其名？”傍人曰：“科第阴间三年一考校，须积德无咎者方有名。如前所缺，皆系旧该中式，因新有薄行而去之者也。”指后一行云：“汝三年来持身颇慎，或当补此，珍重自爱。”是科，果中一百五名，正梦中所指者也。由此观之，举头三尺，决有神明，趋吉避凶，断然由我。须使我存心制行，毫不得罪于天地鬼神，而虚心屈己，使天地鬼神时时怜我，方才有受福之基。古语云：“有志于功名者，必得功名；有志于富贵者，必得富贵。”人之有志，如树之有根，乃三军不可夺者。立定此志，须念念谦虚，尘尘方便，自然感动天地，而造福由我。今之求登科第者，初未尝有真志，不过一时意兴耳，兴到则求，兴阑则止。孟子曰：“王之好乐甚，齐其庶几乎？”予于举业亦云。

立命之学

余童年丧父，老母命弃举业而学医，谓：“可以养生，可以济人。且习一艺以成名，尔父夙心也。”后予在慈云寺遇一老者，修髯伟貌，飘飘若仙，予敬而礼之。语予曰：“子仕路中人也，明年即进学矣，何不读书？”予告以故，曰：“吾姓孔，云南人也，得邵子《皇极》正传，数该传汝，故万里相寻，有何处可栖止乎？”予引之归家，告母曰：“此高士也，多奇方。”母曰：“善待之。”试其数，纤悉皆验，予遂起读书之念。谋之表兄沈称，称言：“郁海谷先生在沈友夫家开馆，我送汝寄学甚便。”予遂礼郁为师。孔为予起数：县考童生当十四名，府考第七十一名，提学考第九名。明年赴考，三处名数皆合。复为卜终身休咎，言：“某年考第几名，某年当补廪，某年当贡，贡后某年，当选四川一大尹，在任二年半，即宜告归。五十三岁八月十四日丑时，当终于正寝，惜无子。”予备录而谨识之。自此以后，凡遇考校，其名次先后，皆不出孔公所悬定者。独算予食廪米九十一石五斗当出贡，及食米七十余石，屠宗师即批准补贡，予窃疑之，后果为署印杨公所驳。直至丁卯年，殷秋溟宗师见予场中备卷，叹曰：“五策即五篇奏议也，岂可使博洽淹贯之儒老于窗下乎？”遂依县申文准贡，连前食米计之，适九十一石五斗也。予因此益信进退有命，迟速有时，淡然无求矣。贡入燕都，留京一年，终日静坐，不阅文字。归游南雍，未入监，先访云谷，会禅师于栖霞山中，对坐一室，凡三昼夜不瞑目。云谷问曰：“凡人所以不得作圣者，只为妄念相缠耳。汝坐三日，不见起一妄念。”予曰：“吾为孔先生算定，荣辱死生，皆有定数，即要妄想，亦无可妄想。”云谷笑曰：“我待汝为豪杰，原来只是凡夫。”予问其故，曰：“人未能无心，终为阴阳所缚，安得无数？但惟凡人有数，极善之人，数固拘他不定；极恶之人，数亦拘他不定。汝二十年来被他算定，不曾动转一毫，岂不是凡夫？”予问曰：“然则数可逃乎？”曰：“命自我作，福自己求。诗书所称，的为明训。我教典中说：‘求功名得功名，求富贵得富贵，求男女得男女，求长寿得长寿。’夫妄语乃释家大戒，诸佛菩萨，岂诳语欺人？”予进曰：“孟子言：‘求则得之。’求在我者也，道德仁义，可以力求，功名富贵，如何求得？”云谷曰：“孟子之言不错，汝自错解了。汝不见六祖说：‘一切福田，不离方寸；从心而觅，感无不通。’求在我，不独得道德仁义，亦得功名富贵。内外双得，是求有益于得者也。若不反躬内省①，而徒向外驰求，则求之有道矣，得之有命矣，内外双失，故无益。”因问：“孔公算汝终身若何？”余以实告后，问曰：“汝自揣应得科第否？应生子否？”予追省良久，曰：“不应也。科第中人，类有福相，予福薄，又不能积功累行，以基厚福，兼不耐烦剧，不能容人，时或以才知盖人，直心直行，或轻信而妄谈，凡此皆薄福之相也，岂宜科第哉？地之秽者多生物，水之清者常无鱼，予好洁，宜无子者一；和气能育万物，予善怒，宜无子者二；爱为生生之本，忍为不育之根，予矜惜名节，常不能舍己救人，宜无子者三；多言耗气，宜无子者四；善饮能烁精，宜无子者五；好彻夜长坐，而不知葆元毓神，宜无子者六。其余过恶尚多，不能悉数。”云谷曰：“岂惟科第哉？世间享千金之产者，定是千金人物；享百金之产者，定是百金人物；应饿死者，定是饿死人物。天不过因材而笃，几曾加纤毫意思？即如生子，有百世之德者，定有百世子孙保之；有十世之德者，定有十世子孙保之；有三世二世之德者，定有三世二世子孙保之；其斩焉无后者，德至薄也。汝今既知非，将向来不登科第，及不生子之相，尽情改刷，务要积德，务要包荒，务要和爱，务要惜精养神。从前种种，譬如昨日死；从后种种，譬如今日生。此义理再生之身也，夫血肉之身，尚然有数；义理之身，岂不能格天？《太甲》曰：‘天作孽，犹可违；自作孽，不可逭。’孔先生算汝不登科第，不生子者，此天作之孽也，犹可得而违也。汝今充广德性，力行善事，多积阴德，此自己所作之福也，安得而不受享乎？《易》为君子谋，趋吉避凶。若言天命有常，吉何可趋，凶何可避？开章第一义，便说：‘积善之家，必有余庆。’汝信得及否？”予信其言，拜而受教。因将往日之罪，佛前尽情发露。为疏一通，先求登科，誓行善事三千条，以报天地祖宗之德。云谷出《功过格》示予，令所行之事，逐日札记，善则记数，恶则退除，且教持《准提咒》，以期必验。语予曰：“符箓家有云：‘不会书符，被鬼神笑。’此有秘传，只是不动念也。执笔书符，先把万缘放下，一尘不起。从此念头不动处下一点，谓之混沌开基，由此而一笔挥成，更无思虑，此符便灵。凡祈天立命，都要从无思无念处感格。孟子论立命之道，而先曰‘夭寿不贰’。夫夭与寿，至贰者也，当其不动念时，孰为夭，孰为寿？细分之，丰歉不二，然后可以立贫富之命；穷通不贰，然后可以立贵贱之命；夭寿不贰，然后可以立死生之命。人生世间，惟死生为重，曰夭寿，则一切顺逆皆该之矣。至修身以俟之，乃积德祈天之事；曰修，则身有过恶，皆当治而去之；曰俟，则一毫觊觎，一毫将迎，皆当斩绝矣。到此地位，纤尘不动，求即无求，不离有欲之中，直造先天之境，即此便是实学。汝未能无心，但持准提咒，无记无数，不令间断，持得纯熟，于持中不持，于不持中持。到得念头不动，则灵验矣。”予初号学海，取百川学海而至于海之义也。是日改号了凡，盖悟立命之说，而欲不落凡夫窠臼也。从此而后，终日兢兢，便觉与前不

① 省：原作“者”，据文意改。

同。前日只是悠悠放任，到此自有战兢惕厉景象，在暗室屋漏之中，常恐得罪天地鬼神，遇人憎我毁我，自能恬然容受。明年到①部考科举，孔先生算该第三，忽考第一，其言不验，而秋闱中式矣。然行义未纯，检身多误，或见义而行之不勇，或救人而心常自疑，或身勉为善而口有过言，或醒时操持而醉后放逸，以过折功，日常虚度。自己巳岁发愿，直至己卯岁，历十余年，而三千善行始完。时方从李渐庵入关，未及回向。庚辰南还，始请性空、慧空诸上人，就东塔禅堂回向。遂起求子道场，亦许行三千善事，辛巳生男天启。予行一事，随以笔记，汝母不能书，每行一事，辄用鹅毛管印一朱圈于历日之上。或施食贫人，或买放鱼虾，一日有多至十余圈者。至癸未八月，三千之数已满，复请性空辈就家庭回向。九月十三日，起求中进士道场，许行善事一万条，丙戌登第，授宝坻知县。予置空格一册，名曰《治心编》。晨起坐堂，家人携付门役，置案桌上，所行善恶，纤毫必记，夜则设桌于庭，效赵阅道焚香告帝。汝母见近行不多，辄颦蹙曰："我前在家相助行善，故三千之数得完，今许一万，衙中无义可行，何时得圆满乎？"夜间偶梦见一神人，予言善事难完之故。神曰："只减粮一节，万行俱完矣。"盖宝坻之田，每亩贰分叁厘柒毫，予为区处，减至壹分肆厘陆毫。委有此事，心颇疑惑。明日适幻余禅师自五台来，予即以梦告之，且问此事宜言否。禅师曰："善心真切，即一行可当万善，况合邑减粮，万民受福乎？"予即捐俸银，令其就五台山斋僧一万而回向之。孔公算予五十三岁有厄，予未尝祈寿，是岁竟无恙，今六十九岁矣。《书》言："天难谌，命靡常。"又言："惟命不于常。"皆非诳语。吾于是而知，凡称祸福无不自己求之者，乃圣贤之言，若谓祸福惟天所命，则世俗之论矣。尔之命未知若何。即命当荣显，常作落寞想；即命当顺利，常作拂逆想；即现颇足食，常作贫窭想；即人相爱敬，常作恐惧想；即世家望重，常作卑下想；即学问颇优，常作浅陋想。远思扬祖之德，近思盖父之愆，上思报国之恩，下思造家之福，外思济人之急，内思闲己之邪。务要日日知非，日日改过，凡一日不知非，即一日安于自是；一日无过可改，即一日无步可进。天下聪明俊秀不少，所以德不加修，业不加广者，只为"因循"二字，便耽搁一生。云谷禅师所授立命之说，乃至精至邃、至真至正之理，其熟玩而勉行之，毋自旷也。

① 到：原作"刑"，形近致误，径改。目前流传多种《立命篇》版本均作"礼"。这里固然是指南京部院官署里的礼部，因自永乐迁都北京以后，南京的部院官署依然存在，但原文应作"到"。

游艺塾文规卷之二

赵田逸农了凡袁黄坤仪甫著
男袁天启若思
侄孙袁士鲲南之
侄孙袁祚熙载之甫同校
书林叶氏仰山绣梓

破　题

场中触目处全在破题，往时惟元破为出色，近则由魁而下，凡中式者皆欲争奇矣。试观新科墨卷，同一题目，而其破皆留神煅炼，各自争奇，新新迭出，此亦须于窗下预先料理。前辈诸名公皆留意破题，故所传题意于主意之后，各作一破，盖书意明白，然后可以作破，此紧要工夫也。

凡元破必大雅、必的确、必平正、必浑融，于新奇之中时寓以浑朴之意。如新科许獬“畏圣人之言”，破云：“君子严圣训于心，知所畏者也。”“心”字是本题紧要血脉，此众人所共知，下句用“知”字，是先经以起。大匠作室，把定绳墨，不钻研小巧，而自雄胜诸卷义，众人所未喻也，盖小人不知天命，故不畏圣言。此处点出“知”字，最有骨力。戊戌首题“穆穆文王”一节，顾起元破云：“即《诗》以求圣人之止，而人极立矣。”此题原重“敬止”，众人不识书意，俱谓以圣人之止释《诗》，渠独言“即《诗》以求圣人之止”，不独题意了然，兼场中必无如此做者，便自奇绝矣。乙未“仁者其言也讱”全章，汤宾尹破云：“以讱言尽仁者，于讱之之心可想也。”题有问答，而破甚浑成，然用一“尽”字便该得司马牛不足之意，“讱之之心可想”甚有含蓄。壬辰“知及之”全章，吴默破云：“圣人于知及者，而责以仁守之全功焉。”场中皆知重“仁守”，而不知以“知及”为主。观其承题、结句及文字末二比，乃知学问全功在“知及”中，一时俱尽了。惟其意见迥别，故此破只是寻常说话，自不与众雷同。己丑“畜马乘”一节，陶望龄破云：“利国者不言利，征之训有家者焉。”丙戌“故君子名之必可言”一节，袁宗道破云：“君子知名之为重，所以谨称名也。”癸未“吾之于人也”全，李廷机破云：“圣人无毁誉，而援民心之直以自信也。”庚辰“如有王者”一节，萧良有破云：“圣人尚论夫王道，无近功者也。”大率皆冠冕妥帖，春容蕴藉，并不钻研小巧，只是口头语，令人无处觅，此便是会元家数也。但善战者不骛奇功，善贾者不图厚利，善中者不必皆元。如会元文字定是大雅，定是平正，然刻意模仿而力量未到，便不能动人，往往坐消岁月而终身蹉过。且要平淡，亦须从奇特处做起，做得纯熟，自然敛奇为平矣。苏长公所谓“非平淡也，乃绚烂之极也”。今学文不可先学平淡，场中除元外，其余中式破题皆极奇极新。旧刻墨卷大观，一题凡百余篇，遍览诸破，皆各出意见，可喜可愕。今集文散佚，不得尽录，止录其现在者为式。

畏圣人之言

君子心有常惕，而见圣于言焉。（商国祚）君子惕圣言，以中有独契也。（潘汝桢）君子见圣言于心，而其畏真矣。（郑以伟）以畏观君子，有严于传心之典者焉。（萧丁泰）君子崇圣学，不徒畏以迹也。（周士显）君子见天于圣训，而其畏深矣。（尹遂祈）君子以心证圣，而有所以惕其衷焉。（周师旦）君子心惕圣言，严于事天者也。（周瞻云）按破要有议论、有识见。商破“见圣于言”，谓言即圣。郑破“见圣言于心”，是重心。尹破“见天于圣训”，是重天。皆有议论，非苟作者。潘破“中有独契”，亦从下文“知”字来，与会元同法。萧破“严传心之典”，语新。周士显“不徒畏以迹”，是反意见奇。周师旦“以心证圣”，亦有议论。周瞻云亦归重“天”上，皆有意见，然非独十八魁也，自此至第三百名，皆各自献奇，不相蹈袭，如众花齐发而红白杂呈，各堪玩赏；又如众鸟啼春，而巨响微音不和不杂。试遍检之，当知予言不妄也。

庸德之行　四句

圣人论为道者，力修其庸而已。（许獬）君子为道于庸，而见实修之难焉。（王衡）君子为道，而修诸庸者力焉。（商国祚）圣人于言行，而其功严焉。（潘汝桢）道寓诸庸，而君子有不敢易之心焉。（吴亮）圣学无奇，于言行有极修焉。（郑以伟）圣人敦言行，惟竟之乎庸而已。（萧丁泰）道寓诸庸，故即庸以为道焉。（曹珍）立德于庸者，其心独见为之难焉。（尹遂祈）圣人置力于庸，而重矫其偏焉（王胤昌）君子为道于庸，而励其不敢之心焉。（王继美）圣人修道于庸，有无已之心焉。（罗宪凯）会元之破不惟新，而且浑成，粹乎无上。王破“见实修之难”，的确而浑成，亦元破也。商破“修诸庸者力”，亦淡雅有味。潘破径洁，吴破新警。郑破不说庸而说“无奇”，便觉触目。萧破“竟之乎庸”，语新。曹破“即庸以为道”，意奇。尹破单重“行”上，大有识见。王胤昌“重矫其偏”，用意良是。王继美只用题①上“不敢”二字，亦新。罗破“有无已之心”，极得肯綮。

---

① 题：原为空格，据文意及全文通例补。

是心足以王矣

大贤引君以王，而指其足王者动之也。（许獬）大贤直指心量，而识王道之易也。（王衡）心量裕于王业，惟其念真也。（潘汝桢）大贤引君致王，而直指其心焉。（吴亮）大贤欲君识其心，而歆之以可王焉。（萧丁泰）大贤欲致主于王，而动以自有之心焉。（周士显）论王以心，在所用之矣。（曹珍）大贤引君于王，就其心而迎之也。（周师旦）大贤进君于王，而极其心之量焉。（庄毓庆）大贤以王必君心，溯其真也。（罗宪凯）许平正典雅，真是元破。王"直指心量"，殊为破的。潘破"惟其念真"，萧破"识其心"，周破"动自有之心"，曹破"在所用之"，罗破"溯其真"，皆用意点掇，令人拔目，其余皆佳。

穆穆文王　一节

《诗》咏圣心之纯，无不得所止也。（何庆元）观至善于周王，以敬而会其止焉。（陈圭）即《诗》以观圣王，而知一敬该众止也。（李之藻）圣王有所以止之心，故各极其止也。（徐良彦）即《诗》以论周王之止，一敬心听运也。（张邦翌）稽止于大伦，得圣王之心法焉。（黄汝亨）历稽圣人之安止，皆得于敬者也。（王以宁）圣人敬止伦极，心学昭矣。（黄克燕）观止于圣心，一敬所管也。（胡来朝）《诗》揭圣敬，而得其所为止焉。（顾君美）咏《诗》而得圣人人伦之至焉。（曹征庸）圣人敬止之大，无非善矣。（李元调）以上诸破，有以《诗》贯下者，有全不说引《诗》者，有归重"敬"字及"止"字者，有不露"敬"字及"止"字者，有并"敬止"二字俱不说出者，譬如围棋千局，局局不同，故瑕瑜相悬，各能夺锦。

我不欲人　一节

道之忘人我者，圣人为贤者难也。（顾起元）贤者志于仁，而自许非其分焉。（何庆元）心所当公，而公之亦未易也。（崔师训）大道无人我，非可以易言也。（项惟聪）贤者志无我之仁，而圣人进之焉。（梅守和）圣人难贤者之自许，进之于无我也。（陈圭）学有一人我者，即贤者犹难之也。（李之藻）无我之学，圣人深致意于自信者焉。（龚三益）平情之学，圣人独信其难焉。（顾君美）贤者所证之公心，正当自策者也。（金应凤）欲平人己之施者，唯无易视之则幾矣。（杨希圣）贤者易言化境，圣人激之进焉。（张国儒）以上诸破，会元平正典确矣。何说贤者而不说圣人，此场中所鲜者。崔、项二破并圣人、贤者俱不说，而虚论其理，甚为超脱。梅、陈、张皆曰"进之"，此题言未及者圣人之词，欲进之者圣人之意，故曰抑之者陋，曰进之者高。金云"正当自策"，又胜"进之"。龚云"深致意于自信者"，尤有含蓄。李破以"一"字立说，通篇文字皆重“一”做，自是老手。不曰“贤者未及”，而曰“圣人独信其难”；不曰“未幾”，而曰“惟无易视则幾”；皆能刮垢见奇，工在象外。

且夫枉尺　一节

大贤甚言枉之非，而就以利情穷之也。（顾起元）究言利之弊，而知利不可言也。（陈圭）士节不可以利坏，防其流也。（李之藻）大贤甚利之趋，所以贞义之防也。（张维枢）计利而枉者，必至枉而失利矣。（徐良彦）大贤规言利，而甚其所必至焉。（王畿）利不可徇，究其弊而足惕矣。（龚三益）徇利者至于无不徇而诎也。（邵景尧）元破大雅，陈破只翻“言利”二字，便觉不尘。李以“士节”立说，而“防其流”三字，颇尽题旨。张引“义”对“利”，颇有议论。王破“规”字、龚破“究”字，皆新。徐、邵二破皆巧。

仁者其言也讱　全

圣人以讱言尽仁，而信诸无言之体焉。（李中立）仁者讱言，有不得不讱者在也。（毕懋良）仁者不易言，以为仁之不易也。（曹学佺）识慎言者之心，而仁尽是矣。（叶维荣）以讱之原观心，而可以识仁矣。（唐禧）仁者制言，以言之制于心也。（王孙熙）论仁而以言，有先于讱者矣。（程寰）圣人之所谓仁者，有摄于言之内者也。（饶景晖）言与为俱出于心，故讱即仁也。（胡汝钦）仁者必讱言，以意不在言也。（樊□）观仁于言之讱，一自得其心体也。（刘洪谟）圣人以讱言论仁，论其心也①。李破极奇，毕破得肯綮，曹即以“为之难”作为仁，是其特见，三破皆不露“心”字。叶与唐皆是倒破，唐用“原”字好，王破巧，程说“先于讱”，饶说“摄于言之内”，皆有理。胡、樊皆新巧，“自得心体”，亦有意见，破轻而确。

国有道不变　三句

强有见于处达者，不为达所移也。（汤宾尹）君子不以达易操，其力定也。（周应明）君子通塞一心，大勇见矣。（杨正芳）君子之强，有在守塞于通者焉。（周应秋）君子之强，不趋时以为通也。（曹学佺）论强于达，一实意而已。（刘洪谟）君子之强，能自胜于明时矣。（胡瓒）以上除元破外，周破不露“强”字，最妙，只点一“力”字，而强意便在其中矣。“通塞一心”、“守塞于通”及“不趋时以为通”，皆奇而新。刘“实意”二字从“塞”上生来，此是立意处。“自胜于明时”亦佳。汪破②“真”字、

---

① 圣人以讱言论仁，论其心也：此破后脱漏作者人名。

② 汪破：此破在文中并未出现。

"益"字皆赘，特取其与众不同①耳。

好善优于天下

论好善之益，极其量而可知也。（汤宾尹）大贤大好善，以量胜也。（程）治在用天下，故大贤与好善焉。（刘觐文）以心论相，好善而可矣。（薛近兖）究治于天下，而知好善至足矣。（张阳春）善本至足，故好善则无不足也。（李景春）大贤深有当于好善，而究其量之奇焉。（朱之蕃）论好善之裕治，以天下为量者也。（饶景晖）治天下之道，无有大于好善者矣。（陈大绶）好善之量，一心所自裕也。（刘洪谟）大贤所为裕于治者，以量胜也。（吴道行）臣之能治天下者，能容天下者也。（翁洪道）"极其量而可知"，语有含蓄，意亦正当，真元破也。程破则简而确矣。"治在用天下"甚高。薛与刘皆空字立说，亦有意见。张与李借上文"足"字翻成一破，所谓后经以终义也。吴、翁皆不露"好善"二字，通场所空有者。陈归重"治天下"，卓荦不群。

知及之　全

圣人论学，而所责于仁守者备焉。（朱锦）圣人论学，不以一仁守而遽足也。（厉昌谟）大人学贵养定，而犹粹于及民焉。（徐可求）圣人重全德，而于立本者深致意焉。（高克正）圣人论全学，必本立而益密焉。（汪鸣鸾）君子道会其全，而要之动民之善也。（李日华）天下有圣学，非诣极不可也。（袁宏道）圣人进知及者于善，故责之备焉。（李叔元）圣人究进德之量，全心学也。（余心纯）朱、厉二破皆重"仁守"，皆不说"知及"，一曰"责备"，一曰"不遽足"，意不新而语新。徐以"养定"代"仁守"。高、汪以"立本"代"仁守"，皆不落套。"粹"字佳，"深致意"有含蓄，"益密"稳。李破新，袁破超脱。"进知及于善"，举始末②以该中间，亦是一法。余破浑融，有会元气味。嘉靖丁酉浙江曾出此题，解元陈穆破云："圣人以全学望天下，故详致其责备之意焉。"当时甚称此破为奇。嘉兴钟举人破云："圣人论学，而天德王道备矣。"以此破冠场中式。

夫百年之前，即以破争奇如此，今人进场反不知留意，真在梦中也。

宪章文武

圣人之守法也，守之以心而已。（吴默）圣人法遵昭代，而道集③其大矣。（陈懿

---

① 同：原作"固"，据文意改。

② 末：原作"来"，据文意改。

③ 集：原字漫漶，据本卷"承题"部分同句补。

典）观至圣之所守，其心具一王道矣。（朱锦）圣人有大法，绍周之遗者也。（胡国鉴）圣人功在当代，而道大可知矣。（袁宏道）圣人之所近遵者，遵王制也。（范应宾）大圣之所守，得统于王之盛者焉。（李叔元）二圣无道外之法，而圣人善守之焉。（田大年）前圣有隆于法者，惟至圣善遵焉。（顾天竣）观圣人于所守，其心法祖而王道备矣。（乐和声）破说“守法以心”，而文字皆重“心”做，此因之立意处。“法遵昭代”句雅，“心具王道”甚奇。不曰“文武有大法”，而曰“圣人有大法”，不曰“法遵昭代”，而曰“功在当代”，皆非凡笔。“圣人所近遵”，是范光甫原破，后更云“圣人以法尊周，昭王制也”，觉胜。李曰“得统”，则不言道而道在其中。自田破以下，皆平而新。

舍己从人　二句

虞圣取善之大，惟不与以己而已。（吴默）大贤极状圣帝之善乐，一自无我得之也。（陈懿典）虞圣之乐于取善，惟其能同之也。（汪鸣鸾）大圣无我，而极其取善之妙焉。（顾天竣）大圣忘己，故能合天下之善也。（杨廷筠）虞帝公于取善，得之忘己者也。（沈凤翔）取善而忘人己，取之大者也。（袁宏道）虞帝一其心于善，而人己不与焉。（胡国鉴）虞帝之取善，忘焉者也。（杨武烈）“大”字是本章书旨，“不与以己”最高，“忘人己”是众人之见，诸破皆重“忘己”一边，便觉稍异。汪破只用“同”字，杨破只用“忘”字，并人己亦不说出，“同”字从“善与人同”来，有根据。

畜马乘　一节

观大夫专利之戒，而国之所尚审矣。（董其昌）论利不可专，观于家而知国也。（刘曰宁）观大夫当官之戒，而知国之所重在义也。（焦竑）大夫明臣义，而可以为国训矣。（周家栋）通于公利之训，而可以审所利矣。（李尚衮）传者于徇利之戒，而发经国之旨焉。（刘文卿）当官者戒徇利，与君道通焉。（陈幼学）传者引言为国之利，惟义而已矣。（郝敬）董破平，刘破奇。“戒”是题旨，周曰“明臣义”，李曰“通公利之训”，都不说“戒”，便自出尘。曰“发经国之旨”，曰“与君道通”，皆新丽可喜，“为利征义”亦的确。

出门如见大宾　四句

圣人与贤者论仁，惟存其心而推之也。（陶望龄）圣人教贤者为仁，一其心而已矣。（王肯堂）圣人与贤者论仁，惟在善治其心焉。（焦竑）“存其心而推之”，是的确之破，只说“一其心”，更觉超卓，“善治其心”更稳。

圣人之行不同　合下节

圣人同洁身，故要君不足以诬元圣也。（陶望龄）观圣人制行之极，而知其进以道也。（董其昌）概论圣人之洁身，而仕道者非辱矣。（刘曰宁）大贤以行事信圣人，而决要君之诬也。（苏民俊）圣人无自辱之行，而有致主之道也。（朱凤翔）圣不可以迹求，而知要主之说妄矣。（刘文卿）大贤以洁身概圣人，而益以信元圣焉。（周兆圣）大贤约圣人之行，而要之于道焉。（孙羽侯）元破正而显，董破上不说“洁身”，下不说“要君”，新矣。“仕道非辱”与“以行事信圣人”皆有意见。朱破巧，“圣不可迹求”妙。周、孙皆可。

故君子名之

君子正名之心，以名正之尽治也。（吴道光）君子重名，而慎所以称名者焉。（薛三才）君子正名之心，求当其实而已矣。（周著）惟名必有实，故君子慎称名也。（王一鸣）圣人发君子正名之意，为政虑也。（徐成楚）圣人端政本，而发君子重名之意焉。（项德祯）知名为化原，而君子有慎心矣。（袁黄）吴、徐皆是倒破，所谓错经以合义者也。薛破明正，可元可魁。“求当其实”甚奇。“名必有实”，从苦思得来。徐登第后遍阅同年之破，并无与余相类者，乃知不由蹊径，定是出群。

执其两端　二句

虞帝用民之中，得之于真见焉。（叶重第）圣帝用善之精，无我尔矣。（黄之俊）虞帝用天下，在精析夫善幾焉。（项德祯）圣人以权取中，而其智可想矣。（袁黄）论理此题当于行处见智，“得之真见”、“在①精析善幾”，皆非题旨，但下语颇新，便觉醒。以“无我”立说，甚奇。有用经前后文作破者，此左氏解经法也，有用传中紧要字作破者，此昌黎纂言法也。“穆穆文王”一节，李元调破云：“圣人敬止之大，无非善矣。”“大”字与余此破“权”字，皆注中紧要字眼。

事孰为大　二句

有系于事之大者，而用情当先之矣。（袁宗道）大贤欲人善所事，而以事之大者示焉。（薛三才）大贤深诏人子，而定其事之大者焉。（王一鸣）大贤以事约天下，独权其大者焉。（项德祯）大贤较所事，而独揭其大者焉。（袁黄）“用情当先”句雅，“深诏

---

① 在：原作“极”，据上文改。

人子”四字新，项破与余破皆不着迹。

吾之于人也

圣人之是非，与天下公之而已。（邹德溥）圣人志盛王之道，而以公论自附焉。（王尧封）圣人无毁誉，以天下有公心也。（王萱）圣人以直待斯民，亦行古之道也。（严贞度）圣人之直道，与民共由之者也。（俞士章）圣人之待天下，与天下忘毁誉者也。（万国钦）圣人以直道待人，亦信之人心而已。（叶继美）圣人致思于王者，而自发其公天下之心焉。（顾允成）圣人自言以直道同民心，亦维世之意也。（朱长春）圣人之于人，一以古道待之而已。（钱士鳌）邹破浑成，“以公论自附”极奇，闻其在场中改窜八遍，始就今破。“天下有公心”、“行古之道”、“亦信之人心”皆切题，总不若“与民共由”为胜。万破极新，朱破亦好，但下句太虚，钱破清空可喜。

修身则道立　一节

圣人陈治效，欲君举治法也。（叶向高）圣人以九经迪君，而各欲其自考焉。（于玉立）叶破新，于破有理。

孔子有见行可之仕　三句

历观圣人之仕，皆为道之心也。（李廷机）圣人之仕，无非可以仕也。（万国钦）历观圣人之仕，而微意可想焉。（孟养浩）大贤言圣人不一其仕，婉于为道而已。（汤显祖）圣人重绝人，而其出屡变焉。（于玉立）元破平顺，万破色相俱空，孟破意在言外，汤破“婉”字佳，于破重“绝人”，极得书旨。

如有王者　一节

圣人发王者久道之化，志其盛也。（魏允中）即王化以久洽，而知王道之大矣。（阎士选）圣人化成天下，以久道得之也。（沈一中）圣人论至治，而必于王者之久道焉。（刘日升）惟圣人抚运之久，而大化斯成焉。（余寅）王者之仁天下，以世计之者也。（曾维纶）亲见魏公硃卷，“志”字上一勾，点两点，盖本房嫌其句拙也。破题下句从来无四字作句者，有之，自此破题始，今用得烂熟矣。归在“王道之大”是有见之言，点“至治”亦佳。沈、余①、曾皆破句，不为上乘，以其稍新，故录之耳。

---

① 余：原作“俞”，据前文余寅改。

素隐行怪　全

圣人不屑乎失中者，而亦不自任夫得中者焉。（萧良有）圣人慨道之失中，而深取夫用中者焉。（魏允中）论中庸之鲜能，而非圣人不能也。（沈一中）圣人明中庸之难能，而因以归诸圣焉。（顾宪成）论中道弊于天下，而有望于能者焉。（钱槚）萧破雅而整，魏破亦相近，沈用两“能”字奇，顾亦可，钱绝新。

智譬则巧也　一节

圣德之所由全，观于射而可知也。（沈一中）即射以观圣，而其圣者可想矣。（阎士选）观德于艺，而知其有所本焉。（王慎德）沈破浑成，阎破蕴藉，王破脱洒。

丁丑以前程墨，《心鹄》中已备论之。今自辛丑溯至庚辰，录其佳者与汝一阅，恨简帙散失，遗漏颇多，然记此亦足以窥墨义之藩篱矣。

乡试文字大率不如会试，然亦尽有精神透露者，且汝辈今日正以乡闱为急，而其破题亦甚有关系。昔万国钦庚午应江西乡试，出“人皆可以为尧舜”一节，场中绝无佳破，渠破云：“圣人可学，不易之论也。”主司以为绝唱，遂中第二。嘉靖庚子浙江出“女奚不曰”一节，嘉善前辈姜圻破云：“观圣人之自叙，而人不及知之妙见矣。”竟以此见赏，得中式，破之紧要如此。

丁酉顺天　古之学者为己

论学于古，得其自成之心焉。（徐光启）圣人论学，而发古人之真心焉。（谢廷谠）稽学于古人，而得实胜之心焉。（吴中伟）此从前一、二、三名也，各于题外立意，不相蹈袭。其余工者尚多，不能遍录。

舜之居深山　一节

大贤形容圣心，一虚而已。（江鎣）虞圣之神于应善，惟其不自异也。（吴中伟）不说“虚而能应”，只说“虚”字，便自超卓。“不自异”妙。

应天　居敬而行　一节

以所居辨简，而治体得矣。（吕克孝）贤者辨简于心，见君心不可逸也。（何琪枝）大贤辨简，独与夫有主者焉。（洪翼圣）贤者重敬，而以居辨简焉。（吴应试）以心辨简，惟主敬者得焉。（吴世翔）贤者重主敬，而不概可夫任简者焉。（李蔚原）所居以辨简，而法戒昭矣。（韩仲雍）贤者辨简，独可夫以心运者焉。（范凤翼）顺天所刻墨卷不多，应天则见百余卷，其破各出机局，献奇①争妍，今亦不能备录。

浙江　丘也闻有　安之

国家之所重，惟内治而已。（程破改张应完）国家内外之治，一于修德而已。（张九德）圣人权修攘之策，惟以内治胜也。（李桧）圣人详治术，先内而后及外焉。（胡震亨）浙场九十人，亦人人用意，无苟同者。

素隐行怪　一节

习异以传名，圣人所不由也。（庄学曾）圣人戒为道之过，而以己矫之也。（李桧）圣人欲维中道，故无取立异者焉。（董光宏）

为天下得人难

得人之难，以其所为者大也。（程破改吴尚文）大贤论治天下，难于得所寄也。（王三才）得人之难，难于任天下之人也。（冯盛典）

江西　礼乐不兴　二句

圣人重正名，而救其弊于政焉。（程）政有相因以敝者，不正名之所致也。（徐来泰）圣人稽治于刑，而不以与失德者焉。（曾纯）

素隐行怪　二节

圣人不以异易道，而犹存弗已之心焉。（夏师夔）圣人两戒病道者，而以己为之维焉。（吴之才）圣人于道不苟为，而亦不轻已也。（王宾贤）圣人之于道，不为异而不厌常也。（万建元）

福建　宽则得众　一节

统论帝王之心，而识治体矣。（林刚中）善论帝王之治者，当推心法求之也。（翁华祝）统论帝王之治，一用中之应也。（俞诲）

---

① 奇：原作“可”，据文意及前后文同例改。

忠恕违道不远

圣人明道以近，而直指人心焉。(洪承选) 以真心证道，而道在人矣。(陈圭) 道近于心之真，而知不远人矣。(俞诲)

圣人治天下　水火

圣人重养民，而予天下以至足焉。(程) 圣人之足民，能使民忘者也。(蒋尚濬) 盛世有所阜民生者，权在圣人也。(张廷拱) 圣人之足民，因民之利足之也。(翁华祝) 圣世之民常裕，君使之也。(林刚中) 圣人之富天下，亦因之而已。(俞诲)

湖广　择可劳而　焉贪

政主于为民，即劳与欲皆美矣。(刘芳卿) 顺民心而清君心，政之所为美也。(熊嗣先)

知耻近乎勇①

圣人论真勇，在奋其良知而已。(熊廷弼) 圣人激君以勇，惟求之不昧之真焉。(熊嗣先) 圣人振君于勇，而以真心激之焉。(周伦)

有事君人　二节

大贤品忠佞，而发心之所悦焉。(熊廷弼) 大贤辨忠佞，而究其所以为心者焉。(周伦)

广东　不曰坚乎　四句

圣德不受涗，其所自信也。(韩日缵) 圣德无损于外，而以坚白寓意焉。(刘泽夫)

为巨室　章

自用而不用贤，非贤者之志也。(程) 破不着迹，但说大意。

---

① “勇”，原作“庸”，据《四书章句集注》改。

河南　子路问事君　一节

圣人论事君，有所以行其直焉。（苏迈）圣人示谏法，惟以诚心为质焉。（刘格）

隐恶而扬善

虞帝取善，大其心以容天下也。（全燧）论圣心之虚者，而曲状其兼容之量焉。（刘格）虞圣问言，而两有厚道焉。（赵师皋）皆不说善恶，亦不说隐扬，虚虚破意。

陕西　虽存乎人者　幾希

大贤欲人求放心，而持息后之真机焉。（程）

四川　孟武伯问　全

心性之难纯，非任才者可袭也。（程嘉宾）

甲午顺天　子贡问师　全

圣人尚中行，而无取于过者焉。（孙求源）只惩过中，便得题旨。

应天　管仲之器　全

圣人重相度，而终以器卑大夫焉。（朱应熊）圣人小伯佐之器，难为或人道也。（陈廷深）齐大夫之局于器，或人两解之而不能也。（吴尚默）圣人于齐大夫，而深著其器之小焉。（汤宾尹）伯佐器不足以载功，圣人历有所指焉。（毛应发）概伯佐之臣品，总由器小失也。（缪正之）圣人小大夫之器，疑者终不得其意也。（马拟程）

浙江　语之而不惰　一节

大贤独契圣教，超于言之外者也。（叶梗）圣人嘉大贤之体教，以儆惰也。（程）圣人重心悟，故独与大贤之体道焉。（倪景豫）

夫人幼而　玉哉

贤不可舍而舍之，非善宝国者也。（程）

福建　有所不足　二句

圣人于庸德，求止诸至足而已。（程改王畿）

体有贵贱　四句

大贤辨体，而深戒害之者焉。（程）

湖广　鄙夫可与　全

圣人昭臣戒，而独揭小人必至之情焉。（周佺）

衣锦尚䌹　二句

《中庸》贵在中之文，而发其旨于《诗》焉。（官应震）

有楚大夫　为善

例观辅君者，得之于共成者也。（胡基）

辛卯顺天　问知子曰知人

圣人论智，论其及物者而已。（沈演）

东面而征　霓也

验王师于民情，昭大顺焉。（沈演）

应天　君子成人之美　反是

圣人欲人以美相成，而重致其辨焉。（张国卿）君子小人之用心，于其成人见之也。（汪鸣鸾）圣人志大道之公，而于成人之异者辨焉。（倪应春）圣人论人品，惟所以成人者异焉。（程）

浙江　才难　一节

圣人信才难，亦以周信之也。（毛凤起）圣人观才于周，而感母道之兼重焉。（李日华）

何以谓之狂也　涼涼

狂猥之可取，验其见讥于乡愿者益信也。（钟兆斗）

江西　君子之道辟如　全

论进道之自，不外于家而得之矣。（陈幼良）

福建　居则曰不吾　点也

圣贤辨志，得其可知者而与其无意求知者。（李仲元作程）圣人探用世，而独与夫藏用者焉。（魏濬）圣人探群贤之用，而所与者超于用也。（李叔元）圣门待知有其具，而素位亦足以共乐也。（王基石）

湖广　丘也幸　一节

圣人所用自幸者，为君受过而已。（夏忠）

国君进贤

贤不可轻进，故用舍皆当慎焉。（杨正芳）

河南　道之不明也　四句

圣人慨道不明，而深责夫行道者焉。（刘泽九）

广东　放勋曰劳之　振德之

圣君有无穷之教，于命官之词可睹也。（冯奕垣）

戊子顺天　季文子三思　一节

圣人因往行而论思，要其可而已。（黄改程）

圣人人伦　合下二节

圣人尽人道，而修道者以仁为。（黄改程）惟圣尽伦，而法之则仁矣。（董其昌）

浙江　夫人不言　一节

圣人深与大贤之言，经国之心见矣。（朱国祯）

江西　下学而上达

即圣人之所以达，而非见知于人者矣。（刘文卿）

人能充无受　一节

大贤示充义之学，而密之于所忽焉。（程）

福建　孝者所以　合下节

传者以心联家国，而明其出于自然也。（程）

逃墨必归于杨　一节

君子于异端，与其能归者也。（程即吴化）大贤原异端反正之机，而急于引之也。（郝敬）

广东　乡人皆好之　一节

论士于乡者，当合好恶而观之也。“合”字好。

乙酉顺天　论笃是与　一节

圣人不以言取人，以其在诚伪之间也。（唐文献）

应天　吾有知乎哉　一节

圣人无知，而有以应人之求知者焉。（李景春）圣心之知，虚而能应者也。（李大武）

《诗》云伐柯　二节

圣人因心以立教，而近道亦不外乎心也。（刘纯仁）

大戒于国　是也

齐君更始以仁民而乐，至今传焉。（周继昌）

浙江　夫妇之愚　所憾

道能贯物，而物不能尽道也。（程）

为高必因　一节

论智于为政者，亦在因之而已。（陶望龄）此是倒破。

福建　见善如不及　全

圣人志古道，而慨闻见之不尽符也。（丘宪周）此破已嘉，及观解元破，则曰："圣人以全德望天下，而慨其不尽见焉。"（李光缙）说见不说闻，便进一格。再观黄公拟程，则曰："圣人两评士品，而难于经世者焉。"尤卓。

君子之中庸　一节

论君子小人，辨其所为中而已。（李光缙）

河南　能以礼让　一节

圣人以礼论治，而深明其不可无让也。（解元）

壬午应天　道之不行　全

中庸之鲜能，以能察者之鲜也。（第四名）

以善服人　一节

大贤发王天下之道，而独与公善者焉。（梅守峻）

福建　道则高矣　全

门人疑道不可及，大贤明道不可贬。（程）

己卯山东　民可使由之　一节

君子之教，有不能尽行于民者焉。（程）较壬子浙江薛方山程破似让一格。

承　题

承题自有定式，如开合承、罗纹承之类，具载《心鹄》中。大率破虚而承实，破简而承详，破微婉而承显达，切不可一股做，如顺题做下，只是个长破题耳。

顺破则逆承，逆破则顺承，合破则分承，正破则反承。凡作承皆要与破相关应，若一个承题而破破可用，便非法矣。

承题要有起伏，要有议论。嘉乐处或寓感慨，指斥处或寓进扬，或于浅处而发其所深，或于平处而求其所重，变化多方，格式亦异。大率承之用意，比破常要进一格，斯得之矣。

会元承题起句多的确，多得题体。如戊辰“由诲女知之乎”一节，众人承起云：“盖心者，知之管也。”或云：“心之神明，不可欺也。”惟田一儁云：“夫人心自有真知也。”曰“真知”，则“不欺”之意该在其中。辛未首题“生财有大道”一节，众云：“天下未尝无财也。”觉泛，惟邓以谮云：“夫财生于勤而匮于侈也。”题意甚切。甲戌“学如不及”一节，众云：“学之道起于心也。”孙鑛云：“学之功至难穷也。”曰“至难穷”，则“如不及”、“惟恐失之”之①旨俨然在目。前此而壬戌“事君能致其身”，王老师云：“为人臣者，无以有己也。”癸丑“大哉尧之为君”一节，曹含斋云：“帝尧

---

① 之：原无，据文意补。

之德，大德也。”皆非泛语。余丙戌入场七破七承，皆刻意求新。《孟子》“事孰为大”二句，予承云：“夫事所以尽分，而惟事亲则称大矣，是故君子以行孝为先也。”论常格，则起句当用一“也”字，不用则格奇，故去之。然始曰“事以尽分”，结曰“行孝为先”，有起有止，其法固森如也。初学见此，便谓承题可一股做完矣。

承题只三四句，而句句要担斤两；只二十余字，而字字要有斟酌；如良医用药，味味皆要道也，而修制配合，铢两无误。近来承法更严，要简而不繁，劲而不弱，稍有一二浮字，即懒散矣。

会元承题无有不合法者。新科许獬“畏圣人之言”，承云：“甚矣！圣人之言至言也。君子欲师圣人，而于其言也，讵敢忽诸？”说“至言”，便藏有可畏意，“师圣人”是题外补意，末句收得甚奇。戊戌“穆穆文王”一节，顾起元破承云：“即《诗》以求圣人之止，而人极立矣。夫至善不出于人道之外也，自非敬止如文王，而极何由止哉？”此是正破反承。乙未“仁者其言”全，汤宾尹云：“以讱言尽仁者，于讱之之心可想也。夫仁，人心也，讱言者讱之以难为之心，而以此思仁，仁可知已。”此是顺破逆承。壬辰“知及之”全，吴默云：“圣人于知及者，而责以仁守之全功焉。夫道以仁守极于动民之礼，斯全也，必如是而后为真知也已。”亦是顺破逆承。己丑“畜马乘”一节，陶望龄云：“利国者不言利，征之训有家者焉。盖国家之利在义，而利非利也。献子直为有家训哉？通于国矣。”此是破虚承实，破只言利而承兼言义，破说“征之训家”而承言“通于国”。丙戌“故君子名之”一节，袁宗道云：“君子知名之为重，所以谨称名也。盖名正乃可言，而行所系甚重也，君子之无苟于称名，固其所哉！”此是破略承详，亦是破虚承实，“可言可行”与“不苟”二字皆在承中补出。癸未“吾之于人”全，李廷机云：“圣人无毁誉，而援民心之直以自信也。夫毁誉非直也，以直道之民而以直行焉，斯圣人之自信者哉？”此是破分承合。“毁誉非直”，先合而论理“直道之民而以直行”，又合而指事。庚辰“如有王者”一节，萧良有云：“圣人尚论夫王道，无近功者也。盖治至于仁，治斯极矣，乃必世而后致焉，孰谓王道有近功乎？”此是顺破逆承，亦是破虚承实。“仁”字、“必世”字，至承始露。其余如“且夫枉尺”一节，顾起元云：“大贤甚言枉之非，而就以利情穷之也。盖道不可枉非以利言，即言利，亦有大不利者，利胡可言哉？”“非以利言”下亦宜用“也”字，今“也”字虽去，而起句固自在也。“言利大不利”，甚有议论，可式。“国有道”三句，汤宾尹云：“强有见于处达者，不为达所移也。盖有道而变塞人情乎？故惟不变足以见强，而君子于是乎能处达矣。”此是倒破正承，又破先言“处达”，而承后缴之，破后言“不为达移”，而承先言之，错综有法。“宪章文武”，吴默云：“圣人之守法也，守之以心而已。盖文武之心寄之于法矣，宪章之者，岂徒为从周而已乎？”仲尼分明从周，而曰“岂徒从周”，便是进一格法。“舍己从人”二句，吴默云：“虞圣取善之大，惟不与以己而已。夫有己然后有人也，此舜之舍己所以为乐取善欤？”是于平处而求其所重，乃一篇大旨。“出门如见”四句，陶望龄云：“圣人与贤者论仁，惟存其心而推之也。夫敬以存心，恕以推己，合之则仁也，故知为仁在事心矣。”此是合破分承。

承题最忌陈腐，历来会元之承皆新警奇拔。如嘉靖乙未“赐也女以为多学”全章，许穀承末不用之乎者也，只用“固宜”二字收拾。今年许獬“畏圣人之言”，其承末句亦不用“哉”字、“乎”字。王衡破承云：“君子以圣训警心，而畏斯密矣。夫圣言之理在吾心也，君子之畏圣言，亦见吾之心师而已。”破亦大雅，磊磊有元气，承亦雅确。末句“见吾心师”更进一步。潘汝桢承云：“盖心孚圣言，君子有得乎言之外，故其畏也，非徒恪守为兢兢也。”曰“有得乎言之外”，则畏不在言，曰“非徒恪守”，则畏亦不在畏，皆进一步，可法。吴亮承云：“夫圣人之言言耳，而以君子承之，无不触其真闻者，其畏也，岂直佩服之而已哉?”“触其真闻”及“岂直佩服”，意皆在题外。郑以伟承云：“夫圣言，心之解也，求之心自有不得不惕者，君子之潜心圣人如此。”“归求心上”是本旨，收句有力便出人头地。尹遂祈承云：“夫君子无念非天，而借圣言以自证，能无畏乎?”郑重心，尹重天，各有意见。周瞻云承云：“盖圣言，圣心之寄也，君子畏圣以言，乃其自畏以心哉?”此与郑同重“心”，亦是末句收得好。庄毓庆承云：“夫言出于圣，则世道不可无此言，君子所为畏之也，一畏天心也。”此与尹同重“天”，格新语新。

“庸德之行”四句，会元破承云：“圣人论为道者，力修其庸而已。夫言德惟庸，道乃寓焉，行之而求其至，谨之而敛其余，斯为不远人之道乎?”正破倒承，“求其至①”，“敛其余”，收得题意完全，明润妥帖，无愧大雅。王衡承云：“夫庸德庸言，非远人以为道也，而为之愈见其难，君子力此亦足矣。”“为之愈见其难”句，最有力可玩。刘是承云：“盖道至乎庸，且得不足与有余乎哉? 惟行之益用力焉而已。”调高兴逸，自有余味。徐缙芳破承云：“修言行者，不敢以庸故忽也。夫言行而曰庸耳，何必行且谨者? 则有余不足之间，有不敢之心在也。”以新调发新意，自能动人。

《孟子》“是心足以王矣”，许獬承云：“夫君心为王业之本，患其无是心耳，奈何自有而自失之乎?”末句有感慨，有规劝意。郑以伟承云：“甚矣！真心动则保民无难，王之足王以此耳，何惜一自致而不令天下见德也?”亦是末句警拔，且格语皆新。周士显承云：“盖易牛，齐王自有之心，即图王不难者，此孟子所急为引也。”曹珍承云：“夫心固天下所由涵也，识天下所由涵之心者，可以语王道。”二承皆新皆奇，不落常套。尹遂祈承云：“夫不忍之心发之一念者，不自一念而止，王何难哉?”徐缙芳承云：“盖王固有驰骛而不足，一念而有余者，心是也，心足王矣，王何疑焉?”二承皆有议论。“发之一念者，不自一念而止”，便藏有扩充意；“驰骛不足，一念有余”，便藏有反本意。承题不过三四句，而能就境外生意，如维摩丈室藏三牛法座，是为奇断。

承贵轻逸可诵，亦贵发意明白。“穆穆文王”一节，黄汝亨云：“观敬止于圣王，其人伦至也。夫至善不越人伦也，非敬止乌能止之?《诗》咏文王足法矣。”此是轻逸者。李之藻云：“即《诗》以观圣王，而知一敬该众止也。夫五伦最大而文心纯敬，则一止而俱止矣，论至善者，舍是奚法焉?”赵秉忠云：“圣人立人极，以敬而得止也。

---

① 至：原作“是”，据上文改。

夫有伦则有至善，文以身均止之，其敬之所凝乎？于《诗》可绎也。”此皆补意者，起句皆不用“也”字。

承贵简，亦贵新。“且夫枉尺”一节，黄克谦云：“大贤黜枉己，而穷为利之情焉。夫为利而枉，必无所不至，宁论尺哉?”此承简径，不用“也”字、“矣”字，亦新。唐世济云：“利不可训，以利之不可长也。盖一有为利之心，则无枉不利矣，长此安穷而安问寻尺哉?”叠用二“安”字，奇。韩国藩云：“极言利之弊，而知其不可为矣。夫君子不言利，诚防其原也，不然，其不为枉寻直尺者几希。”黄琰云：“身不可枉，以利非所计也。夫利，外物也，计利则寻尺奚择焉？君子之不枉己也，盖其慎也。”皆新。

“仁者其言”全，会程云：“圣人论仁于言，而原其讱之心焉。夫言与为皆心也，宁有为难而言独易者乎?”此以讱言言仁，盖根心之论也。为就是心为，言就是心言，不必于“为之难”头上另补存心，此承得旨。孙慎行云：“仁者谨言，惟其心于虑事也。夫为难而言不独易，则讱岂徒在言哉？此明其足概仁矣。”此承不说“心”字。周维京云：“圣人以讱言尽仁，惟其有难心也。夫心难于为，言之安得易也？可谓非仁哉?”亦简勍。“好善优于天下”，张其廉云：“极好善之量，而知为政者宜重也。盖善本以天下为量，故一好善而天下裕矣，乃患不足于治术哉?”起句亦不用“也”字。

“宪章文武”，陈懿典云：“圣人法遵昭代，而道集其大矣。盖法至文武备具也，而又于仲尼为当代之制，斯其宪章意乎?”吴会元言“宪章”不为从周，此则独重“当代之制”。各出意见，各自争奇。

“语之而不惰”一节，谭昌言云：“圣人嘉大贤之体教，以儆惰也。夫惟不惰乃能体教也，安得人人皆回，而与之论道哉?”不独称回之贤，而曰“安得人人皆回”，识见便高，此是嘉乐中寓感慨也。

“我不欲人”一节，何庆元云：“贤者志于仁，而自许非其分焉。夫不欲无加则仁矣，微圣人安能从心之欲乎？夫子抑之，实进之也。”不徒抑之，而必曰“进之”，此是指斥处寓裁成也。梅守和云：“贤者志无我之仁，而圣人进之焉。夫不欲无加，纯仁事也，子贡居之，夫子激而进之，总之期于仁矣。”亦是“进之”，末句以“仁”为主，更高。

李元调云：“无我之学，贤者未易幾也。盖我之念未易忘也，圣人岂重为赐抑哉？而只以见无我之难耳。”亦不说“抑赐”，归重在“无我之难”，其见亦卓。毕懋康云：“圣人难忘私之体，而不许夫未及者焉。夫不欲无加则忘私矣，赐宜未及此也，夫子难之，亦欲其证诸心耳。”以“证心”立说，便自不凡。

文字一篇主意，承中宜露端倪。辛未“先进于礼乐”全，张太岳亲对我讲：“此题重质不重中，若重中，则君子胜于野人，惟重质，故宁为野人，不为君子。”其程文全重质做，高墨卷数倍。其破承云：“圣人于礼乐述时人之所尚，表在己之所从。盖文弊则宜救之以质也，圣人论礼乐而独从先进也，有以哉!”“文弊救之以质”，是通篇大意。

题中大旨，破未及说者，承须说明。朱锦“宪章文武”云：“观至圣之所守，其心具一王道矣。盖王道至文武而极盛焉，夫子之宪章之也，夫宁独守其法哉?”“宁独守法”是破所未言者。起句用“焉”字，亦是变格。田大年云：“二圣无道外之法，而圣人善守之焉。盖时王定制，天下共遵也，藉令仅仅拘泥之守，岂仲尼之所为道乎?”破只用一“善”字，承便发出“不拘泥”来。

湖广辛卯“丘也幸”一节，程文云：“圣人所自幸者，而意可谅矣。夫圣人何过?即有过，亦何至令人不可知者？此其引以自幸也欤?”此篇文全用解元汪元极卷，而此承不但较破进一格，直就题外另生意见，读之令人跃然。

杨正芳“国君进贤”二节，墨卷云：“贤不可轻进，故用舍皆当慎焉。夫慎于用，又慎于去，斯诚不得已之心哉？将国体赖之矣。”末句收得好。

承起句包含一题之意者，正格也；反言引起者，其变也。己丑会试“圣人之行不同”二节，周懋相云：“即圣行之同归，而知诬圣之非矣。盖割烹非洁己事也，圣人之洁其身者，何如而屑为之哉?”将“割烹”反起，而题意了然。辛卯顺天“东面而征”五句，沈演云：“观商师于所未及，而其望殷矣。夫兵民之残也，然且望之，惟恐后焉，其斯为王师乎?”以兵为残，分明与题相反，得此一反，而益见王师之顺，借宾形主，题意转明，虽反亦正也。

辛卯应天“君子成人之美”一节，汪鸣鸾云：“君子小人之用心，于其成人见之也。夫美恶不同，在所成耳，此天下之赖有君子，而无乐乎有小人欤?”不说君子、小人之是非，而但就天下形容之，一曰“赖有”，一曰“无乐乎有”，亦是借宾形主之法。

承有议论最难，语不多而忽生意见，所谓寸山吐雾，尺水兴波也。辛卯福建“居则曰”四节，魏濬云：“圣人探用世，而独与夫藏用者焉。夫均之用也，而有意者不若无意者之大，此圣人之与独有归欤?”“有意不若无意”是大议论。丁酉湖广“有事君人者”二节，刘芳节云：“大贤维臣道，而以忠佞辨其品焉。夫国家得百佞臣，不如得一忠臣也，乃其品则当自所悦辨之。”“得百佞臣”亦是大议论。“居则曰”四节，林有标云：“圣人以待用试群贤，而独取不用之用焉。盖惟无意用天下者，乃足以用天下也，故以点志较三子，宁无轩轻哉?”“无意”二句亦是大议论。

厉昌谟“舍己从人”二句：“虞圣之取善，忘人己者也。盖从人以取人也，惟不难舍己，兹所为乐取欤？而人己之迹忘矣。”此承字字剔明，无一懒散。

承贵找截，贵浏①亮，贵轻逸，贵古健。“季文子三思”一节，葵阳改程云：“圣人因往行而论思，要其可而已。夫思以理裁也，要于当，则再思可矣，何以三为?”此承字字轻逸。甲午广东“此四者天下之穷民”合下二节，程云：“王政之恤民，在同欲而已。夫欲与民同，即恤穷不外是矣，虽好货色，庸何伤?”龚三益“管仲之器小”全，云：“圣人小伯佐之器，于其奢僭而益见也。盖器欲其大也，仲既小之乎器矣，其奢而僭也，何惑焉?”二承何等轻便，何等古雅？丁酉河南“子路问事君”一节，赵师

① 浏：原作“刘”，据文意改。

皋云："圣人与贤者论事君，在以心谏而已。夫人臣惟心为不可欺也，尽心而谏乃称纯臣哉！"此承亦轻便，云"心不可欺"，是有见之言。丁酉广东"不曰坚乎"四句，劳养魁云："圣人不受浼于俗，其素所自信也。夫坚白在我，则不任受磷缁矣，虽试于磨涅何伤乎？"丁酉山西"德者本也"三节，翟师雍云："传者重德于财，以财之聚散决之也。夫国有本计，将在德矣，不务本而求民之聚，必不得之数也。"甲午广东"其知可及"二句，程云："圣人重济大事者，故独有取于愚焉。夫愚如武子，而后于国事有济，智士比之悬矣。"三承皆古皆轻，皆是一气说下，然有起伏，有照应，非泛然一股做者比也。

承以发意为贵。甲午四川"孔子惧作《春秋》"一节，程云："圣经托权，不得已而自明也。夫《春秋》非圣人意也，势也，即知与罪犹听之，又何乐以天子自托哉？"说意高远。甲午湖广"鄙夫可与事君"全，孟习孔云："圣人极鄙夫之情，为苟仕者讥也。夫苟且以赴功名，不能无生得失，有得失而情何弗至哉？此圣人所为讥也。"从"苟且赴功名"立论，其意便高。李仲元"居则曰"四节云："圣贤辨志，得其可知者而独与夫无意求知者①。夫三子之志可知，而点则无意人知者，所问在此，所与在彼，圣意微矣。""所问"二句甚闲雅。辛卯浙江"正己而不求"四句，毛凤起云："君子之无怨尤，以正己得之也。盖天与人皆无与于己者也，君子一正己，而何怨尤之有？""天人无与于己"是的确议论。罗大冠云："君子无己外之求，而怨尤泯矣。盖怨生于己之不足也，君子正己无求，而何天人之不协哉？""怨生不足"，其论亦精。

承贵明备。福建"见善如不及"全，葵阳改程云："圣人两评士品，而难于经世者焉。夫守节之士矜好恶，经世之士审行藏，两者有难易焉，宜其有见有未见欤？"破简而承详。"君子之中庸"一节，李光缙云："论君子小人，辨其所为中而已。夫中道因乎时也，君子得之，小人悖之，此幾微之所由辨欤？"亦甚明确。

承先浑起一句，罩尽题意，次贴题开说两句，末又以一句合住，此开合承也。如"吾岂若使"二节，田一儁云："圣人自决其应聘之志，而原其应天之心也。甚矣！伊尹圣之任也。观其任行道之责于己，而推觉民之意于天，岂肯冒焉以求进哉？"又如应天"伐柯"二节，刘纯仁云："君子②因心以立教，而近道亦不外乎心也。盖道本取诸心而至足也，以此立教即以此近道，而人何必远人以为道哉？"此类甚多，不能备述。有先从题上面意说起，而以前意倒收之，此溯流承也。如会试"如有王者"一节，程云："惟圣人之御世也久，斯王化之入人也深。夫德化深入于人则仁矣，惟圣人久于其位，何以致此？"先说"仁"字。又如戊子应天"吾为此惧"一节，周应秋云："大贤以卫道自任，而深信邪之当辟焉。夫邪说为害，理之所不易者，大贤思以卫圣道，能无距而放哉？"先说"邪说为害"。有题长而从头说下，末或以一句总断之，此顺叙承也。丁丑"子贡问曰"三节，冯具区云："圣人与贤者论士，而其所重者可想矣。夫才与节

---

① 得其可知者而独与夫无意求知者：本卷破题部分作"得其可知者而与其无意求知者"。

② 君子：本卷破题部分作"圣人"。

合，而后为士之至也，不然，宁取节焉耳。斯固圣人维世之意乎？”有不依题敷演而纵横收拾者，此罗纹承也。癸未“吾之于人”全，李廷机先以“毁誉非直”一句罗起通章大意，次以“直道之民”二句合说两节之意。又如“居敬而行简”一节，陆崇礼云：“贤者以心论简，而较得失于所居焉。盖简所以行，非所以居也，故较得失于心，而临民先居敬矣。”起二句亦罗全题之意，“较得失于心”亦是罗而合说。有先起一句，而后答明之者，此呼应承也。如戊子江西“人能充无受尔汝”一节，程①云：“大贤示充义之学，而密之于所忽焉。盖尔汝之受微矣，而实心在焉，故充类至是而义斯精已。”“下学而上达”，江西程云：“即圣学之所由达，而知圣者鲜矣。夫圣学通乎上下者，而要自下学得之，宜过求者之失之也。”有不拘本题而别自说意者，此超脱承也。如嘉靖戊子福建“今之乐”二句，程云：“大贤论今乐可同于古，以能好之甚焉。夫古乐甚不易作也，而况可同乎？惟其能同于民，斯可同于古耳。”“同民”之意本题全无，而实通章要旨，故承发之。如诸燮“贤哉回也”一节，墨卷破只说忘物，而承便说忘道，其见卓然。有先正说而后反说者，此正反承也。如顾起元“穆穆文王”一节，“至善不出人道之外”是正说，“自非敬止”以下是反说。又如湖广“有楚大夫于此至为善”，胡基云：“例观辅君者，得之于共成者也。盖善人多而君德成，必然之理也，不则众咻之朝，蔑由善矣。”前两句是正，后两句是反。亦有先反后正者，亦是正反承。如甲戌会试“用下敬上”一节，翁仲益云：“大贤等上下之交而一之，所以明士之重也。盖尊贤而果异于贵贵，则但知有贵可矣，惟其义之一，而可轻重于其间耶？”起二句反得有意思，便觉词理灿然。辛酉湖广“天下有道则庶人不议”，程云：“治于道，征诸民而信从矣。夫民之议，议道之失也，有道则信从矣，奚议哉？”起二句是反，“有道”以下是正。有起伏，有抑扬，而步骤可观者，此议论承也。如“畜马乘”一节，会试程云：“传引有家者之戒专利，释言有国者之当公利。夫公天下之利者，义也，苟为后义而先利，在有家且不可，而况国乎？”虽无大议论，而文法步骤有不穷之趣。若依前所举三承，有大议论更佳矣。有说明题意而自以已见断之者，此断制承也。有就本题之意而断者，有题外寻意而断者，又有从通章大旨而断者。如朱长春“吾之于人”全，云：“圣人自言以直道同民心，亦维世之意也。夫圣心至公，而三代直道之民，又有不可枉者，亦乌用此毁誉为哉？”“毁誉”是本题字面。又如“管仲之器小”全，朱应熊云：“圣人重相度，而终以器卑大夫焉。盖臣之作用，视其器谓何耳？器小而奢僭从之，故知仲之暗于大也。”如陈大绶“好善优于天下”，云：“治天下之道，无有大于好善者矣。夫一好善也，而于天下易易者，则以天下人治天下人之道也。”此就本题之意而断之者，“以人治人”是题外之意。如王尧封“吾之于人”全，云：“甚矣！圣人志在三代之英也，无毁誉而自附于盛王之直道，盖有用行之遐思哉！”“用行”亦是题外之意。如王守溪“周公兼夷狄”一句，云：“论古之圣人除天下之大害，成天下之大功。夫天生圣人，所以为世道计也，周公拨乱世而反之正，其亦不得已于有为者欤？”“不得已”

① 程：原作“承”，而文中有破题部分，有承题部分，故应为“程”，音近致误。

是通章大旨。

今之作承者，毕力争新矣，然惟墨卷有出色者，坊间刻文，佳者绝少。尝记正德癸酉江西“舜有天下”一节，王昂云：“观二圣化天下之道，见仁智者之相为用也。夫举一人以为天下风，而天下化焉。化者，人也，而所以化者，圣人及之也。”去今不啻百年，而格奇调逸，有今人所不能到者。乙未会魁李中立“仁者其言也讱”全章之承虽新，亦是傅夏器“子贡问君子”一节旧式。傅云：“贤者求君子之道，圣人告以行先于言而已。夫言非难，必有所以先之者行是已，知所先焉，其斯为君子之道乎?”李云：“夫言不自讱，有所以立乎其先者，则心是已，故讱言尽仁也。”想李公平日留心会元墨卷，涵濡既久，不觉偶合耳。

游艺塾文规卷之三

赵田逸农了凡袁黄坤仪甫著
男袁天启若思
侄孙袁士鲲南之
侄孙袁祚熙载之甫同校
书林叶氏仰山绣梓

起　　讲

起讲要春容，忌逼切；要冠冕，忌猥琐；要切题，又忌太着题。从浅入深，由虚而实，句句要是起语，方为本色。

对起戒俳，散起戒嫩。语对而意常连属，词散而格甚整严，斯合式矣。

长题有括通章大旨作起者，须如副末开场，略说几句戏文，大意不可十分道尽；短题有摘紧要字眼作起者，须如老隶前引，震声一唱，行人辟易乃佳。

用句用字，俱要古雅精新，令人读去，开口便觉不凡。如“畏圣人之言”，许獬云：“士生千百世之后，而希踪千百世之前，非言无由寻，非畏无由入，故诵法圣人者，非徒穷理，亦以检心也。”无一字不炼，无一字不雅，曰“言”、曰“畏”、曰“圣人”，括尽题旨。“穆穆文王”一节，顾起元云：“至善者，人心明德之体也。蔽于私则极以意移，澄于觉则极以心定，故圣人之所居，众人之所驰也，吾尝诵《诗》而得文王之止焉。”字字精新，令人触目。

起讲要自发一段议论，寂寞处要寻音响，浅淡处要觅神奇。如“畏圣人之言”，萧丁泰云：“吾人心学，恒自战兢惕厉中得之，盖靡言不察者也。而或从有声入无声，即以无畏俨有畏，则于往圣独切焉。”“心学在战兢中”便有议论，“从有声入无声”用意尤精。“穆穆文王”一节，李之藻云：“人之一身，众善咸属。就众善而一一求所为止，不若秉一敬而众善自为所止。敬者，圣人心法，即万世止法也。”“万善咸备”是一意，“就万善不若秉一敬”又是一意，“心法”又是一意。又如胡来朝云：“学者欲登至善之域，靡不取衷圣人矣。圣人纯其所为心，斯能凝其所为止，彼兢兢然望之以为趋者，犹二之也。”“兢兢然”二句是用意处，无此二句便斩焉无味矣。徐良彦云：“吾人之求止者，非置之于一隅而已。心者，止所也；敬者，止法也，而群止皆其所通者也。”置之一隅，不可为止，必通之群止①，乃见其止，此是独得之见。又如李元调云：“自有明德以来，类蕲于止，而有所以不迷于止之先，又有所以不间于止之后，于是止善甚不易，而谈止者，不得不归极于圣人。”“不迷”、“不间”于本题不甚切，而语意铿锵，便耐咀嚼。

“畏圣人之言”，郑以伟云：“千圣脉脉相传之意，惟恃此不侮之心；此心兢兢相接之旨，独寄之不朽之言。离畔者，反卑之为无甚高论，心无忌惮，明训所不能操也。”从“心”说到“言”，而以“心无忌惮”立说，不独意警，兼亦词新。周士显云：“畏者，心常惺法也。从不见不闻葆其真，而亦收闻见摄其衷。自显摄微，君子三畏有无之非是者。”从“不见不闻”说到“闻见”，是其用意搜奇处。周师旦云：“畏者，人心之精明不昧，而缘以入圣之幾也。顾圣缘畏入在，即此心之精明默契圣真，而后得其常惺之体焉。”“此心默契圣真”，亦见用意处。

“庸德之行”四句，王衡云：“夫天下非必远人之道始为难也，苟实求之，人伦全体之真，人情偏胜之处，要自有即易而成难者。”“即易而难”，便有意思。刘是云：“吾所谓道不远人，非务为卑论易行以矫世而已。即此平夷之中，政自有难合之则。彼惟无从置力，故跳而匿奇，而不知奇自为奇，于道竟无与也。”就平易见难合，与王意颇同，而“无从置力”一段最醒人目。周士显云：“君子中庸，庸也，所以为中也，止于中。道无有余不足之分，而寓诸庸，人有有余不足之见，是宜何置力焉？”道无有余不足，人则有之，此是大议论。庄毓庆云：“天下瑰奇之事，得乘其气力所偏重、心精所出入而为之。惟中正之理，其轻重低昂之则最为难合。为道者调之性则适，而反之中则平也。”借“奇”说“庸”，说皆恳到。“是心足以王矣”，许獬云：“自昔称为天下者为之堂上，非堂上之足以为天下也。心不下堂而自运，则泽不下堂而自周也。吾王以羊易牛之心，何心乎？其王天下之心乎？”凡会元文字，只平平说去，而道理自彻，不类小家，用句用意，须奇特也。“堂上”二字，原是本文，就此翻案，遂成绝调。商国祚云：“以天下之大也，语王以保民，而王必且自骇矣，岂知忽然萌动之中，有适合其心体，而无心怵惕之见，有忽动其王机者，人不能识耳。”句亦浑雅，意甚清彻。吴亮云：“论王道者本于诚意，而意之动处原本于心，故袭迹而谈经济者，百相饰而不足；根心而探王道者，一反求而有余。”语意铮铮，铿然入耳。尹遂祈云：“王者，在宥一世，独有心耳；心者，合万形属以一脉，岂有盈亏？然得全于心者寡，则剥后之灵机，亦王道之端也。”“心无盈亏”，自是实理；“剥后灵机”，亦是实事②，且造语俱奇，豁醒尘目。庄毓庆云：“保民岂忱在大？总在本原之地真不真耳。均此不忍，在世而世满，在心而心满，统此一真，弥六合则普遍，萌方寸则光明。”“世满”、“心满”，从来

① 止：原作“动”，据上文“群止”改。

② 事：原本无，据文意及全文通例补。

不经人道，从空拈出，跃然可现。起讲有此格，极稀。隆庆戊辰许应逵“诲女知之乎”一节墨卷同此式①。

戊戌“穆穆文王”一节，陈圭云：“人惟一心耳，而更有所谓至善者，何也？是即心之精粹不外索而存矣，是即心之兢惕不外昏而得矣。”一问一答，自相呼应，而题意了然。“我不欲人”一节，陈圭云：“学者习闻万物一体之说，则人己之间，亦或有剖其藩而证其通者。”词新而古，意透而精。何太谦云：“人心不可不证之我，我以照我而并化其所为我，则因心为衡而心无不贯矣。”“照我而并化其我”，此从《华严大钞》来。首云“心证之我”，收云“因心为衡”，皆独创之语。李元调云：“人心不可使有我也，有我念随有人念，有求适于我之念，随有不尽适于人之念。”下句用意何等奇特？龚三益云：“人心惟我之为患耳，见其有我务克之，克其有我务忘之。克者，特境也；忘者，化境也。克即化之阶，而遽语于化则非矣。”创人所未尝有之谈，开人所不敢开之口。毕懋康云：“夫人苟惟见境所至，即至于仁人之化境何不及焉？然而见及之者虚也，诣及之者实也，虚实之不相及久矣。”以虚实互论，便有意见。以上皆魁作也，若顾起元起讲则云：“调之而后平，则人己之念终存而未化。”大率元之口气不过如此，不去钻研小巧，亦不去意外争奇，只以大雅胜人耳。

“且夫枉尺”一节，曹征庸云：“世之计得失而不辨是非者，皆曰：‘吾尝量于多寡之数，而知其无失策也。’不知至此无失之中，其究必至于大失者。”揣摩利害，极彻极工。徐良彦云：“人之于利也，始为其诱，既为其愚。惟其不阶之于诱也，斯其不笼之于愚也。”以“诱”字、“愚”字立说，便能动人。黄克谦云：“贞士节操，抗之靡极，而嗜欲溪壑，卑之无穷，顾节之振人也甚难，利之溺人也最捷，自非极力提防，将有不可胜言者。”“抗靡极”、“卑无穷”皆不经人道语，而抑扬阖辟，步骤可观。韩国藩云：“徇利者，就义与利而辨之，莫若就利与不利而析之，盖义利之关难破，而得失之数易知，彼智尽能索而获利无几，将自知其不可为耳。”“莫若”一转，甚得孟子本意，而“难破”、“易知”之说，尤为明彻。温体仁云：“贪夫徇利之念与烈士徇道之念，其心各无餍也，故有斤斤自守，终身不敢逾尺寸者，诚严其防也。彼非招不往，姑无论已。”凡作起讲，最要入题撇脱，用“非招不往”二句，方叫得“且夫”二字醒，入题方便捷。

乙未“仁者其言也讱”全，汤宾尹云：“为仁者，为之心而已。心之存亡，关其静躁，而言常操其符，故未有放言而得称为仁者。”笔力遒劲，且句句是题中正脉，开口二句说尽题意，下三句从“心”说到“言”上，无丝毫走作。大率会元起讲，多从正龙正脉落到穴中，并无躲闪欹侧。前此而壬辰“知及之”全，吴默起讲云：“学者不患识见之未融，而患体验之未至善。体验者，出身加民，其精神无所不贯，故称全德焉。”“识见”说“知及”，“体验”说“仁守”，“出身”说“庄”，“加民”说“礼”，无一毫渗漏。丙戌“名之必”一节，袁宗道云：“君人者，自谓名由我定，将无顾天下

① “起讲有此格”至“墨卷同此式”：此数句原分属下段，据文意改属上段。

之议其后，而言之弗当与行之弗安胥置之矣。其苟焉不及于正名，固宜也。”癸未“吾之于人”全，李廷机云：“君子所以维持天下之人心者，独有是非之权，而其究也，乃有缘而为毁誉，则亦未尝以天下之人心揆之也。丘也窃自谅焉。”

庚辰“如有王者”一节，萧良有云：“世之论治也，靡不称王者矣，而不知王者之治非易易也。其规模诚远，而其所以致此者，诚无乐乎其骤也。”皆句句切题，并不走作，此会元家数也。论者多疑戊辰会试田一儁“由诲女知之”一节、甲戌孙鑛“学如不及”二句小讲，以为庸浅，然田云：“君子之学，莫先于致知，而真知之道不越于一心。”孙云：“人之为学也，何为也哉？未其及也，求其得也。”皆从正龙正脉说下，何尝有一字不切题？是故作文者宁质无华，宁平无伪。

元作专贵切题，自魁以下，要精采动人，须说人所不说的道理，方能醒目。如乙未李中立首题云：“仁者非必有言，亦非必无言。要以操之心而一物不足漓真体，即宣之口而触处可以见本来者，则所为摄持者要也。”唐禧云：“仁人之心也，心无可纵之而使驰，亦无可操之而使敛。”此题正要无言，而李则云“非必无言”；正要操之使敛，而唐则云“无可操之而使敛”，所谓反言似正也。课虚无而责有，扣寂寞而求音，从古作文之法如此。

起讲是入门第一步，此处能动人，则阅者便知珍重矣。如蔡復一云：“仁道大矣，其统宗在心而言从出焉，故事心者非以言操心也，而常以言证心。”又如孙慎行云：“禔躬者，皆尝齐修言哉，顾议天下事易，当天下事难。夫惟以当事之心为议事之心，斯修词常密而躁妄不乘矣。”张迎云：“仁为心德，其静体也；言为心声，其动机也；动静所乘之介，仁之离合系焉。”胡汝政云：“想仁德日漓，人雕其朴，士岂无以才华自见？而卒不得为仁者，起于易视天下事，而言与心俱驰也。”林机云：“仁，心体也。心非虚而无用之心，亦非荡而靡检之心。太上浑而化之，其次操而存之耳。”刘元珍云：“人心躁静之介，乃仁道得失之关，顾有潜操于心源，而明征于拟议者，此正养德之士所早为堤防，而匪徒遏其流已也。”王庭凤云：“夫人心术日与行事相凝注，亦日与言语相宣泄。”江起鹏云：“吾人有应迹，即有真宰。惟不失其所为真宰者，而后其应迹皆真。此善论仁者，不得歧心与言而二之也。”洪都云：“自士习轻浮，多分言行为二，故言则显而求之词，默则强而防之口，斯其翕张俱在外也。”钱中选云：“仁即吾人之心，心体摄持即仁体着现，顾此心不内凝即外泄，为仁者操其心足矣。”徐如珂云：“论仁者要归一心而止。心有凝聚之本体，有宣泄之真机，惟宣泄者不离乎凝聚者，而后一节之仁可见全体焉。”同一题目而各自立意，皆烂然可观。参得此透，则登第如拾芥矣。

小讲是一篇之首，其起头一二句又是小讲之首，尤不宜草草。如赖克俊云“自谈仁者归重本原，而”云云，只此一句，便有识见，便能动人。黄志清云：“仁，精心而非浮气。”亦只此一句，便觉入理。李光祖云：“人心以内敛而实，以外泄而浮。”只此二句，卓然不群。饶景晖云：“言语之学，浮士视为枝叶，圣人认为根心。”刘一煌云：“吾人彻身心，贯言行，皆仁之流注。”谢廷谅云：“仁中涵，故忌外露，而露莫如言。”

开口读去，便觉不凡，不待观其全篇，而玉石已分矣。

“国有道不变”三句，汤宾尹云：“夫人之最难持者，宁独习俗之异同足移人哉？涉世则思用世，至于用世，而一显一晦之交也，可以觇君子矣。”“涉世则思用世”与“一显一晦之交”皆是的确议论。骆日升云：“天下有境变，有心变。境变者，身世穷通之迹；心变者，天理断续之关。”句句出奇，真是魁作。今后学之者，只当师其意，不可袭其词，袭则腐而可厌矣，所谓“谢朝华于已披，启夕秀于未振”也。第二名赖克俊，起磊磊有古气，但“操之”二句似赘。第四名周应明，起句甚有理，但不该又对二句，总是一意，而排衍重复，文之大忌。今稍更之云：“君子之涉世，其发用者常不若退藏者之为真，故当恒居时，类能固穷守拙，一旦遭时遘会，初心稍变易焉，则弱植靡操，安所语君子之强也？”刘觐文云：“强莫如制心，顾心制之于无欲之境易，制之于可欲之境难。士有生平持节较然，而卒败检于逢世者，强不足以贞遇，而患生于多欲也。”周应秋云：“世际泰宁可幸也，亦可危也，故乘之而大展其生平者此时，溺之而尽坏其生平者亦此时。”叶维荣云：“士人所患不在不遇时，而在变于时，盖时诎则隐约之意多，而敛华就实，见以为塞；时伸则朴素之衷易，而刓方成圆，见以为通。”刘尚质云：“士君子处世，惟是通塞两途。其塞也则塞为学术①，其通也则塞为经济。”李长庚云：“所称强者，岂以一节表见？惟试之强不能自主之际而不淆，置之强无以自见之时而不易，则其强乃真。”孙慎行云：“国之贵士者，谓可用之经世也，岂其抱空质为名高？惟以我振世，不以世易我，而节概足名焉。”朱之蕃云：“学者之用世，世即以之观持守焉。波靡于谐俗者，其操固尽隳；而矜激于意气者，其究亦易馁也。”俞惟京云：“明时之所重于士，与士之自清于明时者，惟是家修而廷献耳。一人而浓淡殊遭，则其侈泰易开；一身而今昔异态，则其纷华易溺，靡靡乎多弱植而鲜特操矣。”周维京云：“世运之相推，其变在天下；纷华之易荡，其变在吾心。在天下者犹可力持，在吾心者非大勇莫制也。”林应翔云：“穷通有两途，君子抱一而处之，故屡变者遇不变者，心虽与世推移，而其操修素定也。”陆彦桢云：“治平隆遇，千载一时，此尤君子见强之日也，而要之强不独匡时，必先励己，吾于不变塞者征焉。”林机云：“君子一出，而勋名烂焉，此无他，秉心之塞耳。是塞乃灵明之真体，通显晦不磨者，而岂易言哉？”胡瓒云：“世道由塞而之通，则声华易溺；人心因通而变塞，则真性乃漓。此其失之不在寒素，而在显荣，故称强于有道尤难焉。”刘尚朴云：“士君子未遇则先抱负，既遇则重操持，诚以荣遇之途，不独能改易人之身，亦能变易人之心也。”洪都云：“士君子一涉顺境，最易变节，而不历顺境，亦无缘见节，故乘时屡泰者，不独贵展布其经纶，而尤贵坚持其雅操也。”樊玉衡云：“家修廷怀之士，世罔不惜之，不知向所谓修者，本非不可变之质；而今所为怀者，原非实能修之心也。”费兆元云：“君子之未遇也，其意气郁积而不浮，其精神收敛而不溢。此非塞时耶？是塞也，固君子所恃以树贞，而亦天下所操以观强者。”朱应奎云：“时不欲塞，道不欲变。其塞时塞，

① 其塞也则塞为学术：此处二“塞”字取意不一，前者取“困厄”意，后者取“充实”意。

则闳抱难施而贞心未改；道丧其塞，则初心尽失而施设俱非矣。”徐如珂云：“强者，自胜其私之谓也。人心之私，起于恬淡寂寞者什一，生于纷华盛丽者什九，故仕进最能移人，惟其不自胜也，非强也。”钱中选云：“士人扶植宇宙，必值其所难持而操趋乃见。平居知好修，一旦势利熏心，辄改其常度，于是谓岩穴多奇行，当官鲜特操也非通论矣。”以上诸讲，有重“塞”字讲者，有重“变”字讲者，有重“有道”讲者，有重“强”字讲者，千蹊万径，各自有条，而词气铿锵，意见精邃，皆能见重主司。汝尽举而熟玩之，则下笔沛然无碍矣。

“好善优于天下”，汤宾尹云：“君子之为世用也，有所用于天下，而不必以己也；有所以用天下，而未始不必以己也。世岂无强智多闻之士，卓然各挟其一，而无济于治者哉？乃吾所语好善，则其效莫有大焉者矣。”调与意俱出人一算。骆日升云：“执政之体与百司异，百司以斡旋治办为能，此之优，优在一人者也；执政者以虚怀乐善为大，此之优，优在天下者也。”亦自楚楚，真魁作也。蔡復一云：“为政者，与其有高世之才，不若有高世之量。才为人役，己出而己为之；量为才府，我立而人归之，故古之相天下者，必其容乎天下者也。”李光祖云：“吾人有不越径寸而能包六合弘化理者，其惟善乎？挟之以自多则难一身，好之以自广则易天下，是以为政者，先举其度也。”林欲栋云：“有一官之用，有天下之用。一官之用，论其能效一官者也；天下之用，论其量包天下者也。”张嗣诚云：“宰天下之治者，自用则不足，用人则足，盖自用者，以才智役人，有穷之术也；用人者，以诚心布公，无方之益也。”周应秋云：“天下有以才为才，有不以才为才。长于办一事，短于制万有，此以才为才者也；自计则不足，为天下计则有余，此不以才为才者也。”诸起用意皆同，而各自驰骋，各成议论，如春蚕作茧，同一丝绪，而见物各自成形。张汝霖云：“相天下者，不恃己之善盖天下也，而恃天下之人能为我善也，故广忠益、集众思，为万世荩臣，法程至明矣。”沈道原云：“为政者，有其长不如无其长，能自见不如能自下。”句句皆是格言。王惟俭云：“宰相，与人主共理天下者也。人主不能成独用之功，而责之相臣；相臣亦不能建自用之猷，而资之多士。”刘元珍云：“世之柄政者，辄欲以善提衡宇内。顾善在人心，独持之则不足，兼收之则有余，此以己用天下者，不若以天下用天下之为大也。”诸起各自立意，皆斐然动人。

壬辰“知及之”全，自会元外，小讲无甚佳者。高克正云：“君子之学，合天下于吾身也，非外吾身以为天下也，故修之身，其德乃真；修之天下，其德乃全，甚不可分为两途也。”意高词古。厉昌谟云：“吾儒之学，不徒涵养此心，而治身，而治世，则心之实际在焉，总之仁所贯也。”说“心之实际”有理。

“宪章文武”，会元小讲一气说下，又是一格。陈懿典初刻云：“上有圣主，则先天下而立法；下有素王，则后天下而守法。立法者，制不得逾；守法者，道不能囿。”后刻云：“先王创法，后人守之，然创既远而易湮，守因习而成玩，其中非有大圣人为之修明，固不能无陵夷衰微也。”后改胜前。

“舍己从人”二句，范应宾云：“天下之善，合之则大，分之则小。执形骸而起见则不能同，歧物我而二心则不能取，而舜之善与人同何哉？”议论颇彻。杨廷筠云：“人无圣愚，皆从一善而分，故既以有己，因知有人。其取善也，善取人之有以益己之无者，而中始无弗乐①矣。”意见亦能动人。汪鸣鸾云：“人一善而已，众人泥于已分之后，圣人观于未分之先。”此系旧语，项德祯“执其两端”二句曾用之云：“天以一中分万善，愚者判于已分之后，圣者执于未分之先。”虽是陈言著题，则不妨相袭也。

己丑“畜马乘”一节，会元纯矣。董其昌云：“人君操平治之权，岂无利国之大道哉？而徒论利于货财聚散之间者，此非惟不仁也，亦不义已；非惟不义也，亦不利已。”说到“不利”，题意始完。朱凤翔云：“人主不讳理财之事，而慎无操聚财之心。”此是的确议论。周家栋云：“良臣不操奇赢以困民生，圣主不言有无以伤主德。”虽无大议论，而词气铿锵，笔力不弱。

“出门如见大宾”四句，陶望龄云：“人惟一心，不可令一日不在我，又不可令一念知有我。惟以吾心与天下相操持，而以我心与天下相流贯，则仁矣。”此起字字用意，神光陆离。刘曰宁云：“吾心之仁，其体则一物不客，其用则万物咸备。”焦竑云：“人之为仁，非于心有所益也，去其累吾心者而已。”此皆见理之言。

“圣人之行不同”二节，陶望龄云：“世俗自好之士，犹然能以一节表见，乃至圣如尹，而割烹之说纷纷焉，则以论洁身于常人易知，论洁身于圣人难知也。”“论洁身”二句极中窾。刘曰宁云：“士君子出处动以圣人为度，顾圣人自信以心，而天下之信圣人亦惟心，迹非所拘也。”殊有姿态。周兆圣云：“圣人之正天下，必先论其身，故不局于一定之途，亦不持于两可之境，惟其变化不胶，进止有概，为足述焉。”意高而词古。

丙戌“执其两端”二句，罗大纮云：“天之降衷于民，何择圣凡？故愚夫愚妇之所怀知而独处者，亦圣人之所不弃也，此其道在有虞矣。”句句着力。薛三才云：“圣人之智，固未尝自持其聪明，而亦岂概徇夫众庶哉？合众善所以成其大也，而酌众善所以执厥中也。”亦自大雅。小讲有从前说来，而议论出于题目之外者，如癸未“吾之于人”全，俞士章云：“太古之世，有操行而无议论，是非何缘而起乎？不得已而有是非，亦君子劝惩天下之一机也。”本文只说三代，渠却说“太古”，是超前起法。有从后说来，而竟反题以起者，如严贞度此题云：“古之待民也常公，今之待民也常私。自私心起、直道微，而毁者誉者争以其说行天下矣，彼盖以古一民也，今又一民也。”题说“三代直道”，渠说“今日常私”，分明与题相反。此是从后说起，而其妙处全在“古一民也”二句，唤得通章大旨醒。

“修身则道立”一节，此题小讲最难说到效验，全无佳思。李廷机云：“九经之事可以为天下国家，法程至明也，而卒莫之行者，得毋曰行之而未必效耶？臣试以效言之。”如此说，方见效之当陈，最得夫子口气。陈良轴云：“有天下国家之责者，最不可有计功之心，而苟得其道则效即随焉，此愿治者所必考也。”说当自考，尤有识见。

小讲贵直截，倘题有微意，亦贵曲折以发之。如“孔子有见行可”三句，邹德溥

① 而中始无弗乐：原无“无”字，于文意难通，改之。

云："圣人之为天下甚殷，而其待天下甚恕，故尝委曲以异道之行。即或道之未可行，而亦时就焉，其究卒归于道，若孔子可睹已。"何等曲折！盖婉而有法者也。孟养浩云："圣人为道之心至切矣，纵迹之所托疑于非道，而为道之意亦有潜而寓于其中者。"此觉简直，而意亦甚明。

庚辰"如有王者"一节，李同芳重"仁"字，故云："人君以一人抚天下，必通天下为一身，故望治甚殷而图治则甚远也。""通天下为一身"句说"仁"字。曾维纶重"王"字，故云："圣神之抚世也，能通一天下之谓王，能化成天下之谓王，其道甚大，而其为仁甚远也。"磊磊有古气。魏允中"王"与"仁"并重，故云："天为天下而生王者，则王者必合天下而成其仁。其道固不易也，吾有望于王者之兴焉。"沈一中重"必世"字，故云："人君将计万世之治，而不能操无穷之心，则其化必有所不成矣，岂知治以王者为尚，而王道未尝有近功乎？"独钱槚起云："我周自文武以来代非一王，数更几世，故仁覆天下，至今怀之，而要之仁岂易言机？"最得尊周本旨，必如此说，然后此题可出。

丁酉顺天"古之学者为己"，谢廷谠云："论学者贵无我矣，不知以我心外驰，则我为妄心；以我心内敛，则我为真性，然不可不审也，我思古人而得之矣。"言言入理。"舜之居深山"一节，徐光启云："心与心合，善与善同，达之天下，本无间隔者也。自知识之用起于有心，于是自有其闻见，而天下之闻见始与我睽而不相入矣。"谢廷谠云："虚明洞彻，本人心自有之真，顾精以外泄而漓，神以内韬而固，惟即其章章者，乃能妙应若神耳。"邵士斗云："人生之善，凝之则幾希在念，散之则耳目为迹，故囿于居者，能寂而不能感；神于应者，常蓄而常为通，我观虞舜矣。"皆有理趣。

应天"居敬而行简"一节，顾起元云："善治天下者，不扰天下者也，而不扰天下者，必有所不恣于天下者也，盖清夷之治，类于因循；休息之风，酿于凝一，临民者宜有辨焉。"精新雅炼，便可作元。顾大章云："帝王之治，讵不先便民哉？顾便民无如省事，省事无如制心，是以论简者，贵由居以及行焉。"瞿汝说云："天下者，人主之所操也，而人主亦藉天下以自操，故清净无为之说，恭己者得之而治，怠荒者得之而乱，未可尽任也。"何南金云："世有万事而无两心，心有万应而无两居，天下岂有纷焉难一之务哉？而长人者，先自无截然至一之居，则简固未易言耳。"韩仲雍云："君人者易于抚一世，而难于操一心，盖心得其衡，而世未有不得其理者。"李蔚云："图治者靡不自心始，心之精神纷出之，则其政亦纷；约守之，则其政亦约。如慕其约而过守之，其政似约，其心实纷，雍于是不敢尽信行简者焉。"皆有意见，皆为利器。

"言而民莫不信"，此等题目本粗，最难发理。顾起元云："人主之孚天下以心，而天下之孚人主亦以心，顾言出于圣心则为心精，而入于民心则为心应，盖可窥圣德焉。"吴应试云："发号施令，即世不能尽废，而持其感孚之神，有不在己言之后而在未言之先者。"范凤翼云："人主无不泄之意，则大哉王言，关系非渺小也。吾启口者一人，而倾耳者千万人；吾出言者一心，而听言者又有千万心，此其间固无贵乎迹相象、文相冒也。"刘仲斗云："人君显治天下，无如言矣。夫言出于君，而天下属耳焉，故必民无违令，而后其言尊，此非可求之民也。”周玄昭云：“王者，患德未盛耳，不患民未孚也，故精英内蓄，能令神驰者耸慕；经纶外播，能令耳听者钦承，窃睹于天渊之圣矣。”如此俗题，皆能翻意见奇，烨然可掬。

“故苟得其养”一节，顾起元云：“良心在混沦之初，何长何消，无俟养也。惟剥复乘乎气机，于是消长之用以人心造焉，而养之得失也大矣。”此是正当议论。李蔚云：“大道以一气陶铸寰中，其植为木，其灵为心，均名曰物，物即气之所橐也。气未橐，惟是生生一理为众物报；气既橐，遂有生灭一端待培养力，则养所系匪细矣。”张师绎云：“君子不能保未雕之朴，而仅寻已放之倪，维是微而使之全，则养道急焉。”各说一意，均非凡品。

吕克孝“居敬”一节：“凡治理不欲其太察也，尤不欲其太疏也，太察则浑厚之气伤，而太疏则精明之体亦诎，今之玩愒以滋弊者，皆习为简而失焉者耳。”亦自切题。汪文溪云：“临民出治，心可以无事，而事不可以无心，盖心者，宰事之源，以之提纲挈领而省庶务，则清宁之福也；以之解纲绝纽而荒大体，则惰窳之弊也。”丁天毓云：“圣主能以无事息天下，而不能以无心宰天下。”田大成云：“人主之临民也，不难于迹与民相恬，而难于心与民相伤。”何南金云：“君心之敬肆，天下之理乱关焉，故天下本无事也，君不可先着一有事之心；天下亦非无事也，君不可先存一厌事之心。”以上皆警策可诵。陈万善云：“论治者贵去太，太纵恣与太琐屑均非也，故英王以简奏綦隆，昏主以简酿丛挫，则心术辨耳。”李九我批云：“以‘太’字立说，甚奇。”吴世翔“言而民莫不信”云：“言以通众志，亦以起众疑。使上有音旨，而民辄相猜而不信，安所翼顺治哉？顾立言有根，从令为末，惟至圣之时出者称焉。”齐琦名云：“人主所为显示天下者，则有言矣。顾上行令，下行意，令则至贵者易饰，既不能彻其精于未言之先；意则主贱者难愚，又安能强其孚于既言之后？”何琪枝“苟得其养”一节云：“心，一也，而有真心，有习心。惟习心胜，而真心乃藏矣。故攻取无涯，得失靡定，要之培养为实诣也。”周举人云：“心，随人具者也。待养而完，已非其本来，而失养不全，益丧其固有，吾于是而重养也。”陈举人云：“天下之物不离消长两端。固未有不长不消，中立而无所运者；亦未有自长自消，造运而无其枢者。”以上后检得之，亦英英可爱。

小讲有连下入文者，如谢廷谠“故君子以人治人”二句，云：“斯道在人，原无形神精粗之间。人或精言性命而粗言形器者，则是教乃强世之术，而无止息之期矣。不知物我之生，同原道妙，即远道之人，而近道之体自在也；离合之机，捷于俯仰，即向道之始，而至善之止随来也。”何琪枝“居敬而行简”一节云：“治曷为而尚简也？谓烦琐之极，其变为废，故大简以惩烦，亦以振废，则简之为术精矣，可概言哉？其根本以治心，必有宅而居之者；其髓要以逸天下，乃有运而行之者。”“居”与“行”乃文中正提者，从小讲一气说下，便无痕迹。丁天毓“言而民莫不信”云：“君民之相信也，默喻则以意，显出则以言，而中窾则以时。时当言也，姑匿其意而令人不可窥，则民乘是而疑；时不当言也，骤发其指而令人不可测，则民乘是而骇；疑且骇，难以语信矣。”“疑”与“骇”乃是反提，亦从小讲一气说下，兼重“时”字，得旨。

浙江“丘也闻有国”二节，张应完云：“善治者，必为国家计长久，长久之计在庙堂不在边陲，舍内而事外，舍名分而诘戎兵，为计左矣，夫亦贪寡是患而图远人以自益乎?”杨守觐云：“自古帝王统驭虽广，必以根本为先图，故内不得急人民而缓纲常，外不得先驱除而后德化，诚重在此不在彼也。”元魁二首皆可诵。

江西“素隐行怪”二节，夏师夔云：“吾道之与异端不共途而趋也。异端诡而不经，即一涉犹以为非；吾道庸而可久，即终身不见其足。自世有好异者，而道病矣；自世有修道之心不胜其好异之心者，而道亦病矣。”陈大绶云：“夫中道至于今而愈裂矣。非以不为者失之，而以为者失之也；又非以为者失之，而以为而不为者失之也。”二作皆可。

徐来泰“大孝终身慕父母”云：“凡物有尽，惟父母掬养之恩无尽；凡念可释，惟有怀二人之念难释。子之慕亲，何论久暂哉?”亦自有理。

福建“忠恕达道不远”，洪承选云：“道非玄冥之物，见心体斯见道体。迷则畛域自隔，悟则片念可通，故自知自证，因可证道焉。”说理之词，令人易识。

湖广“择可劳”四句，熊廷弼云：“君子为政，有以其心用天下而不强天下，有所以自用其心而不私于天下。吾何以知劳不怨而欲不贪哉?”第二名刘芳节云：“政有名不美而实美者，人主多避其名而不就其实矣。不知厉之而反以德，私之而反以公，顾实心实政谓何耳?”熊起古而健，刘起腴而新。“有事君人者”二节，周命云：“上臣事君以心，庸臣亦窃其心以事君。第有事之真心超洁辱之外，有事之伪心缘宠利之中，吾试从其悦而辨之。”亦新。

甲午顺天“子贡问师”全，陈敬云：“道止于中，高者抑焉，卑者跂焉。道术之分也，而过不及之两途出矣；道术之愈分也，而过之一途尤胜矣。”直抉题髓。“善必先知”二句，云：“诚之道，圣人有后天而用之者其迹彰；亦有先天而用之者其机隐。夫惟烛幾于隐，而将然未然之顷，天之权不自用而为人用。”说理甚精，词亦老练。

应天“管仲之器”全，文多散逸。冯开之拟程云：“济天下以才，居才以器，才与器两大者，王佐是也。下此则才有余器不足矣，夫子有遐思焉。”以“才”字较“器”，管仲之伎俩穷矣。龚三益云：“吾人终身竖立，惟是器识焉。基自古帝臣王佐，不以功高而生后心，不以才大而生越志。彼其器识，足以消盈溢之气，而约之纲常名检中也。”不论乡、会，元作大率多平，留此为式。且会文切理，词亦铿锵，非苟作者。朱应熊“恶佞”二句，云：“心术之裂也，则言为之阶，而以是滋甚。假令议浮而不合于度，即显而弃之矣；说辨而不巧于机，即立而折之矣，斯亦何足恶者?顾言之当也：揆义则盈庭可捐，协信则古今不朽；而言之蠹也：假义而权衡若合，道信而金石可贯，于是乎有所谓佞与利口者。”亦以小讲连提头做，而词理俱彻。

作文用子书古语，令人不觉乃佳。如江西“子贡方人”一节，饶汝梧云：“学者与其誉彼而非此也，不若各归而证之修诣，岂谓其达观疏哉?其专功以为己，其暇以及人，用功固自有序也。”“誉彼非此”，是《庄子》完句，用得妥当，若出自胸臆，所以为妙。“乐天者保天下”二节，饶云：“古之人有欲以其国王者矣，有欲以其国强者矣，然而方夏不可以坐抚，郡邑不可以虚拥，惟是得天则享乎？固未有不得乎天，而长保此位者也。”亦落落有古气，首二句从《国策》来，“方夏”二句从汉文来，皆能檃括成章。时文虽小技，句法字法，须当均有源流，故贵多读书。

福建“人之生也直”一节，黄起云：“造化陶钧，吾人讵徒以块然之身哉？故众形匪真，一理为真；完形匪生，完理为生。”说理入微，能醒人目。

有摘题中紧要字作起者，须要古炼爽剀，如福建“有所不足”二句，王畿云：“道寓诸庸，随在各足。人惟忽其庸也，或以易足而狃焉，又或听其不足而休焉，是以终无由足耳。”只就题中“足”字翻出，而挑剔极明。辛丑会试，则皆就“庸”字翻弄，又此文之波流也。

湖广“衣锦尚䌹”二句，官应震云：“学者中无所得则文采不足，乃或用其不足而稍缘饰之，则文虽烂焉为睹，而竟非内敛之精神也，我尝诵《诗》而有得焉。”此题不说不欲文，乃欲其暗然而自文，从“中无所得”说起，最得题旨。

广东“其知可及”二句，何荆玉云：“人臣在国，遇太平则借以为资，值艰危则委于不利，故羡乘时为达计，鄙蒙难为拙图，而不知臣道之所难，则有在此不在彼者。”罗弘谔云：“人臣褆躬事王，则国家非异人任矣，顾智计仅效于清夷，而身名无补于变故，国亦何赖若人也？”此题不是贵其愚，贵能济变，须着如此说。二起词皆可采，故录之。

广东“此四者天下之穷民”至末，何荆玉云：“人君之行事岂有常操哉？故黩货者以贪府怨，淫色者以欲招尤，而仁贤之主反借之而兴王业，则私与公异也。”梁思耿云：“王者，非自为家也，合穷檐蔀屋之民以为家，故海内一荣一瘁皆勤睿虑，而王者一情一欲亦关遐陬。古盛王所为抚世布德、用培王业根本者，惟此一念之流注也。”前起简确，后起雄畅，皆能说理，神采烨然。

辛卯应天“君子成人之美”一节，汪鸣鸾云：“君子有余美，小人有余恶。非必其身为之也，悬于一念之相反，而动关人才，其成就往往殊焉。”风调自是不凡。“事前定则不困”，张君卿云：“人君欲以其心而制天下之事，不若举事之理而豫定于其心，何者？理固在事先也。”语语刺心，合人击节。

小讲贵说意，亦贵炼词。如福建“居则曰”四节，李仲元云：“君子立志期为知己用耳，顾人知有用之用，而不知无用之用。有用之用，才士蓄而有待；无用之用，达人乘而无心。”大意亦平，末二语雅炼，便觉可观。

湖广“国君进贤”三节，邓士亮云：“人君宰制国家，元老之臣不居外辅，则体统易亵；总揽之柄不从中制，则用舍相淆。”词气严整，自是作家。

福建“沧浪之水”二节，王邦俊云：“国家兴亡之故，众人见其形，圣人见其理。见其形者，属之天运；见其理者，属之人事，故诚有忧危之意，岂必乡士勤诲，大夫献箴？即一迩言亦当世得失之镜也。”以虚形实，独胜诸魁。

戊子顺天“季文子三思”一节，黄葵阳改程云：“古今得失之故，皆起于人心之思。顾其得也，以沉幾亦以果断；其失也，以轻发亦以迟疑。”句句切题。王蒙亨云：“人心之有思也，理所通也，顾以有主之心善用其思，则思常彻于理之中；以无主之心过用其思，则思常眩于理之外。”亦朗然可诵。

应天“如有博施”二节，周应秋云：“天下至大者惟仁，至约者亦惟仁，故有上圣为之而不足，一念存之而有余者，则心与势殊，而论仁者贵识体也。”亦切题，无一闲字。“君子之道淡”合下四节，云：“至圣之德，未有不自至诚之心入之者。自人以外驰之私，眩其反观之哲，将表暴于观闻，粉饰于治具，而德斯漓。”包孕章旨，详尽明彻。“吾为此惧闲先圣”一节，云：“世道所以不坠者，恃有圣人为之维。不幸先圣既往，后圣未起，而有异端肆害乎其间，有感时忧道之君子，不得不深信而力排之矣。”“先圣”、“后圣”，只就题中拈出，便成宏论。

浙江“夫人不言”二句，蔡应龙云：“经国有讦谟，时为大，故为于可为之日，则利言革也；为于不可为之日，则利言因也。”虽是常调，却系名言。“故凡同类者”一节，朱国祯云：“人之不逮圣人者，何也？始焉忽其同而自流于异，既焉执其异而并疑其同，则未尝观性于类也，则亦未尝比类于物也。”此二起皆作程，皆有理趣。

应天“伐柯伐柯”二节，此题最难联络。刘纯仁云：“道无一日不具于人之心，因性而诱之，道固在也；平情而施之，道亦在也。”括尽题旨。

有悬空玄说，竟作问难而起者，如乙酉浙江“夫妇之愚”十句，袁茂英云：“君子之道，费而隐之道也。夫其费也，必造化而始显，神圣而始备，则道果犹有遗乎？必知之而可悉，行之而可尽，则道果犹有御乎？”轻虚活泼，笔端如尽。

南京“大戒于国”十句，李大武云：“古忠良之臣留心民事者，谁不动称先王之故宪？而不有明君者举而亟行之，则其事多湮灭而弗彰，吾不意齐有进言之晏子，而又有能悦之景公也。”今人作文多苦思极煅以求工，而此数语只凭胸流出，笔端可爱。故有意求工者，类无嘉调；而无意吐出者，常有至奇。学者所当深辨也。

福建“见善如不及”全，丘宪周云：“古今人岂甚相远哉？而以其所见验之所闻，或有所欣艳而遇之，或有慨然想见其为人而无从焉，论古者所以有遐思也，而今如何哉？”奇宕之极，琢削俱融。“孔子尝为委”二节，黄葵阳拟程云：“王人诏禄以养廉，君子敬事而后食。故仕者为道，非为禄也；即不得已而仕者，虽为禄，亦为道也。”最得题旨。

壬午湖广“天下有道，则庶人不议”，徐成楚云：“人君所与共天下者，庶人也。天下之公道屈于上，则天下之公论各伸于下，故世之议未必出于学士大夫之口也，庶人而操之矣。”开口二句便是确论。

有不屑屑摹题，而径以大议论发起者，如陕西“述而不作”一节，程云：“天地之文章，咸泄于圣人之制作，皇正以来，圣人迭兴，作者盖大备矣。”全不说“述”、“信”，而径从制作发挥，无一句不是起语。

己卯浙江“贤者在位”二节，胡琳云：“有国家者，不为人畏，则为人侮，而荣辱判焉。荣辱之关，在仁①不仁耳；仁不仁之关，在时耳。”摘题中“畏”字、“侮”字，翻成佳境。周应秋“吾为此惧”，用“先圣”“后圣”，从此处得来。

---

① 仁：原作“人”，据文意改。

游艺塾文规卷之四

赵田逸农了凡袁黄坤仪甫著

男袁天启若思

侄孙袁士鲲南之

侄孙袁祚熙载之甫同校

书林叶氏仰山绣梓

正　讲　一

应举子业，须以墨卷为定衡，而每科会元，其文经十八房阅过，主试又翰林大老，所取必正大可式，士人不察，往往以和平为谫陋，以雅澹为无奇，不自知其识见之偶偏，而反憾主司取评之无当。由是终身呫哔，取途愈远，老死场屋而不见收，宜矣。如今科会元许獬，首篇是一句题，诚难炼格。初看似只平平，及遍阅十八魁，然后知其格局平正，体裁冠冕，词气春容，理趣典畅，卒无加于许公也。本章原说"三畏"，起云"君子畏天命矣，畏大人矣，至若"云云。提此二句，不必说"三"字，而"三畏"景象俨然在目矣。提云："圣人视听明威，未必如上帝之有赫，而天命之性与修道之教原无精粗；规为制作，不尽若大人之遭逢，而见之实事与寄之空言亦无显晦。"根上文说来，提掇甚明而语亦雅①炼，如白云起于岫中，不离峰峦之状，而曲折有情，幽思自远。接下用"君子曰"三字，格便出奇。先作二比云："圣人虽既往矣，而其绪言未绝，则千古旷而如新；即圣言亦无奇耳，而其精义无穷，则终身由而不尽。"不说"畏"，而但描写可畏之意，最玲珑，最蕴藉。文字须从虚入实，如瞿昆湖《诗经》"彼有不获稚"四句，墨卷起处不遽讲丰享之庆，而虚虚根"王泽"、"天雨"说来，最春容可玩。此题若将"畏圣言"一句道尽，便靳然无味矣。先说"绪言未绝"，其意犹浅，后说"精义无穷"，则当畏之旨弥深；先说"千古如新"，此只说圣言常在，后说"终身由而不尽"，则愈切而愈见其可畏矣。但初出本云："圣人往矣。"后对云："即圣

① 雅：原作"推"，然其他各处均作"雅炼"，据改。

言亦无奇耳。”长句对短句，参差不齐，甚有古意。后改本云：“圣人虽既往矣。”拘牵排列，反欠老成。实讲云：“暗室屋漏之事，有人所未及知，而圣人言善言恶，已若揭肺肝而示之早，盖情伪微暖，莫能遁矣，而乌得不畏？惠迪从逆之迹，有我所未及为，而圣人言吉言凶，已若严斧钺而待之先，盖成败祸福，莫能逃矣，而乌得不畏？暗室屋漏，可畏之地也，人未及知，而圣言已揭其肺肝；晦迪从逆，可畏之幾也，我未及为，而圣言已严其斧①钺。”摹写“畏”字愈深愈切，直逼真境，如良工织锦，缕缕合辙。次云：“以文章见性道，不畏则入理不深，故必澄心涤虑，极其戒慎，而后可以对圣人之言，则君子所为，心常敛而常惺也；以恂栗为道学，不畏则执德不固，故必周规折矩，极其齐庄，而后可以体圣人之言，则君子所为，念常止而常定也。”前二比已将“畏”字讲尽，此处更难下手，须再进一步，如妙舞霓裳，前曲已写尽深情，而后曲余音嘹亮，愈出愈奇，使人听来觉少不得方好。今前说“乌得不畏”，此又从“畏”字中更深求其用力处。曰“澄心涤虑”，则不徒畏乎其言，而直欲检吾之心；曰“周规折矩”，则不特心畏其言，而直欲身与之合。又从“不畏”说起，则文有开合，而与上意不重。后从“君子常惺常定”收拾，则文有归束，而体段甚雅。又先说“以文章见性道”，是从末见本；后说“以恂栗为道学”，是摄本归末。说文章，则曰入理深；说恂栗，则曰执德固。说入理深，则曰对圣人之言；说执德固，则曰体圣人之言。说对圣人之言，则曰常敛常惺；说体圣人之言，则曰常止常定。脉络相承，针线极细。但初出本云：“动而观，静而玩，何时不披历？然苟非澄神凝虑，极其齐以庄焉，不能忘披历也，吾生平所学，何学而可使幾微之或玩乎？拟而言，议而动，何时不质证？然苟非周规折矩，极其符以合焉，不能忘质证也，吾日用所事，何事而可使毫发之或爽乎？”此二比与今所改定迥然不同。若论文气，则前本以“动而观，静而玩”接上“乌得不畏”，甚浑融合缝，其词亦流丽可喜，如白云自流，山泉泠然。后本更作，起端稍有痕迹，繁饰人工，颇累天巧。若论意趣，则初卷不如改卷多矣，今只从改卷为定。缴云：“盖圣人为觉世而有言，则其旨不得不凛，故既以微词动之，复以危词惕之，而谈吐罔非龟鉴；君子欲因言以见圣，则其意不得不虔，故既以实心体之，又以虚心承之，而日夕罔非冰兢。”此缴极的确，极平正，无一字不切题意，而咳唾珠玑，到处锦烂。末云：“此一畏也，即天命大人不悚息于此矣，然非知言君子，孰能有此畏乎？”如此起，如此束，首末相涵，极有法度。

王辰玉首篇亦是会元文字，不可概以魁作视之。其词何等雅正，其气何等春容！说理入微，而不犯艰深之态；用意周匝，而绝无斧凿之痕。起云：“是圣言也，是圣人以其戒惧之精神，默摄夫后世之精神者也，而惟真知戒惧者能默迎之；是圣人以其性道之文意，显泄于载籍②之文章者也，而惟真知性道者能显证之。”从“圣人戒惧”说到君子身上，又从“默”说到“显”，字字有意，光华若朝霞芬旨入九咽。先二比云：“故

---

① 斧：原作“衮”，据前文改。

② 载籍：“载”原作“裁”；“籍”，原缺，系国图本中有人朱笔添加，所改是，前字顺改。

君子见其言，因见其所以言者焉，则人之载言也重；见其言，又见其所以见者焉，则言之束心也严。”虚而不实，淡而不厌。次云：“大而陈谟矢烈，皆天载散见之文，虽欲不斋心以事不可得也，则屋漏兢兢之念所为，质之而加亲，考之而愈密者也；小而受响传声，皆天则范围之主，虽欲不洗心以承不可得也，则平居翼翼之衷所为，触之而皆真，警之而皆觉者也。”以大小分对，微觉有迹，然“陈谟矢烈”对“受响传声”，用字清新，不落陈境。至“质之加亲”、“考之愈密”等句说得入细，先“质”而后“考”，先“触”而后“警”，一步深一步，俨如身履其事而亲作工夫者。后二比云：“有形之鉴戒与无形之顾諟两相检持，则敬怠无互乘之隙，即吾防闲之力倦而欲愉，而一念及于素所仰承者谁人之典刑？有不悚然处惕者非情矣。不弛之心精与不易之名理两相缩结，则神明无离合之时，即吾浮游之气溢而欲骋，而一念及于素所步趋者谁人之彝训？有不凛然敛束者非情矣。”讲“畏”字亲切，不动声色，而熠熠精研，直逼真境，诚敦彝旧物、人伦冠冕也。缴云：“盖禀圣人为律度，而随以律度定纠绳，则更不假征色发声而删述之，绪词动成惧府；奉圣言为羹墙，而随以羹墙寓斧钺，则更不待人非鬼责而占毕之，末学举成戒端。”以“绪词成惧府”，以“末学成戒端”，讲得极妙，盖君子本心全在学圣人，故于不足畏处尽成可畏，斯为妙境。又其词亦雅饰，烨烨动人。近时浅学，专不肯用字眼，如律度、纠绳、羹墙、斧钺、删述、占毕、惧府、戒端等，皆欲删去，而自撰一种清虚之语，以为高正，如雅驹临风，骄嘶自赏，而步骤未闲，辔勒俱废；又如寒鸦数点，流水孤村，非不清楚，然景物萧条，逼脱意尽，虽昧小儒之目，终亏大雅之轨。吾儿须熟复斯文，庶不终迷耳。收云：“是君子所为惜学问收放心，以诵读友千古，而畏天命、畏大人之实际也，敢以空言视之哉？”“惜学问，收放心”，“以诵读友千古”，论理则是真道理，论文则是大议论。今年会试所取之文皆雅驯，皆和平，皆典丽，故十八魁中往往皆有元气。第三名商国祚起云：“圣人以百世不磨之谟训揭于天地，使后人显有所制而罔敢屑越者，不可谓非言也；而以此生不往之精神托在言诠，使后人潜有所通而不至愆忘者，又未始不以言也。”此起极佳，以丽藻托新声，以深思发真境，舒锦泻珠，莹然可赏。首作二小比以“体验”对“契合”，以“一念”对“四顾”，以“先哲”对“往训”，字字不合掌，极纯粹可爱。虽微涉尘境，终是作家。实讲云：“帝典王谟，言皆芳范，而君子常以心自证，其无惭衾影，可上对圣人者几何？必期事事可言而后自慊，则典谟在侧，不啻有指视我者，而乌得无畏也？左图右使，动有成宪，而君子时以心相质，则生平诵读，可独对隐微者又几何？必期在在无憾而后即安，则图史在傍，俨若有检束我者，而乌得无畏也？”首二句说“典谟”为“芳范”，是可畏之源，次三句是当畏之故，“必期事事可言”一句是畏之实用力处，末三句收入畏之实境，此起承转合之章法也。又先说“以心自证”，是不求之圣人而求之吾心，后说“以心相质”，是以己与圣人两相质证，极有次第，极有针线。后收云：“盖于穆之机缄不可以意寻，而圣人宪天以立言，则圣谟之昭察，即属屋漏之鬼神，曷敢不以若监若临者祗承乎圣训？有道之仪刑未得于目遇，而圣人修道以为教，则圣言之垂范，已属吾心之师保，曷敢不以亦步亦趋者恪守乎前谟？”从“天命大人”说来，会元用此于起处，商公用此于缴处，格异而法同也。末又缴云：“此非君子有所强持也，（此句不对，所以为高。）圣人之可言即吾人之可行。夫惟以心会圣人之言，而触处皆箴铭。圣人以有言之言寓不言之言。夫惟以言会圣人之心，而随念为法戒。”寻题外之意，说现前之景，词有尽而味无穷。第四名潘汝桢单提圣言，即以“聪明意识，寻声测响”反起，此是独创之格，与众人迥然不同，亦可作元。其“步趋①”二比，亦间杂虚融，绰有法度。开讲云：“言有直指性天者，则神化之撰原非窈冥，敢以空寂置之？惟是从虚湛之宇随言参合，则圣人所为穷神达化之论，正显示我以生身立命之橐籥，而转会晤转觉符合之为难也，即片言必惕矣。言有昭揭伦常者，则日用之旨本自亲切，敢以浅近置之？惟是从实践之随言印证，则圣人所为道德仁义之论，正明示我以归根复命之真源，而愈体验愈觉渗漏之多端也，虽绪言必敛矣。”剖精抉奇，沉着痛快，语意高而不平，露魁本色矣。“生身立命”与“归根复命”等皆魁语，非元语也。缴云：“是以内观于身，稍与言违，即加内省；动与言合②，又惧外袭，固其抑畏之深心也。外观于天下，则邪淫之说，不使加于其上；中正之旨，不使稍晦其真，又其顾畏之实力也。”不离时调，发尽真理，如韩信驱市人而战，不必衣装鲜烂，而布褪白挺，足以擒魏破赵。第五名吴亮讲云：“其后圣人之世而载籍可稽，则勤炯戒于当年，而善败昭如蓍龟，业以口诵之、心惟之，而若保若临，敢弗畏欤？想其素所兢兢，必有潜摄其流览者，而诵读犹粗已。（更进一步，便觉意趣无穷。）其游圣人之门而答问有教，则指迷途于顷刻，而法戒凛若准绳，业已面命之、耳提之，而是训是行，敢不畏欤？想其中之惺惺，必有默操其矜式者，而习传犹迹已。”人多认圣人之言为书本上说话，吴公如此做，然后收拾得完。盖“耳提面命”较“诵诗读书”，其对圣尤切，其可畏尤③真。次二比接云：“彼诚知圣人之言质言也。质则天下人文章必不离于实，君子惟以实心为体验而见圣弥切，或究指归于糟粕之中。彼又知圣人之言庸言也。庸则百家之奇诡终不胜其平，君子惟以平心为阐绎而卫圣极严，或辟邪说于榛芜之后。”第四名起云：“是至言也，亦微言也。”尽自破的，但“至言”、“微言”人所常见，故只平平读过。此用“质言”二字甚新，遂觉触目。又其以“文不离实”接“质”字，以“奇不胜平”接“庸”字，衬贴有情，发挥明透，如明月在窗，梅花相映，风骨愈清，情色俱胜，可式。结云：“夫立德本于立言，则觉世开人，惟圣为大；知言达于知命，则修道设教，即圣是天。”精至之语，止自嫣然。说“天”而不及大人，亦是本题正意。第六名刘是通篇以“天”作主，而尘字腐句淘洗净尽，于寻常蹊径之外别作一番说话，而其词又甚雅驯。若无前五名，此卷亦可元也。讲云：“言道言法，何日不弘范于世？而独其斋戒神明之德有冥会者，此不但准绳依之，即或寻声而泥其旨，守道而失其传，犹不敢也，盖悦诸心而转觉其惕诸虑也。是训是行，何人不被服其教？而独其战兢惕励之

① 趋：原作“超”，据上文“亦步亦趋”改。

② 动与言合：原作“与动言合”，疑误，改之。

③ 尤：原作“犹”，据文意改。

衷有默迎者，此岂直师保临之？即可托以文其身，附以伸其说，犹不敢也，盖即之愈亲而觉其愈尊也。”首二句，“道法弘范”是一层意思，“斋戒神明”二句是第二层，“不但准绳”一句是第三层，“即或寻声”三句是第四层，末句是第五层。如登百仞浮屠，一级高于一级；又如曲涧流泉，一转一折，波澜萦洄，悠然可爱。接下云：“细以窥其畏之端，则一念从违与圣言若对鉴而照，故黜其浮念而密摄真元，惟恐以弗畏而入于可畏；究而推其畏之尽，则万幾变化与圣言常不券而符①，惟得其真元而妙理自合。”虽不着畏之意，而尤见用畏之精，语语清新，似对不对，参差映带，便成佳境。昔文與可画竹，先有成竹在胸中，然后举笔一挥而就，是以色相完具，生意宛然。今画竹者，逐节假凑②，旋生枝叶，纵点缀极工而气脉不贯。故作文先须识篇法，凡遇题目，辄注想其通篇大概，如何而起，如何而承，如何而转，如何而合，使始末相涵，开阖相应，轻重疾徐，各中其度，如今年许獬、王衡首作篇法极高，故备录之。时文股法即古文之章法也，亦有起承转合，脉络相贯，展转入深，丝理秩然，而变化无际。如前所录商国祚第三、第四比，一股而有五转，从粗入微，雅有法度。又如第十名曹珍三、四比云：“圣人不得已为救世之言，其言近，近则与人心出入之途毫无假借，试检此耳目游息时，其于诵读之说所吻合者几何事？所出入而不尽合者几何事？真一举念皆误而又无地自容者，何凛凛焉？圣人不得已为明道之言，其言广，广则与人生常行之迹毫无遗漏，试自察其形神发明时，其于经传之说所体会者是为何言？所遗漏而未尽会者又为何言？真一举事即差而又无处得释者，何翼翼焉？”首二句是起，次二句是承，次四句是转，末二句是合，条理分明。又以“人生常行之迹”对“人心出入之途”，以“形神发明”对“耳目游息”，皆有意思。且不言“畏”，而曲写“畏”字之意最为警切。第五、六比云：“不必对图史以见圣人，盖以吾心自参自验，必有耿耿而不能昧此图史者。（二句承得极好，一点缀，题意便醒。）是若以我对圣人，而衮钺之严乃自我心出矣。不必就圣人以觅箴规，盖以吾身自揣自反，当有炯炯而不能欺此箴规者。是若以圣人临我，而羹墙之见又从吾身起矣。”题说“畏圣人之言”，文说不畏圣而自畏，此是用意播弄处。先说“以吾心自验”，后说“衮钺之严乃自吾心出矣”，呼应有情，联络有法，妙骋心机，随方合节。周士显讲云：“圣人，作者也。先天而作，不朽自有精意，诵其诗，读其书，默自体验言语文字之表，吾平生所理会者幾语？而稍有出入，凛凛惧不得为圣人徒也。君子，述者也。后天而述，尚论自有律度，观其象，玩其词，默自检点章句记诵之外，吾生平所学习者何得？而稍有离合，兢兢惧不得与圣人游也。”不雕不琢，散散写来，而法度森如，自然合辙。王继美云：“虚其言，既有所不敢；而体其言，又有所未能。惟不敢与不能之心合，故激而成畏，而一念之钦仰直欲进之寤寐羹墙之思。兼而师之，或限于力；择而取之，又歉于心。惟一心一力之相参合而成畏，而此衷之严翼直欲会之言语文字之外。”凡章法双起者最怕懒散。此股第五句承得紧，而末

① 不券而符句：与上股相比，此句后疑有脱漏，与“故黜其浮念而密摄真元”失对。

② 凑：原作“辏”，据文意改。

句亦有意味，重起而轻收，飘飘然有飞举之势。十七名讲云："微言之，性情心术通帝载之渊源，此谁非言我所自有者？夫我所自有，圣人言焉，冀我之吻合之，而乌知不或违之也？夫违于圣言，天之所以与我者谓何而用？是日凛凛矣。显言之，貌言视听涵于穆之真宰，此谁非言我所当为者？夫我所当为，圣人言焉，翼吾之深体之，而乌知不偶悖之也？一悖于圣言，吾之所以事天者谓何而用？是日兢兢矣。""通帝载"、"涵于穆"，大意只承天命说来，而妙处全在"言吾所自有"，"言吾所当为"，约入吾身，便成妙境。其股法则有条而不紊。惟其言"通帝载"，故为吾所自有，惟吾所自有，故当吻合而不违，惟不当违而偶违之，故凛凛而惧。从源而流，紧紧相承，并不走作。篇法之中有句法焉，句法欲雄健，不欲软弱；欲高古，不欲卑琐；欲浏亮，不欲重滞；欲顿挫，不欲直致。句法之中有字法焉，字法欲新又欲稳，欲确又欲雅，欲秀又欲平。大抵篇法如良工筑室，规矩一定，门户任开，总要前后贯串，庙庑翼然；章法如百尺之锦，丝缕相承，绮彩错落；句法如千钧之弩，字法如百炼之金。要专习之久，凝会之深，如释子参禅，忽然大悟，捅底一脱，信手拈来，头头是道矣。作文不患无意，患在无以运之。题说"畏圣人之言"，萧丁泰却从"无言"说起。其词云："圣圣相授，惟此一心。其不可宣泄者，为天地未开之精蕴，终日言，未尝言，深于言矣；其不可磨灭者，为人心自有之文章，有所言，有所以言，妙于言矣。"从"无言"说起，是其用意处。文若太直则无味，故须如此。曹珍起云："君子曰：吾意犹可以自安，而决难容于圣人之言，则有不敢不畏者；吾意苟不可以自安，而愈难容于圣人之言，则尤有不敢不畏者。"创意极新，平中一突。十七名起云："顾言虽无畏之形，而佩服无忘，即神明之将奉；畏非从言而起，而方寸有主，觉彝训之恒尊。"意在词中，理出词外。缴语如周士显云："盖拟诸圣而复言，犹属意见，危平易倾，得意因以会圣人之言，此精神之极也；守其说而不变，犹属糟粕，继往开来，得言因以传圣人之心，此忧勤之衷也。"句句用意比他人更深一步。陈勋云："圣人之意不尽言，言出而天下以为楷，有贵于言者也；心之精神即为圣，惟畏则无之而非是，此深于契圣言者也。"以深思发至理。周士瞻云："信乎！文章阐性命之精，圣人之言，原自圣心之真畏而出①；而戒②惧在睹闻之外，君子之畏，愈以圣心之真可畏而生。"用意入微，发挥甚透。

文有定品，亦有定价。世之谈文者，曰神品，曰妙品，曰工品，曰能品，各随其力之所至而辨之。至于秤量高下，剖析锱铢，则文有可元者，有可魁者，有可中者，有必不可中者，若烛照数计而筮告，靡毫发爽也。虽头脑冬烘，眼迷五色间一有焉，而大致则靡忒矣。我朝文字自三杨专重欧文，以温润典雅为台阁体，即今荆川先师所辑《文编》，乃翰院传习之书，若序、若记、若碑铭之属，各取欧文数篇居首，盖欲学者熟之为骨，然后遍考韩柳苏王之文以尽其变，故自古会元虽丰约异态，朴艳殊辙，总之，皆醇粹和平，正大尔雅，如端人正士，垂绅正笏而立于庙堂之上；又如宿儒讲学，雍容理

① 出：清华本中缺失，据国图本正编补。

② 而戒：清华本中缺失，据国图本正编补。

窟，刻画逼真，而咳唾皆成珠玉，绝无崎岖乖僻之状。然文字有元之格，有元之识，有元之意，有元之词，有元之气，一一辨明，然后可以取法而入彀。试以近科评之，如“穆穆文王”一节，论格则先引《诗》释意，次递五段，后总缴大旨，此常体也。今顾起元起便做六比，不用一字过文，浑融发下。及三段叙毕，径入小束，即缴即结，并无繁语，此场屋四千人内必无一人同格者也。论识则此题“君臣”五句不是释《诗》，乃从《诗》之“缉熙敬止”而说其实诣，故诸卷皆述诗词，独顾于起讲下并不演《诗》，但云：“语圣心莫穷其量，缉熙者，其不已之神乎？语圣德悉合于天，敬止者，其不动之极乎？”以己意同《诗》语发挥，最为有见。论意则本题全重“止”字，而其源则自“缉熙”与“敬”来，故首二比先从“缉熙”说到“敬止”，次二比从“敬”说到“止”，后二比又用一“故”字，另作“止”字。二比发挥透彻，何人可到？论词如天宁于极，理归于宗，皆不经人道语。至“劳民忘其毁，严主霁其威”等，语语刺心，令人击节。论气则春融典畅，起伏疾徐，各中其度，元作何疑？“仁者其言也讱”全，本题因有问答，故作者俱用过文，独汤宾尹入股平做，浑融合缝，场中绝希。格已出众矣，论识与意，则又出人意表。司马牛盖原不及颜渊、仲弓，故夫子不言仁，而但言仁者，仁者心术行谊亦未易谈，姑与论仁者之言。昧者不察，多谓“讱言”一句便是仁，而不知夫子实未尝与之谈仁也。汤起云：“夫子不悉其所以为仁，而第直指曰其言也讱。”“不悉”一句深得本题三昧，字字该圈。“讱言”既非答仁，便不当深做，故汤只轻轻递过，若含下“存心”，毕力发挥，则司马牛亦不消疑矣。依注“心常存，故事不苟”，则“为难”头上当补“存心”，然善文者，可尊经而略注，不可因注而改经。汤讲云：“议论与躬行无两操，而仁者动自收敛，有无巨无细，念常恐其莫胜者，彼直怀凛凛之思，而虽欲妄置一议，恶可得焉？操行与持论无两衷，而仁者深自退藏，即万举万当，时恐其或蹶者，彼直抱栗栗之虑，而虽欲轻发一语，恶可得焉？”竟体本文发挥，并不依经缠绕。且“为之难”亦非“事不苟”之谓，“为”即是心去为难，即是心常慎重，故十八魁中，并无一人将“存心”另讲者，然依经解义，则会元尤为撇脱。又，此二比豁意铸词，句句不合掌，后收二比，亦字字雅炼，真元作也。壬辰“知及之”全，吴默①之作直从予丁丑“何如斯可谓之士”三节流出，不但格局相同，兼亦气脉毕肖，此非有心模拟也。吴因之学文于顾元玉，元玉学文于鄙人，师友渊源，谬相珍重，涵濡既熟，矢口相符。试阅其《庸》、《孟》二义，其风度皆与首作一律，即此可以觇其所养之深矣。大抵学文如学射，须先择前辈好文数首以为法程，贵精不贵多，贵专不贵泛。譬好学射，不先定标准，即终日执弓，何由中的？又须枕藉之，沉酣熟玩，使神与偕来，便可夺胎换骨，而陶铸成家。若待招之而后来，麾之而后去，已落第二义矣。黄葵阳“尧独忧之”七句，文字和粹冲夷，春容典雅，其血脉从昆湖先师“使禹治之”一节墨卷来。冯开之丁丑未进场时，日日玩此一篇文字，藏之袖中，早暮披绎，

① 默：原作“勋”，虽有吴勋其人，然下文提及吴因之，系指同一人。吴默，字因之，故应作“默”，形近致误。

寝食不废，故场中七作，其风度悉与此篇相肖，此便是学文样子。顾元玉从予游，只拣予丁丑墨卷及窗下“大哉圣人之道”四节文字，朝夕寻玩，语予曰：“执此以往，会元可必矣。”哲人早世，音响若存。嗟嗟！安得虚心定志如元玉，而与之论艺哉？

附丁丑墨卷：

子贡问曰何如　三节

门人顾曾璘元玉甫评：此题只重“行已有耻”一句，下“使于四方，不辱君命”乃子贡所长，不重也。然不曰“有敬有义”，而曰“有耻”，最有深意。子贡是通达有为者，夫子不欲其通而欲其守，不欲其达而欲其塞；不望其有为，而望其不为，故教以有耻。耻者，乃不为不欲之真心作。此发得极透，而通章大意更觉莹彻。盖称孝称弟，必信必果，皆是行己边事，皆就子贡之所不能者而教之也。论士之品则愈下，论子贡身上则愈难，此是夫子善陶铸处。若曰圣人有所不满焉则误矣。先生圆悟入微，而充养完粹，流于既溢，发于自然，故有透彻之见，而运之以冲夷；有锐精之思，而出之以雅澹。琢磨精巧，如良工制美玉，而绝无雕刻之痕；文势顺利，如老骥骋长途，而绝无奔逸之态。我朝会试六十余科，未尝见此文字。海内传诵者翕然，皆慕其文之工，而其所以工处，则或未能尽解也。二三十年后，时艺愈造愈工，始信此文难得耳。盖天生神物，断然不磨，而奇珍在世，久当自显。余领先生之教不止于文，而此文则早暮寻绎，愈玩愈精。若庚辰之作，则如神龙行空，倏忽万变，而轻雷骤雨，湃满八弦。癸未之作，则如祖师接众，语语当机，而一唱卒言，五千退疾。余皆谨录而崇奉之，盖先生三科硃卷，会元变态备尽其中，真可谓前无古人，后无作者矣。虚心潜玩而有不毕肖其文者非夫也，肖其文而有不发元者乎？我辈勉之。

观圣人历告贤者，而士之品尽之矣。夫德可过而才不可过也，是故士品有三，而总之立本为重焉。且士不患设施之未裕，而患涵养之未宏。养盛而隆施，则作用皆为至德；有本而无用，则笃实亦可维风。此论士者所必稽焉，而于子贡尤切也。故夫子因其问士而告之曰：所谓士者，岂徒以其材耶？必禔躬完愧怍之性，而收敛至纯，由是出而专对他邦，即以其正己者而善交邻之节；内省全①羞恶之良，而纤毫不苟，由是使而传宣君命，即以其守身者而彰华国之猷。于己也有耻②，于君也不辱，庶可言士矣？斯士也，不必于亲长间稽实德，而明体适用，是能以真性起经纶者也；不必于言行间观操持，而立本运谋，是能以醇修为措注者也。夫子所以教赐者亦微矣。赐不察而求其次，夫子则以德行为本，才猷为末，而举称孝称弟者示之，身未出于庭闱，而伦叙之惇可以

① 全：原作“仝”，据内阁文库本改。
② 耻：原作“此”，据内阁文库本改。

观德矣；赐又不察而求其次，夫子则以植节为重，运用为轻，而举言行硁硁者示之，事不出于庸修，而小人之志可以观贞矣。夫孝弟非他也，是亦行己之大端也，大人之经济，原不出赤子之知能，而顺德在躬，隐然负四方之望；言行非他也，是亦行己之一节也，达士之运谋，总不离一念之坚确，而枢机既慎，暗然抱君子之光。盖徒守其空虚无用①之体，固为遗世而病心；专事于才华通达之图，亦且以文而漓实。此士之所以贵立本也，而今之从政者卑乎无足议矣。

回之为人也　一节

道之不明，其弊②不在知愚，而在贤不肖分明；是以能行为明，而不以知为明也。传言"颜子盖真知之"，亦得题意。盖凡知不能行者，皆知之不真者也。此作先将颜子一贯工夫提得明白，后面皆从"知行合一"处模写，句句逼真，字字透骨。

大贤以能行为明，而于道也深矣。盖道必知之真，而后能守也。不求明于知，而求明于行，庶矣乎！夫子以是称颜子也。意曰：世未有真知而患其不能守，亦未有真得而患其或失者。顾道之择也惟人，而人之聪明难罄；其守也亦惟人，而人之心力难纯。惟回之为人也，从知起行，而不敢认见闻为实际，其择也，有一彻永彻之真景，而大悟之后，终身不迷者也；因行葆慧，而必欲以实诣为真修，其守也，有随时保任之实功，而体验之精，本真愈朗者也。融善之幾，则析至德于毫芒而直探其一原之理，以心悟之者，以心守之，而有欲罢而不能者焉；凝善之体，则玩神明于本性而直窥其一贯之宗，以神契之者，亦以神存之，而有请事而不惰者焉。得而曰善，则继成性以出，而知识无所参也，以其知识之不参者，而时保夫性中之觉，则灵扃之内，炯炯常惺，而百感纷纭，靡匪清宁之路，遇理境则忘理以观妙也，涉事境则因事以冥心也，拳拳乎常佩服于膺前而始终靡间矣；善而曰一，则从本原以出，而二三无所杂也，以其二三之不杂者，而时厘夫悟后之修，则方寸之间，惺惺有主，而万端攻取，难摇常定之神，于道念则久照而愈精也，于习念则有觉而即化也，拳拳乎常奉持于胸次而久暂无违矣。方其择善而有得也，非有理从外入也，情识尽融，天真乃见，而以吾本来自有之理，呈于一旦豁然之间，毫发无增，何缘有得？特拟其乍惺若有得耳；及其守善而不失也，非有物常在膺也，纤毫有着，全体皆迷，而以吾空洞无物之心，守吾本来常觉之体，本未尝得，何缘有失？特拟其惟一若无失耳。以其发轫之明通，而预睹乎终身经历之准；以其随事之体验，而适完其一念择识之初。回之为人，道其明矣。

---

① 用：原作"周"，据内阁文库本改。
② 弊：裁断，决定。

我亦欲正人心　一节

人心不正，皆由邪说之横行，故欲正人心，须息邪说，而欲息邪说，又须距詖行、放淫词。本题道理原是如此，分三项平说者，非书旨也。此作极得肯綮，格既平正，意复精莹，而春容典丽，大雅和平，语语刺心，可称不朽。

大贤欲以道援天下，而自托于言焉。夫异端之惑人心，圣人所不容也，大贤欲以道辟之，多言奚病哉？孟子告公都子至此，意曰：圣贤之匡时也，在上者立功，在下者立言。功之益在世道，言之益在人心，均所以奉天开治也。若禹、周公、孔子可睹已，我将何为哉？正以道在人心，万古不息，而所以惑之者，邪说也。邪说之行，盈于天下，而所以鼓之者，詖行与淫辞也。我亦欲本斯民固有之道，以拯其既溺之良心；而即人心所惑之端，以遏其方兴之异论。邪说本虚，而詖行则见之实事矣。吾立言以距之，而往圣济时之略，将以此而绍其统焉。邪说为害①，而淫词则溢于听闻矣。吾昌言以攻②之，而先圣救时之功，将以此而缵其绪焉。上之无拨③乱反正之权，禀明命于天子，而独以空言回一代之横流，予岂好为是谆谆哉？杨墨之道不息，则不特无父无君，同于春秋之弑逆，而洪水猛兽之害，皆将萃于人心矣，虽欲不严其词不可得也；下之无正名定分之典，托南面于遗经，而独以绪论明百王之大法，予岂好为是喋喋哉？孔子之道不著，则不特知我罪我，负其笔削之初心，而大禹、周公之道，皆将绝于横议矣，虽欲不辟其邪不可得也。盖在三圣也，禹之后有周，周之后有孔，奉天心而以治易乱，皆不得已而建辅世之弘猷；在我也，由孔而承周，由周而承禹，体圣意而用夏膺夷，亦不得已而著救时之竑议。惧其生于心而害于事，则不得不为事辨之；惧其发于事而害于政，则不得不为政辨之，而实非有所好矣。外人之称，殆未谅予心矣乎？

文字有真有假。真者阐之性灵，假者拾之口吻；真者发之厚养，假者竞于笔端；真者见理精深，假者措辞秀丽；真者透入题髓，假者见在皮肤。元魁易得，真假难分，透得此关，则眉目相肖之中，而神情天地悬隔矣。然假者随时泯灭，真者久而愈光。予谓吾师之文，久当大显，以其真耳。

历科会元之文，轻逸雅澹，顿剉悠扬，无如甲辰"使禹治之"一节；镕意肖题，精工奇绝，无如壬戌"事君能致其身"；格清气平，冠冕典雅，无如辛未"生财有大道"一节。今吾师之文，有"使禹治之"之轻雅，而说理则过之；有"事君能致其身"之精工，而和平则过之；有"生财有大道"之正大，而精细则过之；

---

① 害：据文意，底本此处脱落一字，据内阁文库本补。

② 攻：原作"放"，据内阁文库本改。

③ 拨：原作"揆"，据内阁文库本改。

故谓从来会元无此文字，非浪说也。

文字不难于奇而难于平，不难于工而难于拙，不难于浓而难于淡。然平须从奇而来，拙须从工而出，浓须从淡而生，乃为正脉。故作奇者，初时当穷神极想，窥深入微，及琢磨既久，渐近自然，人力近融，天巧乃见。使泰山、华岳不碍流水行云，海错珍馐恍若太羹玄酒，令人初诵之若平平无奇，再寻之渐觉隽永，三复之则击节服膺，彷徨追赏，此千古作文之法也。如辛丑元魁《中庸》之作，读之似觉平平，而玩之皆有旨趣。许獬之格甚奇，先将“庸”字起二比，次重讲“庸”字，轻拖“行谨”，又从“行谨”紧接“不足有余”，盖行谨工夫，全在不足有余①，故前面不宜重讲。末又将“行谨”意重发挥以缴足前意。其讲“行谨”云：“凡德皆德耳，独是德也，命之为性，智愚莫不同禀；修之为教，古今在其范围；盖庸德实圣德也，而吾乌可不行？凡言皆言耳，独是言也，矢口即是，夫妇可以共知；称性而谈，圣哲更无高论；盖庸言实至言也，而乌可不谨？”不实讲“行”字、“谨”字，而但从“庸”字上描写其当行、当谨之意，最为得法。本房批此二比云：“‘至’字佳。”按此皆圣人所未能者，故须讲得入细。此“至”字从《中庸》“其至矣乎”“至”字说来，便见鲜能之意。次二比云：“行之而不足，非不足也，皆起于厌其庸而有玩愒心，又以言之有余而益成其不足也，行仅如斯而已乎？吾业已行之矣，而不足敢不勉欤？谨之而有余，非有余也，皆起于忽其庸而有恣肆心，又以行之不足而益成其有余也，谨但如斯而已乎？吾业已谨之矣，而有余可或尽欤？”从“行”字说到“勉”，从“谨”字说到“不尽”，句句相粘，从容不迫，甚有法度。本房批云：“悠扬曲尽，读者须想其悠扬之趣。”缴云：“盖行虽有时而当谨，然庸以外则宜戒，庸以内则宜勉，勉之始成其为庸，不然则半途之废耳；言本无时而可易，故庸以外则宜闲，庸以内亦宜慎，慎之始成其为庸，不然则尚口之穷耳。行本惧其不足，而曰有时当谨，则行亦言也②；言本惧其有余，而曰无时可易，则言亦行也。”二比重发“行”字、“谨”字，始收得本文意尽。王衡先将“行谨”及“有余不足”意一齐罗起，复却以意斡旋，纵横出入，矫矫不羁。本房批云：“是何等识见？是何等格局？”今看来此格实胜会元。正讲云：“是其迹易践也，其事易循也，惟深而察之，名实相合之符，意象不交之地，柔情惰气，多有乘而弛者，而后知行之易于不足也。是其数易知也，其名易谨也，惟细而勘之，心口相符之时，人己互责之际，骄心浮气，多有乘而溢者，而后知言之易于有余也。”“深而察之”、“细而勘之”，皆进一步法也。文字若只在皮肤上讲，无以动人，故须深求一步。又云：“行以庸为标，常进而起之，仅求以如其德而止，而其功已百倍矣；言以庸为绳，常退而守之，仅求以如其行而止，而其口已三缄矣。”末句收得有味，便跃然动人，恨“如其行”一句犯下“顾行”。缴云：“盖择此一寻常之道居言行先，则日用之精神，自各以其分受益受缩于日用之规

---

① 余：此字后衍一“工”字，径去。

② 行亦言也：原作“言亦行也”，此处与下文“言亦行也”对举，故应改之。

矩，而奇衺为之默化；持此两不敢之心立言行主，则参差之情识，自各以其则随张随弛于参差之权度，而偏倚为之尽消。”论词①则调从心创，皆是不经人道语；论理则发挥精彻，题意朗然。商国祚讲云：“欲使不足者至足，而止求其赴，必有不赴者矣。此惟知鼓力量以为进修，而有锐②毋怠，直以有余制不足也。欲使有余者无余，而姑慎其出，必有妄出者矣。”云云。此须互讲来，方得肯綮。潘汝桢起云：“必也庸德③行焉，庸言谨焉，其原于天也，为生人之大常也，故一措足莫能外，一启□④不能离也；其究于用也，为现前之修持也，故德如行之必赴其途，而言如钥之必缄其局。”“赴其途”、“缄其局”虽似落迹，成弘以前文字多有如此做者，得此总提，格局甚觉冠冕，气概甚觉正大。次讲云：“行惟庸，是从性命中操为躬修，则其量难满⑤，非若奇行之可以旦暮竞伎俩增也者；言惟庸，是从性命中泄为拟议，则其神难守，非若浮言之可以一忍制三缄胜也者。”此处顺讲是常格，今却反讲，使题意分明，读之朗望。吴亮缴云：“盖增修不逮之德，若见其多，而勉之又勉，仅亦成其为行，而懿德之本体无加，何也？庸故也。宁留不尽之言，若见其少，而损之又损，乃始成其为谨，而恒言之旨趣无减，何也？庸故也。”庸，故无有余不足也，增而不多，减而不可，遂成一段议论。末句单收是好。刘是后二比云：“孰是行也而可不足乎？夫既已行之，敢复不勉？何者？不足在庸而靡焉敝焉，则是夫妇知能可亏而损也，此向者半途之弗已，而宁不进焉以企于庸也。又孰是言也而容有余乎？夫既⑥已谨之，安敢复尽？何者？有余在庸而旷然荡然⑦，则是天地圣人可轶而上也，此吾隐怪之弗为，而宁不约焉以合于庸也。”以“夫妇知能”属行，“圣人天地”属言，于理未惬，但借以发明“有余不足”之意，甚觉明畅，所谓雉蛇假合，天地间自有此等道理。周士显后二比云：“非以言之有余视行，行始不足，当在庸德习见而习行之已自不足，有必行之德，则有必勉之行，倘待不足而更端，始淬励晚矣；非以行之不足视言，言始有余，当在庸言习闻而习言之已自有余，有必谨之言，则无必尽之余，倘待有余而更端，始强闭晚矣。”文字必更进一步，方有意义。此二比句句比他人深一层，可式。曹珍云：“顾事有矫矫见奇者，一求之遂无不足而德惟庸也。人情物理，近在耳目之前矣，天下之难合，孰有如耳目之前者乎？议有矫矫见奇者，一敛之无复更余而言惟庸也。翕张谈吐，举属日用之故矣，天下之难持，孰有如日用之故者乎？”只就“庸”字上发一段议论，较他人更觉切到，可喜。周瞻云云：“奈何薄为庸德也而不行乎？毋论离跂而趋，将随行随困，顾庸德何物，而若此泄泄为？奈何薄为庸也言而不谨乎？毋论叛常而拟，将多言多累，顾庸言何说，而若此划

① 词：原文漫漶，似“同”字，然据下比“论理”，则上比应“论词”，径改。
② 锐：原作“说”，国图本有阅者以朱笔改为此字，据文意，所改甚是，从之。
③ 庸德：原缺漏，国图本有阅者以朱笔添加，据文意，所补甚是，从之。
④ □：此处据对股判断，应有一字，然原文无空，不知何字，以空格示之。
⑤ 满：原作“蒲”，盖形近致误，据文意改。
⑥ 既：原作“改”，据文意改。
⑦ 然：此字后衍一“一”字，径去。

划为？”此是奇而不平者，然语新调新，亦是可人。王继美云：“行者，一一赴之实践，未尝以难心委之，然知其难者即难也，（此句好）而不足恒因之矣；谨者，一一守之拙讷，未尝以易心出之，然虑其易者即易也，而有余恒因之矣。”此推深一步，与诸公同法。

凡文字直衍其词，不如曲写其意。许獬《孟》义通篇只模写足王之意，并不实讲，而舂容酝藉，一洗俗套。起二比云：“夫天下虽大，惟心则容，不患不容，第患容之无其端，而王有其端矣；天下人虽涣，惟心则合，不患不合，第患合之无其倪，而王有其倪矣。”只挑剔“心”字，而足王之意隐然言外，更不指实。次接云：“同此好生恶杀耳，岂有在此流行，在彼壅阏者乎？阏非自阏，或有蔽之，而明者自在也，则其明者可通也，而蔽者亦可撤也。同此贪生怖死耳，岂有于此矜全，于彼惨刻者乎？刻非自刻，或有丧之，而存者自若也，则其存者可充也，而丧者亦可复也。”二比亦未明说王天下，而发挥透彻，昭然可想。如水中之花，镜中之月，可玩不可执也。次云：“吾意四境有呼天向隅之声，四境闻之而王必不闻，（放胆之文。）不闻而无所感，不可谓此心之无，乃其一感而即通也，适以征此心之有。试及之赤子乍见之念，当亦同此真体耳。吾意闾阎有艰难疾苦之状，闾阎见之而王必不见，不见而无所触，是心本有而尚泯于无，及其一触而即应也，是心自无而即形于有。即扩之先王不忍之政，不过究此分量耳。”二比渐说到王处，尚不十分指切，只以大意虚虚描写，玲珑可爱。末云：“惟王者能溥汪洋而范围无外，苟其有所及无所伤，则范围天地之气象浑然一掬；惟王者能神变通而曲成不遗，苟其有所全无所废，则曲成万物之规模□①具灵襟。谁谓是心也而不足王哉？”前二比从“赤子”说到“先王”，此二比俱承“王者”发挥，题意始透，通篇皆不实讲。末收一句云：“谁为是心也而不足王哉？”此与杨继盛“王勃然变乎色”之作同格，宜互参之。

今之时艺，相题下笔，以今人之词写古人之意，须相肖为美。正如顾恺之、陆探微写真，不独肖形，兼欲传神，乃为妙境。王衡《孟》义自出己见，发挥经意，不执皮肤，独窥神髓，真可为冠场之作。起云：“试思以四境啼号之众，尚不足博吾王罪己之言，曾是一物而介介乃尔也，则此心非槁而不灵之心可知；以全齐蹙额之民，或不足以易吾王钟鼓之乐，曾是一物之死而恻恻乃尔也，则非窒而不通之心可知。”不雕不琢，纯发真意，情是真情，境为实境，其旨可以洞心，其词可以悦目，神理俱到，可式。接云：“常灵则痛痒常相关，万类所以呼而能觉、叩而能应者，恃此心也，是容天盖地之规模也；常通则脉络常相关，万气所以分而能合、涣而能萃者，恃此心也，是胞民与物之权舆也。”遣词只平平，而用意甚妥帖，承上“常灵”、“常通”说来，转入在政事上去，极有次第，极有脉络。此等处便是大方正脉，最宜深玩。次云：“政抑而惠施之，犹未足以王，人心莫神于触，偏触②而偏呈，全触而全呈，触而全呈，随萌蘖即为本

---

① □：据文意，底本此处脱落一字。

② 触：原作“觞”，据文意改。

体，而照濡沾溉之泽，待是而复足者耳；家与而人给之，犹未足以王，人心莫圆于感，偶感而偶①应，常感而常应，感而常应②，随端倪即为分量，而血③气心知之愿，皆与是而俱足者耳。”发“足”字极透，又作二比，然后收云：“甚矣！心之神也，细入无倪，大至不可御，皆是物也。彼士庶人者，清明之气回，尚能于斧斤戕伐之中，培人心之雨露；而君天下者，生杀之机一转，岂不能于天地剥落之后，培宇宙之太和?”脱尽筌蹄，独抒神理。“士庶人”等，皆非本题所有，而借宾形主，反能逼真，正如米氏父子作人物花鸟，不依形描画，但得真趣，只略施数笔，而形像宛然。

文字有反起而正承者，有正起而反结者，其变化固自不齐，大抵只要精采动人，奇警触目。如商国祚束二比云：“盖生机内槁，则生死之情，与我常倍相隔；（此是正结。）真心外蔽，则一膜之外，于我已不相关。而堂下行仁，觉寰海内之隐情，其境界昭然若睹，此真周视匹夫匹妇之情于乍见之顷，而致王特易易耳。”精彩相授，意态横出，神光离合，乍沉乍浮，其妙处在意而不在象，在情而不在法，最利场屋。周师旦云：“盖有所矜全者，复有所遗漏者，王不足，乃王之心固浚发于全体之倪，而万形停毓，一足而俱足者也；或傍注于此，旋郁隔于彼者，王不足，乃王之心固浑合于无圉之端，而六合在念，有以足而成其足者也。”此亦是反起而正收者。吴亮云：“保民而王，期于民编为德，而德意之鼓鬯，惟大见最真。彼蠲贷而博施舍之名，噢咻而修拊循之令，皆王道之迹也，是心不远所诸方寸之中而足矣；保民而王，又极于民不知德，而德泽之淳流，惟无心最普。彼要誉而于之以违道，恶声而动之以空言，皆王道之伪也，是心非假所诸肫恳之精矣。”首四句正起，中三句反讲，末二句又正结。此文之变体，但得把柄在手，则纵横如意。缴云：“盖心之体隐而莫窥，世容有勉饰于形迹而未慊于真情者，岂其内心之所动具完是真纯？而谓恻怛之所流，有其心而无其政也，此必不然。心之机藏而欲露，世容有偶存于夜气而旋牿于旦昼者，岂其外庭之所交曲全是怵惕？而谓幾希之所存，众共著而独反昏也，此又不然。”通股皆是反讲，并不正讲，而题意反明。一节《庄子》，正言什一，反言什九。凡此须是眼界高、文机熟而纵横无碍者，方能到此，不然，只如小儿之描摹写字，摸壁行步者耳。

文贵真，真则自能压众。潘汝桢讲云：“凡心从安排生者，名为机心，而是心非机心也。触于无端，始吾不能制其出；运于无涯，终亦不能御其入；所谓父母天下之度非乎？盖不④忍一物失所，与不忍万物失所，本自共念而生，似有大小，而实无偏全也，何患不足矣？凡心从矫袭来者，名为私心，而是心非私心也。其萌有种，孰迫之而使显？其达有源，又孰壅之而使隐？所谓民物一体之量非乎？盖期乎一物得所，与期乎万物得所，似有众寡，而实无丰⑤啬也，王有余矣。”众人皆就皮肤上描画，而此独从神

---

① 感而偶：原无，据对股文意补。

② 感而常应：原无，据对股文意补。

③ 血：据文意，底本此处脱落一字，书中“血气心知”屡见，据以补之。

④ 不：原作“一”，据文意改。

⑤ 丰：原误作“楚”，书中“丰啬”一词屡见，且合此处文意，据改。

髓上发挥一段真意，使读之者心肯意惬。如虢国夫人，本色既高，淡扫蛾眉，而三千粉黛相顾失色。作文但能阐发真境，不患人不心服也。

题中字眼须要发得透彻，乃能压卷。此题卷卷皆挑剔“足”字，独刘是透彻。其文云：“当是心之初，亦惕①然怵然，而不觉其兆耳，兆于何起？吾谓从胞与中特呈其倪也，而岂不足以见王道之胚胎？迨是心之后，亦乍发乍放，而未续其端耳，端于何竟？吾意极覆载内不罄其藏也，而岂不足以待王政之斟酌？”不但能发足“以”字，而其用意处直逼真境，一见便知好手极利之文也。周士显云：“任一衅钟，未必即足于大和，然亦杀机也，而王若有关于情，乃知流离死亡有隔向隅之九阍，而曾莫颦其颜者，非王心之初矣。易一觳觫，未必即足培大和，然此亦生机也，而王若有动于真，乃知②田猎钟鼓，有敛百姓之怨毒，而莫肯易其命者，非王心之初矣。”起处反挑“足”字，而写意造词，敻然出众，亦通是反讲，其法从蔡復一“不变塞”墨卷来。王继美讲云：“是心也，发于乍感乍应之间，岂不甚仓猝？然惟乍，则其感应最真，而有真感真应之心，则天下之精神命脉已掘抠于方寸之中，盖不越当时之一注念，而已足为天下所往矣。是心也，见于一事一物之际，岂不甚幾微？然惟微，则其意念最实，而有是实意之端，则天下之万事万物已司契于虚灵之内，盖不出当时之一措虑，而已足为王之盛视矣。”亦发“足”字，而告意渊微，遂成绝唱。近来文字用不得旧字眼，一犯陈言，便落尘境。此作“方寸之中”、“虚灵之内”等句，皆是腐烂说话，然说理既高，则旧字皆成新调，如钟离丹熟，眼前铜铁皆化为真金。因此知文字只当炼意，只当说理，不必拘拘于一句一字之间也。

曹珍当是有学有养之生，其文篇篇③奇绝。讲云：“王者视疾痛呼号之众，无不解其困苦而各遂其欲，是天下皆王者之气所通也。王今之有是心也动于一物，而机括流行，遍于众物之身者已，即初动昧，此气具存，隐隐然有萌而必出之端焉。王者视疴痒痿痹之属，无不畅其幽郁而各还所命，是天下皆王者之意所造也。王之有是心也起于一念，而天机活泼，贯于众念之后者已，即所触时，此意具在，蒸蒸然有发而必畅之势焉。”先说“王”字起，归在“心”字上来，直把题中精神命脉一齐发透，而沉着痛快，一醒尘目，视彼在枝叶上描写者，盖天渊矣。次二比云：“人心有所开，必有所受，而所开者，根于众物造命之处，则所受者，亦即受天下众造之命，谓堂下不忍一念，即四方精欲总会之区可矣；人心有所用，遂有所合，而所用者，从于众生包孕之处，则所合者，亦即合天下包孕之体，谓堂下易羊一事，即万民命脉枢纽之地可也。”“开”、“受”、“用”、“合”四字④，从世人所不道处创此意见，而发挥透彻，开合有情，真佳作也。

---

① 惕：原文缺漏，据文意补。
② 知：原作“之”，音同致误，据文意改。
③ 篇：原误作“之”，据文意改。
④ 字：原作“季”，形近致误，据文意改。

调贵新，意贵切，切而不新，便入腐儒窠臼；新而不切，正如婴孩说梦，大半成虚。庄毓庆讲云：“心溢于一见，而不以一见止也，颠连无辜之众，皆可博之以觳觫之视，其窍足以待世之斟酌而不匮于施。触之堂下，为之堂上，心术宁有歧焉？爱行于一物，而不以一物塞也，疾痛呼号之俦，皆可置之以死地之生，其源足以裕王之施济而不壅于流。全在一牛，保浃四境，本体作用，宁有异焉？”句句新，字字切，只此便时文之正宗。

游艺塾文规卷之五

赵田逸农了凡袁黄坤仪甫著
男袁天启若思
侄孙袁士鲲南之
侄孙袁祚熙载之甫同校
书林叶氏仰山绣梓

正 讲 二

魁作必奇、必高、必出色、必能发人不能发之意，必能开人不敢开之口。或以精炼示工，或以豪迈骋采，或以跌宕见奇，或以冠冕压众。峻处薄苍冥，而或不能帖然就矩；深处彻重泉，而或不能寓道于庸。戊戌诸魁如何庆元“穆穆文王”一节首二比云：“人非颛蒙，谁无一念之灵觉？而觉不胜蔽，是善不息而心有息也。文王学以缉之，其道光矣。心非陷溺，谁无一事之偶①合？而合不胜离，是善不二而心有二也。文王敬以止之，其心纯矣。”以“颛蒙”对“陷溺”，“颛蒙”是性，“陷溺”是习，先性而后习也。以“不息”对“不二”，“不息”应缉熙，故在前，“不二”应敬止，故在后。收二比云：“惟不息之精神密操于蜗蜎蠖伏之内，而念之所属，即是纲常，立万世法纪之宗，而毫无溢于分外矣；惟不二之兢业显出于感应酬酢之间，而衷之所凝，即为轨物，体千古尽伦之准，而毫无歉于性中矣。”以“不息”对“不二”，此与起相应者。以“密操”对“显出”，以“分外”对“性中”，“念之所属，既是纲常”四语却是名言。辛丑会试，诸墨卷多有从此而出者，不可忽也。梅守和起云：“缉熙非在敬之外也，惟敬则精无所翳之而常明，故知止焉；止不在敬之后也，惟缉熙之敬，则一无所扰之而常定，故安止焉。”从“知止”说到“安止”，不拘不束，翛然自在。且言“缉熙不在敬之外”，“止不在敬之后”，句句用意，令人解颐。

文字股股相对者其常也，于对之中又间有不对者，如唐人律诗，崔颢：“黄鹤一去

① 偶：原作“隅”，据文意改。

不复返，白云千载空悠悠。”李白：“鹦鹉西飞陇山去，芳洲之树何青青？”气格超然，不为律缚，此大方家手笔也。文字于八股平对之中而间用散语，有用于起处者，如予“执其两端”墨卷是也；有用于末处者，此极多，不具述；有用于中间者，前辈惟邹东廓“忠恕违道不远”文字有之，近日，李之藻亦用此格。其文云：“神以愈蓄故愈莹，惟缉熙则光明之境寸私不染，而何所不敬？心以常明故常摄，惟敬则凝一之中万理悉会，而何所不止？敬在而止安，止在而敬妙，敬为体而五伦则其用也，随身之所处，而异伦同道靡不调于适矣；敬其纲而五德皆其目也，总心之所运，而同条共贯靡不止于所矣。”先由“蓄”而“莹”，次由“明”而“摄”。“明”字即紧承“莹”字来，曰“莹”则言“光明”，曰“摄”则言“凝一”，曰“光明”则称“寸私不染”，曰“凝一”则称“万理皆会”，“身之所处”而曰“随”者，以其异伦也，“心之所运”而曰“总”者，以其同条也。四比相承如贯珠，而中独嵌“敬在而止安”二句，谁人能①道？

旧时文字只顺题写去，近来则欲于题目外主张，于无意中求有意。自吴因之三篇墨卷篇篇皆推深一步，由是作者递相仿效。丁丑诸卷，此风尤炽。戊戌项惟聪云：“夫敬而止，则非事事为之参合也，源洁而万理自呈也；缉熙而敬，则非念念为之提醒也，养深而一真自湛也。渊微为众止之府，而感应酬酢不过分静中之绪余；作用乃德性之昭，而上下亲疏固已尽生人之大分。”“事事参合”，诚②不必求之于外，至“念念提醒”，正是缉熙之法，今却一切扫去，而别摅真境。后二比以雅词发真意，尤为难得。曰“分静中之绪余”，则“感应酬酢”皆非粗迹，曰“尽生人之大分”，则本来至善只在寻常相与中。句句破的，如云门谈禅，一喝真诠，则衣冠济济皆为实境。若其遣词之雅，则如碧荇依依，水清石见，春云袅空，浓淡有情。学者所宜究心也。

文字有反有正，反少而正多，此常体也。有反处多正处少，而题意愈觉明白者，此如庄子以卮言陈正理，又如司马相如以微言解纷，不必十分指切而意思跃然是好手。如徐良彦云：“续而有断，明而有暗，则中已不胜离合而敬安在？文之有常惺也，固其有常惕也。断而求续，暗而求明，则敬犹不无出入而止安在？文之无不敬也，固其无不止也。”“断而求续，暗而求明”正是缉熙实事，却更进一步，便有余隽。

文字又有衬贴法。邵景尧云：“谓其洗心退藏之密，窥之且无朕，而断之又何倪？绳绳乎靡非钦翼心矣。收视返听之真，测之虽无迹，而韬之则愈光，惺惺乎靡非帝鉴衷矣。”“断之无倪”是讲“缉”字，却以“窥之无朕”衬之，便觉热闹有情。“韬之愈光”是讲“熙”字，却以“测之无迹”衬之，此亦是作文一法。何太谦云：“心体本无绝续，文惟无所以间之而神自定，则一敬亹亹，要亦如其本体而止。（句句发“止”字。）此收敛之纯也，收敛纯而何弗底于纯也？心体本来莹彻，文惟无所以淆之而神自朗，则一敬惺惺，要亦如其真明而止。此涵养之极也，涵养极而何弗诣其极也？”众人

---

① 能：原作“谁”，径改。
② 诚：原作“成”，据文意改。

都说“敬止有工夫”，渠独说“如其①本体而止”，别无增益工夫，此是独到众心之语。

元魁之文，固自有辨，然须识得透彻如何是元，如何是魁，如猜阄②者开拳见掌，是一是二，较然明白，方有准绳。盖元之中常有一二语漏出下乘余风，不似元者；魁之中时有逼真可元者，须一一辨别。如“穆穆文王”一节，顾起元粹乎无容议矣。第二名何庆元讲完诗词，将过下五段，先总云：“试观若君臣，若父子，若下交，岂非人道之大经哉？浅言之，则随时自尽，日用而常行皆可言善；深言之，则建极树猷，非心源之浚发不可言止。”此却是会元家数。第五名陈圭讲完“敬止”，接下云：“吾窃以人之身，下之则民所事也，上之则君所使也，而又前数十世之统，此其承嗣；后数百世之统，此其开创；而亿万姓之交，此其绾结。”亦是会元家数。一科止有一元，不可以其名次稍后而忽之也。不独诸魁，即散进士中，亦有会元文字在内，如二十名黄汝亨叙过诗词，以“善”字、“止”字提二比，次即入中五段，云：“吾就其为人君者以观止，止于仁矣；就其为人臣者以观止，止于敬矣。”依文直述，并不着词，后面却总做。七十二名黄克谦亦同此格，皆具元之体段。

学者应试，当先求合式，不可浮慕元魁。凡中试之文，必有一段精光可掬，必自成家，或尊如峙岳，或轻若行云，或隽如海错珍馐，或淡似太羹玄酒，或正如严师造士，动协规绳；或奇如雪夜偏师，万人辟易；或变如临济谈禅，棒喝交作，如此乃可以见重主司耳。如“穆穆文王”一节，龚三益先讲“缉熙敬止”二小比，发下云：“退藏之收敛，即作用皆觉为粗，而要之纲常实总其蕴；宥密之渊涵，即庶物无所不彻，而要之敦庸已立其隆。”即递过五段，复总云：“盖止非于彝章别有增益，就此天经地义融会在心，而触之即成律度，则一至俱至而圣修以纯；止又非于伦常强求吻合，就此常惺常觉操持罔间，而出之自中规绳，则一得求得而人极以立。至今诵修和、钦至德，三分之仪莫改，有二之勋灿然，《汝坟》、《江汉》，犹若想见其心者，孰非敬止中来耶？”前叙五段只虚虚点过，而文王实事反总在后，此是化腐为新之法。

国初诸老儒定举业文字，一股中说尽题意矣，后股又说，取青媲白，开饤饾之门，不特意思重复，兼亦格式卑琐。若会元之卷，多有不拘骈俪而萧然迥出者，于对偶之中常涵头串之意。如昆湖先师“彼有不获稚”墨卷，股股相承，联络贯串，八比只是一比。又如田一儁讲“是知也”，承前发下，四比只是一意，所以为妙。“我不欲人加诸我”一节，顾会元先虚提二比云：“夫一不欲耳，我胡以受人，而人胡以不我受也？以人权我，则各得之情分。且彼不必以欲来，而吾胡必以不欲往也？以欲权不欲，则各适之念又分。”中间用一“且”字，二比便连为一比。又上说“各得之情分”，下说“各适之念又分”，用一“又”字，益见二比是一意。接下云：“今曰‘不欲无加’，则耳目肝胆尽通于一，不知逆之在己，顺之在人，而畛域忘矣。且比洁权度不设于心，不知人之为人，我之为我，而意识融矣。”二比中间亦用“且”字，而其用意造语，从浅人

① 其：原作“何”，据上文改。
② 阄：原为“阉”，据文意改。

深，雅有法度，真词家射雕手也。先曰“耳目肝胆”，是忘其形，次曰“比洁权度”，并心亦忘矣。先忘顺逆，则人我之相犹在；次忘人我，则感应之主尽忘。畛域在外，意识在中，始忘畛域，既融意识，转入转深，不动声色，而化合璧为连珠矣。下即过云：“是道也，而赐自谓及乎哉？（喝出“及”字，唤得醒。）心超人我之外，斯能于违顺之端互涉而不歧为两，彼其不以我之不欲者还以构人之不欲，盖恢乎至人之无己也，赐于此无二念否也？心融人我之中，斯能于拂逆之感独觉而悉普为公，彼其善化我之不欲者往往适人之欲，盖浑乎仁人之共达也，赐于此无滞情否也？”只着“无二念否也”一句，不说不及，而不及之意宛然在目，且微婉有含蓄而意未尽，所以为妙。“矧彼则情欲相感之际盖旋消之，而尔则无欲于后，不免有欲于初，境甚远矣。（以‘彼’字对‘尔’字，借宾形主之法。）彼则人己相触之时即尽捐之，而尔则以人遣欲，不能以我忘欲，情又悬矣。”前二比中用“且”字，是联二比为一比，此四比中用“矧”字，又联四比为二比，如设栈道于危崖之上，人马一渡，百壑献奇，令人应接不暇。“又悬”“又”字亦好。末收云：“故求之物象既分之后，以心推心，而人我渐撤，赐也尚可自勉；若溯于太始未判之先，以欲达欲，而人我两忘，赐也其姑俟诸。”此数句分明是对面说话，通篇词调快若迅鹘乘飙，良骥蹑景；丽若太阳朝霞，秋水芙蕖，真元作也。

何庆元喝出本文，又体子贡口气做去，便落色相，然下语铿然，用意渊然。如云：“人之与我，本属一原，我不欲，人亦不欲，即一念可均调也，吾不能于一念之中而强生分别也；施之与受，总归无心，人加我，我亦加人，即一欲可两遣也，吾不能于无心之内而更设意见也。”大率有识者于前二句多不重讲，只轻轻点过。何公重作四比，便觉痴肥，然其所以高第者，则由格卑而语高耳。“一念均调”、“一欲两遣”皆是俊语。若“一念中强生分别”，“无心内更说意见”，乃是至理之谈。下语既工，便能夺目，政如洛阳名园，入门锦烂，五陵游侠，裘马千金，虽复大雅，不心醉乎？后面诸卷，惟张邦翼亦将上二句作四比，格欠凌驾而语意俱高。其第三、四比云：“我之名由我立，而以人视我，即其所分为对立者，（意精。）则我之未始不为人也，而安得以不欲加之人？人之名亦由我立耳，而以人自视，即其所护为一膜者，则人之未始不为我也，而安得以欲私之我？”人我之名，原是假立。庞居士云：“朱紫谁为号？丘山绝点埃。”正是此意。

过文是一篇刮目处，最不可草草，得数语雅炼，便能动人。是科惟崔师训过文可观。其曰：“赐也而果能之也，则一言而行终身，不为虚愿，洁矩而平天下，究且远施，夫子宁不有深加哉？”后讲亦可。盖《论语》文字最嫌直致，圣人语意微婉，与中有夺，夺中有与，未尝道尽。若将“非尔所及”直说做子贡不能及，便失圣人接引后学之意矣。师训讲云：“心之未纯乎天，天机虽动而易窒，为人心之尚危也，赐之事天，诚不知何如而讵能公己公人一至此乎？此心未实其性，性真随发而旋灭，为情境之易汩也，赐之养性，亦不知何如而讵能无物无我一至斯乎？”不直斥其不能，而但言“不知何如”，婉词寄诲，语不迫而意独切。又中间说“人”便及“天”，说“情”便及“性”，语有斟酌。又文章妙处不在认定题目，粘皮作解，全要空中打景，神思玲珑，如苏老泉作《易论》，通篇借礼来形容。师训缴云：“盖向也弛思于博济，而未究仁体之何在，彼其所病，病于求仁之太难；今也企慕于立达，顿谓心体之无他，此其所病，病于求仁之太易。”“求仁太易”是题中本旨，“求仁太难”是借宾形主，无中生有，翻案见奇。

用字要新，不新则不能动人。梅守和将首二句轻做二比，次即云：“则是共念而涵，不分彼已，盖从玄同未判之始，周浃其性天者，其以虚为体乎？虚则无着也，胡易及也？触念而动，不分后先，盖从万物一原之初，而流通其精神者，其以因为用乎？因则无意也，胡易及也？”“共念”、“触念”是极新之语，“虚”与“因”皆独创，而“因”字尤新。曰“共念”，则不分后先，脉络有条，秩然不紊。

文字要清扬，忌死板。陈圭后二比云：“赐果适于人己未分之先，而得其大同之趣也乎？吾想我之公心固已知①诱物化而不可完，第能洁之而人与我不相左，亦尽为下学之实功矣，兹何造也？能不劳而至若是也。赐果能于人已既分之后，而得其不二之宗也乎？吾想我之私心固已千蹊万径而不可解，第能譬之而使念与意不相歧，亦尽为太公之户牖矣，兹何修也？能不劳而得若是也。”“知诱物化而不可完”犹是常语，“千蹊万径而不可解”则模写曲尽矣。“洁之”、“譬之”等句是夫子教赐本意。二比悠扬活泼，如玉盘屑露，清甘可人。后又拖二比云：“夫孰知夫受之时，即施之时，而合并以出耶？若犹有二境也，宁不有待拟议耶？夫恶知夫受于我之欲，即施于人之欲，而一体而符耶？若犹有二欲焉，宁不尚涉思勉耶？”连用四“耶”字，飘逸悠扬，得庄生口吻。

往年文字后面多作二大比，用大柱子，近久不然。不难于用绵弃针，而难于锦上兆纲，不用柱子，而一字合掌非文也，即字字不合掌，而语意不新，神气不完，亦非文也。李之藻后二比云：“乍忘境以观理，夫亦知天理周流，不当自为封域也，而少焉情生境隔，则顺境逆境，终与真境不相摄，而安得游于无碍之宇？忽以道而制情②，夫亦知大道融通，所当撤藩篱也，而少焉，欲动情胜，则人情物情，终与内情不相合，而何以达于不空之道？”先设“乍忘境以观理”，次说“忽以道而制情”，筋骨凛然而肌肤细腻，思眇情真，言言入解。末即足云：“盖检查稍疏，终不胜横逆之窃发；即衡量极当，亦安见本体之自然？而夫子曰非尔所及，若谓夫赐之于一也见及之矣，力未及也，求之如不及可矣。”前四句说理极透，而后单拖我意，余波流荡，景色更远。张维枢以“天地仁人”做二比，虽是涉迹，意颇称工。如云：“惟天地能生人，能生物，浑忘百昌之荣瘁，曰无加，则适于忘矣。吾非不欲子静对行生，而窃意子之犹滞于人也，恐人我角逐之根未除也。惟仁人能并立，能并达，纯然元气之周流，曰欲无加，则归于纯矣。吾且愿子求仁强恕，而不谓子之虚言自然也。”“静对行生”原是夫子心事，“求仁强恕”亦是夫子教赐本意，发得明透，如蜀锦吴葩，郁然生色。末又足云：“盖欲恶中人微而不觉，当身推譬贤者犹难。隐微黯黮之伏，宜敛聪颖以自照之；清虚不累之天，

① 知：原误为“之”，据文意改。

② 情：原作“精”，据下文文意改。

当需养盛而自至之。”不讲题目，而讲题外之意，盖体认夫子教赐之本旨而发明之，此的确之谈，独到之语也。如项惟聪后二比云：“盖舍勉强别无自然之路，而强恕既久，不过释其助忘之念则自纯；外工夫难窥本体之真，而浮慕徒殷，且遽略其人己之防则愈远。赐无易言心学哉。”此亦不正讲“非尔所及”，而但言“如此则可及”，最得夫子教赐之本意。凡文字以题讲题则味浅，以意发挥则味深，此类皆可法也。曹征庸举业亦吾乡之出色者，穷搜刻炼，思致精深。后二比云：“盖吾人寄形宇内，趋舍厌恋，总一情之往来；顺适拂逆，皆一体之愉瘁。兹意也惟独契性体者能喻，而不然者，恐犹在拟议间也。人心愤骄难制，方属于我，非大顺不能无拂；甫属于人，即少逆必谓无伤。此意也即刻意平情者犹然，而若赐也，恐尚在矜持间也。”皆在题外发挥，不泥本形，独抒真意，说理入微，一言一解。大率不善作文者，如优孟为孙叔，容笑颇似而本色全非，善作者，如临济谈禅，棒喝骂詈，举成至道。此在人善悟耳。

“我不欲人之加”一节，此题谈者只重“无”字，便认以为化境，然则“无谄无骄”之“无”岂便化乎？又谓“恕”字子贡所及，“仁”是子贡未及，亦未尽然。即此“恕”字，由之可以尽道，行之终身不能尽，如何易及？夫子正恐子贡易视，故就其言而觉之。黄汝亨之作最得肯綮，先将本文二句喝出，不复贴讲，但云：“则欲恶之情，化为大通，何其平也？物我之形，释①于片念，又何其易也？得无未量所及乎哉？故夫子不绝之为不能，而即就其言以觉之，（此二句真得题旨，真是会元口吻，与汤公下篇“其何以为仁”句同辙。）曰②‘赐也，非尔所及也。’岂不以凡人之情，当其逆而来也，或者介然而见，至于来而不往，则逆而顺用之矣，游于自然之途矣，自然者难也；当其悖而入也，或者亦夷然可受，至于受而不施，则悖而恕施足矣，（只说他是恕。）同乎一体之视矣，一体者难也。无论计较尚在于神，不能相通，即推情观欲而拟议未融，亦安能即我即人而挈一念，以为天下衡？无论亿度未忘形骸，不能相化，即缘欲观心而思虑不彻，亦安有受无加而通万姓，以与一真合？故操此无加之念，念事琢磨，吾不限尔能也；即此无加之念，遂游大通，吾不谓尔及也。”此篇文字，自出己见，分明与注相违，而又不骇人，所以利中。试检荆川、昆湖诸名公所作，皆不拘注而悖经，亦不炫奇而骇俗。善作文者，以通经为主，以融注为高，注有可从即从之，有悖理处亦须融会而善发之，令人不觉乃佳，此篇可式。

作文句句要从肺腑中流出，搜精剔微，愈出愈新，令人阅之如入万花春谷，举目烂然，应接不暇，此必中之文也。毕懋康接下云：“信斯言也，举世态纷纷万情而动于一欲，是达观之照也；举人心憧憬万念而化于一无，尤太虚之体也。自人与我相对以来，私之者务异之，公之者又务同之。当其公之之时，而人情我愿已种种诚于其间，彼其同而不胜异也，盖起念欲忘便有不忘，然后知忘人我之域，不可以念及之矣。自施与受异情以来，见有我者务分之，见有我之隘者又务合之。当其合之之时，而出机入机又种种

① 释：原误作“什”，续编卷十七“自什无能”，底本作“什”，而内阁文库本即作“释”。

② 曰：原在“此二句真得题旨”之前，据文意移。

歧于其间，彼其合而不胜分也，盖作意求化便不能化，然后知化施受之境，不可以意及之矣。或能祛其妄于未发之际，而妄之机卒未寂，故彼此一体静悟若甚夷，而临动即难契；或能撤其障于将发之际，而障之根终未除，故酬酢顺应天动若自启，而起念即有念，是以知验之心源。”总之不能公己也，而又虑其心体，忽观终于如此。只就题发意，滚滚不穷，秀色英风，至为可掬。此必中之文，最为可玩。黄克谦初二比云：“人从太虚来，原无人我，人从我见生也，人欲我欲，谁有而谁无？人游道术中，原无所加，欲从加起也，加我加人，孰可而不可？”开口便有沉重。龚三益讲完首二句即发下云：“想夫宅心大公之宇，则天地万物咸归一体，即寂然未起，而不睹不闻，常有触触周宇内者，是何襟度也？想夫平情顺应之天，则悲愉欣戚悉付两忘，即纷然交乘，而不思不勉，自有肫肫联万姓者，又何境界也？”末二小比云：“缘取譬以生明，何如不识不知之为顺？而要惟大顺，则意气且莫与其能。游自然以适志，诚觉旋生旋遏之为劳，而必欲忘劳，则矜持当徐俟其化。”四比词炼气顺。一百六名唐世济将前二句不做，只轻轻衍过，通篇皆重末句发挥，此亦是元体。温体仁、熊廷弼皆在二百名外，其文皆可抡魁。温将子贡之言略衍数句，并不着词，通篇皆以夫子口气讲。其文云：“吾思世路多歧而报施为甚，平情不易而浑合为难。徇一膜之见者毋论也，即以心推心而揆度间，其用情亦良艰也。今竟曰‘无之’，则既彻人我之形，并忘人我之念，其胸中之廓然何如者？而赐自思之，果有此境界也乎？怀自利之私者毋论也，即以念合念而推致间，其用力亦良深矣。今遂曰‘无之’，则既纯施受之迹，并忘施受之心，其太宇之浑然何如者？而赐自揣之，若已到此地位也乎？苟其质之隐衷，其下无迹，（前曰“赐自思之”，此曰“质之隐衷”，血脉相承，是会元家数。）而稍有情识之尚存，则片念未空，总成障碍，而悬衡照物，人己正相揆也，犹非无也；倘其质之本心，而自谓形迹之能化，恐一时虚见，尚远真源，而对境驰情，形骸未尽撤也，犹不及也。故谓赐而欲企之也，则可谓赐而已幾及之也，则诬赐矣尚其最诸？”宛转融彻，卓落和平，虽置之首选亦宜。

看会元文字，须先看体段，次看用意，次看修词。其体段中，一要看其机关活动，二要看其脉络贯通，三要看其接换无痕，四要看其始终系应。如文锦千尺，丝理秩然，微吟一过，肃然敛容，掩卷之余，彷徨追赏。“且夫枉尺”一节，顾起元作一气呵成，体段极雅，不烦绳削，而神理跃如，工在象外。起云：“子谓以直为市，以枉为饵，少损于今而大偿于后，非曰利在乎先。（提“利”字。）夫君子惟计义不计利，斯进退得失之际，不持之以媚人，显名厚实之来，时捐之而明洁，有介介然不可而不为也。（点“不可为”，与下“亦可为”相应。）如以利乎何厌之有？利之窦可开①，情必日溺焉，而志沉于欲；利之机一习，智且日昏焉，而算失于贪。（窦开于初，机习于后，窦开则情溺，机习则智昏，情溺而志沉，智昏而算失。用“可”字对“一”字，二比便合成一比。）苟可弋之以为利，奚必得浮于失而后为之？必将曰小可枉也，大亦可枉也，而毋论寻矣。苟可居之以为奇，又奚必得偿其失而为之？必将曰多吾息也，寡亦吾息也，

① 可开：原作“一间”，据下文评语改。

而毋论尺矣。（浮过其实，而偿适相当，故着“又”字，着此一字，而二比又合成一比矣。前二比末句云“算失于贪”，此二比起句云“苟可弋之以为利”，过接处人无痕迹。）始其以枉求直也，欲弥膻，望弥侈，方且尽竭饵之之术，以求赡其贪；及其以直酬枉也，心弥兢，见弥卑，行且薄收取之之资，以稍慰其望。（前股末句云“毋论尺矣”，此二比起处即承“毋论尺”说来，一气泻下，所谓“抽刀断水水复流”，此文有焉。）子以是为可为欤？不可为欤？如其可为，则枉尺直寻之计左也，始愿之丰何如？而今乃约终之如此也。如其不可为，则枉尺直寻之计亦左也，始视之工如何？而今乃拙终之如此也。”此下重发“亦可为”，机关甚活动，脉络甚贯通，通篇如常山蛇势，宛转击应，活泼流丽，有弄丸游刃之风。此等文字，最宜熟玩。陈圭中二比以“膻”字、“腻”字作眼目，亦能开人所不敢开之口，但“膻”、“腻”二字终不雅驯。通篇文势，须识轻重，方有抑扬。又二比整对中须略参差，方是作手，如张维枢此作重做“亦可为”句，便觉活动。其末二比云：“得之不酬失也，伸之不偿屈也，此利而不利者也，律以子母多寡之算，似乎爽利之常。顾得者虽多，失者非少也，大者不往，小者不来也，不利犹利也，苟有顾惜不就之明，必非言利之意。”以“得者虽多”四句对前二句，便不拘拘，中用一“顾”字①联二终有情，而语意深到，又能发人所未发，佳作也。道理无穷，题意亦无穷，须发挥透彻，论义理必根极渊微，论人情必由尽变态。如项惟聪后半云：“始犹因操持之不固而一溃其防②，乃习于窥瞷，熟于机关，甚且我降其意以徇人，而以未必如吾之所愿，是时所失，宁可以大小论也？始犹因熏灼之太盛而一深其指，乃皇皇而媒，攘攘而求，甚且人操其权以持我，而我不得不委曲以从，是时所损，宁可以多寡论也？见欲而乱，竭智力以趋之，在惩利者，必诋其污；利令智昏，举生平而丧之，即谋利者，亦嗤其拙。”其前二比揣摩人情，悬谈利弊，策其所未然，而穷其所必至，透彻痛快，读者心肯意服。后二比又进一步，到“谋利者，亦嗤其拙”，方知利果不可为，而徇之者为失策也。谈言微中，可以解颐。张邦翼后二比云：“析利之深者，势不爽锱铢，故备收之不得，转为相偿，相偿之又不得，转为什一，盖其隐忍以图非分之获，虽枉亦不自以为枉，况其枉也未始毫无所补，则孰禁而不为乎？智昏于利者，将不择多寡，故始犹有所爱，姑以此身尝之，终夺于所甚爱，息以其身徇之，盖其征逐以餍无极之欲，即枉犹自以为直，况其直也不至虚其所枉者，则何忌而不为乎？”亦用意推求，言言中窾。始曰“不爽锱铢”，既曰“不择多寡”，愈揣愈深，皆文之有理者。

文字不必逐句求工，但体段既正，则信笔写去，皆成佳境。曹征庸此作通篇皆好，起云：“一枉则无不枉，不当论其所枉者几何？一不直则更无直，不当论其所直者几何？若子所称枉尺而直寻也，不过内不胜其欲，姑为是委婉图之；外不胜其羡，姑为是隐忍就之。如其获焉，则以大得利自甘；而如其失焉，犹能以小诎辱自解，盖以利言之

---

① 字：原作“事”，据文意改。

② 防：原作“坊”，据文意改。

耳。”似此一起，格局正大，气象圆活，后面只直书所见，便是极好文字，何必枝枝而摘，叶叶而寻哉？

文字有正有反，皆在一股中见，此常法也。有全股反做，而后却全股正应，此变法也。如黄琰后半云：“苟世资之可窃，则斯须之利达犹胜于终身之贫贱，即弃吾故以攘之，终不余力而攘利矣，何不可之有焉？诚方寸之可昧，则后来之指视何易乎目前之纷华？即丧吾素以驱之，直惟攘攘为利往耳，安见其不可为焉？（题意本说“利不可为”，二比全说“利之可为”，分明与题相反。）然以枉而易直，在隆道义者必不甘于曲身；乃以寻而易尺，即较利害者亦自知其失荣。况以身而衡利，利殆缘身而后有也，身既辱矣，利将安附？以身而衡义，身殆缘义而后重也，重之既往，直将安施？”前二比反说，此四比正应，一比深于一比，愈发愈精，如骏马奔腾，妙夺人魂。

凡作文先要得意，然后措辞，会得题意透彻，信笔写去，便成佳境。如“枉尺而直寻”一节，李之藻先提“枉尺直寻”节流水二比，然后正讲云：“廷谒而功流鼎彝，犹云利在于功，从此不已，而利苟可以润身，功不必于盖世，举故吾而尽弃之，亦甘心而赴乎？立谈而名垂竹帛，尚谓利在于名，从此不已，而利苟窃于目前，名不完于身后，即终始两不相副，亦俯首而趋乎？小节不惜而大闲亦逾，故有身在利中而沉冥不返，壮志无一存者，盖始特较于锱铢，而不虞其决裂至此也，则枉尺直寻之说实误之也；一念少差而万事瓦解，故有身在利外而伺隙以趋，希觊于万一者，始犹觉有隐忍，而卒至于肆行无忌也，则枉寻直尺之渐所必致也。”出自胸臆，便成绝调。前比末句云“亦甘心而赴乎”，语绝而意不绝，后比“身在利中”及“一念少差”等语，皆透彻痛快，惆心骇目，可魁可元之作也。黄汝亨起处甚高，其词云：“夫士人握瑾怀瑜，亦欲著功名于当世，令以吾身受诎，而与王伯争流，讵不甚利哉？而终不屑枉其身以前诸侯王，诚谓义与利不两存之论也，而枉与直亦不交神之势也。”起得明白，后面只信笔写去，自成佳境。黄贞父三篇墨卷，识见甚高，体格甚炼，逼真会元文。其所以不得元者，则以脱尽铅华，独存瘦骨。高人见之，则喜其寒梅古柏，风骨苍然，俗人见之，如噬干胏，颇少滋味。故尔辈作文须瘦不露骨，清不近寒，即洗净繁妆，务要使素馨可掬，上既惬乎高襟，下不嗤乎俗目，然后万选万中耳。佛家有得二随顺之法，谓：“上可陪天子，下可陪乞丐也。”世人俗者多，高者少，故修应试之业，须入不二法门，勿作一路文字。韩国藩绝佳，亦是魁作。其文云：“言义者论公私，言利者论多寡。凡失之征得，屈之求伸，与先之作合，而后之取偿，皆利之属也。如子所云‘枉尺直寻’，则尺不自枉，因寻而枉，是谓将取而固与，握算之余谋也；寻不自直，因尺而直，是谓借赢以补绌，心计之遗算也，盖不以义利之而已矣。夫利之孔甚悉，大者则以途开，小者则以窦进；言利之阶无已，浅尝之则嗜以心，深溺之则徇以身。吾恐枉尺可，枉寻亦可矣；直寻可，直尺亦可矣。（只依题用此四句，后皆纵横写意，烂然夺目。）以尺视寻，寻岂反轻于尺？然枉者立于不自主之地，则尺未效，而不得不继以寻。以寻视尺，尺诚何补于寻？然直者悬于不可得之数，则寻难求，而不得不取其尺。始而寻为尺枉，则伸者尚属之妄想，而屈者已失之故吾，舍固有以博傥来，人皆知其失算，而揣摩之心已极，或倒行而不知。继而尺因寻直，则失者已见其滔天，而得者未酬其涓滴，世皆病其无谋，而左右之望或穷，容逆施而不顾。盖贪人殉利，巨赀不塞其望，必下较于锱铢；而鄙夫叛义，细节不介其怀，必渐流于污辱。夫枉尺直寻者，犹曰于义非，而于利是也。至于枉寻直尺，则不惟为义非，而为利亦非矣。可为与？不可为与？当必有辨之者。”通篇写意，发挥精透，情境俱真，若出夙构。此等文字岂可以其名次稍低而忽之？温体仁小束极佳，大讲一完，即云；“何也？心为贪使，则觊觎苟且之念丛生；而利令智昏，则取舍轻重之情悉眩，如是而利尚忍言之哉？故夫寻有所短，尺有所长。(用《离骚》故语，恰是天成。）直有所不足，枉有所有余。吾率守吾之尺矣，子其勿复言。”分明面说。

乙未“仁者其言也讱”全，十八魁骆日升最为警策。前半篇讲云：“夫言而曰讱，则非无言也，亦非有言也，有言无言之间，岂第以欲讷为精神者耶？似忍也，而实非忍也，似忍非忍之妙，其有机缄而不自觉者耶?”此二比较他人更深一步，意味便觉无穷。末二比云：“盖天下万境万形举关意念，而念念悉归恂栗，则原无妄根也，而何妄发之可除？吾心存主施为不欲外荡，而息息皆还渊默，则本无躁念也，而何躁言之可化?”文字贵有意思，又要华彩。骆公此文用意精而说理入微，遂能动众。陈瑛前半篇无一句实讲，只虚虚说二小比，就带议论过下，格局便与人殊。讲“为难”云：“彼其精神内敛，而举天下事，谁非慎之真体？所默运者诚难之也，难视事而安得轻言事乎？则虽当未言之时，而仁人之所存者已密矣。彼其志虑常惺，而举天下事，谁非恐惧之心源？所默摄者诚难之也，难当事而安得不重言事乎？吾特于发言之微，而知仁人之所定者有素耳。”前曰“敛”，后曰“惺”，由定入慧也；前曰“视事”，后曰“当事”，先审而后任也；“视事”则曰“轻言事”，“当事”则曰“重言事”，脉络相贯。前曰“所存者密”，是就“仁人”说，后添一“知”字，又就观仁者说，对法婉转，且神情幽闲，佳甚。

《左传》叙烛之武见秦君，其词一二十句一转，意不复而转新，此是文之妙处，时艺中少有仿佛者。刘觐文后二比云：“天理凝寂之中，不张于气，不骄于诱，安见天下事可以轻为而我敢轻言之？即非有三缄之戒，而其中有退然若不能者，有不得以有余之意弃其不足矣。真性渊停之内，不浮于才，不矜于智，安见天下事有可以肆为而吾可肆言之？即无俟尚口之警，而其内有欿然若不胜者，自不得以浅率之习泄其沉潜矣。”首句“天理凝寂”乃一股主意，是第一层；惟其凝寂，故不张不骄，是二层；惟其不张不骄，故天下事不可轻为，是第三层；惟事不可轻，故言不可轻，是第四层；不待三缄，是第五层；其中退然，是第六层；末句是第七层。自上发下，转转相因，一起一伏，一顿一挫，有力无迹，章法秩如。

此题“讱言”一句，原不当重讲，而不讲乃为得体。蔡復一讲云：“夫含为精英，出为谟训，仁者之言也，以有言尽仁，或缘饰于论笃之士；而未发若缄，将出若禁，则仁者之讱言也，以讱言论仁，最可得其凝密之微。”讲得不甚着迹，半虚半实，轻轻脱过，最得肯綮。

文有敷衍发意者，铺张扬厉，旁收曲映，舒之则文漪落霞，绚然悦目，收入正意，如千钧之弩，一举透革乃住。张其廉末讲云：“进非忧其难践，退非虑其罔终，惟是深中养邃之士，其德器凝然，不觉其聪明才辨之自敛；外非虞其招尤，内非深于养晦，惟是神闲气固之后，将言动必敛①，总由于主宰操存之素。”先以“进”、“退”、“内”、“外”铺张发意，而后收入本旨，煅炼精工，语意俱到。

凡文于人所着力处不必多讲，人所不作处更为发挥，乃可出众。此题“讱言”人所必讲者，舒其志只轻轻递过，下面却另作云：“凡言皆文也，讱则独葆其无文之真，而纯白完；凡言皆辨也，讱则直固其不辨之质，而神生定。”喝过题目，而另于题下发挥，使上下题意皦然在目，此是秘密藏也。

十八魁之外，十九名施寿明、二十名陈亮采、二十五名李长庚、三十一名杨正芳，皆以“为难”作“为仁”说，其识见皆高。陈亮采讲“为难”，先反起云：“精神外骛者锐意而为，亦矢口而言，举其静专之德而尽丧于浮夸；即心思内持者虑及于为，始闭之于口，虽无诞易之愆而亦时劳于制伏，仁者不然也。”用意精深，开口便高人一格。如商彝周鼎者，见虽未必遽识，而古色苍然，自不敢易视之也。末二比云：“非必怀顾行之思而故缄也，终日乾乾之本体原自沉潜，其讱之之心，即其难之之心而已矣；又非必操不逮之耻而不尽也，成性存存之真原本无浮漫，其不得不讱之心，即其不得不难之心而已矣。”“终日乾乾”与“成性存存”俱是旧话，而用意恳到，即臭腐亦自神奇。譬如寻常杨柳，一遇春风，便能绰约媚人，而娇舞特甚。李长庚云：“论本体，则静自足以摄动，讱以见仁者常存之心；论修持，则杂不足以当一，讱以见仁者无逸之心。”“本体”、“修持”皆归之“心”上，起句异而末句同，此后生所不能作，亦其所不肯作。杨正芳云：“养辨者常欲缓议论而急躬修，仁者不复忌其文章之太盛，而现前自有以见真体；娇轻者惟恐责前言而课后效，仁者非果虑其实践之难符，而日用皆所以密真机。”“现前真体”、“日用真机”乃是实理，而句句用意极其爽恺。近来小束绝无佳者，缘本题正意文中已先讲尽，到此不能更着一语。如春晏将阑，杯盘即罄，殽核皆残，即有美景，不复留恋矣。惟叶凤翔小束云：“夫是以言之讱也，盖真有意于图艰，而默镇者深焉，谓之静持，不谓之养辨；言之不得不讱也，盖真凝神于有主，而徐发者定焉，于内为性定，非于外为少文。”徐希孟收云：“茂实者必无浮词，故缄默不言，而初非有意于内敛；静定者自无躁念，故有怀欲吐，而亦宜不逾于悃忱。”张嗣诚束云：“是知顾行而言，见君子敦行之思，而未著其不言之本体；耻躬不逮，状君子急事之虑，而未得其宰事之真机。”三束皆有意见，亦可玩也。张大猷云：“事有一言而终始立睹者，及身涉其境界，竭平生之力而不能成，诚兢兢惧事误而内且自误也。夫安得以言为借资而开误之端也？事有一言而成败立决者，及时责之担当，循夙陈之议而不能合，诚惕惕乎惧事坏而外且坏天下也。夫安得以言为尝试而竞坏之途也？”徐希孟讲“讱言”云：“仁者充养岂不足以抒文藻？而惟于无可表暴之际，验独得之真修。才识岂不足以绌众

① 敛：原作“钦”，形近致误，据文意改。

议？而惟于无可发摅之中，征不穷之蕴藉。”极善炼词，于浅近处发出真意。程寰讲完首句，另作二比云：“有力持于外者，此从枝叶处剪其蔓也，不必待仁人而后能；有预葆于中者，此从根本处凝其秘也，殆非邃养不能致。”以此作过文便能出众。王孙熙后二比云：“非必以兴戎出好之戒，预惕于先而躁妄之思绝，则善性修词一境也，不得以无所不严者而独弛于言。非必以伤烦起羞之防，别持于内而凝一之志坚，则性灵唇吻一机也，不得以无所不操者而反纵于言。人以言之能讱得其养，辨含章之迹；而吾以言之自讱想其真，纯粹白之心。”词意皆工，英英利器。周应秋亦就“为仁”上说讲“为难”，云：“人之德性，幾微不守其宅，则善动之私旁出，而仁者浑以德性为作用，虽事所得机者，犹兢兢罔敢纵焉。即此幾微不纵之心，直与本来渊默之境相缩结，而言乌不讱乎？人之涵养，瞬息不合于性，则尝试之见滋益，而仁者浑以涵养为厝施，虽事所灼见者，犹斤斤罔敢忽焉。即此瞬息无忽之心，直从睹闻名象之外为关键，而言又安得不讱乎？”流丽清逸，当是名家。李当泰云：“力量非不能为，而仁人直视为不克胜。此其难，难在默不容声之境也。自是和顺之藏尽化而为老成迟钝之衷，言岂得以博逞乎？吾知其一敛俱敛矣。识见非不优为，而仁人直视为不敢任。此其难，难在不落言诠之地也。自是英华之蓄尽融而为担当负荷之用，言岂得以辨穷乎？吾知其一慎俱慎矣。盖兢惕之思自能胜躁，不必矜持于守默，而真宰常完；稹①密之学足以镇哗，不必着意于含章，而元神不散。”句句说理，得味②文三昧。檀之坚起处云：“不直指仁者之体，而第以‘讱言’称焉。”此与汤会元同式。讲“为难”云：“盖讱言有二焉：有讱之讱者，有言讱而不得不讱者。有讱之讱者，即注意三缄，不除躁妄之根柢；有言讱而不得不讱者，从心体握机，即默存方寸，已清诞易之本源。兢业一念，触处皆凝，真有如临而如履者，盖真神敛矣，神敛则一切皆敛，而言安得独放乎？其讱也，盖神之所自为收摄，而强闭非功矣。敬慎一心，有境即注，真有冰兢而战栗者，盖其精凝矣，精凝则一切皆凝，而言安得独肆乎？其讱也，盖精之所自为主持，而禁御犹疏矣。”理精词炼，可魁可元。孙大壮后二比云：“盖讱则有不容泄之英华，而精神之凝聚常在英华未泄之始，则时其泄而若敛也，见谓神液而精融；讱则有不容轻露之天性，而工夫之沉潜常在天性方露之初，则时其露而若秘也，见谓天全而性得。”磊磊有奇气。沈琉讲“讱言”云：“人身之语默动静，一一皆真体之流行，而循声亦可以测本；圣教之高下精粗，事事皆还源之阶级，而修词亦所以体仁。”季玉极善修词，而此数语不但藻绘可观，兼亦理意俱到，可称格言。洪都讲“讱言”云：“其渊然内抱者，有无限之英华，而常不浮于气；其烨然时溢者，有不朽之名理，而每不炫其奇。”此等文字，如披砂见金，人人知宝；又如易牙进味，入口便奇，此万选万中者也。

魁及散进士中，多有可元者，须细辨之。如第二名赖克俊将“讱言”不做，只散作三五句，轻轻递过，此亦是会元家数；第十名曹学佺以“为之难”即作“为仁”，意

---

① 稹：原作“镇”，据文意改。

② 味：原作“昧”，形近致误，据文意改。

见最高，亦可作元；盖赖得元之格，曹得元之识者也。

荆石先生尝讲此题云：“为之难，夫子自有明训。其曰‘其言之不怍，则为之也难’。盖言不怍，则难在为，知为难则言自讱，是知言非虚声也，乃实诣也。讱言非徒防之于口也，乃实体之于身也，以此见讱言之不可轻视。注添‘存心’两字，反觉混了。今作应试文字，若依注则悖理，而题意不明。若全说理，又骇人而难中。须发至理于本题，而又不受嗤于拙目，乃为利器。吾不敢效具区之拟程，姑作拟墨一首，私以示汝，有未安即改之，毋伤也，但要之至当耳。”其文曰：“圣人即言以论仁，而发其所素慎者焉。”既不与众雷同，又浑厚大雅。语有含蓄，淡而不厌，此元破也。若欲作魁破，当云：“圣人论仁于所发，而因稽其所存焉。”通场皆说“言”，此独不露“言”字，既新且雅，但意味稍薄，此魁破也。若不论高下，只欲中式，当云：“仁人有尚实之思，圣人以言发之也。”新能触目，奇足起予，主司虽在昏梦中，亦必警省而见收者也。“盖人本不尽于言也，以慎动视言，而言非虚矣，虽谓其尽仁也亦宜。且心之精神谓之仁，以敛而完，以泄而荡，而多言而躁者，往往炫采以漓真，吾见夫子之造就司马牛矣。盖宣诸口则有言，体诸身则有为，而仁实总其枢机之发；触于为则称难，触于言则称讱，而言特露其德充之符。故不直告之以仁，而且与之论仁者；不告以仁者之全体，而但示以仁者之讱言。宜乎牛之少之也，彼①岂徒重仁轻言哉？有易心矣。夫以易心视为，则将大言不怍，而终身之行谊，以一时之夸诞而尽亏；以难心视为，则虽负荷有余，而尝试之妄情，与侈口之浮华而俱敛。一感未乘，而静睹幾先，真见夫性命中有不易完之责任，而触幾应变，孰非兢惕之门？当枝叶方盛之时，而吾之耳目形骸尽化而归之本根矣，即有渺论，乌得出焉？万物并作，而动膺群化，真见夫身心内有不易尽之工夫，而涉世运谋，靡匪艰危之路。当文明欲露之日，而吾之形神意念尽敛而藏之笃实矣，即有繁称，何得肆焉？华不肖实诞也，可禁也，即有时言其所已为，而追思其缔造之难，直欲举宇宙已散之英华，而悉注之于行诣矣。不讱之端，何自启乎？发不当可躁也，宜省也，即有时言其所必为，而豫想夫规画之难，直欲举鸿蒙未泄之精采，用之于躬修矣。不讱之隙，安所乘乎？盖天下有万变而无二心，倘慎其经纶，而复肆其谈论，是慎与肆同出一灵扃也，非情也；吾有心万幾而无二念，如规恢务实，而华藻独浮，是实与浮共处一内宇也，无是也。故执言以观心，则心德之精，诚不尽于声容之实；而因心以顾行，则敛华之本，已素存于启发之先。讱言亦未易矣，尚无忽诸!”既不拘注，亦不骇人，知者得其意，不知者达其词，庶几可以取重主司耳。尔辈今作应试之文，且以此篇为式。炼格欲知轻重，用意欲择正偏。词欲铿锵，而描画处须逼真境；气欲顺畅，而平淡处须蓄腴情。以时调泄道真，而要使愚人通晓；以玄言发题髓，而要使智士惬心。金石可镌，此义难泯，思之慎之，毋忽也。

---

① 彼：原作“波”，形近致误，据文意改。

游艺塾文规卷之六

赵田逸农了凡袁黄坤仪甫著
男袁天启若思
侄孙袁士鲲南之
侄孙袁祚熙载之甫同校
书林叶氏仰山绣梓

正讲三

诗而至近体之律诗，经义而至近日之时文，拘之以格局，限之以对偶，气象衰飒极矣。然善作者，须于两边排列之中，有一气贯通之趣，方为胜景。如崔颢《黄鹤楼》诗起句云："昔人已乘黄鹤去，此地空余黄鹤楼。"二句从上说下，本是一意。接云："黄鹤一去不复返，白云千载空悠悠。"此联紧承首二句说来，而其气亦自相贯。五六句又写空中悠悠之景，故曰："晴川历历汉阳树，芳草萋萋鹦鹉洲。"曰"汉阳树"，曰"鹦鹉洲"，则身在异乡，自当有思归之念，故末联云："日暮乡关何处是，烟波江上使人愁。"因异乡而思故关，因思归而烟波愁，又句句相衔，如出一线。又如杜甫《曲江诗》云："一片花飞减却春，风飘万点正愁人。"二句亦是一意，而下句之意比上句更深。即接云："且看欲尽花经眼，莫餍伤多酒入唇。"第三句紧承前说来，第四句遂承第三句说下，花既落尽，自应饮酒。五六句又叙该饮酒之意，云："江上小堂巢翡翠，苑边高冢卧麒麟。"夫"堂巢翡翠"，则室在人亡，"冢卧麒麟"，则长往不返。不独花落，而人亦难存，此伤酒之所以莫餍也。结云："细推物理须行乐，何用浮名绊此身?"物理兼花落、人亡而言，亦句句相衔。词虽抽黄对白，而意则如线贯珠，乃是大家手笔，句之工拙，固不论也。若会元文字，多是一意到底，前已论之详矣。如"国有道"三句，汤宾尹文云："士人之抱道而处也，恒愿以其身效于有道之朝。夫有道，则自今以前，未试之奇，适逢明盛，固建树之一会也；自今以后，所入之途，顿异穷约，亦滔轶之一机也。(从前说到后，句句切题。)如有能国有道而不变塞乎？蓄之平日，则廷献有期；而见之服官，则家修不改。(四句气脉从陈如冈"宪章文武"来，从"廷献有期”说到“家修不改”，一意贯下。）主上之明圣，毋亦有唯诺以为通也者，而反之致主之素心当不其然，故宁直毋随，摅素心也，第操一念以出，而昭德弼违，唯所执持已；时事之太平，毋亦有恬愉以为通也者，而质之匡时之雅志当不其然，故宁方毋圆，酬雅志也，直执寸衷以往，而朝纲国是，惟所担当已。（此二比紧承“家修不改”讲来，且前比说“主上”，次比说“时事”，由“主上之明圣”致“时事之太平”，二比便成一比。说“主上”便说“致主”，说“时事”便说“匡时”，说“致主”则云“昭德弼违”，说“匡时”则云“朝纲国是”，极有针线。下比“砥行者”一句，又承“担当”说去。）砥行者不濡染于富贵，富贵其傥然者耳。惟至于清朝之表见，树之无前，垂之不朽，而卒无加于昔之恬淡，则其不磷不淄之气象何如？（形容“强哉”气象，故着“何如”二字，最有含蓄。后人无所形容而学之，便无味矣。）信心者不渫越①于功名，功名其显然者耳。惟至于世路之隐忍，入而不及觉，觉而不及持，而卒自完其初之朴茂，则其独往独来之精神何如？”但从“不变”上模写，而其强自见，不必另讲强也。通篇文字，从源而流，打成一片。此公之学，必有传受。闻其做秀才时，便有会元之志，故造诣深而脉路正。若非平时理会得清楚，进场安有此作也？

凡题目要看得细，所谓“不变塞”者，非是变而徇人也，当有道之时，明良在位，不但我不必徇人，人亦何用我徇也？惟骆日升讲得入细，其文云：“夫世方明良，固不必变所学以徇人。第经纶措置，稍与本体不相符，则犹谓之变，而君子不然也，循本体以发挥而已。士当觏会，亦何至回心以希世？第显设施为，微与粹养不一致，则犹觉有变，而君子不然也，依粹养以时措而已。”后缴云：“盖勋业皆性天作用，勋业纵可遍天地，而必不可疚内省；事功皆心体发见，事功纵可冠古今，而决不可昧心体。”看得书精，下语自然压众，如姚黄魏紫独占上林，而篱落群花自然失色。

作②文固贵用意，而场中阅文，全要气好。古文惟太史公最浑雄昌大，苏长公得其波澜，便能雄视一世。近日惟茅鹿门之文专以气胜。是科刘觐文气极清顺，其文云：“吾可以其身树世之功业，而不可以功取。泊乎以无为之心，行于可为之时，而无所与焉。罔有徼而捷取之也，罔有贬而曲徇之也。吾心一定之矩原不依世而立，则亦独制于一世之表而无所制，强何如矣？（本题“哉”字在“矫”字上，原是形容之语，故须着“何如”字。）吾可以其身树世之利泽，而不可以利致。澹乎以自适之节，调于众适之和，而无所着焉。无矫世以为高也，无□③下以为名也。吾道不易之方原不随物而化，则亦独化于世而不为世化，强何如矣？时有天下所趋，非吾之所长，则宁无用其长，而终不枉尺于彼，以求伸所长于此；时有天下所工，乃吾之所拙，而终不凿吾之朴，以肖彼之工。故内宁外恬，庸夫可以坐守，而君子独不变塞于偷安；盛满盈成，贤士或以懈终，而君子独不变塞于末路。”凡文字气顺，极利场屋。散举人、散进士以气中式者极

---

① 渫越：疑有误，故句意不明。

② 作：此字前原有一“一”字，疑为衍出。

③ □：原为“收”字，于文意难通，疑误。

多，人只见其文无大意思，类多轻之，而不知气好而中，固常理也。此六比不特气昌词顺，而言皆入微，意皆破的。前二比以意遣词，搜穷理窟；次二比凭空构景，出人意外；末二比如雁落寒汀，回翔得所；此魁元高调也。

文字依题发挥，乃是正格，有先反讲而后正讲者，亦是正格。是科蔡復一讲“强哉矫”，句句通是反做，而词意跌宕，矫然不群。其云：“利害之迭侵，祸福之当前，其变在人者也，在人者渐靡有形，识真可以无惧，气激可以不挠，烈士犹得伸其奋迅激昂之气；仕路之隐忍，心曲之逢迎，其变在己者也，在己者绰约易柔，有萌而不及觉，觉而不及持，虽壮夫无所用其辨别堤防之力。苟非依乎中庸，真见性命之实学，（一气接下，了无痕缝。）则尘情濡染，将以守旧为拙宦，徇俗为通方；或者遵道以行，环视斯世之寡俦，（对而不对，任意发挥。）而外炫中疑，反谓变易未必非，固执未必是。（不羁不束，如骏马行坂，驰骤自由，见者辟易。）乃不变如君子也。（正讲只此一语。）”文之变体，宜玩。曹学佺末云：“以世为通塞，即穷居而谭寂寞，非天性也，故伏一变之根，而卒不自觉于变；君子以道为通塞，即大行而烂勋猷，犹幽人也，故树一不变之帜，而反有以变人。”就一“变”字翻出无限议论，头角迥然。

十八魁外，郑怀魁起云：“夫人当穷居之时，皆能为贞固之守，及其世既清矣，时既庸矣，身随俗而雅化者，既一变而不还；托大道之委蛇者，又屡推而靡定，塞之不能不变而为通也，势也。”散而逸，轻而圆，亦魁作也。

文有格不必尽炼，意不必太深，而造语独至，秀色可餐，如振铁生光，刮蚌呈耀，未论本色，而精莹射人，亦自利中。如王孙熙云：“世路之低昂，最能消英雄之气概；仕途之熏染，最能折豪杰之心期。”看他句法，何等工致！沈琦、沈道原皆多秀语。琦结云：“衡门泌水，恒多绝俗之标；魏阙岩廊，辄艰经世之养。”道原讲“有道”云：“境界辟而重新，而耳目顿改；身世逢而为泰，而意气渐舒。”过文云：“士人驱驰世路易，主持道术难；卷舒六合易，固守一心难。”此四句却说理，非徒词焉已也。炼词有法，须以理为主，而词以阐之；以意为骨，而词以润之。华实并茂，骨肉匀停，最利科目。如朱之蕃缴云：“处荣通不殊困抑在素位者，本释①客感于倘来；而遭显达如养厄穷论守己者，还征学力于贞遇。”俞维宇云：“入境而能离乎境，建明日茂，守道日严；处华而不染于华，世路愈夷，素心愈固。”胡汝政起云：“国家之气运由塞而之通，固斯道明行之会也；吾儒之志节愈通而愈塞，则维持道脉之关也。”王惟俭首二比云：“吾人精神未用，常翕聚而盈溢，而一泄之于功名，生平之塞意亡矣。君子宁翕聚毋宁宣泄，即宠荣足以熏心，而朴茂内含之意，独不少更也。吾人志意未舒，常含蓄而有余，一舒之于仕途，夙昔之塞意尽矣。君子宁含蓄无宁发舒，即众人容有动念，而简素中藏之贞，独不少易也。”林应翔缴云：“想其析此道之介精入毫芒，故独见独闻，纵投之纷华而靡乱；守此道之分坚如金石，故独行独断，纵试之靡丽而不摇。”徐绍曾起云：“强言乎其勍也，必举尘世所至歆至艳者曾莫乘焉，而屈乃始言勍；强言乎其贞

① 释：原误作“什”，续编卷十七“自什无能”，底本作“什”，而内阁文库本即作“释”。

也，必从真性所未凿未散者卒莫摇焉，而荡乃始言贞。”林机小束云：“盖惟出世者经世，念实而境皆虚，其真心一定而不移；亦惟得道者忘遇，外化而内不化，其正气常伸而不馁。”曾之省后二比云：“吾人立命之初自有天则，且不知有塞，安知有通？自非独反其受命之原，而毫不以人为夺者，安能历穷通之两境，而悉散为太虚？吾人成性之至自有道真，且不知有常，安知有变？自非神识其赋性之常，而毫不以意见淆者，何能涉顺逆之两途，而尽化为无我？”杨恩束云：“我受变于物，则物大而吾小，而吾之强始屈；我不受变于物，则我大而物小，而吾之强始贞。”程可久缴云：“有道之国，气运将由实以之华，君子独敛其华，而还之吾心之实，故其正气亦随国运以不磨；人心将自醇以之漓，君子特收其漓，而反之吾心之醇，故其刚大亦共人心而不泯。”吴尧崇反云：“其胸中之定见，足以贯古今，故岩穴庙廊，皆视为古今之客感；其本来之定力，足以搧宇宙，故丰隆隐约，皆视为宇宙之客形。”徐如珂结云：“盖论其道，即未遇以前之道，岂顾以世治而益显其节？论其心，非与世尚通之心，必且以道全而益显其刚。”以上诸作，皆以真意摅为丽词，入耳铿然，而嚼之有味，所谓名言也，此便可作修词之法。倘不根理意而独骋浮词，如光禄寺设宴，饾饤严整，不耐咀嚼；又如封节度东征，士卒披锦甲，持精矛，衣装鲜烂，然多市人，堪战者寡，不免一败而已。

“国有道”三句，众人皆以“不变塞”为“不改穷居之节”。五名陈瑛看“塞”字极高：此心之笃实为塞，应含蓄而不应发泄者，故其起云：“士当其未遇时，恒有所郁积而不泄，一旦当国家太平之日，遭时遘会，往往不胜炫耀，而轻泄其所长，则是未达以前，塞意固多，既达以后，塞意尽忘矣。”通篇文字，皆以此意发挥。

《易大象》如“乾言自强（不息)”、“坤言（厚德）载物”皆可解，独“云雷屯，君子以经纶”，此意难明。盖水在上，雷在下，乃是欲雨未雨之时，暗而未明，蓄而未散，所以鼓动天下处全在此，故君子用以经纶。夫“屯”如草之初出，勾而未伸，即塞之意也。故此题“不变塞”，若说荣通之时不改穷居之淡薄，此一清修之士能之，不足为难。惟是此心之郁结而不可解者，虽遇荣通，终无一毫舒展，此却从心体入微处致力，所以为难。又“国有道”不是说泽可远施，而志盈气满，又不是时当圆转，而变塞为通。我方出而行道，何至盈满自纵？时方用我之道，何必圆转徇人？只是时当有道，一时民物俱熙熙大道，吾何得独塞？又“强哉矫”亦要看得细。凡说刚勇之气，强毅之操，皆其粗者，盖杀人须就咽喉上着力，养勇须就德性上致力。此须就自胜处模写，方是德义之强。亦作拟墨一首，其文曰：“圣人观强于达，而得其守固者焉。盖有定夺，而真强见矣，是以君子不患不遇时，而患其变于时也。夫子告子路，盖谓君子道欲大行而心欲收敛，故穷居则与时而俱塞，行义则因塞以建功。是塞固所停蓄而不可解者，亦其所常定而不可变者也。是故当国之有道也，使时通而志与偕通，则素养自谓暗然，而遇主设施，终将因时而损改；倘制境而未能忘境，则大节纵能植立，而纳念流注，不觉随境而密移。此塞之不能不变，而安所称强也？君子生平涵养，惟此朴衷，而圣主当阳，则宗社生灵且景烁而流光矣。吾独守其不可流溢者而愈凝愈固，其郁积无丝毫漏焉。立朝建明，惟此素抱，而良臣柄局，则宇宙民物且宣朗而大通矣。吾坚守其不可圆通者而愈敛愈密，其缩结无毫芒泄焉。秉心塞渊，必投之实境而始见，而时当昌大，则假宇宙清宁之境，以炼吾恬淡之心，而积蓄将益固也。盖从世路之最艳处炼心则称矫，其镇定之风裁，岂不勇哉？而坚忍者可想矣。真性充塞，必涉之世荣而始真，而时际丰亨，则乘国家明盛之荣，以养吾冲虚之性，而缩结将益深也。盖从醇德之未散处养性则称矫，其醇修之作用，岂不毅哉？而振励者可绎矣。世方相与以道，何至枉其高标？然隐忍中稍为舒展即匪真修，故大业炳两间，而玄抱常积而未散，乃自战于幾微宥密之中，而独处其胜者也，何勇如之？我方出而行道，何至弃其素养？然独知内微有转移即非劲节，故洪恩施六合，而夙负常蓄而未伸，乃自胜其隐微流荡之私，子养勇于独者也，何刚如之？此所以不流不倚，而为君子之强哉。”山林之文与庙堂之文，分明两路。脱尽繁华，独存本色，一味清虚，不妨寒俭者，山林之文也。丰腴温润，万宝杂陈，冠冕佩玉，烨烨可敬者，庙堂之文也。山林之文可以名世，而不可以趋时；可以沾沾自喜，而不可以取效场屋。若持之应举，譬犹草履野服，则厕于簪缨黼黻之间，自觉面目可憎，语言无味，失之远矣。汝看从来墨卷，或清或畅，或雄或逸，虽种种不齐，要皆骊中彪外，文理烨如。今欲拟之，宁过于典丽，毋失于空寂，斯为得体。然第一要书旨的确，第二要理苞塞而溢于词，第三要意见出人，第四要精神透露，方是真正文字。彼徒以词焉而已者，虽利于科目，终是谬种流传，不足式也。

“好善优于天下”，此题若不说取善，何以见其优于天下？若说取善，又碍了下节，所以为难。惟汤宾尹只说“好善”，而优治之意亦自曜然。其云：“善者，天下之公理，散之不过一掬，而翕受于无涯之衷，有随感随契而合并以为量者，其内之所入深也。好善者，天下之公心，蓄之不过一念，而充拓于无涯之化，有随用随足而兼济以为功者，其外之所施宏也。吾不能尽天下之人，为之整齐调剂，而独此乐善之怀，其精神已冒乎四海九州之外。（只如此说，已见优意，乃是极佳之语。）盖在在议理，有时而竭，善与善相成，而人之能无非己之能矣。（此三句略碍下文。）吾又不能举天下人之善，为之呕喻采纳，而第此嘉与之忱，其意气已暨乎天覆地载之间。盖人人议取，有时而隔，念与念相通，而无所及卒无乎不及矣。或好善者，而才足以运也，益以助其所长，而出其绪余，可奏綦隆之上理；即好善者，而才不足以运也，（“即”字用得好，二比通为一比矣。）亦不穷于所炫，而扩其度量，已基平治之弘规。盖其付天下于天下人自为用，而我不私，惟不私乃所以成其大也；其以天下运天下人共为用，而我不劳，惟不劳乃所以用其逸也。好善之所优，有如此者。”汤公之文，妙在一气呵成，不雕不琢，而气充格正，词秀理明。墨卷初出，海内哄然，及窗稿一传，遂名雄虎观，价重鸡林，始知缔造之有源，益睹名家之绝物。

题上紧要字最不可忽，不但要挑剔分明，兼要体认精切。此题“优”字是充足有余之意。作者只讲“好善”能治天下，而于“优”字口气略不体认，譬犹林下腐儒，妄谈经济，挥尘扬眉，岂不慷慨？竟无一语切朝廷事实，此文章大病也。是题惟李光祖股股皆发“优”字，起先题明大意，后一笔扫去，亦是独创之作。起云：“谓之曰善，超夫强力智识之外而合之以公，是无外之理也；谓之好善，撤夫任力用术之粗而游之于虚，是无间之精也。故以此独存于胸中，已有囊括四海之量；而以此斡旋乎天下，自可取足一腔之中。”公孙丑曰“足”，孟子曰“优”，以“优”字破“足”字，此从“囊括”说到“取足”，下面“并包自裕”及“含弘已暇”等语，皆从此“足”字说去。

语云：“石韫玉而山辉，水怀珠而川媚①。”如无珠玉，则山川寡色矣，故又须用意，不可徒事造语。曹学佺后二比云：“推毂而同升之迹也，而精神凝注则在迹外，更不必分精神于天下，而天下卒不越其所凝注。盖自吐握度开，而谋王断国，荣怀在宗社矣。设官而分职之任也，而意气收翕则在任先，更不必驰意气于天下，而天下卒不出其所收翕。盖自推诚道扩，而安人立政，泰宁及邦家矣。”张其廉中二比云：“登明选公，风励犹云有待。此直以一念虚怀，潜启豪杰作兴之想，而聪明不患于壅阏也。斯谓用人之益溥，而即以擘画天下，奚弗给矣？明扬放卜，招徕犹属有方。此直以一念真好，广启英雄效用之思，而理道何难于洞彻也？斯谓树人之泽神，而即以化成天下，靡有涯矣。”如此讲，不但用意高远，兼亦不碍下文，真佳作也。刘元珍讲云：“天下殊风不殊善，而吾诚欢然契合，则才干智识悉化之为神理，而不竭之源由是浚焉，恢恢乎其于经纶必有余地也；天下殊习不殊善，而吾诚跃然欣慕，则耳目见闻悉收之为德性，而无涯之用由此涵焉，浩浩乎其于擘画必有余施也。”亦切“优”字。

“好善优于天下”，题目本粗，无甚精意，故自元魁而外，佳者颇希。张阳春起云：“人之强识智力，其纷然待用而不一者，总谓之善，顾分之则为片善，合之则为全善；夫人之精神意念，其油然用于强力智识者，总谓之好善，顾善则分为众人，好善则合为一人。故一掬非小，包含无外；一念匪隘，妙运有余。”李长庚起云：“自聪明力量而入，分极则穷，惟善则目前取之，终身持之，皆是物也。从见闻意识而入，用极则竭，惟善则一人由之，众人习之，无少缺也。嘉言懿行，何者非善之迹？好之则迹实而非虚，存一好善之心，而随所触皆善也。耳目之用，化为真机，不越幾微，而优于天下矣。人己物我，何者非善之寄？好之则彼合而为此，达一好善之愿，而随所遇即善也。形骸之变，联为实际，不越方寸，而优于天下矣。”陈大绶提云：“天地间之善，从古未有一人能兼而挟之者，乃好则无不入也，是以一人兼而挟之之道也；治天下之大，从古无有一人能兼而理之者，乃好善则无不备也，是以一人兼而理之之术也。”沈道原缴云：“故独睹独闻，自称神识，而帷廧之外莫窥，惟好善，则虚者在径寸之中，明者彻万里之外；独断独行，自号英裁，而寻丈之外辄阻，惟好善，则心下于匹夫匹妇之小，而量超于天地万物之大。”刘一炌末二比云：“盖天下之善，分之则寡，合之则多，惟好则天下分而我合也，不离方寸，而自有运用四海之规模；同善之怀，施者有量，受者无涯，惟好则天下施而我受也，不越一腔，而有范围六合之气象。”王纳言起云：“善在天下，原浑浑耳。其真从太极而分，原是大同之至理，自裕寰宇之经纶；其神从形体而隔，独凭寸长之挥霍，难语劻勷之美业。”南师仲束云：“信乎！以善言好，则工瞽

① 石韫玉而山辉，水怀珠而川媚：原作“石蕴玉而山辉，川含珠而吐媚”，据陆机《文赋》（萧统《文选》本）改。

微长契合之，皆心源故物；以好善之心视天下，则寻常尺寸合并之，皆德性经纶。”以上诸作，或词新而意警，或气畅而理明。如五百比丘纵谈名理，各吐珠玑，各不违佛意。可熟玩之，自能开拓笔端，亦可以遍考得失，毋忽。

“知及之”全，吴默妙处全在不做本题，而于虚中点缀。其文云：“世有大智，固未有不兼乎仁者也；学有真得，亦未有患其或失者也。（此四句就提起，就入讲，句句是至理，然却是反设，非正讲也。）惟知而不继以仁，则得而必终于失。（讲本文只此二句，作流水对，庶头脑整齐。）入道者可以无实之虚见自谓已至哉，乃所谓仁守亦未易言矣。（此一句领下，最有力。）人之心，非必独知之境所当操持，（“独知”贴“知及”，“操持”贴“仁守”。）即一威仪、一振作，皆吾心出入存亡之会。人之学，非必本原之失乃为人欲，（前比正说，此比须反对。）即失之威仪，失之振作，亦此心理欲消长之时。（陆机《文赋》云：“立片言以居要，乃一篇之警策。”此二比扼要争奇，一篇精神，皆从此唤起。）天下有称为仁知合一者，而自弛其庄临之度，则我实先天下慢，而期民之作敬弗得矣；天下又有称为内外兼修者，而阔略于动民之礼，则我实治天下疏，而以称曰尽善弗得矣。（实讲本文，只此数语，束繁为简，化有为无。）夫庄非故为矜持也，是学问之中宜有此检束也。此而不能守，则所贵于仁者之容谓何？而智及之时所究析于动容周旋之道，竟何为也？（人多只缴“仁”字，此独不遗“知及”，不漏不杂。）礼非故过为粉饰也，是学问之中宜有此节文也。此而不能守，则所贵于仁者之化谓何？而知及之时所研审于化民成俗之方者，竟何为也？（得此一缴，便觉精神百倍。）专事于仪文度数之末，固为徇迹而遗心；徒守其空虚无用之心，亦且以外而病内。（得此一转，文始曲折，始有波澜。）仁知相成者其知之！”空中布景，卷舒自如，机锋一发，节节流动，句有所不尽修，字有所不尽减，而完轴在膺，信笔写意，盖得机得势者也。

陈懿典炼句最精，讲“知及”云：“聪明可以窥道妙，而实究之则多虚；意见可以测天机，而身体之则难合。（虽不炼格，却是精语。）”讲完首节，过下云：“仁能守，则精凝而不荡，不惟可以内收其明，而亦可以内肃其度；仁能守，则神注而不散，不惟可以养粹于己，而亦可以鼓𢌿于民。”得此一提，便觉分晓。末云：“九重之检饬未至，固不得舍本原而谩言经济；四海之风猷未肃，终将以习俗而上累圣明。”此与吴会元之缴同意，得“谩言经济”、“上累圣明”八字，便觉华采。第三名刘孔当文中忽用“何则”二字，又用“虽然”二字，不雕不琢，飞走流动，有天马行空之势。讲完首节，过下云：“何则？天下之形形色色莫非真机，而吾性之不睹不闻要皆实理。此之一失，虽令俨然作矜庄之色，烨然修太平之仪，犹无当耳，故学道者，必仁守要耳。虽然，谓仁之守而一得永得则可；谓仁之道而仅以自守完也则不可。”文字贵炼，又贵不炼，炼者能悦人之目，而不炼者能惬人之心。此等处最宜潜玩。朱锦讲完首节，过下云：“顾是仁也，厚蓄之可以凝神，显设之可以树范，静持之可以定性，动履之可以宜民。从未守以前论，则惟立本为急，而所当加意于知及之后者在仁；从能守以后论，则又交修为急，而所不可忽于莅动之间者在庄与礼。”此亦是会元文字，言言中窾，机轴不凡。汪鸣銮讲后“庄莅”缴云：“尊若神明非迹也，于是焉旁皇而周浃，德之符也，特自临民则为庄焉耳。”缴“动礼”云：“细若曲折非末也，于是焉斟酌而损益，德之善也，特自动民则为礼耳。”说理最细，可为名言。袁宏道、李日华皆以后二节串做，此是必中之文，而非魁元之作。袁讲完“庄莅”，过下云：“顾莅，以形用者也，超形而格之，是为动耳；庄，以我用者也，释我而契之，是为礼耳。礼者，不言而喻之机，一有所着即不神，或执极而稍强世，或任理而稍绝俗，非礼也，犹然细慝之未除矣。礼者，推行无迹之矩，一有所滞即不达，或任己而稍戾于众，或徇古而稍窒于今，非礼也，犹然内境之未净矣。”李讲“庄莅”，过下云：“彼居尊养重，我所加于民者，犹在耳目摄持之境；而鼓舞振作，民之动于我者，且尽入形神陶铸之中。所谓令民而民从，鼓民而民化，恃有礼耳。向令于礼未协，则颇僻有一念之入，即中和有一念之乖；品式有分毫之疏，即德行有分毫之玷，其为盛美累，盖非浅矣。”非谓其炼格太奇而不可魁元也，归重“礼”上，亦是至理，但发意最为明彻，而遣词不甚肖题，故稍让一步耳。

“宪章文武”，吴默从起讲至尾，一气呵成，绝无蹊径，自为雄伟不羁之谈。其文云：“且世之论仲尼者，以为必溯之唐虞，求之一中之契悟，然后可以见仲尼。至于法度，则曰圣人既得其精，而何有于神化之糟粕？法度而至于文武，则曰圣人方损益百王，而何有于一代之制作？（养成机轴，自严灵襟，绝不落时文窠臼。）而不知文武以尧舜之真传，（如此出题，须从尧舜说来，书意始完。）焕郁郁之文，故皇王以降，代有规画，而惟周家大备，敬止敬胜之懿，其尽泄于此矣；仲尼以祖述之实际，为先进之思，故夏商以来，不乏文献，而惟从周为独决，觐光扬烈之心，其悉征于此矣。（文字博大者易中，纤巧者难中。欲变纤巧为博大，而徒于一句一字上求冠冕，此必不得之数也。试看此一起，何等气概，何等雄传，有凭空泻下之势。前辈常言“胸中有几个国子监，然后可作大儒”，予谓能一口吸尽西江水，然后能作此文。）其与周之遗民共讲求之者，制也，而非所以制。（顶上“觐光扬烈”来，起法绝新，世未曾有。）乃寤寐所及，恍然若见二圣于歧丰洛镐之盛，则绍述祖宗之意，又在识大识小之先，（又深一层。）盖会其源而自契其流，非溯流以求源也。其与周之臣子（前说“民”，此说“臣”。）共遵守之者，（前说“讲明”，后说“遵守”。）法也，而非所以法①。乃精神所契，依然若睹二圣于谟训功烈之隆，（“歧丰洛镐”说地，“谟训功烈”说业。）则率由旧章之意，又在问礼问官之外，（前曰“在先”，此曰“在外”，词意俱别。）盖含其实而乐取其华，非因华以求实也。（前曰“在先”，故说“源流”，先源而后流也；此曰“在外”，故说“华实”，华外而实内也。此文先观其气势，然后察其用意，所谓纵观之，则滔滔千里；细寻之，又点点归源者也。）或本昭代以定其趋，则虽当周末文胜之日，其法已敝，其化已穷，（得此二句，然后文势始畅。）而犹不忘舍周何适之意，其为宪章也易知。或取前代以益其盛，则虽当上下古今之际，礼有所裁，乐有所定，而只以备我周更化之资，其为宪章也难见。（用意绝奇，今蹈袭已多，遂不觉其妙耳。）是故知道法之合一者，然后圣人之宪章可得而求矣。”此文神到意至，倏然而成。今须细

① 法：原作“怯”，据文意改。

玩其风度，熟察其精神，使昌大之气在我口吻间，则挥之即是矣。

陈懿典已刻程起云："周文武竭一生之心思而创圣统，合两朝之擘画而定经制，（只做两句，故发下有力，若做四句，便弱矣。）固望后之君久遵之，而不虞其明弃之也；亦望后之臣朝守之，而不虞其野修之也。（文法从燕王答乐毅书来，恰好用得着。）惟仲尼则以国宪王章，当时为重，而阐文绎武，昭代为尊，（四句庄严可诵，人多嫌其"宪章"二字之义未必中窾，而字少意严，句短情长，可式也。）九牧之成规，不令其寝微，（此二句说"宪"。）而文献可寻，务欲为绍而明之。（以下说"章"。）俾祖宗之典则炳如日星，而十八王以来班班可考者，谁之功也？六官之懿规，（"九牧"、"六官"皆周家典故，甚切本题。）毋敢有更张，（前说"不令寝微"，此说"毋敢更张"，意不合掌，总之尊王宪。）而方策可稽，务欲为推而明之。（前说"绍"，只是继续之意；此说"推"，便有充拓意矣。）俾二圣之精神垂于宇宙，而八百载之久（孔子时未及八百年，欠检点。）耿耿不磨者，谁之力也？匹夫无班朝莅官之权，修举具废坠，而犹以空言存百世之典章；洙泗无体国经野之柄，覲扬其耿光，而独以遗文扶一代之宪令。盖羹墙尧舜，犹曰神交，惟文武之法明则得其神，并得其迹也。（起处用"宪章文武"分二比，故结处亦用之，前后相应。）梦寐东周，终非实事，而宪章之说著（"说"字未安，想误笔耳。）庶可试于今，亦可试于后也。岂徒曰一论次、一讲习之为兢兢哉？"组织甚工，镕裁得体，高华典硕，最利场屋。

文字贵典，典则最利场屋。如朱锦后二比云："不获班周召毕散之英躬，谛真诠而赖见知有自，故或神游于梦寐，或注念于东周，而以纂承典闻知之列；不获偕歧丰洛镐之众亲，沾王化而思舍周何适，故或维王于笔削，或垂教于六经，而以阐绎接在兹之文。"采当时实事概括成章，而精光烂然，极利之作也。胡国鉴缴束云："迄今佩洙泗之典刑，而歧丰洛镐之规模赫然在望；仰大成之懿矩，而周召毕散之佐理居然可寻，则谁之力也？"此句置之结尾，方见归功仲尼。陈如冈用之中二比便说杀了，最宜明辨。"向微仲尼，两朝故实且湮没而不传矣，能垂宪乎哉？"此一转最有力，盖掉尾法也。

袁宏道此作洗净尘诠，独抒名理，机圆调逸，翩翩翔于千仞之上，不可抡魁，而最能利中。其文云："夫周之初，岂不称极盛哉？然法久而敝，辟雍故物未必常新；王降而伯，丰歧旧典岂能如故？仲尼者，诚念之深矣，起而宪章文武焉。（凡利中文字，只要明白，当喝出便喝出，且莫含糊。）若云生周之后，虽不得与毕散之辈扬休明于前；为周之民，犹欲与章缝之士明朝典于后。二代监矣，或以文盛而湮没之，（凡作文要以真理写真境。此云"文盛而湮"，乃是实理，下云"积弱而弃"，亦是实事，用意须如此乃佳。）从此一率循，而王制之昭垂，郁郁然布于家国者，虽以配当日之成周可焉。谟诰昭矣，或以积弱而弃置之，从此一宣明，而训典之赫奕，洋洋然布在方策者，虽以俟百世之圣人可焉。当其时，（中间忽增此三字，下不作对。）法有传而未泯者，仲尼则表章不暇，以求益著于当年，若周官之所纪、贤不肖之所识是也，其素所梦寐也；法有传而将敝者，仲尼则搜揽遗教，以求不朽于后代，若笔削之所存、删述之所载是也，其素所推尊也。列国之公侯不能从周，谁谓匹夫而昭大典于天下？后世之子孙不能法祖，谁谓素王而兴礼乐于将来?”初说“配当日之成周”，次即曰“求益著于当年”，末则曰“昭大典于天下”；初说“俟百世之圣人”，次则曰“求不朽于后代”，末则曰“兴礼乐于将来”。一线相承，丝毫不紊。虽谓六比，为二比可也。

朱传云：“此亦兼内外、该本末而言。”故祖述宪章等，由精神而制作，由根本而枝叶，无精无粗，一以贯之。今讲宪章，谓不泥其粗，而特究其精，便非题旨。况宪者，法也；章者，明也。不依题体贴，而泛讲一套守法说话，岂成文字？惟乐和声以“宪章”二字分作二比云：“周官六典，初宁不肃然为宪？而循袭既久，容有玩愒而不守者，惟是违俗好而遵王制，虽祖宗严密之规或易逾越，而曾不以尺寸失也，其守宪者恪矣。方策九经，初宁不较然章明？而沿踵已旧，容有遏抑而弗宣者，惟是由糟粕而揭精蕴，虽圣明意义之深未易扬揭，而曾不以幾微晦也，其表章者精矣。”作者多于题外发意，而题上字眼反不明白，此作分开平对，虽未尽善，而贴题切理，则胜诸作多矣。范应宾此作亦是必中之文，词炼而精，机圆而畅。起云：“自古无二圣迭兴之运，而我周文作武述，则规模最远；自古无百年不变之法，而我周显谟承烈，则区画最精。(起甚英特。)谁有能宪章之者？惟仲尼则于此考王度焉，而上接其未坠之统；又于此探治本焉，而仰窥其不传之秘，(此二比最新最活，又不说尽，亦在烂熟处流出来。)歧丰令甲，监百王而参考之者，吾夫子之精神妙契百王，而因以契文武之精神。”云云。“镐邑旧章，酌千圣而裁定之者，吾夫子之心思潜通千圣，而因以通文武之心思”云云。末束云：“盖在众人得其陈迹，在夫子会其奥旨。在周家之共主，且仅存方策之绪余；在春秋之布衣，乃尽究一代之精蕴。”光父夙称颖达，刻意词家，沉思深造，有相如腐毫之苦。自过斋头俯教豚儿，细与商确，幡然大变，化沉为浮，词锋迅发，若轻舟御风，瞬息千里，遂尔联捷。此文诵之平平，而天机活泼，可式也。

“舍己从人”二句，此题本注云：“己未善则舍己以从人，人有善则乐取以归己。”两句板对，殊非孟子本意。且舜是大圣人，岂待不善而后舍？即有善亦舍，乃见其虚怀。舜之取善，全是成就他人，故下文“是与人为善者也”。若说取人之善以成就自家，便小矣，惟舍己，故能从人①，从人就是取人，故下文只承“取人”说去。壬辰程墨并无一人依注，我朝②理学可谓大明矣。吴默云：“太虚之体，本无畛域，而舜也，亦不强生分别于其中，则未尝就吾身而溺之为己，又安于己之外而拒之为人？(此有妙解。吴公之文，妙在不炼词，而直写己意，透得此关，便有向止机括矣。)人己之初，本出一原，而舜也，亦不故立意见于其间，则未尝以己之所有而难舍，又安得以益己之无而不乐？(上比说人己，此比说取舍。上比从己说到人，此比从舍说到取，次第发来，又不说尽。)以常情观己，凡物皆可释，惟属于己者不能释，乃大知若遗，绝无一毫之系吝，其沛然而从，非从人也，从其善之公共而不私者也，何所难焉？(分明是从人，却说“非从人”，是从善，较题意又推深一步。如“夫子宪章”，分明是讲求其制，

① 人：原无，据文意补。
② 朝：此字前原衍一“人”字，径去。

则云“非所以制”；“识大识小”等，分明是夫子绍述之事，则云“又在其先”。如“仁守”，分明是操持，则云“非必独知之境所当操持”。三篇皆是一律。此公作文不多，故少变化，而冥会潜神，打透机关，所谓词源一开，滚滚不竭，此公有焉。）以常情观人，由人而畀之，不若我之身自有之，乃冲怀若虚，直欲万汇之包括，其油然而取，非取人也，取其善之大同而无间者也，何弗乐焉？（“大知若遗”，“冲怀若虚”，此二句极接得好，有万钧笔力。前比由舍说到从，此比由取说到乐，较初二比，则渐实矣。）故舍己，舜也，身心物我且融为一机，固不知善之非我有，而安知为舍？特拟其虚中若舍耳。乐取，舜也，见闻言行咸视为故物，亦不知善之自人出，而安知为取？特拟其翕受若取耳。”认定题目，极意簸弄，使炼词者失色，骋调者夺精，寻绎至此，始知文字自有真也。陈懿典起云：“以濬哲之圣遇众善，苟在己之聪明一露，人必有不能自见者，何堪取也？以众人之善遇大圣，苟在此之神识未捐，彼必有不足比数者，何乐取也？”此起亦是正理。刘孔当缴云：“盖量同乎天地，即百昌万汇皆两间之化机，而善苟可取，何有于尔我，何有于形骸，而锢之以中坚之私？机决于江河，则千流万派皆一源之活泼，即取之于人，其孰为内外，孰为出入，而示之以外拒之状？”气概亦好。胡国鉴起云：“善在天下浑浑耳，即潜之独睹独闻，亦人各具之精神也，孰知为己而偏系于己？即究之佥谋舆论，亦我本来之故物也，孰知为人而强附于人？”亦起得好。后二比云：“耳目非不可用，不自用，而兼众耳目，当时臣邻工瞽，悉心以佐庙堂之末议，而呕喻受之，捷若转圜；智虑非不可营，不自营，而兼百智虑，当时岳牧刍荛，殚力以罄一得之敷陈，而踊跃从之，沛若河决。”朱锦后二比云：“念吾一人，而天下且亿万人，合亿万人之善以佐一人，当其未分之前，彼此统同，气象原是如此，而圣衷有独契焉。故一士陈谟，盈庭可息；一朝闻议，垂成可捐，（议论层出，如雾滃泉涌。）勿问彼此矣。（此句收得有力。）念吾一心，而天下且亿万心，合亿万心之善以佐一心，即在既分之后，物我相成，分量亦自如此，而圣衷有深慕焉。故问察可好，不厌迩言；民中可用，不厌两端，浑忘物我矣。”杨武烈中二比云：“宇宙间公共之善，物与我均取足焉，安见己之为是乎，安见人之非己乎？故舍无系吝，取无勉强，当其时，以玄德重华之舜，俯而采择于众人，怡然惟觉相忘于道术中耳，恶自而有矫饰也？大造中无涯之理，我与人均各得焉，安知己之为然，安知人之为不然？故委心而舍，安意而取，当其时，以庸众一得之见，仰而待择于圣人，熙然惟见忻合于义理中耳，恶自而有间隔也？当其舍己，舜之心洞若太虚，然遗其肝胆，忘其耳目，惟私意之不留，即微言渺行，亦且化而不有，而天下咸仰圣心之虚明；当其取也，舜之量捷若转圜，然彻其形骸，合于大道，岂惟忌疑之不着？即欣喜羡慕，亦且并融其迹，而天下咸乐圣衷之光大。”四比意精词炼。高克正通篇皆好，起处本上“善与人同”来，起云：“既已同矣，则善何必尽自己出，而何尝于己之中，执其所有而不舍？善何必不自人出，而何尝于己之外，别其为人而不从？”后二比云：“匹夫匹妇亦有性中之聪明，问其为善，不问其非己善也，故诎圣哲之策以借资于人，而大智若遗，并融其取之之心；一言一行亦为性中之至理，问其为善，不问其为人善也，故合刍荛之见以起知于己，而从善若流，并化其取之之迹。”皆有意见。

游艺塾文规卷之七

赵田逸农了凡袁黄坤仪甫著
男袁天启若思
侄孙袁士鲲南之
侄孙袁祚熙载之甫同校
书林叶氏仰山绣梓

正讲四

己丑“畜马乘”一节，陶望龄布帛菽粟之文，妥帖蕴藉，最耐咀嚼。众人起处或依题平叙，或先作二比，然后入题。渠起云：“昔孟献子戒专利而揭官箴，故谓畜马乘之不察鸡豚也，伐冰之不畜牛羊也，（直头唱出，不加粉黛，便是会元声口。）此犹其小者也。乃聚敛之臣操术之巧以成贪，其言利者甚悉；朘民之膏以附上，在好利者必庸。（上二句不讲，单讲“聚敛之臣”，便知轻重，且字字不合掌，又从虚而实，极有次序。）而百乘之家，无利于畜此臣也，甚且不得与盗臣等，（句法极高，又三句不为对偶，只散做，章法亦高。）何也？盖人臣奉公守职，即锱铢不得下侵；而欲保世宜家，则封殖岂为完策？（凡文字于整齐中须出几句参差语方不板，参差中须出几句整齐语方正大。前既散做，此处定当用偶语，局面才整，亦字字不合掌。）又况于人君，家四海以为富者哉？（此句落得捷，过得健。）故皇皇求利，世主见为长策，而国之利不在焉；皇皇求义，明主见为勤民，而国之利实附焉。（二比平平敷衍，到此田地，只宜如此，然后文势明白、正大。凡作文，最要浓淡相间，该浓即浓，该淡即淡，乃是大方。文字若一味求腴，便是小家数矣。）利端一开，则积之者无用，而供之者无已，（推本之言。）此以敛之怨耳，何利乎？固不若散财以聚民，而自得乎守富之术也。利源既竭，则供者难继其求，而积者必至于散，此以阶之祸耳，何利乎？固不若聚民守财，而坐收夫藏富之效也。彼所称不察不畜者，其此谓哉？有国家者，绎献子之说，察义利之幾，无令天下言利之徒有以窥其隙而中之，使谓天子有聚敛臣，则平天下易易矣。”焦竑先起四句，即轻述三段，过下云：“此岂谓国为不必利哉？（点出“谓”

字。）盖举鸡豚牛羊聚敛之类，凡可以自殖者，皆利也。见在利则利重，彼独从而后之者，诚以为利不在此也；克鸡豚牛羊聚敛之类，凡有所不为者，皆义也，（“义"、“利”众皆虚说，此独纽在“鸡豚”等上讲，最为切题，最为有见。）见在义则义重，彼独从而先之者，诚以为利在于此也。知利源不能以两盈而导之于下，是以不贪为宝，而风尚自此正矣，即无论事之有终，而风尚一正，谓非有国之利不可也，（众皆知“事之有终，为国之利”，此独言不论有终，只“风尚一正”便是利。此是穷源之论，意出蹊径之外。）此以损之之道益之也；知利权不能以两重而藏之于民，是以不畜为富，而宠赂从此清矣，即无论财之常守，而宠赂一清，谓非有国之利不可也，此以散之之道聚之也。（此二比从“利源”、“利权”说起，中间只讲“义之为利”，并不牵扯“利”来，轻重得体。）吾于此而知利之为害也，所以速官谤，亦所以乱朝常；吾又于此而知义之为利也，可以警官邪，亦可以昭王度。”此处却平结，立意高，格局炼，亦是会元文字。陈幼学过文云：“夫畜马乘而上贵不过百乘，而犹恶其黩也，矧大君而计及锱铢，大道之谓何？盖家规也，亦国体矣。察鸡豚而上富不过聚敛，而犹病其专也，矧天王而折及秋毫，仁者之谓何？盖官箴也，亦王道矣。”出色之谈，有魁气。李尚衮后半篇云：“盖其所谓利者，不以利而以义也。（点出“谓”字，下皆从此句论去①。）利之利可以侈丰盈，而审计者诎焉，不欲以富国之私戕吾阜民之德也；义之利可以联兆庶，而崇本者先焉，不敢以谊主之猷后于计臣之略也。无论侵之下而始戒，即多寡亦不敢言，盖国家莫大之福，在人主无欲之公，而生殖为末矣。无论聚之上而始惩，即有无亦非所较，盖国祚无疆之休，在人君不殖之念，而货财非策矣。辨义于利之中，而公私之介甚严；言利于利之外，而治平之枢已握。”老成沉毅，亦有元气。众皆依题敷衍，刘曰宁独反起云：“使专之而可，则鸡豚牛羊岂非利资？聚敛之臣，操盈缩而实内府，岂不贤于盗臣？乃有不察不畜，如孟献子者，何谓哉？”只此数句，遂将“谓”字点出，下略提入讲，分明是元作。后二比云：“位在具瞻，而言有无、计多寡，岂其利哉？惟散利以归之闾阎，俾各餍其愿，即无论守财，而于君子絜矩之心固无拂也，是有国者之所宜留意也。民怀父母，而操奇赢、较损益，岂其利哉？惟公利以同之百姓，俾各遂所欲，即无论发身，而于人君好恶之公固无违也，是有国者之所宜亟图也。”二比亦不论“守财”，专论“发身”，其见亦卓。周家栋缴云：“古之善经国者损上益下，一切开利之资尽推与民；薄敛厚施，四方言利之谋悉为报罢。（境外设奇，切中时弊。）如使利之可以利国，而无庸义为也，则凡察之畜之之类奚不可者，而献子必戒之哉？”缴得有力。郝敬亦好，首四句有理，后二比云：“上诚不为暴征以宽民之力，是不殖之风自上行之义也，虽不言利，而凡征之所不尽，与民力之所有余，（得此二句，便觉文有姿态。）孰非军国之需？而百室即九府矣。”收得紧而雅。“上诚不为苛取以失民之心，（前说“力”，此说“心”。）是廉靖之节自上行之义也，虽不言利，而凡取之所不竭，与民心之所乐输者，（前言“力”，则曰“民力有余”；此言“心”，则曰“民心乐输”。）孰非

① 下皆从此句论去：“从”、“论去”3字，原漫漶不清，据残留字形及文意分析，当为此3字。

军国之需？而私藏即公帑矣。”

“出门如见大宾”四句，陶望龄独创之格，独造之语，且词气和平，有先辈昆湖之风。其文云：“恒情处之以非常，即怠者皆能自饬，及常行而习见鲜不易虑焉；投之以非愿，即愚者皆知自谋，及物交而私隔鲜不易施焉。（二比平提，意精语炼。）夫仁者纯心，而可以敬肆人己二之耶？（提得有力。）故见大宾至肃也，起居燕闲，最心志所不及检，而俨然玉帛在陈，介绍在列，（句句炼，字字雅。）置一身于礼法森严之中，而惟恐失坠者，则不以一出门而失祇肃之常也。（此比“也”字起，“也”字止，昆湖“使禹治之”墨卷，连用八个“也”字，不见其弱，只是养得和平，故有悠扬之趣。）承大祭至严也，临驭号令，尤耳目之所易玩，而恍然明神临之，祝史相之，措一身于陟降昭格之地，而惟惧渝斁者，则不以一使民而忘精严之体也。（近来后生作文，并不欲用字眼，不知文字要骨肉停匀，而骨又要在肉内。此文讲“出门”则曰“起居燕闲”，“使民”则曰“临御号令”，“大宾”则曰“玉帛”、“介绍”，“大祭”则曰“明神”、“祝史”，全用字眼装裹，而词采烂然。凡文字枯槁及露骨者，皆不利中，由其不知炼字之法耳。）至欲恶施受本无两心，则合宇宙之分愿酌之于我，而推一人之意欲遍置之于人，有不愿即勿施焉。盖形体渐撤，故元气旁通，斯又所称强恕之术也。（此题平对者多，凡欲不对而一直讲下，此处须排列对偶，不敢散做，公却不拘不束，另作一段，老成雅炼，所谓独创之格也。）心本内敛，必戒其外驰，合大小而一于敬者，所以防此心之出入而联其无间之真纯；心本外通，必袪其内蔽，合施受而行以恕者，所以平此心之应感而融其有间之物累。”二比浑融接上，并不用一字相承。“内敛戒其外驰”，“外通袪其内蔽”，皆见道之语。又“敬”、“恕”二字原非本文，若提起用之，则“敬”、“恕”反为主，而本文反为客矣。此作起处全不用“敬”、“恕”，只于束处略点，最为得体。黄辉作格奇语新，起云：“斯须不敬则杂矣，故当摄持之初无人可怠；形骸稍隔则私矣，故在酬酢之境有触必平。是心也，诚顾諟不忘，则群与独何择焉？即出门如见大宾也，岂诚见哉？心为严宾，罔敢不敛。”但就其适无所对，则曰“俨有所临云尔”，语不繁而意独到。后面用两个“是心也”接去，讲完“不欲勿施”，缴云：“此其持己接物之间，孰非见宾承祭之推哉？”此文亦是独构之作。王肯堂沉细有针线，亦可擅元魁之选。先平提二比，即讲云：“恒情见大宾，靡不惕然者，而出门则懈矣，是心与遇移，即其惕然承迎时亦非也。（深一步法。）仁者应感万殊，而不起大小之见，固无地而敢懈也已。恒情承大祭，靡不肃然者，而使民则慢矣，是心为遇役，即其肃然对越时亦非也。仁者酬酢万变，而不萌众寡之念，固无人而敢慢也已。处微之心即处显之心，固存之而不容间；一人之情即万人之情，亦公之而不容私。”二比接得极化，机圆而意联。讲完“勿施”句，缴云：“则不特出门敬也，而上下四旁亦均之，各足其愿矣；不特使民敬也，而亲疏远迩亦联之，而各称其情矣。敛而入之为一物不容之天，而全体常具；扩而充之为万物一体之境，而妙用常流。”前二比联络有法，此二比更觉入细，真元作也。

“圣人之行不同也”二节，陶望龄格高调古，可称绝唱。其文云：“盖圣人之行不同矣。机适逢世，则不必远托山林以逃之；道足致君，则不必尘视轩冕而避之。（着此二比，便见轻重，且文体春容。）或远而又或近，或去而又或不去。（二句直述，不添一词，真元格也。）身游庙堂岩廊之中，而心超功名爵禄之外；迹与王公大人伍，而志与天地万物游；（四句各自作对，是合时处，而风度飘逸，机括甚圆。）要归洁其身而已。即伊尹一身，俄而有莘，俄而阿衡，抑何远近去就顿殊而操行洁白惟一哉？盖尹惟遇汤，故尹不得不出，是以三聘为招，为天下而要尹者，汤也；尹惟乐尧舜之道，故汤不得不求，是以二帝为招，以道而要汤者，尹也。以疏逖之士一朝而位师保，非尹近汤，汤近之也，亦道固致之耳；易畎亩之乐一旦而立①本朝，非尹就汤，汤就之也，亦道固来之耳。如曰割烹必非圣人而后可也，尹而圣人，洁身之谓何而为之哉？（四比只讲“以道要汤”，“割烹”句轻递在后，并不着词，便是元体。）盖行无辙迹，圣人所以成其大；道有要归，圣人所以全其高。徇迹则议生，识归则论定，此可以知伊尹矣。”只就上节翻弄，要言不烦，清气绝俗，淡语入微，诵之有“清风徐来，水波不兴”之景，细玩之，自得其趋。董其昌此文亦是元局。起云：“乃吾以为岩廊之上，不必皆失节之阶也；清修之操，不必皆遗世之士也。（提得更高。）夫圣人者，其行甚圆，其天甚定，可远可近，而不可使处不廉也；可去可不去，而不可使处不义也。（以议论斡旋，尤觉出色。）抱其道，不忍私诸身，间尝自试于时；而爱吾身，所以重吾道，未尝受浼于俗，若此乎，其惟洁之归者。是故以尹之左右乎厥辟，而视诸萧然莘野之时，于行为近矣，乃圣人之近有洁者在焉，则奚事要君也？以尹之阿衡乎商室，而视诸嚣然却聘之日，于行为不去矣，乃圣人之不去有洁者在焉，则奚至若他人之要也？（邓定宇“先进于礼乐”全章，讲完上节，另作二比，黄葵阳亦然。此文得此二比，便觉与众不同，分明元格也。）当其时，汤不得尹，孰与沛天民之泽？尹不乐尧舜之道，孰自畎亩而结明主之知？汤不得尹，孰与建伐夏之功？尹不乐舜之道，孰以匹夫而动师臣之想？（得此二比，势如破竹矣。）盖求其所以感汤者而不可得，谓之要也亦宜；又求其所以要汤者而不可得，谓之以尧舜之道也亦宜。（翩翩若舞。）而顾曰割烹焉则伊尹非圣人，而圣人固不洁者哉？吾未之前闻矣。”如舞者应节以投袂，如歌者按弦而遣声，随意成文，各中其节。《学》、《论》二首②亦佳，但不及此篇为胜耳。刘曰宁亦奇亦高，其文云：“执远者以议近者，则近疑于要；执去者以议不去者，则不去疑于要，无两是也。不知圣人此身固将以维持名教，亦将以转移世运，非与之以自私者。（散做数语，便觉流动。）勋华不可作，吾因之以励百世之高风；唐虞而可为，吾因之以成千载之知遇。彼其无瑕之衷可对天地，不染之操争光日月，曷尝不以洁身称哉，而何独疑于尹也？无乃谓殷勤而致币聘，谅非无因至前；疏逖而蒙主知，必有所以自结者乎？（神光陆离，逸态可掬。）求其说而不得，故遂以割烹当之也。不知明主不能无所资，而听遇合之

---

① 立：此字后衍一“人”字，径去。

② 《学》、《论》二首：二书名原简作“学论”。“《（大）学》、《论（语）》二首”，即分别取题于《大学》、《论语》的两篇文字。

士，故格天之业必藉于上；臣士不能无所负，而取侥幸之知，故先资之道恒得于诵读。（圆如圜转，活如龙跃。）尧舜之资在汤，而尧舜之道在尹，两相求也；三聘之礼荐加，而五就之愿终毕，两相遇也。世岂有挟尧舜之道而不足以语圣人者乎？世岂有负圣人之望而以割烹进者乎？（忽然点转，不严雕琢。）吾由千驷之不视者观尹，尹固疑于远、疑于去，其洁已易知也；吾以居民之亲见者观尹，尹又疑于近、疑于不去，其洁已难知也。（吴因之“宪章文武”后二比从此翻出。）然而道固在也，不然，士必岩穴而后语好修，是置其身为无用之身，于君民何赖焉？”此作亦可元。焦竑起云：“目圣人之行观之，远与近异，而其皭然不滓者同也，不得负陇亩之高，而谓岩廊者之为徇也；去与不去异，而其介然无染者同也，不得慕嘉遁之贞，而疑涉世者之为污也。清风高节，非必尽归之隐约，而赓喜起者，亦足以维时；廉顽立懦，非必尽属之山林，而际唐虞者，亦足以树轨。（争奇骋辨，高华绝伦。）苟以在野则洁之，在朝则污之，是执岩处为奇士之行，鄙当官为要结之资矣，而可乎？（熔裁得法，气逸调雅。）”末缴云：“盖勇智之主，非治庖者之所能要，易知也；格天之功，非辱身者之所能辨，又易知也。倘必以远者去者为清修之节，而近者不去者尽被之不洁之名，非惟圣人之行不白于天下，将令曲谨自全者，得口实于圣而不复能任天下事矣。”自发己意，所以为高。刘文卿将“远”、“近”、“洁身”罗起在前，另讲云：“当道消之时，谁不以长往为标？而名节无常形，或以幽隐而反得之者，是以圣人有所依焉于其间，安在夫高节之必往也？当道汨之时，谁复以久浼为度？而善守无定主，或以恬退而反遇之者，是以圣人有所止焉于其间，安在夫人节之不诎也？（此二比却有元气。）盖身由道隐，则畎亩优游皆其时，而因晦其用；身由道显，则摅光当世行其志，而不变其贞。”束云：“盖遇合之深意已微，而传闻者徒得其迹；躬耕之恬操已泯，而信耳者竟泥其粗，则圣人无由白矣。”万建崐讲上节，先发二小比云：“远与近不同，寄迹朝市，信不能与韬光岩穴者一辙矣，而其志将以树懿猷，非以取世资，则游于爵禄中，与游于爵禄外不淄等耳；去与不去不同，进列缙绅，信不能与遇甘肥遁者一轨矣，而其道将以跻盛美，非以猎宠荣，则赴于势利中，与逃于势利表不染均耳。”清华逼人，风标可挹①。下节先把“以道要汤”及“非割烹”意提明，然后讲云：“亳都地隔于有莘，胡然相契深也？则唐虞精神，不介绍而通也，而远于嚣嚣之初，近于幡然之后，惟是道焉以神其交矣；大君势悬于匹夫，胡然相求亟也？则勋华谟略，不贽币而迩也，而去于五就之前，不去于五就之后，惟是道焉以作其合矣。”只用上文“远”、“近”、“去”、“不去”衬贴，便成佳境。上文云：“吾未闻枉己而正人者也，况辱己以正天下者乎？”此题宜就“正天下”上发挥。予乙酉有旧作，亦似近理。其文云：“大贤究圣行之所归，而谅其无辱行焉。盖人皆知伊尹之任，而不知伊尹之清也。观其行归于洁，而知其以清为任矣，何辱之有？孟子意曰：谈经世者，类谓经纶在实用，而不思感召在隐衷。使身而洁也，则清即所以为任之基；苟不洁，则未有能图任于清之外者也。彼圣人之身何身哉？隐则思养之以正天下，固不可

① 挹：原作“浥”，据文意改。

有所辱也；出则思措之以正天下，尤不容有所辱也。故行有远近、去不去，而其归一于洁身焉。盖本其粹白之衷，而显之为随时之道则有行，其行也，道可展舒，何必于避世？时当独善，何必于徇人？固未尝有所执一矣。约其应世之迹，而返之念虑之微则有归，其归也，世或可避，而此心必不可污；人或可徇，而此志必不可染，一主于洁其身而已矣。夫以圣人之行而归于洁身，则尹之乐道有莘也，凝于远且去矣，而非以隐为高也，惟养吾正天下之本，而忧世之思固在也；其伐夏救民也，凝于近且不去矣，而非以仕为通也，惟行其正天下之道，而洁己之思更切也。故论其正天下之志，则尹固不敢自辱其身，而汤亦不敢辱尹之身；论其正天下之遇，则尹固以道而感汤，汤亦以道而聘尹。谓其要以尧舜之道则可耳，若以割烹焉，则不惟不识圣人之归，而坐昧其洁己之蕴；亦且不识圣人之行，而妄凝其不同之迹矣，岂吾之所闻者哉？"

丙戌"故君子名之"一节，袁宗道墨已刻程，文甚典雅。后二比云："思内庭广众，其耳目最难掩，而兢兢乎拟之后言，惟恐名与实违，或上乖乎国纪；思天下后世，其听睹为最公，而惕惕乎虑然后发，惟恐实因名紊，或下拂乎人心。"雄秀有采色，"名实"二句得题旨。薛三才此作甚得肯綮，起讲先从"名不正"说来，即虚做四句云："故君子为国家正体统，必致意于其始；为朝廷辨名分，已深虑乎其终。（四句浑融说意，后二比流水说下。）其制此名也，必其足以告宗庙、示臣民，显然形之称谓而不讳者也，未有不可言者也；而其言此名也，（此句联络得好。）必其足以扶三纲、正九法，（原在"名"上讲，有理。）昭然见诸行事而无弊者也，未有不可行者也。然则君子之于名也，而岂徒提空名以饰观听矣乎？（单重"名"字过下，甚是。）名一不正，必且假借于其言，假借而不已，遂将至于陵夷而不可行矣，此终苟道也。君子之称名而或易乎，则纲常奚赖焉？"又对一比，纯重"正名"发挥，有神有骨。周著讲"可言"、"可行"，皆根"名"来，亦自有见。过下云："君子知行不越乎言之外，则兼举之易；而言已在于名之中，则致慎之难。"此四句亦得题意，后面皆重"名"上讲。缴云："盖所急者，在君臣父子之伦；而所关者，在乾坤尊卑之等；所谨者，在唯诺传宣之顷；而所虑者，在民物经纶之大。君子之不苟于言也，岂其爱区区名哉？"又进一步。黄道月先以"礼乐崩坏"、"刑政废弛"起二比，以见名之当重，后讲"可言"、"可行"处，皆点出"苟"字，讲末句皆从为政上说，飘逸跌宕，有凤凰翔于千仞之上之趣。

"执其两端"二句，袁宗道起云："是故以天下视舜，则千虑之一得，似无当圣心之中；而以舜视天下，则群言寓至理，皆可裨执中之用者。于是取咨询之所及，辨之幾微之分；而即合采择之所得，运为方寸之矩。（流水说去，又不说尽。）其折节而求所为当圣裁者，靡匪谠论，而就谠论之中，亦自有异同，其辨在纤细间也，则出其朗照以辨之纤细间而协于中，即用之我也，无问其出愚贱口矣。"又对一比，后总缴二比。从来元卷皆贵独造，不贵沿袭，然亦有袭之而佳者，如"舜其大知也与"，傅夏器窗稿起云："自舜之圣而观之，天下固难乎其为智也；自舜之心而观之，视天下之人皆智也。"田一儁墨卷全用此话，金玉蟠亦全用此意。"其辨在纤细间"等句，亦从冯具区丁丑

“回之为人也”一节讲“择乎中庸”处来。大率文虽贵出自胸臆，而一脉相承，亦有的传。会元文字不可不熟看，看熟则率然而成，偶有相符，不足忌也。薛三才亦佳。黄之俊绝无蹈袭，句句出自胸臆。起云：“众庶之口，人一其指归，善而未必同也，此两端所以杂陈也；盈庭之议，人一其见解，善而不皆中也，此两端所以待择也。舜也，语识则濬哲超乎物表，故能朗观众善而独折其精；语量则同人包乎宇宙，故能见执大中而咸用其极。”次将“执”、“用”联作二大比，后单承“用”字收二比。黄汝良先提大意明白，次入讲云：“理介于可从可违之际，姑两存而互参之，得其所谓浑然中者，然后以茹纳为体验，而盈庭之议始决也；见淆于一彼一此之间，（前说“理”，此说“见”。）先两持而独断之，得其所谓粹然中者，然后以延揽为推行，而先入之听弗主也。（前说“盈庭之议”，此说“先入之听”，各是一意。）本圣心之惟精者以折异同之见，而执之也若持衡时，盖众言辐辏，即以其中仰合于圣人，而卒不见圣人之有成心；本圣心之惟一者以定取舍之极，而用之也若发机（以“惟精”说“执”，以“惟一”说“用”，挪易不动。）时，盖舆论画一，即以其中俯合乎天下，卒不见圣人之有偏听。”

“事孰为大”二句，袁宗道神气俱爽，可称绝唱矣。其至妙之词，则在后二比中四句，云：“未出庭闱，则顾复之爱尤真；念始孩提，则瞻依之情独切。”王老师极喜此语，以为深得人子事亲之情。薛三才起云：“自吾有生以来，顾其具夫形骸肢体，而得肖貌于天地间者，非亲也耶？（句逸。）是有吾亲，斯有吾生，竭吾生之所自尽，举不足以事之，而以是论于伦理，事孰大焉？自吾有身以来，顾其为之抚摩鞠育，而得称人于覆载间者，非亲也耶？是有吾亲，斯有吾身，竭吾身之所可自致，举不足以事之，而以是论于日用，事孰大焉？”词切情恳。王一鸣后二比云：“自事者而言，尽心非以酬恩，竭力非以植行，有时捐躯非以明节义，彼不自知其事之大也，惟见天下无复有加于所事之亲而已；自见事者而言，彼尽心而我不知感，彼竭力而我不知劳，彼有时捐躯而我不难其慷慨，亦不知其事之者以为大也，惟见天下之事我者，无以加于此而已。”凭空构奇，出人意表。

作文全要理题目，有一段千古不可磨灭之见，方可破的。予丙戌在场中，七作皆新构，杨座师语予曰：“汝看书极精，不独宜冠本房，各房中亦无能胜子者。吾看至五策，知必袁了凡，其余士子断然无此识见。恐复致蹉跎，不敢取作首。”老师屡屡对人谈之，此其惜才之盛心也。感此至情，令人刻骨，附录其文于后：

故君子名之　一节

本房杨复所批：意重“正名”，而题却说“言无所苟”，作者类多牵强支吾，不甚了了。此卷认题亲切，说理精明，不独宜冠本房，即一时群作，未有或之先者。

汤会元：此题首二句只是承上转下之词，不宜重做，正意只重末二句。若认“言无所苟”为“谨言”，而以“慎话”、“禁发”等作讲词，则大谬矣。夫子不直曰"谨言"，而但曰"言无所苟"，最有斟酌。盖言者，所以称此名也，有此名，必有此称，如①名一不正，而称名不可已，则出之口者，皆苟道矣。本文"所"字正指名而言，"无所苟"者，谓名正而言无苟也，言一不苟则事必顺，而礼乐刑政皆不苟矣。"而已矣"三字极重，乃收拾一篇之意。此作看得题意极透，而炼格铸词，皆有法度，欲学会元者，须从此入。

观名为化原，而君子有慎心矣。夫政必有原，而名正则言行皆正矣，是故为政者慎之。且夫天下事从原而图，则有其端甚微而其系甚重者，是不可以迂而忽之也。（只平平讲去，而句句字字皆从正龙正脉说下来，便是会元起讲。）观名不正而推之言事无一可者，则知名非虚器也，（昆湖有文，亦先作"正名"二比，此将"言"、"行"一齐提起，尤觉醒目。）宣之为训辞，践之为实诣，皆于是乎统焉者也；正名非细故也，涣汗之协宜，规恢之中节，皆于是乎出焉者也。故君子先正其名，必求其可言，而言之所发，必求其可行焉。（此二句不着闲辞粉饰，便是会元家数，然有前二比提明，故此处可不讲，前是化无为有，此是化有为无。）夫名之必可言，而名有不正，则告之宗庙，播之国人者，明知其不可言，而不免苟且以言之，（点得"苟"字明白。）是苟者在言，而其发端则在名也。君子先言正名，而务致其详慎之虑。言之必可行，而言有未顺，则建之朝署，措②之邦畿者，虽毕力以求成，而不免一蹶而俱蹶，是苟者在言，而其流弊则在行也。君子因言顾行，而独抱乎兢惕之思。方其未有言也，则思出言之本何在，（此句最佳。）而天地经常急为整顿，使由经常而颁之辞令者，无丝毫苟焉，此不苟而片语惬心，将百为顺轨，不烦规画而理道无余蕴矣，（讲"而已矣"极透，场中何人道到此?）事其悉于此矣！及其方有言也，则念立言之意何居，而国家伦物亟与辨③明，使由伦物而布之诰词者，无幾微苟焉，此不苟而一言当理，斯万化仰成，不俟更张而经世无遗事矣，道其尽于此矣！是以识微之士，深计之臣，谟训未颁，纪纲早定，而精神之所凝④注者，常存乎制礼作乐之先；经纶未播，名实预端，而意念之所殷忧者，实超乎明刑敕罚之外。子之迂我也，毋乃未审乎？

执其两端，用其中于民

本房杨批："执"字、"两"字、"用中于民"字，发得极透，一字不可动移。阅此而看其余诸卷，则皆愦愦不足观矣。

汤批：执即"允执"之"执"，谓操其柄而取舍由我也。执一者多，执两者

① 如：原无，据内阁文库本补。
② 措：原作"楷"，据内阁文库本改。
③ 辨：原作"办"，据文意改。
④ 凝：原作"殷"，据内阁文库本改。

少，执两端所谓总持法门。天下事只有两端，大与小成两，厚与薄成两，高与下成两，吾皆总而持之，则不偏执矣，不偏执，然后用中于民。夫①用中于贤人君子易，用中于匹夫匹妇难。盖两端未执，则民所告者，皆浅近之言；两端既执，则舜所用者，皆精微之理。此系题目大关键处，而作者类看不明。此文言言破的，字字入解，真元作也。

圣人以权取中，而其智可想矣。盖执中无权，其智不足称②也，权两端而用其中，非圣人孰能之？尝谓乐取善者，其兼收在雅量，其精择在虚明。舜之得称大智者，由此道也。当问察而有善，果何以用之哉？彼中非有定形也，两端相较，中斯形焉。苟是非未操其柄，可否未振其枢，是有端而不能执也。倘见大而以小为非，见薄而以厚为过，是执一而不能执两也，欲得中而用难矣。（得此二句，体便活动。）舜也，总全理③而并观，而度时宜以措注。事有大小，而由小至大，皆在掌握间，（讲“执”字入细。）持两④衡而低昂之，可以小，亦可以大，而其考衷而措者，（轻轻搭下。）措民心之公善而已矣。事有厚薄，而自薄及厚，皆在操纵间，握两机⑤而出入之，可以厚，亦可以薄，而其稽正而行者，行民心之同得而已矣。两者悬而互度，而民之中从圣心之精而出焉。（孔子删《诗》，其功不在作者，而在删者。一经孔子择过，则庸夫女子之作，便为圣经；虞舜取善，其功不在告者，而在取者，一经虞舜取过，则凡夫迩言，皆为玄德。此作发挥明透，可作《中庸》义。）盖凡民以见求中则中亦成见，圣人神明洞彻则见即为中，是民之所陈未必悉纯一之蕴，而吾则用其纯一者于民矣。两者会而为一，而民之中由圣心之一而成焉，盖下民以守为中则中随事隐，圣人务⑥持浑化则随事显中，是民之所告未必协精粹之极，而吾则用其精粹者于民矣。是可见执一以求，则见闻觉知处处至于相窒，即有圣哲微渺之论，而或不免于见遗；执两而用，则浅深高下在在可以为中，即工瞽一得之愚，而亦将会为至德。大哉！舜也，斯其不可及哉。

事孰为大？事亲为大

本房杨批：气象巍峨，情辞典则，知是巨儒之笔，“大”字无人如此发挥精透。

汤批：此题宜照下文“本”字发挥，盖事亲所以为大，其工夫全在不学不虑之先，其余一切服役皆从此起。若谓惟亲为大，则君长岂小物耶？此作相题下笔，据理陈词，精确典畅，冠绝一时，愈玩愈佳，令人心服。

---

① 夫：原作“又”，据内阁文库本改。
② 称：原作“于”，据内阁文库本改。
③ 理：原作“善”，据内阁文库本改。
④ 两：原作“一”，据内阁文库本改。
⑤ 机：原作“间”，据内阁文库本改。
⑥ 务：原作“矜”，据内阁文库本改。

大贤较所事，而独揭其大者焉。夫事所以尽分，而惟事亲则称大矣，是故君子以行孝为先也。孟子意曰：道有近而实远者，其大原所在，学者所当首讲也。人惟薄庸行为疏节，而得其大者或寡矣，是故吾之身不能无所事也，而又不能概有事也，必有为大者，亦曰事亲是已。夫由亲而外，凡秩叙中所当祗事者，皆非小伦也；由事亲而外，凡服役间所当尽心者，皆非细务也。何谓事亲为大哉？盖就身之所自生者而溯观其始，莫如亲；就事之所从出者而直窥其原，莫如事亲。爱始于孩提，而推其分义之恢弘，即慕至终身，亦不足以悉其无涯之理，岂理之难悉哉？天经地义，原不与百行为伍，而特立于真性未凿之先，于此一尽其心，而赤子知能之良，固服之终身而不能望其涯际者矣。道行于一本，而究其德用之闳廓，即横乎四海，亦不足以尽其不匮之思，岂思之难尽哉？至德要道，原不与万善为徒，而完具于颛蒙未判之始，于此一竭其力，而家庭唯诺之节，殆达之四海而不能满其分量者矣。故庭帏未出，怙恃独深，而视膳问安，足以冒三纲之大义，凡圣帝明王所以等鸿图于覆载者，此其用情为独至焉；学虑未萌，瞻依独至，而知年爱日，足以盖百世之弘经，凡仁人孝子所以配伟节于乾坤者，此其用意为独隆焉。能不待学，而达之天下则为大能；顺根于性，而冠乎群伦则为大顺。以此尽性，而亲恩罔极，则为敦大经；以此维风，而锡类无疆，则为树大法。故曰事亲为大，然必守身以事之，斯可称纯孝矣。

汤批：我郡翻刻袁了凡先生窗稿，初阅之，温润典雅，磊磊大方；再阅之，则根极理要，阐发性灵，句句皆圣贤心髓；三阅之，则近而藏远，奇而寓平，急欲与之角逐；如豢龙御天马，恍惚变化，而不可为象。至丙戌墨卷，则句句会元脉络也。体格新奇，而以纯粹济之，故奇不伤险；词气顺畅，而以蕴藉节之，故畅不伤骨；苦心煅炼，而语近自然，故煅不伤气；用意精深，而词皆明显，故深不伤晦。譬犹歌者应弦而遣声，而不自知其声之合调；譬犹舞者按节以投袂，而不自知其袂之中律也。予特录藏巾笥，以备观法。

癸未“吾之于人也”全，李廷机一气呵成，略无斧凿痕。冲夷之气，轻粹之词，愈读愈见其难及，盖由养深机熟，信笔成文，不加点窜，而风度令人可掬。其结云：“君子为世道计，即使三代而不可复返也，是世道之变也，吾犹将挽之于既漓之日；况斯民而犹然三代也，是世道之幸也，吾何为而自外于大道之公？”有感慨，有议论，较冯具区丁丑首作之束，意同词异。王尧封结云：“夫何三代行之，则直道现诸实事，而世方隆沕穆之风；吾今行之，则直道托诸空言，而人且滋毁誉之议。吾终不敢谓斯民之不可以古治治也。”情境逼真，无限悲怆。俞士章末二比云：“盖匹夫无荣辱得丧之权昭其是非，而犹能以空言翼古道；庶民无爵赏刑威之柄伸其予夺，而犹能以公论惕人心。”二比极高。陈如冈“宪章文武”后二比与此相类，而其意尤精，所谓青于蓝者也。汤显祖先提“直道毁誉”，不分讲，浑作四句，过下用“惟以斯民也”一句，并不作过文，讲毕缴云："吾既不得行三代于上，又不能行三代于下。吾既不能顺斯民，而正之以直道之治；乃欲枉斯民，而被之以不直之名，如吾民何？如吾盛世之思何？吾有是非而已；毁耶誉耶，非吾所以行于人也。"超变错乱，纵横如意，亦是元卷。虞淳熙首节起便喝明说意，自作二比，过下云："是道也，直道也，吾所以必行之民者乎？盖以道论是非，则道在古而犹今；以道论人心，则民虽今而犹古。"此处提明，后讲不费力矣。次依题作二大比，缴云："仰稽圣王之遗化，惟直则久，而毁誉非以倡世风；俯察叔季之人心，惟直则从，而毁誉非以通众志。吾乃于谁而枉之哉？"此文超出常境，意调皆高。钱士鳌卷如天马行空，步骤不凡，风姿绝世。蛟门先生已取之作首，而复遗佚，是有命焉，非战之罪也。予谓本文只说谁毁谁誉，不说无毁无誉，说无则其权在我，说谁则其柄枉人。观下节引斯民为证，断然该作"谁"字看，况夫子开口便说"吾之于人也"，其意可知。予亦有此文，不敢谓嘉，然寻出当年硃卷，满篇皆圈，似亦主司所取者。其文云："圣人以己意验民心，而深信其不可枉焉。盖直道在民，心无古今一也。圣人亦犹行古之道者，安得而枉哉？且夫君子所以劝惩天下者，独此好恶两端。由吾心而达之天下，无二情也；由上古而迄于今日，无改念也；是故三代尝行直道矣。自毁誉之行于天下也，则古之所无者①，为②今之所有，而明王之泽久衰。然天下所以敢行毁誉者，则谓今之民非古之民，而荣辱之权可枉也。（如此提明，上下方成一片。）若以吾而待天下之人，则独执其是非之柄，而共由于大道之公。有所恶也，吾与人同一非心也，谁可得而容其毁者？（如此讲，方是"谁"字本旨。）有所好也，吾与人共一是心也，谁可得而容其誉者？毋论毁以损人之真，吾不敢肆其厚诬，而片言靡当；即誉为诱人之术，亦必验其端绪，而语语皆真。（试不是占之于将来，乃是验其小而知其大也。若论未来之善，则悬空臆说矣，岂得为试？）时当东周之季，而明王赏罚之典久不行于朝廷矣，然心含灵觉，千古不磨，而今此之民，即禹汤文武所以赏善罚恶，而独擅其熙洽之隆者也。世当浇漓之后，而明时彰瘅之风久不行于天下矣，然性秉灵明，万世不毁，而今此之民，即皋伊周召所以彰善瘅恶，而弼成其正直之治者也。总总群黎，其一念隐衷，有当熙皞而称隆、入衰微而不泯者，吾虽欲行其毁也，果于谁而毁之？熙熙赤子，其本来真性，有遇圣人而向化、处末俗而不衰者，吾虽欲行其誉也，将于谁而誉之？故不但有志于三代之英，而秉直维风，不敢肆其爱憎之口；兼亦有感于斯民之直，而守公畏法，何所容其枉道之私？然则吾非自谓无毁无誉，正以斯民之不可毁、不可誉耳。不然，徒自枉其好恶之真，而于人心竟难枉也，岂不惕哉？"相题下笔，颇竭鄙思，识者试虚心阅之，自有定评也。

"修身则道立"一节，李廷机先起二比，中叙作六段，末缴二比，格新词雅，真元作也。邹德溥九段平叙，无起无缴，而词调皆工。此题依《或问》，则重"修身"、"尊贤"、"亲亲"，皆自身而推者；"敬大臣"、"体群臣"，则自"尊贤之等"而推之；"子

① 者：原无，据内阁文库本补。
② 为：原无，据内阁文库本补。

庶民”、“来百工”、“柔远人”、“怀诸侯”，皆自“亲亲之杀”而推之。正德丁丑会试出“敬大臣”六句，鲁铎云：“《中庸》论九经之效，有自尊贤之等而推之者，有自亲亲之杀而推之者。”与程文相合，遂中会元。汪应轸之文极精极确，然不合书旨，遂中第二。予作此题，全依《或问》，并考经文轻重叙讲。其词云：“圣人进君图治，而历陈其可致之功焉。盖为其事者，必有其功也。随事以考其所致，而容可自诿乎？且谈治者类不欲计功矣。然己与人一心也①，事与效一理也，外之景从皆内之实验，而可不考哉？所谓九经者，岂不以吾身为重哉？始也以道而修身，既也身修而道立，可以刑九族而式官联，可以范臣民而仪百辟，必如是而后慎修为无歉也。由是而求身之辅，则义以尊贤为宜者，正资其启沃，而理可不惑焉；由是而求身之本，则仁以亲亲为大者，正笃其情义，而族可不怨焉。于尊贤而推其等，则敬大臣而庙谟有成算，事幾奚眩乎？体群臣而百僚效忠荩，报礼奚轻乎？此其枢不在臣工，而在密勿者也。于亲亲而推其杀，则庶民子之，而竞劝于野焉；百工来之，而足用于国焉。以柔远人，而宾旅如归矣；以怀诸侯，而万国同钦矣。此其机不在远近，而在庙堂者也。故行此于天下国家而效以类臻，则不敢谓伟绩之无前，惟念夫太平之难恃，而无虞盛治，尽为儆戒之危机；考此于天下国家而化犹未治，则不敢求治功之速效，惟忧夫王道之尚亏，而邦国未孚，总属一腔之未粹。一日行乎其事，即当一日稽乎其效，而用以自警者，公其念之。”

“孔子有见行可之仕”三句，李廷机不雕不琢，不求奇，不刻苦，而色相浑成，气脉雅厚。自昆湖“使禹治之”后仅见此文，但昆湖得《诗经》旨趣，有温柔敦厚之风，九我纯是苏家口吻，有圆转流丽之习，较是输他一着耳。其文曰：“夫孔子圣人，曷尝一日不为道哉？然以行道之故而示天下以徇，圣人固有所不为；以重道之故而示天下以峻，圣人尤有所不忍。（极平极明，先把“圣人不得已”心事提明，最像孟子拟孔子口气，元卷自让如此。）夷考其当年，（此句落得好。）盖有见行可之仕矣。见行可云者，感君相之投，而睹会逢之适，（点“见”字明。）圣人以为此吾之设施展布时也，（此句全不雕琢。）则起而仕焉。乘机而出，相时而动，盖天下于是乐圣人之用，而圣人亦于是乎庆己之遭矣。（一发是苏文。）然而不可必得也，不得已而又有际可之仕焉。夫际可何以仕哉？接遇之寅恭，亦世主之盛节，而彼犹知有此也。圣人曰：是未必非行可之一机也，吾仕焉而已矣。（此句是昆湖口气。）然而又不可必得也，又不得已而有公养之仕焉。夫公养何以仕哉？馈问之殷勤，亦圣主之盛典，（通篇散做对，此句庶觉雅亮。）而彼犹知有此也。圣人曰：是亦未必非行可之一机也，吾仕焉而已矣。盖圣人欲天下知其道之可行，（此句不对。）故苟可以大用其道者，圣人乐就焉，揆之以出处之正也；（是行可亦是小试，不可以为大用，略欠检点。）苟可以小试其道者，圣人俯就焉，通之以出处之权也。不然，区区一际可、一公养，何足以縻圣人，而顾为之屈哉？推是可以通于交际矣。”局势旋转，意兴淋漓，最得大方气味。此等文字熟之，极利场屋。邹德溥亦大雅不群，转折有法。其文云：“夫孔子之仕为道也宜乎？道可大行而后

① 也：原无，据内阁文库本补。

仕也。（点得极有理。）然且有见行可之仕焉，视其君若足以建治，视其相若足以佐理，（用二“视”字点“见”字。）吾姑以其身周旋于君相之前。（此句古雅。）盖天下方病吾以难，而吾则特示以易，固吾委曲之微权也，事道也。（此句锁得紧，收得轻。）然非必行可而后仕也，则尝有际可之仕焉。彼其礼遇之隆也，而能必其行吾道哉？（第一转。）顾所为致敬于吾者，抑犹知隆吾道也。（第二转。）吾由此而仕，其或因晋接以启道合之机乎？此固时事之未可知者。（第三转。）即不然，亦鉴其诚焉已矣，（第四转。）而鉴其诚者，固道也，（第五转，又收归道上。）是本乎事道之心而权之者也。（原以事道锁之，有理。）又非必际可而后仕也，则尝有公养之仕焉。彼其问馈之丰也，而能必其行吾道哉？顾其所为致养于吾者，抑犹知重吾道也。吾由此而仕，其或因鼎养以启道合之机乎？此又时事之未可知者。即不然，亦享其仪焉已矣，而享其仪者，亦道也，又因乎事道之穷而通之者也。（二比一句一意，字无虚设，如马行曲径，一步一转，其血脉皆从《左传》而来。）然则以猎较为非道，固非所以论孔子；而以交际为必却，夫亦未可以孔子权之欤？”呼吸转折，归之浑厚；纡曲变化，归之谨严，亦元作也。孟养浩先不总提，讲首句毕即云：“此其志在行道，而不为虚拘，不为就食。”云云，将下“际可”、“公养”一齐罗起。及讲完下二节，复缴云：“迎机方就，已慨乎明良，（此说“见行可”。）虚文何为者？圣人犹恋恋也。感遇而留，已重伤乎机会，（此说“际可”。）鼎养何为者？孔子亦栖栖也。上下不亲，委曲以行其志；机缄可乘，宛转以投其交。”一缴生气流动，中间讲话亦多逼真，上乘之文也。钱士鳌此作以“事道”为主，而说“际可”、“公养”皆有恭心，却与本章血脉相承。以上诸公皆系元局。予看此题与众颇异，不是说圣人之仕必欲行道，而委曲以冀其通也，“际可”、“公养”，皆是道当如此，以此而仕，便是事道。夫子尝曰：“鸟兽不可与同群，吾非斯人之徒与①而谁与？”这便是仲尼心事。若道之不行，则已知之矣，何必委曲迁就为哉？况此章书大旨原论交际，先以孔子证之，因万章疑其非道，故从“行可”说到“公养”，正举孔子之交际以明其致恭之本心，《注》明白说此“交际问馈而②不却之一验”。予作大为场中所赏，其文曰：“圣人仕必以道，而有不必于隆遇者焉。甚矣！圣人随遇以尽道者也，故所就有三，而为道惟一矣。宜孟子发之以晓万章也。意曰：君子遇则随时，而道则自尽，故其仕也，有屡迁之迹，而无已甚之心。吾谓孔子为事道者，何哉？非谓人之莫容其道，而委曲以求通也，又非谓道之必期于行，而迁就以期合也。天地生人，合之皆吾一体，本道之所当联属者，而独立宇内，非人孰与为徒？又道之所当周旋者。夷考其时，因推毂之有人，而预见其用行之绪；感同升之在望，而亲见其小试之端。见行可之仕，孔子有之：固不必考其礼文，而迎机即就，亦不必资其鼎养，而遇合即留矣。然见可则用，见不可则止，势不得而久淹也，于是乎有际可之仕焉：道虽未必其可行，而遇隆晋接，任匪虚拘，吾仕焉而已矣。然际可则出，礼衰则去，势又不得而终淹也，于

① 与：原缺，据《四书章句集注》补。

② 而：原缺，据《四书章句集注》补。

是乎又有公养之仕焉：礼虽未必其致隆，而推食自公，廪庖相继，吾仕焉而已矣。兆在端倪，已违心乎隆遇，而顾降而自屈，则道之联属甚殷，所谓交以道者，信惟孔子受之，而何必为他辞之却？机方偶合，已绝望乎大行，而顾屈而弥卑，则道之周旋甚广，所谓接以礼者，亦惟孔子受之，而何必疑尊者之心？盖猎较之从似过，而同心出治，固为兆足以行之情，况交际之心曰恭，而随遇可留，亦属却之不恭之意。是以迹有三就，而淹不三年，益以见其重道之心，而实非有所枉也。不然，道之不行，已知之矣，而又何必俯就为哉？噫！人咸谓夫子冀道之行，而姑为是屈就也，然行可变为际可，又变为公养，而道卒不行，则向之屈者为徒辱矣。知而为之不义，不知而为不明，圣人岂有是哉？然则三仕谓何？曰：道虽不行，而君臣之义不可废也，为行义也，为鸟兽不可同群，而人不可避也。”

庚辰“如有王者”一节，阎士选中二比云：“礼乐文章，其仁天下之具，至一世而始备，而天地气运，亦若待圣人之返，薄而渐归之厚者，然后始还沕穆，而风以移焉，俗以易焉，雍熙悠久之化臻矣；纪纲法度，其仁天下之术，至一世而始精，而天地气化，亦若待圣人之挽，漓而渐归之淳者，然后人还固有，而民志孚焉，民行兴焉，时雍风动之治成矣。”神力矫矫，精光逼人。予谓此王者，不是说改姓易命之君，原指当世之宜王者而言。夫子尝曰：“吾其为东周乎?”道虽急于行，而实有舍周何适之意，不然，周室虽衰，天命未改，夫子岂不知之，而遽有望于他姓乎？予作颇有斟酌，其文云：“圣人以心论治，而明其不可骤焉。盖天下惟心为不可强也，谓治道而可以骤致，是必非仁然后可。尝谓人君之运治也以心，而其孚心也以渐。自王变而霸，往往骛近利忽远猷，而天下不复有政矣。如上天之运复隆，而周室裔君有大圣人出焉，则将收祖宗未散之人心，而尽登熙皞之域，殆不可以骤而致也；如文武之泽未斩，而东周共主有明天子作焉，则将举先王已试之令典，而重开浑噩之风，当必以世而仁也。自吾心而达之天地，盎然有一体之联，方谓之仁，是不可以刑威促功效，亦不可以意气助感通，惟养吾一体之真心而宽厚以需，始可甄陶乎六合。由一念而通乎万民，翕然在真醇之境，斯谓之仁，是不可任智术而骤孚，亦不可倚规条而速化，惟完吾真醇之本体而从容以俟，始可鼓铸乎八弦。一方未流，天下即有痿痹不通之处，非仁也；流而毫发有间，亦非仁也，是必历乎一世之久，而后遍覆之极，溢为太和，无所不彻焉。一民未洽，天下即有痌瘝负憾之夫，非仁也；洽而顷刻不属，亦非仁也，是必俟之一世之远，而后普育之深，蒸为大顺，无所不贯焉。论王道，本待悠远而征者，而稍骛近切，则仁渐义摩，举非博厚之业，必蓄吾数十年之精力，联合而浸灌之，然后纪纲法度之施，尽泄圣德精纯之奥，而至粗之经画，皆至精之作用矣，仁矣；论王化，本顺民心而成者，而幾微有强，即礼陶乐淑，总为声色之粗，必竭吾数十载之心思，丕冒而涵育之，然后上下民物之众，悉在王心醇厚之中，而至涣之人情，皆至一之联属矣，仁矣。故期月三年，特试其可行之兆；而至诚变化，难忘乎悠久之图。此丘所以欲兴东周之治，而窃有待焉者也。”

游艺塾文规卷之八

赵田逸农了凡袁黄坤仪甫著
男袁天启若思
侄孙袁士鲲南之
侄孙袁祚熙载之甫同校
书林叶氏仰山绣梓

正　讲　五

丁丑以前具载《心鹄》诸书者俱不论，论近科乡卷。汝辈今以乡卷为急，故备论之。

庚子解元北畿赵维寰有学有识，议论高道，笔力纵横，所谓铁中铮铮，人中皎皎者。省中疏论文体，而乃首诋之，诚不知其解。如破云："圣心无能，于论多能证焉。"以"无能"之旨作"多能"辨证，尽有玄解。承云："夫多能不贵于君子，乃以拟圣人乎？即其所自明，信无能为圣矣。""无能为圣"，原是夫子所自道，且顺破逆承，句法甚健。今乃摘破首句，摘承末句，并在一处，目为不通，冤矣！其起云："且道，人无不与能，而及其至，圣人有不能，故圣心自道，恒曰我无能焉，非真无能，道不容以能不能象也，矧其以多不多衡也，有如大宰之圣夫子，至若神其能，以为非圣人不有是多者？夫圣人一生精力，弗用于天下国家，乃直取精象数；圣人毕世功夫，弗凝于渊源根本，乃暇计①力余绪哉。""圣人不能"及"我无能焉"，皆夫子口中语，亦夫子意中事，引作起讲，最有典据，且又从"能"说到"多"，而入题处竟承"多"字说去，故云"以为非圣人不有是多者"，此句最有力。"弗用于天下国家"，含下"少贱"及"不试"；"弗凝于渊源根本"，含下"鄙事"及"不多"，最有针线，最有笔力。又论其大讲处"将圣"一节对"大宰"一节，以为失体。夫作文之法，整齐处须出几句参差语，参差处须用几句整齐语，故有人所不对，而我独对者。如嘉靖丙午浙江"一乡

① 计：原版漫漶不清，据安博本补。

之善士”全章，解元高鹤将“友天下之善士”二句对“诵其诗”四句，论理则不伦，论体则甚整。又甲辰会试，《孟》义“使禹治之”一节，论书意该重治水，下面驱兽安居，皆由此而致者，故通场皆散做，独昆湖先生以“治水”、“驱兽”两两相对，既雅且驯，遂成绝唱。然则即以此二节平对，亦非大失，况维寰此作特以流水文法，将大意提挈起，而下面重发挥“大宰”一节，最有力量。其文云：“是未知能非圣人，盖由天全，子贡有所独窥天纵也；而能非名理，尽皆末枝，夫子固羞称鄙事也。何也？性体无歧径，正以无歧而挈闳览多，则于①本无歧之内忽起一纷赜见，而名象愈广，真性因以愈漓，故欲尽融名象以还性体者，纷赜不必参也。心灵不遍物，正以不遍而宏独运多，则于不必遍之中忽驰一炫骛见，而才情弥增，真心因以弥扃，故欲尽敛才情以完心灵者，炫骛不必骋也，君子而多乎哉？”过处略用大意揭起二节，而后面发挥下节甚重甚透。今略其重讲下节之意，而只说平对，如阊门市人收买良家骨董，不窥古色，惟索瑕瘢，蔑珍玩为凡品，斥至宝为无奇。此或有为者言之，定非杨公笔也。后云：“盖子尝云‘吾不试，故艺’，识牢之言，夫然后知博学成名，固夫子平日所甚□，而射御钓弋之类，偶为弟子微言之，皆无能自道之本旨也。”此处不对而单收，最有笔力。“博学成名”、“射御钓弋”皆夫子实事，典而且古，“无能自道”又与起处相应，意、调俱高，而疏乃云：“缴更迂纵。”以夫子之自言证牢之所引，乌得为迂？且对则诋其失体，不对又诋其为纵，其责于人，终无已乎？凡作长题，最贵变化，若依题敷衍，便是俗笔。第二名陈勋将“大宰”、“子贡”一齐提起，下只以意发挥，“大宰知我”一节，亦只浑浑叙去，最有法度。其文云：“夫圣衷空洞无有，安得取一切技能之迹，纳其中而为之名？即圣性受天之全，亦焉用藉众多才艺之粗，益其外而为之赘？”惟上面先提“大宰”、“子贡”，故此处只虚虚混讲，而意自跃如。接下云：“亦且知夫多之无贵于哉？用惟施于泛应，童蒙之所得而习，毕贱之所得而游；业虽擅乎兼通，曲士视之以为奇，天道视之以为鄙，君子不然。君子性体从何而出？出于太虚也。虚中本无一物，则能之想既不生，而多之名亦不立。君子之作用以何为归？归于易简也。易简自成变化，则能之事既以融，而多之名亦不立。”略去题语，浑融发意，而出入自如，整洁中圆转成趣。第三名黄立极起云：“大道无名，割之即百千万状，总属后来之枝叶，而俗士每夸之以为能；圣学无象，出之即变化无穷，总属神明之作用，而曲士每侈之以为多。故如太宰之论，而子贡之兼之者，非所以为训也。”陈勋先提“大宰”、“子贡”，次作二比，此先作二比而缴出“大宰”、“子贡”，皆一法也。接下云：“亦未知多能鄙事耳。道无多也，一务于多，则多之中多也，多之外又多也，愈多愈无尽，而道反受其不足；道无多也，君子亦与无多，则多者无也，不多者亦无也，愈无愈不可穷，而道益含于有余。”本房批云：“霹空将‘道不多’发二比，意深语幻，而于章旨甚有关键。”又批云：“叫起一句，良是作法。”刘余光末二比用两“则”字起，似纵笔疾书之文，而收合有法。其文云：“则我之知于大宰也，不过知我之多能，而多不出于君子，我之非

---

① 于：原作“子”，形近致误，据文意改。

圣，其何如焉？则我之有此多能也，惟是求能于少贱，而圣且未诣其境，所云天纵，其又何当焉？”文势甚顺，文机甚活，而照顾前语，纤悉不遗。十五名祁承煠通篇皆佳。文云：“不知圣非能成者也，又非圣之外而更自有其成也。盖识能于圣之中，则圣即其能；而执圣于能之内，则能终为艺。果如大宰之论圣而专言多也，固缘能以测圣，而圣以能掩；即如子贡之语圣而兼言能也，亦援纵以明多，而能以圣分；要皆从其能者以见多，而不会其多者以归圣矣。由夫子而言之，即有其能，而以少贱故也，其为鄙事也可知；即居其多，而以为鄙事也，其非君子之所贵也又可知，君子而多乎哉？方探本于一无所有者，而名言象数已尽融之于独觉，宁至以炫博者分其神？又默化于无所不有者，而聪明才技已尽销之于寸衷，宁至以骛多者驰其念？盖神圣之本原本超于智能多寡之外，非无有错综变化之用，而其浑然者自如；大道之体要亦蕴于技能未著之先，非无有迎机应用之真，而其冲然者自若。试观子之所云，不曰不试故多能，而直曰不试故艺者，明之乎离圣以语能，则只为曲艺之事，而不试以征艺，则信为少贱之能，其与大道之不器者不相伦矣，而况其泥之以为圣哉？”机轴甚圆，词理甚密，点缀明爽，联络有情，此亦魁元之选也。

“在上位”四句，赵维寰先总起，次分做，后又总缴，此常格也。造语清新，言言入解。中二比云：“以故在上位不陵下矣，夫本非有陵之心，特惧以狎侮嗌体统而姑抑之也。当其养尊时，已知分有崇竣①，道无倾轧。吾人其间，既得为不愧于下，即吾位已毕，原非假借于下之附我以成吾上也，则陵亦奚自生也？在下位不援上矣，夫本非②有援之心，特惧以躁竞于清议而强遣之也。当其营职时，已知分有卑冗，道有光明。吾人其间，既得为不负于上，即吾位已终，原非凭藉于上之顾我以成吾下也，则援亦何自生也？”调法入古，而理意兼到，神境超然。本房批云：“‘得不愧于下’，‘得不负于上’，只此二语，便足不朽，且二‘得’字入解。”黄立极轻提轻缴，中作二大股，此是两扇格。体裁雅密，转折精到。其词云：“上者威权在御，其势易逞，而又环视下之人，皆我颐指使者也，其谁不陵？故或轻人而重己，或抑众而独尊。君子曰上位非以宠我，有所用于我也。我惟行其所得行，以求不负此位耳，岂其视为长傲之资，而凭权藉势以陵乎？必不然矣，何也？君子之心，惟有自得，无论陵之拂而不得，即陵之顺，亦非自得也，固无事制之而陵自忘矣。下者势位犹隘，其志易移，而又习见上之势，常以恫③吓我者也，其谁不援？或附重而藉资，或媚尊以取荣。君子曰下位何足小我？我自有行于下也。我惟为所当为，以求不忝此位耳，岂其取为希宠之媒，而阿谀逢迎以为援乎？必不然矣，何也？君子之心，惟知行素，无论援不得而非其心，即援之得，亦非吾素也，固无用遣之而援④自忘矣。”紫阳以上节属“素位而行”，此节属“不愿乎外”，

① 竣：据文义疑作“峻”。

② 本非：原作“非本”，据上股改。

③ 恫：原作“董”，径改。

④ 援：原无，据上下股文意补。

不惟文势破碎，兼理意亦甚纰缪。不知上曰“自得”，下曰“正己”，原自照顾；而“素位而行”与“不愿乎外”原非两事。此作前比根定“自得”，后比根定“行素”，一滚发挥，尽扫支离之习，此时文之胜注者。王光铉起四比，缴四比，中只作二小比，文甚真切，而缴尤胜，云：“境虽相对，而吾以无畛无域者，化其境于两忘，用能使上下合为一机，而神情交鬯；理本平分，而吾以不增不减者，安其理于共慊，故能使陵援融于念虑，而客气潜消。盖不以陵下之心分其上位之精神，而所为行于上者，始足以完吾素矣；不以援上之心分其下位之精神，而所为行于下者，始无所亏吾素矣。”本房批云：“意入理窟，而词亦雅炼，足以达之。”刘余光通篇皆佳，其文曰：“身位上而所愿在下，则奚陵念？身位下而所愿在上，则奚援念？至陵与援丛于心而扰扰无以自宁也，亦何自得之有？而君子既自得矣，彼且空洞中洒然其无所留也，不知我之外有位，又乌知孰上孰下之在我？彼其意念外漠然其所无著也，不知上下之外为谁，又乌知可陵可援之加于彼？无论恣睢暴戾显而为陵迹者无之，而君子无意制陵之念而陵不生也，且业业乎惧无以为下观而招慢侮，正其不陵之心所反照于躬，而实践者然也；无论卑伏屈抑彰而为援迹者无之，而君子无意制援之情而援自化也，且凛凛乎惧无以副上责而致愆尤，正其不援之心所还饰于身，而善体者然也。盖位上位下，君子本以位为寄，而又未尝不尽其责也？则不虚其位，而以心为安可知也。不陵不援，君子本以心为真，而又未尝不因其寄也？则不驰其心，而不为位窘可知也。故上无所谓陵，而陵在上之外则其不陵，惟安其上者能之；下无所谓援，而援在下之外则其不援，惟安其下者能之。”根“自得”讲既有理，而中二比用意斡旋，尤觉出色。缴处刻尽精到，而以浅语发之，真可谓脱尘垢而游上清者多①。第十五名祁承爜亦卓荦不群。文云：“上下递乘，而为位是实，有所为位者在矣，位在则当实意以尽于位之中；陵援互萌，而为愿是本，无所谓愿者在也，无愿则又当虚心以听于位之外。故其在上位也，下非无望而重焉者矣，而下之所重，自重其在上位者耳。我辄因下之重也而起一陵心，既揣于我之可以逆施，又揣于人之可以逆受，是此中逐逐，反为下所役也。反求于上位之中，岂更无所图？而惟陵下之为务，吾不见位中有可矜之我，自不见位外有当陵之人，而计较于可陵不可陵之间者，又其后者矣。其在下位也，上②非无习而轻焉者矣，而上之所轻，自轻其在下位者耳。我复因上之轻也而起一援心，既度于我之可以求容，又度于人之可以我受，是此衷营营，徒为上所苦也。自反下位之内，岂更无可振？而必援上之是图，吾不见位中有可卑之己，自不见位外有当援之人，而揣摩于可援不可援之际者，又其后者③矣。”实讲从“心”上说入细，足征体认。

“吾为此惧”二句，赵维寰中四比甚佳。其文云：“吾且为先圣闲仁道乎？仁道之精酝酿于性灵者，岂兼爱能蚀？独无奈彼之从外翳也。吾今就所翳处揭而出之，第使无

---

① 多：置于此文义虽通，然言辞累赘。

② 上：原作“生”，据上下股文意改。

③ 者：原作“大”，据文意及对股同位字改。

封于外，即内之酝酿者若设之藩矣。吾今为先圣闲义道乎？义道之精凝结于性体者，岂为我能侵？独无奈彼之从外撼也。吾今就所撼处坚而持之，第使无摇于外，即中之凝结者若树之屏矣。道之寄寓，近不逾己心，闲圣道者，非闲之先圣也，取先圣忧道之心以固己心，而振此幾希之绪，则道闲于我，而功被于笔削；道之寄寓，远不逾人心，闲圣道者，非闲之先圣也，殚吾忧道之心以防人心，而延此一线之脉，则道闲于人，而力勦于知罪。”凡制举义洁而不精，则神光不透；精而不确，则意境不真；确而不流动，则机局死板，皆非利器。此作甚精甚确，又甚流动。“固己心”、“防人心”二比卓然独创，是有关系文字。陈勋通篇皆好，文云：“夫天下之患莫大于人心。先已澌灭，而人类之祸随之，其萧然之象可令人悲，而吾目击世风，何能无惧？其使予恚而不能释于怀也，彼唯破圣道之闲，浸寻以有今日也。予今复不亟而晏然勉于闲也，天下将有无穷之惧，陵夷岂止今日也？先圣仁义之故六通四辟，何庸复设之藩？而彼寝而逃矣，且胥天下之言而为叛矣。吾度势且甚亟，将身遏其冲而为之卫，卫先圣如线之脉也。夫惧者之为计，不得不出于此也。先圣仁义之精真不可破，何庸更树之坚？而彼且窜而人矣，且益内向之敌而助之攻矣。吾虞其患之方大，将力当其溃而为之翼，翼先圣不坏之真也。吾庶几藉以释惧，则亦惟恃有此也。盖救人心之祸，其权在道，而当人心横流之日，道尤倚人之权以为闲；拨前世之乱，其权在圣，而当圣远言湮之世，圣亦俟人之力以闲道。彼何人者？能挟其猖狂自恣之资，以与先圣衡？而予乃爰①其昌言击排之力，以为斯道忧，且徒抱此大惧，将默以贻谁？抑既溃此大闲，虽戚而何补？予其敢乎哉？”起处说“惧”字，令人警省，真可太息流涕，中间挑剔“闲”字，甚得肯綮，无一语不入情，亦无一语不逼古。黄立极实讲云：“我睹其溃，而心为之惧也；必防其溃，而身为之卫也。先圣有仁，本万古不可磨灭，而有无父者得而掩之，奈何当吾世而有此也？吾盖凛凛惧焉，思所以再振之而令昭揭宇宙也，则予志也，予责也，而不得不力任之矣。先圣有义，本千载不容遏绝，而有无君者得而塞之，奈何当吾世而有此也？吾盖兢兢畏焉，图所以复兴之而炳朗乾坤也，则予心也，予分也，而不得不重承之矣。”先做二句，后以“仁义”讲二大比，语平夷而甚确，气矫举而复敛，可法也。祁承㸁后缴云：“盖持胜心以卫道，即道亦成私，惟惧则意气尽融于阳厉之中，凛凛乎从容以阐绎，而邪正之辨不激而自明，使圣道之昭垂者，若乾坤之既阖；执浮气以担当，其担当未切，惟惧则精神尽聚于人微之念，兢兢乎深心以密求，而仁义之说不揭而自著，使圣统之经世者，若日月之晦而重明。故当其峻吾道之体，若驱邪说而拒之于外；然及其廓吾道之量，又可收异端而徐化于中。”从“惧”字上耸起精神，而思深语恺，得未曾有。

“君子博学于文”一节，南京试官今年似重华藻，故时髦誉士，靡不见收。解元李胤昌不拘拘于理路，而绘词琢句，霞绚云蒸。其文云：“盖天下之委然而成，灿然而章者，岂不纵横流漫？而细会之则脉络可寻。吾心之不绳而束，不矩而方者，岂不易简真

---

① 爰：原作“爱”，于文意有碍，疑形近致误。

实？而旁印之则纤微必贯。是以刺经考艺，聪明之所出入，君子不谓多方，夫宁广肆为名也者？要以至广成于至要，约而收之，天然自有之则可程也，是错综变化之所由总也。玄览冥搜，神情之所绵邈，君子不妨旁寄，夫宁择华为富也者？要以至华返于至朴，约而归之，此中无体之精可会也，是象数名理之所由合也。静观宇内之赜，皆从典要中受名受数，而特借无不知之神识以会其归，则其所默然存诸中者惟有一礼，欲寻其证入之端而已化矣。歧中之歧，象外之象，夫岂有蔽焉？动观本然之体，正于发窍处自合自分，而特缘无不通之条贯以返其妙，则其所凝然而托于神者惟见其约，欲觅其假途之迹而已亡矣。赜而不厌，动而不乱，夫岂有格焉？盖以博为博，即同是综览之用而内外横分。”从“博”取“约”，则不设精粗之见而源流自合。浑融雅畅，字字如挟风霜，极利之文也。姚汝化中二比云：“耳目所及，耳目所不及，既为天地之所有，孰为吾心之所无？而以博采者，又以约反之，方且就名物见天则，则吾心自有之文章，所为敛之弥实者也。见闻所到，见闻所不到，既为宇宙之所陈，孰为吾心之可置？而以学人者，以礼收之，方且就枝叶见本根，则吾心自然之条理，所为探之弥精者也。”语意精奇，如平地突起峰峦，自然堪当。张国伟独重“约”讲，中二比云：“天下惟文之为数，纷纷而不可纪极。吾泛涉之而精收之，久之，耳目见解，刻落无余，独留此切实不浮之意以为检押之精，是礼之真也。是于无可纪极中损之又损，以至于品节威仪，犹以为涉文之意而弗务也。天下惟文之为物，虚浮而不可把握。吾虚收之而实履之，久之，训诂糟粕，削灭殆尽，独留此笃茂无文之体以为约束之具，是礼之本也。是于无可把握中精而益精，以至于进反升降，犹以为属礼之粗而弗滞也。”空讲最难凑泊，此独融洽透露。收云：“盖谓文与礼二者，此曰增，彼曰减，即两者已自相背驰，而文之真精处即为礼，则充拓我闻见，即以涵养我性灵，不相踦也，而何畔焉？谓礼与文二者，先患其不足，后患其有余，即一事亦不相浃洽，而礼之英华处即为文，则开拓其胸襟，即以陶铸其德性，不相悖也，而何畔焉？不然，天下离经之行，多出穷经之徒，而异学之习，类非浅学之士，岂非徒博之害而约之功未尽哉？”文礼合一，是孔门家旨。张以诚中二比云：“非必以博开其始，约收其终，但随博而加之以约，则一见一闻，总会心之真境；非必以文拾其粗，礼掇其精，惟即文而见其为礼，则彻内彻外，即浑合之真机。”本房批云：“将礼文博约，打成一片，精莹浑厚，元气未漓，老手笔也。”诸作并以“文”、“礼”并起，左光斗独单提“礼”字，甚得旨。讲云：“缘迹象以究神理，即物物具一矩矱，何嫌广搜焉？愈搜愈精，而身心性情之矩，已昭然露列于形色间，收而摄之，皆故物也，安见文属外而礼属内也？略糟粕以窥精蕴，即种种具一条理，何嫌备稽焉？弥稽弥实，而视听言动之则，已显然印证于法象间，返而归之，皆固有也，安得博属先而约属后也？约礼原属行一边故也。”“身心性情”等语甚切。缴云：“盖畔非必尽骛于文，即着意逃虚而有物不化，则意见才情终为伎俩之私而与道离；不畔亦非必株守于礼，即取精甚多而持循有主，则口耳才华亦借为根本之用而与道协。”诸作于“畔道”处但写其意，而此于收束处独露精神。缪昌期原系宿彦，笔锋峻利，说理亦精。其文云：“礼非外饰也，所谓不规而自圆，不矩而自方，是道之常仪的也。试纵览宇宙内之总总色色樊焉，递献其形而递相为凑泊者，意必有规矩存焉者耶？就此一收束，其于道之仪的未背也。礼非内局也，所谓增之则加多，减之则加少，是道之真脉络也。试旁采古今来之见见闻闻委焉，各呈其章而各相为糅杂者，意必有不可增减焉者耶？就此一总挈，其于道之脉络未隔也。谓先文约礼者，是力有所据摭，而因有所持循，道不若是之泥也。君子所博者是文，所以博者是礼，是故糟粕煨烬，尽化为天然自有之中，而道以人心不远。谓既博且约者，是一心于积贮，又一心于划除，道不若是之歧也。君子以文博礼，还复以礼约文，是故天地万物，尽收为神明自肖之则，而道以当体即真。"融液贯串，绝无龃龉，是理题之粹然者。张绍芳讲末句云："畔者，偏也。本原未溯，而因博起蔽，因蔽起偏。惟会之于礼，则愈扩愈融，直己与大中者合，而不开其窦，孰生其畔乎？畔者，畛也。性灵未彻，而因文成迹，因迹成畛。唯统之以礼，则即外即内，直己与浑一者游，而不启其径，孰睹其畔乎？"本房批云："以'偏'、'畛'形容'畔'字，最亲切有致，而气味更沉雄。"钱龙锡讲云："夫人心原有此礼，堕于寂或密逾而不自觉。夫且有弗学，学必惺之乎心，而默成之质，斯不已渐符乎？人心亦止有一礼，逐于象或扬轶而不自主。夫且终日学，未始殽之乎学，而成性之妙，斯不亦渐合乎？"通篇雅思入玄，望而知其名士，此二比尤洞析玄阃。王元瑞通篇皆佳，先①起云："文未尝不学也，而不逐于文，礼于是乎启其籥焉；学未尝不博也，而不溺于博，约于是乎辟其门焉。"提得爽朗，甚有法度。后讲云："夫道本无合无分，约之见尚存，而约之意未化也，似不若浑忘者，并去其返要之心；学必由精心一，文在而不骛于文，则礼在而亦不胶于礼也，奚至如汗漫者，徒执其畛域之见？学不与性为一，性反以学而歧。夫既即象即神而穷性之变，复定性之准，则本自无歧之域现前皆是，第守此而益密之，且渐觉其相亲矣。学不与心为符，心反以学而隔。夫既即实即虚而溯心之流，复会心之源，则本自不隔之阃触处即呈，第循是而益熟之，且不苦于相持矣。"匠心独造，不在皮肤，想头词路，都自与人迥绝。胡允范后二比云："吾不能于无名无象中遽收其玄妙，唯是知名象即为精神，而以粗入，以精出，虽耳目之研穷，罔非心极所融合也。夫惟融合则一矣，亦可以弗畔矣。吾不能于无见无闻中遽洞其窾奥，唯是知性术不离闻见，而散为百，聚为一，即从外之考镜，罔非天真所凝贯也。夫唯凝贯则合矣，亦可以弗畔矣。"自会名理，自铸新词，矩矱中时露锋颖。张维斗收云："浑沦之体，无能执着，止就目前之境界以游其藩，而渐入渐亲，听本真之自洽；冥契之功，无取支离，惟从合一之功夫以窥其际，而徐臻徐会，觉妙境之可游。"词炼意精，足窥实诣。郑栋缴云："盖畔道者，其心类有所溺而不能出，而收文于礼，则博者特其备资，故始似骛驰而终有统会；畔道者，其心类有所距而不能入，而合礼于文，则约者乃其真诣，故隔阂不起而本体日亲。虽上士化文于礼之中，而此不能不启籥于博也，一贯之体犹悬；然下士歧礼于文之外，而此独能茹精于约也，支离之习尽泯。其于道也，不亦可以弗畔也哉？"妙思绮语，相逐而来，读之当无不击节者。诸作起皆相对，独夏昌期散起，便觉

① 先：原误作"性"，据文意，"先起"与"后讲"对举，故应作"先"。

老成。文云："君子思道无名无象，凡宇宙间之散见，皆吾人有用之文章，而其精搜处则要而可循，切而可守，即礼也。此非疏略之见所能涉其藩，亦非驰骛之思所能领其要者也。"用意散叙，苍然古色。

"能尽其性"二句，李胤昌起云："不知性之妙虚而含，通而不碍，可以无所不摄入，而人其一体也；尽性之妙真而实，大而无外，可以无所不遍满，而人又一体之先及也。"一起圆满醒切，大意已先了了，后面信笔直书，皆成妙境。姚汝化缴云："故谓尽性，后始普为公人之化乎？犹歧之也。吾想同焉皆受之理，何己何人？至诚不过偕与天下共游荡平之途，而先后之所不得歧。谓尽人性，内尚假夫推致之力乎？犹二之也。吾想粹焉一原之妙，何有何无？至诚不过倡与斯人同还纯粹之情，而推致之所不必事。信乎！其能尽人之性哉。"说理透彻，便是极好文字。李之起如骏马骋长衢，一睹头颅，便知良骑；姚之束如飞流注一壑，铿然成响，绰有余韵。秦延寿起云："性原无人己也，以对待观，则淆为精象，判为本标，此施彼受，若见其有二也；以统体观，则万形原一情，万情原一性，即彼即此，不见其有二也。"亦明白正大。屠玄极中二比云："天下惟形骸易间，而性无形也，尽性者，能撤其形而与虚合矣。无形之形，乃能统万形，即其晰之至当，而无纤悉不尽于人，皆自尽也。天下惟情嗜易隔，而性无情也，尽性者，为能化其情而与理合矣。无情之情，乃能总万情，即其体之至公，运之至妙，而无曲折不尽于人，皆自尽也。"挑剔关键，如风卷乱云，聚而为一。张国伟起云："论我与人未分之境界，此性之浑然同者，本超于象貌而洽于精神；即论我与人既判之藩篱，此性之灵然觉者，亦贯于形骸而超于情识。"融液明净，琳琅有声。张以诚中二比云："人之隐微难究，而不睹不闻之内，已洞见生人立命之原，则起灭动静，皆可自此而揆其则，不待运量，而以奠群生之性命有余能矣；人之情欲难齐，而喜怒哀乐之内，已阴调生人共适之情，则欲恶施受，皆可自此而平其准，不待推致，而以足群生之愿欲无余歉矣。"洞晰原委，下笔精研，自解自彻，足觇所养。缴云："此之尽性，即泽溉苍生无加独立之体，德被一夫无损兼覆之全。功施已究，正扩中和之量；作用尽泯，已具立达之能，真尽性之能事也，非至诚，其孰能与于斯？"四语奇峰蔚起，得此，题意方充满无余。此题时义谈玄说幻，故精思佳句，俱经人道过，最难独创新裁。左光斗脱尽蹊径，言言俱就实地发挥，故语不玄而意自到。其文云："我性之难尽也，正惟以己见之难灭，人见之难忘耳。尽性者，业尽其所谓无人我矣。此时对起之私尽融为一脉之中和，任其喜怒哀乐，六合在宥之气象蔼如也，即就此能尽时收之也。人性之难尽也，正惟是强人以从我，强我以治人耳。尽性者，固尽其所为通人我矣。此时歧向之情同归于不二之命，密照本体，立达无私之境何如也？即就此能尽时竟之也。是故有尽人之所已尽者，一日而同千古之运，诸凡圣不得则不圣，贤不得则不贤者，自尽也，而所以尽者，实我也；有尽人之所未尽者，无为而握群生之脉，诸凡居室之知能，饮食之率性者，人不知尽也，而所以能尽者，自在也。"前二比"喜怒哀乐"、"立达无私"都是实际语，如此发"尽人性"，是极平淡而极精奇者。后二比说到"一日千古"等，更入深奥，幾于无上菩提矣。王纲亦佳，文云："性从生而名之也，尽性者，生机无处不流，岂以同胞如人而顾壅阏乎？试观其生机惺惺，不滞一私于其内，不隔一形于其外，即人含其真，直以方寸调适之无遗能矣。性从心而名之也，尽性者，心神无微不彻，岂以一体如人而顾渗漏乎？试观其心神亹亹，小之不遗于夫妇，大之不御于林总，即人各有灵，直以一念曲成之有全能矣。其有所显设于人也，则抚世酬众，可见而不可量，此岂于己外推拓之？一含灵，即人之真精神；一动念，即人之大脉理。总之，人己一原于性，性一原于诚，无彼此观也。其有所潜通于人也，则致和名顺，难见而亦难穷，此岂于己后徐积之？念未起而人已往，形方睽而意已合。总之，尽己尽人一归于尽，尽一归于诚之至，无先后见也。"阐发开朗，绝无翳障，而元神愈炯。王羲民后四比云："如待经纶之设，而招好去恶以为尽，犹不无郁邑之分，乃性尽则喜怒哀乐之发与人群之嘻嘘愉怫，已在精神浑合之境，而何彼此推致之烦？如假施济之功，而俱立俱达以为尽，亦不无取予之别，乃性尽则睹闻隐微之内与人情之利病休戚，默在命脉贯彻之内，而又何后先灌注之迹？盖阴阳陶冶万品，人性即吾性也，固不必分我之有益人之无；而中和枢管一人，则吾尽即人尽也，不得不以吾之全补人之偏。"大有湛思，语皆实际，且平畅中时露古雅之趣。缪昌期机神活泼，自是奇品。其文云："盖以己性摄人性，犹觉有对之为隔，而至诚无对。此所谓性，固联百千万亿之人，而笼统具足于我者也，匪人无以为己性也；若以人性归己性，犹云有待之为烦，而至诚无待。此所谓尽，固总百千万亿之性，而合并究竟于我者也，匪尽人无以为尽也。计人之喜怒哀乐，有外吾之喜怒哀乐者乎？吾之喜怒哀乐调，而人亦无不调矣。若微有不调，则吾性之生机，已有先受其枯槁者，而尽性者何枯槁焉？计人之子臣弟友，有异于吾之子臣弟友者乎？吾之子臣弟友敦，而人亦无不敦矣。若微有不惇，则吾性之灵机，已有独当其壅阏者，而尽性者何壅阏焉？谓至诚之尽人性，而一无所为区画处置之方，即至诚亦有所不能；谓至诚之尽人性，而别有所谓经营左右之力，则至诚亦有所不必。盖若分其己性之余以流注于人，而实于己之全体无所分；又若合其一体之人以斟酌于己，而实于己之本体无所合，此为至诚而已矣。"通篇说理，不险不陂，信笔纵横，皆成妙境，真老手也。汤有望后二比云："非必分我之性以益之人，而不睹不闻之真，敛之即为兆庶之命脉，则无所以壅其机者而机自流；亦非必拂人之性以使之尽，而喜怒哀乐之用，出之即为人世之惨舒，则无所以阏其用者而用自广。"取精咫尺，游神千里，不必深索，理自成章。张京元实讲云："吾性本惺，而蔽吾性者，万不祛除，其何尽焉？即反观无蔽，而一膜之外，举吾民悉蒙之暗昧，谁之蔽乎？我与人均从此无蔽而来，则我之去蔽，正去其蔽我于人，俾悉游之大通者也，何人之不尽也？吾性本澄，而摇吾性者，万不宁定，其何尽焉？即内境常宁，而一形之隔，举吾民日摇于伪妄，谁之妄乎？我与人均从此无妄而来，则我之去妄，正去其妄分人己，俾共还之太始也，何人之不尽也？"二比虽即察之由之意，而于人己一原处说得明白，自与人异。汪起凤小束云："要之性之外非复有所谓诚也，至之上更无所谓尽也。不离人而为己，尽亦何加？一尽己而即人，能将安着？即至于赞化育，参天地，亦如是而已矣。"只把题上字眼发挥，而意到理明，萧然脱俗。顾云鸿实讲云："人之知故至变矣，惟着意揣摩，斯即以其揣摩之私还生障蔽，尽性则揣摩不事而虚明独湛矣，吾与人惟是知故两忘之天自为符会，而斟之酌之，何纤悉不尽其处置之权也？人之情欲至烦矣，惟极意调停，斯即以其调停之念还生拂逆，尽性则调停不用而真机默合矣，吾与人惟是情欲两化之境自为联贯，而操之纵之，何僻远不尽其覆藉之规也?”另发一意，于至诚本原体会独至，而高卓之调允合时宗。戴君来起云：“性而曰能尽，是举夫未始有人我之先，而统同之妙窍于先天者，既已洞契其原；是举夫既始有人我之后，而愿欲之情通于一念者，又已默握其妙。”缴云：“乃知此性未尽，即肝胆之内且分胡越，盖失性即失其所谓己也；此性一尽，而林总之众直融一体，盖得性即得其所谓人也，乌可以人己二之哉?”意真而词雅，是力遵时制而有得者。

“欲为君尽”二句，此题说意未完，原难措笔，墨卷佳者绝少。张以诚讲云：“谓是冕藻者君乎？业已享天下之大奉，无复加矣，而惟思所以为君，即于道一毫未尽，尚觉天位虚拥，而臣民之望未易称塞也，是其所慨然愿望于圣明也。谓是圭组者臣乎？业已邀一人之宠，无复求矣，而惟思所以为臣，即于道一毫未尽，尚觉名器滥膺，而明主之知未易称报也，是其所惕然自矢于忠荩也。”神骨疏朗，清光彻映，而挑剔更自切题。左光斗通篇皆工，其文云：“盖曰君尔，则巍巍处优者，亦足以颂神称圣，而如欲实为君也，则莫如尽君道。置君于道之中，而以君宜道也，复闲君于道之外，而以君修道也。至于一轨一物悉协皇极，道尽矣，所以为君者亦尽矣。徒曰臣耳，则唯唯承流者，亦自能竭忠营职，而如欲实为臣也，则莫如尽臣道。为于可为之时，而以道殉身也，即为于不可为之时，而以身殉道也。至于一周一旋雅称台衡，道尽矣，所以为臣者亦尽矣。两者秉一道以为之所，则君不借道为名而求多于臣，臣不假道为资而矜激于君。盖厥后厥臣之艰，已直从欲为时猛省，而即欲屑起于道，以自便其意气之用而不能。两者交尽道以为之的，则君有不逮而臣子塞其违，臣有微而圣明成其瑜。盖曰难曰不易之故，已直从欲为时提醒，而即欲托宿于道，以自徇其推诿之习而未得。”雄才外溢，古干内挺，彬彬乎质有其文矣。千秋馆评云：“应天硃卷，独榜首多用时尚绮语，似堕旁门，然亦绝无茁诡之病。他卷率归醇正，不无庸弱疏浅之士参于其间，则一时尚平之致大概可见矣。”按此评亦颇中时弊。试官阅卷，当为国家求有用之才，其庸庸者断非伟器，而诡怪者亦非端人，若一主于平，则疏浅之夫杂然并进，毋惑也。前如具区所论，有真平，有伪平。深入理趣而运之以冲和者，真平也；无理无意而以浅词塞白者，伪平也。是故阅文者当以理意为主，则浮薄者、浅牵者，自当退舍矣。

浙江“曾子曰十目所视”一节，千秋馆评浙场，而主试俱北方学者，大致尤在平正，录中之书义，属刘太史手笔，简雅复古，力黜浮华，而览者犹然等之嚼蜡。至后场亦尔，绝无藻色，则何以称闳览博物，属餍都人士之腹哉？士子试卷，初场已有为台使摘发者，帘内益动色相戒，闻奇卷多因一二字坐摈，功令之束缚，毋其泰酷矣乎？夫其意轻北方学者，此论未然，豪杰间出，岂可以南北为拘？程文亦就诸生原卷稍为删改，非尽出刘公之笔，独以一二字坐黜高材，诚为可恨。且丁酉中式类多名士者，以其特重后场，而绩学邃养、博综广览之英遂多入彀耳。庚子前场惟取平正，后场竟束之高阁，略不一捡，宜其遗逸者多，而无以餍众望也。然解元葛寅亮之卷不负科名，先提“手目指视”二比，次直述“十目所视”二句，次以意演“严”字二比，遂以“故”字缴上节二比，后以“盖”字收二比作结。格甚平正，亦自大雅。其文曰：“人心为觉察之神，即手目亦假此以为用，则其指视不属之手目，而即属之心，人心有内观之哲，即人之指①。”此一提说理剀切，归重在“心”字与“己”字，最为有见，是擅场之作。次接云：“故此独之中，谁为窥伺者，而视且以十目矣？谁为摘发者，而指且以十手矣？”二比直述，不着一毫脂粉。次云：“本吾自有之灵明，证吾自起之意念，则其所起之心，即为所照之心。手目与心且不得分之为两，就此方寸中，而森然交摘者，又宁有程量也？即吾无形之昭鉴，乘吾卒动之心神，则其甫萌者一念，而随觉者众念。指视与心且不得延之以候，就此幾微内，而纷然环视者，又宁有计数也？”语虽着相，体实明整。次即以故事缴上节，云：“故以肺肝如见论独，则良心之先昧者，犹不觉众见之难欺，惟手目寄在独知，是举世之所发奸摘伏，凛乎不容规避者，直于微暧中具也，而安得不兢兢乎？以中外必形论独，则一时之苟安者，犹不顾后来之败露，惟指视非关广众，是举世之所征色发声，俨乎不容逾越者，直于玩愒时存也，而安得不凛凛乎？”此是曾子之言，上节亦是曾子所论，故可引证。且本题之意，原比上节深一层，上谓肺肝如见，此则谓不待见君子而难掩也，即幽独中，而十目十手环列矣；上谓诚中形外，此谓不待既诚于中而后形于外也，即其诚之中时②，而指视已昭然矣。如此引证，最得题髓。末又用“盖”字收云：“盖世固有不畏己而畏人者，故能肆恶于闲居，而免厌然于众见；世又有不畏人而畏己者，故弥缝犹可施于外，而掩护卒难昧于中。严哉此独！君子诚不容以不慎矣。”就眼前景拈出作结，自是可人。朱文敬中二比云：“我有情也，而人孰无情？情与情相触，举万情注于一情，而吾情立穷，彼不烦揣摩以得之我，而指视奚弗真焉？我动念也，而彼念亦动，念与念相感，举一念不胜众念，而吾念悉露，我若挚形神以示之彼，而视指奚弗共焉？”以“情”、“念”二字立说，语亦新警。陆昌祚讲云：“寂若者方启其端，而众人之心思已为之毕聚，心思所及，无指视之形，有指视之理；幽独者方藏其朕，而人人之照鉴已入其森罗，照鉴所属，欲矫饰于此，又昭著于彼。”意虽平平，而词亦雅炼。娄光远讲云：“虚以悬其鉴，举善与恶两呈其貌，而两不蔽其真，觉此心之真视者、真指者，原惕于十目十手之先，而谁可自恕？神以烛其微，举欺与慊各符其机，而各不昧其素，觉此心之视视者、指指者，更凛于十目十手之内，而谁可自宽？”笔锋莹然，理趣跃然。丘履嘉③比④云：“吾有身，即无独而无偶之理，举有目有手之人，日相与俦伍，皆得显摘其醇疵，而明指其得失者也，其耳目何甚众也？吾有独，又无发而不露之倪，彼莫见莫显之机，正起于隐微，固心迹从此分途，而睹闻于斯毕集者也，其指视宁容掩也？”满场皆分“指视”，独丘作不分，而此二比

① 即人之指：此处系节引原文，故此句不完整。

② 中时：原版漫漶，据文意及残留字形分析，应为此2字。

③ 嘉：原作“加”，据康熙二十二年所修《浙江通志》改。

④ 比：此字前疑有脱漏，如“中”或“后”等。

尤觉理胜。马培讲云："无论吾心虚灵，犹有无形之指视，而既已有意，恶得无形？积微成著，必且有勃发之真机，而天人判然。逃乎视而视已集，逃乎指而指已集也。及其行事回互，容有可匿之指视，而诚之于意，恶得可匿？积细成巨，必且有较著之实行，而淑慝洞然。目触之为视，而以十目，手触之成指，而以十手也。"本房批云："体认独真，发挥独切。"项利宾起云："彼不以视之指之论独，而以所视所指论独。若曰可得，而视之指之者形也，形或从人见而生，犹有离见之时，而可容吾藏匿。究极于所视所指者实也，实则根真心而造，自无不真之理，何所用其弥缝闲居之时？"本房批云："挑剔'所'字，是场中创见，由于平日参会之精。"薛三省起云："不知吾心无不昭之潜，其形见之端，即一念之欺慊而造焉者也；人心有无形之察，其指视之众，又即吾一念之介觉而属焉者也。故苟无动之意则已，有意斯有动，有动机斯以有形机，而安能以掩己之情伪？苟无觉之念则已，有念随有觉，有独觉随以有众觉，而安得以逃外之訾摘？"提起甚精切。次"意念"二比，亦甚中窾。詹向善后二比云："待昭揭而后见者，则当未揭之先，犹可容其粉饰。此则无事昭揭，而神明自为之吐露。夫以神明为吐露，其露最真，而粉饰于何施？因泄露而偶彰者，则苟弥缝之密，即可盖其底里。此则不必泄漏，而疑畏自生乎窥瞯。夫以疑畏生窥瞯，其窥最密，而底里于何藏？"摹写独境，最为透彻。王嗣奭后二比云："回邪之所伏，岂曰无根？而方寸植其根，则形骸之所不能覆，冥冥之昭，昭于神明，即肺肝之见，以为属于君子，而早已寓于闲居矣。情欲之所生，岂曰无朕？而渊默开其朕，则机缄之所不能留，昏昏之赫，赫于雷霆，即掩著之时，以为不善乍呈，而不知暴露已久矣。"此亦缴上节之意，与解元同，而语有源委，非徒枝叶扶疏者。葛仁美发"严"字云："严之云者，乃寸心惕励之真，而穷于计之无所施，此其严在于间不容发；亦屋漏不愧之天，而迫于义之无可匿，此其严在于触境而存。"语亦紧切。方应龙讲云："我善藏，而人亦善藏，故从心起者，直从心究之，欲巧饰于前不得，曲护于后不得；掩饰工，而揣摩亦工，故从意萌者，直从意探之，欲阳揭其芳不能，阴匿其丑亦不能。"不离旧吻，而纡意委曲，便觉斐然。洪世基讲云："前后左右，伏而为窥伺之端，念起即为举刺，而更无隐情也。吾方谓独觉之境藏酝甚微，朗照不能穷其隙也者，而何顷刻不少宽？若此乎，其孰严焉？内外人我，合而为观察之符，意生即为击逐，而至无匿术也。吾方谓不见之地变态甚工，梦想不以惊于里也者，而何幾微不少恕？若此乎，严孰甚焉？"词亦恳切。李遵之文不着意，而清空可诵。讲云："视不生于视，而生于有可视之实，有其实者，众目随以丛焉；指不生于指，而生于有可指之因，有其因者，众手随以加焉。盖独虽不与外为交，要与心为偶，而方寸自起自觉，则理欲之异路纤微难掩，其不可掩者，以我握契，而指视之环集，即以人合符也；独虽未离我而向夫人，要以离心而出夫我，而隐衷自照自惺，则天人之分途毫发难逃，其不可逃者，于此运机，而指视之交加，即于彼赴的也。故有谓天地我鉴，鬼神我临者，特想象之说，而非真形；夫独也，有谓无微不彰，无细不巨者，亦究极之谈，而非就独论独也。"文不难于做，而难于不做。此等文字，不由学问，非关理路，而金盘露屑，清耳可人，可玩而不可学者也。杜登益讲云："独虽虚而无偶，而意之中，天与人自相为偶，则照察有人，摘发有人，虽巧于弥缝者，至是而穷于术焉；独本孤而无对，而意之内，真与妄自相为对，则谁非照察？谁非摘发？虽善为粉饰者，至是而迫于施焉。”本房批云：“摆脱时诠，直探理窟。”沈应华讲云：“一念潜动，所有几何？然而有意随有鉴，察吾意之明，从天从人，窥伺众焉。盖独之发念也疏，幾之乘独也密，以密乘疏，其何地可自容也？一念旋转，所发几何？然而有心随有检，察吾心之真，忽理忽欲，照察详焉。盖独之方起也微，幾之将毕也显，显即在微，其何念可自假也？”本房批云：“直从心窍上说独，便彻玄髓，而洗发‘严’字，大是凛然。”

“古之狂也肆”一节，此题最难脱套。如三段平做，又嫌死板，有起有缴，又是常格。葛寅亮末二比云：“不托其长而托之短，则我即有不肖之心，犹得驾言天损而无伤浑朴，是率性之真竟变而为匿瑕之具也，而心迹将何所凭？不居其实而居其名，则人即有指摘之工，犹得借口先程而无从非刺，是维风之概竟变而为败检之谋也，而名实将安所据？”语语中窾，新而不俗。娄光远缴云：“以三疾而合较其作用，则其意相悬也，而其迹最易以相溷，故荡可以冒肆，忿戾可以冒廉，诈可以冒直，愈假而愈失其真；以三疾而对证其根原，则其貌相符也，而其理实为之相左，故肆必不流于荡，廉必不流于忿戾，直必不流于诈，弥晰而弥烛其伪。”亦甚流动，而摹写逼真。葛仁美起作六比，后四比云：“以此三者而得之，虽为雅道之离；以此三者而存之，犹想人心之质。而今固窃其若狂若矜若愚之名而误用之者也，误用则终迷而不悛；今又骠其若狂若矜若愚之实而阳附之者也，阳附则久假而不归。”本房批云：“意调苍然，丰神逼古。”沈中英讲云：“吾以为今无狂，唯古有之，何也？狂者，性无所拘，第以无所拘，而得谓之狂。故放言高论，古人所鄙为狂也，奈何一变而为今之毁闲者藉也。彼其不检之行可谓肆欤？而乃曰吾不幸有古之狂也，岂其情哉？今无矜，唯古有之，何也？矜者，世无可狎，第以无所狎①，而得谓之矜。故放准循环，古人所鄙为②矜也。奈何一变而为今之好气者资也。彼其悻悻之习可谓廉欤？乃曰吾不幸有古之矜也，岂其情哉？今无愚，惟古有之，何也？愚者，性无委曲，第以无委曲，而得谓愚。故直率少文，古人所鄙为③愚也。奈何一变而为今之诡谲者藉也。彼其奸回之行可谓直欤？乃曰吾不幸有古之愚也，岂其情哉？盖今人欲藉古以行私，故袭其名；又徇情以自便，故遗其实，而不知实之不称，并所藉者皆非谓纯德难假。故退而处于疵，谓真疵又难符；第退而窃其似，而不知似之仅窃，则所疵者何在？”讲三段曲折有情，而结处甚有感慨。

《孟》义“饥者易为食（至）悬也”，绝无佳者。薛三省起云：“吾知民情夺其所易，不能夺其所难。故当安全之日，则望极于有余，难以属餍其情；当憔悴之日，则生苦于不足，易以餍足其欲。”自发议论，遂觉动人。此篇刻卷不多，容当遍索而熟参之。

---

① 第以无所狎：原版缺漏，据上股补。
② 鄙为：原作“为鄙”，据上股改。
③ 鄙为：原作“为鄙”，据上股改。

江西“此谓唯仁人”二节，当时场中初拟刘仲熹为元，既定矣，以其为黄贞父本房首卷，诸忌者哗焉，遂于落卷中捡出江和作榜首，而退刘为第六名。今二卷俱在，细评之，刘卷老成谙炼，雄深闲雅，当是宿学誉髦，而江亦楚楚可诵。刘文云：“夫人君有大柄二，曰爱曰恶。天下之为君子者难得，亦难进。当其进有退心矣，况缓其典以塞其途乎？故必见而举，举而先，俾君子实蒙其利，而后谓之能爱人。为小人者易进，又不易退。当其退有进心矣，况薄其防以示之窦乎？故必见而退，退而远，俾小人实蒙其不利，而后谓之能恶人。惟仁人以放流之恶，行其有伎彦圣之爱，于是天下晓然。见朝廷轩冕之赏，不从狐疑制也，称仁人之能爱以此矣；朝廷斧钺之威，不以姑息待也，称仁人之能恶以此矣。情每足以抑理，而惟断之以理，理顺而情亦顺；权既足以行意，而欢必惬其意，意伸而权自伸。信惟仁人有是哉！不然，贤者既落落难合，吾复落落视之，即名为见贤乎而眸，而得之意，而失之幾，何不以不举不先终也？命而已矣。不善者既煦煦易亲，吾复煦煦就之，即名为见不贤乎事外，而离之中，而比之幾，何而不以不退不远终也？过而已矣。俊乂在望，虽骄主岂无欣焉？动悦乃爱，而不胜其忌吝之心，两心相角，久之，岂惟不爱？且恶及之矣，欲如仁人能爱得乎？不肖当前，虽庸主岂无勃焉？发愤乃恶，而不胜其宴婉之情，两情相靡，久之，岂惟不恶？且爱报之矣，欲如仁人之能恶得乎？夫不仁之君，即不爱君子，宁不爱其子孙黎民哉？竟以任小人之故，坐贻其殃也，故夫能爱者，必自能恶始矣。”先提“爱恶”二句，文便活动，此是元格；次含下节“举先退远”意，作“能好能恶”二比，最有关应；次将“唯仁人”实事作二句，又不对；次云“于是天下晓然”，此六字又不对，遂作“仁人能好能恶”二比，用二“称”字点本文“谓”字。看他疏疏莽莽，似对不对，最有古意，全然是元卷口吻。次咏叹二比，便平正冠冕。过下用“不然”二字，轻轻把下节叙过，后收二比，缴应上节，末又单收“重恶人”一边。格既出人，理亦明透，真元作也。江文前半亦甚平雅，后讲下节，俱应上节发挥。文云：“资者无根抵之容，而我不好，使厄于草野，淹于下僚，岂其见也而慢若是？名为慢，不名为爱，仁人不忍为矣。不肖挟固宠之策，而我不恶，昵而任之，又因而近之，岂其见也而过若是？名为过，不名为恶，仁人不敢出矣。其始不过一念牵制，而遂令淑慝两淆其等；其终至于优游寡断，而人主亦不免两失其衡。”点掇“爱”、“恶”，甚有关应。末四句推其流弊而咏叹之，见不能之弊，不止“命”、“过”，亦佳作也。第十一名熊明遇亦可作元。其文云：“以今观于仁人之放流，如其恩不滥于佥壬矣，以此言爱，其独能爱人者乎？罚必贷乎有罪矣，以此言恶，其独能恶人者乎？芟夷匪类，正所以保有英豪，即摈斥之甚严，亦奚伤于茹纳？削除宵小，正所以登吁贤良，即禁例之甚苛，亦奚亏于广大？何也？仁人之心无欲也，无欲则鉴清，既炯乎忠邪之莫溷；仁人之心尤无我也，无我则权伸，自凛乎举措之不疑。诚所谓见必举，而举必先，能爱不失之命者也；见必退，而退必远，能恶不失之过者也。若夫已见人之贤矣，而复令之淹抑于幽微，困格于下位，是爱惜爵禄之心，足以制痼瘝英雄之疑，为命而已矣；已见人之不善矣，而复令之无必去之典，有复入之门，是优容待下之恩，徒以为矜宥奸邪之具，为过而已矣。”上节承“放流”讲四比，皆从“恶”说到“爱”，甚得书旨。过文将“见必举”、“举必先”等一齐吊起，此是解元家数。伍承宪上节不分“爱”、“恶”，四比皆混讲。其文云：“时而甄陶万品，爱则必彰，恶则必瘅，黜陟不嫌于并用者，此无心之低昂也，非仁人无此定衡也；时而禔衡一夫，前善即好，后枉即恶，谴爱不妨于互加者，此不测之恩威也，非仁人无此机权也。盖缘去疾之尽，以伸嗜德之公，故见善而能好者，此仁人；本福德之思，以除好贤之蠹，故见不善而能恶者，亦此仁人。安①有高贤在望，不能引置②上位，曲遂其好德之忱也者？然而或二或三之心，怀忌者每莅焉，于是有明知其能，故靳一爵秩之崇者，而于体抑何亵也？又安有败德在前，不能错置摈斥，徒虚此忿嫉之志也者？然而隐忍姑息之意，养奸者类滋焉，于是有明知其罪，故宽以薄治之条者，而于法抑何纵也？”语俱平畅，词亦古雅。郑光伊通篇皆好，上节亦从“恶”上推出“爱”来。其文云：“吾观仁人远小人，而放屏曾不少贷，是重惜夫正士之伤于佥壬，而以恶成爱也；是重惩夫邪曲之害乎公直，而以爱为恶也，此谓唯仁人也。无私爱，而爱可以伸天下豪杰之气，乃为能爱；亦无私恶，而恶可以杜奸雄幸进之门，乃为能恶。盖太虚之体，原无好丑为成心，则用情而各因其品，安往而不符于中？是以一爱一恶触于见而调于性也。无私之衷，不任先入为低昂，则随发而各满其量，安往而不立于极？是以所爱所恶断于见而杜其弊也。不然，情不自公，先成为暗汶之见；而私为之锢，益甚其犹豫之心。将贤之为见而能举难也，即幸一举以餍天下荐扬之口，而能先抑又难也。吾不知贤人利国，其所当爱为何如者，故为难进以沮抑士气，则命不可言矣。将不善之为见而能退难也，即幸一退以塞天下指摘之端，而能远抑又难也。吾不知小人病国，其所当恶为何如者，故为狐疑以启隙养奸，则过不可言矣。”

“本立而道生”此题，则刘仲熹之作独称擅场。其文云：“夫君子之有道也，犹百昌万类之有本也。始不固本，终必槁落，物且有之，而况道乎？夫惟君子务本，而本立矣。一掬之天根，其包孕者原无穷，而有所以植其根，则愈引愈长；方寸之天倪，其酝酿者原无极，而无所以牿其倪，则渐推渐广。吾人自入呼吸以后，种种百为，不可谓之非真，而惟其结于性初者为真之真。此真一开，遂无有不开之真者。幾萌于根深之余，达之至包裹天地，禀受无形，皆是物之运而不积耳，而非有歧念矣。吾人自入孩提以来，营营万行，不可谓之非天，而惟其谷于太乙者为天之天。此天一启，遂无有不启之天者。蘖萌于本固之后，达之至煦育品汇，横拓阴阳，皆是物之行而无际耳，而非有他赖矣。一念不可分而为万念者，此念从既有念而具者也，万念之本，从未始有念而具无念之念，固旷然未有畛域也，先天地而不为始者，后天地而且有终乎？一情不可别而为众情者，此情从既有情而起者也，万情之本，从未始有情而具无情之情，固旷然无有阂隔也，处方寸而不塞者，弥六合而有穷乎？”此文真似《南华》内篇，纵横阖辟，肆谈名理，非从摹拟得者，又如神龙行空，不可以辔勒驭，不可以步骤拘，而倏往倏来，倏

① 安：原作“夫”，于文意难通，据对股改。
② 置：原作“者”，据对股及文意改。

然莫测者。江右士人有失元之恨，谅不诬矣。三十三名侯之翰亦渊懿苍古，可以作元。其文云："盖道无本无末，而道之生，则必从本以达末。道无不生之时，而本在或摇之境，此生意日消散而无所附耳。是故凡浮荡之想总归幻灭，而本立始为不灭之真；凡驰骛之守总归执滞，而本立始为变化之门。道之途殊矣，而有同归，而无可分拆者，是不匮之原也。夫既立之，而愈酝酿斯愈畅茂，不必别扩之于用，而就此何思何虑时，上下乾坤，孰非吾活泼中自有之境界也？道之虑百矣，而有一致，而无剖判者，是不屈之根也。夫既立之，而愈封厚斯愈发杨，不必别究之于施，而就此不识不知时，中和位育，孰非吾神明内自呈之功化也？本非有迹象之可据，立非有人为之可加。当纷纭错出之际，而念念不离乎根宗者，是本之立也，而即所以沛道之施。道岂有声臭之可寻，生岂有积累之可见？当返本还原之始，而事事适悟其肯綮者，是道之生也，而即所以弘本之用。"提处振挈有力，势若建瓴于千仞之山。首二比说理甚精，总括要旨，起而不住，真是作手。后四比纯谈名理，沉诣切实，而又流转活泼，必有是养之士。

"文王视民如伤"，刘仲熹之作亦称奇绝。起云："夫文王之视民，非民视之也，以身视之也。凡物皆非真，惟吾身为真，血脉相联，腠理相周，以身视民，而其迫切也何如？凡注念皆可逭，惟注念于身者不可逭。一节逆固属忧劳，百体宁尤为保瘁，以身伤视民伤，而其恻怛也何如？"单提最佳，用一"身"字剔发"如"字，是放胆之文。后二比云："谓民有伤，而始觉其有伤者，是犹外依境也。文王于民，岂依境起念哉？无涯之爱极根于止仁之天，而宵啼露处之状，若时时进而御之辇毂矣。谓民无伤，而姑以为有伤者，是犹内着念也。文王之心，岂着念及民哉？如保之仁流注于无己之慈，而藿食粗衣之态，若时时进而备诸耳目矣。"深入理奥，风神矫矫，真有非常境界。江和中二比云："属一人于四海，则智难周也，精难贯也，保无我见以为利，而民反害者乎？我见以为逸，而民反劳者乎？可安之形在目前，而伤自在也，其何能不惧？总万民于一身，则郁不必通也，湮不必畅也，保无先施者未苏，而后滋困乎？均沾者无几，而穷可哀乎？人之责我者深，而伤莫解也，其何能不惧？"本房批云："只从民情上翻出'如伤'意，宛转嘹亮，如鹤唳空。"罗曰瑞后二比云："文王视民犹一身，然爱身者不以身之无恙而忘调摄之术，文王岂以民已乂安而不廑痌瘝切身之忧？文王视民犹若子，然爱子者不以子之无疾而忘抚摩之爱，文王岂以民已咸若，而遂无若保赤子之念？此其所以视之如伤也。"情极恳到，机亦圆转。侯之翰起云："岂犹有伤而视之若有耶？夫有伤者，既非所以语文之民。岂知无伤而故视之若有耶？夫知其无伤者，即非所以语文之心。"略提数语，大旨跃然。

游艺塾文规卷之九

赵田逸农了凡袁黄坤仪甫著
男袁天启若思
侄孙袁士鲲南之
侄孙袁祚熙载之甫同校
书林叶氏仰山绣梓

正 讲 六

福建"三年学"一节，文宁、体中二先生素有声艺林，莅席闽中，所收名士为多。解元周起元中四比云："以一身荷千古之统，吾固有贵于穀者，而何必于此也？并心一路，一日由是，三年由是矣。以一息肩难竟之业，吾又有急于穀者，而何暇于此也？合志一途，何论三年，何论终身矣？排遣者，利心萌而旋遏，此旋遏之心即穀也。不至云者，从有意以观其所起，从无意以稽其所安，而三年中，胸次盖泊如也，则非排遣之所能施也。慷慨者，激知希而自贵，此自贵之心亦穀也。不至云者，从一念以稽其所嗜，从万念以极其所归，而三年中，本体盖恬如也，则又非慷慨之所能就也。"前二比警发，次二比深入，渊粹之文，易醒人目。黄休烈末二比云："吾固无望于卑而徇利者，即以责于高明之士，非气衰而易竭，则力歉而难持，孰能当风会日流之际，而为千古明正学？吾固无望于巧而殉名者，即以责于恬修之士，非神昏而易溺，则情靡而难继，孰能当圣学久湮之日，而为万载绍真儒？"于题外慨叹，极能动人。邱希周全篇皆佳，文云："夫世非无雅志慕学者，然而初心未淄于世芬，旦暮之骤持亦易；空质不孚于时望，利禄之勉却不难。惟学以三年，则才猷既练，硕士可献其先资；岁月屡更，壮夫或隳其晚节，而独不至于穀焉。潜心于性命实修，举盖世之功名，不易性中之一晤；逊志于身心实诣，苟真境之忻洽，何羡尘世之宠光？吾想其三年独证之学，契悟在睹闻之始，任宠辱得丧，油然不加，此忘外者也。即意见坚执之，谅不及是矣。又想其三年中自得之学，解脱在念虑之微，并是非毁誉，漠然不动，此忘内者也。即意气力持之，谅不到此矣。精以析义利之介，而识见之卓弥阅而弥超；一以定身世之衡，而涵养之厚愈历而愈粹。其秉心也塞，塞而不变，纵世莫我知，而自知自信，不志榖犹是也，学而可久者也。其宅心也淡，淡而不厌，虽世或我用，而不染不缁，不志榖犹是也，学而可大者也，何也？士未至榖以前，则有独抱之寸衷；既至榖以后，则有涉世之万念。独抱完而涉世定，寸衷慊而万念贞，夫何论三年矣？此纯士之真学问，而可概见哉。”以粹然之词，发冲然之味，而古遒劲健，绝无冗语。俞一黼讲云：“思本体从中和性命而来，不得侈炫耀于毫芒，故非唯无溺情于厚利，而暗然自修之中，起念不杂，即缮性三年，无虞中变矣；思学问为兼善独善之猷，不得驰精神于缘境，故无论不以爵禄羁心，而潜然独睹之内，凝神不分，盖励志屡空，三年一日，念不必更求。”奇异而词理粹然，足以入彀矣。张名时首二比云：“前此之胸襟足以忘世味，即家食亦奚足羞？固非恶荣显者之陋而故逃之。后此之履历可以一感遇，即腆朊亦奚足艳？又非羡矜激者之高而故效之。”意调俱卓，开人不敢开之口，而语甚矫健。陈沃心后四比云：“故三年以内无异学也，即屋漏不愧之心也；三年以外无异志也，亦即遁世无闷之心也。世岂无有芥视轩冕者？然犹意气胜耳。至幽独自萌而犹不负其初学，则非意至而坚、意尽而弛者，虽豪杰犹难之矣。世岂无慷慨功名者？然或窃名高耳。至变故已更而犹不改其素心，则非阴为厚利、显为名高者，当以古人中求之矣，若人可易得哉？”本房批云：“俱可入语录，亦可作注疏，非漫谈者。”李栻讲云：“不有学三年矣，而不志于榖者乎？吾之学是时习之境也，悟学境之无尽，则一念可以齐万物，方寸可以定今古。三年而神愈凝矣，不于学外驰一意念也。吾之学是悦乐之机也，契学机之自得，则遇境淡而中无华，遇境华而意还淡。三年而天愈融矣，不于学中染一俗障也。未尝强念以排遣，而心一则物无二性，真原已超脱于声华；不必逃禄以示高，而志纯则遇自忘，功名亦何增损于道德？”高华秀发，极利场屋。周维章讲云：“功利之惑溺，恒令人沉酣而不返。夫士也，亦为先资之无策耳，乃当此三年时，则凡设施之孰得孰失，凡机会之可俟可乘，其为心上之经纶也，亦多端矣，而兹独不以驰念焉，则非如躁士之饰术以梯荣也，胡得云静修之易观也？寒素之牵引，每令人自失其所持。夫士也，亦为应用之犹疏耳，乃当此三年后，则必有君民之泽介乎其虑，必有经世之学动于其中，其为闲居之讲求也，亦多故矣，而兹独不以歧情焉，又非若虚士之抱质以宿名也，胡得云趋操之易睹也？”本房批云：“思新语古，自是超尘。”陈懋升末二比云：“宠禄初非幸得，道德中原有此光华。倘萌一艳心，是亦天理中之歆羡，三年浑无此念，则理外之欲祛，理中之欲消，非其一意内修，胡为有此操诣？修为原不近名，先难中原有此后获。倘萌一觊念，是亦太虚内之妄想，三年绝不及此，则不惟念无其念，抑且心无其心，非其沉心观理，胡能有此潜修？”本房批云：“理见更精，词尤高岩，后来光景，弥吐弥新。”傅国俊讲云：“乍忘物以观理矫情者，犹能骄语贫贱，至造诣弥深，而非道之贫贱时至，此志士所以悒郁不平也。夫人也，能平人所不能平，吾以观其趣焉。暂寂寞以养真意气者，犹能羞称富厚，至顺逆相遭，而倘来之外境弗齐，此贞士所以跂慕不宁也。能宁人所不能宁，吾以观其养焉。”本房批云：“思深见大，但以平调出之，俊声雅度，故胜镂雕诘曲几舍。”

“人皆曰予知”三句，蔡思充起云：“今人皆曰予智矣。夫智，吾心之灵明也；中庸，吾心之真机也。以灵明为研幾，以研幾为体验，吾智之真运用也。奈何聪明自存，则自为智者多，而佹合为明，则能固执者少？”起处是入门第一步，此处端正，则升堂入室，迎刃而解矣。林咨益缴云：“我想夫妇知能之妙，人人皆得以天符，惟有可独契之心思而竟以意测之，故有可独诣之力量而竟以怠隳之。我又想天命率性之蕴，人人不得以智知，惟精穷于所欲逐而不能专研，故力殚于所难支而不能远到。以此为择，是于无容意见中妄执意见也。当其所辨晰，已觇衷情之莫克自坚，奚俟期月而始败？以此为守，是于有可持循处罔识持循也。当其所厌弃，愈信决择之非由神解，徒凭胸臆而自多。世皆若人，反不若冥冥者之未凿也。”前二比词好，后二比意透，得此一缴，便觉精神百倍。蔡之起、林之缴皆可为式者也。邱希周全①半篇云：“中庸之道，择守合一，明辨即为笃行，能得乃为知止。奈何世之小知者偶睹一斑，辄居全觉；略剽一见，自侈大慧，哓哓然鸣于人曰予知矣。若而夫也，乍合者，聪明亦能寻要道于歧路；而易消者，意气不能坚至德于末途。喜怒哀乐中在性情，彼于性情之中也与有涉焉，然第涉之耳，未几厌平淡为无味，耳目复淫而他徙，向所择者，逸而去之，求其期月服膺不能矣。子臣弟友中在日用，彼于日用之中也与有窥焉，然第窥之耳，未几鄙易简为无奇，心志复驰而他适，向所择者，背而驰之，求其期月允执不能矣。”本房批云：“浅勘‘择’字，便中肯綮，而究极情弊，由委及源，语不支离，意不直致，可谓简而文矣。”唐天眷讲云：“天命之精原不受意见，而彼直以意见当也，即意见所到，或窥帝载于日用，而偶窥之日用者，亦旋失之于日用。彼所谓明旦我惧，出往我及，果复为吾有乎不能矣。率性之真原不参情识，而彼直以情识当也，即情识所到，或探民秉于常行，而偶得之常行者，亦旋失之于常行。彼所谓圣凡共禀，今古共遵者，果为期月有乎不能矣。”浅浅说来，极中情事。庄履万起云：“今之人皆曰予知矣。出此之知，将至易至简，更无难发以自然之慧觉；抑完此之智，且即明即诚，又何难会为合一之工夫？而奈之何徒自号为知也？而奈之何择乎中庸，竟不能期月守也？”本房批云：“再用反语翻弄，入题似缓，而意实紧切，所谓空中布势者也。”庄钦邻云：“性情亦犹夫人，而妄意性情之粗也，喜怒哀乐之外，别有神奇也。偶于其中秉之以自觉，而即于其中凿之以自迷，玄奇意胜，而期月之间，得失不无互乘矣。日用亦犹夫人，而谬意日用之犹迹也，子臣弟友之外，别有奇巧也。偶于其际游之以合真，而即于其际矫之以自异，颇僻念起，而期月之间，得失亦且迭变矣。”一意生发，洒洒不穷，而高爽疏通，意调两绝。缴云：“盖一入于中庸，即入于无声无臭。夫无声无臭者，智之所不能窥，识之所不能及也。一自谓智，则智识先自炫燏，而何以有固执之精神？一入于中庸，即入于不睹不闻。夫不睹不闻者，聪之所不能违，而明之所不得逞也。一自谓智，则聪明已自屑越，而何以有凝道之力量？”以“自智即不智”发挥，最得题旨。姚一澣讲云：“当其一时之意念出，而与中庸值也，间亦有能择之者，曾未几而聪明之见乘意念以动，忽不觉其溺真而之妄也。即欲依中以行，而离合之端常憧憧矣。当其偶触之事机入，而与意

---

① 邱希周全半篇：疑为“邱希周前半篇”或“邱希周后半篇”。

见会也，间亦似于择之者，曾未几而驰骛之似缘意见以杂，忽不觉其汩天而之人也。即欲循中以主，而去留之关常扰扰矣。”词旨谨严，入口疏利。庄时讲后二比云：“百研未必其常操，而偶不继，则前见明而后见惰，若人也，奚至不恒其守？而期月遽尔惰窳也。夫或者无精莹之哲以要终身之归宿，则疑似于彼者，正以起灭于此尔已。常审未必其偶合，而稍不继，则前见知而后见懦，若人也，奚至不贞其守？而期月忽以懦柔也。夫或者无灵明之识以定生平之造诣，则眩惑于昔者，乃其颓败于今耳矣。”本房批云：“以议论点缀，具有神理。”林有科讲云：“中固有无过不及而可常者，岂偶触之意见所能择而精乎理精也？而粗择之始，非不见为有得，未几而忽为简易也，忽为简易而以意高之也。曾日月之几何，而守且屡更矣，意见且茫然而无主矣。中亦有随时随事而不戾常者，岂局曲之心思所能揣而中乎理全也？而偏择之始，非不见为能中，未几而弃为泥常也，弃其常而卒无忌惮也。岁月未及期，而守半途废矣，心思且茫乎不定矣。”本房批云：“可常无常两意，洞洞瞩瞩，《中庸》大旨，几无余蕴，而俱以实际语发之，故思愈深而气愈平，意愈玄而言愈显。”吴献宸后二比云：“《中庸》有寓于所择中者，谓宜从本觉之灵明，而以全功践其实。乃自称能择者，徒能殚聪明以窥道妙，更不知道妙一窥，又有无所用其聪明者在也，则何以随得随守而附于通方？《中庸》有妙于所择外者，谓宜纯简淡之本来，而以真体合其虚。乃自夸能择者，徒能摅才辨以诣道真，更不知道真一诣，又有无所庸其才辨者存也，则何以一得永得而臻于神解？”发理精透，言言中窾。徐启鼎提云：“何则中无两歧，安所言择？惟迷者之以疑似隳操也，则必藉剖析以证玄机。中原一真，安所事守？惟懦者之以作辍昏神也，则必藉保任以完实照。故择则守之用决焉，守则择之见真焉，而奈何自知者之能择而不能守哉？”提语冲宕圆峻，自是令人击节。洪启进讲云：“据其意见，亦尝用意于中，而有意求中，即非虚而无着之体也。意之为见者，始则迷，继则弛，彼其择非所择，而其守卒靡焉而不固也，无为语灵通矣。骋其材略，亦尝挟材为中，而以材当中，即非神而不测之机也。材之用事者，外若锐，中实笃，彼其择不知择，而其守卒画焉而不坚也，无为语玄览矣。”“有意求中”与“以材当中”等语参透玄机，精光独露，非学究寻常口吻。郑可选中二比云：“就其发用之真，不之喜怒，则之哀乐，于性情岂无偶合？此偶合之心即择也。未几而玄虚之见乘焉，愈玄则愈驰，而当然之则反以外驰，而失者多矣，奚能守以期月也？就其动履之常，不之子臣，则之弟友，于日用岂尽弃置？此不弃之心亦择也。未几而奇诡之故参焉，愈诡则愈溺，而各足之良反以远求，而越者多矣，安望其期月守也？”本房批云：“平夷之思，爽俊之调，循于规矩，而自不受羁束。”

“所以考其善”三句，周起元一气做。提云：“吾以为身不患其不养，而患其养之不善。以贞胜之理论，出乎善，则入乎不善，无参立并至之形；以共趋之情论，不善便而易，善逆而难，有凌夺倒持之渐。此其机胡可令两悬而莫决也？则有考之耳矣。此其考第一内照而自定也，则有于己取之耳矣。”本房批云：“伸缩有法，神理都完。”林咨益云：“自非早定其衡，胡能两持之而两适？所以审其衡而为之低昂者，在近取不在远观。自非先提其鉴，胡能各制之而各调？所以精其鉴而为之区别者，取自身不取外物。”意言俱雅，而相伏相生，有情有致。庄履万讲云：“爱之情，己所自出也，己所自出而自加推择，则周身之中，可斟酌以归诸当；己之身，亦己所自悉也，己所自悉而自加权衡，则反观之下，可裁决以全其神。”词意俱炼，不入俗境。庄钦邻束云：“何者？所养之己，即所考之己，惟不考，故不善养，考也者，所以约其不善而归之善也；能考之己，即当养之己，惟不取，即不能考，取也者，又所以取其能考之己而养之善也。”就题归束，寓意甚远。郭维翰前二比云：“盖己非仅属形骸，亦自有神明之官能司拣择；己亦非拘气质，原具有无垢之宰不堕尘情。”振挈有情，只此数言，而大意已昭晰无余矣。

湖广“君子不忧不惧”，此题“忧”、“惧”原从君子涉世上说，事可忧而不忧，势当惧而不惧，所以为君子。程文原主此意，赵嗣芳之文适与相合，遂作榜首。其文云：“盖人心主也，忧惧客也。忧惧在事，适来而即适往，是一瞬之遭也；忧惧在心，一入则不复出，是束缚之路也。变而能常，吾以观君子之感；一而不扰，吾以观君子之心。夫君子正不能使天下之可忧可惧者不相遭也，使不相遭，未见素位矣。惟夫流离困顿，撼其形而不撼其情，则安有积疑生虑，以至憧憧于来去？积虑生惕，以至凛凛于首尾？任天之适，汩乎未有著而已。夫君子正不能使天下之可忧可惧者幸逃我也，可以幸逃，未见自得矣。惟夫纷纷仓卒，震其外而未震其中，则何至心为愁府，预起无端之荧惑？思为畏途，自设不必之张皇？际时之穷，坦乎未有涉而已。世路自扰，吾心自闲，是故遇事洒脱，乃其不为拘拘，而非以涉于漠也，甚者乾屯济否，庸众骇视，而君子以无忧惧之心静镇其非常。吾身自险，吾性自恬，是故委蛇处变，乃其不为戚戚，而非以为坐视也，甚者济难匡危，寻常变色，而君子以无忧之心徐俟其自定。盖夫人有所疑而不能释，则过计之极结为震竦之形，是忧者惧之因也；释则并释，而一念不惊，君子所以完心体耳。夫人有所怵而不能解，则蓄缩之过转生不测之患，是惧者又忧之因也；解则俱解，而万念并销，君子所以履世艰耳。不忧不惧，非君子能乎哉？”本房批云：“沉思入理，爽度绝伦，委婉曲折，尽题之神，极文之致。”甘筹后二比云：“置理乱而离忧惧之途者，栖于旷耳，心虽旷而弊日深，忧惧之所以欲离而反即者也。君子不离，亦自不即，方寸间常觉覆载之为宽，而常不为逆。强排遣以释忧惧之障者，暂自娱耳，心虽娱而闵未化，忧惧之所以阳遣而阴留者也。君子不遣，亦自不留，宇宙间独觉真机之自鬯，而独宅于虚。”意深思玄，易醒人目。周应崙讲云：“内而观其存主之心，则天人两忘，俯仰适矣，俯仰适则何所不适？故凡夫人之所视为可忧可惧而不可以朝夕安者，君子入焉，而与之俱化也。外而观其应世之迹，则得失双遣，应感泰矣，应感泰则何所不泰？故凡夫人之所视为倏忧倏惧而不能以顷刻宁者，君子游焉，而与之俱忘也。据君子涉历之境，岂皆得意之遇？而要之适于心，不适于境，则在在皆坦途，而平易可以化其崄巇。即论君子惺惺之心，夫宁忘戒慎之意？而要之慎于心，非葸于事，则处处皆恬愉，而有畏反以成其无畏。”轻轻发意，不为巉削之调，而文理明切，卓然成家。周棐讲云：“宇宙密移之运，其去不可执与来不可围者，尝默定其幾，而君子观之以大分，则此来去者，皆吾素也，自不足以动吾衷耳；人事循环之数，其造事而得与造事而失者，常各居其半，而君子见之以定理，则此得失者，皆客形也，自不足以营吾怀耳。惟不忧，益不见天下之有可忧；惟不惧，益不见天下之有可惧。”闲闲说去，自不可及，勘破尘缘，言言入解。李钟元讲云：“世路岂必尽平？而君子宅心无适而不平也。优游宇境，觉自得之皆真，其天守全，其神无却，怡然而已耳，果孰震之而忧，抑孰摧之而惧也？事机岂必尽顺？而君子素心无入而不顺也。坦荡胸襟，觉动念之皆天，应而常圆，虚而无累，油然而已耳，果孰可惕而忧，抑孰可挫而惧也？非藉盈虚之数以强制其情，而未来不虞，当境亦不慑耳，其持念在闲适之天；非工趋避之方以快满其意，而在事不惊，事去亦不辱者，其处心在洒落之境。”所以不忧惧，正在下文，落笔便易粘犯，此文不着色相，空空说去，当是擅场之作。杨伯高云：“富贵一耳，而贫贱、夷狄、患难各居其一，则赫然而忧，卒然而惧，亦人所时有也，而君子有此乎？彼视纷至沓来，犹然宇宙晦明之一息也，小变而不失吾常，殆终身行无展之途也已。吉亨一耳，而凶、悔、吝尚居其三，则忧复生忧，惧复生惧，亦中材所不免也，而君子有此乎？彼视成败利钝，犹然四时通复之一机也，以其心得其常心，殆终身游无阂之宇也已。”杨君中九十名，而其文卓荦若此，则楚材之多，盖可想矣。

“徐行后长”一节，赵嗣芳起云：“彼且以尧舜有难者耶？尧舜而有奇行，必孝弟，为人所不能然后可，而孰知徐行之即弟也？反疾而徐，即转不弟者而弟也，夫孝可以观矣。其不能者乎？其人之自不为乎？语人以为徐，谅无谓不能者；语人以不为疾，谅无谓不能者。性天之懿，不离形色，何须别求性命？步趋之间，具见至理，岂必远寻奥渺？是庸行也，是粗迹也，即古尧舜两大圣莫能外焉；非惟不能外也，尧舜之为固毕于此也；非尧舜之为毕也，尧舜之道直尽于此也。”纡回阐发，刻画逼真。秦晋后半云：“弥天之事业可以惊愚，而不从伦行之修持，孰为根柢？上圣之绝轨可以师世，而不求常行之展践，别无工夫。嘉放勋者慕唐尧，而要之孝弟之外无道即无尧也，天经地义之理体认不真，欲羹墙见尧难矣；颂重华者乐舜帝，而要之孝弟之外无道亦无舜也，至德要道之真忽略不事，徒形体企舜难矣。夫以二圣而不外于孝弟，然后知有得于为，则体尧蹈舜无非分内；无得于为，则爱亲敬长已属寡修。交也，从事于徐行可矣。”本房批云：“步骤闲雅，结构缜密，轻重合辟，色色妥帖。”

山东“德之不修”一节，解元徐光前重“学”字做。起云：“何也？德非可以茫昧臻，则皇降之衷，必缘学以启其蔽；德又非可以粗浮进，则纯粹之懿，必缘讲以会其全。故夫学也者，所为斟酌于义而能徙也，所为淘化乎不善而能改也。有如弃德不修，而于学不讲矣，精神不用于澡雪，纵外炫听明，只资冥行，能闻义而徙乎？功夫不勤于克治，纵自抵瑕颣，犹厌祓除，能见不善而改乎？”主试批云：“‘吾忧’句久为紫阳注脚障碍，不知‘忧’字即曾子三省之‘省’字，非是不能而始忧，总以四者是吾切己功夫，夫吾所当时时兢惕者耳。”余久蓄此说，恨未有相证者，读此大为畅然。观此批，则主司所取自在后半篇，然以文论，则此起甚卓，可式也。

《中庸》“正己而不求于人”，徐光前起处亦佳，云：“彼处上下而生凌援者，方且执乎己，而于己之中横起人见，则人为己对，而己之虚体有所碍焉而不正；方且著乎人，而于己之外横生营求，则己为人对，而己之本体有所驰焉而不正。孰知夫己之独而无偶也？孰知夫正之一而不分也？”本房批云：“此语是子思唤醒大迷，挽回恒趋处。只此一起，反复警切，妙中奇解。”

河南“人道敏政”，第十名刘之凤雄洋博大，通篇皆佳。文云：“吾想方策之政，惟昔文武立人纲而道行于上；周召佐人纪而道行于下，以故不崇朝而太和在成周也，倘今而人道立乎？人者，道之官，第谓之人官，不运以神政，将滞于粗迹而何能敏？惟人合于道，则形气得神理以贯彻，而法制随精神以俱流，政之所以无壅阏也。道者，人之神，第谓之道神，不托于官政，将惊于玄虚而何能敏？惟道合于人，则道宰其橐籥，人妙其经纶，政之所以无濡迟也。君不虚尊有道以履其尊，惺然至灵，廓然至虚者，俨如文武之心思矣。符其心思，以振饬其糟粕，无论皇纲再振，帝纪重新，而并其所振与新者，无不朝建明夕奏功也，其所运量神也。臣不虚贵有道以乘其贵，炯然独含，渊然独运者，俨如周召之意绪矣。会其意绪，以明章其芳规，无论息者以起，废者以张，而且并其所起与张者，无不旋发谋旋考成也，其所斡旋捷也。人刚克而政猛，人柔克而政宽，人不吐茹而政中，盖两朝规画，已能使不倦而民宜，况道以运法，则嘉猷不难于独创，而当机不阻于异同，即数十年迟疑而未决者，一朝雷厉风行而有余矣。人操之而政阖，人纵之而政辟，人调剂之而政平，盖文献可征，已可使一变而至道，况人以运治，则一举而纲纪布，再举而教化行，凡九暗外壅滞而未达者，一息过化存神而莫御矣。以是知王道无近功，固必百年而后洽；而德流有过化，亦可期月而有成。公有意于人道乎？东周之化，斯拱而俟之矣。”生机勃发，思致澜翻。北方文风大振，近当不让江南矣。

《孟子》“恭俭岂可以声音笑貌为哉”，解元荆时荐起云：“何者？实未有不名，名则不有其实并不有其名矣。今天下犹为恭俭哉？知骄倨者，贤士解体；而侈靡者，众怨所凭。故始匿其欲以袭其美，寻博其美以济其欲，私计曰为之则是而侮夺可阴肆矣，不思侮夺即已巧矣，而犹借口恭俭也，将欺人乎？人固不可欺也。恭俭既已败露矣，而尚自为侮夺得也，将自欺乎？自欺则益不可欺人也。”本房批云：“‘名’、‘实’二字，题中窾綮，开口便道破，可谓开门见山。”魏尚贤云：“奈何世之君窃恭俭之名，掩骄侈之实？若将曰名不可袭也而可假，我假之，谁复予观？实不可假也而可匿，我匿之，谁复予窥？庸讵知人而有是恭俭乎，安往而非恭俭？恭俭不必为也。人而无是恭俭乎，安往而为恭俭？恭俭不可为也。恭之流也，流于冲然一念已，亦不自觉者，而假言色以为恭，则万境之矜持，不当一息之败露，起处嚬笑之间，有随持以告人者，而恭安可为也？俭之形也，形于淡然一念已，亦不自知者，而托言貌以为俭，则万念之掩护，不当一时之宣泄，语言动作之间，有随持以示人者，而俭安可为也？恭俭者，神恬于真；骄侈者，神恬于妄。恬之于彼而矫之于此，其究将矫不胜恬而恭俭穷。恭俭者，精适于理；骄侈者，精适于欲。所适在彼而所饰在此，其究将饰不胜适而恭俭又穷。故无论妄穷真见，伪极返真，阳剽窃之而不得，即使情景逼真，模拟酷肖，亦阴呈露之而难掩矣。”重发“为”字，而高华之气，雄伟之词，自能令人辟易。孟绍康云：“吾想真恭之主，方不知其所以恭，又乌知其所以为？而托之乎恭者，颐气指使之威任其恣肆，偶而愉词悦色以倾动中外，然我拟之人，且意之欲以是为恭乎？则恭穷矣。吾想真俭之主，方不知其所以俭，又乌知其所以为？而托之乎俭者，天地山海之利析入秋毫，偶而减膳节服以涂民耳目，然我假之人，且窥之欲以是为俭乎？则俭穷矣。”亦是轩举可人。

广东“吾无隐乎尔”，解元关宪曾末云：“盖至教不靳化诲，原以发明乎至道之精，而矧彼道不离人，人不离道，其又宁能以显晦分也？大道本非秘术，原自超出乎授受之表，而矧以道自淑，因以淑人，其又宁能以意见隐也？是以两端必竭吾所自信，其非于无隐之外，别有一招揭也可知也。即循循善诱，吾党亦谬相许可，其非离无隐外，别有一诱掖也又可知也。”本房批云：“剖破秘藏，宛是圣人口气。”三名关管起云：“不知所谓隐者，出于我即非传其契合之本真，人之人即非符其发露之实理，则见以为有隐耳，自我言之，对尔而言则有吾，而吾莫非尔也，吾之所在即尔之所在。自尔言之①，对吾而言则有尔，而尔莫非吾也，尔之所在即吾教之所在。”但从本色题字面翻出，便成妙境。张鸿讲云：“从言诠索道者，即终日与言，容有不能竟之蕴，而吾之于尔，其言诠乎哉？聚而为朴，散而为器，愈散而愈不可极者，直从有物而溯之未有物之先也，恶至而有匿端也？从口耳拟道者，即极意发泄，终有不到之处，而吾之于尔，其口耳乎哉？敛之成体，分之成用，愈分而愈不可穷者，直从可见而阐乎不可见之绪也，恶至而有藏机也？”本房批云：“从言上翻出无隐意，真得圣人之旨。”

《孟》义“民之为道”一节，关管通篇皆可。文云：“夫民胡以为道也？其恒心则民之道也。民心非能自恒也，其恒产则民之心也。当斯时，而善念日充，各相安于所有余；恶念日消，不至交争于不足。富厚而礼义豫附焉，即有刑辟，其焉罔之，讵非民之深幸哉？乃若无恒产、无恒心之人，其身不能以自赡也，其行不能以自制也，裂名丧检，为所不可为之事；而作奸犯科，蹈必不获赦之辟，民独何辜而致此？是则罔民者之所为矣。罔则知有己，不知有民，任真天之顿丧；罔则便在己，不便在民，肆罗织以奚堪？吾想仁人在上，宽厚慈和之德，日与闾阎相抚摩，而必不忍其戕生废业，以阻向善之途；小民怨咨之情，日与九重相眷注，而必不令其缘怨②习染，以罹国家之宪。故使罔民而可为也，必非仁人而可，仁人既在位矣，焉有罔民而可为哉？”本房批云：“独发一‘罔’字，是人略我详，得窍之作。”

广西“立天下之大本”，滕之俊后二比云：“人性不着声臭，夫从何处见本根？吾诚不汩于所性，则灵源者即其本根者也，而鸢飞鱼跃之趣自在。率性不落方体，夫向何处为预立？吾诚克全其所性，则镇静者即其预立者也，而时行物生之机自显。”以“本”字、“立”字分作，虽非上乘，而简洁不蔓，神明映彻，自然超出常调。

《孟》义“市廛而不征”二节，陈治道通篇皆可。其文云：“国家所以来远人而酝

---

① 自尔言之：原文疑脱漏此句，据对股文意补之。

② 怨：原字漫漶，据文意及残留字形补之。

酿富庶者，在商旅也，乃今掉臂而皆去之，非所以为国也；商旅之所以捐故里而来托异国者，为得利也，乃令掊克而侵渔之，非所以为愿也。故一商也，持筹而算，其利几何？吾岂必征之而尽廛之？当思我国家管山赋海，有自然之利，乌可争其尺寸也？于是有不便于商者悉报罢之，令商得沾余泽，是能培民之命脉，而民之倚命者多也，有不愿藏于市之商者，谁也？一旅也，栉沐之劳，所获有几？吾何必讥之而复征之？当思我国家粟红贯朽，有无穷之利焉，乌可轻其锱铢也？于是有不利于旅者悉蠲免之，令旅得舒旦夕，是能惜民之膏脂，而民之依附者众也，有不愿出于途之旅者，谁也？人于病己与背君孰急？故欲以掊克之朝有归附之商旅，其数不胜也。夫人有身非有君孰主？故欲以好利之商而背公利之君，其情亦不胜也。”于叙事间出议论，圆机逸调，种种动人。

贵州《孟》义亦同此题，解元张文星之文亦可。其云：“彼人情非为利来，孰肯竞尺寸而冒间关？商旅皆吾赤子，夫何忍重箕敛而竭膏血？诚于市也，廛之所不能蠲者，而征则报罢法之所可为禁者，而廛且议宽，则天下之商有不欣欣然相率而愿藏于其市者乎？吾之市征贵征贱业无厉禁，而熙熙者舍此复何适？谓市之征去而犹有裹赢而避之者，必不然矣。其于关也，非常有禁而讥之必严末流，无讥而征所不事，则天下之旅，有不翕翕然相悦而愿出于其路者乎？吾之路资舟资车，业无滞积，而皇皇者舍此复何之？谓关之征去而犹有望望而去之者，必不然矣。盖天下商旅，其征逐最微，而其转徙亦靡定，惟仁人一宽其物力，而即动夫往来归向之诚；国家财货，主之天地者什一，通之商旅者什九，惟仁人不攘其锱铢，而自收夫辐辏循环之利。王政之及商旅有如此者。”精雅疏朗，民情国计，洒洒详尽。殊方而有此作，我明文运可谓大振矣。

丁酉北畿“古之学者为己”，此是一句题，最难炼格。徐光启先单提一头，即联讲二比，次以“学业”、“学术”实讲二大比，即以四“己”字翻作四小比，用“盖”字缴二比，后复单收，此元格也。其文云：“学何自起哉？人各有己，而人无尽失其故我，亦何待于学为者？（此见理之言，开口便有源委。）自夫有生之后，渐染于物诱而销亡其性真，不得不假之修习以完其本来，是学之所为设也，为己设也。（此句提得好，场中单起极饰。）惟古人者，从形骸见本体，知己之外更无足求，独此成身成性者为真源；因本体识持循，谓己之内一无可诿，独此自责自修者为实际。（二比以“本体”二字相承，语对而意串。）同是学业也，而微窥其本意，乃真虑夫躬行之难尽，而为此黾勉者也，即或驰思乎兼并，有不局于己者，而亦以为不如是，未免有亏于分内，吾以是满己之量而已；共是学术也，而潜察其用心，（此处当插入“古”字，方不漏题，若惟讲“为己”而不言古学者，则为己者谁耶？全失夫子致思之意矣。）乃实虑夫固有之难全，而为此兢业者也，即或心通于万物，有不限于己者，而亦以为必如是，乃为无歉于践行，吾以是尽己之性而已。（近世初学之士，见学业学术，便以为有迹，而欲化之，此皮毛之见也。）己之功无间，故学之旦暮不言息；己之功无限，故学之没世不为怠。己无隐显，不以昭昭冥冥为勤惰；己无作辍，不以众非众誉为劝阻。（得此四比，机甚活动，势甚飞扬，局甚圆转，今袭用之，又成套矣。）盖不独于世无营，即修之性命者，只以自惬其隐衷，非因性命之学以自见也；不独外无所炫，并其所为收敛者，第求不愧于内省，非避驰骛之名而为之也。（说理甚精，词不繁而意自足。）吾思其人信纯心之士，而得学之真者乎？以方今世，一何不相逮之远哉？”又是单收，大率元卷单起单收者多。第二名谢廷谠亦单提三句，平讲六比，以“盖”字收二比，前四比皆粘古人。其缴二比云：“盖太虚之赋界不齐，而最初禀受惟此一己，是故有时而暗然内修，则众人见明而彼独见微，众人见外而此独见内，（此二句精光触人，入目即醒。）是学之为与物相对之己也，其真体凝也。宇宙之经纶不一，而本体运量惟恃此己，是故有时而廓然太公，则真以为身而绪以及物，敬以修己而即以安人，是学之为与物无间之己也。”二比穷玄抉微，最利场屋。吴中伟起云：“人生惟有此己，论己极备之量，则天地万物不得委弃于性中，而稍一亏缺，即非实养；论己精实之体，则身心性情原不借资于分外，而稍一驰骛，即非纯修。”词有精采，能动人。其起二比及收二比，皆就古人发挥，最有见。邵士斗束云：“彼其识己也受天全，故其学也不令人损；其责己也欲内备，故其学也不令外亏。”铮铮遗响。江鎏起二比即作二大比，次以“盖”字衍二比，末用“是故”收二比，其格亦炼。其正讲云：“其向学而趋，则欲收儒先之真蕴，成一己之纯修，而时时从本根上图维。即性命之学足表见乎彼，其立心设志惟见一己，则若专为在此，而他不与吾学矣。（发“为”字透。）其积学而待，则欲假帝王之经纶，行一己之实用，而事事从灵源中体认。即兼并之迹似驰骛乎彼，其游思结想惟念一己，则若独为乎此，而他非吾所学矣。盖为己①不涉形迹，（不脱“为”字。）乃隐微中自萌自察，故微独于世寡营，即其守默抱玄，只以自快其隐衷，而其为常密；为己亦不属矫强，就黾勉处至真至恳，故微独外无炫耀，并其潜修静摄，止求不愧于内，而其为常切。（讲“为”字明白，仅见此卷。）是故黄虞以前，其人何书可学？而成身成性，于是有为己之心而泯其迹。夏商以降，异学间亦争驰，而自本自根，亦有为己之实而无所分。”此缴与吴中伟相似。

“故君子以人”二句，亦是一句题。徐光启单提二句，用“乎”字泛起二比，实讲二大比，中二比初从“治”说到“改”，既从“改”说到“止”，以“未改”、“既改”作眼目，用“盖”字缴二比，末单收，格亦炼矣。谢廷谠提二比云：“物我之生，同原道妙，（“妙”字欠稳，此题只宜说“常”，不宜说“妙”。）即远道之人，而会道之真自在也；离合之机，捷于俛仰，即向道之始，而至善之止随来也。”理意俱佳。中二比云：“道本易知，乃智者驰骛而不止；夫独无良知乎？吾直叩彼中扃，则良知即觉迷之术，（此句好。）性灵见而驰骛之心革矣，又何求焉？盖觉悟在彼，息教在我，两相止于易知之素而已。道本简能，乃贤者奔轶而不止；（两点“止”字。）夫独无良能乎？吾直探彼本来，则良能即解谬之方，真性复而奔轶之心化矣，又何责焉？盖修证在彼，休息在我，两相止于简能之常而已。”“知能”虽是常说，而熔铸有法，极能动人，所谓沿故而弥新者也。吴中伟先承《诗》来，用“哉”字泛起二小比，复提二比，云：“君子察则于人，而洞见人人自有之理，是不远之则也，多歧无为也；故振机自我，而

① 己：原版脱漏，据题意及下股同位字补。

一投人人自有之机，是不远之治也，无烦多术也。（用流水格，雅而圆。）人即甚圣智，其知能人也，其性情人也，圣智不离乎人，则人各有圣智在也。（此句入理。）我以其各有者还以治人，而令彼憣然改焉，则道尽而所谓人道无余事矣，复何勤督责为矣？人即愚不肖，知能亦人也，性情亦人也，人自成其人，则人自有其道也。（对得好。）我以其原有者返以治人，而令彼勃然改焉，则道尽而所以为道无遗力矣，复何事多求为矣？”二比就“人”字发挥，最切。

“舜之居深山”一节，此题参差不齐。徐光启先总提二比，却将上半篇三四句捆束过，后面作六比单收，格甚雅炼。其文云：“吾观大舜之不可及也，不在其用中之时，而在其执中之日，不从有为者窥其明目达聪之用，而从无为者窥其虚莹洞朗之天。（提得绝佳，此通场所少者。）彼居深山之中，而木石鹿豕之与居也，人以为幾希于野人耶？（本文不做，竟轻轻迎过，此亦通场所无者。）吾以为幾希于野人者，正舜之为舜也。凡人未能忘念，则在在皆念起之端，（二句极醒人。）而舜方浑浑洞乎其未有起也。至静之时，不立一念，乃可以待天下之动者也。（此正发“木石居”、“鹿豕游”之意以起下文。）凡人未能忘意，则时时皆意生之会，而舜方冥冥泊乎其无所生也。无物之衷，不着一意，乃可以待天下之有者也。无可共闻，亦无可执为独闻，但以天下之善虚含于不闻之境，而及其闻善也，虽一隅而已触为全体矣。（从上说到下，一章之旨，皆已说明。）无可共见，亦无可持为独见，但以公共之善默存于不见之地，而及其见善也，虽幾微而已融为不测矣。（语精旨宏。）盖因无有我，并无有人，而我与人相感发于深广无端之内；我善无大，故人善无小，（对得好。）而言与行悉会通于圆转不穷之中。譬诸江河之决，沛然莫御，（只点一句。）而天下之一言一行，皆所以鼓其机缄者乎？彼深山之不识不知，尤所以开其障塞者乎？（宜找此句，题意方回。）若自立闻见，则吾以善往，而来者莫之受矣；吾以善出，而入者莫之通矣，又何妙应之有哉？”格甚平正，理复精玄，擅场之作也，结更有力。谢廷赞过文云：“此一幾希也，人物之辨，亦圣凡之幾；人心道心之萌，亦有感无感之际。”重“幾希”做有理。文字要气好，场中尤要紧。陈一敬此作通篇文气甚顺，其后二比云：“夫言诚善，亦渊涵中之故物，而以其散见者会其渊涵者，自官止而神行焉。耳若倾之，而心若通之，相迫以出，亦不自知其出之所从也。夫行诚善，亦停蓄中之素具，而以其分布者逢其素具者，自神动而天随焉。目若迎之，而心若赴之，相解以入，亦不自知其入之何从已？”文气如注，宜详玩之。

应天“居敬而行简”一节，此题格最难炼。程作有起有缴，中间两扇平做，此是大雅之文。吕克孝先提“简”字二比，即用一“故”字入题，讲上段四小比，过下亦四小比，收处最参差活动。历观诸卷，无能胜之者。其文云：“吾以为简之行也，可以蠲涤烦苛，使人游清净而莫知其自；而简之所以行也，则以主持严密，先为执体要而不驰其心。（势圆而词炼。）故简从敬生，其玄默者即其钦翼者也，万幾所以不烦而集也；敬随简运，其精详者乃其荡涤①者也，兆心所以不约而严也。（若论实理，此二比宜挑

---

① 荡涤：原误作“荡佚”，据文意改。

剔“居”字、“行”字，依题发挥，今骤用衬贴文法，于题意落一层，然雅炼工致，最利场屋。）虑不溺于晏安，即綦隆奏而毖饬时廑；（句炼。）治不荒于逸豫，故纵恣销而优游自理。（字字不合掌。）令临民者尽若此，奚简之不可行哉？而胡为有居简行简者？（亦落得便，但不若第二名双纽过下，更无痕迹。）彼阔略于科条，此乃移而用之心术；（句精。）彼湔除其苛细，此遂因而决夫堤防。理乱治忽之机（理乱即治忽。）不置诸怀，有恣睢自适尔已，而纲解纽驰，何可久也？天地民物之故不关诸念，有桎梏自命尔已，而习骄积愤，何以为天下福也？（长短相对，不甚拘拘。）则行简者失其所居，并失其所以行也。是以君子不多事，亦不厌事；不欲为有心，亦不欲为无心。兢业而出之以舒徐，缜密而收之以博大，始固无驰骛周章之意，终亦无颓靡溃放之虞。（错综活动，最可为式。又，作者类以“可”、“不可”平收，此独专就“可”一边说，最为得体。）即三五之上，理何以加兹？”第二名何琪枝提起“居”字、“行”字，讲“居敬行简”二比，三四比即搭下段联讲，末亦就“可”一边收，格好而词稍不及。第三名洪翼圣精研的确，当是作家。起单提“居”字，云：“雍以为民心治化，管于上心之所居。一其居者，宁静之府；荒其居者，烦扰之门。”此题提“简”字乃是常理，但仲弓所重全在“居”，则提“居”亦是正论，且与众不同。讲前段云：“不徒借名玄默以自娱，而兢业为宅，其神凝矣。神不旁出于两歧，自政不驰骛于多端，即其行苛细尽蠲，而总之大体出于小心，何至以省事开废事之渐？不徒厌离世务以便己，而寅畏作所，其精聚矣。敛精而归于纯，自能敛政而归于约，即其行科条尽解，而总之太平酿于笃恭，直将以便俗而振颓俗之衡。（句句切，字字炼，讲后半先二比，后只轻轻叙去。）如一置天下于心之外，又何能摄天下于心之内？吾心与天下不相操，又何能使吾心与天下常相绾？其究至于世道无所主持，风化日以溃败，则居简之为哉，而雍窃意其太简已。（文势流动。）”缴云：“盖执要者，在执方寸运量之主，居敬则主从心立而治不烦；绝棼者，在绝意念棼扰之根，居简则棼从心起而治愈扰。”精炼之句。第四名吴应试重做上段，轻拖下段，亦是一格。叙完“居敬行简”，缴云：“盖一人养默非居，而万民往来于怀，则渊默之居而实天下之居；幾务纷纭非行，而一念溢于当幾，则条教之行而实德化之行。”发“居”字、“行”字透，有此数句，便可中式。金汝嘉起云：“天下本无事，奚取于纷扰为者？而天下之事，孰非君事？又奚取于厌纵为者？”只不甚对，所以见其磊落有致耳。文字最宜活动，可散即散，毋拘牵也。陈万善甚奇，中间讲语多从《坛经》脱出。起云：“人心兢业内有自然之恬愉，而安逸中有意外之烦恼。倘简而曰可，（此句即承“可也简”来，亦有力。）必也居敬而行乎？敬者，简之真精神也，一息而游四海，一念而周六合；简者，敬之真闲适也，四海总归无事，六合同游罔象。（只以己意自发道理，全不照顾题目，便是散举人必中之文。）居与行不分内外，当其居有行之用，当其行有居之体，主宰运量合为一源，故一代之规模以备；敬与简不分详略，即敬之时简在敬，即简之时敬在简，（全是《坛经》。）缜密纾徐合为一事，故万世之升平以建。”可以动心，亦可以骇目，若更切题，便为上乘。黄通理讲上段云：“身心性情，一禀于齐①庄中正之规，而深宫兢业，不敢少自暇逸，则兢业之至已具无限之经纶，毋俟屑屑然与民兴利除害，而一切处分尽成闲适矣；众寡大小，悉宰以临渊履冰之思，而大庭儆惕，不敢少自逸豫，则儆惕之至已蕴无穷之治绩，毋待区区然与民更始图终，而诸凡操纵总属体要矣。（不言敬简，而曲写题意，发泄无遗。）抱畏以入，载静以出，（极炼之句。）八荒属于衿带，是思道之雅化也；其中神全，其民志洽，万幾凝于径寸，是恭默之上理也。”大凡炼词者最易中。瞿汝说沉思入细，百炼成莹，无一字肯轻下，亦无一语不到家。其文云：“凡简者，其博大之规，非人主有意阔略，惟精神操摄，而利弊腠理之交，无一非深心之密运，则自不必藉法制以维持；其节目之疏，非人主一一宽解，惟意念常惺，而巨细总摄之后，独司尧治道之窾綮，则自不敢用烦苛以厉俗。（着意求上，深心可掬。）故有居敬而行简者，其视天下无非罅漏，（意精。）凛一心以制之，（语工。）而常若不胜；其视吾心无非间隙，挈天下以制之，而常恐自放。若此者，（过接多，体欠大雅。）即宽法网以便民，而神行其中，其旷荡处亦皆精所注也；即因世教以画一，而我操其柄，其脱易处亦皆民所守也。（句句不合掌。）以是临民，斯亦可矣。而有如居者简焉，行者又简焉。是彼其心曾不能与天下习，而愈狃愈厌，并约束之具所以齐民者，犹未免谓劳苦其神，而必尽解之为快也；其心既以天下为苦，而积玩积隳，并纪法之布所以寄治者，且不欲羁系其民，而必尽捐之为适也。坏法乱纪之风，日听之于天下，而且以就其惰窳之私。因循丛挫之弊，已烛之于吾心，而尚欲偷其一日之逸，此无乃过于简而为泰乎？盖人主必收宇内于方寸，则纷乱之旁隙尽屏，而兢业之至乃就恬愉；（见理之言。）人主若弃民物于度外，则百端之衅糵萌生，而承弊之后益滋烦扰。此雍之论简，所以必归本于敬也。”此文本是元魁之作，但朱文懿轻温，而星卿沉郁，朱文懿无心求工，而星卿着意刻炼，朱文懿若祖师谈禅，咳唾皆成妙境，星卿若良工琢器，毫发尽属。苦心扫除闻见而培养性灵，则文懿可复作矣。汪文伟起云：“倘谓行事之脱略为简，彼未行之先，岂无所以宰摄其动履？即执纲领之粗迹为简，彼未行之先，岂无所以运用其精神？”用两个“未行之先”，皆对“居”字说。陆继魁起云：“简一也，在事则为宽大之治，在心则为宴逸之私，载于敬则以有主而涤事之烦，离于敬则以无心而生事之蠹。”亦起得活动。程汝继后二比云：“非不欲与天下相休息，乃其心先自便也，两便不足以相属，而亿兆之精神随吾之精神而靡矣；非不欲令天下易从，乃其身先自逸也，两逸不足以相继，而纪纲之惰窳与吾之惰窳俱极矣。”“两便”、“两逸”二句说得好。黄文立后二比云：“始谓烦虑烁精，敛而摄之以静，竟不觉堕体黜聪归于何有？而方寸中全无主持。始谓纷挐劳形，反而归之于约，竟不觉荡检逾闲驰于域外，而天下事尽属怠荒。”炼而有味。刘仲斗讲完上段，收云：“盖一腔兢业，已预绝生事之端，故始于无逸，卒于无为；而一意休养，可立奏和平之绩，故于神不劳，于民则逸。”亦炼。吴世翔起二比云：“玄默可以迹假，而惟辨心，则镇静与怠荒，其握机自是异向；惇大可以意托，而惟考心，则浑厚与偷惰，其致用亦

① 齐：原作“斋”，据文意改。

自殊途。”有理之言。张师绎讲上段云：“世务纷纭，皆起于君心之多欲，惟居敬，则已绝多欲之扰，疏节阔目，不失为惇大矣；法令滋章，皆始于君心之未清，惟居敬，则已清法令之原，解烦涤苛，民载其清净矣。”既新且切。顾大章讲上段足云：“盖宁一之治，起于惕虑之中；振刷之朝，不妨敦大之礼。”得此四句，便觉从容。下半云：“以彼其居，则未能无事，己先无心，夫心且先简也，事可凭而理乎？是积玩成弊之道也，名为惰窳，不名为恬淡。以彼其行，则简于其中，因简于其外，夫中且无主也，简何缘而生乎？是积废生扰之道也，名为多事，不名为节省。”丽而有则，最利场屋，“居”、“行”相对，便非魁元。

“言而民莫不信”，凡政事感应题目，最无精意发挥，须讲得入细，使浅流常蓄雅情，枯株时含古意，乃为出色。吕克孝雅澹和适，亦自可口，但以平调写平题，稍有遗恨耳。场中遇此等题，最不宜轻易放过。洪翼圣根“天渊”发来，首二比云：“故至圣非拂民而言，亦非徇民而言，拟议适当乎机宜；斯民非以权摄而信，亦非以术靡而信，孚契总根于忠赤。”亦用意。次二比云：“言袭乎典谟坟诰，而精不贯则民二，乃言如至圣，方且宣闾阎之利病，阐政务之得失，不爽锱铢焉。夫非载其精以出乎？民听其言旋洽其精矣。言饰于耳目听睹，而其神不贯则民疑，乃言如至圣，方且括千古之神理，泄维皇之彝训，洋洋乎不谬毫发焉。夫非肖其真以发乎？民听其言旋孚其真矣。”亦自缅缅。吴应试中二比云：“言出于一人之命令也，迩听若难遽周，而惟一精所贯皆睿谟也，此以精流，彼以精洽，其孚契在语言文字之外，而万方戴若神明矣；言不过条教之敷陈也，（全不合掌。）愚蒙若难遽喻，而惟一神所彻皆懿训也，此以神往，彼以神来，其融洽在情符意券之中，而庸众奉若四时矣。”末二比云：“盖耳而入口，而诵虽信亦迹，而惟不假约束，直缩结于心思志虑之内是之谓信；类而通隅，而结虽信亦隘，而惟无所阏阂，直潜达于山陬海澨之远是谓莫不信。”挑剔亦明。吴世翔后四比云：“涣发于朝宁，匪直饰词以惊愚，惟是深根宁极之精，蓄极徐发而流布宏也。彼民且缘丝伦而想见其内蓄，亲聆者神浃，风闻者意倾，莫不洞然而共谅矣。传宣于邦国，匪直拟议以立则，惟是含灵葆粹之素，酝极自流而敷布广也。彼民且缘涣汗而潜窥其内蕴，令将悬而若契，议方发而若符，莫不慨然而相洽矣。盖诏下而民咸遵奉，犹属貌承，必要诸信，则言者无意，听者何心？神洽声音之外，自非主德深于凝注，何以孚众志而大同？令出而民咸乐闻，犹属乍感，必归诸信，则上不得强要，下不属浮慕，精通播告之先，自非主德溢于颁行，何以总群心而默寄？”淡中写意，亦自逼真。韩仲雍亦有佳句，如云：“若亲握其肺腑以相灌输者，则皇衷之吐露真也；若共出其疑素以相倾结者，则主德之昭示神也，亦可观姚之典。”以本文作起云：“至圣之言，从聪明睿智中泄为丝纶也，非貌言，乃衷言也；是从仁义礼智中摅为谟训也，非华言，乃实言也。”亦典实。丁天毓后二比云：“圣人与天下共在无言之中，业已未施信而民信，即时而有言，亦言其心之所已信者也，谓之信在言前也可；（倒一“可”字在下，便觉新健。）天下与圣人共在有言之外，业已不信言而信心，即言而必信，亦信其心之所不言者也，谓之信在言外也亦可。”就无意中说意，亦能豁目。陈仁锡大有奇气，纵横发挥，中间多有俊语，如云："若按其胸中所欲语而代之泄者，民直相信，以肝胆而言，特其符契耳；若叩其心腹所欲发而代为示者，民直相信，以衷诚而言，特其左验耳，披文告乃见心神化口耳。"悉为精意，皆可诵。中二比云："鉴之今，一朝谟画垂之后，奕代芳规，至于言者亡而言者之精神不亡。百年易世，故老传闻，犹得信圣躅于单词片简之中，而真诚贯于金石。守于愚，定保森然师于智，典刑具在，至于言者往而言者之意绪未往。风闻异代，圣子神孙，犹得挹家法于纪训诵述之余，而定令确于四时。"语新气畅，烨烨动人。余一德束云："言，浮物也，惟至于信，则不以浮意相往来，而直以真心相许可，方见感格之神；耳，虚受也，惟至于莫不信，则耳接之而虚入，神注之而实通，益征当可之妙。"束有奇气。皮光国亦有佳句，云："盖举一世之精神命脉，于一言中沦洽之矣；举一世之猜疑窒阂，于一言中消释之矣。"亦自警拔。

"故苟得其养"一节，此题亦枯淡难发。洪翼圣起云："吾由山木萌蘖以观人心幾希，此复机也，亦微机也。机属方复见谓易长，然不培植则长无基；机属方微见谓易消，然不斲丧则消无隙。"此起亦佳。此下竟撇过山木，只从人心上讲，亦是一法。其中四比云："养非旦夕袭取之功，萌动在一念，灌溉在终身，其积累酝酿，自有无形之长焉；长非朝夕骤得之效，始则根源既固，继则机缄莫遏，其发荣昌炽，总属养盛之征焉。真休乍现，本引之而愈伸，惟失养则五官递侵，百诱交夺，日雕日琢，而乍现者竟属牿亡；真机偶露，本培之而即畅，惟失养则内昏莫觉，外逐潜移，寖削寖微，而偶露者终归澌灭。"语皆入细。戴新起云："自乍放而得乍存，固天机不容尽亡；以至微而界至危，亦生意不能自主。"亦是佳句。刘仲斗后二比云："养有顾复葆守之意，而全其真机以杜妄机，此以不消为养者也，然而长犹难恃也，一不养而牿亡顿甚；养亦渐渍积累之义，而涤其妄机以还真机，此以祛消为长者也，然而消乃易至也，一不养而斲丧殆尽。"说"得失"意甚明。程玉润云："养非必增其所固有，直就本然之生意培植之，而故物之不伤，即新机之日茂也。"亦是佳句。田大成中二比云："当生意初萌之始，而一加培养，无论物之易生者靡弗长也，即所称虚圆径寸而莫可把捉者，有不通畅其真机者乎？而苟斲削一施，则骤而完者复骤而灭，诚莫得执本来之真机，而谓其终弗毁也。当生理既凿之后，而复加保合，无论物之易长者靡弗茂也，即所称放之千里而未易收敛者，有不复还其本体者乎？而苟凿削既至，则倏而成者复倏而坏，诚莫得执已还之本体，而谓其终不剥也。"笔力雄俊，不拘不束。张师绎缴云："朝夕浸灌，不见其益有时而长，盖惟得养，虽已雕已琢之后，不难复其常也。苟于此仍加侵害，则长即为消之始。昼夜戕贼，不见其损有时而消，盖惟失养，虽易滋易息之体，不难失其故也。苟于此亟加爱护，则消即为长之初。"语亦奇警。陈仁锡后云："长而复消易，消而复长难，以化工听化工易，以人工补化工难。窟塞则非养，渎节则非养，不宽不迫之间，适得其方，直令消长二大权，听人事之主持；无意驰之则非养，有意矫之亦非养，若缓若急之际，适合其法，直令物生一大柄，任人力之挽回。"如公孙大娘舞剑，出入自由。瞿汝说通篇皆好，其文云："乃知天下无全亡之物性，虽摧残之日，而养得则真意复萌；天下亦无终美之物性，虽昌盛之时，而养失则真机遂削。（先虚发二比。）非必助之使长，第纵所欲达者而毋使抑郁焉，此时之勃发宁可制哉？要之以顺而达其性者，旋可以逆而遏，其性养一失，而即此勃发之生意，又无不忽焉就槁矣。非必强之使充，第保所未凿者而毋使戕贼焉，此时之畅茂宁可限哉？要之以全而卫其生者，旋可以牿而荡，其生一失养，而即此畅茂之天机，又无不索焉澌灭矣。（此二句串。）雕残剥落之余，勿谓无本来之真性；扩充四达之后，勿谓无销烁之人心，而总听其权于培植。复之于既丧，不俟岁月之功；斲之于全昌，不俟交攻之久，而直听其养于须臾。（二比平而合讲。）盖天下止有人力之栽培，不能必于进退互乘之顷，而物生荣瘁之理则无不可凭；天下止有化机之消息，不能定于斯须得失之交，而人事旋转之机则无不可据。是心之当养，信有如山木者，不然，彼全美之所不能留，斧斤之所不能尽者，谓何？岂非消长皆在此关，而惟人之养不养为判哉？”此文极有法度，又似信笔成章，较之首篇，尤觉省力，颇有运斤成风之趣。程汝继先提“养”字做，起云：“养之物在舒徐调护而豫持之，可葆其未雕未琢之倪；养之力在挽回转移而笃操之，可维夫一剥一复之运。（提此便有头脑，下文便好驰骤。）”末收云：“物无自必之命，而时生时灭，权有所司；物无中立之理，而非生则灭，间不容发。信乎！物之机至危，而养之功甚巨也。”收得紧，且有理。黄元玄束云：“乃知不毁不灭，理之原于无始者，造化独握其权；一消一长，机之缘于牿养者，吾人递操其柄。”小束最难得佳，如此收法，亦尽可玩。姜云龙束云：“盖其物候之密移者不可测，可以吾养伺之；而其幾微之潜伏者亦不可窥，即以消长之数证之。”说“以消长证所养”，便有味。余一德两扇平对，中间讲语亦有可采者。讲上句云：“物有不灭之生意，然不能自为条畅，而有待于养。吾果有以得之，或沃其未剥之根，而以养为养；或培其已琢之脉，而由不养为养。”讲下句云：“或戕于全昌之时，而初废其养；或弃于剥落之续，而益任其不养。”词皆可取，意亦透露。

游艺塾文规卷之十

赵田逸农了凡袁黄坤仪甫著
男袁天启若思
侄孙袁士鲲南之
侄孙袁祚熙载之甫同校
书林叶氏仰山绣梓

正讲七

浙江"丘也闻有国"二节，此等题目，最难整齐，最当凌驾。若随题下笔，不分轻重，纵词语精工，必不中矣。张应完于题目当讲处多不讲，但从虚处发挥。其文云："国家以定分为纪纲，以辑睦为精神，以富强为末务，（只此三句，通场所少。）故丘也闻有国有家者，非贫寡之患，而惟不均不安之患，（将题一句喝过，并不赘词。）何也？君臣之情，以和为极，而惟均实始之；国家之祸，以倾为极，而不均实贻之，故不均则不和，不和则不安，即倾且立至也，而奚止于贫寡？（以上皆非本题所有。）惟均则和，惟和则安，即贫寡且自无也，而奚至于倾？（只此数句是本题正意。虽宾重主轻，然文势甚整。）君令臣共，杜衅蘖于未萌，而垂昌明于奕世；内顺外严，圯风猷于密勿，而树威望于四邻。（不做本题，而专发题外之意，得此二比，便觉文势春容，便是元格。）如是而远人未服乎？（不用过文，便是元局。）则曰我实招之侮也，于是有文德之修。如是而远人既来乎？则曰我无速之携也，于是有抚安之术。（下一节又已讲完。以下六比，皆在题外，格局最奇。）盖和德之朝，不勤远略；四维之国，安问要荒？（此四句只讲轻外之意。）故贰而柔之，服而舍之，于我国家无加损也；（此处方合讲修安。）其招徕以德，其羁縻以恩，于我内治无异图也。（上比曰柔曰舍，此比曰德曰恩，从虚而实，最有法度。）我本不患寡，何心利远之民？我本不患贫，何心利远之富？（二比始缴本题正意，如此方完。）此均安和所以益修，而国家永永无倾也。"题目参差，而文独雅整，又轻重得法，凌驾圆融，当细玩之。第二名王三才将首二句轻叙，即作二比云："盖人欲无涯，一或逞其逾越之意，则有余者益复求余，而势必有倾覆之渐；上下有分，惟各适其分愿之期，则不足者亦相安于足，而究且成熙洽之风。”看此二比，便格局正大，神襟轩豁，中式机括，全在于此。次将“均无贫”三句轻轻喝过，即转下云：“夫国家而诚如是也，则以名分为约束，以纲纪为折冲，固可不烦兵而勤远人之归，况土地自有余饶，人民不言改聚，又奚必藉远人以益国家之有？”连珠叙下，如骏马出峡，而且踟蹰四顾，文势便觉悠扬。又二比讲完题意，缴云：“当其时，叛者可来，服者可安，即五方殊俗，皆为吾效劳。职贡之臣，而我无尔诈，尔无我虞，则四裔同心，益以广均和乂安之化。”收得精核宏畅，题不整而文整。第三名杨守勤格与第二名颇同，其文云：“以予所闻有国有家者，贫寡无患也，而均安则患焉。（此题上字眼更少，所以紧严。）诚谓君臣辑睦，是关精神命脉之图；而情意绸缪，坐消危疑杌陧之渐。（此四句最有力，最得肯綮。）试观均也，而犹有贫乎？和也，而犹有寡乎？均和而安也，而犹有倾乎？（叙得极轻，毫不费力。）殿陛黜贪求，方以脱之猜嫌，旋以跻之巩固；公私无携二，方以维其元气，随以壮其藩垣。（王三才作二比于过文之下，此作二比于过文之上，皆所谓扼要争奇者也。“殿陛”、“公私”四字暗点君臣，有理。）夫如是，故虽远人有不服乎？亦非曰吾德之已足，而遂观之兵也。贫寡不患，原无利其人土之心；而倾覆不虞，何至受其反侧之累？（融上节之意作此二比，最为有见，从此发下，体便从容矣。）惟是来之未服之先计，惟有君臣交儆，以增修其文德，而攻心为上，攻力为下，其招来者深矣；安之既来之后计，惟有上下图谋，以共图之均安，而贰而柔之，服而舍之，其绥怀者广矣。（一脱尘诠，独抒心得，“君臣”、“上下”四字用得极好。）盖纲常诚紊，则外宁岂胜内忧？故宁屏私图以杜衅隙，而顺治已寓夫威严。德化诚修，则远人孰非吾人？故宁弛武略以议抚绥，而国祚益巩于长久。此诚根本之至计，国家之极则也。”煅炼工而格异寻常，陶洗净而词无烦秽。此与第二名卷皆可作元。第四名林杞讲“不均”、“不安”，即顶上“患寡”、“患贫”来，是汤霍林稿中旧意。其讲“均无贫”三句云：“上下之相安者，惟是名分之不紊。（此二句不对。）分均则情洽，情洽则相联相好，究且以和睦而成久安之势；分均则和生，和生则无贫无寡，究且以安固而建不拔之基。（作者要整齐，类以“不均”对“均”，一反一正，自相作偶，此独俱从“均”字说起，而意联词整，有法之文也。）此所谓折冲之威，制于堂上；而常胜之策，握于朝廷。（四句亦雄。）”第五名温体仁讲完上节，缴云：“夫国家之福，莫大于治安，而均所以开其始；国家之祸，莫深于倾覆，而安所以弭其终。”此二比与解元同。庄学曾先将总意浑起二比，最易醒人。其讲“均无贫”三句云：“纪纲整肃之朝，成赋与分采两羡，而嫌疑不起，聿成雍睦之风，均之内已有和矣；君臣同德之世，公乘与私徒两充，而衅蘖不生，永杜凌夷之渐，和之内已无倾矣。”二比词新意炼，较之第四名，对得更高。下一节以“来安”串讲云：“因纪纲之整肃，而益恢我帝纮，遍覆包含，肆懿德于时夏，令彼慕义而归焉，亦既悔于厥心，则纵之自便，而毋强其不堪矣；乘君臣之同德，而益昭我皇度，雍容揖逊，敷文命于两阶，令彼闻风而企焉，亦既改乎前愆，则绥之各得，而毋生其扰矣。（古而丽。）未服而文德增修，使效来享来王之职；既来而嫌疑两释，永与为不侵不叛之臣。”又平收，词甚冠冕。第八名张九德起云："丘闻先王建国，而承之以家。（此句便有分晓。）惟是文德之修，以均安之，（一章大意，点得有力，试官看至此，便不忍释手矣。）岂其患寡？由患寡而得不均则患；岂其患贫？由患贫而得不安则患。（决是好秀才，有识见者方有此等伎俩。）诚以国家倾覆相寻，（先点"倾"字。）惟不均安故耳，如均安而和矣。家无逼上之臣则僭端杜，国无猜臣之主则嫌隙消，岂徒无寡无贫？（此将"无寡无贫"轻点，下面重做"无倾"，得旨。）当吾世而镇抚其社稷，将子孙凭藉其基绪，（语有古色。）而奚倾哉？（叙得极轻，大能脱化。）夫如是，是内顺外威之道也，其究竟必兼弱以攻昧也；（"兼弱"二字欠稳。）亦固本销逆之策也，其初心原耀德不观兵也。（连用四"也"字作二比，有翩翩轻举之势。）故远人不服，亦增修其所以均安者而已。（线索相承，更不走作。）以我臣主无猜，岂前此无德泽法度旁远于遐陬？而自反苟严，孰非玷阙？吾修之使益莹焉，彼有不辐辏归命者否也，既已归命矣，且得有勤兵乎？（讲"既来则安"只此数句。）以我上下一心，岂至此始有礼乐刑政驰议于域外？而自治苟专，孰无废坠？吾修之使益整焉，彼有不向风效顺者否也，既已效顺矣，且得有侵陵乎？（来与安始终只是修文德，故重讲上句，而以下句轻拖，所谓炼格欲知轻重，此类是也。）我自无贫，我自无寡，原不藉远人为内臣；患不在贫，患不在寡，何不释远人为外惧？"笔端凌驾，绝非常调。冯盛典讲完上节，缴云："盖以亿兆为捍卫，而以名分为纪纲；以积贮为外储，而以情意为血脉。"四句好。下节亦串讲。李枟亦是元卷，其文云："丘闻有国家者，享国家之有，而无倾足矣。（先题"倾"字，便出色。）彼夫分茅服采，其分义原自适均，而欲保世亢宗，则封殖岂为完策？（从陶日葵首篇来，却用得着。）故非寡与贫之患，而不均不安之患。何也？不均则乖，乖则两相猜忌，此争富强之名，而贻倾覆之害者也；惟均则和，和则两无嫌隙，此消贫寡之术，而杜倾危之衅者也。（只此一句，便尽题目，对得整而不繁。）夫惟无倾如是，（顶在"无倾"上是。）则君且长有其国，不必悛下以自赢，而何有于远人？臣且长有其家，不必攘上以自润，而又何有于远人？（两用"远人"作结语，最得题旨，而古色苍然。）吾于是知文德重焉，是均安和乐之朝，歌雍咏勺而致远人之咸宾者也；又于是知修文德贵焉，是丰基固本之国，修意修言而制远人之叛服者也。（二比最有力量，不但文体庄重，兼亦题意了然。）来以布其绥怀，（此句首题。）而国不假此以勤兵，家不假此以黩武；（此二句在题外。）安以示其羁縻，而君不借此以利吾国，臣亦不私此以益吾家。（疾徐在手，操纵自如，竟写大意，不甚拘拘，此必中之文也。若是元作，更宜体贴题旨。）若是乎！无利于远人者。（收得紧，万派飞流，注此一壑。）盖吾诚不患寡，则远人之倏叛倏服，无关吾众寡之数，而终不以易吾均也；吾诚不患贫，则远人之时贰时享，无与吾盈缩之机，而终不以易吾安也。（缴得题旨，余音袅袅，可听可绎。）不然，外宁者时有内忧，近守者何遑远略？方且日虞其倾也，而顾议勤兵哉？"亦以"倾"字收拾，与前相应。胡震亨先做"寡贫"二比，便与众不同，便能括目。其词云："今夫户口凋耗，则徒旋虑其乏人；帑藏空虚，则度支忧其乏用。（"凋耗"、"空虚"皆非雅词，然众人皆不如此做，而独做此四句，则新能触目矣，以此见炼词不如炼格。）乃有国家者，非寡与贫之患，而不均不安是患，又何以说也？（将本文只作问词叙过，自是老手。）盖君臣上下，徒凭品级以为限制，必隆杀适均，而后免旁落倒持之虞；腹心手足，徒恃精神以为流通，必耦俱相安，而后可免嫌疑猜忌之隙。（着此二比，格便冠冕①，此所谓必中之文也。）”过下先吊“如是”二字在上，又作二比，云：“治而未至于是，则庙堂尚有隐忧，非吾国者可勿问也；治而既至于是，则郊圻已无遗化，梗吾治者可徐议也。”此亦人所不做者。大凡场中文字，凡众所共作者，吾略之，众所不作者，吾作之。前辈读《货殖传》而悟作文之法，谓人弃吾取，人取吾与也，千万记取。此下即接云：“即非有以冀远人之服，（正要远人之服，而反云非冀者，推深一步法也。盖物相杂谓之文，若只顺题直说，便无文采矣。）而方外有不宾之国，则招徕之无术可知。（反躬自咎，极得震人心，事王道虑在根本，与后世务富强原自不同。）彼不服而修文德，亦不过以均安之余休风动之，而甲兵无勤矣。（原归在“均安”上，有理。）即非有以挽远人之去，而新附有未坚之志，则抚御之乖方可知。彼既妄而议安集，亦不过以均安之余化荫庇之，而禁防不设矣。（上“风动”切“来”字，此为“防”切“安”字。）盖贰则怀而服则舍，既不亏帝王覆载之量；（此二句是本题。）来不拒而去不追，又不失中国制驭之宜。（此二句在题外，尚有遗恨。）此所谓不贪非分之民，而吾民亦不疲于战斗；不贪非有之财，而吾财亦不竭于转输者也。”以积学骋雄才，以沉思抒厚养，不拘拘于句字，而说理用意，色色到家。取士若此，可称得人矣。张杞先起二比，云：“丘闻之有国家者，止为富强计，则所患不在均安，而在贫寡；惟为根本计，则所患不在贫寡，而在均安。”上比是客，下比是主，以客形主，原非元调，但通场不如此做，便能醒人。刘宗周缴云：“盖患在寡，则思得其民以为守，惟不均是患，则我能协上下之分，远人亦以分而效顺②于我，是合天下以成无寡之治也；（此句有力。）患在贫，则思得其地以为利，惟不安是患，则我能调臣主之情，远人亦以情而坚附于我，是合天下以成无贫之治也。”收到“无寡无贫”上，是此题本旨。大凡长题，缴处当与起处相应。杨汝昇先将“均”字另讲，后皆从此说去，而篇中变化尤奇。其文云：“丘闻之有国家者，土地人民，各有定分，中国固不得勤远以自封君臣，亦不容过分而凌逼王均③也。”试官批云：“只以‘均’字作枢轴，大是卓识。”“有万均，则寡生无务患寡也，而患不均可焉；有不均而因之不安，（联络得好。）则贫生无务患贫也，而患不安可焉。（独得之见，独创之技，绝不与世俗同见。）盖国之封守既偏，则此覆彼□，毋论□畜空于上，弊且以猜忌□杌陧之患，而□□□□□□□；□□之□□既明，（此句讲“均”。）则此殷彼足④，（此句讲“无贫”。）毋论府库充于上，究且以绥和联亿兆之众，（此句讲“和无寡”。）而国家安若覆澜。（此句讲“安无倾”。）”“覆澜”两字欠雅。题本参差，文却甚整。

① 冕：原作“裳”，据全文通例改。
② 顺：原版漫漶，据上文张九德同题文及残留字形补。
③ 均：原版漫漶，据下句评语及残留字形补。
④ 足：原版漫漶，据残留字形及文意补。

调既雍容大雅，虽有一二字未妥，不妨也。此下紧承“贫寡”做二大比，把下节意思一滚发明。此后只散散说去，云：“自是而讲来柔于先，自是而议镇抚于后，自是以文德而消梗化者之戎心，自是以安帖而固来庭者之逸志。”此处众皆重做，渠却轻轻说过。“盖以吾之已安者，并贻远人以安；而以吾均之之心，为安之之术。（原不脱“均”字。）所为治之以不治，而亦所为治之以内治者也，奚贫寡之足患？”飘飘然入化境矣。往时惟元魁炼格，迩来文风大盛，入彀者多，杨公中六十二名，而犹雅炼若此，欲中式者，不可不留意也。应鸣时起云：“丘闻有国家者，熟睹内外轻重之分，深识安危得失之故，（用此二句，格便正大。）故贫寡不患而均安是急者，何哉？盖计国家之大利，即编氓辐辏，帑藏充盈，总之期无倾而止；计国家之大害，则上下乖离，君民猜忌，总之由不均而起。（何等冠冕①？何等明白？）诚一均，则以无肥瘠而生辑睦，以无强弱而生宁谧，国家若泰山而四维之矣。”叙得甚轻，撒脱圆转，易醒人目。此下又顶“无倾”作二比，次将“不服”“既来”二段只作四句提过，用一“何也”，只发大意，云：“盖无贫无寡之国，原不以远人之叛而加损，故来非患其无也，是均欲纳之王化之中也；均安且和之邦，亦不以远人之服而加益，故安非利其有也，是咸欲溥之一视之仁也。斯则内治而外亦宁，遐迩联为一体，而其国益奠于无虞；耀德而不观兵，文治胜于武备，而国势愈垂于永固。”当做处却不做，人不做处却发明，如韩信袭赵陈，船不用，而却以木罂渡兵，正正奇奇，恍惚变化。不悟此旨，终难论文。董光宏起云：“以丘所闻有国家者，轸苞桑之图，则计先根本；巩盘石之业，则虑切纪纲。”说破大意，伟然出群。叙过“不患寡”二句，讲“均无贫”三句，云：“盖国家以离合为重轻，尤以人心为离合。诺惟均也，则无涯之情束于有艰之分，相秩而卒以相谐，何其和也？是均之效也。惟和也，则保定之治成于辑睦之朝，相守而卒以相维，何所倾也？是安之效也。”三句牵作二比，何等雅正！何等流丽！此下用“如是”二字顶作二比，云：“如是以整齐分谊，则体统正而朝廷自尊；如是以昭揭风猷，则顺治成而威严自肃。（洗净尘言，独摅风采。）故或远人未服也，裔夷虽非门庭之寇，而小丑亦为全盛之虞，修吾言，修吾意，有以来之而已矣；及远人既来也，大造虽无废弃之民，而圣王自有不治之治，顺其俗，适其情，有以安之而已矣。（温润妥帖，玄心可掬。）威灵旁畅，非不可以昭无外之规模，而神武者不要功于殊族；操贽盈庭，非不可以侈一时之盛美，而善治者不遑志于遐荒。”密理入微，高风奕奕，据其谈心，自觉不凡。陈光祖起云：“丘闻有国家者，深维理道安危之故，熟思内外叛服之情。（只此二句，已自冠冕。）非欲狃偏安之乐，令德化郁而不畅也；非欲矜姑息之恩，令威灵靡而不振也。（又反此二比，益竟脱化②。）然而殿陛之焦劳，君臣之儆戒，（着此二句，便觉春容。）竟不以贫寡之虑，易均安之大略，（只此二句是题目，而又淼沦圆逸，略不沉滞。）曷故哉？良以均生和，和生安，虽国不益富，家不用饶，日培日固，有培无倾所自起也。（“均无

① 冕：原作“裳”，据全文通例改。
② 化：原字只剩右半边，据全文通例改。

贫”三句，只此轻轻叙过，可称绝调，大越寻常。）斯则以仁义为捍卫，以纲常为分守不越，安内而攘外之猷已具；其精神足以相结，其名分足以相维不出，经文而纬武之算已神。”添一层锦帐，便觉内院深沉，且言言入理，可法也。讲下二段亦甚可观，如云：“即有不服，毋以梗化而观之兵也，帝纮扩而弥张，王纲恢而弥广，（对季氏说帝纮、王纲，虽稍过情，然其词甚炼，极利场屋。）务举吾德，增而修之，岂不足制其命哉？国家所患，原不在贫与寡耳；幸其既服，毋以归化而治之严也，与之定画一之规，与之讲便宜之略。”分明谈柔远机宜，方是实际文字。

“素隐行怪”① 一节，此题不难于敷衍成文，而难于脱尘破的。“天地”、“古今”等语是旧时文话头，故场中用之者多，以此见坊间时刻断不应入目。张应完先于起讲下提出“隐怪”二字，次将“素隐行怪”一句喝出，中间并不分讲，上二句四小比亦颇圆转，下句四大比亦典雅，末缴二比说“为道非为名”，殊为破的。王三才起处先做二比，云：“彼其谓大道简夷而易测，非创发千圣不传之秘，不足以树高标；而人情厌常而喜新，必独揭古今未有之奇，斯可以投时好。”“千圣不传之秘”原自好的，此句用得有疵，但文气轩昂，自能压众。次将“素隐行怪”只衍二句，更连“有述”句作二比，最活动流丽。末句四大比，又找四句，皆温润可诵。杨守陈起云：“盖中道炳如日星，即愚夫愚妇可以与知，而炫奇之士见谓不足动众。性术显于坦途，即天下万世岂能变易？而吊诡之士见谓不足谀闻。”有此二比，局面自然平正，自然可观。次以“素隐行怪”轻衍二句，连下“有述”只作四句，复点“为”字另作二比，云：“独计此以一隐怪倡，既乐于术之得售，而莫挽其为之非；彼以众隐怪和，尤炫于术之足慕，而莫知其为之悖。（此二比扼要争奇，自是元魁之体。）大道几何不裂也，而予岂为之哉？予思易知之上，不容强增一情识，方嘉与愚夫愚妇共适于可知，（应起处。）而素隐何为者？纵世之有述与否所弗计矣。予思简能之外，不容生一作用，方嘉与天下万世共率于周行，而行怪又何为者？彼名之垂后与否弗敢知矣。（只作二比，简练有法。）盖下学自能上达，本不得凿之以高深，而道术凿于多歧，况敢随众以循习，予岂能为之哉？”收得便捷。林杞讲完上二句，亦以“为”字作二比，云：“夫素隐非知也，而述其隐者，亦非真见。其知之是也，不过以一时之新奇，自成其附会之见耳，而曾不思道之隐者非其显者也，隐则近僻而不可为矣。（“为”字点得好。）行怪非行也，而述其怪者，又非真见。其行之是也，不过以一时之诡异，群然为世俗之趋耳，而曾不思道之怪者非其庸者也，怪则悖常而不可为矣。”此二比亦甚有法，且“述其隐”一转，收拾得完。温体仁前面亦不分隐怪，轻轻叙过，讲末句云：“吾则以知之本体毫无可加，而加一情识，即凿一真知，真知其可凿乎？能之本体亦毫无可增，而增一诡诞，即斲一天能，天能其可斲乎？（此二比亦见空虚，论至下而方入随正讲。）故彼之所为，正吾之所不屑为，何者？会当然之则，而希不必然之事，固道所不载也。世之所述，正吾之所不愿述，何者？决性命之真，以要身后之誉，尤为道者所不敢出也。（简当确实，神理

---

① 素隐行怪：原作“索隐行怪”，据《四书章句集注》改正，下文同，不另注。

蔚然。）况平淡原自精微，过求之而愈浅；大道初无拟议，有可述而即非，（四句精莹。）吾诚不为之矣。”庄学曾重讲末句，语语皆新。其文云：“自有聪明以来，而生民之性灵统是矣，夫岂得离之以为隐？即素之隐也而取名弥显，吾以为身后之浮名，不补生前之大惑，而竟抱汶汶以终，是性灵且自我而塞也，吾奚忍而为之也？自有皇极以来，而众庶之日用揆是矣，夫岂得逃之以为怪？即行之怪也而延誉弥高，吾以为没世之谀闻，无救生平之用罔，而徒持沾沾以见，是日用且自我而隳也，吾实忍为之也？（句句从胸中流出，意高调高，发场中所不发。）一人之精力有限，（平地中突起奇峰，却又读得去。）用之于光明正大，则性情日益；而用之于诡异奇衺，则中和日乖。是欲出于天地万物之外，以守此空名也，吾亦爱吾力焉耳。（此句收得好。）斯道之羽翼在人，失之于愚夫愚妇，或著察有期；而失之于智士贤人，则荧惑日甚。究且弃而君臣父子之伦，以驰此流誉也，吾终爱吾道焉耳。（脱尽尘言，力抒古调，如此作文，方能醒眼。）况声华不如茂实，与其自炫，毋宁守真，而下学可以达天。”去俗弥远，去道弥近，入理玄言，自然可爱。冯盛典作完上二句，亦拖二比云：“是何好异之徒，乃坏一生之学术，而仅博一虚声也？是何叔世之士，不谙万古之真传，而至惑于异说也？（有此二比，便活动。）吾则以天下事业无限，即庸德庸言，本分内尚多亏欠，安敢舍平易而尚新奇？终身精力有限，即不厌不倦，修为处尚多未逮，何能离经常而务诡诞？况易知易能，圣贤自有定轨，可以鼓众志，而不可以揭真诠，吾弗为也。（“可以”直上，尚少一转，此是欠检点处，不然，可以待众志者为何物耶？）纵辨博炫奇，古今岂无定论？可以邀空名，而不可以昭实诣，吾弗为也。”“纵”字用得好，有此一字，则二比合成一比矣。此四比句句皆不合掌，皆有意见。后用“不然”二字反收二比，此决中之文也。李枟先总起一头，云：“道至中庸止矣，本体昭融易察也，轨则平夷易循也，圣哲无所炫神奇，后世无所施称述，而何世有素隐行怪者？”起此数语亦甚平正，亦有头脑。此下散做几句，即连“有述”作二比，接下云：“术久传而弥炽，名久袭而弥扬。述之者莫觉其非，而为之者竞踵其辙矣。（用此数语，便觉悠扬。）我思为道者，以身合道，非以道徇世也。（切理之言。）即超绝之能，不足以掩悠谬之失，而奈何仍之？为道者，（用两个“为道者”起，亦非大方。）以实求道，非以道邀名也，（对得好。）即末世之称，不足以税生前之玷，而奈何效之？况道妙于中，至易之知，察之无尽；至简之行，由之不穷，何事更求于隐怪？固以力有所专而不暇为。道本无奇，吾守吾愚，犹贤乎隐；吾守吾拙，犹贤乎怪，何必假此以盗名？又以心有所薄而不屑为。”“不暇为”、“不屑为”极点得好，二比皆以“为”字收拾，却是大方家数。后以“盖”字正收二比，又用“不然”二字反收二比，气极条畅。胡震亨先提“隐怪”二字，次反起二比，“素隐行怪”却不做，只依文点过，另作二比云：“此其为人，必素负非常之材望，而足以耸动时流；此其所持，必皆创开之意见，而足以荧惑耳目，后世所由有述乎？夫正学难明而易昧，有一人创异，而薄蚀已多；有众人趋异，而陵夷何底？吾虑其为吾道滋障，而何忍为也？人情厌常而喜新，（对得好。）即一人相煽，而传闻已广；若尽人相知，而蔓延何穷？吾惧其为异端益党，而何敢为也？不特观于易知为知，而见吾之不为素隐，即悟之有形之外，探之无象之乡，其意识似涉幽玄，要皆从易知中寻究也，而不得谓隐矣。不特观于简能为能，而见吾之不为行怪，即轨辙不必循古昔，事务不必拘流俗，其举动似涉迂诞，要皆从简能中变化也，而不得谓怪矣。”意虽人所易到，而语则棱棱见奇。董光宏起云：“道有真体，天所命也，性所率也，愚夫愚妇之所与知与能也，即穷之至玄至微，不得谓隐；即达之可权可变，不得谓怪，而何世乃有素隐而行怪者？”起得新奇，便可命中。邬鸣雷后二比云：“就日用起知能，而愈寻求愈觉有无限之趣，则安事于道外增意障？就暗然生实诣，而求自信不求垂后世之名，则何必为奇诡合时趋？”名理名言，煅炼极精，一见令人击节。

“为天下得人难”，此题只要发得“难”字透彻。张应完先以“不难”反二比，后作六比，极力发挥，比比不脱“难”字，其压倒群英处在此，其局而未化，不得入上乘果中亦在此。大凡善作文者，只要曲写其意，不要直述其词。假如此题只发挥所以得人难之故，不嵌“难”字而其难自见，令人恍然会意乃佳。今必股股入“难”字，则意浅而情促矣。然张文皆就“为天下”发挥，最为得旨。初二比云：“惟曰为天下而得人，明哲登庸则万方褆福，一不致慎而贻忧海内，岂浅鲜哉？是登明吁俊之典，苍生所系命也，何难也？隆治有基必庶明励翼，（不合掌。）一不得人而祸我生灵，岂渺少哉？是安危理乱之机，悬命于人才也，何难也？（先说“致慎”，后说“得人”，先说“海内”，后说“生灵”，先说“登明吁俊”，后说“安危理乱”，极有次第。）方人之伏于岩穴也，遁迹而未揭，韬光而未显，即欲为物色之访，吾何以识其果贤而用之？（如此讲，似得“难”字本旨。）则为天下而举之难。及人之登于密勿也，高贤大良，常含蓄而不炫；佥壬巧佞，且杂进以求庸，即欲为心膂之托，吾何以识其必贤而任之？则为天下而任之难。”“举之难”、“任之难”虽是旧意，而却出以新裁，便觉可诵。后复以“喜怒黜陟”翻作二比，“怒”字、“黜”字皆不着题。末以舜、禹、皋收二比。杨守勤先提二比云：“谓之得人，是举一人之股肱心膂悉注之，自彼非旅进旅退之务也；为天下得人，是举一世之湛恩涉泽悉寄之，自彼非小康近利之司也。（提得最好，在隐见深浅之间。）故责成委任在既得之后，因可坐享其功；而旁求咨访在未得之先，岂容遽副其望？（如此讲来，极有次第。）吾欲为天下得一敷治之人乎？必其人真足熙庶绩、勤四方，乃克跻天下于永赖，虽遍访历试，犹若虑其责任之勿效者，抑何难也？吾欲为天下得分理之人乎？（“敷治”暗指舜，“分理”暗指禹，皋终不若不用之为浑融也。）必其人真足宅四隩（说禹）、粥兆民（说皋），乃克奠天下于生成，虽辟门（说禹）、选众（说皋），犹若虞其付托之未效者，又何难也？天下未平，固天所以开圣人之治，（摹写当时光景。）而承流无托，即圣明何以收兴利除害之功？故虚怀而采，侧席而求，而常惧遭逢之不偶。贞元会聚，正天所以开豪杰之期，（对得好。）而精神未洽，即名世何能建阜财兼善之绩？故梦寐而思，委心而任，而常惧会合之惟艰。”语气和平，词情佳丽，自是必中之文。林杞先以“不难”反起二比，次以“为天下得人”翻二比，即含下“难”字，后实讲四比，云：“圣贤之生也不偶，（开口便见难意。）而况弘才硕德，又不屑屑于见奇，（此第二层难意。）兹欲求之于未知之先，而常恐贤者未必知，知者未必贤。（此即承上二层说，而说其所以难。）即欲不谋父兄，不谋师保，而就真知灼见间得此人也，盖亦难也。英贤之出也有期，而况伟绩宏猷，又不轻试于尺寸，欲任之于既求之后，而常恐所任非其人，其人未必任。即欲不避嫌疑，不避形迹，而就委任责成间得此人也，盖亦难矣。（一股中用二“欲”字，所以文欠清楚，最宜戒之。）将欲得之于枚卜，而毁誉难凭，（此说人。）聪明又难信，（此说己。得此句然后不浅薄。）苟非我之精神会聚一代之精神，而风虎云龙岂其易合？（“风虎云龙”是说易，不是说难，且粗宜换。）将欲得之于弓旌，而物色难求，疑似又难晰，苟非以一人之意气通亿兆人之意气，而气求声应岂其易投？”四比皆刻意发明，朗然佳制。庄学曾后二比云：“概论人，则凡百揆（此二字有疵。）四岳州牧侯伯不乏人也，而有能奋庸熙帝之载，则非智超八表者难以独任而成功，故虽放勋之钦明而犹艰①迪哲；概论得人，则凡寤寐嘉猷延伫忠实者皆能得也，而有能惟时亮天之工，则非德简帝心者难以从容而敷理，故虽以重华之濬哲而犹广四聪。（注中舜及禹、皋只宜用在后，不宜用在前，只宜略点，不宜实做，此作得之。）盖其迪知在考言询事之外，则德会其符；而其孚契在弓旌玉帛之先，实天作其合。”袅袅余音，嘹亮可听。此是一句题，格最难炼。冯盛典先以“得人无难”意浑起一头，次以“中材易致，仁贤难求”意流水二比，然后正讲二比，又用“而况”二字发二比，再以“故”字收二比，格亦炼矣。中二比云：“欲任耳，则彼素不饰声；欲任目，则彼素不饰貌，欲舍耳目而求一登庸贤俊之道，则又阻于闻见之不及而莫可凭。将任人，既惧其生奸，将任己，又惧其滋乱，将舍人己而求一延揽英雄之术，则又限于上下之相隔而莫可据。”层层发意，不言难而难自见。李枟先以“人及得人”意起二比，次作四句，正讲二大比，次以“难”字两两相对作四比，与北京解元“古之学者为己”同格陈论。起云：“盖天下重寄也，为天下得人，岂徒使效一官、居一职？固将令望治之众赖以安全，而此安全四海之人，殆超然于枚求梦卜之外者也。岂徒以应公车、充仕藉？固将令王②位之恩赖以宣布，而此宣布王恩之人，殆吻合于精神心术之微者也。”议论甚大，可以压倒群英。胡震亨中二比云：“将以资格求之，而所任在总理天下之人，则固不若庶官下吏，可律以循资迁转之常也。盖古之论相者，每于功用未兴之日，而即信其不负鼎铉之托，其相知有出于物色之外者焉，而奚得不谓难也？将以才望取之，而所得在专任天下之人，则固不若散曹杂局，可待以量才擢用之例也。盖古之择相者，每于材略未③著之时，而即知其不负台衡之选，其相得有妙于应求之微者焉，而奚得不谓难也？”此题股股要粘着“为天下”发挥，方为本色，若脱了“为天下”，虽意见层出，皆剩语也。

江西“礼乐不兴”二句，此题礼乐精而刑罚粗，作文须于“礼乐”、“刑罚”相关处发出一段精神，乃为得体。盖兴者，乃吾平日教化有以浃洽其心思，而自然兴起也，

---

① 犹艰：“犹”，原缺，据对股补。“艰”，原版漫漶，据残留字形及对股文意补。

② 王：原作“五”，据下文改。

③ 未：原作“夫”，据文意改。

根正名及言事来；中者，谓吾之刑适合受刑者之罪，而大小轻重无弗当也。作者大率皆先提“礼乐”，徐来泰独先提“刑罚”，遂觉醒目。提后又散作一段，末二比反短，缴二比反长，此格之极炼者，又“礼乐”始终不分，元作也。其文云：“人君揽大象以临照臣民，（“臣”字赘，本文只云“民无所措其手足”。）即嚬笑（二字不稳。）爱憎，无敢任情以自恣，况威以惩慝，岂容滥及于贤良？圄空刑措，（对得好。）犹惧法疏而乱生，况刑以禁奸，岂可幸免于有罪？（大意自好，语亦精炼。）此刑罚所以贵中也。顾刑罚与礼乐，不得分之而为两，大率善败常相根，得失可互证者。（散做此段，局面便新。）故邪侈之念萌内，而礼乐之源亏，则刑罚之源即与之俱亏，盖一迷百谬，不可以先后言也。（说无先后，方见两者是一物，方见相因之速，但开股不宜用“盖”字。）颇僻之行形外，而礼乐之用紊，则刑罚之用即与之俱紊，盖一废百弛，不可以低昂论也。由王衷以及象魏，（礼乐在王衷，刑罚在象魏，此句接得甚好。）其中和之度不复睹其端绪。彼诸所谳决，谁非虚无辜之众，于造物之和者？（二句说得粗，非“中”字本旨。）谓眩惑于礼乐，而顾洞晰于刑罚，此必不得之数矣。由主德（“王衷”虚，“主德”实。）以及朝章，其乖戾之气（前说“中和”，此说“乖戾”。）固已莫可挽回。（“端绪”在始，“挽回”在终。）彼诸鞫讯，（“鞫讯”该在前，“谳决”该在后。）谁非诬曲直之辨，爽轻重之衡者？谓礼乐之教久衰，（“眩惑”在“知”上，“久衰”在“行”上。）而刑罚之施偶当，此亦不得之数矣。（句句不合掌。）非故排挤忠良，（当改作诬陷善良，庶几迫切。）而和序之粹德已歉，且日就颠倒而不自知；非故矜宥奸邪，而偏驳之疵类难融，每妄议出入而不自觉。（一句题最难炼格，此是末股却甚短，便觉尾掉而格圆，有翩翩轩举之势。）盖往迹旧典，何难与民晓告？但疏于衷而袭于迹，安所得钦恤之仁？物情世故间，亦引经断疑，但遗其神而窃其文，安所称祥刑之准？”文字有风骨，有思致，珠玑错落，理趣渊沉，神物在前，定当相赏。第二名夏师夔起云：“礼乐之用，在提揭纲常，（暗指“名”字。）而随以明勅法宪。故名无偏置，何名之非礼？（根名说来，甚有理。）其不以偏置之私，轻试于故出故入之际，可知也。名无谬戾，何名之非乐？其不以谬戾之私，横发于议重议轻之间，又可知也。”“礼乐”、“刑罚”联络得好，此点掇题旨较明。后二比云：“法议矜而适调于节，刑罚中亦自有礼乐也。（如此联合，方有意义。）礼乐一紊于伦常，而姑息启宠，究且以之养奸，故法之所禁，主之所宽，而天宪漏于不赦之失。法议辟而不诡于程，非刑罚外专有所谓礼乐也。礼乐一隳于分秩，而恣睢废置，究且以之暴诛，故法之所宽，主之所戮，而文纲滥于无辜之众。”立意既高，随手连词，自有精光透露。王宾贤先以“礼乐不兴，根名不正”来讲二比，甚冠冕。中二比云：“世未有无礼乐以养其心，而其心不出①于恣睢者。夫刑罚者，（即以“者”字承“者”字，放胆之文。）固惨礉之资也，而乘其恣睢之衷，必将以万民之生命，供己之喜怒。即曰吾已督过防邪，而不僭不滥者，何以称焉？世未有无礼乐以经其治，而其治不出于操切也者。夫刑罚者，固绳束之具也，而乘

① 出：原版漫漶，据残留字形及下股同位字补。

以操切之意，必将执一成之律，昧平反之宜。（情理甚切，文之有实际者。）即曰吾以一权制世，而刑清民服者，何以称焉。”不饰华词，惟发直理，此必非汩没于时文中者。吴之才提云：“夫国之法曰刑罚耳，孰为调序是法而定之等者非礼乎？孰为调剂是法而归之当者非乐乎？（如此联合，甚为有理。）此夫得则俱得，失则俱失者也。故刑清政简之风，每多起于清朝；而礼坏乐崩之国，必大乖乎刑宪。”前面提得明爽，以后势如破竹矣，所以文字起处，最当用心。万建元起云：“吾知刑罚之中也，惟无私刑者中之也，礼乐弛而爱憎扰，岂得无私？刑罚之中也，亦惟无繁刑者中之也，礼乐废而法令滋，安得无繁？”“无私”、“无繁”皆推其所以然之意劈头讲来，就用意发挥，如关羽刺颜良于万众中，单刀直入，并不见人。缴云：“盖君之刑人，如其罪而止乃为中。（挑剔得明。）无礼乐之君，意常不平，人鲜能当其意者。入者出之，出者入之，安所云持平之国？人之犯刑，准于法而不过，（前言罪，此言法，罪在民，法在君，前用“正”字，此用“不过”二字，大手笔。文字只用意对，字之多寡并所不计。）无礼乐之朝，法亦不一，人且莫知所承焉。曲者可直，直者可曲，安所见画一之刑书？”闳肆跌宕，并不拘拘于小巧。傅宗皋通篇皆佳，文曰：“礼乐非虚器也，必有自然之情，根于渊微，洽于众庶者，而即为刑罚之律令；刑罚非徒法也，亦必有当然之度，不涉舛逆，不苦跖盗者，而即为礼乐之流通。（联络合缝，体亦雅驯。）故道醇则法立，惟中和之主，即以锡极于兆民；（此是宾。）情偏则制颇，而乖戾之朝，安能独清其政典？（此是主，以“而”字对“惟”字，亦非时文中所有，然体贴题意，合用“而”字，大方不拘也。）吾为按律而求，则五刑五罚之用，一法吏程能足矣，而试定之以轻重之情，使吾之法质之受法之人，两相当而不过，此必有天然之节宣，未有节宣，不契于礼乐，而独能以恣睢之行吻符律度者也，轻重鲜克中矣。吾为循制而行，则明刑敕罚之制，（前说“五刑五罚”虚，此说“明刑敕罚”实。）一掌故习事足矣，而惟平之以出入之准，使国之宪稽之服宪之人，两相符而不忒，此必有一成之品式，未有品式，不闲于礼乐，而直任其悠谬之数妄议条例者也，出入并不中矣。（结构精微，语语入微，必老学也。只此二比是正讲，余皆活动发挥，亦格之至变者，可式也。）盖刑罚以佐德教，非以烦科条。向微礼乐以养其德，则渊涓先入于颇僻，而安能提挈科条以禁民邪？中者以情原，非以法断。（以“中”对“礼乐”，发挥殆尽。）向微礼乐以平其情，则方寸已出于纵恣，而胡不轻戕民命以成己纵？故论作用，则礼乐格于未然，刑罚禁于已然，而格化穷者，政令所以日繁，繁刑者不中；论本体，则礼乐为无形之精蕴，刑罚为有形之铺张，精蕴乏者，铺张所以日胜，刑胜者不中。（此缴有理有意，奇思警句，愈出不穷。）然则礼乐讵可废，而正名乌庸迂乎？”通篇宏博硕大，严整细密，熟之可以开拓笔径，助发文思。曾纯起云：“法令虽辅治之具，而其调剂必本乎主心；明允亦兴理之资，而其厘饬恒视于君德。君兴礼以止民，民不挂①纲矣，即有时以三尺从事，而

① 挂：原作“桂”，但应为“挂纲”，据文意改。

出入之中节者亦礼也。君兴乐以淑民，民乐于令矣①，即有时以刑书为治，而轻重之中情者亦乐也。”此起亦佳。徐调元起云：“夫礼乐也者，非谓一经曲一声音之末已也，从人心生者，以闲乎人心，则入法入柄于此受裁矣；又非谓一创制一考订之粗已也，由吾心出者，以当乎人心，则五刑五罚于此致用矣。”联属有情，最能醒眼。

“素隐行怪”二节，依注平对，便落常诠。场中遇此等题，便须活动，不可拘拘也。江西诸公多二节各做，既是各做，最要整齐，使一线相承，并无剩欠，乃为老手。万建元提云：“吾以为常道未明，则当于群异之中独求真是；常道既著，不当于至是之内自足餍心。”提待醒人，做下节云：“盖以不为于彼而得所遵，亦惟不已于此乃为能遵。既以不求有述而择其常，则亦坚信吾是乃为能常。倘不为人之所为，而复已人之所已，不以遵道固其操；既以已人之所已，将复为人之所为，终以隐怪易其守。”打成一片，联络有情。傅宗皋后二比云：“道贯乎睹闻动静而不为迹，所当析隐微以融其幾者，故吾不敢慕隐怪而离之，亦有见于不可离也，如复废于半途，是犹然叛去昔②伦耳，而乌能止息耶？道寓于日用饮食而不为粗，所当服终身以联其间者，故吾不敢希称述而悖之，亦有见于不可悖也，如复以半途成废，是犹然骛名故智耳，而安能止足耶？故行协于则，当培不息之精神；道止于符，愈绝芬华之意想，庶几弗为于始者，亦弗已于终，而于道或有当耳。”如此讲来，方觉有味。

“大孝终身慕父母”，徐来泰起云：“慕亲之心一耳，而此身之构于物者万变，此心之移于物者亦万变，故孩提知爱，孝思之端仅呈，而终身不渝赤子之真常运，斯所贵于人子者矣，其惟大孝乎？”起得闲雅，最利场屋。王宾贤之格极有变化，实讲二大比，后即用一“夫”字流水二比，云：“夫人世之经历不一，凡可以撄吾私而转吾慕者，终身备尝，即大孝岂无境变？而本来之孩心不凿，思所以顺吾亲而得为子者，终身一念，惟大孝独无心变。”后又以“此”字过下发二比，再以“不然”二字反收二比，匠心匠理，淋漓尽兴，不作经生口吻。吴之才起云：“夫吾所以有吾身者，为有吾亲，则即终吾身，夫孰非父母之身也？吾所以慕吾亲者，为有吾身，则即终吾身，亦孰非当慕父母之日也？”提得明朗，以下作四大比，缴云：“盖时必至终身，而生平之遭际乃可历睹；慕必至终身，而平时之瞻切乃见真情。”遒劲有理。

福建“宽则得众③”四句，解元、第二名时选俱不录。第三名林刚中单起云：“试观自古迄今，几帝几王？风教固殊焉，乃其心宁有异耶？吾见宽矣信矣，敏矣公矣。（总提得旨。）夫非玩纵之为宽也，（前既总提，此须复解。）方寸间（归在心上。）不入于刻，不流于惠，率其一念之体，真足造群生之命者，惟是父母赤子欢相得也，如是者为宽；（应起处。）亦非要结之为信也，方寸中弗贰④以二，弗叁以三，（此二句不及

---

① 君兴乐以淑民，民乐于令矣：“兴”、“民”、“民”、“乐”、“矣”5字原版漫漶，据残留字形及对股文字改。

② 昔：原作“者”，据对股及本股文意改。

③ 众：原作“中”，音近致误，据《四书章句集注》改。

④ 贰：原作“二”，据《周易衍义》改。

前比远甚，前以“惠”对“刻”，寓意须远，此“二”、“三”总是一意，又词近腐烂。）率其一念之敦，真足摄中外之神者，惟是亿兆苍生缓急倚之，如是者为信。敏非强作之谓也，一念醒，百念俱醒，直将竖不世之鸿猷，而有功于天，有功于地者，此敏之道归耳；公非假合之谓也，一念通，万念皆通，不啻大快于千古，而相悦以道，相悦以解者，此公之名归耳。体天地易简之仁，律天地四时之令，使血气之伦百相依而百相信；存天地不亡之神，奉天地无私之德，又令朝野之内政不忒而民无虑。”结得冠冕，后更着數语收拾，尽自可人。题目本俗，最难精采，稍知煅炼，便出色矣。第四名王继曾起云：“为天下者，上不可有操切绳下之心，下亦不可使有不信人主之意；朝不可有因循不振之功，国亦不可使有偏枯隔阂之治。”此从顾泾阳“道千乘之国”墨卷来，正用得着。黄日耀两股双起，讲语亦可观。首二句讲云：“吾知其宽矣，而众得焉。盖谓之众，则其意愿骈集，不可欺以驩虞者，倘驰骤严则众解体。吾以心之宽容天下，毋隘毋褊，罗区宇而包之以容德，即起念之旷荡已潜摄于众念，夫谁有离其主者？又知其信矣，而民任焉。盖谓之民，犹然太初一脉，不容参以二三者，倘徂诈用则民携贰。吾以心之信联天下，何二何三？撤藩篱而照之以真悃，即发念之真元已潜摄于众念，夫谁有背其主者？”词亦精炼，讲完缴云：“意念聚则必泄，既以吾心布之天下；精神往则必收，亦以天下证之吾心。此治法也，即心体也。”收得新而雅。

“忠恕违道不远”，解元洪承选首二比云：“道之初，非惟无物，抑且无念，想念起而计较生，而道始远矣。忠恕者，于万念不起之中，忽然笃实之念起，持此为矩，即所以合矩于太始之真也。心即为矩，道何近如之？道之初，非惟无境，亦且无情。情一萌而巧故乘，而道滋远矣。（以“滋”对“始”字，便不合掌。）忠恕者，于一情不增之地，蔼然真切之情动，运此为衡，即所以符衡于无妄之元也。心即为衡，道何近如之？”切实近理之文，最醒人目。王继曾中二比云：“大道原无畛域①，不生焉②，其庶不远于道之大道也乎？大道原无歧路，完之即为一体，雕之而始有情识，忠恕之境，犹然一体未雕之境也，盖忠恕而歧路不生焉，其庶不远于道之大全也乎？”亦见理可诵。束云：“心各具一忠恕，则耳目肝胆无之而非道也；人各具一心，则愚夫愚妇无人而不可近道也。”亦佳。俞诲中二比云：“非必勉强之后，渐成自然，始与道一，试就此勉强之一念为能，力撤其情识之累，情识不得参焉，渊然一实之涵，而天地之心见矣，于道不远矣。非必推扩之极，终归浑化，始与道合，试就此推扩之一念为能，力祛其幻妄之蔽，幻妄不得乘焉，扩然万象之通，而性真之原彻矣，于道不远矣。”发尽题旨，抉精入微。

“圣人治天下”二句，洪承选起末皆可。起云：“曰天下是以天下之积为积也，其根本命脉当为一世计，不宜有独荣独瘁也；曰治天下是以天下之道治天下也，其盈缩剂

① 畛域：此后漏引相当于对股“完之即为一体，雕之而始有情识，忠恕之境，犹然一体未雕之境也。盖忠恕而歧路”的一段文字。

② 不生焉：此3字所属原句据对股应为“盖忠恕而畛域不生焉”。

量当与万方共，不宜有独丰独约也。”末二比云：“以用论，水火菽粟均为自然之民利，圣人者，因天地以补助天地，盖使寰宇内相为藏蓄，相为灌输，而初无在官在民之分。以足论，水火菽粟复为民间之长物，圣人者，因生人以膏润生民，盖使亿万姓自相剂量，自相流通，而更无在己在人之别。”有此起束，通篇只信笔写去，无非佳境。

湖广“择可劳而劳之”四句，解元熊廷弼通篇皆佳，先总起二句，云：“人主不可置民于怨，尤不可自见其贪。”即接云：“怨则众挠其政，上即势能驱万众，而劳不择可，众实有口，胡可弭也？唯择可劳而劳之，是上熟其便，而不得不借力于民者也，亦下规其宜，而窃愿效力于君者也。以一劳收永逸，即以劳天下之心逸天下，虽劳亦逸也，何必不劳？况择之自君，既已心劳百姓矣，彼民者，亦岂有爰焉其以为怨也？（句句发意，古色苍然。）贪则自蠹其政，上即势能供万欲，而欲不以仁，心实居污，胡可讳也？唯欲仁得仁，是从泊然无欲中，自发其真机者也，亦从欣然可欲中自符其本体者也。以真欲契真理，即化吾心之欲而为理，虽欲亦理也，何必不欲？况所得在仁，既已还归无欲矣，即多取，岂外益焉其以为贪也？”文字最难得古，此文宜熟玩。刘芳节束云：“要之父母虽爱不能无劳，然以易树怨者不至于斂怨，则何必捐役而后可以洽民心？天地至仁，不免有憾，独以济同欲者卒归于无欲，则何必绝欲而后可以清主德？”束得有味，自然可取。

“知耻近乎勇”，刘芳节中二比云：“诚知人与我同此德性，彼何为千古独景其懿铄，我何为自堕凡庸也？毋乃彼励志而勤修，我徘徊而愿息？与其耻之为耻，将若无地以自容，而力剖积习之障，勉追千古之踪，就此耻时，身体发肤，皆若为之鼓其壮者，而勇近矣。又知人与吾共是区宇，彼何为百世独嘉其圣神，我何为自沉晚季也？毋乃我因循而不振，彼勤励而加修？与其耻之为耻，将若无辞以自解，而力起昏逾之习，远慕百世之芳，就此耻时，耳目心思，皆若为之助其健者，而勇近矣。”摹写逼真，纵横透露，思沉而神王，佳作也。汪之彦以“智仁”作二比，云：“智临之主，耳目心思无非体睿含灵之府，我何以顽愚不聪如此乎？慧识乍辟，顿觉平昔之障翳悉融，而除痳复醒之日，即精鬯神王之日也。彼其盟心好学，有意气皆为贾壮，而神情尽为助发者，此一念雪耻之心，其适于天德一间矣。仁育之君，心知血气无非还真去妄之功，我何以沉溺不返如此乎？灵窍甫动，顿觉夙昔之蒙蔽尽捐，而释迷就瘖之时，即志扬气露之时也。彼其矢志力行，有手足皆为鼓舞，而发肤悉为踊跃者，此一念免耻之心，其去夫天德不远矣。”刻意发挥，形神俱壮。

“有事君人者”二节，熊廷弼先以“悦”字平提二比，云：“悦出于人情之所易昵，而其事巧，其合易，故邪臣记之以行私；悦根于天性之所自植，而其迹忤，其计便，故忠臣输之以明节。”下二段轻重相形做，最为得体。刘芳节上轻下重做，讲完上节，过下云：“耳之臣也，百图己之便，不顾君之安；百虑己之私家，不一问君之社稷，君亦何利于有此臣哉？”此过有力。缴云：“盖彼之为悦周身之计，固百密不使一疏；此之为悦社稷之卫，亦万全不使一隙。所悦出于周容也者，其意态毕竭于趋承；所悦出于计安也者，其心思悉殚于辅翼。故惟容之为悦，而始曲尽小人之情态；亦惟安社稷之为悦，而始曲尽忠臣之极思。”袅袅余音，三复有味。

河南“子路问事君”一节，解元全燧通篇皆纯正，末二比更佳。其文云：“盖欺之罪大，岂人臣所甘蹈？第爱君不胜自爱，则欺而不自知，故必盟心屋漏，斯可仰对一人，虽不犯而素心已尽。犯之名逆，又岂臣子所忍为？第面从不如面折，则犯而不容已，故必矢志彤庭，斯可上禅君德，即触忌而真心益明。”场中极赏此二比，精切痛快，果能发人所未发，此必中之作也。第二名屈允高起云：“吾人自诚意以来，无一可自欺之事，而事君尤甚；自委质以来，无一可欺君之时，而犯君尤甚。臣而于犯，非臣之愿也，而奈何重以欺之？然臣而至于讳犯，尤非臣之愿也，而惟勿以欺行之。”提得明白，后便好讲。严士节起云：“萌之方寸而可彻之九重者，心是也，而欺恒为之障。此心苟欺，则默之固为隐讳，而犯之亦为激昂。犯①而行，固为幸中，犯而不行，且为厉阶，故非犯之难，而勿欺难也。”此起亦好。刘格缴云：“盖欺者有为而为之心，心苟出于有为，则犯也不当只为枝蔓②，犯也而当犹为借资，是一欺百欺之弊也，而非蹇谔之不足重也。不欺者无为而为之心，心诚主于无为，则明诤显谏是谓犯而不犯，潜移默夺是谓不犯而犯，斯信而后谏之道也，而何尽心之非致主也？”发挥透彻，题无遗旨。

“隐恶而扬善”，全燧后四比云：“圣人之量宏，宏则廓然大同之衷，人己两忘，善恶自化，故其扬者游于无我，而其隐者，亦取善中海涵之度量也。总之，舍己从人，襟度阔然，而非有笼络之术。圣人之志公，公则浑然天理之中，一善为宰，众恶悉捐，故其扬者符于心印，而其隐者，亦取善中光明之胸次也。总之，博览恕收，心神朗然，而非有鼓舞之私。（剖精泄③秘，言言出自理窟。）盖求言若渴，则得其善即忘其恶，而两途不滞于胸中；从善如流，则见其善不见其恶，而一念浑游于无外。”卓然神构，音节俱高。屈允高后四比云：“天下惟恶悔而善明，隐者因其晦，而扬者因其明，则隐之扬之者，亦非我也，是谓以天下处天下；天命止有善而无恶，扬者所以彰其有，而隐者所以泯其无，则所隐所扬者，我亦不知也，是谓以天道处天下。众人以含垢为隐，劝善为扬，总属有心，而其智小；圣人以无垢可含为隐，以取善而与善为扬，总归无心，而其智大。”自出已见，毕力摹写，而末二比尤胜。

“于不可已而已者”二句，此题枯淡，最难措手。全燧云：“夫天下有大要务，惟我总持；有细节目，惟我分摄，宁有可已者？然而以巨细较，则不可已者为可已者之纲；以缓急较，则已于不可已者为无不已者之渐。”起说“不可已”，有见，转下甚圆，此举业真正路头也。后四比云：“盖曰不可已者，是事有不容诿之责，而我操可以为之权于此一已，则必积废于将来，此已之由始也；曰无不已者，将视天下有不必理之务，而吾人有不必用之心于此尽已，则实因原于始念，此已之所由成也。吾闻君子自强不

① 犯：原无，据上下文意补。

② 枝蔓：底本漫漶，据安博本补，原作“支漫”，据文意改。

③ 泄：原为“汐”，音近致误，径改。

息，则何可以有已心？圣人纯亦不已，则何可以有已事？夫已实一念耳，而弊至于此也，则已之端可开哉？”闻是科河南场中为此篇黜落甚众，独全公通篇条畅，遂首选刻程。靳学大后二比云：“抱老成之卓识者，沉谋远虑，类由急以及缓，而精神一弛，则急者缓，而缓者更何望其急？只见凌夷而不可复振。达治体之鸿猷者，深思却顾，恒由要以及略，而意气一懈，则要者略，而略者何望提其要？将主百废而不可收拾。”明白雅畅，而意味亦永。李经礼末二比云：“虽天下事失之于此，犹可冀得之于彼，然而大纲既颓，安问细目？一失永失，当其始之逡巡时，而已卜其终。虽人之情忽略于前，犹可望振举于后，然而巨典已废，安问末节？一废百废，当其初之畏缩时，而已定其衡。”亦明彻可观。凡场场遇此枯题，必当抖擞精神，极力抒写。盖小题当大做，枯题当腴做，浅题当深做，此自然之理也。

山东“见志不从”二句，郭文英起云：“夫幾者，微也。微而动之，虽暴必容，而至微所不能动，此宁可以口舌争之，而以厌斁乘之？幾者，隐也。隐而讽①之，虽昏必悟，而至隐所不能讽②，此宁可以词说屈之，而以拂忤诿之？（承“幾”字说入，大有识见。）”中二比云：“托言在此，正欲亲之悟意在彼，乃潜而察亲之志，则见有坚决而未尽释者，吾旁引四逾之初心何以通之？敢不敬与？所为祗载夔栗，以将我委婉之情者，又惓惓不置矣。悟亲以言，尤欲悟亲以不言，乃默而窥亲之志，则见有龃龉而未尽合者，吾反复展转之初意何以达之？敢不敬与？所为温恭寅恪，以摅我中心之愿者，又恳恳不怠矣。”深入发意，恣态横生。缴云：“不然，我强谏而亲不从，其失不独在亲；我弗敬而又不从亲，其失反在于我。亲不从我，则其失犹有时，而觉我弗敬而至于违，则其罪无时，而可赎矣？”意见俱高。

“《诗》曰‘天之方蹶’（至）‘谓之敬’。”宋鸿儒讲完《诗》语，过下云：“泄泄非他也，祗事坏于从谀，矩矱败于逾检，议论恣乎胸臆，陈说悖乎先王。此其心若将曰苟可进之君，何必于难？而吾亦不失为恭顺。又将曰苟可陈之君，何必于善？而吾亦不失为敬共矣乎？不知恭不可假，惟其责难者称焉；敬不可饰，惟其陈善闭邪者称焉。”讲“泄泄”即影下“事君无义”三句，最有理。后二比以“恭”、“敬”浑讲尤高，此老成之笔也。末缴云：“盖非名义不以事君，非典礼不以持身。非指陈先王不以腾说于口，而所以反泄泄之习，挽方蹶之天者，竭有赖矣。”毫无渗漏。杨巨鲸讲《诗》云：“周人忧王室之将仆，惧天意之难回；愤王臣之惰窳，慨恭敬之牢□③。志刺也，亦志思也。”剥垢见于文采，奕奕生题④。

好者颇多，今不尽录⑤。

---

① 讽：原作“飒”，于文意不通，疑作“讽”，形近致误，据文意改。

② 讽：原作“飒”，于文意不通，疑作“讽”，形近致误，据文意改。

③ □：此字原为“俪”，于文意难通，底本及安博本皆作此字，无可校勘，存疑。

④ 题：原版漫漶，据安博本补。

⑤ 今不尽录：此句结束全文在上半叶，下半叶有花叶图案，其中题款云：“万历壬寅孟冬月双峰堂余文台梓。”

游艺塾续文规

《游艺塾续文规》卷次

游艺塾续文规引

（缺半叶，约65字），□□□之也。丙戌荆石王老师主试，《会试录序》有云：“世有大欺而习焉不察者。夫今主司之程士，其有不搤吭谈成弘之际者乎？其亦有以成弘之文课子弟者乎？士之字雕句缋、剽猎诸子百家之唾余，见谓弗收，至主司自为辞，非诸子二氏无取也，籍具在此，可谓不欺否？臣以为明兴迨今，太平盛理，如日方中。皇上绍隆棫朴，弘振典谟，久道之化，且日融月浃，士当其扶舆元气尽泄之时，势不得不日趋于文，而主司业受其必趋之势，羞太牢以进，自不得复借口含菽饮水之适也。故臣今者相士，神识藻采，无所偏遗，间亦颇参诸子二氏微言不诡于六藉者，惟剽猎雕缋无取焉，而臣又不敢自犯绮语戒，以明不欺。”①

夫今□□之取士者，有能尽忠不欺如老师者乎？有能酌风会之流，折文质之中如老师者乎？又有能不遗诸子百家，复不诡于六艺，而使豪杰向庸者乎？故愚以为老师此言，乃今日取士之指南，百世语文之标准也。因述其言以为引。

赐进士出身前奉

敕赞理蓟辽、保定、山东等处军务兼督朝鲜兵政加四品服兵部职方司主事袁黄撰。

① 引号内文字原缺损严重，不能卒读，据《四库全书》本《文章辨体汇选》卷三百二十三王锡爵所作《丙戌会试录序》补。

游艺塾续文规卷之一

赵田逸农袁黄坤仪甫辑
门人刘有执无竞甫阅
男袁天启若思甫订
嗣男叶绍袁仲韶
侄孙袁祚熙载之甫同校

旧日《文规》首列论文诸款，皆系唐宋诸名家论古作之说，今辑我朝前辈论举业者，汇而列之，以便观法①。

阳明②王先生论文

示徐曰仁应试③

君子穷达，一听于天，但既业举子，便须入场，亦人事宜尔。若期在必得，以自窘辱，则大惑矣。入场之日，切勿以得失横在胸中，令人气馁志分，非徒无益，而又害之。场中作文，先须大开心目，见得题意大概了了，即放胆下笔，纵没出处，词气亦条畅。今人入场，有志气局促不舒展者，是得失之念为之病也。夫心无二用，一念在得，一念在失，一念在文字，是三用矣，所事宁有成耶？只此便是执事不敬，便是人事有未尽处，虽或幸成，君子有所不贵也。将进场十日前，便须练习调养。盖寻常不曾起早得惯，忽然当之，其日必精神恍惚，作文岂有佳思？须每日鸡初鸣即起盥栉，整衣端坐，

① 观法：底本原版缺损，据安图本补，内阁文库本同。
② 阳明：原缺，据目录补。
③ 示徐曰仁应试：本篇只是节引原文，以下各篇大多如此，有的字句与原文相比，甚至差别较大，不另注。

抖擞精神，勿使昏惰。日日习之，临期不自觉辛苦矣。今之调养者，多是厚食浓味，剧酣谑浪，或竟日偃卧，如此是挠气昏神，长傲而召疾也，岂摄养精神之谓哉？务须绝饮食，薄滋味，则气自清；寡思虑，屏嗜欲①，则②精自明；定心气，少眠睡，则神自澄，君子未有不如此③而能致力于学问者，兹特以科场一事而言之耳。每日或倦甚思休，少偃即起，勿使昏睡；既晚即睡，勿使久坐。进场前两日，即不得翻阅书史，杂乱心目，每日止可看文字一篇以自娱。若心劳气耗，莫如勿看，务在怡神适趣。忽充然滚滚，若有所得，勿便气轻意满，益加含蓄酝酿，若江河之浸，泓衍泛滥，骤然决之，一泻千里矣。每日闲坐时，众方嚣然，我独渊默，中心融融，自有真乐，盖出乎尘垢之外而与造物者游。非吾子概尝闻之，宜未足以与此也。

书中天阁勉诸生

“虽有天下易生之物，一日暴之，十日寒之，未有能生者也。”承诸君之不鄙，每④予来归，咸集于此，以问学为事，甚盛意也。然不能旬日之留，而旬日之间，又不过三四会，一别之后，辄复离群索居，不相见者动经年岁，然则岂惟十日之寒而已乎？若是而求萌蘖之畅茂条达，不可得矣。故予切望诸君勿以予之去留为聚散⑤，或五六日、八九日，虽有俗事相妨，亦须破冗一会于此⑥，务在诱掖奖劝，砥砺切磋，使道德仁义之习日亲日⑦近，则世利纷华之染亦日远日疏，所谓“相观而善⑧”、“百工居肆以成其事”者也。相会之时，尤须虚心逊志，相亲相敬。大抵朋友之交，以相下为益。或议论未合，要在从容涵育，相感以诚，不得动气求胜，长傲遂非，务在默而成之，不言而信。其或矜己之长，攻人之短，粗心浮气，矫以沽名，讦以为直，挟胜心而行愤嫉，以圮族败群为志，则虽日讲时习于此，亦无益矣。秀才之不能不做时文，犹农夫之不能弃耒耜也。既做时文，必须有个真种子，时时求致吾之良知，使胸中无纤毫鄙秽之气，然后执笔为文字，要发明古圣贤之蕴。凡天地间至精至妙之理，只在寻常日用中，我方寸内无不具足，不必远去寻求，但能收敛元神，下笔定然不凡矣。诸君念之念之。

书正宪壁⑨

今人病痛，大段只是傲。千罪百恶，皆从傲上来。傲则自高自是，不肯屈下人。故

---

① 嗜欲：底本缺损，据《四库全书·王文成全书》补。
② 则：底本缺损，据《四库全书·王文成全书》补。
③ 不如此：底本缺损，据《四库全书·王文成全书》补。
④ 每：底本缺损，据《四库全书·王文成全书》补。
⑤ 散：底本缺损，据《四库全书·王文成全书》补。
⑥ 于此：底本缺损，据《四库全书·王文成全书》补。
⑦ 日亲日：底本缺损，据《四库全书·王文成全书》补。
⑧ 善：底本缺损，据《四库全书·王文成全书》补。
⑨ 壁：《四库全书·王文成全书》作“扇”。

为子而傲，必不能孝；为弟而傲，必不能悌；为臣而傲，必不能忠。象之不仁，丹朱之不①肖，皆只是一“傲”字，便结果了一生，做个极恶大罪的②人，更无解救得处。汝曹为学，先要除此病根，方才有地步可进。“傲”之反为“谦”，“谦”字便是对症之药，非但是外貌卑逊，须是中心恭敬，樽节退让，常见自己不是，真能虚己受人。故为子而谦，斯能孝；为弟而谦，斯能弟；为臣而谦，斯能忠。时文要温柔典雅，汝果能谦退，则心必平，气必和，发之为文，亦温顺妥帖，而无叫号怒厉之习。汝曹勉之敬之。

论圣学无妨于举业

钱德洪携二弟德周仲实读书城南，其父心渔翁往视之。魏良政、魏良器辈与游禹穴诸胜，十日忘返。问曰：“承诸君相携日久，得无妨课业乎？”答曰：“吾举子业无时不习。”其父曰：“固知心学可以触类而通，然朱说亦须理会否？”二子曰：“以吾良知求晦翁之说，譬之打蛇得七寸矣，又何忧不得耶？”其父疑未释，进问先生，先生曰：“岂特无妨？乃大益耳。学圣贤者，譬之治家，其产业、第宅、服食、器物，皆所自置。欲请客，出其所有以享之，客去，其物具在，还以自享，终身用之无穷也。今之为③举业者，譬之治家，不务居积，专以假贷为功，欲请客④，自厅事以至供具百物，莫不遍借。客幸而来，则诸贷之物一时丰裕可观，客去，则尽以还人，一物非所有也。若请客不至，则时过气衰，借贷亦不备，终身奔劳，作一窭人而已。是求无益于得，求在外也。”明年乙酉大比，稽山书院钱楩与魏良政并发解江、浙，其父闻之，笑曰：“打蛇得七寸矣。”

守溪王先生论文

与顾生书

拙稿皆窗下漫笔，当时虽据一时所见，尚落言诠，所谓法华转也。大抵举业虽非上乘之文，然以吾真实之心思，发圣贤真实之教诲，须将种种嗜欲尽情抛舍，种种伎⑤俩尽情抹杀，而一意于文，专心凝习，用工久之，自有觉悟。至于有悟，自我知之，自我言之，难以尽语之人，即语之，亦不过因言寓意，若其端的非功与己齐，亦未可以想象

① 之不：底本缺损，据《四库全书·王文成全书》补。
② 罪的：底本缺损，据《四库全书·王文成全书》补。
③ 之为：底本缺损，据《四库全书·王文成全书》补。
④ 请客：底本缺损，据《四库全书·王文成全书》补。
⑤ 伎：原作“技”，径改。

而言，解释而得也。故鄙人前日之文，皆梦中呓语，每一检阅，即赧然汗颜，辄欲弃去，而乃以之灾木过矣。

答朱阳伯书

某幼承父师之命，学作时艺，鄙性素无他好，得专意于学。初将先辈旧作及诸程墨一一讲解而习之，卒不肖；次将《左》、《国》、《老》、《庄》之属句句而模仿之，亦不肖。盖肖与不肖，其机常在倏忽微渺之间，任之则成驰骛，执之则拂生机。于此调停，骎骎乎若可以上进而联登科第，遂弃去不复习。志欲达而忽止，功未竟而先隳，常以为憾，而来书乃称奖太过，意者非情乎？

示馆中诸生

汝辈做举业，须先打扫心地，洁洁净净，不使纤毫挂带，然后执笔为文，不论工拙，定有一段潇洒出尘之趣，纵不能为祥云甘雨，断不落沴气中去。故平日觉胸中有鄙秽牵缠，如眼中钉，时刻无可留停，无可替换，自朝至暮，如丝过扣，斩钉截铁不得，才是真做举业者。若不理会自己，而专于旧时文上东涂西抹，虽能窃取科第，终非上乘举业，而况科第又未必得哉？

答温道甫书

世间众艺，如击剑习射、写字博弈之属，不遇明师指点，终不得其妙处，况举业文字以古昔圣贤仅存之言论，而描写其精神，所谓进乎技者也，岂可自是自高，而不就正于作者之门乎？大率学业之不工，由师友之不立；师友不立，由胜心未除，而取善不广也。古之人有友一国之善士者矣，有友天下之善士者矣。今同居一邑，或同生一家，而不能取益，才能遣词，便自负以为极，则此人品之最陋、最可鄙者也。吾友不远千里而求教于予，此真有志之士，仆所畏而敬焉者也。

答陈直卿书

文有源委，非人所能强为也。夫子不云乎“辞达而已矣”！是辞其后也，将以达意，意实先之，故有蓄意而不尽形之辞者矣，未有辞至而意不足者也。辞不足，意无所于至，譬之于水，混混有源以出之矣，然后舂击而为涛，渟涵而为渊，迅驶而为湍，萦回而为澜，衍迤而为波，光浮纹蹙，沫溅洑射，随其所遇，各效奇巧，以尽变态，而又晶融澄彻，不入滓秽，至其经流之连络，又且曲屈往复，自源达委，靡有断绝，使人迫而观之，心神昭旷，徘徊而不能舍。夫文之不可强为也，何以异于是？前辈有能之者，必其中有自得，实见此理之流行，横斜曲直，小大清浊，无所不在，于是触幾发微，或缘彼而归此，或即显而探微，细则取巨，巨则取细，常藏于变，变藏于常，纷纭轇轕，不可终穷，虽欲不为波涛湍澜之类不可得也。辞尽其变，而意始融，意融而后辞乃益至，虽欲文之无工不可得也。不见丹诀禅偈乎？辞若鄙俚，然而终必传者，其中诚有之也。兄之文脱去往日蹊径，骎骎上进，而造辞之工，则沉滞秾腴，句歼字刮，使读者停思，而后能悟其措意。以此自娱则可，以此应试，则非利器矣。至于《孟子》诸作，立论正大，无复可议，独欠专欠断，时复野战，虽多渊澜，却于经流不免分杀其势，此仆之所未满也。

答张元夫书

夫文非艺也，本之吾心而发之于言，不可伪为也。故看书明白，则词措而理显；养得深厚，则兴至而格立。神定者，其力专；理精者，其意彻。学也而文在其中，故论文即道也。执事之文，字字中肯綮，句句发妙义，然而终非本色语。盖以时文为时文，而不以我去为时文，终日翻来覆去，只是几句旧时文中说话，未尝自辟一乾坤，自设一炉冶，虽竭精殚力，终不能出人头地也。

又

六经者，圣人以其心之精微示人者也。汉儒始为训诂，止释其字，而未尝阐其义也；宋儒变为传注，专主阐发义理，而孔孟之意，有十不得一二者矣。王安石以经义取士，我朝因之，又变传注为讲说，而相违转远。今日应试之文，则又变讲说为词章，而于圣贤立言之旨，有茫然不测其故者矣。譬如卖乳者，初时真乳也，既而和之以水，然犹乳九而水一也；久则乳少水多矣；又久则纯水而无乳矣。盖六经，真乳也，汉儒之训诂，则和之以水矣，若讲说，则水多乳少，至于时义，则纯水而已矣。故吾辈为时文，不可翻阅讲章，亦不可专主传注，须澄神定虑，先将经书正文从容讽绎，务要见古先圣人立言之意，看得明白，然后以胸中之真见发而为文，则不期精而自精矣。

荆川唐先生论文

答茅鹿门

文章家，绳墨布置，奇正转折，自有专门师法。至于中一段精神命脉骨髓，则非洗涤心源，独立物表，具今古只眼者，不足以与此。今有两人，其一人心地超然，所谓具古今只眼人也，即使未尝操纸笔，呻吟学为文章，但直据胸臆，信手写出，虽或疏漏，然绝无烟火酸馅习气，便是宇宙间第一样绝好文字。其一人犹然尘俗中人也，虽其专专学为文章，其于所谓绳墨布置，则尽是矣，然翻来覆去，不过是这几句婆子舌头语，索其所谓真精神与千古不可磨灭之见，绝无有也，则文虽工，而不免为下格。此文章本色也，即如以诗为喻，陶彭泽未尝较声律，雕句文，但信手写出，便是宇宙间第一等好诗，何则？其本色高也。自有诗以来，其较声律，雕文句，用心最苦，而立说最严者，无如沈约，苦却一生精力，使人读其诗，只见其捆缚龌龊，满卷累牍，不曾道出一两句好话，何则？其本色卑也。本色卑，文不能工也，而况非其本色者哉？

答俞教谕

夫业无定习，而心有转移。苟真有万物一体之志，则虽从事于举业以进身，未尝不为义涂也；若使有独为君子之心，则虽从事于饬躬励行以退处，未尝不为利途也。经义策试之陋，稍有志者，莫不深病之矣，虽然，春诵夏弦，秋礼冬书，固古之举业也，固未尝去诵与书也。苟无为己之心，则弦诵礼书，亦只为干禄之具；苟真有为己之心，则经义策试，亦自可正学以言。昔人妨功夺志之辨，此定论也。至于以举业为教，则稍有志者，亦知深病其陋矣。吕伯恭以举业教浙中，而朱子以书规之，伯恭答书以为若不开此一路，则法堂前草深一丈。仆尝诵而窃叹，以为此极是前辈苦心，非特后之人未能知，虽当时同志者，亦未能尽知也。仆年来则已决意绝去举业之教矣，而犹琐琐为执事言者，盖亦自知今之不教举业，未为脱洒，而向之教举业，未为粘带也。今之不教举业，未必足以闭人之利途；而向之教举业，未必不引人一二于义途也。至于道德性命技艺之辨，古人虽以六德六艺分言，然德非虚器，其切实应用处即谓之艺；艺非粗迹，其精义致用处即谓之德，故古人终日从事于六艺之间，非特以实用之不可缺，而姑从事云耳。盖时义虽卑，即此而鼓舞凝聚其精神，坚忍操炼其筋骨，沉潜缜密其心思，以类万物而通神明，故曰洒扫应对，精义入神，只是一理。艺之精处即是心精，艺之粗处即是心粗，非二致也，但古人于艺，以为聚精会神、极深研幾之实；而今人于艺，则以为溺心玩物、争能好胜之具。此则古与今之不同，而非所以为艺与德之辨也。仆所愿执事之于诸生，即举业之中而示之以穷经明理、反躬着己之路，而默消其干名好进之心，则是举业中德行道谊也。方且顺而导之，正不必逆而沮之也。

答蔡可泉

自古文人虽其立脚浅浅，然各自有一段精光不可磨灭。间开口道得几句千古说不出的说话，是以可传，惟其精神，亦尽于言语文字之间，而不暇乎其他，是以谓之文人。仆不能为文，而能知文。每观古人之文，退而自观鄙文，未尝不哑然笑也。半生簸弄笔舌，只是几句老婆舌头语，不知前人说了几遍，有何新得，可以闻理道而裨世教者哉？

与二弟正之

行者居者①，形迹各别，然理道无二致也，日用功夫，亦无二致也。汝兄在山中，若不能谢遣世缘，澄彻此心，或止游玩山水，笑傲度日，是以有限日力作却无益靡费，即与在家何异？汝在家若能忍节嗜欲，痛割俗情，振起十数年懒散气习，将精神归并一路，使读书务为心得，作文务从心中流出，则与在山何异？艰哉艰哉，各各努力。居常只见人过，不见己过，此学者切骨病痛，亦学者公共病痛。此后读书做人，须苦切检点自家病痛，盖所恶于人许多病痛，若真知反身，则色色有之也。

答廖东雩提学书②

文与道非二也，更愿兄完养神明，以探其本源；浸淫六经之言，以博其旨趣，而后发之，则兄之文益加进矣。

与张本静

令兄质地近朴，愧不能有以开发之，且抱病亟归，又不能久相与也，然家庭兄弟间有余师矣。至举业一节，似亦未尝苦心其间。今但令其读古儒先之书，反之于心，稍稍窥见理路，然后转向举业上去，庶乎其不差耳。

答侄孙一麐

得来书，言吾侄孙之病此心恻恻，不能专精，致神溺书册，羡技能，以为养身养心之累，此说诚是。若使尽捐书册，尽弃技能，兀然槁形灰心，亦非大难事，而精神无凝聚处，亦自不免暗路漏泄。若就从读书作文中将此心苦炼一番，使读书而燥火不生，作文而妄念不起，亦对病下针之法，未可便废也。燥火不因读书而有，特因读书而发耳；妄念不因作文而有，特因作文而发耳。既不因读书作文而有，则虽不读书不作文，亦安得谓之无乎？

与冯午山

必秀才作文，不论工拙，只要真精神透露。如有真精神，虽拙且滞，必是英俊奇伟

---

① 者：原作“之”，据《四库全书·荆川集》改。

② 雩提学书：原版漫漶，据《荆川集》补全。

之士，不然，虽其文烨然，断非君子。公考试看文，不必论奇论平，论浓论淡，但默默窥其真精神所向。如肯说理肯用意，必是真实举子；如无理无意，而但掇取浮华，以眩主司之目，必是作伪小人，此是阅卷大关键。洪方洲传示济南李直文字，全无一毫理意，而但掇拾古人奇字俊语，以马庄严黄口学语未成，固无足怪，且崆峒强魂，尚尔与草附木，为祟世间，而轻薄后生欣然依附之，以为文章当如是，不务自得，而惟拾古人残魂旧魄以自相标榜，此可以欺众人，而不可以欺豪杰也。

答袁坤仪

一

自杭往越，得吾弟相依，殊不落寞。所讲诸题，皆一时信口说话，吾弟遂笔记而传录之，极见好学之笃。六经之言，皆是古昔圣人以其心之精微形之副墨者，不可全靠他人讲贯，亦不可依稀忆度，须死心塌地，抛弃万缘，下数月死功，朝夕涵泳，忽然有省，便有入头处。既有省悟，而后观前辈讲章与先儒传注，皆是梦中说梦。故善读书者，当借传以明经，不可驱经以从传；当尊经而略传，不可信传而疑经。千万记取。

二

昔王、蔡二子从幼同学，并不相离，其学识亦无上下，偶隔旬日不相见，而王之识见议论顿觉长进。蔡质诸其师，师曰："彼不见异人，必见异书矣。盖人心中道理虽各具足，不触发则不能长进。今世求异人固难得，若《楞严》、《维摩》、《圆觉》诸经，皆所谓异书也。不但东坡苏公之文于《楞严》得悟，我于禅书不止此三经，涉阅颇广，自知得益甚深。"吾弟于世情颇淡，今将一切闲书尽从屏省，只将此三经从容熟玩，句句要透悟本心，字字要消归自己，倘于诵持理会，忽然踏着娘生鼻孔，一言会意，通身汗流，耳目口鼻，虽然旧时一样，而聪明智慧，盖天盖地，已非旧时人物矣。此是老夫试验良方，若能信受，决不相赚。

三

古圣贤教人，虽一曲艺，未尝不与心学相通。能以养心为主，时时刻刻收摄精神向里，然后从而读书作文，会其理于语言文字之中，而发其趣于耳目见闻之外，所谓溯流而寻源也。此间朋友颇众，求其如老弟之相信者甚少，求其信而能行如老弟者尤少。故日望老弟出山，上以报国家，下以光吾党。今岁场中闻已中式而复黜，不胜怏怏。然身之显晦，命也，不可得而强也。道之得失，则存乎其人，不可得而诿也。愿吾弟净心源于人所不见之时，而委造化于人所共争之地，则心常泰然，而所学日进矣。

四

相马者以为肉与骨与神三相称也，不得其肉当得其骨，不得其骨当得其神，若灭若没，言有神也。吾弟之文已得其神矣，间有出入者，肉与骨也，入之当俱化矣。适见王龙溪道吾弟负一方盛名，浙中士子俱视为准的，吾弟之身正，则一方士子俱正，否则一方皆颓靡矣。正身之道全在收拾真种子，此种子人人本具，个个圆成，不从闻见而入，不因书史而有，须要将一切知见，一切情识通行抹杀，心心念念，昼夜不舍，如龙之养珠，如鸡之抱卵，绵绵密密，下几个月无渗漏的工夫，庶可收摄此物，而顶立于宇宙之间耳。何如何如？

昆湖瞿先生论文（门人袁黄手录）

余幼习举业，初时只任意胡做，有时驰骋千言，有时寥寥数语，有时播弄虚头，有时窘裂边幅，总之，皆野狐蹊径，学既不成，试辄不利。一日偶读《庄子》，云："风之积也不厚，则其负大翼也无力；水之积也不厚，则其负大舟也无力。"恍然悟为文之法。遂屏去笔砚，调息凝神，一意涵养性灵，以培其塞。闭门静坐三月有余，新正才上虞山，试笔为文，便觉轻新流丽，迥然出群矣。四月赴学考蒙，取第一，诸生哄然。五月杨宗师复取首，因连捷乡、会，而阅吾文者，无不称善。盖文实不同，而所遇因之也。

举业文字，不患意见不高，不患理路不彻，只患心粗气扬，不能雍容大雅，以游于冠冕佩玉之林，则亦非利器也。吾自静养后，加意收敛，日间虽不能不应酬，而每以无事处之，终日不敢疾行一步，亦不敢高声说一句话。即待童仆，亦未尝轻加怒詈。执笔为文，必镇静舒徐，不动声色，不骋材气，而惟言乎其所不得不言，止乎其所不得不止，虽不能必工，而舂然雅澹，绰有庙堂风度，所以试而辄利者以此耳。

吾前会元，辛丑则林树声，戊戌则袁炜，乙未则许穀，壬辰则林春，己丑则唐顺之。吾将五人七篇墨义装成一帙，效蔡虚斋、董中峰批点程墨之式，字字训释，枕籍观之，寒不思衣，饥不思食，而行住坐卧，专专玩此。贫则读之而若富，困则读之而若通，忧愁拂郁，则读之而津津以喜，久之，了了如见前辈为文之意，乃知千古作家，别有正法眼藏在。盖其首尾节奏，天然之度，自不可差，而窥其意于笔墨蹊径之外。总之，要雍容典雅，如端人正士垂绅执笏，而立于庙堂之上；又如张六代之乐于洞庭之野，而一唱三叹，恍有余音。又须积之深，养之厚，得乎心，应乎手，若轮匾之斲轮，不疾不徐；若伯乐之相马，非牡非牝，庶足以臻其妙乎？惜乎！予知之，而未能臻其境也。

作文之法，只有小心、放胆二端。小心，非矜持把捉之谓也，若以为矜持把捉，则便与鸢飞鱼跃意思相妨矣；放胆，非任情恣肆之谓也，若以为任情恣肆，则逾闲荡检，无所不至矣。盖人之心体，愈检束则愈脱洒，何也？事事无失，而后脱然无碍也。愈舒展则愈精微，何也？所见广大，而后能入细也。小心只从放胆处收拾，放胆只从小心处①扩充，非有二事，亦非有二时也。故前辈文字，纵观之则包笼宇宙，细检之则字字对针，统阅之则贯串古今，析观之则丝丝入扣，此实理也。

今之作时义者，凡少年未涉世事，俗务不婴其身，家计不关其虑，其文常轻新俊逸。少长渐染世情，其文渐俗，至三十、四十，涉历既深，心肝俱换，便不能执笔为文矣。余性无他好，大而官府酬应，细而童仆供役，俗而米盐出入，清而诗画琴棋，一不入诸其心，自谓渐染世缘颇轻。然眼前种种，何事不相关涉？何处不藏欲根？欲根固不分清与浊，小与大也。自静养百日之后，始觉夜气渐清，良心渐复，自己真精神亦时时有透露处。白沙公诗云："白头不负垂髫志，记得城南赴馆时。"今之习举业者，不敢望其不失赤子之心，但能不失垂髫赴馆之心，亦可矣。

作文须要从心苗中流出，句句字字都要作不经人道语。韩退之云："戛戛乎惟陈言之务去。"陆士衡云："谢朝华于已披。"此皆真实不诳语。今之后生，专去翻阅腐烂时文，托命既专，用工愈久，譬之方技俱通，而痿痹不恤，甘心于服鸩，而自以为神剂，误矣。且以随用随足之体，而取给于他人口吻之间，至乐不寻，至宝不惜，而惟拾残羹弃唾以为活命之资，如失路人之忘归，如丧家子之乞食。吾见其流离奔逐，而沦胥以死也。岂惟如此？才遇一题，辄取旧文以为式样，初时以为省力，不知耳目增垢，心志转昏，自家本来灵知反被封闭，不得出头，即能成文，都是奴才家数，不能自作主张矣。

文者，心之声也，故阅其文可以知其人。吾初未识荆川、方山之面，而但读荆川之文，根据理路，正大明显，则想见其人必乐道坦中，智在物先者也；读方山之文，爽垲迅发，沉着痛快，则想见其人必高睨阔步，眼空一世者也。已而得接其人，各如其文焉。然荆川墨卷和平雅澹，极有庙堂风度，而所刻窗下诸作，则不免有精思苦炼之迹；方山墨卷亦佳，而其余诸作不免有发扬蹈厉之气。今观二公之文，各当以墨卷为主。盖我朝自三杨当国，所尚文体，皆平正浑融，谓之台阁体。凡有斧凿痕未化，与怒张之气未除，皆非入彀文字。

吾尝读道家书，有净明忠孝之说，事事不贪着谓之净，念念不糊涂谓之明，事君而不净不明，不得谓之忠；事亲而不净不明，不得谓之孝。故以净、明为首务，只此二字，乃是举业之要领。凡胸中有一毫鄙秽，有一毫疑惑，决不能作好文字，切须留意。

予在虞山，尘务既绝，诸缘尽省，一意作文，目不敢妄视，耳不敢妄听，口不敢妄言，念不敢妄动。一题到手，辄百虑俱空，固不知我之为文，文之为我也。一日偶见山中水流风动，花发鸟啼，忽然有万物得所之意。是日作"老者安之"二句，全借之以写吾胸中物，各付物之趋。又有旧仇家当门骂詈，家人来报，予曰："第忍之，勿与

---

① 处：原作"据"，据文意改。

校。”顷之，彼骂愈厉，奔告者接踵，予曰：“以礼谢之，不可则闭门以待其定。”是日，作“三分天下有其二以服事殷”，予即借之以发挥吾逊顺忘势之意。予三十八岁无子，思娶一妾，应学师月考，出“有鹜在梁”二句，即借以发吾家庭处妻妾之道。盖举身之所遇，目之所见，愉快愁思，周章难处之事，而一寓之于文，故用意措辞，常在语言文字之外，有不知其所以然而然者。

先生将北行，黄见之于阊门舟中。先生问：“汝看吾稿中文字，何篇最佳?”予曰：“先生刻稿有数种，惟《五柳堂稿》篇篇皆佳。”先生笑曰：“韩、柳、欧、苏文集，每人各有数首到家，吾文安得篇篇皆善乎？亦只有数首可玩耳。”予请问先生，因举“君子之道费而隐”一首，指示予曰：“注言：‘费，用之广也，隐，体之微也。’隐即在费中，原是显微无间之理，岂可分体用？你看下面夫妇、圣人、鸢鱼等皆说费，而所以然处则为隐，隐原非言语见闻可及者。故此作题只宜铺张‘费’字，而于言外见出隐来，乃为合式。我先提‘费’、‘隐’二比，次以显微无间意作二比入题，大讲云：‘自其散殊者言之，天地之所以高深，鬼神之所以幽显，皆于是乎统焉，而特不得其故耳，兹费也，夫固隐之发乎？自其流行者言之，日月之所以往来，古今之所以流衍，皆于是该焉，而特不得其朕耳，兹隐也，夫固费之藏乎？’只重讲‘费’字，而‘隐’字则依稀于意外想象见之，欲吐不吐，如蜻蜓点水之状。”又举“君子务本”二句文云：“注谓：‘凡事专用力于根本。’事有万端，本惟一致，今曰‘凡事’，岂有一事即有一本乎？若务本果在事上着力，则有事时有本，无事时便无本可务乎？予此文以培吾未漓之天，葆吾未萌之体立意，盖既云本立而道生，则就未生处着力，乃真务本也。”又举“不迁怒”二句，云：“此是颜子心学功夫，乃闵子、曾子所不能及者，故曰‘今也则亡’。若说怒于甲者，不移于乙，则太粗矣。”因指旁边二童子曰：“如怒此童，而移于彼童身上，我平生亦未尝如此，况颜子乎？吾文云：‘太公以虚其体，而不牵于易发之私；随感以安其常，而不淆于难制之气。’先说‘太公以虚其体’，是内不迁于心，次说‘随感以安其常’，是外不迁于境。程伯子谓气之易发而难制者，莫如怒，曰‘不牵于其私’，‘不淆于其气’，都是摹写不迁景象。至下比云：‘物之所自犯怒之焉耳矣，物之既往，则与化俱徂，固未尝藏焉而有所留滞也。’只就孔颜心学上描写，并不为注脚所困缚，而读之者亦不觉吾悖注，盖无所不通之谓。夫为人而有大人风味，则上可以陪皇帝，下可以陪乞丐；作文而有大方家数，则上不为传注所困，下不为凡俗所嫌。吾稿中还有数篇可看，吾不尽说破，汝试归而以此意求之，自然玉石分明矣。”予呈文字三篇，第一首是“学而时习之”全章，先生阅过，语予曰：“注言‘人性皆善’，此句最有理，盖不学而能者，性也，学则非性矣。吾由学以复其不学之体，故须时习。时习者，时时涵泳此性灵也，悦则性灵渐显矣。朋来而乐，以此性灵而畅之同类也；不知不愠，以此性灵而试之逆境也。到得君子，则由学以造于不学，完全是天性用事矣，故曰成德。汝此作亦尽通畅，但未能一线到底，只是书意未明，理路未熟。”第二首“出辞气斯远鄙倍矣”，先生曰：“‘辞’、‘气’二字并重，前辈有‘气是纲，辞是目’之说。同是一句说话，出之以和平之气，则人易从；出之以乖戾之气，则人不服，故辞之有气，犹颜之有色，都要重看。汉唐以来，诸儒旧注都谓：鄙，凡陋也；倍，乖戾也。今朱子连正文改之曰：'倍与背同，谓背理也。'若言背理，则于词通，于气不通矣。汝作全非，幸速改之。"第三首"故君子慎其独也"，先生曰："《中庸》本文只曰'独'，注中增'独知'字，夫不与诸缘作伴，不与万物作对，而超然特立于无声无臭之表，故曰'独乃耳目所不到，亦心思所不及处，才知便非独矣'。汝此文亦沿袭旧见，不能摆脱，重作三首，寻便人寄入京来，吾更当为汝笔削也。"哲人既萎，音响犹存，追录遗言，亦止十中之一二耳。

方山薛先生论文（门人袁黄手录）

辛亥七月，先生自南考功转浙江提学，甫下车即颁训戒，谆谆教士子看《大全》，谓：祖宗以朱熹一人之说不足以尽六经之旨，下诏征集群儒，修缉《四书五经大全》，颁行学宫，令士子传习。当时乡会程墨，皆博采儒先之说，不拘拘于朱注，其摘词用意，真足以发古先圣贤之精蕴。近来，士风转陋，文运益卑，驾言于尊朱，而并朱注亦不复理会，束书不观，猖狂自恣。由向来柄文衡者，不遵朝廷训典，阅文惟取浮华，而置理学于度外，故相习成风，而登词坛者多由草窃，良可深憾。兹本道出题必本《大全》，诸儒之说有足以发明孔孟之真传，而订正朱子之所未尽者，诸生能阐发其旨，即文不甚工，亟置高等，不然，弗录也。

先生初至湖州，出"及其至也虽圣人有所不知焉"。此题先辈诸燮有文，原不依本注"问礼问官"之类，谓道本出于圣人所知之外，即天聪明之尽者，而心思有所不能及，意见有所不能到，固不得而尽知也。诸生如臧继芳辈，凡预见此文者，皆依此立说，先生大加称赏。及至嘉兴，出"居敬而行简"二节，此题前辈未尝有文也，诸生皆用仲弓未喻夫子可字之意。发案之日，先生呼诸生至前，厉声叱之曰："何尔辈之浅陋也？仲弓贤者，居德行之科，身通六艺，岂有不识一个'可'字之理？且同一'可'字，'可使南面'之'可'则以为优，'可也简'之'可'则以为劣，一字而两解之，成何等学问？夫子说'雍也可使南面'，犹'使漆雕开①仕'，只欲行其所学也。南面不独人君之位，凡有司临民者皆南向，即今各衙门皆然，岂有圣人而私许其弟子可为人君之理？及问子桑、伯子，而曰'可也简'，谓智周万物，不如一愚；博综群务，不如一约，所可者惟简耳，仲弓遂就'简'字而论之，谓居敬则可，居简则不可。若以'可'字为有所未尽之意，则仲弓所谓'不亦可乎'者，岂亦有所未尽乎？夫子曰'雍之言然'，不特契其言，亦契其心也。仲弓不以所行论简，而以所居别简之得失，其言最为有理，盖使心而有主，则所行之要约，皆有精神之贯通，而可以不愧于南面，心一懈弛，则所行之不烦，适足恣其怠荒之习，而不可以临民矣，故此句全要重'心'上

① 开：底本缺，据《四书章句集注·论语集注》补。

发挥。”诸生闻之，皆瞿然有省，而两浙士风文运实自此一振云。

文字宜真不宜弄假，宜实不宜靠虚，宜雅不宜带俗，宜清不宜混浊，宜畅不宜局促，宜显不宜沉晦，宜的确不宜影响，宜警拔不宜卑污，宜作不经人道语，不宜拾人口中唾。然真不可漏泄金针，实不可拖泥带水，雅不可修饰边幅，清不可淡薄无味，畅不可浮靡自恣，显不可浅近无奇。的确处更当脱洒，警拔处尤须和平。虽作不经人道语，而句法、字法皆要有源流，不可一毫杜撰，此文章正法眼藏也。近来，士子既不尊圣贤理趣，又不识修词法度，惟在时文中寻几个新鲜字与奇崛句，装点驾饰，以涂人耳目，识者视之，如见肺肝，徒增厌恶。甚有不顾本题，而指李呼张，苍黄惑众，不守绳墨，而呼神骂鬼，逞奇卖俏者，皆文魔笔妖也，犯者定行黜退，戒之。

题目自有本等意思，善作文者，但能熟玩圣贤立言之意，体贴明白，信手挥来，便是极好文字。如画者不必和墨舔笔，而解衣盘薄，萧然自有真境；又如美女入宫，不必调脂弄粉，而淡扫蛾眉，阖宫失色，惟其本色高也。近来时文专修词藻，全无体认工夫，海内学者皆然，而浙江为甚。作文全不傍理，亦不用意，惟收拾残言剩字，装点成章，如讲仁则曰恻隐之心、慈爱之理，讲义则曰直方之动、裁制之宜，讲敬则曰颙若之观、威如之言，讲德则曰躬行之着、心得之微，讲学则曰逊志之笃、时敏之勤，诸如此类，不一而足。总之，皆陈言腐语，可厌可憎，如贫家请客，借人器皿，竭力供办，而进退粗俗，丑态尽见；又如倡优衍戏，登场歌舞，只欲博人一笑，而悲欢离合，种种非真，令主司观之，不待拆卷寻名，而已知为浙江恶套矣。今宜痛革此弊，全要发挥题意，玲珑透彻，如水中之月，镜中之花，佳境俨然在目，而无一毫色相可着。昔严沧浪谓：“禅家一味妙悟，诗家亦一味妙悟。”盛唐之诗所以为佳者，以其从悟处得来，如羚羊挂角，无迹可寻。举业虽卑，亦须凝神定虑，用几个月无渗漏工夫，使胸中豁然有省，然后从而作文，信手拈来，头头皆是矣，所谓既得本莫愁末也。

癸丑春，先生解任而归，予与陆舆中造其庐而就业焉。先生相见甚喜，接待甚殷。舆中送文五篇，予送三篇，先生各随题批释，备论文章之旨，谓：“文字有正有偏，有正中偏，有偏中正，皆当细辨。句句自肺腑流出，而字字着题者，正也；不认题目而修饰文采者，偏也；通篇摹写题意，而间有出入者，此正中偏也；专绘饰词气，而偶有一二语直逼本真者，此偏中正也，大概只要认题为主。倘认真作文，而题意看不明白，虽幸而得胜，亦非上乘文字，如李愬夜半入蔡州城取吴元济，终是偏师，非堂堂之阵，正正之旗也。”复置酒夜坐，舆中起问做人之道，先生曰：“做人作文，皆以求放心为急。心是一身之主，百骸万应，靡不关焉。此心常在腔子内，则动而应事，必中规矩，下笔为文，定然可观。”时浙代巡某人与先生不甚相合，先生指其人而语予曰：“心为形役，乃兽乃禽，斯人官为形役，吾不知其人品何若矣。”因大笑而罢。

来斐泉汝贤，乡、会皆第二，而其文实得会元正传。予选贡后，举业颇负盛名，自谓海内无与伍者，因斐泉尹丹阳，持所业见之。斐泉阅毕，语予曰：“举业者，雉羔之饰，专欲利中耳。然文有可魁可元者，有不可魁元而但可成名者，又有文不甚工，而极利中者，有好文字而必不可中者，子之文乃好而不中者也。”予闻之甚骇，请问其故，斐泉适欲迎候上司，因约再见而悉言之。予一夜不能安寝，明晨具衣冠请教，斐泉曰："业师董中峰乃举业宗工也。童年入京，遍谒诸老，其所传授甚正，有批点程墨一帙，开关启秘，洞示要领，凡文字工拙之由，得失之故，靡不具备，因取一帙授予曰：'依此必中矣。'予手录而熟玩之，其所取诸程墨中间，多有予所素鄙，以为不足采者。从头细阅，乃知彼所取者，在规矩之中，而予所期者，在意见之外，乃知至奇至妙之理，只在寻常说话中，而稍涉玄远者，主司不录也。乃知彼为利捷之文，予所作者用意虽深，而未必利也，朝而讽，暮而绎，出入必携之，年余，始觉吾之文与彼之文同出一辙，遂联捷矣。今以授二生，可熟复之。"浙江先年前辈，学术纯正，文章典雅，虽语之举业，亦从浙中得来，而陵迟至于今日，浮靡鄙陋，不复可观，良可叹也。

游艺塾续文规卷之二

赵田逸农袁黄坤仪甫辑
门人刘有执无竞甫阅
男袁天启若思甫订
嗣男叶绍袁仲韶
侄孙袁祚熙载之甫同校

鹿门茅先生论文①

一曰认题

题中精神血脉处，学者须先认得明白，了了印之心中，方可下笔，然后句句字字洞中骨理。予尝论举子业，浅视之，则世所剿袭帖括，亦可掇一第，苟于中得其深处，谓之传圣贤之神可也。孔、孟学问，宗旨虽同，其间深浅小大，亦自迥别，学者苟以孟子论学之言而搀入孔子，便隔一层矣。予故论为文须首认题。今之学者于题类多鹘突，焉能入解？他如问答题、议论题、叙事题，其间千条万窍，难以备述，其总要专以描写虚字眼处为生色。譬如吊②百尺之帆，特在蓬眼上转脚；悬千钧之弩，

① 茅坤论八股文作法，有《文诀五条》与《论文四则》之分。前者见《文诀五条训缗儿辈》，载《玉芝山房稿》卷十六《杂著》（《四库全书存目丛书》，齐鲁书社1997年版，集部第106册，第136~137页），“文诀五条”为“认题”、“布势”、“调格”、“炼辞”、“凝神”。后者除此外，又见于《古今图书集成》“理学汇编·文学典·经义部”（中华书局影印本第六百三十七册第二一叶），乾隆五十年令德堂刊本《分课小题续编》，“论文四则”为“认题”、“布势”、“炼格”、“中彀”。两者中即使标目相同的“认题”、“布势”两部分文字内容亦不相同。

② 吊：原作“掉”，据文意改。

特在弩机上觑的。

二曰布势

势者，一篇呼吸之概也。大将提百万之兵以合战，其要只在得势，得势者百战百胜，学者为文亦然。故予尝读《史记》，至项羽之救巨鹿，其所引军渡河，破釜①沉舟，持三日粮，示卒无生还意，已而人皆死战，无不一当百，呼声动天地，诸侯旁观者十余壁，人人惴恐，卒之覆秦而霸诸侯者，羽能呼吸三军之气以驰骤之，其势也。他如光武昆阳之战，周瑜赤壁之战，谢玄淝水之战皆然。大略善将兵者，操百万之兵如左右手；善为文者，累数千百言如探喉而出，举业亦然。得其势则相题沿情，如风之掣云，泉之出峡，苏文忠所谓“行乎其所不得不行，止乎其所不得不止”是也。不得其势，则语意窘涩，扣之不成声矣。

三曰炼格

格者，犹言品局也。后世之论古文，首先秦、西京者，以其去古未远，神理浑雄也。薄晋宋以下者，以其行既衰薄，而神理不振也。唐三百年仅得韩昌黎、柳柳州一二人，宋三百年仅得欧、苏、曾、王三四人，何者？诸君子能窥测理道，约六经之旨而成文，是以其格独高耳，余则否。即如举子业亦然。世之名家，往往能深于六经，故其胸中所见既超卓，铿之为声响，布之为风藻，与人敻别，不然，终不免为卑品下局矣。予尝过世家，往往阅其图书重器，便欣然神往。间过富人，纵纨绮满堂，不觉羞涩。嗟乎！观此可以论文矣。

四曰中彀

彀者，式也，世所称中式是也。以上三条，予所自喜独得其解者，然世之有司往往操其耳目所向、绳墨所习以求士，而吾不能赴之，韩昌黎之所以三试礼部而不中者是也。予故不得已，特别为“中彀”二字以悬之于心。其规模大较，虽不出乎前三者，而于三者之中，仿令典则浅近。令人览吾认题处不必玄深，而大旨了然；览吾布势处不必宏肆，而脉络分明；览吾炼格处不必高古，而风韵可掬。斯则世之宗工大匠当属赏心，即如肉眼亦不我遗矣。

---

① 釜：原作“灶”，径改。

虹台沈先生论文

文要布置

文章最要相生次序，如先虚后实，先略后详，此其常也。亦有先实后虚，先详后略者，则其变也。知此布置，则文有起伏，有首尾，轻重徐疾，各得其所，观者不厌。

文要自然

题可生发者，不害其为长；无可生发者，不害其为短。今欲矫其所短而使之长，非有冗股，则有冗句矣；矫其所长而使之短，非意未尽，则辞不满矣。东坡云："行乎其所当行，止乎其所不得不止。"此苏文所以为自然也。

文要开合

一篇中自有开合，一股中自有开合，如欲抑先扬，欲扬先抑，正题先反，反题先正，皆是也。

文要照应

照应则文字谨严，不至汗漫而不可收拾。然有起缴照应者，有前后照应者，有一股中自照应者，在人善用之耳。

文要风逸

凡文欲庄重即失之板实，欲风逸即失之虚浮，此其常也，盖板实则天趣索然，而不可为庄重；虚浮则理趣荡然，而不可为风逸。风逸者，生于庄重之中者也，如春花满架，蒂固根深，微有风来，便觉飘动。试摘取瓶中，自经风不起，岂得为逸乎？然板实犹愈于虚浮，但不醒动人意。若句句圆活，则句句风逸矣。

文要错综

用股长短相间，用句偶散相生，则错综矣。

文要清新

凡作文，须要得人弃我取、人取我与之意，韩退之所谓“惟陈言之务去”，正此意也。东坡作《聚景楼诗》，本合用“青山绿水，野草闲花”，因此字太熟，故易以“烟水云山”。昆湖作“敬事后食”题，本合用“官守言责”，因此字太熟，故易以“服休服采”。非深于“务去陈言”者不能如此。

文要无中生有

古文如欧公《朋党论》，东坡《范增论》，皆得无中生有法，时文则荆川尤众。

文要尔我相形

如本当说东，然单说东则或意不明、气不扬，则当以西形之。如本说己欲如此，然单说己欲如此，则或意不明、气不扬，则当以人亦欲如此形之。《孟子》“今王鼓乐”、“先生以仁义”二章，皆此法也。

文要华赡

东坡与侄书曰：“凡文字，少小时须令气象峥嵘，采色绚烂，渐老渐熟乃造①平淡，其实不是平淡，乃绚烂之极也。汝只见我而今平淡，一向只学此样，何不把旧时应举文字看，高下抑扬，如龙蛇捉不住，但当学此。”

文要台阁

文章虽各出于心术，而实有两等：有山林草野之文，有朝廷台阁之文。山林草野之文，其气枯槁憔悴，其词琐屑单薄；朝廷台阁之文，其气温润丰缛，其词激昂明亮。王安国曰：“文章格调，须是官样。”所谓官样者，非台阁气耶？昔夏竦尝以文章谒盛文肃，文肃曰：“子文章有台阁气，异日必贵。”后果②如其言。

---

① 造：原作“是”，据《侯鲭录》卷八改。
② 果：原作“必”，据文意改。

文要咏叹

咏叹文法多施于先实①先详之文，以意尽而若未尽，故再申数以咏叹之，则文有余波，不至索然无味。有一二句冷语咏叹者，有五六句雄语咏叹者，有流水联咏叹者，有两实股咏叹者。随题而用，不可执②。

文要模写

作文须设以身处其地，目击其事，体贴一段精神出来。如告君父，须写出忠剀意思；如论事势，须写出利害意思；如论小人，须写出巧媚隐伏意思；论君子，须写出平易坦实意思。人能模写得出，即为好文矣。欧公《宦者传论》、东坡《谏用兵书》，所宜熟玩。

文要圆熟

文章硬涩，只是不熟。不熟由于不多做，做多则其间利病，不必待人指摘，自能见之。东坡云："新诗如弹丸。"盖言贵圆熟也。

文要常改

欧公为文既成，则书而傅之屋壁，出入观省之，数自窜易，至有不留本初一字者，其精审如此。宋子京云："余每见旧时所为文章，必欲烧弃。"尧臣喜曰："公之文日进矣。"

文要老成

大题、长题还易老成，独小题易失之稚。近有不务生意而喜作影语，不求本旨而轻用客意③，何其陋也？

---

① 实：原作"术"，据《古今图书集成》卷一百八十《经义部》所收"沈位论文"改，中华书局、巴蜀书社1985年版，第77574页。

② 执：原作"热"，据《古今图书集成》卷一百八十《经义部》所收"沈位论文"改。

③ 意：原误作"轻"，"客意"与"本旨"相对，本卷中《青螺郭先生论文》一节亦见，据以改之。

论大题文

理趣则有荆川、道升、张虚庵，冠裳则有守溪，藏气则有瞿昆湖，雄伟则有吴昆麓、胡庐山，疏爽则有孙月①峰，丰润则有吴悟斋、诸紫桥，此其概也。

论小题文

反复辩难则有钱兼山、宗方城，感慨激昂则有守溪、诸理斋、邵北虞，风逸宏肆则有茅鹿门，谨严直捷则有汪青湖、薛方山，模写情状则有胡庐山、徐儆弦，此其概也。

论长题文

前后翻调则有荆川，顺叙合格则有瞿昆湖，檃括关键则有道升，此其概也。

论破题

化意为上，工句、工字者次之。

论承题

起语贵有力，末语贵含蓄。

论开讲

开讲语不贵多。若檃括题旨而不伤于露，宽说事理而不伤于浮则善矣。

论股法

有轻叙，有重发，有照应，有宾主，有反复，有疑问，有流水，有推说，有锁上，有起下，有转换，有操纵，有一层上一层。

论过文

要力量便捷，使人醒目，要识一篇筋骨字眼，勿以巧辞害意。

---

① 月：原作“正”，径改。

论小结

要精神收拾，不要有闲语，大抵多与起讲相照应。

论大结

要议论识见，不要有套语；要苍老简当，不要有浮辞。如古文结缴处发篇中未尽之余思，透题外无穷之溢意，必有精神聚会可为成法者，潜心玩之，自领其妙诀。自有文字以来，荆川大结最妙，可以为法。

人尝谓古今文不相及，工于古者必不宜于今。余以为凡不宜于今者，皆得古之皮肉、眉发耳。若会识其精神，师其意不泥其迹，则何施而不可哉？故余所论，多以古文为则，观者慎勿疑其泥古而不通也。

儆弦徐先生论文

大意

文者，言之有章也。自起至缴，一篇文字，如从头至尾一番言语也。今对人说话，要讲一件事，必不突然就讲，先须缓缓的说将来，一程一节，渐说到恳切处，临了用几句拴缚的话收成，把这件事说得玲玲珑珑，不渗漏，不缠绕，不打跎蹬，自然好听，作文亦然。说话全在开口处转移，收成处紧要；作文全在起讲、过文及束、结上要紧，且小讲不宜与承、破同意，束、结不宜与大讲同意。初学者悟此言，其不长于文者鲜矣。

破题

破题者，破说题意，先将题意融会于心，却作一句或两句破尽。如一章看重在某节，一节看重在某句，一句看重在某字，妙在一言破尽命题主意，如剖物而见其中之所有也。若专以字破字，殊为浅近可笑。

承题①

承者，接也。因破义浑融，不得挑出题目，故将破中紧要字样，捏住一两个，紧紧

① 承题：原作“破承”，据《古今图书集成》卷一百八十《经义部》所收“徐儆弦论文”改。

接下来，或正破则反承，反破则正承，顺破则逆承，逆破则顺承，不过三两说，最要明快斩截，如龙之抱珠而不脱。固不可缠绕，亦不可使破自破、承自承方是。

小讲

凡自破至承，皆就己意说题意，故用圣人贤者字，是我辈称之也。起讲以下，既用“若曰”、“谓夫”等字，便是我替圣贤说话了，圣人贤者字一个用不得。我替圣贤说话，必设以身处圣贤之地而察其心，想象这一章书为甚的说，初时怎么开口，有上文则本上文来说，无上文则会本章、本节、本句意思，浑浑作一头，以为大讲章本。或对句、散句皆可，务要立意超脱，句法高古。其转入题处，最要精细轻巧，忌缠绕费力。又有用己意断起者，劈头但用“且自”、“今夫”等语，而无“若曰”字，此格多是问答题及长题用之，初学未易以笔舌语也。大凡起语固不可浮泛不切，亦不可说杀题意，有碍大讲，妙在舒徐谨饬，乃文章喉舌，操觚第一机轴也。

大讲

凡大讲贵定间架，如木匠盖房，先选好料，定下孰为前柱，孰为后檐，孰为短柱。间架既定，装修不难矣。文中分股主意，譬则间架也；措辞填实，譬则装修也。先把题意认真，孰轻孰重，立定间架，然后组织成文，自不费力。然立柱当前虚后实，一步进一步，方有层叠。若前面实语占尽，后面空谈无味，不惟主司见其单弱没气，作时亦自觉窘涩难成矣。且讲中切忌套语，须要脱胎换骨，如前辈作《四皓论》曰：“留侯所假借者，取其不瓅瓅于时套也。”若文字内有腐而套者，有奇而亦套者。腐套无庸论矣，即如昆湖“服休”、“服采”等语，星桥“犹天”、“犹亲”等语，自二公创说便奇，再说便套矣，譬之弈者，一局一新，不著陈迹。作者将求之胸中乎？将求之纸上乎？

过文

过文乃文章命脉所系，前半篇意赖此收成，后半篇赖此提起。或散或对，最要存想精到，浑成圆活，联络有情。若此处气脉不接，虽前后文如锦绣，只似平中剪断，不能成用者也。

首二比

首二比正文章初入讲处，贵虚而不贵实，贵短而不贵长，然虚不可迂远，短不可局促。开口便要见题旨，而又不可说尽，须有含蓄，有蕴藉，而又爽快不滞，则思过半矣。

三四比

文至三四比渐说开了。或架虚意，或立实柱，须精确切题，敷敷畅畅，固不可小家数样，然亦当少带些含蓄，略留些气焰，与后面作地步。若两半篇题目，则所赖以发前半意思全在此处，虽大放手亦不妨。

五六比

若一句滚作题，则第五六比亦与三四比大同小异，但步骤愈进则气象愈洪，惟立意与三四比不宜叠架耳；若两半篇题，则此二比又系后半开口处，宜浑沦快辩，与首二比同。

七八比

一篇文字，英华多在七八比上露之。若前面文如锦绣，而至此单弱，终是虎头蛇尾，非全才也。善作者宁可韬光敛锐于前，至此却以奇思粹语层见叠出，方为作手。大抵文至终篇，气宜长而不宜粗，理宜完而不宜杂，词宜富丽而不宜腐冗，味宜委婉而不宜直率。至于八比既完，又当总会前文，咏叹数句或二小比于后，庶觉气度从容，理趣完具，而为大家手笔矣。

束题

束题因大讲说开，无所统束，却作数句以收拾上文，如物之乱而用绳以束之也。有以己意断束者，有就圣贤口气自言自束者，相其文势用之。词意不可同起讲及大讲，亦不可用马笼头套了。束之用“吁”者，慨叹之词也；用“夫”字者，承上接下之词也；用“盖”者，就本文断案之词也；用“是知”、“是可见”、“由是观之”者，“是”字皆指本题；而曰“知”、曰“可见”者，乃就本题中又看出一段义理，申一步说也；用“是则”、“诚如是则①”、“夫如是则②”等字者，“是”字亦指本题，而“则”字以下，却打转题目上文正意，回头一步说也。比如作“有朋自远方来”，束云：“诚如是则成乎己者，亦有以成乎物；得于心者，亦有以及于人矣。”作“位天地”二句，束云：“至此则体道之极功，圣人之能事，而性由此出，道由此立，教由此行矣。”此类多看时文，自然得之。

---

① 则：原无，据文意补。

② 则：原无，据文意补。

结题

结者，结断之意。文已说尽，又自我讦断一番使有归。结词贵古而不贵丽，意贵婉而不贵直。有引证，有学识固好，然不可夸多斗靡，牵强攀援，反觉绷拽可笑。其文中固说过的话，一句不可用，故善作者固不丢题浪说，亦不在题中缠绕，只是凌空驾驭，转折变化。如全篇说人好，如尧舜周孔圣贤不可贬，以下虽极好，亦当寻些不是处断他。全篇说人不好，除桀纣幽厉乱贼不可褒，其余虽极不好，也当寻些好处救他。至于辨理之是非，论事之同异咸仿此，名曰“死中求活”。他如理学题目，极难作结。如论德，则求其修德之本与德之究竟处；论业，则权其立业之原与业之配合处，最要见人之所不能见，言人之所不能言，如老吏断案，两造俱服，方是作手。若徒浮词剿说，则无取于结也。

静台杜先生论文

一 认理

“盈天地间，皆道也。”道之条理谓之理，如山中之石璞，皆有脉理可寻也。斯理也，统之为太极，分之为阴阳，播之为五行，行之为四时，生之为百物，命之于人之谓性。性即人之太极也，分而刚柔，刚柔即人之阴阳也；播而为仁义礼智信之五常，五常即人之五行四时也；生而为百行，百行即人之百物也。人性之条理于是乎备矣。主之者心也，萌之者意也，形之者身也。身之亲而近者，其家之人乎？其渐疏而渐远者，国之人乎？其愈疏而愈远者，天下之人乎？意、心、身、家、国、天下谓之物，不露而自然明觉，谓之知斯理也。人皆有之也，非独圣人有之也，惟圣人生知乎？斯理无不致而物无不格，故其于意也不求诚而自诚，于心也不求正而自正，于身也不求修而自修。举而措之家则家无不齐，举而措之国则国无不治，举而措之天下，则天下无不平，其在贤人知乎？物之有本末也，于是格物以致其知，故意必求诚，心必求正，身必求修，推此于家则求其齐焉，推此于国则求其治焉，推此于天下则求其平焉，蕴之为德行，发之为事业。尧、舜、禹、汤、文、武之为明君者，此理也；皋、夔、稷、契、伊、傅、周、召之为良相者，亦此理也；孔子之所以为大圣者，此理也；颜、曾、思、孟之所以为大贤者，亦此理也。如天之有日月星辰焕然于上，如地之有山川草木粲然于下，无非太极自然之文也，岂必著之“五经”“四书”而后为文哉？虽然，天下万世之人，未必皆明良也，未必皆圣贤也，则著其理于“五经”“四书”以昭示天下后世者，不容已矣。是故古之明良圣贤者，吐辞而为经，然后天下有“五经”之方册；而为书，然后天下有

“四书”。“五经”者，经此理也；“四书”者，书此理也。理不在辞，亦不在方册也，譬之天文图，图天之象而已矣，而天之日月星辰不在此图也；舆地图，图地之形而已矣，而地之山川草木不在此图也。不知天地者，求天地之理于图，则天地之理愈远而难明；不知人之理者，求明良圣贤之理于经书，则人之理愈茫然而不可解。今之为文者，将以发挥乎理也，不知其所谓理者果何在耶？其在古之明良圣贤耶？其在“五经”“四书”耶？抑亦在我耶？为文者不难乎发理，而难乎认理。理载于经书，非载于我也；理出于明良圣贤之口笔，非出于我也，如之何其认之也？曰体认之而已矣。何谓体认？曰设以身体处其时而亲认识之也，如言诚意则必反身而默识之，曰我之意如何？我将何以诚之也？此之谓体认正心之理也，如观天之日月者，则必身察乎玑衡之器，而实见其迟速之象，斯其为体认天文之理矣；如观地之山川者，则必身立乎登临之境，而实见其流峙之形，斯为体认舆地之理矣。理之体认既真，则其生虽生于千载之下，而其心如游于明良圣贤一堂之上；其言虽载于“五经”“四书”之中，而其理如在于吾身心目之间。虽未下笔为文以求其格局辞气之善，然理定而格自定，理足而辞自足，理顺而气自顺，不必苦思力索，而天下之至文于此乎出矣。否则理之不认，认之不体，虽有作焉，终为纸上之陈言，而无胸中之心得，犹闭户披图，而未睹夫天地太极之妙者也，何以文为？是故有斐君子必以认理之为贵。

二　定宗

文之有宗也，犹民之有尊也；民有大君，犹文之有大家也。为民而不尊大君，非民也；为文而不宗大家，岂得谓之文哉？今海内举业之文，吾不知其几矣。修之于灯窗者，曰窗稿；拔之于小考者，曰考卷；程式于主司者，曰程文；中式于朱墨者，曰墨卷，非无可宗也，然未必如大家之正宗也。海内牧民之长，吾不知其几矣。邑有令，郡有守，藩臬有司官，抚察有台臣，非无可尊也，然未必如大君之至尊也。是故民得其尊，则虽杂属于守令司台之百官，而不失为一统；不得其尊，则虽兼属于两地之长，而不失为偏安。文得其宗，则虽遍阅窗考程墨百家之文，而不害其为纯；不得其宗，则虽兼阅两家之文，而不害其为杂。今作文者，其有所宗耶？其无所宗耶？其所宗者，果纯然定于大家耶？抑亦不免纷然杂于百家耶？知为民则知为文矣，知民之所尊，则知文之所宗矣。是故有斐君子，必以定宗之为贵。

三　立格

为文之有格式也，犹作室之有间架也。主司命题一，士以为文，犹主人命材于匠以作室也。匠得所命之材，岂遽操斧斤而作之室哉？必先定其间架于图焉，曰某处为堂，某处为厅事，某处为门楼。其高也凡几，其广也凡几，其深也凡几，某材可以为栋，某材可以为柱，某材可以为椽。盖虽斧斤未操之先，而其间架之前后多寡，已瞭然定于图象矣，故一举斧斤，克日而成室。士得所命之题，亦岂可遽操笔札而为之文哉？必先定其格式于心焉，曰此经题当为某格，其分截何在，其纲领何在，其节目何在，其始也当提掇乎？不当提掇乎？其中也当过接乎？不当过接乎？其终也当缴转乎？不当缴转乎？当咏叹乎？不当咏叹乎？某两股当略当藏？某两股当详当显？题语虽多，或当轻而讲少；题语虽少，或当重而讲多。盖虽笔札未操之先，而其格式之繁简断续，已瞭然定于心胸矣，故一举笔札，克时而成文。或曰文之格凡几？曰文格不可以数计也。吾姑举其格之难，而易者可推也。格之难凡几？曰格之难其凡有六：一曰一滚格，二曰连珠格，三曰中纽格，四曰两活扇格，五曰两扇遥对格，六曰影喻格。其余则不可胜计矣，有上生下格，有下承上格，有下明上格，有下原上格，有下赞上格，有上开下合格，有上合下开格，有上重下轻格，有上轻下重格，有上呼下应格，有轻引重释格，有重本轻证格，有重证轻喻格，有重主轻宾格，有一头两脚格，有两头一脚格，有一头两腹一脚格，有一头一项三腹一脚格，有头虚脚实格，有三扇先奇格，有三扇先偶格，此皆格之易者，推类以尽其余可也。知其难则易者可推也。曰六格之难何如？曰一滚格如明珠滚盘而不出于盘，有详略而无断续也，荆川先生“此谓国”篇、“由也升堂”篇、“亚饭干适楚”篇是也。大概先提出本题，然后正讲六股足矣，不必以八股为拘也。连珠①者，如一线而穿八珠，珠虽有叙，而线则相连，若断而不断，若续而不续，中无过接之痕也，荆川先生“可以为进”半篇，“清斯濯缨”半篇可以意会也。中纽格者，如对胸之衣而中用一纽，荆川先生“匹夫而有天下者”篇是也。两活扇者，如“立则见其参于前”二句，题中虽以“立舆”分作两小扇，而前面合起二小股，后面必又合咏二小股，前后圆活，不必拘定两大扇死局也。两扇遥对格者，前扇不作小股，惟用散文，或长短句，或顶针语，或三叠文，一气呵成而无排偶，直待后扇遥对之，荆川先生“君子喻于义”篇是也。影喻格者，如“譬如北辰”二句，题当以“无为天下归”作主，而间以“辰②居星拱”点影于其中，若镜中之花、水中之月也。知此六格，则此外无难格，而于文也，思过半矣，是故有斐君子，必以立格之为贵。

四　修词

文以理为主也，达其理者存乎词。子不云乎“辞达而已矣”！谓其辞足以达理而止，不必以富丽为工也。理未达则辞不可已，而行乎其所当行；理既达则辞不可赘，而止乎其所不得不止。理积于中而言自沛然其有余，虽不以辞富为工而未尝不富也，理精于中而言自斐然其有章，虽不以辞丽为工而未尝不丽也，譬之金谷园中之嘉木，土之培其根者既厚，水之灌其根者又滋，使造化阳春之气一动，则畅茂条达之势自不容已，千枝万叶森发乎艳阳之天，异蕊奇花照耀乎游人之目，天地之化工，何尝有心于富丽哉？

---

① 珠：原作“朱”，据文意改。
② 辰：原作“氏”，据《四书章句集注·论语集注》改。

其根厚且滋，而其枝叶蕊花自不容以不达也。苟不达其理，而徒多其辞以为富，是躁人之辞而已矣；不达其理，而徒游其辞以为丽，是诬人之辞而已矣；使主司之明理者观之，止足以供①一笑而已，何足取哉？譬之剪彩为花者，一时妆缀于枝头，非不足以炫童竖之观也，然使风雨一为之飘摇，尘埃又为之蒙翳，则生意索然矣，何者？作于人工之巧，而非达于化工之根也。由此言之，理者文之根也，辞者文之华也，然则求修其辞者，求达其理而已矣。而辞不必于修矣乎？曰浮辞不可以徒修也，达理之辞不可以不修也。或曰修辞之法何如？曰辞有所贵，辞有所忌。就其所以贵者，去其所以忌者，斯为修词之法矣。曰辞之贵凡几？曰辞有九贵：一贵成语，二贵通众，三贵雅秀，四贵清新，五贵对整，六贵句捷，七贵音调，八贵出奇，九贵易读。曰词之忌凡几？曰反其所贵者，皆在所忌也。一忌凿空，二忌群疑，三忌鄙俚，四忌陈腐，五忌散乱，六忌句坠，七忌音拗，八忌叠床，九忌聱牙。就九贵，去九忌，以达其理，修辞之法，亦庶几矣，其斯以为文乎？是故有斐君子必以修辞之为贵。

五　悟机

作文之法，理、格、词、气四者尽之矣，然理之有格、有辞，口可得而言也，耳可得而闻也，笔可得而书也，理之有气，口不可得而言也，耳不可得而闻也，笔不可得而书也，何也？辞格有象，而气机无形也。有象者实，实则死；无形者虚，虚则活。气之机，贯乎辞格之中，而莫知所以为之者，是以实生于虚，死生于活，而文之发挥乎理者，若决江河，沛然而莫之能御，非心悟其机者，其孰能与于此？或曰机之名何始？曰始于弩之机也。人知弩之矢由弦而发也，不知弦之所以发者，以寸木之拨也；人知弩之弦由于寸木而拨也，不知寸木之所以可拨者，以其木旁之虚也。虚则活，活则拨，转而无碍，此之谓机也。机者，虚活之名，非指寸木而名之为机也。南人用舟，舟樯之帆有转轴焉，轴非自转也，以其心之虚活也；北人用车，车心之端有转轮焉，非自转也，以其中之虚活也。呜呼！此可以语机矣。苟使实其中而不虚，胶其中而不活，则虽羿为之操舟，而帆不能以上下；虽使王良为之御车，而轮不能以进退矣，其何以行之哉？不得其机而求行文，虽有辞格，而神气不能以流贯矣，奚其文？或曰舟车之机则然矣，文之机何如？曰文之机无他，虚实死活之间辨之矣。苟悟其机，则似实而未尝不虚，似死而未尝不活。其机则实而已矣，死而已矣②。凡经书之题，人知题中实字之为重矣，而不知题中虚字尤为重也。凡作文之眼目，人知目中实字之为重矣，而不知目外虚字尤为重也。欲开必先合，欲合必先开；欲抑必先扬，欲扬必先抑。或上呼而下应，或设疑而后决。将言亦，必先言固；将言又，必先言既；将言然，必先言虽；将言则，必先言或；将言不知，必先言人知；将言未见，必先言吾见；将言况乎，必先言犹且；将言今，必

① 供：原作“栱”，据文意改。
② 其机则实而已矣，死而已矣：此二句前后疑有脱文。

先言向；将言凡夫，必先言非特；将言顾其，必先言非不；将言及其，必先言方其；将言则是，必先言夫惟；将言则必，必先言惟其；将言则谓，必先言自其；将言吾恐，必先言将以；将言抑亦，必先言其果；将言其既，必先言其始；将言无见，必先言有见；将言愈，必先言已；合而言之，一合一辟尽之矣。观乎合辟，而机不可悟乎？然非指一合为机也，亦非指一辟为机也，又非指一合一辟为机也，一合一辟之间两在虚活者，此之谓机也。自其偏而观之，非特两股之中有合辟也，虽一股之中亦自有合辟也；非特一股之中有合辟也，虽两句之中亦自有合辟矣。自其全而观之，非特两股之中有合辟也，虽四股、八股之中，亦自有合辟矣；非特八股之中有合辟也，虽自破至结，通篇之中亦自有合辟矣。昔叶若水游于荆川之门，私为之论曰："先生之文，惟一合一辟耳。"先生闻而愕然曰："吾平生苦心为文，却被公一言道尽矣。"呜呼！悟文之机者，其在斯人与？其在斯人与？是故有斐之君子，一悟机而天下之能事毕矣。

青螺郭先生论文

单题式

时义最难于单题，故以弁诸首。单题贵前不突，后不竭，如溪壑之水，渐入江淮，江淮之水，渐入河海，其中潋滟滔腾，叠见叠出，始称奇观，若突然起，蹶然涸，便不佳矣。前辈如金星桥"臣事君以忠"文为当。又曰单题正意止可讲六比，起处须用客意为讲，若实讲八比，则前突后竭之病势所必至。又曰单题须用柱子。又曰单题闲字最重，如"臣事君以忠"，"事"字、"以"字重；"惟天下至诚为能化"，"惟"字、"为能"字重；"自诚明谓之性"，"自"字、"谓之"字重。余仿此。

两扇题式

其体有四：有短题两扇者，如"天地位焉，万物育焉"之类是也。此样题，其体方矣则机贵圆，其户辟矣则文贵合。近日时义，腹讲四股，殊为太实，如陈吉所"绥之斯来"，文内将"绥之"作一股，"斯来"作一股，又将"乐乐"、"利利"作二小股，何等流动？又如诸理斋"子哙不得与人燕"二句，全不讲股，便是高手。有长题两扇者，如"君子信而后劳"一节，"仁者必有勇"之类是也。此样题贵识重轻，如"仁者必有勇"节，他卷于"勇者不必有仁"处着实几股，习豫南卷止作一扇尾，何等识见？有两扇中涵四扇者，如"物有本末"二句，"送往迎来"二句之类是也。此样题须要针线联络得密乃佳。有语似两扇，而意实相串者，如"说之不以道，不说也"二句，又如"始吾于人也"四句，俱宜顺作，决不可概作两扇。此类极多，宜玩书旨。

又曰两扇中句俱要不能移动，左①扇中语可移之右，右扇中语可移之左，便不佳。又曰分题须合破，如陈吉所“绥动至速之化”便擅场。

三扇题式

三扇题若能总起为妙，如不能，亦不必强，但每扇中须要的确不能移易的话，如“子路率尔”三节，时文首节曰强国，次曰富国，三曰华国；又如“乐正子强乎”，三段曰“无勇功”，“无智能”，“无艺名”，便的当。又曰末扇文气须要悠长。

四扇题式

四扇题，如“文行忠信”之类是已。本文已具四段，若每扇中又作二小股，则似十二股矣，即宜直说四大股为当。

长题式

长题有三要：起处要概括，过脉处要针线，平铺处要断制。有三忌：问答处忌实讲，话多处忌琐碎，话少处忌渗漏。又曰长题须要烂然成一篇文字，使人不觉其为长题便好，若顺题数去便不佳。

一句分两截题式

题本一句而分作两截，须要上下照应有情，而过脉处更要联属缜密。此二作最妙②，且辞又玄解不俗，熟读之方能作性理题。

接上搭下题式

近来主司恶士子专事记诵，每出题接上搭下，欲其题少旧文耳。此样题不能预构，须随题生意，自然成文，而于起处更要提拓数语。

前后照应题式

前后照应题式，须于起处先提起下文字面为要。

---

① 左：此字前原文衍一“右”字，径去。

② 此二作最妙：原文当针对具体文章所发，故有此说。

两句作一句题式

此名串题，与单题相似，可以互看，但串题最忌中比有痕，须一气呵就为妙。

发问未尽题式

此样题极难作，须要得他语气方可下笔。尾处不可呼明正意，尤不可不含正意。大匠不能使人巧，正在此处，味之味之。

反题式

反题正起，正题反起，此举业至论，而反题比正题更难，股股要依他口气道去便佳。又曰反题末处须要道正意。

事实题式

事实题式最要涉猎，如“春秋无义战”及“臧武仲以防求后”等题，不究故典便不成文。又曰《四书大全》及《人物考》二书，不可不备。

断制题式

断制题须用史笔，最忌实讲。

散题式

文随题转，本散矣，亦须散散道去，方有逸气，若约之入绳墨中，则奇骥伏枥，安望千里耶？

咏叹题式

咏叹题式，须要有奇趣，有逸思，方能体贴得唱叹语气，若循规矩步武，文虽典，终不佳。

游艺塾续文规卷之三

赵田逸农袁黄坤仪甫辑
门人刘有执无竞甫阅
男袁天启若思甫订
嗣男叶绍袁仲韶
侄孙袁祚熙载之甫同校

了凡袁先生论文（旧文规所刻者一篇不载）

王元美作文章九命，一曰贫困，二曰嫌忌，三曰玷缺，四曰偃蹇，五曰流窜，六曰刑辱，七曰夭折，八曰无终，九曰无后。后又作恶病为十命。渠谓："文人多穷，其质情诚有合者。贫老愁病，流窜滞留，人所谓不佳者也，然而入诗文则佳；富贵荣显，人所谓佳者也，然而入诗文则不佳，是一合也。泄造化之秘，则真宰默仇；擅人群之誉，则众心未厌，是二合也。"而历引古人以证之，余窃不敢谓然。夫善相马者得其神，牝牡骊黄可略也。善论文者，亦论其神而已矣。故文舒者，其神必泰；文温者，其神必和；文清者，其神必隽；文冠冕者，其神必轩豁；文条达者，其神必通畅；文蕴藉者，其神必停蓄。若影之于形，修短曲直，未有不似之者也。人之贫富穷达，顺逆寿夭，皆神之所为。故晨得美食，宵有佳梦，神告之也；凶祸将至，其事未发，先惕惕弗宁，亦神启之也。今如所引古人弗敢妄论，即如近世桑民怿、唐伯虎、王稚钦辈，读其文，或浮而躁，或肆而狂，其佳者，或促如急管，或凄若繁弦，其神固飏飏不附体矣，安得不穷？安得不缺？又安得不夭也哉？伊尹、周公，身为先觉，位居冢宰，既寿且昌，福及万国，文又安能穷之乎？雅颂之篇，推骈臻之福，咏万年之寿，又何尝不佳乎？吾愿文章之士，广其胸襟，平其意气，勿骋其所有余，而务养其所未至，一毫乖戾勿着于心，使词气所出，铿然如金，温然如玉，俨然如端人正士之立于朝端，此所谓台阁之文也。经纶在抱，到处坦途，遇之或顺或逆，如空中花、梦中境，勿论可也。

昔鲁与齐战，曹刿问战于公，公曰："衣食所安，弗敢专也，必以分人。"对曰："小惠未遍，民弗从也。"公曰："牺牲玉帛，弗敢加焉，必以信。"对曰："小信未孚，神弗福也。”公曰：“大小之狱，虽不能察，必以情。”对曰：“忠之属也，可以一战。”越王勾践将报吴，甲兵既具，问战于申包胥，包胥诘越王之所以与之战者，王曰：“饮食不致味，听乐不尽声，愿以此战。”曰：“善矣，未可以战也。”曰：“吾老老幼幼，问疾葬死，愿以此战。”曰：“善矣，未可以战也。”曰：“吾修令宽刑，施民所欲，去民所恶，称其善，掩其恶，愿以此战。”曰：“善矣，未可以战也。”曰：“越国南则楚，北则晋，西则齐，玉帛、子女以宾服焉，未尝敢绝，请以此战。”曰：“善哉，蔑以加焉，然犹未可以战也。夫战，知为始，仁次之，勇次之。”今士人应试，亦可谓战也。其怠惰而不学者毋论已，三年笃志，足不窥园，精其业，利其器，进而鏖战于文场，然而有胜不胜者，盖不讲于所以战之理也。夫古人论战，不论坚甲利兵，而论事神治民、问疾葬死等事，此岂迂也乎哉？盖战而修其武备，犹试而修其文词，此人事当尔，不必论也。进退得失，其机甚微，其来也，若启之；其去也，若夺之，默主于人事之外，而人不得窥其缄者，此谋臣智士之所以栗栗危惧，而鄙夫浅儒见在眉睫者，固不虞冥冥之中有真宰也。愚谓士之所以试者，其道有三：一曰正心术。世间一切事为惟心所造，一毫机械藏于胸中，则心术坏矣。静观世人，凡舞机御物者，其后必不昌，往往得奇祸。上天之所恶者，莫甚于机，此灌园老人所以辞子贡，而宁处于拙也。吾愿诸友，已过事勿追，未来事勿亿，见在事勿着，或顺或逆，勿起爱憎心，便是不着。嗒然如遗，兀然如槁，默然如纪渻子之养鸡，则神完气足，不但可以精白其德，而亦精业应战之要术也。二曰积阴德。《易》曰：“积善之家，必有余庆，积不善之家，必有余殃。”此义不发于乾，而发于坤者，重阴也。论善于庆，论不善于殃，惟阴有之，阳无是也，何者？人有德，人知之则享令名，名亦福也，不复有他庆矣。名过其实，则反灾焉。人不知则为阴德，庆始及之。孔子曰：“丘也幸，苟有过，人必知之。”夫仲尼有过，不幸己知，而幸人知，曷故哉？凡人有过，当如日月之食，稍有掩护，即为阴恶矣。君子待人，期隐其恶而称其善，其自待也，善欲阴而过欲阳，非望报也，士君子之立心宜尔也。罗一峰计偕舟次姑苏，梦①范文正公来谒，谓之曰：“来年状元属子矣。”罗谦让不敢当，范曰：“某年某楼之事，诚动太清，以此报子耳。”罗昔年曾拒一奔女于某楼中，念此事人无知者，此梦当不妄，及赴试，果夺标焉。嗟嗟！梦寐即白昼之为，暗室即康衢之见，此君子所以贵慎独也。三曰务谦虚。《书》云：“满招损，谦受益。”《易》曰：“天道亏盈而益谦，地道变盈而流谦，鬼神恶盈而福谦。”凡穷士将达，其人必有一段谦光可掬，苟侈然自满者，即举业甚工，未必第也。累试累验，百不差一。丁丑与冯开之同处于燕市，见其敛华下气，恂恂默默，面被人斥讪，怡然顺受。予告之曰：“吾阅人多矣，未有谦虚若此而不发者。”斯言犹在开之之耳也。祸福无门，惟人所召，气盈者必非远器，纵发亦无受用。此是眼前确然之事，稍有识见者，必不忍自狭其量，而自拒其福也。况谦则受教有地，而取善无穷，尤修业者所必不可少者乎？修此三者，勤以励之，恒以持之，庶可以战矣。昔人有言：“志于道德者，必得道德；志于功名者，必

① 梦：底本无。据内阁文库本补。

得功名；志于富贵者，必得富贵。”夫道德在我，为之则可必得矣。至于功名富贵，得之有命，何可必得哉？然得之固有命，而求之亦有道。惟修前三者，而不起希望，不萌怨尤，此求之之道也，亦以见求之无益于得者，失外亦失内；求之有益于得者，得内亦得外也。以义为利，《大学》丁宁于末简；仁义未尝不利，《孟子》发例于首章，呜呼深哉！

凡欲静坐，须先息心，日常随事练习。难忍处须忍，难舍处须舍。忍得一分，便有一分受用；舍得一分，便有一分安乐。习之久久，工夫渐熟，自然触处有益。日间有暇，随意静坐一二时，调①和气息，放下身心，一切善恶都莫思量，游情杂念，尽情抛舍，洁洁净净，常要完寂②然不动之体，才觉昏愦，即奋迅振发，不容一毫懒散，就昏愦处，猛自提撕，修惺惺法以胜之。惺不离寂，寂不离惺，离惺而寂，是谓顽空，离寂而惺，是谓狂慧。但论对治之法，散乱时，须以寂治之；昏沉时，须以惺治之。然其惺也，单提一念，匪二匪三，惺也而未尝不寂其寂也。惟灭妄心，不灭照心，寂也而未始不惺。大抵人生世间，只有忙闲二境。闲时吾不随他闲，以吾之惺而寂者主之；忙时吾不随他忙，以吾之寂而惺者应之。忙闲之境既合，则昼夜之故可通，昼夜之故通，而死生顺逆无不一矣。

昔韩退之谓：“愈生之夕，月在斗，故动而得谤，坎坷终身。”苏子瞻亦谓：“命在磨羯，平生多遭诽谤。”自古以言语文字得罪者，不少矣，而二公独归之于命，则薏苡之毁，窃铁之疑，皆可处之泰然矣。吾不幸而名满天下，则谤亦宜满天下。汝以孺子而窃重名，则致谤之本在此不在彼也。吾为汝计，不但当委之于命，而直当责之于身。谨将陈公之教，镌之肺肝，不使须臾忘却，如读书而思及此，便当百倍加功；检身而思及此，便当百倍收敛；嗜欲之发而思及此，便当百计销磨；穷途拂郁而思及此，便当百凡忍耐；接人而思及此，便当百倍谦虚③；处事而思及此，便当百倍谨慎。以此操心，以此虑患，而果增益其所不能焉，皆陈公之赐也。吾尚将踵其门、升其堂而拜谢之，不然，孤负吉人之诲矣。

释家谓：“一佛出世，必生一调达谤毁而挫辱之。”虽是天生圣人，遭一番谤毁，定有一番警省，受一分挫辱，定有一分动忍。是故桓魋，仲尼之调达也；臧仓，孟氏之调达也；邢恕与侄子，程正叔之调达也；李定诸人，朱元晦④之调达也。昔有论阳明先生当杀者，阳明粘其疏于壁，早暮观省，以求寸进，年余，果觉气日柔，心日细，而动静自能中节，如此然后不负天生调达之意耳。彼言言设计攻人，我一一消归自己。彼方污吾之名，吾藉以进吾之德；彼方阻吾之进，吾藉以改吾之非。就心体入微处，默默洗涤，切切磨练，不容丝毫放过，则诽谤交加，皆良药也，敢不稽首以拜明赐？

---

① 调：底本误作“谓”，据内阁文库本改。
② 寂：底本误作“叙”，据内阁文库本改。
③ 虚：底本无，据内阁文库本补。
④ 朱元晦：应作苏子瞻，疑撰者笔误。

民生于勤，死于逸。勤则血气常运，疾用是寡，而后王之，逸适以短年。是故君子进德修业，贵及时也。农及工商，皆终岁勤动，而无一日之旷。士独何人，可以自逸？坎坎伐檀，顾为食力者所笑。先辈读书有三年图，今特绘以相示：每月下列三十日，每日作三分，如清晨修业无旷，即用笔抹上一分；午间无旷，则抹中一分；薄暮无旷，即抹下一分。旷则空之，用以自检。

与张举人书

作文之法，在涵游性灵，使心苗常活；不在躁急心热，欲速求工；在打透机括，使词源沛然；不在饾饤掇拾，疲精役气。不论作文不作文，常要凝定心神，屏除杂念，眼耳鼻舌身意都要在题目上。凝之久久，则文机自活，文窍自通，譬之植木者然，根深则枝茂，乃气实生华，而非袭取也。用之则文章，舍之则性命，又何妨焉？此皆仆之所尝致力而未能者，谨三熏三沐而献之几杖之前，足下其俯听之毋忽。

答钱明吾论文书

尝闻先辈云："文有即奇而正，而若不睹其奇者，文之上也；雄伟俊拔，而不诡于绳尺者，抑其次与？"乃若兄之所论，是文之次也，非上也。而至谓尽性致命，更有在焉，则非矣。留心性命，屏除俗虑，诵中习存，作中习养，使腔子内精神常聚，生机常活，此举业本领工夫也。禅家谓："尽大地俱是悟门。"故洒扫应对，可以精义入神，岂有终日理会圣经贤传，而反作障碍者乎？绎先圣之秘旨，养吾气之浩然，理趣融液，而不溺于游辞；洞彻本源，而不牵于旁意。炼之如精金在镕，不足色不止；裁之如美锦制服，必称体斯完。止则如罗汉入定，行则如流水出山。庄重如端人入觐，袍笏俨然；蕴藉如美女惜春，有言不尽；其纵横出入，如韩信将兵，多多益①善；化腐臭为神奇②，如钟离丹熟，点铁成金。以此而发泄性灵，以此而文名天下，庶无愧于斯文矣？

寄张公子书（张公子因考试不利愤甚，故以此书慰之。）

世间之物，小小成就者即不论，凡欲成百围之木，不知经多少风霜；凡欲成万斛之舟，不知受多少锤凿。古今豪杰，其学问得力处，皆从困苦中磨练出来，有遭一蹶而终身受用不尽者，足下宜自奋可也。即举业一节，已精益精，茫无尽期。句炼矣，而刻琢太工即伤气；气畅矣，而驰骋太过即伤格；格正矣，而拘牵排③列即伤意；意工矣，而

---

① 益：原作"一"，径改。

② 化腐臭为神奇：底本原误刻作"兵臭腐神奇"，据内阁文库本改。

③ 排：原误作"裶"，据文意改。

描写过当即伤理。使秾纤备至，精粗毕协，若豪杰称工，而俗眼未识，亦是我辈欠缺处。作文之法，不但当仰合高纵，尤当俯循俗忌。故善文者，以平浅之辞，发精深之意，使识者得其意，不识者得①其辞。程子云："立言之道，不使知德者厌，无德者惑。"执事试看《论语》、《孟子》，其辞何等平正！其意何等精深！此万世作文之轨范也。天下无自是之豪杰，亦无自足之学问。故常惭往行之谬，则德日新；常知旧业之非，则文日进。如修德者执称往行皆是，作文者而自谓旧业皆工，则终身不曾进步者矣。仆以豪杰待足下，故足下学业已工，而仆尤喋喋进规，足下果以豪杰自处，亦岂肯以今日所造为已足耶？况男子当读之书，仆读之三十年而未尽；男子当为之事，仆为之三十年而未得其涯也。足下英迈夙成，正不当以鄙人为例，然遭蹶而思奋，则野人之所亲尝而有味者。幸毋忽②。

与于生论文书

鄙人尝论作文之法，大概有五：一曰存心，二曰养气，三曰穷理，四曰稽古，五曰透悟。夫文出于心，心粗则文粗，心细则文细。其心郁者，其文塞；其心浅者，其文浮；其心诡者，其文虚；其心荡者，其文不检。历历验之，若蓍龟然。愿吾弟扫除外好，归并一路，收摄此心，绵绵密密，无丝毫间断。使腔子内精神常聚，生意常活，此秀才本领工夫也。杜牧之论文，以气为先。盖气和则文平，气充则文畅，气壮则文雄。凡欲作文须先养气，毋轻喜，惧气之扬也；毋暴怒，惧气之拂也；毋多言，惧③气之躁也；毋妄动，惧气之失常也。动静语默，端详闲泰，常使太和元气周流于四体间，发为文章，自我盎然者出之而已矣。文有词有理，而理为之主，故理明则词显，理密则词精，理当则词确。理譬则主人也，词譬则奴仆也，未有主人精明，而奴仆不从令者。人惟不知穷理，而徒求工于词句之间，故用尽苦心，终不能出人头地耳。然穷理之学，不可全靠他人讲贯，须深造而自得之。遇题目难处，不得放过，如孤军遇敌，猝意向前。又如汉廷老吏断狱，推勘到底，一处精则其余皆得其精矣。作文最忌蹈袭，又忌杜撰。前辈文字，其章法皆有源流，凡布置结构，开合起伏，自有天然节奏，虽离娄之明，不能废规矩也。故古文不可不读，但读古文，不得以多为胜。仆旧读《庄子·养生主》一篇，反复熟玩，偶有所窥，乃知《庄子》三十三篇文字，总是一个机局。吾弟只把《文章正宗》一部精择而熟参之，朝玩暮讽，使古文时在唇吻间，则出词吐气，自有古风。若待招之而后来，麾之而后去，已落第二义矣。昔严沧浪论诗，借禅为喻，谓："禅家一味妙悟，诗家亦一味妙悟。"悟之一字，岂易言哉？不可以有心求，不可以无心人。张旭学书，见公孙大娘舞剑而悟，何哉？其力已到，其机已熟，适相触发耳。凡

---

① 者得：原版缺损，据上下文意增添。

② 忽：原作"怱"，据内阁文库本改。

③ 惧：原文衔接缺此一字，据文意增。

六艺之学不熟则不悟，不悟则不精，岂特不精也哉？不悟则局于艺，而与性命为二矣。故作文者须要有孔子闻韶之志，使意气凝聚专一，而不复知有他。一日大悟，如斲轮者不疾不徐，如解牛者踟蹰四顾，乃神解之文，而非力索之文也。仆庚午春读书于南京燕子矶，是时颇知学矣。承许、沈二君资我薪水，胸中无一毫杂累，终日作文，沉思默想，收视返听，执管凝神，停章入梦，颓然如醉，兀然如痴，蠢蠢然又如不晓事者。数月之后，一日偶从诸友登矶，远望江云，恍然如囚人脱枷，不胜鼓舞，欲举胸中所得告许、沈二君，又默默无举口处。自后题目到手，便能成章，从前许多苦心极力处，皆用不着矣。承吾弟虚怀下问，漫述其所尝致力者以请正。

与陈颖亭论命书

原拟送老丈至圆通，同坐十余日，荆妇以弟年老，出外不便，遂不得来。谨将所受异人口诀录献，幸依诀而实行之。向算尊造，谓："运正贪财坏印，今当尚义轻财。"而其事犹未悉也。两候尊颜，见心甚虚，听甚恳，实有求道之念。弟如隐而不言，岂成其为报执事？谨将弟之所现行者，试数之于前。弟田租不多，每岁量除三分之一为行义之资，先将族人之读书者，与贫而不能婚葬者，量助若干，凡二十余条。次将亲友之贫者，存而衣食不能自给，如沈望湖辈；没而子孙不能自立，如李见亭辈，皆薄有所助。又次将乡里贫民丐户，每岁二度放粮，以济其乏。又次买鱼虾螺鸟，日逐放生，放得多欣然畅怀，如有所得。又次在嘉兴如楞严、三塔，在苏州如灭渡、接待等处，岁斋僧数千，而于造像刻经、修桥布路之属，凡扣门者，率①不敢虚其所求，内思破己之悭，外思纳人于善。凡有利益，无不兴崇。我辈平日辛勤刻苦，为子孙创业者，死来皆用不着，所可待以瞑目而释然无憾者，惟此修德行义之事而已。大抵人受命于天，生来之福有限，积来之福无穷。如命中有福十分，今日受用一分，前面只有九分；又受一分，前面只有八分，受一分即销一分，此众人听命于天者也。吾辈果是用《易》，君子便当深绎圣人"积善余庆，积恶余殃"之说，而实为趋吉避凶之事，密密修持，孳孳奋励，尘尘方便，处处圆融，则受福一分，便可积福十分矣。老丈聪明，胜弟十倍，所未到者，不遇真正明师，未曾于见闻觉知之外，实落用一段工夫耳。弟幼受云谷老师之教，即知静坐摄心，或经夕不寐，或经旬不出，而人事多魔，不能打成一片。后因出游有暇，得整坐十个月，朝暮未尝交睫。于禅门工夫，先息粗细二尘，次过欲慧二定，然后备证十六触，而入初禅，大觉大悟，如梦之方醒。然有觉有悟，犹为幻为病，离此觉悟，方入第二禅。始知向来为聪明所迷，觉照所误，如鸟之出笼，廓然见天地之远大，而悦不自胜。然悦在犹为患为病，离悦而后入第三禅。凡人为学，惟内无所悦，故外面可喜可慕之事，得以动之，到得内有真悦，则充然自足矣。若三禅则不徒悦，而且乐焉。盖喜从心生曰悦，喜从外畅曰乐，故二禅之悦以心受，三禅之乐以身受，不但手足

---

① 率：原作"牵"，据内阁文库本改。

舞蹈，熏然顺适，觉得一呼而与六合上下同其通，一吸而与六合上下同其复，真与天地万物同其和畅者。当时正欲究竟其功，而弟偶因事归家，遂中道而废，至今悔之。然从此而遍交天下豪杰聪明智慧者，如麻似粟，并无一个半个知归根复命者，是以世智浮慧愈高，而去本地风光愈远。纵步步圣贤，早已错用心矣。弟知世儒学问迷误已久，不但佛教不行，即孔孟脉络，居然断灭，故从来只和光混俗，未尝敢以真实本分之事开口告人，而今特举以告足下，为爱足下不同众人也。虽然，语不投机，半字犹赘，恐似一柄腊月扇子，用不着耳。

与邓长洲

某幼受教于异人，谓学问之道，只是收心。当将平日孟浪精神，归并向里，而静坐一法，乃是捷径要门。然其工夫从喧入寂，从显入微，节节自有证验。不得明师指示，路头一差，则修证皆谬，纵坐百年，亦无益也。仆因依之静坐，初坐旬日，便觉杂念顿空，满腔澄彻。师曰："此粗尘息也，伏念隐情，微细流注，依然在耳。"更坐月余，遂将余尘尽扫。师曰："细尘息矣。"从此当有二定出来，先入欲界定，已空欲障；次入未到地定，旋空色障。师曰："从此入禅不远矣。当有十六触法，汝勿畏勿惊，其时欲界之身将尽，色界之身未来，粗细相违，故多抵触。"某依教修持，更不动念，一夕，恍然大悟，如梦之方醒。师曰："此入初禅矣，然觉悟尚存，即为障碍。"遂尽情遣之，如痴如愚，不存一毫知见。又月余，觉喜从心生，性体一开，欢欣无量。师曰："此入第二禅也。然稍存喜悦，即障本来，从此遣悦，而入第三禅，则心中隐隐之悦，且畅于外而为乐矣。"盖二禅之悦在内，三禅之乐在外。初觉一指和畅，次觉满身和畅，又次觉六合之大，蠛蠓之微，无不和畅者。盖一念中和，而天地万物一齐贯串，乃是实事。正欲究竟其功，以有事归家，遂成堕落①。从此而读"五经""四书"，见孔孟之言，句句皆是家常实话，而宋儒训诂，如举火焚空，一毫不着。悯正学之榛芜，开久迷之眼目，"四书"作便蒙书，经作详节，大删朱注而略存其可通者，于嘉靖乙卯年刻行，五十年来遍传天下。当时并不书弟之名，故家家传习，而并无议论。近有友人改作《删正》，而列弟名于上。夫不书名，则意在指迷，而可以相忘于物议；一书名，则迹涉贾誉，而遂来众口之呶呶。盖世间所忌者正在名，而今适犯其所忌也。此与贵属书林无干，敢以解纲之仁乞之左右，吴县曾父母处并望转达，惟台下念之。（以上十二条论心语。）

人生在世，此日一过，不可复得，是故寸②阴可惜也。古人以三年为离经辨志之期。倪千日内潜心力学，不令隙虚，何书不可读？何事不可成哉？兹依国家试士之典，自今年九月为始，至第三年七月为终。盖连闰已满三十六月矣。每月界为三十日，进修

---

① 遂成堕落：原文此句前衍一"家"字，径去。此句即中途而废之意。前文有同样的描述。

② 寸：底本无，据内阁文库本补。

功程，随日纪之以自考。偶有过言过动，亦书于册，期寡之又寡，以至于无。我亦自置一册，与汝互相策励。年逾七十，锐气全销，而一息尚存，不容少旷，进德修业，日日要见功程。如读书，前日看得书旨如此，今日看来又觉精深；如行事，前日看得道理如此，今日思之，又觉未尽；如改过，前日已知非而尽改之矣，今日体验，又觉所改之中，又有过焉，此所谓日知其所亡也。若自谓前日所读之书，所行之事与所改之过，皆已尽善，不复求进，则永断日新之路矣。君子从知起能，能成知绝，是能也者，乃道之有得于心者也。时时存养，默默保任，岂可使月有忘哉？故须记之以自考。我若少旷，即为不勇之夫；汝若少旷，即为不孝之子，勉之！

进德修业只是一事，若只以读书作文为业，而置身心性命于度外，非学也。汝今于十二时中，须扫除杂念，涵养性灵，即事即物，不厌不弃，偶有走作，即收拾归来。时而读书，则整襟对案，俨如圣贤在上，潜细默玩，藉以管摄元神；时而作文，则以洁净之心思，发圣贤之旨趣，并不使一毫闲思杂想介乎其间。盖人之一心，最难把捉，心之不能不着于物，犹火之不能不丽于木也。孟子论“集义”而曰：“‘必有事焉’，知其不能离事，而即事以调剂之。”读书作文亦事也，虽非息心之道，亦是聚念之方，能专精于此，而不以他念杂之，正所谓主一无适也。凝聚得久，精神自然收敛，智虑自然精明，定有一旦豁然贯通之理。盖举业文字，最没紧要，费日力于此固可惜，而疲精神于此尤可惜。今能如此用功，借他规程，养吾心体，不但光阴不虚，而精神常敛，道德日新，圣贤用功不过如此。我昔年同沈介川、许星石读书于南京燕子矶，万缘放下，一尘不染，而终日作文。行亦文，坐亦文，卧亦文，绵绵密密，无丝毫间断，忽一日随众登矶，见云光接水，恍然大悟，词源顿开，不烦驻思而信口成文矣。此亲试验之良方也。毋忽！

今诸生修业，三六九日作文，余日则看书几板，随将时文选定，此通行之法，实至陋之规也。盖工夫最贵专一，如一日作文，而两日不作，文思何由而联属？意趣何由而贯通？此其得益必浅矣。又，看书既非心得，则必杌陧而易忘。即一年能完经书，至明年则前书茫然不省，而所选之文已复不时，又将从前选起。年年如此，岁岁相因，乃终身不究竟之功也。况时文好者少，不好者多。好者入目，未必有益；而不好者入目，最能坏人真趣。如与不善人居，初亦甚恶之，既而默默熏染，不自知其肺肝之尽换矣。汝辈用功，当作焚舟之计，如作文便将别项工夫尽从并省，一眼看着题目，两耳听着，念念思着。一篇才完，便呈友人批抹，应时改定，又换一题，如此用工，月余文机便活，文势便熟矣。熟则三六九试笔可也。如看书，除素所明白者，且不必再看，其稍有未明者，细心理会，必俟此篇融通透彻，然后看第二篇。果能鞭心入微，反躬默体，玩之于虚闲澄寂之中，触之于语言文字之外，由此而看前日已明之书，则明白处更觉生意无穷。即看所未见之书，亦可因文会理，此皆功之反求诸内者也。至于时文，当倩人挨题集定，俟作此题，然后检此文，何处是彼神到？何处是彼意到？何处是彼理到？何处是彼词到？以他山之石，攻吾之玉，点彼顽铁，使尽化黄金。盖不以时文看时文，而以我看时文，尝其一脔，因为之发其至味。此所谓转法华，不随法华转也。

我朝令甲，“四书”从朱注，仍元旧也。后成祖下诏，谓朱熹一人之说，不足以尽六经之旨，征诸儒集《四书五经大全》，颁布学宫，使士子诵习，法至善也。今天下咸局于朱说，不复有看《大全》者矣。吾儿须先将经文潜心玩绎，次将朱注字字而体贴之，《大全》诸儒之说，亦须一一参考，务求至当。盖博则众长兼采，约则一字不留，此在豪杰之自得耳，未易为众人道也。至于《性理》一书，成祖曲尽教人之道。吾童时蒙苏一山先生逐句讲解，始通其文，后遇方外异人，别有所授，然后《皇极经世》、《律吕新书》诸篇，始贯串而通晓，亦尝为汝辈略陈其要矣。《通鉴纲目》，其书不出于朱子，乃赵公讷斋所创，故义例多讹，而宋元纲目尤杂而未纯。汝旧尝阅过，亦能识其颠末矣。然看书易，记书难，开卷了然，掩卷茫然，何益之有？凡记书，自有要法。朱元晦尝称唐仲友善记，一部十七史，皆在指头上轮得转，此不过编成檃括，随事记之耳。韩退之云：“纪事（者）必提其要，纂言（者）必钩其玄。”此得稽古之要领者。汝于全书既已阅过，今《性理》只将我所纂者，《纲目》只将《纲鉴要览》从头细阅，明日复从前检其所标出者，记则已，不记则将书一看，日日如此。待看完之后，每早将二书从头一检，此不过片饷工夫，最不费力。如得百日，则看过百遍，便烂熟矣。他日有暇，或有事他出，不得做正经工夫，将此二书随身，时时一检，终身可以不忘。盖有至敏之资质，决当做至钝之工夫，所谓“上乘兼修中下”也。

今天下秀才，只攻前场，不复肯加意于后场，即有司校士，亦全不以论策为轻重，故祖制大隳，而士习益陋。然君子自处，不应若是。汝七岁能诵“五经”正文，八九岁时，《老》、《庄》、《史》、《汉》、《韩非》、《吕览》之属，亦既啜其糟而吮其膏矣。今不以泛滥为高，而以精诣为准。将旧时所熟玩者，删其繁猥，每书只存精确者数首，悠悠熟复，绵绵细玩，详其脉络，会其旨趣。读《史记》须要得其跌宕之气；读《汉书》须要得其严整之风；读《老子》须养吾恬淡之心，会其无为之旨；读《庄子》便须渺末世界，傲睨帝王，而使胸中常有一段不羁不局之趣，翕其精神，注吾肺腑，开口如在舌尖，下笔如在笔底，然后从而作论、作策，庶有三分古气，可以压倒元白矣。

读书之法，必先整襟危坐，收敛元神，开卷伏读，优游寻玩。其未得也，绵绵密密，如鸡之抱卵，意气专一，而百虑俱空；其既得也，一言会心，是非双遣，如龙之腾空，而翛然于尘垢之表。作文之法，在涵泳性灵，使心苗常活；不在躁急心热，欲速求工；在打透机括，使词源沛然；不在饾饤掇拾，疲精役气。不论作文不作文，常要凝定心神，屏除杂念，眼耳鼻舌身意都要在题目上。凝之久久，则文机自活，文窍自通，譬之植木者然，根深则枝茂，乃气实生华，而非袭取者也。

士人不肖者，类束书不观，游谈无根；间有读书者，又汩于括帖，专事饾饤，拘牵讲说以合注，又拘牵训诂以合经，而圣贤之意远矣。读书之法，将本文朗诵精思，先会通章大意，识其指归；次将一句一字，求其下落，皆须体之于身心，验之于日用。灼见其句句可行，字字不妄，然后将大注一体贴之，再将《大全》诸贤之说，一一考索之。有所不合，不妨再思，不可轻悖前贤，自是己说。极之而果有所不通，则当尊经而略传，不可信传以疑经；当借传以明经，不可驱经以从传。此尤今日学者所当知也。

制衣所以御寒也，有衣而不免于寒，则虽锦绣尽饰，皆为无用之物矣；医之用药，所以疗病也，有药而不能治病，则虽按医经制奇方，皆为无益之举矣。习举业所以应试也，为文而不利于场屋，虽千椎万炼，枉费苦心，何益之有？昔归有光熙父，博洽有盛名。嘉靖庚子，张龙湖主南京乡试，得熙父卷，大加叹服，称为天下士，然以其经书义涉古奥难识，终不与首选。龙湖心实重之，谓海内无两也，尝自诧曰："世安有具只眼如张治者识归生耶？"熙父素恬静，不问家人生计，益闭门修业，直欲以古文为时义。用心愈勤而去时调愈远，是以累困春官。比丁未，龙湖主会闱，熙父复不第。庚戌，公又以阁学典试，戒房考吏部章①员外曰："君为归生乡人，必识其文字。"章亦自谓必得之。已，得一卷，词指亦古奥，荐之龙湖曰："此必归生无疑。"龙湖复细阅之，喜曰："真归生卷也。"时礼部尚书华亭徐公为提调，阅五魁卷，语龙湖曰："第二②名和雅精粹，是会元正脉。"众考官皆以为然。龙湖告徐公曰："第一名必归有光卷，吾乡试时不以为元，至今愧之，今必取之为首。"及拆卷，则一名乃泉州傅夏器，而二名乃嘉兴汤日新也。龙湖嗟惜。是夕展转不能寐，传命索其落卷，读之，大非庚子时文矣。大恚曰："归生负我，何乖谬至是？"又历五试，至乙丑，余公同麓当为分考官。余旧曾识面，因窗友李见亭北行，寄书规之，谓："场中看文③，亦当为国家求真才，勿拘拘于词气间，须略皮毛而重神理，更当细阅后场。凡老成淹贯之士，其策论必精。"余公报曰："谨如命。"及进场，熙父卷果在同麓房，览之，语同事诸君曰："此可中否？"众咸难之。同麓曰："此去有司之绳墨甚远，然非凡品，姑置之，俟检后场以定去留。"及读二场论，乃曰："真巨儒笔也。"时高新郑主试，同麓不敢送初场文字，但以二、三场送阅，遂得中选。夫熙父之文，岂不工哉？然古而不今，深而不浅，质而不华，奥而不显，大非利中之具。是以乡试后蹉跎二十六年，幸遇余公收之于绳墨之外，不然，几终身沦落矣。故举业文字慕古者，必不合时；师心者，必不谐众。虽濡笔腐毫，辍翰惊梦，吾见其愈眩也。善修业者，不独自慊隐衷，须要博通众志，每作一首成，即呈众人订正，虽愚夫之言，吾必择焉，然后巧心拙目，两不相违。熙父负盛名，雅自尊重，人无得而訾议其文者，譬之玉不受琢磨，终不得为美器焉；马④不受驾驭，终不得为良材。

己未科，乡人沈君绍庆为仪部主事，职司提调，检熙父卷，心念其久淹滞，欲振之，而卷中句字多刺时目，为改其最骇人者，誊入之。熙父下第归，闻而大怒，移书徐宗伯，言："'龃龉'、'抵牾'等，本汉人语，苏家常用之，乃为浅学所诋。"不知惟其为汉语，所以大背时格，苏家可用，而今固不可用也。呜呼！钓者负鱼，鱼何负于钓？

---

① 章：《古今图书集成》"理学汇编·文学典·经义部"引此段文字，此字作"张"，疑误。

② 二：《古今图书集成》"理学汇编·文学典·经义部"引此段文字，此字作"三"，疑误。

③ 文：底本脱漏，据内阁文库本补。

④ 马：底本脱漏，据内阁文库本补。

春而东风解蛰，夏而大火西流，秋而素瓦凝霜，冬而寒林缀雪。雷火霜雪，各司其候，惟其时也。时之来也，万物无所避其踪；时之往也，天地不能留其钥。文而①谓之曰时，决当随方合节，局局争新，过时不可，不及时不可。昔荆川先生尝言："时艺不可自适己②意③，须寒暑温凉，各随时态。"故其己丑以前之文，如墨义及初出窗稿，温润典雅，气格甚正；及其改官翰林，莫子良④诸公从之游，其所作"有故而去"七句，"克伐怨欲不行"全章等篇，精微渊懿，沉着痛快，其文又是一格；归田以后，与诸生修业，如"子莫执中"一节，"郑人使子濯"一节之类，脱尽浮华，独抒真景，又是一样文字。惟其不执一格，而能随候效灵，不恃前之所修为已工，而惟恐今之所作为未善，故以苍颜白发之歌工，而声调不减于后进也。茅鹿门前辛卯登科，至后辛卯尚课儿孙为文，六十年来，大都一辙，是以文虽工而不时耳。后生小子居今之时，乃欲反古之调，此何异当夏令而飞雪满空，当冬天而炎威熯物？不惟失时候之正，且将以灾沴而召祸矣。（以上九条读书语。）

---

① 文而：底本缺损，据内阁文库本补。

② 已：底本作"也"，据内阁文库本改。

③ 意：底本缺损，据内阁文库本补。

④ 良：底本缺损，据内阁文库本补。

游艺塾续文规卷之四

赵田逸农袁黄坤仪甫辑
门人刘有执无竞甫阅
男袁天启若思甫订
嗣男叶绍袁仲韶
侄孙袁祚熙载之甫同校

了凡袁先生论文（旧文规所刻者一篇不载）

程子云："立言之法，不使有德者厌，无德者惑。"孟氏亦云："言近而指远者，善言也。"盖其言不近，则众人易惑；其指不远，则君子易厌，此圣贤立言之法，万世操觚者所必宗焉者也。近世攻文者，上之不涵养性灵，下之不精研书意，但猎奇字、袭胜语，以相矜诩，读之瞿然愕然，至不能句，而细求之，则全无理意，如嚼蜡耳。礼部《禁约》云："青天白日之下，为魍魉鬼魅之谈，一一细与讲求，语语无深识。"可谓切中时文之弊。兹与多士约，文章须以孔孟为宗。试看《论语》、《孟子》，其言何等平正！其意何等精深！尔今为文，务以明白浅易之词，发渊永精微之理，使观之显然，而味之无极，斯为合式。

善作文者，须要想其光景，会其精神，问处如自家问，答处如自家答，言言有用，句句中的，方为入彀。其工夫全在平日涵养，胸中带一毫世情俗味，则污此文趣矣。

《学》、《庸》之文其气邃，故浅近而造理不深者，类不能工；《孟子》之文其气激，故卑弱委靡者，类不能工；《论语》之文其气平，故涵养不深、胸襟不粹者，类不能工。邃者可以理造，激者可以勇及，而平者则理路不能到，意气不能及，最难工者也，是故作文以涵养为主。

文字最忌有下俚气味，须包容六合，渺视古今，高者薄青冥，下者彻重泉，庶可压倒元白。然此不必希慕高远，只要心地超然，光明洁净，亦不必别立门户，只于日用饮食、语默取与之际，时求合理，惟公惟恕，便不为鄙秽所染矣。凡私己求胜，喜声誉，竞是非，好谈人短，皆是下俚气味。大人量含太虚，万物一体，何己可私？何人可胜？

人之短皆己之短，岂敢轻谈？又检身不暇，岂敢见人之短？此皆是目前实事，虽非悟后之修，亦是梦中之觉，愿与诸生勉之。

今日之文，欲极新又欲极稳，欲极奇又欲极平，欲说理又不欲着相，欲切题又不欲粘皮带骨。正大处欲带圆活，透脱处欲带含蓄，流动处欲带庄严，轻逸处欲担斤两。

人之才情万品，约之惟有两端，非过即不及也。作文而才情不及者，须抗之使高，纵之使远，目尽八荒，胸含万象，庶几不为绳墨所窘；若才情稍过者，须范我驰驱，不失尺寸，犹人乘骐骥，逸气勃如，当以御勒制之，勿使流乱轨躅也。

时义最细，不可过，亦不可不及。过于说理，患在意深；过于修词，患在意浮。然说理不透，修词不工，自是文章大病。

凡欲作文，须冥目静坐，理会题旨十分透彻，要见本题中有几层意思，孰为正意可用？孰为傍意可删？从首至尾，一篇文字完具胸中，然后下笔铸词。有悬到之意，而和之以闲雅；有周匝之意，而运之以浑融；有奇绝之意，而出之以冲夷；有精深之意，而发之以平淡。如绵之裹针，如锦之尚絅，使不知者以为平平，而知之者触目警心，意在言外，《中庸》所谓“淡而不厌，简而文，温而理”。德必如此，然后为至德；文必如此，然后为至文。

文章之妙，炼之如精金在熔，不足色不止；裁之如美锦制服，必称体斯完。止则如罗汉入定，行则如流水出山。庄重如端人入觐，袍笏俨然；蕴藉如美女惜春，有言不尽。其纵横出入，如韩信将兵，多多益善；其变化神奇，如钟离丹熟，点铁成金，以此而发泄性灵，以此而文名天下，庶无愧于斯文矣。

善作文者，须要以有限之词写无穷之意，自首至尾，纡徐委曲，如行九折之河，前顾后盼，令人应接不暇。要有含蓄，如维摩丈室，而三千世界俱在里；须要首尾贯串，如有理供状，一直到底，无一懒散字，又如岳家军，人人奉法，无不以一当百。

昔人谓：“褚少孙学《史记》，句句相似，只是成段不相似；柳子厚学《国语》，段段相似，只是成篇不相似。”今之时文，大都以学古为工，然只学其句与字耳，所以愈相肖而愈不及也。汝辈学前人文字，须看其篇法、章法，如①文與可画竹，待胸中有成竹，然后一笔挥之，此作文之要法也。

文字欲人讥弹，有不善者，应时改定，如陈思之于丁廙可也。尝谓文字与人品相同，往日所作之文，从今阅之，觉病痛百出，羞赧不可当，则今日之识见长矣。不然，新知不进，旧作犹工，日新之谓何？人品亦然，日知非则日有进，若不痛自省察，何由见过而内自讼者也？

文无古今，精神至于不可磨灭，断然传矣。茅鹿门谓：“举子业，浅言之则掇拾饾饤可以得一第，深言之谓之传圣贤之神可也。”旨哉！予谓诗赋不过流连光景，苟神到而词亦足以传后，况以道德性命之言，发圣贤之心髓，岂有不传者哉？故作文者，须想其光景，会其精神，问处如自家问，答处如自家答，言言有用，句句中的，方为入彀。

---

① 如：原文印版缺损，据文意及残留笔画补。

其工夫全在平日涵养，胸中带一毫世情俗味，则污此文趣矣①。后生小子多玲珑可玩，以其染世浅而心常清也；至三四十岁，文多窒塞者，尘累多而心杂也。此皆目前可验者，试思之。

文章，小技也，然精神不聚则不工，识见不高则不工，理路不熟则不工，涵养不到则不工，有一毫俗事入其肺腑则不工。故习之者，必远尘冗、屏嗜欲，绵绵焉束心一路，精神全注于文，而不复知其它。既而束心渐熟，妄念渐消，并文字之得失，亦不复置之胸中。如仲尼好学，愤心一发，寝食都忘，直须造三月忘味之境。其习之而未成也，如鸡抱卵，如龙养珠，虽未脱化，亦足以收吾之放心；习之而既成也，如庖丁解牛，如大匠斲轮，不离技艺，而超然有心领神会之趣。以此习文章，亦以此养性命，又何间焉？性命文章合而为一，故人得其皮，我得其髓；人劳多而功迟，我薄施劳而厚取效。大抵修业之道，寂寂者常聚，营营者常分，聚则精专，分则荡漾，精专则深入，荡漾则浅收，此必然之理也。

文须实诣乃亲切。稽叔夜作《琴赋》，有云："器和故响逸，张急故声清，间辽故音痹，弦长故徽鸣。"句句皆是琴之实用。"扬和颜，攘皓腕"以至"变态之无穷"数百语，极其形容，盖叔夜善于琴，故言之亲切而有味也。汝辈听吾讲书，愿勿作空谈，听过句句切己理会。圣贤亦只是个常人，无甚高远，其心即是吾之心，其言即是吾之言。汝试扫却杂虑，虚心潜玩，那一句不是吾人实受用的？如此做工夫，自然与翻阅讲章无头记问者不同。他日发为文章，便是自家屋里人说自家屋里事，此举业家第一等门路，亦是文章秘密藏。从此而进，便是单刀直入。

昔人论诗云："观之如明霞散锦，听之如玉振金声，诵之如行云流水，讲之如独茧抽丝。"今时义亦须如此，然欲文如明霞散锦，当知炼字之法。凡同用一句法，有灿然可观，有暗然无色者，其窍在用字不同耳。故一字粗，即一句不雅；一字腐，则一句不新，慎勿草草。欲文如玉振金声，当知炼句之法。词调之铿锵，音节之响亮，全在句中。行云流水，取其运而无迹也。文字过而无过，行而无行，伏而忽起，断而若续，其变多端，大要章法贵熟。语云："将刀挥水水复流。"文若有气，真有刀砍不断者，而炼气全在章法中，不可不知也。一篇文字，本当一丝到底，故独茧抽丝，当知篇法。近日作文者，专炼句炼字，而不知煅炼之诀以涵养为主，推敲次之。琢痕未化则伤浑融，句调过奇则伤步骤，此皆养之不厚，而出之不纯也。故章法之妙有不见句法者，句法之妙有不见字法者。老子云："已雕已琢，复还于朴。"知此乃识煅炼之法矣。

举业之士，经学不精者毋论已，精于《书》者其文必实，精于《易》者其文必深，精于《诗》者其文必逸，精于《礼》者其文必典，精于《春秋》者其文必断制。昆湖之文从《三百篇》来，故其言温厚而和平；鹤滩、静台之文从典谟来，故其言贯串而切实；独荆川子有《易》之深，有《书》之实，盖泛滥"五经"，而自成一家言者也，说者推为大家无忝哉。今教子弟者，多不读"五经"，务记臭烂时文，以为捷径者入，

---

① 矣：原文衍一"矣"字，径去。

谓《旧唐书》记一字在八识田中，来生犹有秽习流出。今之后生未举笔前，已有邪魔入其肺腑矣，岂能立言名世哉？窃谓纵不能熟读“五经”，亦须各将所习本经，字字精研，首尾淹贯，《诗》之逸，《易》之深，有不期合而合者。予旧读《关雎》一章，朝而玩，夕而思，涵泳三月余，恍然若有入处，以后诸章皆迎刃而解矣，此读书之法也。程子云：“学贵精不贵博。”惟精故博，谅哉！

八股文字与天地造化相侔：首二比春也，次二比夏也，次二比秋也，末二比冬也。首二比是春，则生而未成，虚而未实，当冲冲融融，轻描淡抹，不可带一毫粗造。次二比是夏，当承前二比渐渐说开来。邵子谓：“天地之大寤在夏，文之大寤实在腹也。”至秋则生者成，虚者实矣，文可反复驰骋矣，然亦须养，后二比不可说尽也。末二比是冬，一年好景，全在收拾处，回阳气于阴极之时，发生机于冻剥之内，篇章将竭，而令人读之有不穷之趣，此文字之大机括也。从源而流，由近而远，血脉条理，各得其序，然后成文。推之而八句之诗亦然，八韵之赋亦然。

唐庚①云：“立意②之初，必有难易二途，学者不能强所劣，往往舍难而取易，文章罕工，每坐此也。”大都修文者，贵覃思而致远。《传》③ 云：“思之思之，又重思之。思之不通，鬼神将通之，非鬼神之力也，精诚④之极也。”精诚⑤不极，则文字不工，不独执管摛词，贵于凝神远虑，平居涵养，胸中有一毫他好，则精神漏泄，艺必不工矣。举业至卑，然善习之，可以收心，可以养性，可以穷理，可以忘物。孟子曰：“王之好乐甚，则齐国其庶几乎？”予固虑士之好文未甚也。

近时朋友题目到手，类先翻开时义，本来生意，被陈言封闭，不得出题。翻阅愈多，封闭愈密，纵不蹈袭一字，亦是见形起影，所谓从门入者，不是家珍也。善作文者，每遇题目，将旧时见解尽情抛舍，洁洁净净，从虚空中别构台阁，方寸生机尽自活泼，取之无尽⑥，用之不竭，何必拾人口中唾哉？伯安诗云：“抛却自家无尽藏，沿门持钵效贫儿。”兹病于今正炽。

朱元晦教子作文，凡古人有名文字，须各模拟作一篇。此言非始于朱也，古之文人大率如此，看《汉文选》、《古诗十九首》，后来拟作者甚众，虽有似有不似，而前辈法古之功，良亦勤矣。拟古最难，得其神不可窃其意，习其步不可蹈其词。姚禹门做秀才时，其师郑教之拟古，伊遂取前辈好文字，潜神默玩，至忘寝食，得其意，始下笔，及成章送郑先生看，又改至十余遍。今其稿中“齐景公有马千驷”二节，“如有周公之才之美”一节，皆拟守溪；“鸡鸣而起”二节，拟荆川者也，虽规模毕肖，实无一句蹈袭，盖始于拟议，终于变化，谓拟议以成其变化者也。

---

① 庚：原作“寅”，据《四库全书》集部《唐音癸签》改。
② 立意：原作“五言”，据《四库全书》集部《唐音癸签》改。
③ 传：下文所引乃管子所言。
④ 精诚：原作“诚精”，据原文改。
⑤ 精诚：原作“诚精”，据原文改。
⑥ 尽：原作“禁”，据文义改。

文有神到，有气到，有意到。神到之文盎然而出，随括铸形，或缓若朱弦，而淡中有味；或急如发括，而至理跃如，按之则泰山，纵之则流水，步骤超脱，殆非人力。气到之文，或浩然不可御，或浑然不可铸，或温然有养，或充然有余①。意到之文，思人之所不能思，发人之所未尝发，或沿枝而寻根，或因拙而索巧，或即无而生有，或责假而求真，妙骋心机，出人意妙。有意到而气不到者，有气到而神不到者，有俱到俱不到者，须细察之，则人品之高下不能逃矣。

作文须要有大方家数。试看前辈文字，虽疏疏莽莽，而局面雅正，且②能雄胜诸方，如米元章父子作画，略施数笔而物态俨然，定非舔笔描丹者所能仿佛也。盖离小之谓大，凡一切小见识，一切小聪明，一切小议论，尽情刷去，而独依傍名理，把定规绳，如大匠作室，握得规矩停当，而千门万户，不劳而定也。又如王者行师，堂堂之阵，正正之旗，而见者自然辟易也。又有所包含之谓大，凡措辞说理，要酝藉涵蓄，以近而涵远，以浅而涵深，以淡而涵浓，以一而涵万。如李龙眠作尺幅山水，不盈数寸，悠然有长江万里之势。又雅正之谓大，凡山林寒薄之气，不可施之庙堂；伧父倨野之风，不可进之礼乐。须要一字一句正大和平，如端人正士垂绅正笏，而立于朝廷之上。又无所不通之谓大，文字上要通法眼，下要通俗眼，深要通理窟，浅要通世情。

文字最要成家。梅之清瘦，桃之绰约，牡丹之富丽，各自完其天趣而已。作文或清或畅，或雄或逸，要须各自成家。正大中插一浮语便伤格，流动中插一滞语便伤调，一语相杂，则通篇不纯，是天趣不完也。通篇纯粹，而命意处不透根，写境处不逼真，譬犹剪彩为花，非不英英可爱，终非本色也，天趣不完矣。命意写境各到，而通篇神气不流动，譬犹枯槁之物，生意索然，天趣亦不完矣。

国家以经文取士，而又试之表、判以观其词，试之论、策以观其识。祖宗之制，亦善矣。日久制隳，有司专主经义，而表、判、论、策殆成虚设。以是博雅闳深之士，不多见于天下。国初诸儒，皆元季之遗材也，永乐而后，始可得而称论云。方天台辞若苏氏③，文而持正过之；杨东里诗法唐，文法亦斐然成家矣；南城罗玘艰思奇句，是以振一时之靡；武功康海独师马迁，其制策即有史汉之风，当局元老见而惊服；其时北海李梦阳、申阳何景明以古诗自负，尝曰："汉亡骚，唐亡赋，宋亡诗。"李之雄厚，何之逸爽，学者至今尊之。

阳明先生阅徐爱之文，知其早发而啬于寿；在山东场中阅穆孔晖文，知其为有名之豪杰，若烛照数计，无纤毫爽。昔年云谷和尚凡遇朋友，一接音容便能悬断其文之得失，某也清，某也畅，某也雄壮，某也局促，一一契合。阳明见其文而知其人，云谷见其人而知其文，皆奇特事。人之文字，靡不由心生，有大格局者，必有大胸襟，有大议

---

① 余：此字后原有一"叶"字，属上属下皆不可通，疑为衍出。

② 且：原作"日"，疑形近致误。

③ 方天台辞若苏氏：原文作"方天台有苏氏文"，据明人崔铣《洹词·胡氏集序》改。本节从"国初诸儒"至"学者至今尊之"，此段文字大意袭自崔铣此文。

论者，必有大识见。富贵膏粱之子，其文多磊落阔大，或疏爽通达，而不能幽深含蓄；贫贱困穷之士，其文多钩深入微，钻研琐碎，而无轩昂显达之气。文字断续者多不寿，气歉而不克者多不寿，词有余而神不足者多不寿。浑厚者必贵，温雅者必贵，正大者必贵。条达而气易尽者，贵而不久；意深而词踬者，多主偃蹇。放肆而不检者，怒号而气不平者，浮靡艳丽、专务外饰而无实意者，皆非佳士。如某人之文，“浴乎沂”三句，是其最得意之作，然终有放肆轻狂之态，可以惊四筵，而不可以惊独坐者也。某人文字非不佳，终有怒号之气；某人终有靡丽之习，不待观其行事，而已逆知其人品之必不端矣。读杜道升之文，自然知其为切实近理之士；读沈幼真之文，自然知其为深厚平正之儒；读姚禹门之文，自然觉其有流丽和雅之风；读邓定宇之文，自然觉其有清净无为之趣。是故善作文者，先正其心；善窜文者，先改其习。冯开之一向以狂自负，到会试时收敛简默，恂恂款款，大变其平生之习，而后其文亦变而雅驯。今之人终日咎其文之不善，而不思整顿其心胸，文亦何由而善哉？

丁丑岁予著《举业彀率》，备论炼格之法，传之四方，颇于时艺有益。至近日则又成文章一障矣。盖文字依题结构，千篇一律，诚为可厌，然近来士子每遇题目，辄掀翻体制，纵横颠倒，有宜轻而反重，有宜后而反先，有宜详而反略，有宜串而反平，错乱不经，令人可厌。一遇考试，炼者多而不炼者少，则不炼者反新，而炼者反俗矣，此势之所必然，而弊之所当革也。今欲反之，不复炼，而都依三五十年前旧体，又恐无以动人，须随题酌理，会意成文，不随众人而俱炼之，亦不徇旧格而不炼，拿定题中血脉，自吐一段风光，必于大同之中有不同焉，使其文如鹤立鸡群，如象游兔径，不俟夸张而观者怃然失色，方为上乘。此系所养之深，不可一蹴而至也。

国初时义当以解学士为宗，如“武王缵大王、王季、文王之绪”一节程文，其词调至今可诵。先提“太王、王季、文王之绪”，然后讲“绪”字，步骤雍容，气象磊落，自是国手。商素庵起正统间，所传惟“父作之”二句，其讲“作”、“述”处，皆有斟酌，文亦温润典雅，挺然为一时之首。当时如岳季方正、王三原恕、夏华亭寅，彭莆田韶、李西崖东阳皆赫赫可称者。成化场屋之文，王济之为宗，布帛菽粟，无施不可，所谓一代之宗匠非与？当时正大则有罗一峰伦，透彻则有储柴墟巏，精炼则有程乐平楷，警策则有邹立斋①智，皆后先相望，翕然称雄者也。弘正间，当以钱與②谦福、顾东江清为总。东江脉正气清，如万里长空，纤云绝点，而意味差薄；鹤滩举业极细，闭阖起伏，曲尽变态，而少轩昂弘远之气；其于济之，皆具体而微者也。王伯安守仁无意为文，而识见高迈，自是加人一等。一时并出：伦伯畴文叙如累土成台，愈竣愈绝；湛元③明若水如长老谈禅，时露本色；陆子渊深如公孙大娘舞剑，空中打势争奇；吕仲木楠如纯棉布袍，自然成锦；邹谦之守益如山中宰相，不求荣达，而富贵有余；马伯循

① 斋：原作“齐”，据人名改。
② 與：原作“履”，据人名改。
③ 元：原作“文”，据人名改。

理如大海纳流，无所不有，而波澜涌然；崔子钟固如老骥长驱，善识人意；汪青湖应轸如刻玉镂金，良工心苦；王梦泽廷陈如老吏断狱，言简而意深；皆所谓盛明之文也。嘉靖中当以唐应德先生为宗，瞿师①道先生次之。唐文由精思而出，读之令人整襟肃虑，起敬不暇，足以压倒一时豪杰；瞿文由神到而出，其精密处无迹可寻，不得以词胜而贬之也；薛公山先生如项籍入关，勇气百倍，终有武夫态；诸理斋燮如琴操学佛，刮垢人净，而轻浮风骨，时见于雅淡之中；张小越元如偏师入阵，直捣中军，而乏堂堂正正之气；归震川有光高古典雅，独步一时；孙百川楼直写胸臆，而圆劲苍健，词调时时逼古；邵北虞圭洁玲珑透彻，而措辞构意，出于路径之外；茅鹿门坤气势如长江大河，和平阔大，描写又复逼真；张虚斋②祥鸢钩深见奇，沉着细腻，而精到处令人难解；杜道升伟会理切题，一字不可增减，而穿骨透体，遂凿混沌之窍；许敬庵孚远脱尽斤③调，另出枢机，而句句根心，见者知其为正人君子。作者尚众，未易殚述。隆庆以来，又当别论。窃谓今日之文，欲极新又欲极稳，欲极奇又欲极平，欲说理又不欲着相，欲切题又不欲粘皮带骨。正大处欲带圆活，透脱④处欲带含蓄，流动处欲带庄严，轻逸处欲担觔两，盖经义之学，自我朝始，我朝莫盛于成弘。近日所见唯黄白夫⑤洪宪、汤海若显祖耳。汤文高古雅炼，绝似震川，而圆转过之；黄文如“尧独忧之”七句，春容妥帖，愈玩愈佳。冯开之丁丑场前日日玩此一篇文字，故其文气温雅亦近似之。前辈谓学书者不须泛滥，得古人一点一画，终身学之，遂可成名，予于时义亦云。

炼格之法，初学不可不知。格炼则规模自别，便能出人头地矣。文有俗格宜炼之而雅，腐格宜炼之而新，板格宜炼之而活，宜齐整，宜阔大。你看从来魁元并无不炼格者，试举一二言之。如隆庆戊辰“由诲女知之乎”一节，此题论寻常做法，必提起首句，中二句对末句，先二小比，次二大比，此一定之常格也。今中式诸公却不然，田会元先以二“非”字文法反起“是知也”二比：“非以理之在物者尽知乎心，而后谓之知也；亦非以知之在心者必遍乎物，而后谓之知也。”次把“知不知”提起：“惟于斯理有反观自信而为己知者焉，亦有察识未至而为不知者焉，此皆汝之独觉于心而不容昧者也。”又总括二句：“则以吾心真实之明，而不欺吾心独觉之隐。”然后将中二句串作二比，意却倒重在“不知”句上，不用过文，只流水二比做下，后复顶此二比，衍作二大比，最后拖一脚单收，格最雅驯，其为会元无疑也。沈会魁则于“由诲女知之乎”下，先反云：“据汝之意，岂不以尽知为贤，而以不知为愧耶?”又提二比：“殊不知有知有不知者，人情之常，不足以为愧，而强不知以为知者，人情之蔽，乃所以累其知也。”然后讲中二句二比，末句连提连缴，复作八比，格甚新而过奇，此魁作也。大率元之作，多纯多雅，多正多的当；新而未纯，奇而未正，时有一段精光，咄咄逼人，此

---

① 师：原作“思”，径改。

② 斋：原作“庵”，径改。

③ 斤：疑应作“蹊径”之“径”。

④ 脱：此处底本无字，但据文意缺一字，本卷第三节中有相同文字，据以补之。

⑤ 白夫：黄洪宪字懋中，抑白夫亦其字号。

魁作也。王会魁先提“知不知”，将中二句轻述，过复重“不知”一边，浑做二比：“理之在物者，不能一一而明诸心，吾力之所限，吾自量之而已；知之在我者，不能一一而遍乎物，吾分之所至，吾自安之而已。”此二比绝佳，气象亦浑厚，却是会元文字。是年余应贡在京，李见亭充《诗》第二房试官，出语予曰：“场中卷千篇一律，甚可厌，偶见一卷起云：‘心者，理之会，而是非不出于一念之中；知者，心之明，而真知不在乎见闻之迹。’看到此处，头颅迥然不同，后面只信笔扫去，便是极好文字。”乃知炼格是场中要诀。辛未会试《先进》全章，上是述言体，下是断制体，上轻做半篇，下重做半篇，此一定之格也。邓定宇先生先提“礼乐”：“礼乐者，先王制之，后世从之。”次述二比，仍作一过文，至讲“从先进”处，却先论二比云：“文质相称，然后谓之君子，使其诚是也，则正吾之所以欲见者也，而今之独盛于文，果可谓君子乎？吾固不敢必从也。太朴元文，然后谓之野人，使其诚是也，则亦吾之所深病者也，而古之适得其中，果可谓野人耶？吾则不敢以不从也。”得此二比，机局便别。次讲二比，末用“盖”字单收，此会元也。黄葵阳亦把“我用之礼乐”一句提起，次轻述二比，复以意另作二比云：“夫风会本易流于下，而况野人之言一出，则今之从先进者寡矣，而吾固不敢以或徇也；人情本易趋于文，而况君子之言一出，则今之从后进者多矣，而吾固不敢以苟同也。”邓作二比于过文之下，黄作二比于过文之上，皆所谓扼要争奇也。黄作流水四句：“声名文物之盛，虽目击夫近世之风；而淳庞忠厚之遗，不敢失夫作者之意。”极精工冠冕。次实讲二比，再缴二比，末只一句收住。是科无邓，黄其元矣。今合二卷较之，黄之精不如邓之拙，黄之密不如邓之疏，黄有意于奇，邓无心于巧，较是输他一着耳。如前半篇，黄炼得极精，无一闲字，然气象微紧而隘，邓之懒散，却近自然。黄体贴题目，“如用之”“如”字不肯放过，然用一“如”字，就有痕迹，气象就觉小了，兼文气亦不顺，盖“如”字该用于“不敢失作者之意”之上，不该用于“不敢失作者之意”之下。邓却丢过“如”字，一气做下，浑然无迹。甲戌会试“学如不及”二句，众人俱有提法，独孙会元提处与起讲相接。其起讲末句云：“果如何而后可语学者之心哉？”即提出“亦以学之勤者斯及，而自足于及者，终无及也；学之精者斯得，而自满于得者，终必失也。必也”云云。“走马”二比，字字精确，次分“知行”二比，挑剔“犹”字最妙。“非必研穷无术，然后恐其知之失也”云云，后二比人多用柱子，渠都浑做，缴二比，又拖二比，共四比，一时诸卷中诚无有出其右者。丁丑会试“何如斯可谓之士矣”三节，予时在场中，一头两脚，自是此题定格，予于中间实讲处多玲珑递过，缴处却做四比。当夜出场，为钱湛如诵之，渠踊跃称快，谓必会元无疑矣。越数日，冯开之携七作来，钱阅之，私语予曰：“无兄卷，渠亦可作会元。”及揭晓，予果本房取首卷，以五策不合式下第，而开之遂首选云。是年余进京颇卑，与开之同修业于护国寺中，二人共坐一室，反扃其户，穴墙以通饮食，终日静坐，调息澄心，三六九日一演时义而已。当时，开之向道之志甚切，意思安闲，如不欲战者，夫纷扰之不如静定，其理甚明。予曾与开之论此理甚明，亦思之烂熟，故未进场前，怡怡愉愉，悠然自适。及进场作文时，默默有放不下处，初时亦不觉，七篇完后，自家检点，觉意思与平日不同，盖一念默默放不下处，乃是真机，平日讲之甚明，思之甚熟者，皆虚见也，实境现前，真机毕露，始自悔自憾，知平生学问，皆非实际，故作此七个大结时，便无依回欲得之意矣。至二场、三场，只信手写去，不惟无一毫周旋世界之心，并文之工拙，亦所不计，第于不加检点之时，而粗心浮气，一时并出，足见予涵养之未至，则深可愧憾耳。揭晓后一日，予谒马宗伯公，公执予手，语予曰：“莫忘张相公好意，他对我云：‘吾极知其人有学，吾欲成就之，故暂黜之耳。’”予闻其言，不觉心折，俱生圣世，独为匪人，既荷玉成，敢忘至教？

嘉靖甲子，林对山先生主北畿试。林三代翰林，学业极有门户，其时偶患眼，不能阅卷，命遍读所取卷，谓皆非解元。寻落卷中得章卷，取而读之，至总提“五人”处：“盖当其时，世值开泰之期，而人才辈出；运际文明之会，而贤哲挺生，故有若禹焉、稷焉、契焉、皋陶焉、伯益焉，斯五人者，天生之而授诸舜，非私舜也，将畀之以代天之工也；舜得之而分之职，非私五人也，将畀之以辅世之寄也。”林矍然曰：“此真解元也。”及读三场，俱称，遂置第一。有大胸襟者，斯有大格局；有大识见者，斯有大议论。若非稷峰学识兼至，必无此作，乃知炼格之法贵识高而养厚。两扇格如嘉靖戊子浙江姜解元“礼云礼云”一节，辛卯福建庄经元“爱之能勿劳乎”二句，皆自散做，中间不作小比。夫文拘对偶，去古已远，今于对之中又作对焉，愈降愈卑矣。乙丑会试“绥之斯来”二句，场中两扇遥对之中，各作四比。是时正承浮靡之后，作者类以浮丽为工，成习已久。归震川独两扇各做，不作一句排偶，余同麓见而奇之，拔置高等。震川学甚博，识甚高，持论甚正，江以南素重其文，特以其久不售于有司，故从之游者，稍稍叛去，更习浮丽。及闻其取高第，海内争传其文，而余公之名亦因之增重。戊辰沈蛟门负异才重望，其文亦主说理，余公在场又力荐而魁之。当是之时，海内豪杰困顿场屋者，咸以不得出余公之门为憾，而经生学士闻风听声，翕然有返本务实之思矣。至庚午科，予在应天场中，“责难于君”二句，皆效震川体散做，同年中并无一人作小比者。挽天下之靡而返之醇，若戛戛乎其难也。余公一拔震川，再拔蛟门，五六年间，风动天下，王道易易，岂不可征哉？嗟夫！“达观其所举”，李克之名言也，柄斯文者慎之。

嘉靖戊子南京“殷因于夏礼”四句，亦是两扇格，诸公皆不作小比，然多板对，独皇甫经元于起讲下先提云：“礼有不得与民改革者，纲常伦理之大也；其得与民改革者，制度文为之小也。”便觉格高。姜解元“礼云”一节，亦非板对，他做毕却用总缴云：“是何也？盖和敬固隐，实所以为万事之本根；而器数虽详，亦不过为神化之糟粕”云云。荆川先生尝云：“两扇格可活做便须活做。”有味乎其言之也！

有两扇活格，总提总缴，中间两扇自对，此等格最要得法，一气呵成为妙。既有总起，则两扇头上不必多做，须要与起处相接，浑然无迹可也；既有总缴，则两扇尾不可说完，须留些余意，便下面说得去。

凡题上下各做四比者，其格虽多，不过二种，非上生下格，则下断上格也。要语脉有情，照应有法，最难得四比一意，如田钟台作“是知也”，先二比云：“虽有知有不知，而于天下之理，固未能周知而无遗；然为知为不知，而于此心之明，则有以通达而无蔽。”次二比即承“有知不知”做去，打成一片，不见痕迹。辛未会试程文讲“如用之”二句亦然，先二比云：“礼乐所以养德也，养德者，宜居其实不宜居其华；亦所以维风也，维风者，宜处其厚不宜处其薄。”次二比即接云“以居其实，先进有焉”云云，亦一气呵成，可法。

诸格中惟一滚格最难。大凡文字，一股要一意到底，若合二股，观之又要似一股；更合八股，观之又要似一股。从源发流，由本生末，方是合式文字，故惟一滚格为最难。有提有缴，中间只六股，然亦难得一意到底。前辈惟瞿昆湖先生得其宗旨，其会试墨卷中，《论语》犹有遗憾，《诗经》“彼有不获穉”四句，是一滚格。此题总来只言“丰成之利”，使俗笔为之，一句便把题目说尽，斩然无味矣。渠首二比却根“时雨”，渐渐说到“彼此俱足”上，第四比又承“俱足”说去，始把题目上“稚穧秉穗”等实填出来。第四比末句云：“取之而不能尽取也。”第五比①起云：“所在盈溢而丰登有象。”两意相承，了无痕迹，真不可及，宜熟玩之。

昆湖先生窗稿中，如“舜禹有天下而不与焉”，绝妙可法。先把“巍巍乎”发起，中间六股极有变化，如飞龙出没，不可端倪。其初提云：“天下非小物，匹夫之有天下，又非其素也；以匹夫而有天下，人之动心，宜何如者？而舜禹则若不与者焉。”既如此，下便合整做二小比，此常格也，渠却接云：“方其未得乎此也，固非有期乎此也；及其既得乎此也，又非有察乎此也。”玲珑写意，妙处令人难觅。至“九官之命”二比，以真境写真理，说题极透。论常格，则末二比宜即接此二比讲去，渠却收：“乐舜之有天下者，有虞之民，而在舜则无乐乎尧之禅也。乐禹之有天下者，有夏之民，而在禹则无乐乎舜之禅也。”翻空摘奇，工在意外。

一句格，其变化多在首二比。如嘉靖丙午应天袁解元“孝者所以事君也”墨卷，他把“孝”与“事君”提起，却接去云：“然自其理而究之，则主乎家者，莫尊乎亲，而子之所以事其亲者，固不容有一毫之不尽；主乎国者，莫尊乎君，而臣之所以事其君者，亦不容有一毫之不尽也。”下面便好做，作六比固可，四比亦可。“不容有一毫之不尽”，句甚佳，盖理到尽头处，便无加损，臣、子相同处，全在这里，所谓得其大意者也。

王元美少年科第，举业文字跌荡不羁，其弟敬美识学兼至，中式墨卷“君子贞而不谅”，用二流水比浑融发意：“君子知天下之事有定理而无常用，故其应天下之事也，有真见而无成心。”次实讲二比甚工，句句不合掌。次又活讲二比“其或信与正合则”云云，“抑或信与正违则”云云。再以“故”字收二比，末复用“何也”串发二比，与起后二比流水相应，意多而不复，词涌而有法。黄懋中“仲尼之徒”二句，亦只实讲二比。先把“仲尼之徒”提起，喝出题目：“孰谓仲尼之徒而有道桓文之事者乎？”此下亦先论二比：“盖桓文之在当时也，能雄视于诸侯，而不能取重乎圣人之名教；能主盟于中夏，而不能称述于有道之门墙。”然后实讲二大比，复用“故”字收二比。汤懋昭“比而得禽兽”二句，其格亦然。（以上三十三条作文语。）

---

① 比：原无，据文意补。

游艺塾续文规卷之五

赵田逸农袁黄坤仪甫辑
门人刘有执无竞甫阅
男袁天启若思甫订
嗣男叶绍袁仲韶
侄孙袁祚熙载之甫同校

了凡袁先生论文（旧文规所刻者一篇不载）

作大股当知起承转合之法，几句起、几句承、几句转、几句合，此章法也，毫不可紊，紊则重复杂乱之病出矣。庚戌会试汤懋昭讲“先行其言而后从之”云：“道，吾所当蹈也，必先勉强以行之，而遑遑焉惟日之不足者，夫固以求行之无愧①耳，由是而时可言焉，然后以其积诸躬者见诸词，而不徒为空言之饰也。德，吾所当修也，必先果行以育之，而汲汲焉不容以自暇者，夫固以求吾行之无疚耳，由是而事可言焉，然后以成于内者宣于外，而不徒为尚口之穷也。”首二句是起，次二句是承，“由是”一句是转，“然后”二句是合，极有次序。前一比以“道”字为骨，董子曰：“勉强以行道。”《书》曰：“道积于厥躬。”今第二句云：“勉强以行之。”第六句云：“积诸躬。”皆不露“道”字，而暗以道相承也。后一比以“德”字为骨，曰②“果行以育之”，曰“成于内”，皆暗承“德”字。前辈作文用句用字，皆有来历，不似今人之鲁莽也。丘琼山在会试场中得王守溪卷，读《孟子》“周公兼夷狄、驱猛兽而百姓宁”，王讲“兼夷狄”云：“不有以兼之，吾知其披发而左衽矣。”因掩卷而思“猛兽”句难对，徐观王卷乃云：“吾知其弱肉而强食矣。”遂击节叹赏，前辈作者类有苦心，而阅者亦不草草如此。夫作文之法，有恳到之意，又须出之以冲夷；有切实之思，又须润之以丹彩；有奇特之见，又须运之以浑融，

---

① 愧：原作“块”，据文意改。
② 曰：原无，据文意补。

故不特造理索①意之难，而修词亦未易也。一句未工，几经椎凿；一字未妥，累费推敲，寸心几呕，修髯尽枯，文何容易哉？

凡一股该一意到底，若用两意便杂矣。假使一两句说完题目，以下便难措手，须洞晓章法，庶不重复。有推原之法，有衬贴之法，有涵泳之法，有敷衍之法，有缴足之法，有进一步之法。如万历甲戌孙会元讲“如不及”，末二比云：“方以日进者，自强也；而又以日退者，自歉也。盖天下之理不存则亡，而君子惟勇往以为图，则其心自有惕然而靡宁者矣。”首二句已把题目讲完，“盖天下之理”以下，却推其自强、自歉之故，所谓推原法也。高南麓云：“精神之奋发，方有事乎？日益也而日损之，惧已动乎其中，即心之不自足。虽万理既得之后，而所以防乎其失者，犹恐恐乎未已也，则夫功之副其心者，又安得而不力耶？”首四句题目亦说完，“即其心之不自足”以下，又较上深一层②，所③谓进一步法也。支简亭讲云：“方求其未得之理，而又患失其已得之理④，修省者与恐惧者交警而至焉，盖不至于与道为一⑤不已也，其愈精进而愈无暇逸者乎？不诿于进修之难⑥，而又深虑其保持之难，时敏者与逊志者相因而至⑦焉，盖不至于造道之极不已也，其愈深造而愈无止⑧息者乎？”亦首二句说完题意，以下皆敷衍法也。末句是涵泳之语，盖以敷衍而兼涵泳也。孙会元讲云：“敏求不怠，何⑨其心之专也，而作辍是防，则尚若有不专者在也，此⑩心之兢业，惟虑道之终非我有，而不能一日宁矣。”前四句⑪讲完题目，后三句却缴足其意而已。独陆庐江讲云：“功专于企及，所以防其失者，非不至也，而终其身皆此企及之念，则常惧道之与我犹二之焉，而精神与道体俱疑矣。充是心也，必深造自得而后无遗歉矣乎？”一气到底，无迹可寻。盖此题诸公皆有提有缴，中间只作六比，初二比用流水法，一比讲“如不及”，一比讲“恐失之”，次二比对搭讲，每股中上半讲“如不及”，下半讲“恐失之”，故末二比另须变法，若复从头讲下，又与次二比同格矣，是以诸公皆用两意对起。大率文字若前二比单起，后两比须双起，此自然之文势也。陆兄举业熟，变换多，故不拘常调，而亦不重复。大率章法只是一意说下为妙，戊辰会试沈蛟门讲“是知也”，四比皆不重复。初二比云：“自见之真而人情之易欺者，不为之欺，则无待乎外，而聪明之德已完，固心之所以昭融宣朗，而独得乎象数之表者也；自信之审而人心之易蔽者，不为之蔽，则反

---

① 索：原作“素”，据文意改。
② 一层：底本缺损，据安图本补。
③ 所：底本缺损，据安图本补。
④ 理：底本缺损，据安图本补。
⑤ 为一：底本缺损，据安图本补。
⑥ 难：底本缺损，据安图本补。
⑦ 至：底本缺损，据安图本补。
⑧ 无止：底本缺损，据安图本补。
⑨ 何：底本缺损，据安图本补。
⑩ 此：底本缺损，据安图本补。
⑪ 句：底本缺损，据文意补。

观于内，而睿知之德已彻，固知之所以光明洞达，而冥会夫昭旷之原者也。”“固心之所以”二句即衍上“聪明之德”一句，一气接下。且先说“自见”，次说“自信”，极有条理。又前比说“心”，次比说“知”，其说“知”处又顶上“心”字来，如蛛丝马迹，牵连不断。后二比云：“其任之为知也，吾不嘉其有遍观之识，而嘉其有内照之神，盖常明常觉之体本如是，而吾能弗之累焉耳矣，是虽未尝博物洽闻以为知，而独觉之知，非吾心之真知乎？其辞之为不知也，不足以为有知之累，而适足以见其大观之哲，盖天神天明之体本如是，而吾能弗之昧焉耳矣，是虽未尝多闻多识以为知，而独得之知，非吾心之良知乎？”首三句是起，次二句是承，“是虽”一句是转，“独觉之知”二句是合。盖前面都不说杀，至末二句合处方说到题目上，法而不冗，可式也。总看此四比文字，前二比从“心”上说到“知”上，“心”字虚，“知”字实，后即承“知”字分作二比，较前又实矣，盖“知”、“不知”原是题上字眼也。

股中立柱，第一忌陈腐，如“穷达常变”之类，一见令人可憎；第二贵切题，讲圣人题，用不得“明德”作柱；讲三代以后题，用不得“皇猷帝载”作柱；其余如细题用不得俗柱。仿此推之，讲圣人题，则先行后知，其余如先本后末，先体后用，先一息后万年等，各宜看题下笔，不可紊也。

两扇既立柱，其遣词各宜联络照应，然须如灰中线路，草里蛇踪，默默相应可也。汤懋昭“先行其言而后从之”，股法最佳。余如瞿师讲“事君敬其事”云：“小而为服采之臣也，其事虽小，亦必有难尽者，则思任使之未称，而精白以承之，翼翼然惟惧事之或旷而已矣；大而为服休之臣也，其事愈大，尤必有难尽者，则思付托之未效，而俨恪以图之，兢兢焉惟惧事之或忝而已矣。”以“任使”粘小，以“付托”粘大，有“任使”则曰“旷”，有“付托”则曰“忝”，皆隐隐相承，移易不动，前辈细心处也。今人不知脉络者，固不足言其知者，又多发挥柱头，而反与题目相远，盖顾奴失主也。

凡文字不可无筋骨，股中之柱，盖筋骨也，藏则浑厚，露则怒张。历观会元之作，藏者多，露者少。丁丑冯开之讲“行已有耻”三句云：“所有者纲常，而行不为苟合，盖凛乎以耻自防矣，而用于国家，则可以为使，一出而国体以重焉，此其蕴藉何伟也！所惜者道义，而名不为苟成，盖卓乎以耻自持矣，而使于他邦，则可以专对，一言而君命以申焉，此其抱负何宏也！”曾阅本房批卷，极赞此二比擅场。渠中间虽用纲常、道义，而筋骨全在“虚”字上，先曰“任”，后曰“惜”，惜生于任也；先曰“行”，后曰“名”，名生于行也；先曰“合”，后曰“成”，始合而终成也；先曰“防”，后曰“持”，防暂而持久也；先曰“用于国家”，后曰“使于他邦”，由本国而出使也；先曰“可以为使”，后曰“可以专对”，为使而后有言也；先曰“国体重”，后曰“君命申”，本题只有“君命”字，由“国体”说到“君命”上，此文之有法度者也。大率两比文字要似一比，故题中字面俱在后比收之。吴中先辈陆俨山举业极细，所及见惟“沧浪之水清兮”一篇，全在虚字眼上着力，如先曰“予何幸焉”，后曰“予甚幸焉”。“何”字、“甚”字，其筋骨也。荆川先生用此法甚熟，如讲“从我者其由与”，先曰“其谁与"，后曰"其由与"，皆从①虚而实也。开之进场时，尝与余论此甚备，及进场作文，遂全用此法。甲戌孙月峰"学如不及"，中二比用"知行"，末二比无柱，极浑融合缝。"时习言其久，敏求言其锐，作辍言其功，得丧言其验。""道"字虚、"学"字实，亦非漫无分别也。曹会元平日文字极露筋骨，癸丑会试墨卷，其"至德无迹"二比，亦自浑融。

王会魁讲"是知也"，云："非必探赜索隐，而后可以语知也，即此一念独知之天，而所以为内照之明者在焉。其知之者信于理之知也，其不知者信于心之知也，盖有限之力通之以不昧之心，而天下之真知不远于心而得之矣。非必博物洽闻，而后可以语知也，即此一真自如之境，而所以为太观之哲者在焉。信于理者知固知也，信于心者不知亦知也，盖无隐之诚，所以善藏其有觉之用，而吾心之良知无待于外而自足矣。""探赜索隐"与"博物洽闻"亦是柔筋脆骨。至第三句题意已完，"其知者"四句是衬贴法，只多了"有限之力"二句，便不清楚，气亦不顺，兼此二句词过尖巧，有伤大雅，宁拙毋华，为是故也。前比云"其知之者信于理之知也"，后比云"信于理者知固知也"，一起一承，自相终始，亦文之有法者。（以上六条作文语。）

按《说文》云："论者，议也，反复辨难以求至当者也。"刘勰云："论者，论也。弥纶群言，而研精一理者也。"故论之为体，辨是非，别妍丑，即碍以求通，研深以入微，穷于有象，追于无形。凡受题下笔，必有一段出人之意见发之为千古不可磨灭之议论，方为入彀。或举古今所不决之疑，而出真见以剖析之；或从众人意想所不到处，而从容发至理，以新人之耳目。如汉廷老吏断狱，以片言折衷，而人莫不心肯意服。若但能责人，亦非高手。必思我若生此人之时，居此人之位，遇此人之事，当如何应酬，如何处置，必有至当不易之说。若苏子瞻《范增论》、老泉《管仲论》皆用此法。

立意高，说理透，不为玄言奇语，而见者自然屈服。如虢国夫人有天然国色，但淡扫娥眉，而三千粉黛一时低首，此文之最高者也。词理兼修，华实并茂者次之；意见庸庸，专事造语，此最卑而最可贱者也。近来时论，本色愈卑，而修饰愈胜，专欲藉文采动人，自造语外别无工夫矣。汝须扩充真见，洞透至理，见得亲切，自然断得分明，理既高远，自然言得出众。讲性理而洞彻精微，论治道而深究利害，便是大文字。前辈如柳宗元作《四维论》："夫礼义廉耻，谓之四维。"柳谓"廉耻"即在"义"字中，只可为二维。得此意为主，又何烦词采之助哉？欧阳修作《泰誓论》谓文王未尝称王，发明千古不白之冤。苏轼作《贾谊论》，谓非汉文不用贾谊，乃贾谊不能用汉文。苏辙作《三国论》，不取智勇，而取不智不勇；张耒②作《文帝论》，谓文帝薄待周勃，乃是深爱之，而引宣帝待霍光为证，意见精确，最能动人。又如苏轼、秦观皆有《晁错论》，在苏轼则谓袁盎非能谮杀错，乃错自取杀；在秦观则谓汉惟斩错，然后可以破七国之兵。其意见皆出常情之外，故必熟于世故，老于人情，有忧深虑远之明，有通微知

① 从：此字后有一"而"字，疑衍出。

② 耒：原作"本"，据内阁文库本改。

性之哲，然后可以作论，非徒求工于文字而已也。

论贵圆忌方，贵老忌嫩，贵雄健忌懒散，贵移易不动，忌浮泛不切。起伏处贵有照应，开合处贵有波澜，驰骋处贵有节制，铺叙处贵有曲折，过接处贵无痕迹。譬喻贵亲切，引用贵确当。或沿流讨源，而血脉整整；或从根发枝，而千条灿然。或将无作有，而意味甚深；或以实形虚，而指意如见。藏光焰于平实之中，发精神于题目之外，要使一句一字增减不得，而句句有法，字字尽心，方为合辙。只缘学者束书不观，因陋就简，时文之外，全不理会。先进既以荒谬而中式，后进遂以空疏为高致，而反笑苦心于论策者为迂阔而失计，可悲也已。

我朝试论有破题，有承题，有小讲，有入题，有原题，有大讲，有腰，有结，原系国初诸儒仿《论学绳尺》而制此式也，中式者中此而已。今作墨卷论，亦须将宋人旧论一一检阅，有辨论格，有诘难格，有问答格，有关锁格，有借宾形主格，有从浅入深格，有摘字贯题格，有贬题立说格，宜遍考而静参之。苏子瞻《王者不治夷狄论》乃是制科墨卷六论中之一，有冒有承，有讲有缴，规模极整。前面闲说甚长，后面正说甚短，及读之全不觉其长短，盖后面一句转一句故也。今之时论，皆有段落，殊不雅观，须融通而变化之。如干宝作《晋帝纪总论》，徐伯鲁谓："贾谊《过秦论》后，仅见此篇。"然其中间实以安民立政、民风国势为眼目，惟其笔力圆劲，故全不见其比排之迹。又如苏子瞻《贾谊论》，"深交绛灌"与"默默待变"本是两柱，而文势融通，一意贯串，遂成高调，皆可矜式者也。

刘勰谓论有四品：曰陈政，曰释经，曰辨史，曰铨文。近日徐伯鲁著《文体明辨》，广为八品：一曰理论，二曰政论，三曰经论，四曰史论，五曰文论，六曰讽论，七曰寓论，八曰设论。今我另设八目：一君德，二治道，三心学，四臣道，五敬天，六爱民，七尊贤，八评论人品。汝于此八类各作一篇，场中题目无出此矣。

作论之法，须依于忠厚，止于理义。可标驳群彦，不可戏薄圣贤；可据理陈词，不可以强词夺正理。众毁而吾独誉之，发吉人之心事，抒千古之幽光。若众誉则不可轻毁也，有过处可求无过，无过而求有过则刻矣。文章之微，关系心术，学者慎之。

论有三等：一是性理论，贵研精阐微，根极理要，以《左》、《国》之词华，发程朱之心事，使确然不易，灿然有条，此最难者也。一是政事论，贵独稽政源，参酌流弊，弥纶群言，折衷是非，陈法则句句可行，警世则言言可惧。此亦不容苟作，然较之性理则粗而易骋矣。一是人物论，贯串古今，诠次贤哲，贬一人而有益于天下，则毁之不为薄，如韩愈之《争臣论》，苏洵之《辨奸论》，皆非无实之公言也。其褒者语不多而美独至，如曾子之称孔子，止"江汉秋阳"三言耳，而大圣人气象俨然在目。司马迁作《孔子世家》，语愈多而揄扬愈不足，系识见不侔耳。此作论者所以贵有识也。

凡作论，须要有一段千古不可磨灭之见，然后可传。万形有弊，惟理难磨，理不胜，词虽工无益也。先辈如柳子厚之《四维论》，欧阳修之《朋党论》，唐庚之《议赏论》，近世唐荆川之《四皓论》，予之《三监论》，皆确然不可易者也。说理既透，立意既高，不烦雕琢词华，自足千古。次之则修词矣。

学作论，须将《左传》、《国语》、《韩非》、《吕览》之属，各摘数篇，熟诵沉思，有作即拟之，不似则易之，始于拟议，终于变化。盖其初学也，惟恐其不似，既也，又恐其袭焉而不化矣。至于变化，则心肝骨髓，全是古人，启口容声，无非高调，若待招之而后来，麾之而后去，已落第二义矣。

论贵古，贾生《过秦》其最也；论贵圆，苏氏兄弟称绝调焉。故学论者，取材于古，而尤当畅之以苏文。（以上十①条作论语。）

汉表无四六，自唐而后，其体始定，故场中之表惟出唐宋及本朝。表之用有六，曰进、曰谢、曰贺、曰辞、曰谏、曰请。今场中所用者，惟进、谢、贺而已。进表则解题宜详，如书籍则备叙其著作之由，祥瑞则遍列其生成之实；贺表则颂圣处宜详，解题处宜略，多有不用解题者，以不可及前朝衰飒事也；谢表入题自叙处宜详；各自有体。

四六盛于六朝，然皆风烟月露之词，于政事礼乐、典章文物之体未备也。自唐开元十二载诏以诗赋取士，自此八韵律赋盛行，煅炼研摩，声律始细。然当时作者，如陆贽、裴度、吕温辈，犹未能极工；至晚唐薛逢、吴融辈出于场屋，颇臻妙境；及宋嘉祐、治平间，相传四百余年，师友渊源，讲贯磨砻，口传心授，以骈丽之词，叙心曲之事，寓行云流水之态于抽黄对白之中，而四六始称绝唱矣。汝今作表，须将《宋文鉴》中所载诸表，从头一阅，而于王介甫、苏子瞻②诸公所作尤宜尽心，庶有古人浑厚气象，而不至于浅薄也。

人知四六只是修词，不知以养气为重，如气弱调卑，则成俳矣。王荆公与吴冲卿至厚，及荆公出，而冲卿尽力排之，公备闻其语，国中使传宣抚问，以表谢曰："臣本出③羁单，自甘沦弃，晚由朴学，上误圣知。智曾昧于保身，忠每怀于许国。谗诬甚巧，切忧解免之难；危拙更安，特荷眷怜之至。况远迹久孤之地，实迩言易间之时，而离明昭晰于隐微，解泽频繁于疏逖。此盖伏遇皇帝陛下，以上仁含垢，以大智容愚，弗④使南箕得侈⑤簸扬之状，更令北户坐蒙临照之光。蔚然垂尽之病躯，沱若横流之感涕。惟⑥困穷⑦无理，犹致命于一餐；顾冒昧不赀，敢忘怀于九死？"句句解谗，字字精切，而意融语沛，一气呵成，此以格胜，而不以词胜者也。

子瞻之表，笔力疏畅，意象圆融，不事修词，专欲达意，遂使六朝声律之文变成浑厚，此乃四六中之古作也。其《谢赐衣马金带表》云："服章在笥，贲及衰残；衔勒过庭，喜先从御。伏以物生有待，天施无穷。草木何知？冒庆云之渥采；鱼虾至陋，借沧海之荣光。"末云："士岂轻于千里？念非其人；言有重于兼金，当思所报。"此缴最

---

① 十：原作"八"，据实际数字改。

② 瞻：原作"轼"，径改。

③ 出：原无，据《四库全书》本《临川文集》中《李舜举赐诏书药物谢表》补。

④ 弗：原作"勿"，改动文本依据同注③。

⑤ 侈：原作"肆"，改动文本依据同注③。

⑥ 惟：原作"虽"，改动文本依据同注③。

⑦ 穷：原作"蒙"，改动文本依据同注③。

佳。《谢复官表》云："七年远谪，不意自全；万里生还，适有天幸。骤从缧绁，复齿缙绅。伏念臣才不逮人，性多忤物。刚褊自用，可谓小忠；猖狂妄行，乃蹈大难。皆臣自取，不敢怨尤。会真人之勃兴，与万物而更始，而臣独在幽远，最为冥顽。迨兹起废之初，倍费生成之力。"末云："臣敢不益坚素守，深念往愆？没齿何求？不厌饭蔬之陋；盖棺未已，犹怀结草之忠。"不烦雕琢，自合程度，真佳作也。

四六贵以明白之词，达微婉之意，吐气雍容，叙事详尽，令读者心明而意服。予在宝坻，当久荒之后，逃亡至众，闾阎萧然，而郭参政守法，严征急如星火。时张弘轩为抚台，宽然长者也。予以启求之云："叨居一邑，大潦五年，屋有饥乌，野无宿草。闾阎悉窜，犹征无主之粮；田地尽荒，更急未畊之赋。敲朴徒繁于下吏，纤毫无补于皇家。亟抚疲民，已下停征之令；广招佃客，仅成辟土之谋。但宽两月之诛，便满三农之望。倘至期而无成效，请褫职以谢监司。伏愿俯遂私求，曲挠成法，但得稍延于万命，更何顾惜乎一官？"即蒙允诺。郭公百计求参提，竟不行。及秋成，邑民争相输纳，历年所负，无升合欠者。郭复行文嘉奖，予启谢云："向也违令而不征，期以一官易万民之命；今也因丰而上纳，遂以一时完数岁之逋。"盖实录也。又绣衣使者至县，取便道往玉田，见四野田禾茂盛，而予方告灾，谓以熟作荒，牌提该吏。予启白云："天灾时有，人事宜修。望治无穷，值已稔常如未稔；爱民至切，视无伤犹若有伤。稽邑中丰熟之由，实台下栽培之力。专以聚人为急务，故逃亡至众，而今尽归来；不以屯种为虚文，故地土久荒，而今皆开垦。然痛定而思痛，更宜恤众之穷；当丰后而保丰，岂敢知苗之硕？恭承严命，期竭鄙衷，既欲图安于未危，自应以荒而视熟。餐风暴日，谁怜种植之劳；暑雨祁寒，宜动艰难之想。"代巡见启，即批该吏免提，更以手书慰劳，而参政之谮，不能入矣。春秋列国，所以救难扶危者，全藉词命之善，词之不可已也如是夫。

文字贵以理胜，虽责人而人不怒乃佳。吉甫与子瞻兄弟初亦相厚，后有隙，子由作右司谏，极论其蠹国残民，子瞻作谪词，诋之为元凶。吉甫既至贬，所谢表末云："龙鳞凤翼，固绝望于攀援；虫臂鼠肝，一冥心于造化。"言子瞻兄弟与我所争者，虫臂鼠肝而已。子瞻见此表，笑曰："福建子难容，终会作文字。"

表与启不同，启犹可随己创意，表须要有朝廷气象。词极华采，而不卑弱；语极豪纵，而不怒张。雍容揖逊，有冠冕佩玉之气，乃为本色。王岐公作《慈圣慰表》云："雁飞银汉，虽阅荣于千龄；龙绕青山，终储祥于百世。"滕元发《乞致仕表》云："云霄鸿去，免罹矰缴之施；野渡舟横，无复风波之惧。"此皆以韵胜者也。

用事以的确为难，如王陶《自陈州移许州谢表》云："有汲黯之直，未死淮阳之郊；无黄霸之才，愿老颍川之守。"陈州乃淮阳郡，许州乃颍川郡，黄霸自颍川入为三公，而我不敢愿也。其的确如此。邓温伯《知成都谢表》云："扪参历井，敢辞蜀道之难？就日望云，愈觉长安之远。"此四川的确之语也。

用事贵切，当移易不动。范文公随母冒朱姓，后《复姓表》云："志在投秦，入境遂称于张禄；名非伯越，乘舟偶效于陶朱。"此联虽唐人旧语，然实范氏当家故事也。

秦少游《馆职谢启》云："窃观前史，具见鄙宗。西蜀中郎，孔明呼为学士；东海钓客，建封任以校书。虽为将相之品题，实①匪朝廷之选用，夫何寡陋？遽尔遭逢。"《三国志》蜀秦宓博识，孔明呼为学士；唐诗人秦系自号东海钓鳌客，张建封署为校书郎，是亦秦氏当家故事也。叶绍袁入泮，予贺一联云："雄文初丽，愿追少蕴之宗风；清德弥光，幸守子昂之家法。"亦叶氏故事也。

文字要真切，使人可爱可怜，乃为妙境。丁晋公在海外十二年，《北迁道州谢表》云："心若倾葵，渐暖长安之日；身同旅雁，乍浮楚泽之春。"又《谢秘书监表》云："炎荒万里，岁律一周，伤禽无振羽之期，病树绝沾春之望。"人亦哀之。王荆公因王雱死，舍宅为寺，《蒙赐寺额谢表》云："臣生乏寸长，世叨殊奖。贱息奄先于犬马，颓龄俯迫于桑榆。独念亲逢，莫有涓埃之补报；永惟弘愿，岂忘香火之因缘？"又云："荣禄虽多，不逮养亲之日；余年向尽，更为哭子之人。"真情溢于辞表。许安世《谪官谢启》云："贱贫于有道之朝，自知愧耻；负犯于可封之日，无足矜怜。"引咎自责，深得责降之体。

四六格上句起，下句应，最要呼答有情。丁谓云："补仲山之裳，虽曲尽于巧心；调传说之羹，终难谐于众口。"二句如出一线。元厚之感荆公荐引，致仕后以启谢曰："眷林泉之乐，方遂乞骸；望衮锈之归，徒深引脰。"亦得体。其作《荆公再相麻》云："忠气贯日，虽金石而为开；谗波稽天，孰斧斨之敢阙？"世虽竞以为工，然不免有偏枯之病。上句忠气贯日，则与金石为开有情，可以相衬，下句谗波稽天，则与斧斨似无干涉矣。此四六之病也。

唐宋表俱用四六，而体亦不同。唐人声律极精，对偶极切，如奇珍杂宝，辏合相配，铢两悉称。宋人以声律之文为叙事之体，明畅过于唐人，而典丽不及也。既曰拟唐拟宋，则亦当论其世而各肖之，斯为合格。

表有声有律，平仄相间。宫商迭宣，朗然可颂者，声也；对偶精切，分毫不爽者，律也。（以上十三②条作表语。）

以身言书判四事观人，原是古法，至唐而判始腴畅，大要贵决断明允。令狐楚自河南召人，至阌乡遇大风，有裨将饲马逆旅，屋毁马毙，到京公遂大拜，裨将南还，以马死畏帅之责，具状请判以为据，公援笔判曰："厩焚，鲁国先师惟恐伤人；屋倒，阌乡常侍岂宜问马？"众服其当。刘贡父作国子监直讲，英宗幸学，诸生迎驾，惟直者不得出，乃潜出窥探，堂官以为罪，申贡父，贡父判其状曰："黄屋初出，孰不愿观？青衿何为，乃独块处？可免罪。"诸生闻之，哄然称服。汝今学判，试于闲时将《大明律》一检。此书不但可以治人，兼亦可以律己，解得判题明白，自然易做矣。

自成周乡举里选之法废，而后世专重科举。太祖高皇帝知其不足以得人也，故洪武四年停科举，至二十年后始举行。又，当时三途并用，以荐举为第一，最重，贡次之，

---

① 实：原作"且"，据《四库全书·淮海集》改。

② 三：原作"二"，据实际数字改。

科第又次之。正统、成化间，亦尝行荐举，而吴與弼、陈献章出焉。嘉靖初年，亦尝下令重荐举，而事卒难行。今舍科举外无路可进矣，然朝廷既不能更科举之陋规，亦当尽科举之正道。

凡看经义，须观其识见，察其理意，而有真心为国家求贤之意。如王阳明阅穆孔晖之文，而知其为东国名流；余同麓见归有光之文，而知其为文章宿彦；张江陵阅邓以谠之文，而知其为恬淡无求之士。丙戌王荆石老师主试，谓不必避二氏百家，且要求真才为世用，故是科得人为多。近来每科建议只用平正，而于高皇帝发挥道理之意不复讲求，只依朱注，而于成祖编集《大全》之意更不考究。甚至题目只出旧者，使人人得以揣摩，而帖括饾饤之徒，尽记旧文以入彀。科场本以网罗豪杰，而今反为浅庸易售之地，非法也。又士之长才卓识，皆在论策中，吾诚不忽于此，而专意检阅，庶亦可以得人。即如五判，真能体祖宗立法之意，而必求通晓，必求合律，亦可得深明律意之人，而今则略不入目，遂使同号诸生互相抄录，五判有不差一字者。夫使判而可废也，则奏停之可也，既用之，亦须禁诸生不相蹈袭，此只在监试官一加意耳。但同号而五判雷同者，照①例贴出，不许终场，则人人自爱，而判不至于虚设矣。今我教汝辈经义务求心得，论策务求博洽，表判务求雅炼。彼以虚求，我以实应；彼以例设，我以真修；彼徒循其假名，我则务为实学，此所谓真实举子也。（以上三条作判语。）

策场全在讲解考究，切不可记诵旧策，以取厌有司。天地间大学问如天文地理、律历兵刑之属，杜氏《通典》以十八事尽之，《文献通考》广为二十四目，我壮年欲为经济实学，逢人而下问，遇事而广询，作《经世略》三百卷。曹含斋并取《袁氏通史》一千卷，许为我梓行，不意含斋物故，而底稿遂失，然其事皆能通晓而详说之也。汝先将策目列于空簿之上，每目留空纸十余张，我每事先将大旨与汝讲明，将紧要曲折开注于首，以为本领。他日或闻人议论，或翻②阅群③书，定有互相触发之理。偶有所得，即随手札记于各条之后，久久淹贯，学问愈精。遇考而发之为文，即为名世之言；倘遇事而见之于用，即为经世之学。盖有此定本，而接人读书，可以日知其所亡，不然，则闻言若醉，释卷茫然矣。

太祖高皇帝开科令曰："试策只许直陈所见，不许修饰文词。"最为有理。盖以策试士，正欲其通达治体，敷陈确实，粉饰虚文，有何用处？他日又语刘三吾曰："唐虞询事考言，今试策是其遗意。"命廷试只用策一道。又，士子在学，设官教之，而以提调之权归之有司。孟月试经义，仲月试论表，皆在黉宫，教官主之；季月则专试策，有司主之，其重策如此。今时既不重策，间有阅策者，亦止取其文采，而不取其练达。故为今之士，作今之策，文词亦不可略，但当以练达④为主，工文次之耳。昔楚人有瞿九

① 照：原无，据内阁文库本补。
② 翻：原作"缁"，径改。
③ 群：原作"经"，据内阁文库本改。
④ 达：原作"治"，据上文改。

思者，博洽士也，谬器予。黄葵阳以其父子试策皆不凡，语予曰：“是必有定本。”予往询焉，曰：“果有之，先祖所订也。”盖取两汉奏疏，随类删定者。今重订以示汝，亦书之于册，熟记之。倘初时以其易记而不读，则临时欲记而不能矣。汝今所登记者，必皆使贯串成诵。如失今不熟，则后日所书愈多，愈难温习，虽日日登记，无益也。

嘉靖初年，言官建议谓：“《周礼》乃经世之书，当与‘五经’并行，请于五策中问《周礼》一道，不遵者有罚。”故自戊子以后，每科皆有《周礼》问目，亦是良法，今则不复然矣。此非敢悖明制也，乃不熟典故而遗之也。今须摘其要义，寻其大旨，而融会贯通之，亦是吾儒实学。

策欲博古通今，古惟宗①《文献通考》，今惟宗《大明会要》足矣。鲁钝之甚，不能遍阅二书，但将策目三十个，每题拟作一篇，亦胜拾残膏剩馥以欺主司也。（以上四条作策语。）

① 惟宗：原版漫漶，据残留笔画及下文文意，应为此2字，径补之。

游艺塾续文规卷之六

赵田逸农袁黄坤仪甫辑
门人刘有执无竞甫阅
男袁天启若思甫订
嗣男叶绍袁仲韶
侄孙袁祚熙载之甫同校

泾阳顾先生论文

一曰铸意

文之妙未易言也，而其原皆起于意。意不立则行文不失之枯，必失之淡矣，是故有奇意，有古意，有玄意，有理意，有巧意，自破入结，即一句一字不可无意。然得意不同，有兴致所得意，如涌泉而至者，是化工之意也。其或题旨牵缠，一时未就，必须极力寻思，未得则求其得，已得则求其妙，如金锡之数经火力煅炼，精纯庶可耐咀嚼，而免枯淡之病矣。若今文之善铸意者：王阁老“桃应问曰”篇、唐司谏“予未得为”篇、邵司教“天与”篇是也。

二曰琢辞

意与辞，相为联属者也，意铸矣而辞不琢，将并其意而失之。如以奇古之意，而发为腐烂冗杂之辞，则观者但觉其腐烂冗杂之可厌，而不觉其为奇古矣。况意不甚出人，而又无佳句以达之，其为俚鄙可笑，可胜言乎？故宁有辞无意，不可有意无辞，此辞之贵琢也。琢辞者何？短则欲掉，如欧阳公“环滁皆山也”一句，省出许多字面，而意自尽者是也；长则欲逸，如昌黎公“若驷马驾轻车就熟路，而王良、造父为之先后也”句，字虽多，而风致则飘然动人也。余推此类可见。

三曰博古

文中词意必须根据，方见有本之学，所以行文贵读古书，如上自“五经”、《左》、《国》、《吕览》、诸史列传、六子九流之言，下自历代纲目性理、诸名家文集、策论，俱要拣阅精粹者一一读记，不惟后场赅博，而时义中自无杜撰疏脱之病。予观近来举子仅读《文章轨范》数篇，自以为胸中有物，此管窥蠡测之见，徒令识者掩口耳。

四曰集成

予观何仲默先生有言：“汉之文人工于文而昧于道，故其言杂而不可据，疵而不可训；宋之大儒知乎道而啬乎文，故长于循辙守训，而不能比事联类，开其未发，故尝病汉之文其道驳，宋之文其道拘。”噫！此确论也，所以今之学者博古之后，当集其成而用之，如《吕览》、《国策》则法其高古，如六子则法其玄博，如四大家则法其华裕，如程、朱则法其性学。罗百家精髓而时出不穷，令人莫可端倪，譬之富人之家，随取随足，斯其为善属文者矣。国朝惟荆川先生近之，故予尝曰：“乃所愿则学荆川也。”

五曰涉趣

文机活泼泼地，非胸中有潇洒不穷之趣，则为文不免烟火尘氛，迷障人目。迩来士子拘拘读举业书，最是困人，人一困则意趣便不森发，故予尝谓读书之暇，当观四十家唐诗与《蔡中郎传》、《北西厢记》。盖古之律诗即今之排比，所以学诗者不惟得其严整，而其含蓄感慨之趣，每每令人醉心。至《蔡中郎传》情思逶迤，《北西厢记》兴致流丽，学者细味而吟咏之，则描神写景处，自有一种仙风道骨，恐不减四家之文矣。且读书漏深时，令童子煮苦茗焚香，或抚瑶琴，或弄箫管，或朗诵《楞严经》一卷，此中若泠然嘘我以清风而不自知者，其所谓牵缠困缚之态舒释尽矣。孰谓涉趣之无补于文哉？涉者，言乎博而不有也。予为此言颇诞，彼不知者闻之，将缩颈吐舌矣，而在高品同调者，必顿足许我也。然予亦以俟高品同调者，而岂为不知者言也？

六曰化格

看书、作文，两事不同。看书死煞处多，圆活处少，作文圆活处多，死煞处少。若天分高、学力到，则死煞中求出圆活，圆活中求出死煞，变化如游龙，不可捉摸矣。予观古人作文，每为书旨缚住手脚，不得转舒，所以下笔都是缠扰牵合，绝无化工天趣。

如吴江杜静台是何等学者？荆川、方山之道，俱赖此君阐扬，大有加惠晚辈之功①。只缘他以看书工夫作文，所以理趣虽多，仅学得宋朝文字。故士子须将题格融化，凡提掇呼应、关锁起伏诸法，一气浑成，绝无痕迹，方是高手。

七曰继功

文义乃是理学生活，最忌心粗，若功夫间断，则精神意气便觉收摄不来。构思则枯而无味，泛而不切；遣辞则俚而不文，晦而不达，故士子当讲贯之暇，即宜命题为文，日就一二草，久之，则文机自然熟烂，理趣自然横溢矣。昔者纪昌学射于飞卫②，先学不瞬，即偃卧妻之机下，以目承牵挺者二年，虽锥末倒眦不瞬也；后学视，乃以牦悬虱于牖，南面而望之不置，三年之后，如车轮焉，乃以燕角之弧、朔蓬之簳射之，贯虱之心而悬不绝，此继功之验也。夫射且然，而况于文乎？甚哉！功之不可不继也。

八曰诣极

文章家不同③，有奇古，有雄杰，有浑厚，有丰润，有雅逸，有清爽，先儒所④谓"习焉而各得其性之所近者"是也，然莫不有极至⑤之地，士子造诣必须随其质之优为者而各造其极，若秦青之讴，韩娥之歌哭，甘绳之射，泰豆氏之御，方成一家。是故两司马之文，汉文之极者；程朱之文，宋文之极者也。其文不同，而要于成名则一也。迩来士子专为应试之文，求合主司之目，虽幸博一第，而文章绝不足为世法。甚至负英迈之质者，因亟于徇时，降为龌龊卑琐，而尤终身不得有所成就，亦足悲矣。予尝谓出处有时，而文章不可加损。苟诣其极，则精之所通，天必佑之，未有不为世用者也。况仰弃高明，而俯就卑暗，即相过且扪心愧矣。昔老苏文雄当代，卒为眉山布衣，天遂大发其⑥二子，而其名亦以闻于世。呜呼！天亦何负于能文者，而必欲拘拘为徇时计哉？

九曰甘劳

予尝谓读书做文，人生第一劳苦事。今人语博弈饮酒，辄欣欣喜，语读书做文，即愀然不乐者，恶其劳也。然博弈饮酒未尝不劳，而人独甘之，读书做文非不可忘劳，而

---

① "如吴江杜静台……大有加惠晚辈之功"：此数句置于此文义有碍，且言"古人作文"，却举当代吴江杜静台为例，似亦不伦，疑置于"变化如游龙，不可捉摸矣"之后或本节末尾。

② 纪昌学射于飞卫：原作飞卫学射于纪昌，误，径改。

③ 不同：底本缺损，据安图本补。

④ 儒所：底本缺损，据安图本补。

⑤ 至：底本缺损，据安图本补。

⑥ 其：原作"甚"，据文意改。

人独苦之，是以诗书为世流毒，而尼父所以难好学也。第吾辈习此生活，惮劳不得，直须冬不炉，夏不扇，食不知味，寝不贴席，将读书做文两事循环无间，譬之僧家闭关坐定，从个中讨出天趣，即有劳苦，且甘之焉，则虽未尝假此幸福，而老苍有知，当不令苦心人终堕地狱矣。若曰夸父逐日，徒贻不量力之讥；曾史属性，只取骈拇之诮，乃博而弈焉，饮而酒焉，以求快此生焉，噫！弈、酒果可以快此生哉？

因之吴先生论文

论看书

学者多以看书作文分为二项，故二者胥失之，不知二者虽有操觚与不操觚之辨，总之去皮见骨，去骨见髓，要以得解而止非有二也。每见看书先立课程，如《学》、《庸》几章，《论语》几章之类，无惑乎童而习之，白首而不得其原也。夫书义有思之而即得者；有思之竟日而后得者；有明日又思之而后得者；有力量未到，累日思之而不可通，姑停阅三月五月之后，识见增进，或重思之，或他书偶触发，而恍然得者。始也，无从而疑；既也疑；究也，不胜其疑，至于不胜疑，而悟之门启矣。愈悟则愈疑，愈疑亦愈悟，故学者非悟之难，而疑之难也。又见看书者，多苦于经书之难竟，只此一念，可谓千里之谬。夫书有积少成多之书，有以一贯万之书；有索然无味之书，有手舞足蹈之书；有穷年故吾之书，有日新一日之书。积少成多者，如有物十焉，吾所知者九，而所遗者一也，异日者，人困之以其一，吾窘焉，无以应也，夫知且九矣而曾不能通于其一，则所谓九之知者，皆糟粕也，非知也。当其涉猎之时，已自无味，及涉之数过数十过，其人犹然故吾耳。以一贯万者则不然，不务蓄积，而务开其所谓疑与悟者。此疑与悟者何物也？是心窍中之生机也，机触则引而益长，窍开则迎而辄解，故随其所值，皆可推类以尽其余。古人云："三日不见，当刮目相待。"此项工夫，其于识见，真有日异而月不同之妙。方其思而得之也，盖亦不知手之舞之，足之蹈之者。然当入门之始，正见未启而旁见已投，不可不慎，盖书义之确然而不可易者惟一路，而其似是而非者，易以引吾思而成吾一偏之见者，且十百其路，故须不时提醒此心。心最巧，不提便拙；心最活，不提便死。任其思之所引，至于拙且死，误入荆棘而不自知者，此不提醒之过也。大要只是追寻圣贤语意，要想圣人为何说此一句，为何下此字眼。圣人下字如化工肖物，决有凿凿不移道理，看一章须讨关键在某处，看一句须讨上文如何，下文如何，通章血脉如何。但将白文从头至尾反复玩味，定是有见。圣贤说话虽极精深，又极平坦，极现成，若稍入艰深，略涉牵合，即邪径矣。此非打叠妄想，精专静一，而又无主先入，不厌涵濡必不能也。其传注与白文相印者十有八九，偶一二可疑，不妨存吾独见，俟质有道。然传注每多涵而未发之意，或不善读注者，向有以辞害志之习，吾发其未尽之旨，通诸文辞之外，实非悖也。近闻士林多着意为新说，此与文字为魑魅魍魉之谈者同一无聊之计，可发一笑。

论作文

文字不论奇正何如，先以说题莹透为主，说题既透，然后观其运用之活与不活，神气之厚与不厚。若先自支吾两可，则虽有聪明才思，不过点缀眉目以为工，抹涂影响以藏拙，岂能逃识者肺肝之见哉？然要说得题到，须先识题。夫有题之皮肤，有题之筋骨，吾舍其皮肤而操其筋骨，故片言而有余，不然，费尽心力，只成一篇训诂。如辛未会场“先进”题，从“先进”字面，此题之皮肤也，而先进之所以当从，则题之筋骨也。程讲云：“礼乐所以养德也，而养德者宜处其实，不宜处其华；所以维风也，而维风者宜居其厚，不宜居其薄。以求诸实，先进有焉，有其实则用以治心而心平，用以治身而身正，周公之懿范犹存，固吾所梦想者也，虽戾于俗奚恤乎？以求诸厚”云云。正解从“先进”字面，只“吾所梦想”、“虽戾奚恤”二句，余皆解先进所以当从处，写得十分精神，所谓得其解者，故为从来程文之冠。

齐桓公以八国之师伐①楚，又责包茅问王祭，其词甚正，楚人胆落矣。及齐侯陈师矜其众强，楚屈完曰：“君若以德绥诸侯，谁敢不服？君若以力，楚国方城以为城，汉水以为池，虽众，无所用之。”当是时，齐桓拥八国之众，无辞以对，非服其言，服其理也，故文字惟理胜则神王。尝观汪青湖文，讲宫之奇谏云：“不知而不言，则误国之罪小；知而不言，则欺君之罪大。”此二言义正词严，遂为千古不可磨灭之论。后讲“百里奚不谏”云：“纵吾身受屠戮之祸，何益于君？使吾君有杀谏臣之名，何补于国？”此语为奚回护，可谓精巧，然惟属回护，其理不胜，故较前语气不壮而神不扬。可见文字百般簸弄，俱属小技，惟有根据至理，令读者心服，则种种名言矣。

文有不新而新，不奇而奇，不高旷而高旷者，无他，议论卓然，精神发越耳。夫荆棘其词与模糊其意，二者皆文所禁也。文章增十分闻见，不如增一分识，识愈高则文愈澹，识愈卑则伎俩愈多，至于伎俩愈多而品愈下。内不足故外有余，此理自然，无足怪者。夫户必有枢，船必有柁，文必有一段最紧关处，惟平日善看书则识进，识进则据此最紧关处拿缚得定，临时信手拈来，头头是道。整容敛襟而上亦可，嘻笑怒骂而语亦可，雄猛如巨鹿一战亦可，闲暇如围棋赌墅亦可，简峻如片言折狱亦可，一滚而出，如万斛之泉亦可，循规蹈矩亦可，忽入九天，忽潜九地亦可，横行直撞，不离这个，区区左顾右盼，无所用之，故夫无修词之扰，无敷衍补缀之劳，省除一切烦苛而归诸至易至简者无如识。识之于文也，一纲举而万目张之道，其堕落脂粉者，三年而成一叶之说也。操觚者奈何不务一了百当，顾屑屑焉趋其所为，用力多而成功寡者哉？故术不可不慎也。

如今纷纷作者尽会弄笔头，尽会装点小世界，只是不曾另辟乾坤，创个天下大观，

---

① 伐：原作“代”，径改。

豁人胸襟。所谓另辟乾坤，又非穿凿杜撰，饰奇吊诡之谓，只争个看得破与看不破耳。亦见夫戏傀儡者乎？线索在手，则跪拜起立，无不如意。夫题亦有线索矣，其精神结聚处是也。有数句而结聚于一句者，有数字而结聚于一字者，有本题而结聚于上文者，有结聚于实字者，有结聚于虚字者，有不在于句字之中，而结聚于句字之外者，推此类不可悉举。看不破，则我在徽缠绳缚之中，欲左则牵于右，欲右则牵于左，无适而可。看得破时，胆壮神活，两翼生风，如庖丁游刃，如巨鱼纵壑，虚者实之，实者虚之，而不为破格；风雨骤至，而不为伤气；矢口成词，直摅本质，而不为少文；脱胎换骨，前无古人，而不为离旨。回视戋戋小巧，如置身霄汉，下视尘寰，非无景物，总不入目矣。大抵文字只看一篇大规模、大机局何如。大段卓越，纵句字小疵，不足介意，如神王之人，区区疥癣，岂能为害？有一等尫羸削弱之人，耳目口体无恙，肌肤无恙，长桑君望而却走，则字修句削而机局不佳之故也。今后直须大大簸弄，尽力与题目鏖战一场，决有日异而月不同处，勉之勉之。

文之贵讲贵实尚矣，然人但知讲之讲，而不知以不讲为讲；但知实之实，而不知以虚为实。夫讲之为讲而实之为实，说一句才是一句，说一字才是一字。其于一句一字之外，已毫不能通，而于一句一字之中，又浑非其解，故意不透露而机不玲珑，惟夫不讲而讲，虚而实也，而后为批大郤，导大窾，而后极文之致。总之，贵议论而不贵铺排，贵抉其所以然而不贵赘其所当然，当然者传其形，所以然者传其神，铺排者铢积寸累而无功，议论者挈领提纲而了了，故一言可当百千言，反言可当正言，无言可当有言。以意言之为至实，以机言之为至虚，至于善用虚，而所为精深者、滃宕者，皆举之矣，过此以往，纯乎天而人不与。言者有尽，而不言者无穷，则系乎所养，非精思力诣之所及也。

凡作性理题，须着一句玄远语，不得着一句帮衬语。不得玄远者，起于光景之未真，而揣摩其近似；帮衬者，起于本质之已穷，而借功于粉饰。若胸中见得了了，自无此弊。然亦有意思见得七八分，而辞不足以达之者，此非辞不达之病，仍是意不彻之病也。朱子谓："愤者，心求通而未得；悱者，口欲言而未能。"毕竟是心求通而未得耳，若彻头彻尾，洞见底蕴，岂有不能出诸其口哉？至如平淡题，虽无别的讲贯，然亦须反复论得痛快，然后读者悚然。大凡平淡题目，自有精深议论，非必每题另出一见，然后动人。且如苏秦说六国，撮其大旨，不过曰："割地事秦，如抱薪救火，此自尽之术也。"然此亦人人知之，人人能言之，偏是苏秦为从约长，何也？他到一国，自有一国议论，举一国之形式，揣各国之人心，搜各国之往事，投各国之所重所轻，描各国之所畏所苦，天下机局，如在目前，睥睨抵掌，极文之变，令伤心者哽咽，不平者按剑，何暇计群羊之不敌猛虎与连鸡之不能俱栖？虽不举国以听其道无由！夫举子业亦然，若必每题另立一主意以为新奇，其谬何啻千里？

或问辞调之于文何如，余应之曰："辞者，不得已而用之者也。着一分辞，便掩一分意，意思到时，只须直写胸臆，家常说话都是精光闪烁，何以辞为向者？辞丑极矣，佳者为善用脂粉，而不佳者为魍魉昼见，魍魉固太阳之所不容，脂粉亦本来面目之贼也。至于顿挫屈伸，自是文中绝不可少，然此是文势，大段变化，倏而坦然平麓，倏而峭壁摩天，起者不得不起，而伏者不得不伏，岂区区句字词调为哉？”

思白董先生论文

论举子业者，有茅鹿门、沈道立及袁仪卿数公，缅缅备矣，然皆所谓“鸳鸯绣出从君看，不把金针度与人”者。余唯华严字母，一字为一势，稍证以前窗稿及程式墨卷，意在并与以匠巧云。虽然，似数他家宝，身无半分钱矣。

宾

昔洞山禅立四宾主：主中主，宾中宾，宾中主，主中宾，故曰：“我向正位中来，尔向宾位中接。”又曰：“忌十成死语。”文章亦然，一部《庄子》，莫非寓言，并无一句犯正位，然未尝一句离正位，若一犯正位，则如《逍遥》、《齐物》、《秋水》诸篇，正意不过数句可竟，何得蔓衍恢奇乃尔？何谓正位？正位者，主也。正位如君王拱默威严，外人莫睹，而三公九卿、六部五府皆承天子威光建立功业，若必要天子口倡手捉，济得甚事？《诗》则赋为主，比兴皆宾也；《易》则羲画为主，六爻皆宾也。以时文论，题目为主，文章为宾；实讲为主，虚讲为宾。两股中或一股宾一股主，一股中或一句宾一句主，一句中或一二字宾一二字主，明暗相参，生杀互用，文之妙也。故或进前一步，或退后一步，皆谓之宾；或斤斤讲而题意乃不透露，是高品、俗品之分。苏子瞻《表忠观碑》，惟叙蜀汉抗衡不服，而钱氏顺命自见，此以宾形主也。此窍毋论前辈大家、名家，但执管者即已游于其中，自不明了耳。往往有单门浅学而早取科第者，彼虽不知所以，要未尝不暗合，若有不合，则永断入路耳，第能合之，则拍拍成令，虽文采不章而机锋自契。今夫农人之歌，岂知声律？然一唱众和，前轻后重，若经惯习，虽善歌者不能易之。于此见人心有自然之节奏，以此机相感，洒然善矣。但不可作宾中宾，谓于题目旁意中又入旁意，则是臣子不奉天子威光，擅自称制，乃野狐禅也。惟宾中有主，主中有宾，步步恋着正意而略不伤触，乃为宾字法门。且“如有王者，必世而后仁”，讲者曰：“如有王者，躬膺帝命，应五百之昌期；统继神明，开两间之泰运。”此著实依题目“王者”二字讲，乃犯主也。中间二比云：“圣王之精神虽易达，而欲使天下固结于吾之精神，必其精日运，而世与民相贯彻焉，然后耳目一而浑然其大同也。明王之德泽虽易孚，而欲使天下融液于吾之德泽，必其泽日流，而世与民相涵濡焉，然后心志联而怡然其共适也。”此依题讲“世”字、“仁”字，乃犯主也。会元则云：“治之极于仁，尚矣，天下无一日不以仁望于王者，乃王者则未尝以旦夕而求仁于天下。”此宾也。“吾试度之，如有王者作也，其必世而后仁乎？”惟此是主也。自此以下云：“道至于王，固转移之下有神机。”宾也。“而治至于仁，则大化之成无速效。”主中宾也。“德教所敷，不崇朝而通天下可矣。”此宾也。“然可以遍天下，不可以深入乎天下。”此主中宾也。“试举一世，而时雍之。”是宾也。“是必世而后能也”，此主也。“王者，日以其精神心术与天下相流贯。”此宾也。“而至于一世”，此主也。“则所隆施久矣”，此宾也。“天下所以咸若其化也”，此主也。“不然，非悠远而求博厚，能乎哉?”此宾也。“信乎！未至于世，虽欲有赤赤之绩而亦不可得也，功深则弗可骤也。”此宾也。“既至于世，虽欲无熙熙之俗而不可得也，化积则弗可掩也。”此主也。而曰“虽欲无”，曰“不可得”，是主中宾也。以此推类，靡文不有。

转

文章之妙，全在转处，转则不穷，转则不板，如游名山，至山穷水尽处，以为观止矣，俄而悬崖穿径，忽又别出境界，则应接不暇。武夷九曲，遇绝则生，若千里江陵，直下奔迅，便无转势矣。文章随题敷衍，开口即竭，须于言尽语竭之时，别行一路。太史公《荆轲传》方叙荆轲刺秦王，至始皇环柱而走，所谓言尽语竭，忽用三个字转云：“而秦法。”自此三字以下，又生出多少烟波。制义如成、弘间大家，元气浑灏，势取直捷，转处无形。至文恪公“齐景公”二节文，则珠走盘而不出于盘，圣于此法矣。甲午广西墨卷“君子信而后劳其民”，至“容有疑，君子之厉之者矣”，此处题意已尽，他却转云：“是非君子之真厉之也。”得此一转，又增出几行文字。此其易见者，但拙者为之，则头脑多而不遒劲，病在不审宾中之主。

反

文字从反，语曰：“文者，言之变也。”又曰：“拟议以成其变化。”作文谓以变合正。古文耸动人精神者，莫如《国策》。策士游说，不曰不如此不利，而曰不如此必有害，其所以敲骨打髓，令人主陡然变色者，专用此法也。宁独策士？且如《论语》中说“管氏树塞门”，若正言之，则曰“管氏不知礼”，何等明尽？却又曰：“管氏而知礼，孰不知礼?”此反也。“九合诸侯，一匡天下”，若正言之，只宜曰“管仲有仁者之功”，却云：“微管仲，吾其被发左衽矣。”此反也。韩昌黎说“周公好士”，正言已尽，却又一反云：“向使周公辅理承化之功未尽章章如是，而无圣人之才，而非叔父之亲，则将不暇食与沐矣，宁止吐哺握发之勤而已哉?”得此一反，并“吐哺握发”，精神奇警。又如“汉诏有功不赏，有罪不诛，虽圣王不能以化天下”，亦其例也。时文有全篇用反者，如“君子三戒”，戒之在色、戒斗、戒得等，只应痛说色、斗之为害，而“戒”字意自明，若随题讲云“若何以戒之”，则俗格矣。又有丙子南京乡试卷，讲“尧以不得舜”处，云：“由是观之，尧一日而无舜，则孰与命禹益？舜一日而无禹益，则孰与拯昏垫之害，而登天下于平成？尧一日而无舜，则孰与命稷契？舜一日而无稷契，则孰与拯阻饥之民，而跻天下于揖逊？然则忧舜之不得者尧也，君道也；忧禹、皋陶之不得者舜也，相道也。”此皆反格。又有癸酉南京江文明“修身则道立”墨卷，讲完“修身则道立”，云：“不然，天下虽有观刑之心，而君极未立，其何以近天子之光哉？”得此一反，则“则”字精神遂露，便有责望哀公意，不止说效矣。又如癸未《孟子》程文讲“孔子有见行可之仕”句，云：“不然，东周之志，三代之思，将托之空言矣。”皆是淡中设色。

斡

李长吉云：“笔补造化天无功。”此斡之所自始也。以时文论，虽圣贤语，岂无待作者斡旋处？如“禹、稷当平世，三过其门而不入”，既平世矣，何为却须三过其门不入？程文则云：“盖洪水艰食天下，虽若犹未平也，而君明臣良，则天下有所赖以平也。”出人意表。又如壬子南畿墨卷“君子不可小知而可大受也”，他人讲“不可小知”，只随题讲去，若将谓君子于细事全不理会，孙溥卷则云：“故以一事之尽善，而谓其为君子焉，吾意君子不如是之隘也；以一事之未善，而谓其非君子焉，吾意君子不如是之浅也，果可以小知乎哉？”场中得此四句，遂作举首，故缺漏处，须用意斡旋。

代

代者，谓以我讲题，只是自说，故又代当时作者之口，代写他意中事，乃谓注于不涸之源。且如《庄子·逍遥游》篇，说莺鸠笑大鹏，须代他说曰：“我决起而飞，枪榆①枋，时则不至，亦控于地而已矣，奚以之九万里而南为？”此非代乎？若不代，只说莺鸠笑亦足矣。又如太史称燕将得鲁连书云：“欲归燕，已有隙，恐诛；欲降齐，所杀虏齐人甚众，恐已降而后见辱，喟然叹曰：‘与人刃我，宁自刃。’”此非代乎？又如苏老泉《易论》：“圣人云：是天人参焉，道也，道有所施，吾教矣。”非代乎？时文如壬戌会试“事君能致其身”，墨卷云：“仰观于君，则知君即吾之元首，而不有其身者，乃所以不负其君也。”此非正讲，乃代之耳。又如邵北虞“桃②应问曰”文云：“居舜之地，谅舜之心，必将曰在朝廷则情为重，法为尤重，而情穷于不可夺；在海滨则天下为轻，亲为重，而法泯于无所加。”皆是代也。又如癸酉南京江文明“小大之臣（至）承弼厥辟”墨卷讲云：“若曰一言之失，将不为圣德之累乎？”此句亦代也。凡作文原是虚架子，如棚中傀儡，抽牵由人，非执定死煞者也。

翻

刘勰曰：“词征实而难巧，意翻空而易奇。”夫翻者，翻公案之意也。老吏舞文，

---

① 榆：原无，据《庄子·逍遥游》增。
② 桃：原作“陶”，据《孟子·尽心章句上》改。

出入人罪，虽一成之案能翻驳之，文章家得之，则光景日新。且如马嵬驿诗，凡万首皆刺明皇宠贵妃，只词有工拙耳，最后一人乃云：“尚是圣明天子事，景阳宫井又何人?”便翻尽从前窠臼。曹操有疑冢七十二，古人有诗云：“直须发尽疑冢七十二。”已自翻矣。后人又云：“以操之奸，安知不虑及于是？七十二冢必无真骨。”此又翻也。昔齐鬼说善解结，邻国以必不可解致齐王，齐王令鬼说解之，鬼说曰：“此结不可解，臣乃以不解解之也。”此非翻乎？又如法眼和尚曾问徒弟曰：“猛虎项下金铃是谁解得?”人多不能对，其后有一僧出曰：“系者①解得。”此非翻乎？时文有“虽孝子慈孙，百世不能改也”，束云：“有尧舜为之祖父，则虽有朱均之不肖，而无改于唐虞之令名；有幽厉为之祖父，则虽以宣平之中兴，而无补于二君之逆德。”又云：“不然，则暴其民者得一贤子孙足矣，何足惧哉?”此善翻案者也。唐荆川“匹夫而有天下”文云：“舜不遇尧，一耕稼之夫而已矣；禹不遇舜，一崇伯之子而已矣。”温托斋“何事于仁”程文上半篇云：“仁道至大，有自一端而言者，有自全体而言者。如一念之善仁也，推而言之，裁成天地之道，辅相天地之宜，亦仁之极功耳；如一事之善仁也，极而言之，范围天地而不过，曲成万物而不遗，亦仁之大用耳。若必以博施济众而为仁，则一事一念之善，将不得为仁乎？若一事一念亦得以为仁，则博施济众盖不止于仁矣，圣人能之乎?”俱是翻格。

脱

脱者，脱卸之意。凡山水融结，必于脱卸之后，谓分支擘脉，一起一伏于散乱节脉中，直脱至平夷藏聚处，乃是绝佳风水，故青鸟家专重脱卸，所谓急脉缓受，缓脉急受。文章亦然，势缓处须急做，不令扯长冷淡；势急处须缓做，务令迂徐曲折，勿得埋头，勿得直脚。如乙酉南京墨卷“吾有知乎哉？无知也”，讲完至“有鄙夫问于我，空空如也，我叩其两端而竭焉”，此处是急脉。施天性墨卷云：“然存一太公之心，毋论昏明矣；达一不倦之教，毋论智愚矣，故自问我者而观，一空空之鄙夫也，若不可以尽知也；自我应问者而观，即人人有良知也，无不可以与诲也。”此是急脉令缓。又云“为高必因丘陵，为下必因川泽”至“为政不因先王之道”，此缓脉也。袁茂英墨卷云：“君人者，运治于上，则先王之丘陵在，有操更张于成宪则悖矣；施泽于下，则先王之川泽在，有作聪明于旧章则昧矣。”此是缓脉令急。又如“使禹治之”，此急脉也。程文则云：“以上则君忧臣劳而弗恤，以下则父舍子用而不疑，凡以为天下而已。”此急脉令缓也。“禹掘地而注”处，急脉也，瞿卷则云：“水之为民患者，水之未有所归也，而未可以力排也，于是乎掘地而注诸海焉。”此是急脉令缓。“述而不作”至“信而好古”，有许多推原，此缓脉也。壬午陕西程文则云：“我惟笃信好学，是训是行而已，焉用作乎?”此是缓脉令急。

① 者：原文无，据文意补。

擒

杜子美曰："擒贼先擒王。"凡文章必有真种子，擒得真种子，则所谓口口咬着，又所谓点点滴滴雨，都落在学士眼里。且如王文恪、邵北虞皆有"五就汤，五就桀者，伊尹也"文字，若以纵横逸宕论，邵作似胜，但文恪小讲云："择君而事者，智士之所以定其交也；委心不变者，忠臣之所以介其守也，而伊尹则有不必然者。"便高出邵公几等，何则？此题真种子要在"何必同"，而邵却单做"伊尹五就"，虽词章挥霍，已离于宗，故不得为大家。己卯石昆玉"舜亦以命禹"墨卷，承即云："道至于中，则不宜有所异也。"以后云："中之上本无所加，而圣人又何所加于此中之上也乎？"此是题中真种，擒得此，不必照顾"亦"字，而未尝非"亦"字矣。"行已有耻"题，陆会魁云："士之才也，贵于有守而才也。"擒也。萧会元"如有王者"，破云："无近功者也。"一篇主张，不出此三字。魏昆溟破云："志其盛也。"便自走作。此全在有识。

离

文字最忌排行，贵在错综其势，散能合之，合能散之，离者，散也。左氏《晋语》云："太子之善，在于早谕教与选左右。""早谕教"、"选左右"是两事也。贾谊《政事①疏》却云："心未滥而先谕教，则化易成也；开于道术智谊之指，则教之力也。"此是早谕教。下云："若其服习积贯，则左右而已。夫胡粤之人，生而同声，嗜欲不异，及其长而成，俗累数译，而不能相通行者，有虽死而不相为者，则教习然也。"此是选左右。以此二事离作两段，全不排比。自六朝以后，皆画段为文，少此气味矣。时文如"出门如见大宾"四句，"主敬行恕"，后来印板也。陶石篑作此题，先将"出门""使民"二句相对，却用一过文另做"己所不欲"，破板为活。又如"素隐行怪"全章，庚辰会试卷讲至末节，却以"君子依乎中庸"对"遁世不见知而不悔"，虽一串做，总有痕迹，惟刘廷兰讲四比云："故君子之依乎中庸也，择之也精，而依之以为知者，不惑于似是之非；守之也一，而依之以为行者，不淆于他歧之惑。由是而遁于世焉，吾安之而已；由是而不见知于人焉，吾弗悔而已。"深得离之趣。

缑山王先生论文

世多谓经义取士之后，士为括帖束缚，得人不如前代之盛，此大不然。自荐举法废，书、判、诗、赋与今之经义，皆借以观人耳。观人之法愈平实，则愈难矫饰，愈简

---

① 事：原文作"治"，据通行篇名改。

约则愈有捉摸。自古以诗赋取士，而亦限韵命题，类如儿戏者，如泰豆氏教造父于寸木上御马，正欲不尽人之才，才不尽而后所养之浅深，造诣之生熟可测验耳。

高皇帝深明此意，仿宋遗制为此非难非易之法称量豪杰，又别有二、三场以尽其胸中所欲言，而前场则原不责之驰骋也。今侈言时艺者，又谓时艺羽翼圣真，可与传注并传，此则大过。传注不必俳偶，所以俳偶者，正有深意耳。试即吾辈熟习之人而细玩其文，正如绘出心肝一般，若后场则取材泛滥，不必肖矣。天下有无文而有树立者，有能文而无当于用者，若怪谬浮诞之文，而责之以识见功业，万万无有。学者务当体我圣祖设科之意，而无自描影子，贻识者之笑可也。

《论语》之文极高故卑，极深故浅；思孟之文，以卑证高，以浅证深，此理学之宗，而亦文章之宗也。紫阳先生传注非必尽是，理欲知行，动辄分为两截，正如好座堂房，零星夹断，然未有抛家弃产，悦珠宫梵宇之丽而据以为己有者。我皇祖解经测天，初未尝纯用宋儒，而卒以取士，盖以为人有异学，则国有异政，与其遁放，无宁支离，故去彼取此。

先辈之贵用经语也，匪是则弗典与？曰否。六经之与时艺，气类也，大凡同类之物，以衬贴则有情，以牵缀则无迹，如传奇之词曲，吏胥之文移，不作一文人口语，始为当行。今以二氏语作孔孟文，已自不合腔，而况作者原不知二氏，不过口头数语逢阵便摆而已。且无论于题贴不贴，而试究其本文字义云何，岂无哑然而失笑者乎？若今日以后所用之二氏，则又今日时文活套之二氏也，愈传愈讹，吾不知其所终矣。

文章之法总不离于人情。情生于题，情之用在势，要不出于鹿门所谓“认题”、“布势”数条，顾泾阳、袁了凡更详言之，可不具论，论其大者。认题以题为主，题有定法，书法所谓“朋”字当侧，“止”字当扁，点画必重，引带必轻，执之欲紧者也。布势以我为主，我无定法，书法所谓一字之体定于初下笔，就一字中又有许多变：如此起者，当如此应，运之欲活者也。其外尔我相形之法，总属认题；开合相生之法，总属布势。得题得势者，如西方圣人不假幻师外道，但守①其耳轮目廓，而六通之用自神，盖题中本色词意驱使不尽，岂藉他求？惟夫题不分明，势不在我，而始不免驰骛于题外为奇，搜剔于题中为奇，是皆病在不足，非有余也，而人遂真以为奇，过矣。且文者，代吾之言而并以代圣贤之言者也。凡人之言，胸中了了者，必直捷简易；而愦愦者，必艰涩支离；理直者，必开口见心；而理曲者，必龋齿缩舌；算定者，必宽舒徐缓；而率尔者，必急遽周张；传实者，必援甲证乙；而驾虚者，必指天画地；劝谕者，必和颜下气；而恐喝者，必怒目睁眉；誓众者，必巷语街谈；而召鬼者，必胡音梵字；门高者，必直道家世；而卑寒者，必装点贵游；厚积者，必自讳豪奢；而暴富者，必侈言得意；远识者，必沉默处后；而浅见者，必议论风生。知言之情，则今日之号为奇者，病在有余乎？不足乎？可以愧矣。

鹿门所云炼格，格者，品也。品之贵贱清浊，传之久近，系之大要，只在雅、俗二

---

① 守：底本缺损，据安图本补。

字耳。人知雍容文物者之为雅，而不知清真超旷、典重老成者之为尤雅也；人品阘茸肤浅者之为俗，而不知浓粉厚墨、折腰龋齿者之为尤俗也。天下无不能认题之名家，无不知布势之高第，至于炼格，则难言之。守溪之后，惟荆川最清最贵，其旁出而迥然绝尘者，惟震川耳，鹿门、昆湖、方山尚有拟议。自兹而外，邈乎远矣。

无中生有法也，谓如从根发枝，以梅传杏，非龟之毛、兔之角也；实题虚作法也，谓如酵面使不粘口，非画饼可代充腹也；粗题细作法也，谓裁缝密熨帖平，非谓蛛丝可纫布帛也；浅题深作法也，谓如钻石求火，非刺山而望泉也。学子常离形照影，于本来面目毫不相涉，释卷而测题，十不得五六者有矣，可叹！可叹！

鹿门云："文之不宜于今者，皆得古皮肉眉发耳。若会其精神，无不合者。"近世学术肤陋，或剽古人皮肉眉发，尚有少分相应，否则，杜撰一种似古非古之语，以冀诡遇，而默会其精神法度者，必共厌弃矣。岂惟时艺？今之论人品文章皆然。

文无奇正，总之，有一段真精神识见则善矣。世传冯开之云："士子薄伪平淡，作伪神奇；主司厌伪神奇，收伪平淡。"常太息于斯言。当壬午、乙酉之交，有司尚一等肤浅文字，而余料其必有今日，何也？均之为伪，则伪平淡必不足以胜伪神奇者，势也。伪奇约有数种：舍昭昭求冥冥，去堂皇觅窟穴者类字奇；（醋）醢子史，龌龊饾饤者类词奇；颠倒主客，头长于身，指大于股者类格奇。去此数项伪奇，则自不能奇，而真奇乃见矣，譬之售朽木者，必饰青黄，剔去青黄，则依然朽木。欲正文体者，但亟直去伪以辨真，且不必以奇正分低昂也。

余观后生读先辈文，其人读竟，笑谓："朴淡不足学。"余曰："不然，是子心粗耳。"试就先辈作过题，极力作一篇得意文字，细细比量：彼数句便跃然，而我百十句尚恨未尽；彼滔滔说去，一句打转，而我一步一顾，犹恐失之；彼撇撇脱脱，若咏若游，而我粘皮带骨，句雕字镂；彼随手驾搭，自然有势，而我非牵一架子，则不能得势；彼随题敷衍，自有话头，而我非发一议论，则别无话头；彼有首便有尾，而我逐股逐句为首尾；彼短文势反汪洋，而我长文势反急促；彼词了意不了，而我意了词不了。即有奥思奇句，发前人所未发，而三复思之，乃多是不必作、不当作者，则我之不及古人远矣。

文之用世，无不达者；文之传世，无不老者；然天下又未有不达而能老者也。从来古文大家，必不欠此二字。掇拾累达，浮艳累老，震川以后，纵有才隽，未免逐场，古道之复，吾不得而见之矣。

文章有一字诀乎？曰"紧"。紧非缩丈为尺、蹙尺为寸之谓也，谓文之接缝斗笋处也。古人布局宽，结构紧；今人布局紧，结构宽。巧者如骏马蓦涧，拙者如驽牛登山。自来文章词曲，书法弈法，皆不出此一字，吾盖知之而未之逮焉。

严沧浪论诗云："诗有别才，非关学也。"然非多读书则不能工，惟时艺亦然。上乘之文，着不得一句学问，乃类极肤浅者，而真肤浅文却自不同。天下惟大智若愚，大巧若拙，此非具只眼人不能辨也。今人见时文中斑斑驳驳好用古书者，便道有学问，此正是学问少耳。若学问到家，见得古人真处，下笔之时，如织纯锦，梭梭顶接，何处可下杂色？又如食前方丈，下箸自然不轻。有司但能令士子实实读书，则文体不期正而自正矣。

今世有欧阳公，文体可即正乎？曰甚难。彼刘幾等辈，皆胸中实有文章，不过故为奇怪以投时好，一拨转即正矣。若今人粗知章句，已为近日时文恶套蟠据胸中，譬人生不识菽粟，菽粟何由而进？临场之时，一班后生，苟非迟钝不能变化者，类皆摇唇鼓掌，慕为新奇。其平日苦心积学之士，即欲仓皇改步，而常苦意迹两歧，反不如少年墨浓笔饱，粗豪动人，则有司之所好反所令，势也，士子之从好而不从令，亦势也，文体何由而正？故厘正文体不在口说，亦不在临时，非以真精神实唱而徐导之，虽三令五申，只为戏耳。

然则应制科奈何？抑有道乎无也？曰是固在有无之间，但利钝与工拙，二途不可混言也，请略论之。凡文之蓬蓬勃勃，如釜上气者，利之徒也；掩掩抑抑，如窗隙风者，钝之徒也；鲜鲜润润，如丛花带雨者，利之徒也；孑孑直直，如孤干擎风者，钝之徒也；活活泼泼，如游鱼飞鸟者，利之徒也；窸窸窣窣，如虫行蚁息者，钝之徒也；如物在口，探之即得者，利之徒也；其结啬胸中，若呕若哇者，钝之徒也；如鼎在世，古色驳荦者，利之徒也；如铁在水，黯然沉碧者，钝之徒也；宫商杂奏，嘈然满耳者，利之徒也；独坐弹琴，如怨如慕者，钝之徒也。大抵明润像春，而柔嫩亦像春；畅茂像夏，而秽杂亦像夏；高洁像秋，而萧索亦像秋；老成像冬，而闭塞亦像冬。春主发荣，夏次之，秋又次之，冬则剥矣。得春夏气多者，即初学或速售；得秋冬气多者，即积学或久淹，此常理也。盖相文之法，大类相人，惟以神气为主，非必五官六体，事事称量，乃为无失。相文者，但疾读一过，利钝之分，十可得四五，若细细求之，则十无一验矣。大凡初学，从词气入者，名走易路，早发则已，不发则迟回审顾，或英华消落，而迄至于无成；从理路入者，名走难路，虽未必即发，然久则锻炼愈精，神王骨坚，而终收功于末路。其间又有少年老成，递相仿效，递攻其失而成者；又有两失所据而败者；有以一日之长掩平日之短而得者；甚或有偶值一日之短反平日之长而失①者；参差不齐，此则有天主之，而吾所谓四时之气，又不足以尽利钝也。彼摘字句为瑕瑾，据成败为蓍龟，妄以一人之目臆决众目，又或附会众目为一人之目者，则吾所不敢信矣。

---

① 失：原为“得”，然据本句文意及前文三句分别言成、败、得，则此字无疑应为“失”。

游艺塾续文规卷之七

赵田逸农袁黄坤仪甫辑
门人刘有执无竞甫阅
男袁天启若思甫订
嗣男叶绍袁仲韶
侄孙袁祚熙载之甫同校

洪阳张先生论文

文所以发心之精蕴也，心不静不文，心不纯不文，心不达不文。

凡题目一到手，须先默会题旨，一篇体段及文之光景具在胸中，然后下笔，则文理贯通，自成一家高手。若只逐句杜撰，文必不工。

作文是替圣贤说话，必知圣贤之心，然后能发圣贤之心，有一毫不与圣贤语意相肖者非文也，譬之传神，然眉目须发有一毫不逼真者，非为良工。

文章光景，能得真趣者，随处有悟。凡青山流水，光风霁月，鸢飞鱼跃之趣，皆文机也。得此趣者，可称神解。

言人所不言，非奇也；发人所不能发，真奇也。发理精透，即此为奇。

作文须有天趣，天趣者，天然之趣也，此可与知者道。苟天趣未动，文自索然。

主司看文，如走马看花，须七篇一气呵成，有行云流水之妙，更无一毫滞碍，此青钱也，万选万中矣。

作文要知所忌，则文自工。忌粗，忌俗，忌庸，忌泛，忌弱，忌冗，忌生，忌空，忌疏，忌促，忌险，忌稚，忌滞，忌板，忌晦，忌混，忌淡，忌颠倒，忌断绝，忌雕琢，忌诡，忌哑，忌赘，忌涩，忌杜撰，忌套，忌合掌，忌叠床架屋。精则不粗，雅则不俗，俊则不庸，切则不泛，健则不弱，洁则不冗，熟则不生，实则不空，密则不疏，畅则不促，平则不险，炼则不稚，顺则不滞，活则不板，显则不晦，醒则不混，有味则不淡，妥帖则不颠倒，贯通则不断绝，自然则不雕琢，正则不诡，音律明亮则不哑，便则不赘，滑则不涩，典则不杜撰，清新则不套，流水则不合掌，词意变换则不叠床架屋。

题目上字，一字不可遗；题目中意，一意不可少，苟有遗失，是谓渗漏。

今人作文多为艰险之句，自谓新奇，而不知其为怪；多为钩深之意，自谓精透，而不知其为诡；多为蔓衍之调，自谓昌大，而不知其为浮；多为生涩之语，自为庄健，而不知其为枯；多为轻佻之谈，自谓圆逸，而不知其为野；多为庸俗之词，自谓平正，而不知其为腐，此皆嫫母而效颦西施者也，误矣。

题常则意欲新，意常则语欲新。

显、典、浅三字，显与典人则知之，独浅字人不知，则失于太淡，盖浅非肤浅，对艰深而言耳。

读书有三到，眼到，口到，心到；作文亦有三到，气到，神到，识到。

举业有三多，研穷多，琢磨多，商量多。明经察理为研穷，构思撰文为琢磨，虚怀就正为商量。

破欲浑而切，承欲简而尽，起讲欲含蓄而冠冕，提掇欲明而爽，正讲欲典雅而精透，清俊而浑健，过文欲圆逸，小束欲有关键，有百尺竿头，更进一步之势，有一唱三叹之音，大束欲题外生意，有断制而调古。

一篇如一股，一股如一句，此一气呵成，如行空天马，独步文场矣。

定宇邓先生论文柬一通

文章家有正有奇，如此题应上下做，虚实做，轻重做，对做，串做，断做，不牵不强，词平气平，此便是正。但做得有把捉，有挑剔，有点缀，有起伏照应，有体认发挥，不俗不浮，理到意到，此便是奇。今①人以浅薄疏庸为正，却唤做水平箭，豆腐汤；以险怪迂诞为奇，却唤做打空拳，说鬼话。不知文章家，正不如此，所谓智者、贤者过之，愚者、不肖者不及也。

月峰孙先生论文

大都举子业，门路宜正不宜杂，思致宜沉不宜浮，记诵宜精不宜多，结构宜雅不宜俗。先选经书程墨二百余首，分作二册；次选论十余首，表三十首，都作二册；次选乡、会程策五十余首，墨卷参之，作一册；又选先秦两汉百余首，韩、柳、欧、苏参之，分作二册。总袭以书囊，留置案头，旦暮取而诵习之，循序致精，周而复始，目无他视，心无他思，口无他念，令彼精神命脉收作吾心故物，而吾之精神命脉更不知从彼

---

① 今：原误作“令”，径改。

得也。由是取近时诸名家阅之，妍媸得失，举莫能逃。由是遇题一挥，操纵合辟，无不如意。文机一熟，生意勃勃飞动，便从清虚圆转、一味妙悟着工夫，以精神代色相，以议论当铺排，以虚景为实际，是谓正觉，是谓上乘，是谓化境。如其未然，笔不如手，语不达意，直是心窦未开，取材未富，姑且将近时名作，翻改百余首，借此一途，以熟吾笔。吾笔既熟，每遇题到手，便有一段光景，一副说话，从此料理，渐登妙悟，前所翻改，又脱落无遗矣。大抵此事由苦心入之，由巽心取之，由无心得之，绝与“有事勿忘”、“勿正”、“勿助”相类，久而习之，当有味乎斯言也。然此就文机括言之耳，尤有先一着工夫：在看书时，体认题旨是已。余尝谓：“文之精意，不在时文，而在传注；不在传注，而在本题；不在本题实字，而在本题虚字；不在有字句处，而在无字句处。”姑取一题试观之，其精神有从上文来者，有从中间暗伏者，有从下面含蓄者，此等可以心悟，而不可以言求；可以神描，而不可以象得也。惟体认题旨，精而思之，涵而泳之，则鬼神将通之，圣贤口语，直是吾胸臆耳。如此作文，有不妙绝一世耶？

具区冯先生论文

评文体者，亟言平淡矣，而平淡可易言哉？坡公云：“渐老渐熟，乃造平淡，非平淡也，绚烂之极也。”平淡必始于神奇，而伪平淡则反神奇。今之士薄伪平淡，竞趋伪神奇，而衡文者，又薄伪神奇，并收伪平淡，盖两失焉，故余之衡士，不急体之正而急真。真如种子，一粒入土，时至气行，将畅为枝叶，腾为菁华，此何恶于神奇而薄之？薄真神奇，吾以为必不识真平淡。昔人论治曰：“太上因之，其次利①道之，最下者与之争。”是余所以切磋诸士意也。

汉冲萧先生论文

不佞质故拙，无以逾人，第自念有敏拙者质，无通塞者心，非质之虞，不竟厥心者殆也。此心之体，本自灵明，惟不静不生，不一不达，不虚不扩。不佞澟澟焉，髫年受书，谨奉父师之教，株守一室，命曰：“惜阴不试事。”终岁不趾户外一切俗累，不只不着于心，且无所接于耳目者，所称习静其庶焉。比执笔为文，雅不喜卑弱浮蔓语，沉思题意良久，笔乃下。会有自适者，又惧涩于词，轶于格，费人思索，赘人齿牙，无益也，有一于此，即斥之大不当，辄弃去之，久且更图不得于心不已。按题一若临场之命，视所制不啻主司握管而雌黄之，即欲二三其心不能矣。一二胜己，奉为严师，就正间有所可者喜而受之，思所以可而充之；所否者喜而受之，思所以否而去之。寻附向书

① 利：原作“和”，据文意改。

之末，而咿唔讽咏，不敢自以为足也，虚心者，宜莫若不佞矣。下帷十年，精力大竭，人不无以过，若见诘则直应曰："吾质故拙，不得不尔也。"而因是以脱离于笔砚之苦。夫天下未有纷扰放逸，盈满其心而能有济者；亦未有宁静专一，冲虚其心而有不济者。士子试以举子业验之，无时无处，无失其所以为举子业之心焉足矣！

九我李先生论文

日月易迈，不可着一姑待念头，此古今学者通病。又今会场机局，全要脱尽陈言，明目张胆，各写其胸臆，须与极力鏖战一场。我不肯放了他，他才肯放了我。

居天下繁华处，岂能杜门扫轨，自同寒蝉？第间事不无可省处，宁疏毋周，宁朴毋华，宁简毋缛，要以聚精神于业，毋令它有所分。不劳则不可以休，不静则不可以动。

近来举业固微与旧调不同，然不过就题发挥，务令精透，而间稍缘饰以古文词，毋入于稚庸浅薄而已。彼以怪僻为奇，以叫号为豪，以诘曲聱牙为古，何论时文即古文？亦岂若是文？轨辙甚正，更不用过求，第时时拈弄，使文机圆熟，而常①观子史诸书以佐之，盖古人极善发挥，善模写，善张皇，有章法，有句法，诚得其风味法度，启口容声，自然不同矣。

今天下之文，竞趋于奇矣，夫文安所事奇为哉？古圣贤所为文，若典谟、训诰、风雅、礼乐之词，明白如日月，正大如山岳，浑乎如大圭，冲乎如太羹玄酒，而其和平雅畅，如奏英韶于清庙明堂之上，金石相宣，宫商相应，清浊高下，莫不中音也，安见所谓音者哉？彼为奇者，其立意固薄简易，卑平淡，将跨躐区宇，蹈轶前人，以文雄于世，而不知其滋为病也。抉隐宗玄，杂取异端奇邪之说，以恣其夸正学之谓何，则理病；务窈窅晦暗，美辞令人三四读不能通晓，以是为深湛之思，则意病；诘屈声聱牙，至不能以句，若击腐木湿鼓然，则声病；决裂饾饤，离而不属，涩而不贯，则气病；而习尚颇僻，不轨于正途，令大雅之风为断，则又为世道病也；而皆起于奇之好，夫文安所事奇为哉？彼将曰："吾恶夫卑卑者也，吾恶夫弱而不振者也，吾恶夫浅而无味者也。"而不知所谓文体者，自非卑弱而浅之谓也，明白正大，浑如冲如，和平而雅畅之谓也，矫卑而务高之，矫弱而务激之，矫浅而务深之，坏文体均耳。抑又甚焉，何者？趋而之彼者，第孤陋款启之人；趋而之此者，多聪明博洽之士，彼之坏易知，而此之坏易眩也，是以君子主张世道，秉握人文，则惓惓于正文体，正文体则莫若明示天下，以所取舍使人望表趋。夫周鼎商彝之器贵于庭，则淫巧之工辍矣；黄钟太吕之音作于堂，则侏优之乐废矣。诚广厉学官，风以圣天子崇雅返淳德意，令士以通经学古为高，一切禁绝所谓诸不在六艺之科、孔子之术者，而专责于督学使者，久其任而考成焉。岁登士悉取大雅，勿使奇诡者与其间，而诸所录以献之文，务粹然一出于正，明操进退赏罚之

① 常：原作"尝"，疑误。

权以振刷之，则天下士未有不瞿然顾化，竭蹶而从风者也。昔昌黎氏以布衣起八代之衰，欧阳子一持衡，而变钩棘为平易，化险怪为浑厚，贞元、嘉祐之文，号称至道，两公之功为多。嗟乎！天下有两公者，则胡忧文体之不正也？

玉蟠袁先生论文

文章最上乘曰妙悟，人病求妙悟而不识妙悟。妙悟非高深之谓，易简之谓也。人不能镂空画天，亦乌用镂空画天？而反尊可镂可画者，号为天与空可乎？文有题，题有窍，一窍已具万窍，何①必将心觅心，象外起象？譬如衲子不寻着衣吃饭家风，而先注心于缨络宝珠，不足当虾蟆禅，况云悟耶？

石篑陶先生论文

予生平喜人读古书，而憎袭其语，每诮之曰："汝食生物不化耶？"希有曰："化岂易言哉？《易》曰：'拟议以成其变化。'酿花为蜜，蜜成而不见花也；酿稻为酒，酒成而不见稻也。文人化处，自非精深内融，神光外满，又不区区以学问为长者不能。闻先辈云，冯开之作文深构妙想，寂如老禅，常至呕血，有两三日方得一首，人诘其故，曰：'不如此，场中不得力。'孙月峰与人会文，终日不成一字，曰：'未得文机，姑置之，不可纵吾手。'吴因之终日兀坐一室，不操管，不对卷，而神游天表，思之至忘寝食。汤霍林自云：'辛卯以前为文，顷刻千余言，读之觉有奇气，辛卯以后，每拈一题，瞑坐镇日若木人，或环堵而走，指画②类画者状，逮一稿就，形几为枯。'"呜呼！化岂易言哉？然学者安其陋，更相谬误，以为新奇，而文体日下。其卑者摭取残馂语藏饰固陋，而材者力足以独运，顾犹不敢自信其心，手必寄径焉。主司相顾无如何，则疏节目以徇之。上方谓剿袭庸熟，而下反谓奇，禁之则曰黜奇。有所取而不能无所略，则曰："上固好奇也，而谬我不知。"不知彼所指者，主司固尝訾之，而特不可弃耳。吾愿从事斯文者，开胸探肠，一一自己出，毋徒寄人廊庑下食其唾。其为平与奇，且无论焉可也。

文有意到，有语到，古之人盖亦有意至而语未至者矣，夫了然于心胸之间而词不能宣，故繁而不约，偏而不圆，繁似博，偏似奇，凡博③与奇，殆亦古人之病也，而其善不在焉。今之效为古词者，乌能词哉？词者，意之极；而淡者，词之极也。其人深者，

---

① 何：原作"而"，于文意难通，径改。

② 画：原作"昼"，繁体与"画"形近，此处言其沉思中以手指书空类画者，据文意改。

③ 博：原作"专"，繁体形近致误，据下文"而又自喜以为奇博"改之。

其出必浅，其造端也甚难，其成章也似易。不知者率然而读之，未能知其工也。苏子瞻云：“扬雄好为艰深之词，以文浅易之说，若正言之，则人人知之矣。”文有似①艰深而真浅易者，扬子云是也，则岂无似浅易而真艰深者乎？苏子瞻是也。今之为古词者，己未能病，而易古人病病焉，转相易以为举业而陋益甚。累篇连牍，而己未尝置一语，吾何由窥其意哉？而又自喜以为奇博，为艰深。噫！其亦过矣。

霍林汤先生论文

文要于一是，一是而百态废矣。今语人以神奇而人驰之，语人以是而反唇也。夫神奇，则一才情之任耳，制义以来，能有凡是哉？儗诸子易，拟圣难，即今是者，吾尚未敢征，而意言象貌，各极态而儗，则惟其有之之谓也。

吾异夫今之为文者，己则无胸而借人舌也，借于舌则卑；吾直以舌代圣，而反下借诸子则益卑，又厘唾之余也。何今之矫然自命豪者不羞人余也？

天下之不思而得者盖亦寡矣。文之为道要以思，其不思，拟圣者也。思以无而圣以极，而无故人之靡态不有而出之，无迹可握，此之谓善拟，此之谓文合之为文者。思则乌有而袭人瑰词？夫有词亦已病思，有思亦已间圣，又况夫思与词俱卑之人为政哉？

文之平奇皆善物也。作者不能平，相与觭②重奇，夫重奇者非真奇也。靓妆冶服，观者瞡目焉，西子即洗妆美矣。当其景传神合，标妙义于目前，吐微言于胸内，人人若意所欲出又意所不到，亦足极人文之致矣，何必奇？政何尝不奇也？

予得太乙卷，浩博奇妍，似长于纵横者以其才而亟收之。然予平居论人，意远情真，贵在笔墨之外，不欲以才见也。取太乙旧语视之，平蕴而徐引，落落焉，庶无呈妍逞博之态。尝见以为今人之雄，急射名而好嚣众，不问雅俗，罗而为奇，及其卒然之试，时不暇炼则杂出，益以见秽，而得气易涸，多应则更贫；又间者，闻禁而始易步以徇之，失其故矣，是以两歧俱废。以太乙其才，使不能力自洗削，豫以磨折其雄，而徒自矜也，纵而出之，岂有既乎？伏抑于素持，满而始发，太乙可谓善用才也。今好太乙卷者，必以为胜旧语，夫合两者观之，而文之变始见。为才士者宜有以自处矣。

邻初顾先生论文

文章之妙，不在排比铺张，第一义在认题说理。题认真，即一二语当足使乱者解，

---

① 似：原作“以”，形近致误，据下文“似浅易而真艰深”一句改之。

② 觭：原作“犄”，径改。

隐者显，它人即烦其词说，终不胜也。其行文之妙，不在实景在虚景，不在比语在冷语，色飞颐解，正如西子、太真，即其低帷昵枕，虽复淫靡，余味索然，不若无意中停眸一盼，反使人神情欲死耳。

希有一日与余谈艺甚剧，具道古今文无二种，法不同而用法同，如诗家能以古诗法作律诗，书家能以大字法作细字，乃可以语变。语次，且称苏子瞻文，以为最古。余蹶然起，谬难之曰："误矣，是今人所谓弱者也，盍置之而学秦汉？"希有曰："恶是？殆非子言也。以秦汉为秦汉，世无两秦汉也，以子瞻为秦汉，乃真秦汉也。文拙于用实而巧于用虚。不观之火乎？亘古能传火，而不能传薪，火尽则薪者土而已。就使今日钻燧人氏之槐，堑始皇帝之灰而用之，亦不足贵。且火之用薪，而薪反用火，是以有尽随无尽也。若苏子之能相火用薪矣，其化物也虚明故也，先有性情后有意，而自然有词者也，故驱之无辙，簸之无尘，其巧不外借，而其光游而有余。惟今之业举子者暗于用虚之法，故不及者。陈陈相因，守人餲语，而文敝；过者错陈为新，征材于他山之石，而文遂亡，何也？一步蹭蹬，非势也；一意出入，非局也；一字青黄，非面目也；即学奇非奇也，学古非古也。奇古在我，不在古人，其在我，犹在古人也。"余曰："吾乃知子之深于文，盖有以也。"

明龙郭先生论文

六经孔孟，圣人之言也，为六经孔孟，亦当如圣人之言。夫见理不真，晤言不妙，即有奇言，不得圣人之心；音①响不合，轻重不伦，即有奇言，不得圣人之声。夫为圣人之文，即传圣人之言也。今之善传言者，呼吸咳唾②，微言冷语，嘻笑怒詈，长短轻重，一如出其人之口，方为③善传言，故以体认为悟门，以模写为实际。先得其理④，是曰真境；次得其声，是曰真响。若圣人之言自平⑤，而故⑥亢之使高；圣人之言自实，而故抑之使虚。圣人之言自重自多，而故轻之少之，语不能尽，说不能详，不罄其有，不畅其说；圣人之言自轻自少，而故多之重之，无中生有，空里生花。如蛇足，如兔角，皆非善传言者也。若乃啜一氏之余沫以语怪，袭百家之残膏以示肥，标史汉之落红以鼓艳，回视吾圣人之言，如梦如寐，且不得比于优孟之学叔敖，况有其真乎？此可以惊四筵，而不可惊独座，浅衷涉学之士或骇耳目，识者且敝帚扫之矣。

---

① 音：底本缺损，据安图本补。
② 唾：底本缺损，据安图本补。
③ 方为：底本缺损，据安图本补。
④ 其理：底本缺损，据安图本补。
⑤ 平：底本缺损，据安图本补。
⑥ 而故：原版缺损，据文意补。

寅所周先生论文

文之奇且丽也，至今日而极；文之敝也，亦至今日而极，虽然，彼固未能奇与丽也。夫奇与丽何足为文病？彼惟诡而似奇，靡而似丽则流之滥，而文之所为敝耳。余谓高论弘裁，奇也，若夫摈古竞今，危侧以炫异者，则诡而非奇；深文隐蔚，丽也，若夫瘠义肥词，缥缈以传俗者，则靡而非丽。奇与诡相悬也，丽与靡相悬也，蕲奇而得诡，蕲丽而得靡，犹之画虎而类龙①也，故曰敝也。夫孰知夫奇之非诡，诡之非奇也乎？夫孰知夫丽之非靡，靡之非丽②也乎？又孰知夫不奇之奇，不丽之丽也乎？呜呼！椎轮变为大辂，积水渐为凝冰，世之趋也，其谁不波？然而致挚则极，致极则返，今极矣，安知不返而之平淡也？夫平淡者，奇丽之对也，是文之所自始也，弗可废也。

如冈陈先生论文

制义虽曰羔雁之具，然未有不颛精一意而能工者。夫世儒热中进取，谁不屈首搦管，而何以不颛不一？人尽颛一，而何以不工者多则有说矣。趋时逢世之念纷然殽杂于其中，而真识真才反不能自为主而见所长，则谓之不颛一也亦宜，又何怪乎不能工也？盖余尝数困公车矣，尝自验之，则希世之念一动，而笔端遂若所缚，愈求以中，人而愈自失，迨后累报罢，习为常，前念不复动，而信心削牍，乃卒见收，每与吾党言之。今岁闱中，见诸同事凡遇学步趋时者皆弃去，窃叹曰："此皆穷年矻矻乞灵于人，冀一遇者，而只以供主者之胡卢。甚哉！阿世之学之无所用也。"然当官服采与修业宁有异术？修业而趋时，则胸臆之真境必有所抑，而不自伸究，且以拾渖而受嗤；服官而趋时，则本分之职业必有所缺，而不获尽究，且以迎合而见耻。诸士不必盱衡往昔，即耳目所睹，记诸儇巧善宦、与时俛仰之辈，岂不自谓阴阳世局可以立致通显，乃不旋踵而一败不振者何限？其悃愊敦庞、殚精竭蹶以为民为国者，始或落落，卒之功见言信、中立不摧者皆是也，则颛精一意而不趋时之明效也。

不佞束发为制义，至于今相习最久，然譬之农夫老于田，逢年则穰，不逢年则不穰，终莫能解其故。妄意制义之为物也，非若诗古文之可以逞才也，而为之又不可以无才；非若诗古文之可以炫学也，而为之又不可以无学；非若诗古文之可以才与学惟吾意之所适也而为之，又不可以拘拘谫谫，不惟吾意之所适。吾观天下雕龙吐凤之士从事此道，往往非溢于格则不及格，溢于格则伤累黍、远本色而文病；不及格则黯淡无色，读

① 龙：原作"庞"，内阁文库本同，疑误，改之。
② 靡之非丽：原作"之非非丽"，据文意改。

之不成声，而文益病。乃高才生溢者三之，不及者五之，此无他，彼其中若有圉焉，务期化百炼为绕指，而不悟夫尺水之兴波也。夫负才绩学，犹然不免法缚，以是知此道中正正奇奇，离离合合，能见其才，能见其学，能见其意之所欲言，诚难之难矣。有如尺幅之间，云兴雾集，不可端倪，才勃勃哉，而不至大伤于格。六籍以下，子史百家，出入变化于笔端，如部下素集之兵，不呼而至，非博综之学，何以有此？而不至遂远于法。意有千古所久秘，而以立悟得之，亦有儒先累牍所未竟，而以片言尽之，剖若发矇洞，逾观火，而又未尝为才与学之所使。至郁结而不明，正而奇，离而合，淋漓愉快，诚艺坛之悬河倒峡手也。藉令他人为之，不溢于格则不及格，于此转觉此道之难尽耳。不佞久习此技，甘苦疾徐备尝之矣，每恨才短学鲜，即欲有所发明，若有结约，不能自吐，故不觉有味乎言之也。

象山邵先生论文

夫文有品、有机，品期立常，机期尽变，品之说，儒生雅言之，而机未及知也。品譬则圣也，机譬则巧也。文人才士，其大力深心能道天地未有，抉圣贤未发，而独所谓机存于手腕之下，行于意想之表，有耆宿不得语之合，而初学得之者；有终日构思不谋，而仓卒立就者。篇之机在呼吸起伏之间，句之机在抑扬转换之间，字之机在点缀伸缩之间。禀有天钧，学有火候，不期而然，莫致而至。昔人云："文入妙来无过熟。"又云："行乎不得不行，止乎不得不止。"皆言机也。文觭重品，则有遇有弗遇，而兼论机，则无弗遇也。其汤汤而出者，浅人亦谓是畅也；其汩汩而来者，浅人亦谓是利也；其雍雍而谈者，浅人亦谓是雅也；其缕缕而陈者，浅人亦谓是赡也；其勃勃而赴者，浅人亦谓是雄也；其戛戛而去者，浅人亦谓是新也。不佞不能禁世之为文者不日异月新，不能禁世之阅文者不朝圣暮佞，而能信得机之文进作汉天子，退不失为尉佗，奚而忧不遇也？

莲冈季先生论文

夫束合肢骸，肖像声貌，果且为我乎哉？曰："我而未始为我也，有天倪焉而神注之，含元气，通万灵，独在肢骸声貌之外，此谓我。"夫绮丽艳说，藻饰辩雕，果且为文乎哉？曰："文而未始为文也，有天倪焉而神注之，含元气，通万灵，独在艳说辩雕之外，此谓文。"夫文与我，天倪同，神脉同也，故我为文，天欲合而神欲凝，是以陶钧文思，贵在虚静，虚以摄境，静以澄心，用志不分，乃凝于神，然后元气混合而无端，万灵圆通而不隔，跃名理于眉睫，熔今古于俄顷，意在笔先，情生景外，随物授形，而物忘我，机缄在我，而我且亦自忘我，此谓我与文以天合天，而器之以器凝神也。说在削锯之术矣。夫削锯，工耳，犹然解于斋心之说。彼其将为锯，而未尝敢以耗气也。先斋心焉，斋三日，而庆赏爵禄不敢怀；斋五日，而非誉巧拙不敢怀；斋七日，而四肢形体辄然忘吾有也；然后加手，不然则已，固宜其天相合而器凝神也。窃感削锯，而怪操觚者顾独不然。彼夙昔所为酝酿未湛，而神脉故自不足也，姑置勿论，论其搦管抽思之时，亦安得所谓斋心之说而存之？憧憧焉，扰扰焉，以心斗焉。一心求工，一心遽虞不工也，盖工不工，两心斗矣；一心计胜，一心复惧不胜也，盖胜不胜，两心斗矣；一心渊沉，一心复俄而天飞也，盖飞沉不定，两心斗矣。斗而不止，竟迷觉路，天倪离宅，神脉失经，势不得不饰魑魅于丹青，弄伎俩于怪幻，譬之塑土为偶，其眉目色笑，何尝不类于生人？而内乏天倪，形非神注，块然一物，两则败矣。如此为文，盖败道也。鲁穆叔论人有不朽，而魏文论文章亦曰不朽，此正余之所谓有天倪焉而神注之者，虽久不败，故曰不朽。若乃肢骸声貌，艳说辩雕之伦，则固朽也久矣。

宇泰王先生论文

自举业起，而经生视古文若异道，然近乃剽古文以为举业，故好奇者，谓莫盛于今日；而好正者，谓莫敝于今日，余以为皆未尽也。辞以达意耳，不得于意而求逞于辞，如剪彩为花，初非不烂然，久必渝，渝必厌，故经穷而子，子穷而史，史穷而释老，亦势所必至，而又何怪焉？今不责之好学深思，得圣贤之意，而第令舍新取故，去诡就庸，以是为正文体，宜士之不信且从也。如以辞而已矣，则当论雅俗，不当论奇正。夫好奇而不辨雅俗，必得嗲；好正而不辨雅俗，必得腐。恶其赝而并弃其真，岂不谬哉？故曰未尽也。然则宜何如？其文璀璨夺目，而其意常主于平淡；其出语泝西京而上之，而深以宋人为师；其识可以出入空玄，吞吐张陆，而守程朱之说惟谨；其落笔如神龙矫矫，不受约束，而惟恐偭规矩，背绳墨，以为士趋病，此文之至也。夫逢时之与正体，嗜好若冰炭，是论出，乃一之矣。

寓庸黄先生论文

文期合道，而不期应世。其中养性灵，会神理，志一则气动，膏沃而光烨，有天机行焉。然以语于枹鼓战阵之士，谓迂阔而远名，实不愿听也。二三友生过吾庐，而叩者无已，姑撮三要以答①之，倘亦有牛鼎之意乎？

文之有气，如人身之有血脉，壅则病矣。场中作文于风檐寸晷中，而览者如风之过

① 答：此字底本原作“合”下加一“田”字，据内阁文库本改。

树，无暇论理、论意、论识、论格，厄①塞断绝，堆垛冗杂，便弃去矣。气贵清、贵雄、贵达、贵溜、贵足。高文有高之气，卑文有卑之气，志分气乱，不蹶则趋。寂寞之气，无与风云，亦犹巢、许不与人事，故曰："战以气胜。"即使一时虚骄，亦自有虚骄之气。但心清学术端②，则为醇正之气；躁心浅见，则为浮邪之气，其需于气则一，自古及今，气不一而战胜者未有③之。尝闻苏氏兄弟之文，横绝一世者，以气而已，曰："行乎其所不得不行，止乎其所不得不止。"是纯气之守也，气以专聚而④激发。

文之有机如弩之有机，善射者握之，箭箭相当，锋锋相值，作者之巧与览者之玄相触而动，如磁石之引针，皆机之为也。有气而无机，则气为死煞。直径之物，入口易竟，便如嚼蜡矣。机贵虚、贵动、贵迅、贵旋，忌板、忌实、忌重。高文有高之机，卑文有卑之机。有篇中之机，有股中之机，取全于开合起伏，而妙于一句一字转盼交睫之间，如水鱼云鸟，翔泳不已。然机不在气外，即行乎气之中，而与万窍合者，语所谓"搔着痒处"是也。气属力，机属巧，孟子曰："其至尔力，其中非尔力也。"机以静悟，亦以习熟，庄子运斤承蜩之言，可以为喻。

文之受色如白之受采，玄黄青赤，烂然于前，令人目眩心挑而不忍释者，是物也。作者太素不雕，与览者能得之牝牡骊黄之外者，其人盖世不一二见，故气达机动而色不烨者，势必不前。高文有高之色，卑文有卑之色。色贵鲜、贵爽、贵腴、贵润、贵纡折、贵琢、贵长短间、贵浓淡匀、贵伸缩合、贵增减妙、贵浅、贵飞，忌腐、忌俗、忌套、忌晦，如春花夏云，夭冶百态，令人一瞬之际，不能忘情，无雅无俗，旦暮遇之矣。孟子曰："不知子都之姣者，无目者也。"诗有之："艳色天下重，西施宁久微?"故知形色之为性者，深于文矣。色由天授，由神来，亦由工致。嗜古则不俗，谐今则不戾，不可不知也。

太初董先生论文

人，灵物也；文，灵气也。造化举一切种种之灵授之人，人又举一切种种之灵授之文。倘非此中真有一段千古不可磨灭之灵，而第借耳佣目，拾沛履遗，此夫陈人载腐肉朽骨以行，纵其时贵洛阳之纸，终不免覆成都之瓿耳，故夫千古而上之文，能开千古而下之朴；千古而下之文，能见千古而上之心。臭味生韵，若造化生成，不假雕刻，乃可以称大业而托不朽。举业即小技，然要以写圣贤之神通，今昔之变，则非胸中别具一机窍，笔下别觅一生活，未易妙得其解。夫所云机窍、生活者，政千古不可磨灭之灵，而

① 厄：此前有一"谗"字，疑为衍字。
② 学术端：3字中疑有一字衍出。
③ 有：原无，据文意补。
④ 而：原作"以"，疑误，径改。

李文饶所谓“自然灵气，惚恍而来”。或如千兵万马，风恬雨霁，寂然无声；或如日月，终古常见，光景常新者也。余独喜唐应德言：“古来文章家，各自有本色。”因悟举业故耳。尼父有尼父本色，颜、曾有颜、曾本色，思、孟有思、孟本色。以至《易》奇而法，《诗》正而葩，《尚书》之奥衍，《麟经》之谨严，无不各自有本色。先辈为文，非有他奇巧，政如其本色而止，而时辈则直吊诡抉奇，为不可究诘之语，非不怵心骇目，然于本色离矣。故肖其本色，即臭腐皆神奇；离其本色，即神奇亦臭腐。

雨河刘先生论文

文章家要路关锁，惟一识而已，天下事岂能件件晓得，天下书岂能本本读得？进一步识，看得一分理路；看得一分理，复长一步识。如看史，则识其终始治乱成败之故；看书，则识圣贤立言发言之旨。识见欲细，如论理，则识到精微玄奥处；论古今治乱，则识到所以因革利病凑理处；论往哲人品，则识到真伪中心安勉处，此细识也。识见欲大，如论理，则究竟归于圣人中正和平道理，而老之玄，庄之肆，佛之幻，诸子百家之奇特，终非圣人之儒为实理也。论治，则究竟归于帝王修齐治平，三代有道之化，与汉唐宋自不相及也；论人品，则究竟归于道德性命上，而功名事业文章，又其浅也。识见欲圆，人弃我取，人取我与，如匡章，通国目为不孝，孟子欲之游。王进士失火，人皆吊，而柳宗元独贺是也。是在自悟耳。

经义者何？传经为义，发圣贤之心，传圣贤之神，代圣贤之言。即经即义矣，如心精未透，神情未真，口吻不似，虽烂然如锦，铿然如玉，纵横气焰，如骁骑劲敌，只动俗眼，难逃慧照，纵窃时誉，安望远垂？乃近日制义，则以钩棘为深沉，虚恢为博大。又可恨者，仿先辈体格以文其浅陋，而号曰“复古”，不知先辈文章妙处，果尽在简短直捷中乎？抑传经处，有不可磨灭之神理在也。我国家文字，弱于丘文庄公，复有作者咸沿其流弊。夫其直方处，正先辈所不足处，不必为先辈讳，而个中神理自足旷世如新，圣贤复见，瑕瑜自不相掩。近日予游吴中，见一二浅衷之徒，法前人句语体制强为文字，唱言王唐再见矣，予细将姑苏、毗陵一二秘密叩之，懵如也，可叹哉！可叹哉！三代之不得不为两汉，两汉之不得不为六朝，势所必至。不废古，亦不弃今，可称古，亦可称今，是在高明士耳。了凡袁先生曰：“文无古今，精神至于不可磨灭，断然传矣。”不可磨者何？则予所谓发圣贤之心，传圣贤之神，代圣贤之言也。

游艺塾续文规卷之八

赵田逸农袁黄坤仪甫辑
门人刘有执无竞甫阅
男袁天启若思甫订
嗣男叶绍袁仲韶
侄孙袁祚熙载之甫同校

武叔卿论文

夫神，何物也？如水中之盐味，色里之胶青，睹之虽不见形，不可以无形而谓其非有也。即以身喻，四肢九窍，以形用矣，而皆恃神为主宰，无神则耳目孰与视听，手足孰与持行？形悉委形耳矣。故神之在文，虽无形也，而能形形，血脉得之而流贯，筋骨得之而联属，色泽得之而光润，以至气得之而运行，机得之而动荡，意得之而融洽，词得之而畅达，皆是物也。文而无神，殆如枯槁之枝，干虽存，生意已散；沉痼之人，眉目虽具，精气不属；即灿如云锦，皆卮词赘语焉耳，何足贵乎？

文者，心之精也，而神所为也。神有清浊，则文有纯杂；神有静躁，则文有雅俗；神有昏明，则文有显晦，有诸内必形诸外，若表影相符，未有或爽者也。故修文之士先务凝神，神完则精固，精固则气充，气充则志强。天下事无不可为者，况区区文字乎？即如庖丁解牛，轮扁斲轮，梓庆削锯，佝偻承蜩，彼皆一艺之微，然而凝神不二，用志不分，亦自有得心应手，天动神随之妙，况文字原出于性灵，若凝神从事而有不工，吾不信也。恒言文字之妙如有神助，非神助之也，由自家神至，有莫知其所以然而然者。袁了凡云：“神到之文，盎然而出，随物铸形，或缓若朱弦，而淡中有味；或急若发括，而至理跃如。按之则泰山，纵之则流水，步骤超脱，殆非人力。”夫非人力，便如神所为矣。

凝神之道，不外乎收放心。心者，神之舍也。心定则神凝，心驰则神散，此一定之理。然人心出入无时，最为易放，所以古人喻心曰“猿”，喻意曰“马”，谓其奔走驰骛，拴缚控驭之难也，使不有物维系之，则忽焉在此，忽焉在彼，忽焉归方寸，忽焉逾千里。心既恍惚而不宁，神岂能凝然内含而不溃乱乎？吾辈要维此心，不必他求，只去读书作文，便是收摄之方，譬如好弈棋者，终日与人对弈，心无他思，目无他瞬，甚至人事俱废，寝食都忘，此虽无益小数，然专心致志，精神亦有不杂，若将此心专用之于读书，岂复有他物可以分夺者乎？心有安顿，则神有归宿，凝神之道，诚莫要于此矣。

文生于情者也，情畅则文佳，情郁则文苦，若源之发流，清浊随之，故操觚之家，凝神为主，平情次之。夫情生于心性，既动之后，无之而非是者，见之才则曰才情，发之思则曰情思，溢之趣则曰情趣，布之景则曰情景，是情之为物，活泼周流，效力于文字者甚广，情不平，文安得佳乎？然平情之道不可绝物，绝物则空枯而无据，情且索然矣；不可着物，着物则凝滞而不化，情且荡然矣。必缘物以生情，不逐物以荡情，即喜怒哀乐，人所时有，岂能不动于念？但来时顺应，过即消释，勿使少有蒂芥，以生乖戾，如此而情斯平矣。故苏文忠公谓："君子可以寓意于物，而不可以留意于物。寓意于物，虽微物足以为乐，虽尤物不足以为病；留意于物，虽微物足以为病，虽尤物不足以为乐。"此善于平情者也。

大抵情况不佳，须借物以陶之。或登临山水，以寄其幽遐之趣；或吟弄风月，以畅其旷达之怀；或周旋于鱼鸟花木之间，以触其活泼之思；或游衍于琴书图画之中，以适其豪逸之兴；或假声歌以鼓其机，或托壶觞以荡其气。达观君子，当自得之矣。

昔人谓："文生于情，情生于文。"夫文生于情固矣，而情生于文，亦时有之。一言惬志，意兴为之超然；片语投机，手足为之舞蹈。试验文字做到得意处，真有欣然欲罢而不能者，谓之情生于文非乎？学者不可不知。

气之出言，犹水之浮物，水大则物之大小毕浮，气盛则言之长短皆宜，故作文主于养气，深根固蒂之道也。然气者，体之充也，欲藏欲固，惟藏且固，则气实而体充，天下事何重不可胜？何远不可到？况文字乎？若气馁而不充，则体弱而志隳，困顿颠踣，无所不至矣。试看朋辈中委靡者，其气昏弱；浮华者，其气虚荡；轻薄者，其气躁动；卤莽者，其气粗豪。发泄若此，涣散若此，均之飏飏不附体矣，安望其聚精会神，而工于文字乎？根不深则叶不茂，此必然之理也。

苏子由云："文者，气之所形，文不可以强而能，气可以养而盛。"渠谓："太史公行天下，周览四海名山大川，与燕赵间豪杰交游，故其文疏荡，颇有奇气。"又自谓求天下奇闻壮观以知天地之广：过秦汉之故都，恣观终南、嵩、华之高；北顾黄河之奔流，慨然想见古之豪杰；至京师，仰观天子宫阙之壮，与仓廪府库、城池苑囿之高且大也，而后知天下之巨丽；见翰林欧阳公，听其议论之宏辨，观其容貌之秀伟，与其门人贤士大夫游，而后知天下之文章聚乎此。夫气体之充耳，何以借资于外哉？盖吾辈胸中原有盛大磅礴之气，但束于耳目之未广，局于闻见之未博，故局蹐龌龊，气遂因之以馁耳，若长游远睇，随所见闻收之以壮吾怀，其气当自有超然者。今士子虽不能壮游，亦须广大其胸襟，恢廓其志意，即如四时之代谢，风雷之变化，日月星辰之灿烂，山川草木之敷布，举凡天地间形形色色，生生化化，无不可取之以为吾助者，若能随处观览，油然会悟于心目，则胸中亦自有触发者矣，此养气之一道也。

欲养本来真气，功又不从袭取。孟子曰："我善养吾浩然之气。"夫浩然之气，真气也，要养真气，还从集义来。气之本体，原自盛大流行，惟有以沮之，而盛大者始屈，流行者始滞。试验之吾身日用之间，念头时时在天理上，行事件件在道理上，则反之于心，无所愧怍；语之于人，无所回护，其气自然舒展，自然充盛，真有千万人必往者，若所行有一事不合于理，则人未及知，而自反有疚，即暗室屋漏①之中，不胜惭悔；清夜梦寐之间，不胜惊剔，心安得自慊，而气又安得不馁乎？故养气之道必自立心行事始，此吾辈持身作事之实功，不但能工文字而已也。

读苏文最能助发人气。苏氏之文，其滂沛如长江大河之不可御，其猛锐如铁骑悍卒之不可当，读一篇只如一股，读一股只如一句，虽中间纵横离合，变态百出，而气却一口呵来，更无间断，真文字中绝技也。吾辈读书稍倦时，取而诵之，顿令精神跃然。举业中惟有顾泾阳。泾阳之文自苏氏来，其气奔沸汹涌，有一泻千里之势，后生熟读，必能助气力，发光焰，此放胆之法也。

骨者，体也，人之有是体也，骨为之也。肌肤之生，生于骨；皮毛之附，附于骨，内而五脏六腑系于骨，外而四肢九窍倚于骨，骨具而体立，斯人之所以挺生也。骨之于文也亦然。布置者，格也，举其格而使之立者，骨也；流衍者，词也，充其词而使之健者，骨也；是文之有骨，亦文之所恃以为体者也，文而无骨，即神摇摇而无所依，气飘飘而无所附，格又安能振，而词又安能达乎？

骨，切附于肉者也，要与肉相称。若骨胜于肉，易失之寒俭；肉胜于骨，易失之肥秾，皆不为佳。虽然，与其以肉胜也，宁以骨胜，盖骨胜者，干若瘠癯，而标犹清健；肉胜者，肌虽腴满，而体觉痴肥，此表里华实之大较也。

大抵骨法要苍老，要沉着，要劲健，要清秀。苍老则文不纤靡，沉着则文不轻浮，劲健则文不馁弱，清秀则文不粗硬，然苍老者，骨格也；沉着者，骨理也；劲健者，骨力也；清秀者，骨气也；此骨之同体而异用者，不可不辨也。

骨要健，不要软；骨要藏，不要露。健则风骨棱棱，而无卑弱之态；藏则气骨浑浑，而无怒张之形。即相人者亦然，不但文字若此也。

竖立者，骨也，而联属者，筋也。筋附于骨，骨维于筋，相须而不离者也，但骨之为物也坚，坚则能植而不能动；筋之为物也柔，柔则能屈而亦能伸，故效骨之用者，必有赖于筋也。文字竖立担当，骨之力居多，而联络斡旋，筋之用最要，学者不可不察也。

质者，所受于天之资，是聪明才辨之所自生也。质之生文，犹素之受采，其元元本本，根柢之极致乎？故质者，本也；文者，末也；质者，实也；文者，华也。末而根之于本，华而茂之以实，斯不野不史，彬彬然质有其文。若质不足而文徒工焉，则繁文耳，靡文耳，所谓务华绝根者也，故善绘者先敦素，善文者先培质，培质所以培文之基也。今之摛文者纷纷矣，而不知其所以文，往往轻佻其性，猥薄其习，而巧利其辞，其

① 漏：原误作"满"，据文意改。

于质也灭矣。即有文，亦所谓睽①人之诞文，鄙人之淫文，纤人之碎文，浅人之捷文，诡人之虚文，而非道德性命之文也。文章关乎世运，其于人也，可以观心术而卜事业，乌可以无实之虚文为哉？命文之士，不可不深探其本也。

质所以基文，而学所以变质，故袁了凡谓："善作文者，先正其心；善窜文者，先改其习。"此正表澄源之道也，奈何轻薄子反借口文士不羁之说，以肆其猖狂妄诞之习，不知士先器识而后文艺，器识不足，即卢骆王杨尚不得为佳士，况其下乎？此辈纵负才名，多挫折不发，纵发亦不能远大，所为承受无地耳。吾愿学者务虚心以牧己，勿傲气以凌人；务充养其所不足，勿矜诩其所有余，恂恂默默，冲虚自守，斯质可还醇，而文不难变也。

品格者，天分中之等级也，高者不能抑之使卑，卑者不能亢之使高。且如世间贫贱人自有贫贱之品格，富贵人自有富贵之品格，仙佛家又自有仙佛之品格。品格一定，则贫贱者决做不得富贵，富贵者决做不得仙佛，此禀受之定体，非力所能移也。故文章家亦有神品，有妙品，有能品，有具品。神品者脱于尘凡，入于化境，犹人之所谓仙人、圣人也，品之上焉者也；妙品者饶于才情，精于义理，犹人之所谓贤人、君子也，品之次焉者也；能品者工于推琢，善于组织，犹人之所谓才人、艺士也，品之又次者也；具品者才不过人，词仅达意，犹人之所谓等夷、齐民也，品之凡焉者也，文品不同若此。至于庸腐者、粗俗者、卑鄙者、陋劣者，皆下品也，下品则厮隶舆皂之属，斯无品矣。

文字品格虽不容强，亦须自成家数。大抵人无问贤愚，资各有所近，才各有所至，即如农工商贾与医卜星相之流，皆不足语于道者，然聪明各有所独到，而究也亦各有所就之业。谓学者而终不可与进，非通论也，使殚竭一生精力，各随资质做去，久之，聪明自开，气质自变，究竟将来亦各自成一家。袁了凡云："梅之清瘦，桃之绰约，牡丹之富丽，各自完其天趣而已。"文若各完天趣，则奇古可也，雄放可也，清逸平淡亦可也，岂必皆神品而后为高哉？

举业之文，先辈王、唐、薛、瞿其至矣。近时成家者，精粹无如黄葵阳，雄爽无如郭青螺，柔澹无如冯具区，豪迈无如顾泾阳，圆逸无如王辰玉，雅细无如汤霍林，清古无如叶台山，神奇无如汤海若，新警无如项玄池，宏畅无如郝楚望，富丽无如陈如冈。诸家品虽不同，要之各极其致，各成其家，皆上乘之文也。学者各随所近而习之，无有不入者矣。

才也者，性中之良能，而作用之所自出也。赋才有长短，则作用有工拙，即如人生百凡应酬，全靠才能干办，才若有余，则投之艰大能胜，付之盘错能理，游刃恢恢，绰有余地，不然，支持于此，不免颓败于彼；奋迅于前，不免委顿于后；即欲勉强，有所不能矣。以故孱弱之夫能举匹雏，不能胜百钧，力不足耳；窭人之子能营铢两，不能运千金，才不任耳。若操觚之士而才力有不足，则学问虽多不能用，意思虽有不能达，其中固有以限之也，才之不可以已也如是夫。

---

① 睽：原作"癸"，据文意改。

才受于天而成于人者也，长短巧拙，虽天降尔殊，然盖之以学，培之以养，亦能扩充其所未备，盖性中良能，人人自有，惟屑越之，委弃之，斯精神内消，才力外减耳。若厚养精神以植其干，博习义理以扩其识，殆如饮食餍饫于内，气力壮盛于外，才未有不生发而长盛者也。

读太史公及苏长公文，亦能助发人才。太史公蕴藉百家，包括万代，其文汪洋排荡，令人沉濡终身，莫能测其涯涘。看他一篇之中，常累数十件事，而铺叙摆脱，不见缠绕；常出许多头绪，而裁割整顿，不觉重复。即用一极俗事，引一极俚语，而于中点化淘洗，各极高雅。王允宁云："迁史之文，或因本以之末，或操末以续颠，或繁条而约言，或一传而数事，或从中变，或自傍入，意到笔随，思余语止。"呜呼！后有作者弗可及矣。至苏长公率意而出，若无意于为文者，然其驰骋变化，如神马游龙，不可笼络，有所长即百千万言而不嫌冗，有所短即只词片语而不嫌简，时遇难则批卻导窾而不觉涩，时遇枯则旁引曲喻而不觉寂。公尝自谓其文："如万斛泉源，不择地皆可出，在平地滔滔汩汩，虽一日千里无难。及其与石山曲折，随物赋形而不可知也，所可知者，常行于其所当行，止于其所不得不止，如是而已矣。"二公天授奇才，古今罕俪，读其文，直令人两腋翩翩，有冲举云霄之势，举业之家恐亦不可不究心也。

文字议论皆从识见中来，识见高则议论亦高，识见卑则议论亦卑，所以古人论三长，必曰才、学、识，以识之关于著作者最要也。试看古来文字，虽奇正醇疵不同，大要皆有一段过人识见，所以传至于今不朽。不然，即摛词若春华，亦与时俱没耳，如欧阳子所见唐四库书目百不存一，则亦奚取于文也？然识由志趣中生者也，志趋所向，识亦因之，如仕宦之人，其志在功名；山林之士，其志在隐逸；修养之士，其志在性命；趣不同矣，而其识见所至，亦自殊途。时有吟咏，便各道出胸中本色，盖有不假矫强而然者，以是知卓识朗见，必非志趣卑陋者所能有也，故学者识见要高，先要正其心术，端其趋向。吾辈日与世情交涉，岂能槁形灰心，一无所染？但把此心放得平平淡淡，来亦不冀，去亦不留。由义理以悦心，而或得或失，如沙鸟浮没于水上；履坦途以自适，而时行时止，犹浮云卷舒于空中。胸中时有此趣，便是上达君子，识见不日进于高明，吾不信也。若终日轇轇扰扰，惟利欲是念，一团秽俗填塞胸中，则志趣卑鄙甚矣，欲更生好识见、好议论，世宁有是理乎？

识趣要高，闻见最不宜俗。盖耳目相习，染濡最易，见闻若素，心志随移，所以居芝兰之室者，久之不知其香；入鲍鱼之肆者，久之不闻其臭。良由熏蒸渐靡使然也，故善学者，先务慎交游，肃听睹。所接者达人君子，则非僻之念自消；所习者衣冠文物，则暴慢之气自远；所听者崇论宏议，则鄙悖之词自息。陶熔既久，滓滞渐融，学以变化气质，功固如是耳。今士子所与者，等夷朋侪而已，切磋不甚严也；所习者，乡曲细事而已，观听不甚雅也；所闻者，闾巷俚言而已，议论无甚高也；甚者投足于负贩之流，纳交于市井之辈，以诙谐谑浪为清谈，以恣睢狂肆为豪举，习染若此，则志安得不俗？气安得不粗？识见安得不卑卑？而文字安得不趋于下流乎？

识见亦从经练中来，盖阅历多则知识进，理所必然耳。在京时，钟文陆公语余曰：

“吾辈做秀才时，拘定章句本子，文字虽工，毕竟不脱书生话头。第后志意渐广，识见自别，文字当另是一样，今试为之。”余退更作数首，今稿中“知者乐水”等篇是也。后于中都会钱麓屏，目余曰：“兄‘知者乐水’文字，必非秀才时所为。”渠能辨认若此，亦以其识见稍不同耳。

陆士衡云：“理扶质以立干，则文之有理，乃文之所以立也。”天地间无物无理，即木石，蠢然者也，中亦各有理焉。木①无理则枝干无以植，石无理则脉络无以分，文字无理则格何以立？词何以正乎？吾谓文之有理，犹人之有心，人惟有心，始足以役使众形，不然，则涣散而无统矣；文惟有理，始足以主张词格，不然，则枝蔓而无当矣。故理之贯于文章，犹心之帅乎气体，一定而不可离者也。

国朝绌词赋而用经义，正所以观理，若文不务说理，则亦无贵于经术矣。试观前辈王唐诸名公之文，只缘理致精深，故传之愈久而愈新。今时为文者，不根之六经，不参之性理，各逞意见，竞尚诡奇，以故穿凿者漓理，傅会者杂理，勦袭者溺理，用老佛者悖理，呜呼！敝也极矣。

作文先认理，然理无定在者也，在吾心有本然之理，在事物有当然之理；理或不然矣，而情又有不能不然者，情之所在亦理也；情或不然矣，而势又有不得不然者，势之所在亦理也；可见理无定在，认理非死法。凡遇题目到面前，须先揆以吾心之理，度以事物之理，而又通之以情，酌之以势，然后尽理之变，所以古人务穷理，穷之云者，参伍错综以尽其变之谓也，如《孟子》“桃应”一章，便是圣贤穷理之法。夫瞽瞍杀人，皋陶执之，此理之当然矣，然以子为天子，而不庇其父，情岂能安乎？则舜之逃父而曲法，又情之所不能不然者也。皋陶执法，而坐视罪人之窃逃，情之所不然矣，然舜既以父之故而弃天下，势岂容复追乎？则皋陶之听其逃而不问，亦势之所不得不然者也。即此一事，便见理是理，理穷而通之以情，情亦理；情穷而酌之以势，势亦理，由此而推天下事皆如此，穷理可无难矣。作文务造理，造者，即而有所至焉之谓也。杜静台谓：“如观天之日月者，则必身察乎玑衡之器，而实见其迟速之象，斯为体认天文之理；观地之山川者，则必身立乎登临之境，而实见其流峙之形，斯为体认舆地之理。”此所谓造也。夫天地间无往而非理，无往而非所当造者。乾坤有刚柔之理，阴阳有升降之理，鬼神有屈伸之理，男女有化生之理，日月星辰有运行之理，四时寒暑有推迁之理，山川有流峙之理，昆虫草木有飞潜动植之理，以至世运有兴衰之理，政治有得失之理，人事有善败之理，而物②情有淑慝之理。大而父子、君臣、兄弟、夫妇、朋友有亲义序别信之理，小而耳目口体有视听言动之理，远而家国天下有齐治均平之理，近而身心意知有诚正格致之理，诸如此类，皆天地间自然之理，亦吾心所自有之理。若能一一而研穷之，一一而深造之，斯在内无遗知，在外无遗理，措之于文，鲜有不合乎理者矣。

做文字第一要理路熟，熟则胸中无滞碍，笔下无龃龉，伸纸挥毫，有如游利刃于脆

---

① 木：原作“本”，据文意改。

② 物：原无，据武之望《新刻官版举业卮言》补，万历绣谷周氏万卷楼刊本。

物之中，驱轻车于熟路之上，更无有难之者。若理路不熟，则窾窍必塞，窾窍既塞，则笔意必阻，阻则艰涩舛错之病无往而非是矣，文岂能通达而无弊乎？夫理何以路言也？即如四海九州，方域各异而路未始不通，要历九州，须素习其道里之远近，夙谙其山川之险夷，熟识其途路之出入，然后举足走去，到处可通。若有一处不熟，行至中途，必费踌躇才去寻问，便迁延纡回，耽误时日矣。夫道路不熟，不能行远也，而理路不熟，独奈何为文乎？

文字原为达意，而设意不达，则无为贵文矣，故作文一以意为主。然意生于思者也，梅圣俞云："思之工者，写难状之景如在目前，含不尽之意见于言外。"袁了凡亦云："意制之文，思人之所不能思，发人之所未尝发，或沿枝而寻根，或因拙而索巧，或即无而生有，或即假而求真，妙骋心机，出人意表。"夫意至此可谓至矣，若不殚精极思，何以有此？

意有在笔之后者，有在笔之先者。意在笔先，则化工之意，而非思索之意也。人心从太虚而来，空洞不着一物，而万物森然具备，所谓放下了了无物，提起色色俱在，此心之本体也。人惟物交之后，为私欲所蔽，即向学之士，又为见闻所溺，是以本来灵明之窍因之闭塞耳。若将此心养得虚明洞达，无所障碍，静而见天地万物之理皆吾一体，动而见化育流行之迹皆吾生机，即取圣贤经传玩索涵泳，亦罔非吾心散殊之懿。神识在此，则胸中时有一个炉锤，一遇操笔，便如成诵在心，借书于手，盖吾心原有一篇成熟①文字，不过借他人题目以发之耳。先辈谓："题为我使，我不为题所制。"又云："主张要在题目外。"皆从此处得之。

文字妙意全在题外，然须索之题中，方能得之题外，若遽索之题外，则又失之题中，如荆川先生"惟君所行也"，讲云："或进而与先王同其善也，虽曰谏行而言听，臣与有荣焉，然而善则归于君也；或退而与后世同其陋也，虽曰谏不行而言不听，臣与有辱焉，然而过则归于君也。"此等意在题外，然细玩口气，则又本之题中，妙体心曲，可为晏子传神。此先辈作文之旨趣也。

善为文者修意，不善为文者修词。修意者，意到而词自工，修词者，词胜而意反隐，如王缑山"三军可夺帅也"一节，讲云："使人而可恃，天下孰有强于三军之帅者哉？然帅且寄命于三军，而何得以有其军？三军且悬命于敌国，而又何暇于卫其帅？故有兵将相疑而为敌资，亦有兵将相用而为敌擒者，此其夺之诚易，而时强时弱，诚不可必矣。"此等会文切理，初若不修词者，然意既恳到，词亦精工，以是知修意之为上也。

题中有大意，有小意，有正意，有旁意。大率会元卷过人者，只缘别人用小用旁，渠能用大用正耳，如丙戌"故君子名之必可言也"一节，十八魁讲"无所苟"处，尽有奇思警句，但仔细看来，多是小意旁意。袁会元讲云："思内庭广众，其耳目最难掩，而兢兢乎拟之后言，惟恐名与实违，或上乖乎国纪；思天下后世，其听睹为至公，而惕

① 熟：原作"热"，径改。

惕乎虑然后发，惟恐实因名紊，或下拂乎人心。”曰“内庭广众”，曰“天下后世”，曰“国纪”，曰“人心”，皆是正大议论，且地步占得广，自然包涵得多，较之他卷，便自冠场。

文字有实意，有虚意。穷形尽象，实意居多，而点景写衷，虚意为胜。大抵意实则显露，露多有粘皮带骨之患；意虚则浑含，含却有涵泳不尽之旨。虚实相须，意斯至矣。王元美云：“有意无意之说，都是文章妙用。夫有意，斯其意不堕空虚；无意，斯其意不着色相。”此虚实之用，所以为妙也。

文字虽以意为主，然词亦不可不修，盖词以达意，词不修，则意或不能达矣，故词之粗者须修之而细，俗者须修之而雅，陈腐者须修之而清新，嫩弱者须修之而苍劲，音拗者须修之而谐和，句硬者须修之而顺畅。大抵辞贵典显，贵简确，贵流丽，忌深晦，忌冗蔓，忌鄙俚。率易而不精，不琢炼之过也；荒芜而不洁，不淘洗之过也。操觚之士，慎毋草草。

词不雕刻则不工，然过于雕刻则伤气；词不敷演则不腴，然过于敷演则伤骨，皆学力未竟，而结撰之不精也。必工之以椎凿，融之以鼓铸，雕刻而不见其痕，敷演而时露其彩，不凿不浮，称词之善矣。

词要音响，听之如敲金戛玉；词要色丽，观之如明珠散锦。庆历以来，独黄葵阳号为极工，其乡会卷无论已，近日程式诸作，尤为精丽。如“季文子三思而后行”一节、“一夫不获则曰时予之辜”等篇，不惟格法纯美，意理精至，而其声调之铿锵，词华之藻丽，直令金石失响，绮锦夺色，一时推琢让工，组织逊巧，真举业词宗也。

词不可以不修，亦不可以过修，修之过，则必侈其词以为富，其究也失之冗；必缛其词以为丽，其究也失之靡。譬之剪彩为花，非不灿烂可观，而生意索然，殊无真趣，所谓美女涂脂，反隐本相，则失①词之意也。故说理之词，不可不修，若修之而理反以隐，则宁质无华可也；达意之词，不可不修，若修之而意反以蔽，则宁拙毋巧可也。修词者其审之。

修词有四善，曰删繁而就简也，敛华而就实也，化腐而为新也，变庸而为奇也，故裁剪之工，点化之妙，修词者尚之。

词欲极新，不欲杜撰；词欲极古，不欲蹈袭，然新而不至于杜撰，斯其新也古；古而不至于蹈袭，斯其古也新。

剽窃古语，装点时文，掇拾绮词，缘饰经传，最是举业大病痛，盖初用之犹觉新奇，再用之便成腐烂，卒之创用者一人，而转效者百千，尤可厌也。今时文中窃用古语，如“今天下犹趋云云哉，非独主德茂也，盖亦由臣力焉”；“始未尝不云云，而后稍凌夷也”；“自古云云而名湮没者，不可胜纪，惟倜傥非常之士称焉”；“所由殆与云云异矣，其素所蓄积也”；“傥亦有云云之思乎？猥与云云同类而共称之也”；诸如此

① 失：原作“又”，疑误，据文意改。

类，原是太史公佳句①，但近来剿用太多，一见令人可憎。余尝谓："太史公千古高文，为后人剽掠几尽，至令人厌恶，剽掠并疏原本，殊为可恨。"

词必根委于六经，少润色以子史，然后高而不失之玄，奇而不失之诡。今之修词者厌常喜新是矣，但六经弃之弗遵也，传注屏之弗用也，始用子史之雅驯者，今则措取怪僻矣；始窃老庄之近似者，今则显用空玄矣。附会穿凿，离经叛道，经义之弊，于斯为极，有志者不可不痛惩之也。

格者，体格也。文之有体格，犹屋之有间架也。作屋者鸠集材木，必不冒做，必先立一间架，定其高下几何，浅深几何，广狭几何，其材何者为柱，何者为梁，何者为椽，一一料理停当，然后引之绳墨，絜之规矩，竖立起来，方成一座好屋，若不先定间架便操斧斤，后来竖立时，必至颠倒错乱，无所措手。做文字亦如此，题目到手，便仔细思量其纲领何在，其节目何在，其分截何在，头上或该用提掇，不该用提掇？中间或该用过接，不该用过接？末后或该用收缴，不该用收缴？某处当重当详，某处当轻当略，前后多寡，一一想定，使一篇大概了然于胸中，然后下手做去，始得稳妥。若初时体格不定，做到中间必至扰乱，即去反复改易，终不停当，以是知立格乃行文要务也。先辈杜静台论之极详，余撮其大要如此。

文字初时布置虽有定格，至于中间离方遁圆，生无化有，全要活法，如弈棋然，每一局各有一格，然其中离合进退与攻击应援，又自有变动而不拘，联属而无间。此局中之妙机也，不可不知。

杜静台备论诸格，而又撮其难者六格：一曰一滚格，二曰连珠格，三曰中纽格，四曰两活扇格，五曰两扇遥对格，六曰影喻格，推原引喻，可谓深切明著矣。余意初学欲穷变化，须从单题下手，盖单题有提有反，有小讲，有大讲，有缴有束，而其中操纵合辟、抑扬起伏与错综顿挫之法、挑剔转折之势，无不毕具，能尽单题之变，其余则举而措之耳。大抵单题体分八比，势难一直到底，须层叠其意，反复其词，驰骋其步骤，纡回其波澜。如登层台，上一层更有一层，而委曲周旋，有无限转折；如泛江河，行一湾更有一湾，而荡漾萦洄，有无穷波浪，斯为尽制。郭青螺云："单题贵前不突，后不竭，如溪壑之水，渐入江淮；江淮之水，渐入河海。其中潋滟滔腾，叠见层出，始称奇观，若突然起，蹶然涸，便不佳矣。"前辈唐瞿诸名公得其宗旨，厥后源流相承，益穷变态，如金闻野"旧令尹之政"二句，张小越"鲁卫之政兄弟也"，余汉城"有童子以黍肉饷"，黄葵阳"弥子之妻"，顾泾阳"孟子见梁惠王"，郝楚望"王②子有其母死"，王缑山"有求全之毁"等篇，词意层叠，如云蒸霞变，可谓曲尽小题之妙境矣。初学熟读细玩，自当有得。

文字格局，各像其胸襟，胸不同襟，则格不同局。大凡有一样提掇，必有一样应接，有一样铺叙，必有一样收拾，裁制天成，不可移易。如辛未会试"生财有大道"

① 原是太史公佳句：此处所谓"太史公佳句"，大都不是司马迁原句，只是句式相同而已。

② 王：原误作"于"，据《四书章句集注》改。

一节，邓定宇于中四句不用提掇，故四比分做，黄葵阳用提掇，故二比合做。邓既于中间做四比，则末句不得不做二大比，若更作四比，则澜散矣。黄既于中间做二比，则末句不得不做四小比，若复比二比，则窘束矣。此裁制自然之局，不可得而移易也。

格有须炼而后成者，有不假炼而自成者，炼而后成者，人力结构之巧也，不炼而自成者，化工浑成之妙也。大抵会元卷，格法多是自然天成，即有炼者，而浑融纯雅，初无煅炼之迹，若魁卷便凿凿逞巧，咄咄露奇，虽见匠心，终乏天致。读邓定宇、李九我会试卷，便知元之所以为元矣。

文字妙处全在机。文之有机，犹车之有轴，户之有枢。车无轴则不能转旋，户无枢则不能开合，文无机则不能运动，故行文之法，有操纵，有合辟，有抑扬，有起伏，有顿挫错综，有转折呼应，变化百端，不可穷诘，而其要一本之乎机，机不熟，则文不可得而工矣。是机也，摩荡于气调之中，以无而动有者；斡旋于词格之内，以虚而运实者也，譬之发矢者之以括，运斤者之以巧，心可得而会，口不可得而言，己可得而能，人不可得而受，是在善学者，自得于言意之外耳。

杜静台先生云："辞格有象，气机无形。有象者实，实则死；无形者虚，虚则活，故机者，虚活之名也。譬之弩之弦，由寸木而拨，而寸木之所以可拨者，以其木旁之虚也，虚则活，活则拨转而无碍矣。又比之舟樯之帆有转轴焉，轴非自转也，以其心之虚活也；车心之端有转轮焉，轮非自转也，以其中之虚活也。苟使实其中而不虚，胶其中而不活，则虽羿为之操舟，而帆不能以上下，王良为之御车，而轮不能以进退矣，其何以行之哉？"此机之说也。

机之为物也，取其圆也。不圆则引之不前，推之不后，不得谓之机矣，故论机者，比之走盘之珠，珠圆也，而又走之于盘，则极其圆矣，此机之所以为妙也。古人如宜僚之于丸，张旭之于草，公孙大娘之于剑，皆只是一个圆机，便妙绝古今。文机而圆，有不擅绝一时者乎？

茅鹿门先生云："势者，一篇呼吸之概也。大将提百万之兵以合战，其要只在得势。得势者百战百胜，学者为文亦然。故予尝读《史记》，至项羽之救巨鹿，其所引军渡河，破釜①沉舟，持三日粮，示士卒无生还意，已而人皆死战，无不一当百，呼声动天地，诸侯旁视者十余壁，人人惴恐，卒之覆秦而霸诸侯者，羽能呼吸三军之气以驰骤之，其势也。他如光武昆阳之战、周瑜赤壁之战、谢玄淝水之战皆然。大略善将兵者，操百万之兵如左右手；善为文者，累数千百言如探喉而出，举业亦然。得其势则相题沿情，如风之掣云，泉之出峡，苏文忠所谓'行乎其所不得不行，止乎其所不得不止'是也。不得其势，则语意窘涩，扣之不成声矣。"

文势要舒展，要疏荡。一孝廉尝以文示余，见其篇篇严整，一股之中几无剩句，一句之中几无剩字，忽觉笔势微窘，余为之题其尾曰："作文要方圆互见，长短错出。得其意，不必语语求工；乘其势，不必比比求整。若大意既得，大势又好，自是上乘文

① 釜：原作"灶"，径改。

字，即瑕瑜不掩，不失为大家也。”斯语虽偏驳，然欲扩充文势须如此。

文势要扩充，又要自然，长短丰约，各随笔力所至，不必勉强。沈虹台云：“题可生发者，不害其为长；无可生发者，不害其为短。今欲矫其所短而使之长，非有冗股，则有冗句矣；矫其所长而使之短，非意未尽，则辞不满矣。”故鹤胫虽长不可断，凫胫虽短不可续，皆自然之势也。

要知文势，须知步骤；要知步骤，须知操纵，如御马者然，马之奔逸绝尘而一日千里者，非独其筋力强也，所为步骤素习耳；步之驰骤周旋而投向无差者，非独其性体驯也，所为操纵有法耳。操纵者，正度于疾徐之间，执节于进退之际，所以闲其步骤，范其驰驱，而成其取道致远之能者也。若操纵无法，则当疾不疾，而纵之使缓，势必趦趄而不前矣；当缓不缓，而操之使疾，势必突蹶而多变矣，安望其一日千里哉？御马若此，行文亦然。文字中意有当重发者，有当轻叙者；气有当急递者，有当缓铺者；惟于重者急者操之，而于轻者缓者纵之；斯低昂符其度，疾徐中其节，促之而骤雨飘风，舒之而行云流水，此文之势也。使操纵一失，则步骤必乱；步骤既乱，则笔势必乖；其于文也，非涣散而不收，则局蹐而不展矣，欲其合辟出入之如意也得乎？此最行文大机括，学者不可不习。每见朋友辈多不晓，故为之详喻若此。

文字有格同、理同、词意同而高下悬殊，去取顿异者，调不同也。调何以言哉？如作乐者，金石丝竹，匏土革木，异音矣，乃分之而各一其音，合之而总协其韵，金玉相宣，宫商迭奏，高下疾徐，各中其伦而不乱者，有节奏以成其调也。作乐而无调，即众音齐鸣，不成声矣；作文而无调，即悬辞错举，不成章矣。是调者，文字之节奏也，不可不知也。

所谓调者，何也？气韵欲优游而不迫，音节欲叶①和而不乖，条理欲分明而不乱，脉络欲继续而不绝，斯四者，分听之而曲极其致，合听之而共成其雅，是即所谓翕如纯如，皦如绎如而以成也，是之谓调也。

夫调亦难言矣。文有轻重低昂之法，而剂之不合其度，非调也；有缓急疾徐之节，而循之不按其则，非调也；有虚实浅深之致，而导之不中其窾，非调也；有离合出入之端，而理之不得其绪，非调也；有抑扬起伏之势，而操之不得其机，非调也；有操纵呼吸之概，而挈之不得其略，非调也；有顿挫铿锵之音，而叩之不得其响，非调也。斯皆文字中自然之节奏，习调者不可不究心也。

调不欲杂，阳阿薤露与白雪阳春须各穷其响可也。举业之调工者，先辈无如瞿昆湖，其调优柔而温厚；其次莫如黄葵阳，其调响亮而铿锵；近时莫如李九我，其调和平而悠雅，兹三公者，调各不同，总之，皆激羽流商也。学者按而习之，其于调也，思过半矣。

文之有法也，犹器之有规矩准绳也。离娄虽明，公输子虽巧，然而舍规矩则不能为方圆，外准绳则不能为平直，何者？无法则无所恃以用其明巧也。为文而不以法，是制

---

① 叶：原误作“计”，据武之望《新刻官版举业卮言》改，万历绣谷周氏万卷楼刊本。

器而不以规矩准绳也，即有聪明心思，无所用之矣。

夫法者，何也？犹导水者之有堤防，用兵者之有部勒，所以整齐约束而纳之范围者也。导水无堤防，必有冲决之患；用兵无部勒，必有溃乱之虞；行文无法律，必有氾滥之病。故纵横者，势也；驰骋者，步也；而所以制其势而不使之荡，闲其步而不使之轶者，法也。反复者，意也；变化者，格也；而所以约其意而归之于中，裁其格而归之于正者，法也。是法者，尺尺寸寸，高者不得有所增，卑者不得有所减也。

大法有四：曰篇法也，股法也，句法也，字法也，四法不明，文不可得工也。要之篇法如制锦，要在丝理分明；股法如弄丸，要在转移圆妙；句法如敲金，要在音节响亮；字法如琢玉，要在刻画精工，此大概也。然而字法在句法之内，句法在股法之内，股法在篇法之内。篇法妙则股法自圆，股法妙则句法自稳，句法妙则字法自工，一以贯之，非有二也。至于破承有法，起讲有法，提掇过接，小讲大讲，收缴束结，俱各有法，详载了凡《彀率》中，学者一一穷之，斯不乖于法矣。

要法有六：曰操纵也，合辟也，抑扬也，起伏也，顿挫也，错综也。何谓操纵？弓之一张一弛者是也。何谓合辟？户之一闭一启者是也。何谓抑扬？举之一卑一高者是也。何谓起伏？凫之一出一入者是也。何谓顿挫？砌叠者之势陡更易、缝相参差者是也。何谓错综？组织者之一左一右、一低一昂者是也。文字千变万化，虽无定法，大要不越是六者，能尽六者之变，纵笔所如，无有或差者矣。

法要谨严，亦不要太严，绳削太过，则笔势必窘，法严累气，理所必然耳。譬如鹤舞空庭，则翩跹可爱，而樊栏太窄，则羽翮不扬矣。骥骋康庄，则追逐如风，而衔勒太急，则步骤不舒矣。大抵法不严则文不整栗，法太严则文不疏荡，宽严相济，操纵兼施，斯善用法者也。

法之体方，而法之用圆，故立法欲死，用法欲活，如轮扁斲轮，岂能不循规矩？至其甘苦疾徐，得之心而应之手，则又巧运规外，而法极无迹者也。文字安排布置，虽有一定绳墨，至于操纵合辟之尽变，离合出入之尽神，非活法不能，若执极而不变，则拘泥而不通矣，故用法而不泥于法，斯巧于用法者也。

作文要有趣，文而无趣，即布置安排尽合绳墨，结构组织具极工巧，而玩之若嚼蜡，听之若叩缶，有何可取？何谓趣？意之所不尽而有余者是也。昔人谓“听钟而得其希微，乘月而思游汗漫”，此善于形容者也。即以乐喻，钟鼓管籥，虽各异音，然而音各有韵，惟有韵，故听之者铿然盈耳，怡然会心，若戛然作，寂然止，响无余音，音无遗韵，则听者倦矣，此趣之说也。

趣者，味也。文之有趣味，犹食之有滋味也。食无滋味，即珍错满案，不可人之口；文无滋味，即璀灿盈篇，不惬人之心，何者？其中固无可咀嚼也。然趣从蕴藉中流溢者也，非可强探而得。必学问充积之深，义理演贯之熟，然后发之意，意有余旨，出之词，词有余味，不然，中无蕴蓄，外必索然，如酿酒者，既不须曲蘖之美，又不俟酝酿之熟，安得有好滋味？

要知文趣，须知行文虚实之法。文字体贴发挥，虽要着实，至于玲珑写意，见镜花水月之趣，往往于虚处得之。有用实意发挥者，亦有用虚意游衍者；有用实语衬贴者，亦有用虚语点缀者；有用实字填塞者，亦有用虚字斡旋者，盖不实则浮而不切，不虚则累而不逸。实不着相，虚不落空，文章家妙诀也。昔人有云："庄子文章善用虚，以其虚而虚天下之实；太史公文章善用实，以其实而实天下之虚。"微哉言乎！学者所当默会也。

文之有致，犹身之有仪。夫均一身耳，其耳目同，口鼻同，四肢百骸尽同，然有望之而可敬，即之而可爱者；有望之而可鄙，即之而可憎者，何也？其威仪不同也。人而无可像之仪，斯容貌不足观矣；文而无可挹之致，其词藻无足道矣。

致者，风神中之作用，非可力索而能也。即如一般样人，其一人风神爽朗，则其举止态度自然飘逸；其一人风神昏庸，则其举止态度自然龌龊。即欲勉强学他，便费许多矜持，且装做出来，毕竟不像。可见文字风致，全由精神中焕发，能聚精会神，始可与言致矣。

文字须轻徐敷衍方有致，若操持太急，笔削太严，则风神拘窘，致安从生？故善作文者，惟于关键所在，如提掇、过接、收缴处极力结构，其余只随手称意，平平衍去，便觉步骤舒徐，风神潇洒，且见文字有操纵。若一步一趋，一句一股皆要着力，则束缚困苦之状满篇皆是矣，如人威仪举止，当于见宾承祭时费些矜严，其他平常起居亦必安闲舒散，若时刻都要矜持，虽恭而不泰矣。即夫子在朝廷则色勃足躩，及燕居则申申夭夭，是何等风致！

文字要有天然之致。夫风行水上，无心于文而文自生。试观天地鼓铸万物，形形色色，莫不各极其巧，而造化者，初非有心雕琢之。物各付物，而天下之巧莫加焉，此至文也。即以《诗》喻，《诗》三百篇，大都出于里巷歌谣，不假雕琢，而情景宛笃，义意切至，何等天然？后世按法度，较声律，思索愈苦，推敲愈工，而情景愈远，义意愈离，始知文字推敲非工，不推敲而工者，乃天下之极工者也；镂刻非巧，不镂刻而巧者，乃天下之极巧者也；藻绘非丽，不藻绘而丽者，乃天下之最丽者也。袁了凡云："文字过而无过，行而无行，伏而忽起，断而若续①。"苏东坡云："行乎其所不得不行，止乎其所不得不止。"文而至是，即晴云卷舒于空中，落花荡漾于水面，不能喻其天然矣。荆川先生谓："文字非但做之为高，而所不做亦为高。大做之高，则工夫椎琢之致也；而不做之高，则神化自然之致也。"

文字要玲珑，全在写景，然景由境生者也，欲臻妙景，须履实境，如山水自有山水之景，草木自有草木之景，云霞自有云霞之景，须以身涉其趣，神契其妙，方能形容逼真。然谓之曰："景又不可以形迹言也。"须以虚意游衍，以微词点缀，若有若无，若远若近，如画工图物，望之色相俨然，而即之形质无有，斯为佳耳，若直露形迹，翻成粗浅。前辈谓："镜花水月可玩而不可捉。"此善言景者也。

景由境生，亦由情会，此自人怀抱中来，故光景要好，须意兴要佳，意兴要佳，须

① 续：原作"绝"，据本书卷四中袁黄所言改。

胸襟要大。且如苏长公《赤壁》二赋，描①写光景，何等逼真？而要其当时襟次，真有齐万物为一体，通古今为一息者，若非有此胸襟，安得有此光景可见？文章出自襟怀，彼龌龊者安能佳？

景不必求之太深。天地间事事物物，各有自然色态，各有天然景致，能以意会，即轻风淡月，浅水芦花，亦自成景，故曰目前之景，为景更真。

五色错综，乃成华采；经纬就绪，乃成条理，此文章之所由名也，故文必有采。文之有采也，犹金之有成色，玉之有宝气也。金无成色，与铜铁奚殊？玉无宝气，与瓦砾奚异？文无光彩，是亦铜铁瓦砾之类也，何足贵乎？呜呼！剑埋丰城，气冲牛斗，文有精采，岂不射人？

① 描：原作“抽”，形近致误，据文意改。

游艺塾续文规卷之九

赵田逸农袁黄坤仪甫辑
门人刘有执无竞甫阅
男袁天启若思甫订
嗣男叶绍袁仲韶
侄孙袁祚熙载之甫同校

武叔卿论文

学问之道，不过外借资于闻见，内取足于涵养，二者功不容偏废，而涵养尤急焉，盖闻见虽多，不得涵养以酝酿之，则蓄之不深，而出之不纯。故世有积学之士，闻见甚博，才力甚富，往往堕落，终身不得一第；又有初学之士，闻见未广，才力未充，而一试场屋，辄脱颖而出，此无他，以心地有纯杂，而涵养有至有不至也。试看世间科第，发之少年者十常七八，发之长年者十才二三，岂长年学力不及于少年哉？只缘少年家事未及于身，物累不撄其念，斲丧未深，心思尚湛，故其文即或疏浅，而气却清纯，意却醒透，所以见者辄收之。及长年，身缠绵于妻子，心系累于家事，物染既深，心思自杂，纵学问充足，而气不能秀逸，辞不能清楚，所以多落寞不振耳。可见涵养乃学者先务，有志之士，不可不慎所以养之也。

所谓涵养者，养心而已，而养心莫善于寡欲，此圣贤明训也。人生日用间不过理、欲二途，而心无二用，不用之于理，则用之于欲，固未有两分而各自用者，亦未有两用而俱得专者。今士子号为读书矣，试观旦昼所为，果专心于书乎？一心去读书，又一心去理家事，甚者见纷华则夺，遇他歧则分，一日之间，纷纭扰攘，心不啻数十出入矣，学问何自而得？得之又何能久乎？吾谓士子养心，不敢必其皆如圣贤，只此读书作文，是吾职分所当为，便是理之所在。若肯束心一路，专用之于此，则意念真笃，寝食且忘，一切外物，更有何者足以夺之乎？此便是养心之法，不必别求妙诀也。

大抵涵养之法，功不得骤进，骤进者居之不安；志不得欲速，欲速者施之不达，譬如鸡之抱卵，必伏翼弥月，然后温养到而卵化；地之生物，必滋息日久，然后和气凝而物生，若旦伏而暮求其化，朝种而夕望其生，万万无是理也。故善学者必多闻多见，以大其蓄；日寻月绎，以演其趣；从容灌溉，以需其人；优游涵泳，以俟其化。蕴之极深，斯流之极远；酿之极久，斯出之极醇。苏子所谓：“信于久屈之中，而用于至足之后；流于既溢之余，而发于持满之末。”斯善养者也。若今日看一书，明日就要了全部，此躐等①之学，非渐进之功也，是水之不盈科而求进者也，欲其成章而达也难矣；今日读一语，明日就要用出来，此袭取之功，非养盛之致也，是水之无本而立涸者也，欲其取之不竭也难矣。

石韫玉而山晖，水怀珠而川媚。文字俗浅，皆因蕴藉不深；蕴藉不深，皆因涵养未到。涵养之文，气骨自然浑厚，丰彩自然朗润，理有余趣，神有余闲，词尽而意不穷，音绝而韵未已，所谓渊然之光，苍然之色者是也。程明道谓：“子长著作，微情妙旨寄之文字蹊径之外，此无他，惟其涵养到、蕴藉深，故其情旨深远若此。”至若无涵养之文，神躁动而不宁，气粗浮而不雅，机阻塞而不通，语鄙俚而不细，或褊浅无边幅，或局蹐无风致，或情景不宛笃，或义意不切至，观其倾吐若此，便可概其中藏，窗下工夫，可无问矣。

文字要入堂奥，须用实诣工夫，不然，拟议于形迹，想象于门外，未有能际其阃者也，譬如有人于此要图京师一幅真景，须实诣京师，将彼中景物一一历遍，熟于目，识于心，无分毫差爽，然后图写出来，才得逼真，若身未曾到，或到而历览未曾遍，便去模写，必有错谬而不合、渗漏而不周者，此必然之势也。是以吾辈读书，先务格物穷理，以之阐理道，必析其性命之精；以之议政事，必究其施为之略；以之评人物，必极其臧否之辨。举凡天地间事事物物，无巨细，无精粗，无一不从身心中体验过，即如读一部书，看一篇文字，必须原始要终，详究其精神心术之所在，如此着实造去，然后做出文字，方是以真见写真境。若平日不用实功，临时才去以臆见揣摩②，不是理路不明，便是意思不到，不是情景不真，便是语句不切，纵有凌空驾虚之才，终是捉风捕影之见，欲以涉藩篱而窥堂奥难矣。

文字谓之做，做者，工夫造作之谓也。玉石雕琢始成器，绮锦组织始成章，事词结撰始成文。故有一笔写成，不加点窜而自工者，此神到之文，尚矣。其次须精思细改，如大意草创已定，便从头至尾，一一点检，理有不合处，须会之使合；意有不肖处，须协之使肖；气有不顺处，须疏之使顺；机有不圆处，须炼之使圆；血脉有不贯处，须融之使贯；音节有不叶处，须调之使叶。如此仔细推敲，自然万无一失，倘一时潦草，便尔苟安，微有瑕疵，人得指摘。昔欧阳公为文既成，则书而傅之屋壁，出入观省，数自窜易，至有不留本③初一字者。先辈精审如此，今人率尔塞白，谩矜倚马，是不知用工

① 等：原缺，本句与下句相对，应有一字，“躐等”乃习用语，如《礼记·学记》云：“幼者听而勿问，学不躐等。”故知为此字。

② 摩：底本原作“厚”，据内阁文库本改。

③ 本：原作“李”，径改。

夫也。

做举业如学射。学射者，必布鹄于百步之外，终日凝神定志，向鹄上发矢，不高不低，不远不近，久之，心目跃如，自然中的。若今日射高，明日又射低；今日射远，明日又射近，则志无特操，趋无定向，吾未见其能中也。做举业亦须立定正鹄，日日操习，精神之聚聚于此，心思之注注于此，耳目之玩玩于此。坐卧不忘，形神与俱，务使志之所往，气足以赴之；力之所至，巧足以应之；停停当当，无丝毫走作，然后一发中式耳，若时操时舍，乍合乍离，犹舍正鹄而求命中，欲以入彀难矣。

做文字下手欲难，收功欲易。夫难，非扞格之谓，乃深造以道之力也；易，非轻率之谓，乃左右逢源之妙也。故思索不苦，则关窍不通，即通矣，而幾微少滞，亦其思索之未到；揣摩不久，则机括不熟，即熟矣，而运用少碍，亦其揣摩之未精。如纪昌学射，二年承挺，三年悬虱，何等勤苦？其究也，乃能视小若大，视微若著，而巧极于贯心。不然，逢刺则瞬，遇细无睹，目无所加，手将安措？此下手收功难易之明验也。余故曰："作文要用心，然用心而至于无所用心，则心始纯；要着力，然着力而至于无所着力，则力始到。"

读书作文，先要正其师法。王元美先生云："李献吉劝人勿读唐以后文，吾始甚狭之，今乃信其必然耳。"记问秽①杂，下笔之际，自然于笔端搅扰驱斥为难。余谓做举业亦然，若初时门路不正，趋向不端，一切记问秽杂盘塞胸臆，后来即欲更生新警，却被旧闻缠结，不得出头，如此苟安，便自误了一生。此有志者不可不早图而亟反之也。

做举业须择明师，若被盲师引坏，久之渐染熏陶，与习俱化，殊不自觉其非。尝读张平子《东京赋》云："凡人心是所学，体安所习，鲍肆不知其臭，玩其所以先入。"呜呼！燕石相传，先入为主，乌知世之复有良玉也？腐鼠自甘，愚蒙相是，乌知世之复有珍馐也？谬种祸人，殊为可恨。

举业问路，原无高远，而卑者溺于庸腐，高者流于悠谬，要之臧谷殊业，亡羊则均。夫经义之学，理学也，心学也，至精至粹，岂容踵袭为之？而庸劣者拾核咽唾，至不能自发一识。每见朋友案上书，非训诂旧讲章，则坊间烂时文，所读如此，譬之失路之人，取道于昧，子安有蹊径？此耳食之士，不足道也。其高者，则又舍彼正路，竞趋旁途。理本显也，而故为艰深不可解；语本易也，而故为诘曲不可读。虽奇思丽藻，不无可观，而质之制举初意，轨之先民典刑，不免逾越于法度之外耳。余欲学者切莫浪求，只取先辈王、唐、瞿、薛诸大家之文，仔细精研，盖诸老造理精深，命词高雅，为一代举业之宗，从此而入，便是正门户，的然不差也。次则选读程墨之精者。程文多出宗工巨匠之手，矩矱绳墨，不失尺寸。至墨卷，则士子吐精于寸晷，主司录粹于稠人，其风神机颖，自与搜索补凑者不同，循此而习，久之，神情与契，机锋自齐，举业未有不工者也。谚云："要知山上路，须问去来人。"非谬语也。

学务师人，尚矣，然善学者能自得师，则异地可以私淑，往古可以尚友，即诵诗读

---

① 秽：原作"初"，据下文改。

书，俨若亲炙其人而与之上下，其议论者，又何必授受一室也？若师不以神徒以迹，师不以心徒以言，则意既不相孚，言亦不相入，即终日耳提面命，犹之沃水于石耳，亦何益哉？然师无常在者也，《商书》曰："德无常师，主善为师。"夫子曰："三人行，必有我师。"可见师无往而不在，顾人所以取之者何如耳？今时朋友相会，其识见议论尽有可资，即庸常下士，亦时有一得可采者，但朋辈多持傲心，彼此鄙夷，不肯相下，是以狎僻相习，竟鲜丽泽之益。若肯虚心翕受，互相资取，即片善寸长，皆可裨益，何必远求师哉？余幼时，先生一教之虚心受人。每会课时，见人一语之善，辄录而识之，不时细绎考订，觉于自家知识尽有启发，此集思广益之道，师资之最切者也，学者岂可忽诸？

文字未有不法古而得者，虽作时文，亦必取法古文，然后格不卑，调不俗，盖文字骨格调法，尽备之古文中。不读古文，即俗气、稚气不能脱，安得有卓识高论哉？噫！此可为好学深思者道，难为寡闻浅见者言也。

读古文要在借之以浑其气，苍其格，高其调，秀其色，脱体换骨，出入于古文而不自觉，方为善法古。今士子不读古文者勿论矣，间有读古文者，不知求合于精神，切会于骨理，而徒争肖字句之间，依稀影响之似，虽规模毕肖，神情竟别，是又效西子之颦，而学邯郸之步者也，何足贵乎？甚者，不论书理，辄参以老庄玄寂之谈；不谙题旨，概饰以子史诡僻之句，尤谬之甚者也。善乎！郭青螺之言曰："《史记》非不可读，而以史绎圣语则谬；诸子非不可读，而以子文经旨则盭①。故必本之六经以正其宗，参之性理以端其趋，旁搜诸史以苍其格，遍采诸子以华其色，举子业如是足矣。"

法虽取诸古人，机必本之自得，故李于鳞谓"不以规矩，不能成方圆，拟议成变化，日新富有"，自谓于古"摭其华而裁其衷，琢字成辞，属辞成篇"。王元美又称："其于法不必有所增益，而能纵其夙授神解于法之表，句得而为篇，篇得而为句，即所称古作者，其已至之语，出入于笔端而不见迹，未发之语为天地所秘者，创出于胸臆而不为异。"呜呼！斯拟议以成其变化，可谓善于法古者矣。

文字气格欲古，词意欲新，故韩子为文，惟陈言之是去，非不法古也，去古之陈言，正所以法古之精蕴也。宗子相不云乎："人性之有文，犹天之云霞，地之草木。云霞之丽于天也，是日日生焉者也，非以昔日之残云断霞而布之今日也；草木之丽于地也，是岁岁生焉者也，非以今岁之萎叶枯株而布之来岁也；人性之有文也，是时时生焉者也，非以他人之陈言庸语而借之于我也。"由此观之，可见人心灵变无穷，生意日新未已，只是人沿袭旧套，不肯殚精极思，故随波逐流，不能振立，若能一洗陈言，独摅警策，尽削庸腐，变为新奇，岂不斲轮手段？以是知拟古者非能法古，变古者乃真能法古者也。

看书要有实诣之功。圣贤立言，不过讲明义理，而义理则吾心所自有也；不过谈说世故，而世故则吾身所经历也。试以吾心之理仰质之圣贤之理，有一不合者乎？以今日

---

① 盭：原作"盩"，据文意改。

之事求证乎昔日之事，有一不符者乎？是可见书非书也，是吾心之理，而目前之事也。吾辈看书，能将圣贤之心作己之心，往日之事作今之事，问处如己问，答处如己答，见有不合处，设以身处其地；词有难通处，曲以意逆其心，如此切己理会，章章句句，皆是吾心故物，较之涉猎记诵者，见解自是不同。先儒有云："以我视书，随处有得；以书博我，则释卷而茫然。"信然哉。

读书全要善悟。天地间事同一理，理本一贯，因此识彼，触类可通，故张旭因舞剑而悟草书。夫书与剑相①去远矣，而机适相契，故理可相通。读书若有此见解，则识见种种而生，学问源源而至矣，不然，束于一隅之明，拘于井蛙之见，认心而执迷不通，信古而拘泥成误，殆如宵蠡不能昼见，夏虫不可语冰，安能超然玄览，豁然贯通，独观昭旷之原，而远涉高明之境乎？故悟之一言，乃学者入门第一义也。

读者心欲极细，又欲极虚。不细则卤莽灭裂，而无入里之功；不虚则自是自足，而无受善之地。尝见朋友辈读书，慌②张揭过，于圣贤精神命脉所在，全不体会。甚者，翻阅讲章，踵袭旧语，即书中字意，不求甚解，草草若此，安得有高识见出来？此皆不细之过也。然不细由于不虚。义理无穷，即读书到老，岂能尽识？今俗子原无所知，自视若有知者；原无所能，自视若有能者；原不如他人，自视若胜人者，以此心读书，必轻易粗疏，不肯精研；以此心处朋友，必傲满自是，不肯下人。一身病痛，了不自觉，究竟将来，终无成就。此样人只缘一个桀骜不虚心，便结果一生，无下落也。先儒云："惟学然后知不足。"此辈惟不学，故不自知其无耳。若勤问③向学之士，自无此弊。

读书始要有苦的意思，不苦则不能入；终要有乐的意思，不乐则无所得。且如艺人学艺，初时神理不属，巧力不应，手中涩硬，心里扞格，何等苦难？及弄到熟时，得心应手，志意自畅，岂不可乐？所以夫子说："发愤忘食，乐以忘忧。"苦乐相寻，此是为学真境界。今学者始既不知苦，终亦不知乐，虚过一生，漫无所省，是盖不知学者。又有一样人，通不受苦，便要求乐，譬如足惮跋涉，志希远到，此必无之事也。

读书最要熟，熟则精神与之浃洽，义理自然淹贯，久之，溢发出来，有不知我之为书，而书之为我者。若读得不熟，则记得前段却又忘了后段，识得外面却又不晓里面。吾之精神既不入，则作者之命脉亦不可得而见矣，如此恍恍惚惚，便与不曾读一样，所以恒言云："读念千遍，其义自见。"今人读书过去，了无所得，只是工夫不熟耳。

读古书，学问方有原委，文字方有根据，然切不可泛及芜秽。"五经"其尚已，史则《左》、《国》、《史》、《汉》，子则《老》、《庄》、《荀》、《列》、《韩非》、《吕览》，《楚辞》、《淮南》等书，此义理之源，文字之祖，后来千流万派，皆从此出，志学之士不可不究心也。魏晋而下，则《昭明文选》，李、杜诗集，以及韩、柳、欧、苏四大家，虽文以代变，亦各极一时之选，所当并为涉猎，以资见闻。至本朝，则北地左辅、

---

① 剑相：原版缺损，据安图本补。
② 慌：原作"谎"，径改。
③ 问：原作"向"，形近致误，据文意改。

历下、琅琊、新都诸君子，皆出经入史，合符古之作者，亦当掇取精华，以为法古之助。其余秽琐之书，无益实用，徒蔽精神，悉屏弃之可也。

顾仲恭论文

昔孔子称："君子有三戒。"而佛氏亦言："戒如平地。"戒之为言，非其至者，然所以揭迷途而垂永鉴，不可易也。至于时义，宜亦有之。余潜心斯业约有数载，遍阅今昔诸名公之作，非不妙析奇致，异锦同工，其能一臻正度，粹然无瑕者，盖亦鲜矣。揆厥所蔽，源流实繁，或滥觞于先哲，或创见于流辈，乃至充塞，惜莫之惩。遂令承学之士，濡染成风，沉沦恶道，不能自脱。予是用悯焉，观览之暇，辄复论辨，先其易者，后其难者①，即目为时艺三十戒，置之座隅，用以自儆，因使夫适道者不惑，闻义者乐迁，若以为雌黄先辈，弹射名流，则吾不敢也。又篇中多所参驳，罕所直指者，盖病候既审，自知救药之方；旁蹊尽塞，无复周行之示。过此以往，自在能者得之，不可以笔舌传也。

悖

曷言乎文戒之以悖为首也？曰："文以释经为主，故当于经者，美之首也；悖于经者，恶之首也。当于经也甚难，而悖于经也甚易。"此虽名家有不免者，而何以责之人人也？曰："此极论其致耳。若今所谓不悖，则傍理而说，据意而书，不必求畅于经之旨，而求达于吾之意，此一庸人能之耳。其有悖者，盖由意昏于俗，思失于驰，操笔之际，手不应心，乃有斯弊。然细求之，即如昆湖'尺地莫非其有'文，世所传诵，起云：'天下有尺地之非其有，则其势孤，夫人之有广土者，犹得而抗之'云云。天下止有此地此民，吾仅失尺地，人哪得广土？吾仅失一民，人哪得众民？虽曰不悖，吾不信也。"

死

文之悖者无论已，其不甚悖者，则当论其笔机之死与活。夫世岂无浅学陋品而早取科第者？然粗粗看之，若非有一种轻薄，必有一种腥膻，轻薄近于珑松，腥膻近于生发。即此二种，皆生机之不断绝者，所以投庸人之好也。若并此机而绝之，虽盲者亦见而弃之矣。曰："枯木古石，反有见而爱之者何？"曰："此亦必有一段光景，令人会心者耳。夫枯杨之根，柱础之石，未有见而爱之者也。"文章死活之辨如此矣，然极论活

① 难者：原文脱漏，据文意补。

之妙，虽使王、唐复生，未必能尽其致也。

误

有误于字者，有误于旨者，皆不读书之过也。凡此两误，累纸难尽，姑①举其略：如“舛”与“踳”一字也，或改“踳”为“踏”，而有“舛踏”之文；“创”与“刱”亦一字也，或读“刱”为“并”，而有“刱创”之语；“密勿”二字，读为“黾勉”，韩诗“密勿同心”，《汉书》“密勿从事”可证，何乃与“九重”、“五位”等语同用？《楚辞》：“圆凿方枘，以方圆不相入也。”何乃改“枘”为“柄”，而云“柄凿不相入”？《庄子》“莽苍”注云：“近郊也。”而或以为仓卒之义。“在宥”，篇中意义自明，而或以为宽宥之解。此等皆误于字者也。泰伯端冕以洽周礼，而称其断发文身；公孙衍、张仪皆衡人，而称其或从或横；接舆，楚狂字，而或解为接孔子之舆；胶鬲之鱼盐，在未事纣之先，而或作箕子、胶鬲文云：“鱼盐之事未兴”；“晋国天下莫强”，正在梁惠王初年，而多认为未分之晋；“不亲迎赘婿也”，而多解为杀礼之说；“见孟子雪宫”，而以为馆孟子于雪宫；孔子实为陈侯周臣，见《阙里志》，而属之司城贞子；至于《诗》义，斯弊益繁：如蜎蜎者，蠋虫之孤独者也，而皆以物之聚居反兴人之独宿；“有栈之车”，即士所乘栈车也，而以为兵车；如斯之流，不可胜载，此皆误于旨者也。乃若“匏瓜不食”，为其共济，而以为不饮食；“长者折枝”，义同折腰，而以为折草木；硕鼠之非有五技，夏屋之不为屋室，“鄂不”之字当为“萼跗”，“窃脂”之义宜作浅白，则皆误起于前人，谬仍乎既往，予未暇此辨也。呜呼！安得多闻阙疑者，而与之正斯文之讹乎？

野

凡文之不可不纵者，机也；必不可纵者，意也，纵之流为客，客之流为野。姑举其甚者，如先辈有作“公伯寮愬子路”，文云“升堂入室之学，孔丘固尝与之矣，而门人卒不敬焉；有勇知方之政，仲由亦尝自许矣，而夫子卒哂之焉。是虽从政之果固为可取，而以野哉之由为之，则其礼乐不兴，而刑罚不中，未可知也；是虽治赋之才不无可称，而以由之喭为之，则其临事不惧，而好谋不成，未可知也”云云。看题面，那得许多野话？且止似谮，全不似愬矣。文字中如此弊者甚多，若以收敛为主，自无此病也。

排

时义之体，虽以两两相比，排偶成文，要必意在笔先，神游局外，故能首尾相应，

---

① 姑：原作“如”，据文意及下文同例改。

虚实相生，若一篇而整整八意，二比而济济并立，譬如有人五官非不具备，而神情不属，块然行尸矣。且一题之中，止有一意，一意之内，变幻自生，若必取①于匹偶，必假助于骈枝，甚不可也。与其为排，无宁为复。

复

知一意之说，而不识变幻之妙，则必反而为复矣。复者，俗谓之合掌，亦谓之挑水，均未足以喻也，夫合掌之义，左右相成，担水之象，彼此适用，文字若复，取左则可遗右，有此则可无彼，非其例矣。此所谓说过又说，甚亡谓也。呜呼！排之与复，出此入彼，欲并解二结也难矣，必也具空旷之才，识机势之变，而后可称尽美，不然，挑剔于句法之间，转拨于虚字之内，亦近代一小法门也。若字句之首尾重出者，亦复之流而近于杂。

杂

杂有三失：体杂者，截也，人首蛇身，前后若两截之谓也，如辛卯应天“动心忍性”程文，前既分贴，后复顶承者是也。意杂者，支也，如前所云“骈枝者”是也。语杂者，秽也，如秦汉之语，错以《典》、《谟》二氏之文，参乎《语》、《孟》，班班驳驳，望之毛悚者是也。

混

意杂之流，或名为混，盖因看题未真，旁皇两途，欲言如此，则恐背于章旨，欲言如彼，又恐碍于时目，乃以骑墙之见，出为含糊之词。即如“人莫不饮食也”一节，分明是指出道中最易见者以示人，旧说作譬喻者固非是，近有一等文字，不作譬喻，亦不作正意，但于起处云：“道之在人饮食也，道之中，饮食之正味也。”细看之，较旧说止少得一个“犹”字，无甚高论，却说得不明不白，令人气懑，未审佳致何在也，此乃老生无聊之计耳。

掇

语杂之病，起于掇拾。凡好学之士，其文自博洽，譬如富贵之家，为客开宴，虽珍异错陈而灿然若一，《诗》所谓：“惟其有之，是以似之”也。有等轻薄之子，手披文

---

① 必取：原作“取必”，据下句字序改。

籍，则聩①然恐寐，目眩疑义，则痛若疾首，乃至操觚之际，辄欲以博为名，以多为贵，亟搜纂要之书，旁掇论策之语，苟摭近似，莫暇阙疑，故其语意多杂，其引用多误，譬如丐儿之橐，无所不收；贫士之衣，多方补缀，此正其空乏之极，而俗目无识，便拟为多闻广记之士，真可恨也。若其不由掇拾，本自肥胖者，亦所当戒。

肥

文之气，以清为主，肥则必浊；文之法，以转为妙，肥则不便，故当戒也。曰："岩岩骨立之文，可以为程墨乎?"曰："应世之文，须还他一种冠冕气象足矣，岂可浓艳恶浊以投时好乎？若欲以今时程墨为已②善，不知之矣。"

叠

肥之属，有用叠者，滞文之机，增题之障，甚不可也。故非但叠句，即叠字亦宜少用；非但四字叠，即两字叠者亦宜少用。必两句之内，一宾一主；两字之内，一虚一实，而后为工于文也。曰："自昔有此文乎?"曰："有。"试看《论》、《孟》，未有无故而堆叠几字者也。后之妙于此法者，莫如苏长公，然非有天马行空之才，亦难言矣。若不能不叠者，但不肥可也。凡骨不足而肉胜者谓之肥，肉不足而皮胜者谓③之肤。

肤

谈文之家，必曰显浅，盖其致微而能畅之使显，其入深而能出之以浅，乃文章之真境，非末学之浮辞也。而出人不解，便以深沉为异，肤陋为常，言仁则曰太空，言义则曰变通，言性则曰清虚，言知则曰讲明，若此之谬，相沿莫革，如吴会元首义，可谓兴到之文，至收处二比，强欲融会，便多皮傅之语矣。凡肤之属，以伪益真者谓之饰，以字失意者谓之影，以语冠题者谓之套，取彼附此者谓之帮，各有辨。

饰

古语云："饰与不饰，相去什伯。"此为丑女说也，若质地既美，色态并佳，自令粉黛无颜，何事于饰？善乎！韩非子之言曰："夫恃貌而论情者，其情恶也；须饰而论质者，其质衰也。何以论之？和氏之璧不饰以五采，隋侯之珠不饰以银黄，其质至美，

① 聩：原作"瞆"，据文意改。
② 已：原作"以"，据文意改。
③ 谓：原作"为"，据下文改。

物不足以饰之。夫物之待饰而后行者，其质不美也。”通乎此说者，亦足以明文之不贵饰矣。乃若修意炼格，熔古铸今，是犹良玉之待琢，美金之须冶，本不借光于涂抹，未可概病其修饰也。曰：“并修饰而去之，可乎？”曰：“可，然其于谐俗也益难矣。”谚有之：“早知不入时人眼，多买胭脂画牡丹。”此言虽俚，可谓痛哭。

影

时论多有影作者，如“莲花似六郎”、“医来”、“闻鸡起舞”之类，已自可耻，不知那一鄙夫移此陋于时艺，至今人作比兴之题，多用此法，习为固然，不可究诘。甚者如壬午河南“为命”章程文，备极丑态，讲讨论处则云：“凛凛乎若敌国之在前，而不容不讨也，不容不论也。”讲润色处则云：“以其润泽生民者，为敷文之具；以其正色立朝者，为华国之章。”殆可谓沉痼于恶趣中者，此病所宜痛惩。

套

凡文相机而为体，则无套格，随题而发意，则无套语，弘正以前不爽，斯则迨嘉靖之末文体卑坏，纷纷恶套出焉。按《升庵集》所载，破题谓之马笼头，处处可用也。又谓舞单枪鬼，一跳而上也。起语百余言，谓之寿星头，长而虚空也。其中例用“存乎，存乎”，“谓之，谓之”，“此之谓，此之谓”，“有见乎？无见乎？”名曰救命索。不论与题合否，篇篇相袭，师以此授徒，上以此取士，不知何所抵止也。当时之文，可谓套之极矣。赖隆万之初，肃然再清，至于今日，此风复炽，拾《史》、《汉》之陈言，剿《庄》、《列》之僻字，一人狂吠于前，千人承余于后，互相沿袭，以为美谈，逢阵便摆，不复拣择。每督学者至，则累牍书而禁之，而卒不能止也。文字之套一至此，又岂止如用修所云哉？有志之士诚能剖心洗肠，唯陈言之务去，虽终日曳白，犹胜于能为世言者也。

帮

凡文一篇中有衬意者谓之支，一比中有衬意者谓之客，前既辨之矣。若一句中有衬字者，如言“中”而连中正，言“刚”而兼刚毅之类，则谓之帮，至有作“鸡鸣狗吠”之文者，鸡则兼豚，狗则兼彘，真可称帮闲矣。何仲容戏谓予曰：“文字若无保甲法，不应连坐他字。”此虽谐语，实至言也。

乱

凡论文者先论体。夫首必居上，足必居下，此人之定体也，文字亦然。作文者宜以题神为经，以题相为纬，因文说义而轻重了然，乃为妙耳，何必撮上文于下①文之中，递前句于后句之下？律以法度，则有变乱之讥；方之身体，无异倒悬之病，此大不可者也。如冯嗣宗《谈艺录》所载：昔嘉靖中以“可也简”题试士，昆湖闻之云：“此题当先讲‘可也’，然后讲‘简’字，不然，文势以‘简也可’矣。”又如甲午南京“君子胡不慥慥尔”题，作者②都似“慥慥胡不君子尔”，亦非体也。观此二节，可例其余。然鹤滩之文，推为本朝第一，而每作长题，往往倒叙正文，吾不知其解矣。又文中引用亦不可乱，如今人作《鹿鸣》章义者，多引《天保》、《伐木》；作《柏舟》章义者，必称《绿衣》、《燕燕》；互相引用，不论年次，甚则《采薇》而用“中兴”、“外攘”之说，《兔罝》而称“方叔”、“召虎”之才，此亦乱之属也，并所当戒。

纽

纽之为义，与乱微别，盖缘意主于求新，不觉遂沦于恶道，如“居敬行简”一节，文既相对，义亦两截，而必以串作为奇；“知仁勇天下之达德”，只应平叙三段，而或并智仁以对勇，或分勇以属知仁，何等矫强？何等牵合？又有一种文字，始于挑剔而终于纽乱者，把题中几字据为案底，而翻来覆去，搅成一片，虽世间人以此为美，吾则以为心劳日拙，正坐此病耳。凡纽之患在过苦，弄之患在过甘。

弄

得文之妙者，必能游戏三昧，出入自如，此犹没人之操舟，剑侠之飞步，皆由神巧而得之，非强以为戏也，而轻薄之士，高自夸诩，未立而欲行，厌常而索幻，或创变体以见奇，或聊寓意以博笑，以明经之语为戏玩之具，亦可嗤也。著之为好事者之戒。

缪

自汉以后，学者之尊汉也太过，至宋之初而尽变其说，迄于朱氏而定。自宋以后，学者之尊宋也亦太过，至正嘉之际，而尽变其说，迄今而未有定也。夫今之作者，大都以立异为宗，不以祖述为本，肆志攻击，无所推逊。甚或刻木为人，以像朱子，偶有相左，辄引权而击之。呜呼！先儒何罪，罹此毁辱？宋之黜汉，未至于此，岂天道之好还

① 下：原作“上”，后阅者旁有手书改为“下”，据文意实应为“下”。

② 从《套》中“修所云哉？有志之士诚能剖心洗肠”至《乱》中“又如甲午南京‘君子胡不慥慥尔’题，作者”（包括“帮”、“乱”二标题），此大段文字底本脱漏，据安图本补。

耶？愚意谓宜取《十三经注疏》与《四书五经大全》并颁于学官，更征有识之士，令取近世诸大儒语，并网罗放失旧闻及新说之无害于义者，汇为一书，布之人人，令好奇者无所置其喙，其余悉举而付之祖龙之焰，则庶乎其定于一也。

禅

好异之谬，莫大乎禅。凡时义中有用内典语苟且塞白者，既杂且丑，不足齿已。所恶于禅者，在以释氏之渺义为孔、孟之庸言，求之愈高，失之愈远，予尝谓之“题上生壳”，非虚语也。此仅足以骇庸人，若识者观之，益笑其愦愦耳。苟胸中有分毫了悟，宁复作此语耶?

借

文字有借题发意者，唐荆川“恶用是鶃鶃”篇是也。其中股云：“将谓是鶃鶃者可以供祭与？则羊豕鱼腊之陈，取给于禄而有余，况大夫五鼎，又无所用于鹅也。将谓是鶃鶃者可以养母与？则鸡豚狗彘之畜，取盈于家而自足，况老者食肉，又无所待于鹅也。”其大结云：“古自祭祀宾客养老之需，大则牛豕，小则狗鸡，水陆之产，兔雉鼊蚳，莫不咸在，而鹅独不与焉，岂其时尚以鹅为难得，而亦先王之菲于饮食，不取备物之意与？后世习为奢靡，而饮食宴会之间，非鹅不行，甚至一鹅之费，与羊豕同价，亦恶用是鶃鶃者为哉?”按此亦先辈之大可笑处，不足为法，且彼特以之为戏，非有意为文之。乃今之所谓借者，则以揣摩为主，以迎合为工，每一题出，不论其意之深浅，义之当否，辄举君道相体、宫闱训储、国是文体、御虏治河诸意以冠之。如“柔远人”，而以为夷狄；“才难”一节，而以为宫闱；“君子胡不慥慥”，而以为正文体；“道不同”，而以为定国是；且曰：“不如是，不足以当主司之意。”嗟乎！无论其文品何如，即如此等心术，后日且为窥伺逢迎，毁方瓦①合之小人矣。士君子诚有有怀欲吐者，宜更作他诗文以自见，若经义之中，决不可假借也。

丑

文不可饰，饰则损真，尤不可丑，丑则无一可矣，譬之无盐之辈，强欲调脂弄粉，诚令人见之欲唾，若更泛而朱丹其面，彩画其身，有不疑为大怪而望之失气者哉？嗟乎！丙戌以后之文，大率如此矣。如厥罔靡匪之字，无甚异也，以为非是不古；刹那揭谛之文，此梵音也，以为非是不奇；“吃紧为人”、“活泼泼地”之语，此方言也，以为

---

① 瓦：原作“厄”，径改。

非是不透，至有一士人泛笔所之，无非恶道，稍属雅驯，誓不出口，所创造种种恶谈，遂为新学模楷，真可叹也！每念及此，欲断其舌。

俚

有意俚，有语俚。意俚之病在于无识，语俚之病在于无书，并当戒也。近有一狂士，惯作鄙俚可笑之文，自谓晚近必无吾侣。又有一浅陋之人，推尊之曰："某某，吾师也。"可发一笑。以上八条，说今时之弊殆尽矣，正文体者，尤宜痛惩。

痴

凡文字摹神者谓之能，摹相者谓之痴。先辈中如鹤滩之摹神，几于化境矣，然投珠抵璧①之句，已涉于痴。至正德之末，率祖此弊，甚者讲"以其子妻之"，则云："父母之命，不必禀也，以师命弟，而同牢之礼以成；媒妁之言，不必通也，以弟承师，而合卺之杯以举。"讲"得其所哉"句，则云："使校人不喻吾意，而置之于山，则维石岩岩，非其所也；使校人不喻吾意，而置之于林，则维叶萋萋，非其所也。"讲"可使在山"，则云："江亦可使之在山，河亦可使之在山。"讲"二老者天下之大老也"，则云："优游岁月，不知其几何年矣？鹤发皓皓，而且有清风凛凛之行。"观《皇明文纪》所载，如此之类，不可胜纪，盖知摹相而不知摹神故也。至若守溪、鲁君②之宋文③，则痴而近于野矣，然与其为今人之陋，毋宁为昔人之痴。

效

今之文人，或主于法成弘者，盖由于贵耳贱目，淡见甘闻，厌时刻之陋，而不知昔人之偏也，不知昔之与今，各有短长。今人所短者，因于文章法度多置焉不讲，故其体日至败坏，昔人则纵不得其妙，亦不失其体耳。至王辰玉《学艺初言》，必欲极贬今人而盛称昔人。其词非不烂然可听，然亦尝细细评论，惟王、唐诸大家，或足当之耳，其他名家而外多犯今时之弊，而今之名家反多得古人之妙者，未可以一概论也。大抵古之人善用实，今之人善用虚，两言足以蔽之矣。若复舍今人之虚，而效古人之实，弃其所长，用其所短，譬之学邯郸之步，未有不两失之者也。近有一文人，欲刻画先辈，但未得其骨而仅得其皮，且不复成弘之体，而沿正嘉之末，其所为文，杂糅难近，而自拟于名家，吾不解其谓何也。

---

① 投珠抵璧：原作"投珠反璧"，内阁文库本同，据通行语改。

② 鲁君：《续文规》中多次出现鲁史之名，不知与此鲁君是否系同一人，待考。

③ 宋文：内阁文库本同，以此称守溪、鲁君之八股文，其义难明。

衍

知古人之长而弃其短，识今人之短而取其长，则文之虚衍也必矣，曷言乎衍之当戒也？曰虚衍之与敷衍，毫厘千里，不可不辨。

枯

虚而不衍，将入于枯，故以为戒。

促

虚而不可以衍，不衍而不可以枯。守此诸戒，必且过于矜持，而促之病生矣，于是词有过简，地有过窄，机有宜纵而敛，调有宜缓而急，气有短而不长，像有寒而不贵，凡此诸端，皆促之流。其何术而免此？曰："难言也。"试闭门静坐，惟取经书白文及《楞严》、《圆觉》、《维摩》诸经置之座右，坐而观之，寤而思之。兴之未至，勿轻下笔，兴之将至，多引大白以自助，悠然若有思焉，恍然若有入焉，豁然若有寤焉，援毫而起，得意而疾书，则庶乎其可也。

易

援毫而起，得意而疾书，毋乃近于易乎？曰："然今昔名家反多卤莽之弊者大率坐此，释氏所谓任病是也。"然则如之何？曰："去尔骄盈之气与尔先入之见则幾矣。"

辨雅

"六经"何为而作也？曰："以明道也。"时义何为而作也？曰："以明经也。"苟其经之是明而已，何必戛戛然去俗而存雅也？"去俗者，去其畔乎经者也；存雅者，存其合乎经者也。"何谓雅？何谓俗？"有雅俗之形，有雅俗之情。《诗①》曰：'匪手携之，言示之事。'请陈其略：如古曰'天王'也，而今曰'皇帝'；古曰'公家'，而今曰'县官'；古曰'同姓'也，而今曰'宗藩'；古曰'甥舅'也，而今曰'外戚'；则雅俗辨矣。古曰'师保'也，而今曰'相国'，曰'丞相'；古曰'冢宰'、'司马'也，而今曰'吏部'、'兵部'；古曰'庶士'也，而今曰'郎官'；古曰'邑宰'也，而今曰'知县'，则雅俗辨矣。古曰'象魏'也，而今曰'令甲'；古曰'黎民'也，

① 诗：原作"语"，径改。

而今曰‘黔首’；古曰‘赋税’也，而今曰‘租庸’；古曰‘力役’也，而今曰‘征徭’；古曰‘犴狱’也，而今曰‘监牢’；古曰‘臣妾’也，而今曰‘奴婢’；古曰‘世系’也，而今曰‘家谱’；则雅俗辨矣。推此以往，凡天下一器一物，必有源流；凡文章一字一句，必有出处。其出于“五经”、《论》、《孟》、《周礼》、《仪礼》者，无不可用①；其出于《左传》、《国语》、《公》、《穀》、《尔雅》者，十得七八；其出于《老》、《庄》、《荀子》、《大戴家语》者，十得二三；至于《国》、《策》、《韩非》、《吕览》、《淮南》、《史》、《汉》诸书，虽间有可用，总不如不用之为当耳，此所谓雅俗之形也。凡读书明理之士，谁不知之？但不肯密于搜剔，忍于割舍耳。至于雅俗之情，则难言之。大抵颛顼以前不传文字；唐虞以来可得而言，典谟之书，纯正简古；爰及殷周，下逮获麟，虽微有不类，譬诸草木，不害其臭味之同也；战国秦汉，未免驳杂；魏晋而还，惟务尖俊风流之派；至唐而极有宋，诸儒斲雕为璞；此议论之大凡也。方佛教未通之时，圣贤经传，止谈人事，至于不可为者，则归之天；不可知者，则归之神；往往存而不论，辨而不详。味其遗编，真有一种莽莽滔滔之象。至达摩西来后，则发露尽矣。周程朱子，不过以一抔之土障江河，乌能夺之？此名理之别也。四言变为五言，五言变为近体，降而宋词、元曲，贞淫之致，递相天渊，莫不发于声歌，应于心术，此性情之别也。至若人之相去如九牛毛，庸众之语，决不可混于豪杰；豪杰之语，决不可参于圣贤，此意见之别也。今世之号为能文者，指切事情，揣摩时变，自以为至通，不知此汉唐之议论，而非商周之议论也；强索义理，深解意趣，自以为至精，不知此狂禅之名理，而非孔孟之名理也；柔曼委婉，悲切恳至，自以为至工，不知此词曲之性情，而非三百篇之性情也；语必惊人，意必骇俗，自以为至奇，而不知此豪杰之意见，而非圣贤之意见也。譬之官府判断公案，一切以成心从事，则笞杖可使为徒流，徒流可使为斩绞，虽酷虐之吏，抚掌快心，而不知百姓之受枉亦已多矣。盍于静夜清旦之时，平心易气，将《学》、《庸》、《语》、《孟》朗读一过，然后以所作时义，一一按之，必且赧然深耻，翻然大悔，视平日雕心镂骨之语，不啻瘿疣疮痏；视平日潜天潜地之思，不啻魑魅魍魉，则庶乎俗法可黜，而雅道可兴矣。世有英俊之士，超然远览，必当三复于予言。乃若猥琐龌龊之徒谬托平正者，譬之腐尸朽骨，觅其病痛，了不可得，以此言雅，又不如俗之为愈也。”

或问时义雅俗之辨者，率尔草此以答之。其言不文，复不逊，观者当自谅之也。癸卯季春顾大韶识。

---

① 用：原版缺损，据文意补。

游艺塾续文规卷之十

赵田逸农袁黄坤仪甫辑
门人刘有执无竞甫阅
男袁天启若思甫订
嗣男叶绍袁仲韶
侄孙袁祚熙载之甫同校

破　题

破贵新，元破则不特新，而兼贵雅；破贵奇，元破则不特奇，而兼贵厚；破贵透彻，元破则不特透彻，而兼贵浑融；破贵精妍，元破则不特精妍，而兼贵正大。会试"不知命"全，杨守勤破云："圣人以真知责君子，而悉举其最切者焉。"以"真知"立论，便得题髓，而语新气厚，自然大雅不群。鲁史云："圣人所贵于知者三，皆自修之实功也。"说"自修之实功"，亦非泛语。梅之焕云："圣人于学者，而责以全知焉。"此破亦浑厚可元。四名潘澜云："人心有真知，废一不可者也。"新可触目。五名胡承诏云："知各有所重，而其为君子一也。"脱套之谈，出人意表。六名周铉云："君子有全知，缘天以修人者也。""缘天修人"，是出格语。七名王家植云："君子之真知，必不可无者也。"语得大意。八名刘嗣传云："圣人重全知，而所责于君子备焉。"此破亦雅。九名张京元云："人无真知者，无一而可矣。"语奇。十名樊良枢云："圣学有真知，而著不知之戒焉。"肖题而语警。十一名戴新云："圣人责学者以知，而三揭其不可无者焉。"刻①意求新。十二名洪启聪云："论知贵达天，而有所实其知者焉。"作两段破，便觉脱尘。十三名金汝谐云："君子自证其心，由知命而知其完焉。""自证其心"乃独到之语。十四名魏濬云："圣人揭理之当知者，皆实知也。"片言所赋，凿凿名理。十五名吴友贤云："圣人贵穷理之学，而责于知者备焉。"十六名郑茂华云："君子有全知，皆其切于内修者也。""内修"字新警。十七名叶大受云："圣人责人以真

① 刻：原作"到"，据文意改。

知，皆为己实学也。”“为己实学”亦非浮泛语。来宗道云：“学有不可不知者，皆以穷理也。”涂一榛云：“以全知责君子，皆达天之学也。”满朝荐云：“君子有至命之全功，皆一知所彻也。”董暹云：“论学以知人，所贵于知者备焉。”陈国是云：“学有会为君子者，一知贯之也。”王家彦云：“论天人之学，均不可以不知也。”沈朝烨云：“学贵真知，由命而会其全焉。”张泰阶云：“圣人重于知者三，要之于理一也。”吴尔成云：“历揭真知于天，皆所以密真修也。”彭若昌云：“圣人历示所当知，皆以成其为君子者也。”周光祖云：“君子有真知，而天人之学贯矣。”祝以岱云：“学有全知，在探其本而已。”华玄禔云：“君子有完知，皆心之不容昧者也。”施尧化云：“君子学以致命，其知全也。”陈镳云：“学贵穷理，则知之宜全也。”秦钟震云：“为君子者，要之于全知焉。”鲍际明云：“君子重全知，由命而兼彻之也。”祁承煠云：“君子学先知命，密真知于人己而全矣。”郑陛云：“圣人以真知觉天下，皆其不可不知者也。”陈惟贞云：“圣人揭知于君子，贵会其全焉。”王命璇云：“圣人以知命归君子，而责以知之之实焉。”张鼒云：“圣人以知论学，而学之全见矣。”程国祥云：“学有实诣，证于知而可矣。”周炳谟云：“圣人醒人以知，而三指不知之失焉。”毛一鹭云：“善论君子者，其真知贵全也。”江灏云：“君子之学，致其知者全焉。”郑栋云：“圣人于君子，由知命而备责之也。”郭一轮云：“圣人重至学，而历举当知者示焉。”郭士望云：“圣人论君子，由知命而竟其修焉。”陈臣忠云：“圣人论君子，而责以全知焉。”高鸣雁云：“论君子之学，由达天而密其功焉。”柯昶云：“圣人欲人求知，而揭其失以示戒焉。”余懋孳云：“学有真知，圣人悉揭以训焉。”戴九玄云：“易知之要，而君子务其全①焉。”刘廷元云：“君子学先知命，不疏其知于人己者也。”钱时俊云：“三揭不知之弊，而君子当务致知矣。”李若星云：“圣人重全知，无非致命之学也。”以上诸破各立见，各务新奇，无一蹈袭，愈出愈新。往时惟元魁之破出色，今则不论前后，皆卓然不群矣。

《中庸》“极高明而道中庸”，此题往时作破，俱两平做，拘朱注“存心致知”之说也。今科诸公俱重“性”上说，此理学大明之验。杨会元破云：“完性体者，无失其高明之实焉。”以“完”字该学问，以“实”字该中庸，檃括得体。鲁史云：“君子之中庸，归于极心体而已。”错经合义，自觉出尘。梅之焕云：“君子之尊性，极其体而无所增也。”以“无增”破中庸，甚新而彻。“修凝君子，在完其高明之体焉。”只说“完其体”，而“道中庸”意不言自见。胡承诏云：“《中庸》论君子，有所以修高明之德者焉。”以“修德”尽问学，亦脱然之见也。周铉云：“君子完心量，完之以庸德也。”以庸德完心量，正是合一工夫。刘嗣传云：“君子之修德，极心体而约之也。”“约”字有含蓄。张京元：“君子之凝道，无奇非平者也。”新而奇。樊良枢云：“君子修德，有所以成其高明者焉。”高明待中庸而成，最得内外相须之旨。魏濬云：“君子极性之体，约之于中而已。”以“中”字说性体，是知本源者。吴友贤云：“君子极乎性之体，不离其常者也。”或说中，或说常，总是一意，“不离”二字用得好。叶大受

① 全：底本缺漏，据内阁文库本补。

云："大道不离于中，惟君子善体之也。""善体"二字浑融。沈士茂云："善修德者，极本体而实之也。""实"字醒眼。来宗道云："君子尽中之体，故发如其节焉。"语意俱新。满朝荐之"论修德之功，有所以实其虚者焉"，玲珑透彻，殊得大意。过庭训云："极心之量者，不遗乎实也。"亦自朗然。王家彦云："君子极性之量，亦即性之近者而已。"以"近"字形容中庸，殊费苦心。沈朝烨："君子之养性，惟不失其灵而已。"奇绝不群。施尧化云："完所性者，惟无累乎其初也。"沈曰"不失其灵"，施曰"无累其初"，皆重"德性"上，不规规于训诂者。陈镳云："君子极所性之体，而不于其用凿之也。"极意求新，说出人不敢说的话。韩仲雍云："《中庸》论凝道之功，融性于中者也。"琢磨合缝，句字俱雅。祁承爜云："竟心体于实行，斯善修德者矣。"不认空虚为心体，而以实行为心体，是留心学问者。高鸣雁云："性之高明，不外常行而极也。"以"极"字用在下，便觉出色。柯昶云："性极而止诸庸，则善凝道矣。"极而能庸，乃是真极。余懋孳云："君子之修德，极心体而止矣。""止"字好，见存心之外无致知，绝胜本注。戴九玄云："君子之尊性，尊之以平而已。"极新之语，出人意外。钱时俊云："君子极性之功，适协其体者也。"雅洁可诵。李若星云："君子不以私蔽心，而亦无炫奇之心焉。"虽作两句破，而语亦出尘。其余诸破皆磊磊不凡，总之，各抒新意，并无一卷沿袭旧句者，不能遍采，然阅此亦足以知其概矣。

《孟子》"老吾老"二句，会元破云："以吾心证人心，在必及之而已。"心心相证，深得题髓，而语意新警，跃然动人。鲁史云："论治有所以及人者，皆始于己而已。"说"始于己"，便有分晓。梅之焕云："王政及人，本其在吾者而已。""本其在吾"，亦得肯綮。潘澜云："图王业者，为之于所可及焉。""为"字原是上文字眼，所谓后经以终义也。胡承诏云："有所以及人者，而恩不以己隘矣。""不以己隘"，然后所及始广。看五魁三题之破，争奇献妍，各极其趣，应举者可以清矣。六名周铉云："君有及人之仁，以心公之而已。"点出"仁"字，便是保民本色。七名王家植云："以及民论，而知王泽不可壅矣。""不可壅"说得好。八名刘嗣传云："王道之用恩，推己为及者也。"用"恩"字亦本上文来。九名张京元云："即老幼之所及，而为之者易矣。""老幼"字人不用，而我用之，反觉老成。"易"字微犯下文，然曰"为之者易"，正缴"折枝"之意，不相妨也。十名樊良枢云："大贤欲君用恩，而两举及人之政焉。"极平正，极的确。看此十破，乃知得之者非偶然，取之者非孟浪，而欲发魁元者，不可不留意于破矣。洪启聪云："即恩所及，因乎吾而已。""吾"字即本文二"吾"字，"因乎吾"，更不由乎人也。金汝谐云："王者家天下，故恩必及夫人焉。""家天下"妙。魏濬云："恩有以类及者，导主之用恩也。""类"字点得明。吴友贤云："仁好于所及，王道之无私也。""王道无私"是断制语。凡作破，要发意于题中，而断之于言外，方能动人。叶大受云："论人主之用恩，惟不以人己间也。""人己无间"是本色语。丘士毅云："人主用恩，恃吾有以及之也。"重"吾"字，亦得旨。来宗道云："化有可以相及者，其机通也。"机圆语脱，自是作家。董暹云："两有所以及人者，皆于吾所之者也。"亦重"吾"字。过庭训云："人主之用恩，得其序者也。"独挑“序”字。周光祖云：“概论及之常，自吾操者也。”亦新。张鼐云：“恩有所以及者，亦自君及之也。”归重“君”上。施尧化云：“善图王者，即老幼可同民矣。”“同民”二字雅。华玄禔云：“恩有蕲于及人者，不私其恩者也。”此与魏破俱用两“恩”字。陈镳云：“广不忍之心，在以己及人而已。”上句用得恰好。鲍际明云：“有所以及人者，而泽不壅矣。”“不壅”与前“不隘”意同。祁承㸁云：“心有可以相通者，以老幼之情同也。”“情同”是推进一层。宋继登云：“论心于所及，而化原握矣。”“论心”佳，“化原握”亦佳。王命璇云：“论恩之所自及，其真机合也。”“真机合”亦说得好。程国祥云：“政之妙于所及也，亦因之而已。”“因之”二字用得好。高鸣雁云：“大贤论王道，而示用恩之法焉。”虚而典。余懋孳云：“恩有所以相及者，则不宜自难矣。”“自难”点得新。戴九玄云：“动君之用情，而广其及也。”简而当。钱时俊云：“恩有所及，而恩用矣。”词不费而意已足。李若星云：“欲尽人而仁之，其泽普矣。”今岁场中诸破喙喙争鸣，新新迭出，如笙簧互奏，各自成声；如众卉逢春，各呈一色，令人观之，愈出愈新，则夫名士之不得入彀者，未必不因破之未炼也，慎之哉。

乡试顺天“《诗》云：‘邦畿（至）所止’”①，沈朝烨破云：“传者示人之所止，而因借喻于知焉。”凡元破最要大雅，此破格醇而气厚，便得元之脉络。若语意稍奇，便是魁破；若意味稍薄，便是散中式破，记之。第二周廷旦云：“《诗》两咏所止，而圣人寓其意于知者焉。”“寓意知者”，得题中所重之旨。第三袁中道云：“《诗》以喻所止，而知止急矣。”尤觉浑成。第四张时泰云：“论有止者贵知止，《诗》与圣言可绎也。”雅而炼。第五达广善云：“传者以止示人，而有感于知止者焉。”五魁之破，各自争奇，俱不落尘境。范维达云：“例止义者，要于知而始真焉。”此破最为脱套，“例”字、“真”字皆佳。彭之龙云：“《诗》咏所止，圣人因触意于能知者焉。”“触意”二字新。毛九苞云：“观《诗》及圣言，而得夫②止与知止者焉。”一气混破，独得大意。盛日东云：“盖自有止，不以物而遗明也。”字新而意确。郭应宠云：“咏《诗》以求所止，即物而知其所矣。”两“所”字相应，便成佳调。施天德云：“以民观止，而得其知于物焉。”分节为破，书意原该如此。李芬春云：“两观《诗》及圣言，见止贵知也。”归重“知”字得旨。孙可大云：“咏当止者，以知止之而已。”语新而意玄。

《论语》“居则曰”一节，沈朝烨云：“圣人探群贤之用世，以辨志也。”亦自大雅。周廷旦云：“圣人欲辨志，而究所以应人知者焉。”铿然可诵。袁中道云：“圣人以可知者探群贤，重素养也。”不重用世，而重素养，是独得之见。张时泰云：“圣人于群贤，而欲观志于用焉。”字炼而语新。达广善云：“不负人知者，宜预筹于不知之先

---

① 《诗》云邦畿（至）所止：此乃明代八股文题型之一，属于省略题。本书标示此类省略题时，即在题目头尾中间加一“至”字（有的为“止”，现径改为“至”，不另注），说明题目范围。此题完整形式应是“《诗》云：‘邦畿千里，惟民所止。’《诗》云：‘缗蛮黄鸟，止于丘隅。’子曰：‘于止，知其所止。’”省去中间22字。此种省略题，《文规》中少见，《续文规》中稍多。凡下文同此题型者，不另注，只是在“至”字上加括号作为标志。

② 夫：原作“失”，形近致误，据卷十一《承题》中所引毛九苞同破改。

也。”不落蹊径，另立门墙。范维达云：“圣人先发言志之意，而诘所以焉。”下句奇。彭之龙云：“圣人重自信，而预试群贤之以焉。”“重自信”佳。盛日东云：“圣人探群贤之志，无非欲其不负知也。”“不负知”甚是。郭应宠云：“圣人以志探群贤，期不负所知而已。”“不负所知”，语便而确。施天德云：“士求可知，故居视其所以焉。”不惟脱尘，且又当理。王兰芳云：“圣人欲观群贤之用，就其求知诘之也。”“求知”二字用得恰好。李芬春云：“士不可负所知，故先资贵预也。”有议论，有关键。

《孟子》“使天下（至）之途”，沈朝烨云：“聚四民之欲，仁政使之也。”浑成而的确。周廷旦云：“能动天下之心者，为仁政使也。”亦浑融可诵。袁中道云：“能合天下之欲者，以仁为之使也。”“合”字好。达广善云：“能系天下之欲者，使之有道矣。”不言“仁政”，尤觉超然。范维达云：“观天下之归心，而使之者神矣。”尽自轻脱。彭之龙云：“民情联于共欲，仁以通其机也。”“联”字、“通”字皆巧。盛日东云：“天下皆以心归，有以鼓其心也。”空中布景，不着色相。王兰芳云：“天下归心于王国，一仁所使也。”独点“王国”字，最得肯綮。其余佳者尚多，不及备录。

应天“康诰曰克（至）峻德”，王纳谏云：“三圣之明德，可溯观于《书》也。”浑厚老成，正是元破。张榜云：“释明德者，历证于三书焉。”亦是大雅。张鼐云：“传溯圣学，而历引明德之书焉。”意新警，便觉峥嵘。詹应光云：“传者揭圣学，而三证于《书》焉。”简当。周泰峙云：“传引三书，而识明德之全能焉。”“全能”二字新。庄廷臣云：“稽圣德者，征信于《书》焉。”“征信”二字雅。史启元云：“《书》纪明德，而帝王之心学备矣。”新整。董尊闻云：“三圣之德，《书》之所志殊矣。”本同而说殊，乃是立意处。姚继舜云：“历稽帝王之学，其心体常明矣。”说“心体常明”，便觉醒目。李春鳌云：“传重明德，而揭三书以示焉。”不曰“考德于书”，而曰“揭书以示”，正得引书之意。吴伯敬云：“历稽之《书》，而帝王之学大矣。”“大”字是用意处。佘合中云：“传三引书，而明德之概具矣。”“概”字好。方士骐云：“稽德于《书》，见帝所以维天心焉。”说到“天心”，用意甚奇。毛以焞云：“传者阐心学，而证圣功于三书焉。”亦甚正大。张履素云：“稽大学于古，三书可互证焉。”“古”字、“互”字皆的当。陈应扬云：“即《书》以求帝王之学，而明德要矣。”王可宗云：“稽三书，而得帝王之传心焉。”“传心”二字触目。许元翔云：“三稽圣学，而明德之体该矣。”“体”字点得好。王腾程云：“历稽圣德，而明体完矣。”“明体”二字亦新。祝可仕云：“帝王之心学，载说明德者焉。”以古调说新意，铿然动人。

《论语》“仕而优则学”二句，王纳谏云：“论仕学之相及不相妨者也。”“及”字妙，说“不相妨”亦好。张榜云：“贤者论仕学，皆于所重先之也。”极为破的。张鼐云：“贤者论仕学，而互权其所务焉。”“互权”好。詹应光云：“贤者论仕与学，先所重而已。”下句有断制。周泰峙云：“贤者论仕与学，而寓责实之意焉。”“责实”二字得旨。郑茂华云：“贤者仕学，而各伸所重焉。”简而切。王建和云：“论仕与学，当一其心于所事焉。”新而且雅，真可触目。庄廷臣云：“仕学不偏废，先其所未优而已。”

翻得脱尘。金秀南①云："贤者于仕学，而两防其分念焉。"洗尽俗谈，出人意表。周炳谟云："论仕学交资，而各有当急焉。"词浑成而意亦切。董尊闻云："以所优较，而知事之所先也。"不说仕学，更觉洒然。李一献云："论仕与学，各亟其所优焉。"只用本题字，而意自出人。姚继舜云："贤者会仕学之全，而以两优期之也。"丁文炜云："能适乎学与仕之宜，则两当矣。"二破俱新。李春鳌云："贤者一仕学，而各有所亟焉。"曰"一"曰"各"，先合后分也，语甚超卓。吴伯敬云："仕学不偏废，惟先所重而已。"首句与庄破同，下句一则曰②"先所未优"，一则曰"先所重"，意不同而理同。庄世权云："贤者不欲偏言仕学，而两衡其重焉。""衡"字好。沈正宗云："贤者期仕学以实，而两立之准焉。""实"字、"准"字，皆有意思。卜二南云："仕贵体用之全，自验其所有余而已。"单提"仕"字，此通场所罕者。徐仪世云："洞仕学之适者，在各急其所重焉。""适"字新。施所学云："贤者论仕与学，皆不可有所妨也。"亦不落套。《情月稿》云："贤者权仕学，去其外心而已。"甚是出格。方大铉云："知仕学之相资，而出处一矣。"自出已见，不随人口吻。余懋孳云："贤者论仕与学，相为用者也。""相为用"乃是题内玄旨。毛以燉云："学以经世，而两著其不可缓焉。"重"学"字立说，亦非随人后者。阮大铖云："贤者论仕学，有合一之功焉。"只说"合一"，便得大意。蒋允化云："即仕之必资于学，而学不可苟矣。"此与毛破俱重"学"字，毛说"两著其不可缓"，犹有平意，此说"学不可苟"，则纯重矣。张履素云："仕学相资，各乘其优及之也。"语新而意切。乔时敏云："学之重也，两参之仕而益见焉。"周光祖云："贤者两权仕，而知学有常操矣。"祝可仕云："贤者贵实学，较言于仕有独重焉。"此三破皆重"学"立说。

《孟子》"智者无不（至）为急"，王纳谏云："以知务言智，善用智矣。"正大得体。张榜云："善用其兼知之识，所以成其智也。"用"识"字是。张鼐云："论智之大，而有精于用者焉。"新而且雅，亦可作元。詹应光云："智者而图其要，得智体矣。"平实可取。周泰峙云："观于智者之所急，可以审所务矣。"亦无尘气。郑茂华云："知挈其要，而知乃精矣。"简而当。庄廷臣："智不穷于用，其所务者当也。"句新而意妥。金秀南云："智有专务，斯善用智矣。"亦浑成。贡万程云："惟智者能知所急，握其要也。"黄愿素云："惟急所当务，而其知神矣。"下句申得好。姚继舜云："原知之体，知所急而已。"不说"用"而说"体"，是独创之见。丁文炜云："知务其大，天下之全知也。"立意甚高。李春鳌云："知有大体，而人当知所急矣。"破得大意。方士骐云："知在执要，无庸兼知为矣。"语新而意典。徐仪世云："提智德之衡，在审所急而已。"峻朗可诵。施所学云："明有所专用，善用其明者也。"亦得大旨。佘合中云："智而善用之，斯所贵于智矣。""善用"二字浑成。张士德云："酌知之欲急，而可无役其知矣。"陈俊林云："知有所急，知之所以精于用也。"二破俱新。乔时敏

① 金秀南：原作"金季南"，书中多处误用，均据《四库全书·江南通志·选举志》改。
② 曰：原文无，据文意补。

云："智有贵于知要者，君道也。"说归"君道"有理。程国祥云："究知之用，有精于所务者焉。""精"字好。周光祖云："智先大体，不穷于知者也。"本说"不必周知"，而今曰"不穷于知"，翻案见奇。李之达云："智之所急，无分其所当知而已。"曰"无分"，便不俗。

浙江"樊迟问仁"全，陈万言云："合知于仁，圣贤交发其旨焉。"破亦浑融。二名张尧揆云："合观仁智之论，而知智①之所成者大也。"独说"智之所成"，便觉超平。第三吴振缨云："仁以智成，而征于帝王之陶世焉。""陶世"二字新。第四周敬先云："仁智相成之妙，即善用智者可证也。""善用智"佳。第五张昌辰云："论智之所以成仁，征之圣化而已。"亦新警不凡。六名张时偕云："圣人发仁智之用，与古治道通焉。"不说"帝王"，而说"古治道"，便是醒眼。七名陈乾阳云："合智于仁，而得仁之妙用焉。"重"仁"字是。八名祝以岱云："以智而成仁，帝王有神运矣。""神运"字新。九名张奇龄云："知仁智之所以合，而得治鉴焉。""治鉴"字亦新。十名不见。沈守正云："仁知之命一，详论知而益明也。""详论知"深得题旨。王家相云："知以成其爱，帝王之所已试也。"以"知爱"代"仁智"，又"已试"字亦创出。姚士慎云："合论仁智者，当究其相成之理而已。"发意甚畅。沈宗圻云："论仁智之相成，有神于使者也。""神于使"奇。沈振龙云："仁智，于化不仁征焉。"独得题髓。陆梦龙云："观圣贤相与明仁智，而知举措之化宏也。"其余不能尽见，大率多奇多警，多超卓，并无陈腐者杂乎其间，应试者慎勿草草。

《中庸》"尊贤为大"，陈万言云："极所重于尊贤，亦合之义也。"平正无疵。张尧揆云："急于尊贤者，能仁亲者也。"补"仁亲"是题旨。吴振缨云："义有成其大者，以仁所资也。"不说"尊贤"，便觉超脱。周敬先云："论以人辅仁，而得义之大焉。"亦超卓可喜。张昌辰云："《中庸》揭贤之大，以其切于仁也。"五魁各出一见，各自勍人。张奇龄云："揭义之大，则尊贤不得后矣。""后"字新，此翻案法也。沈守正云："观义之大，而知辅仁要矣。"过庭训云："《中庸》重辅仁，而独揭其大焉。"王家相云："究宜之所为大，以成仁也。"姚士慎云："能辨尊贤之大，而义有独急矣。"贺万祚云："明于尊贤之藉，而大可知矣。"任邦俊云："圣人揭义之大，而独重夫辅仁者焉。"诸破各自争妍，铿铿可诵。

《孟子》"至诚而不动"一节，陈万言云："惟动之幾独以诚，而思诚要已。"平正之破。二名张尧揆云："惟诚能动，动要其至者也。"独挑"至"字，跃然动人，此破之出色者。三名吴振缨云："论动有真机，而识诚之不可已矣。""真机"字新。四名周敬先云："大贤惕人思诚，而决诚之应焉。"归重"思诚"，是题本意。五名张昌辰云："观诚之神于应，其机有可决也。"五魁破各不同，皆不落套。张时化云："决动物之理，而知诚身要矣。"只一"理"字，便尽题旨。陈乾阳云："大贤决动机，而独归至诚焉。""独归至诚"，说得有理。祝以岱云："惟诚掺动物之机，而知真心要矣。""真

① 智：原作"知"，据文意改。

心”字用得好。张奇龄云：“决诚之动机，则知诚不可袭矣。”点“袭”字新。王家相云：“决动之幾，而思诚者当求其至矣。”若无“至”字，便落常格。姚士慎云：“大贤决至诚之应，以心契者也。”沈萃桢云：“决诚之所通，亦决之心而已。”二破皆重“心”字。其余佳者尚众，不及遍录。

江西《论语》“子曰可也（至）谓与”，解元龚而安云：“道有化境，而贤者悟之矣。”既超常格，又不小巧，此元破之最佳者。二名祝耀祖云：“圣人进贤者以化，而因启其悟焉。”亦大雅。三名陈良训云：“圣人进守者以化，见体道之功焉。”不说“悟道”，而说“体道”，是务实处。四名黄灏云：“学不足所得，贤者因悟其意焉。”曰“不足”，并“可也”二字亦破出。五名赖鼎云：“贤者学见其大，因圣言而得其进机焉。”题外立意。六名、七名、八名俱不见。九名黄讷云：“圣人进守于化，因得治心之学焉。”用“治心”字奇。十名宋良翰云：“论学有进于守者，而道之进机可识矣。”亦自浑融。吴贵德云：“学有极诣，善悟者触而通焉。”语新而意卓。刘明保云：“极贞遇之学，而得所谓于《诗》矣。”点“谓”字有理。谌文祯云：“守不如化，贤者以《诗》证焉。”雅致可取。汤洪先云：“学不尽于制私，悟者以《诗》证焉。”上句亦破出“可”字，下句不说“贤者”，而说“悟者”，皆新。陈受卿云：“论学于守之外，即可以悟进机矣。”超脱。张宸云：“观圣人之论处贫富，而学可知也。”只说“学可知”，而题意自明。黄汝檄云：“圣人进贤者于化，其说与《诗》通焉。”下句得理得趣。章正岳云：“圣人进忘境之学，贤者以《诗》合焉。”“忘境”与“《诗》合”皆新。刘前度云：“圣人以斯进贤者，而贤者深契之也。”用“斯”字奇。邓京云：“学无可息，通于圣人之论贫富也。”有此一破，定非凡品。纪孟礼云：“知守不如化者，可以悟无穷矣。”用“无穷”二字亦奇。李墀云：“学有超于遇者，贤者得解于《诗》焉。”张绍文云：“圣学贵精，贤者悟而证焉。”徐僖云：“圣人以化融学，贤者以《诗》悟化焉。”诸破煅炼皆工，不落窠臼，惜不得尽见榜中诸作耳。

《中庸》“中立而不倚”，龚而安云：“君子所以能执中者，其性定也。”正大之破。祝耀祖云：“君子有真立，养之性者定也。”说到“养”上，才见工夫。陈良训云：“以所立观君子，有定力者也。”亦自脱俗。董有光云：“能胜其易倚之私者，唯君子也。”一反说而题意了然。纪孟礼云：“君子有定操而持己严矣，征君子之操其所立者定也。”不说“倚①”字，尤觉超然。张宸云：“圣人论立，唯君子得其中焉。”刘前度云：“善自立者，完所性之中而已。”章正岳云：“君子之中，能独立之者也。”此题之文，所见不多，而其破之可采者亦未能尽，始阅其概焉足矣。

《孟子》“是君臣父子”一句，龚而安云：“观仁义之风，而识王道之象矣。”此不

---

① 倚：原作“已”，然题中并无“已”字，疑音近致误。“不说‘倚’字，尤觉超然”，谓本破“持己严”、“立者定”云云，囊括“不倚”义，故此字应为“倚”。同例如上文举《中庸》“尊贤为大”，吴振缨破云：“义有成其大者，以仁所资也。”评语云：“不说‘尊贤’，便觉超脱。”下文举河南《论语》“上好礼”六句，四名乔进璠云：“君子之所以得民心者，其主术端也。”评语云：“不说‘好’字，尤高。”

求奇，而以正为奇者。祝耀祖云：“世有醇风，倡之者力也。”新而且典，破之上乘者。陈良训云：“国有道联，今当思其始之者矣。”亦新亦奇。黄灏云：“人共归大道，倡之者善也。”浑融中矩。赖鼎云：“仁义风行，而言之之利溥矣。”以“仁义”为“利”，亦自可人。六名、八名俱不见。李邦华云：“仁义同风，大顺之象也。”黄讷云：“国以仁义成风，极治之征也。”宋良翰云：“尽人而笃于伦，有感之者也。”姜曰唯云：“观所以相接者，而仁义之化溥矣。”萧命官云：“观化国之风，而仁义之入人深矣。”吴贵德云：“国有仁义之化，惟其利心忘也。”刘伯洋云：“举国而易为善俗，说者之力也。”张宸云：“稽淳风者，必观于其所怀焉。”刘明保云：“就通国以稽仁义之化，而其效远矣。”诸破或就题外浑融发意，或执题字靠实指明，或扬其所化而曰善俗易，或稽其所忌而曰“利心忘”，总之，刮垢见奇，不涉尘境，此文闱利器也。

福建《论语》“举善而教不能则劝”，程破云：“民之所劝，在兼善而已。”最雅正，最浑融，无容议矣。解元林欲楫云：“上有所以作民劝者，动其机而已。”轩举峻拔，有凌云之势。二名骆志宾云：“论激世有机，操之自上者也。”只破大意，而题旨跃然。三名陈鸣瑜云：“止有令民劝者，在振其善心而已。”善心贤愚同，其“振”字中涵“举”、“教”二意，此亦破之有理者。四名佘士芳云：“善劝民者，有所以动其真机焉。”浑而不雕，含而不露，观者当以意会之。五名蔡邦藩云：“能风励天下者，曲以善天下者也。”愈出愈新，非俗儒口吻。六名程应龙云：“劝民者，因民而风励焉。”“因”字是眼目。别本“民”下有“善”字，似不必。七名黄天鬻云：“劝民有以，动其自善之良而已。”善与不善，性各自善，轻轻点掇，意在言表。八名徐景濂云：“劝民之真机，惟成民之善而已。”亦得大意。九名文三俊云：“论所以劝民者，有巽得其心者也。”以“得心”立论本奇，“巽”字尤奇。十名庄重岳云：“观于民劝有道，而知作民在上也。”雅而正，秀而驯。十名前各自献奇，并不循袭。

凡破以得意为上，只宜点书中大旨，而玲珑写意，若依样画葫芦则俗矣。涂一榛云：“论劝民者，得所以善民者也。”秦钟震云：“能劝民者，不忘善其民者也。”邹藩云：“有劝民者，有所以鼓其机者焉。”陈正学云：“观民所由劝者，而作民有机矣。”林道推云：“道有作民劝者，曲以成之而已。”胡士芳云：“论劝民之机在上，有以鼓之而已。”陈仪云：“圣人所示劝民之道，尽所以作民者而已。”郭王镇云：“劝民有道，尽所以迪民于善而已。”李时启云：“劝民有道，在得其激发之机而已。”诸破皆浑融写意，上乘之作也。

破恶忌①庸，恶忌浅，恶忌无味，能于题中立意，自可动人。卢春蕙云：“论劝民之道，以实心鼓民者也。”说“实心”，便是立意处。范烇云：“论劝民，惺其自性而已。”曰“自性”，亦是用意处，“惺”字尤奇。欧从云云：“君有所以劝民者，在诱民于善焉。”“诱”字佳。陈应春云：“振民有道，在神用其主权焉。”以“权”字立论，“神用”亦精。陈镳云：“欲得民劝者，在有以鼓其心而已。”陈伯英云：“善劝民者，

① 忌：原无，据下文补。

诱其心之自动而已。”翁竟成云：“圣人论劝民者，有所以动其必从之心而已。”倪楚玉云：“善化民者，动其乐善之心焉。”杨光宾云：“圣人示风励之道，惟动以真心而已。”皆以“心”字立说，曰“自动”，曰“必从”，曰“乐善”，曰“真心”，各有思致。陈復亨云：“神作劝者，动民以真而已。”只一“真”字，意便不凡。郑鼎云：“论民劝有道，以欲善之心喻之也。”戴亮机云：“上有乐与为善之心，而劝民有机矣。”欲善之心在民，乐善之心在上，皆有意见。

破贵浑融，贵雅俊，贵妥帖。柯昶云：“论劝民者，有曲以导之之术焉。”林道推云：“道有作民劝者，曲以成之而已。”周贺云：“论所以劝民者，道在兼成而已。”林云翔云：“劝民有方，因民而用劝者也。”陈仪云：“圣人所示劝民之道，尽所以作民者而已。”陈拱璧云：“治能令民劝者，惟其意主于作人而已。”皆浑厚尔雅，不费椎凿。有反意作破者，不必正说，而题意跃如。张瑞图云：“劝民之道，无自上阻之而已。”

《中庸》“郊社之礼”四句，程云：“圣人报本之思，皆寄诸礼焉。”此是倒①破。解元林欲楫云：“礼有隆于报本者，仁孝之极恩也。”冠冕俊伟，非众所及。二名骆志宾云：“详举周圣祀礼，而得其仁孝焉。”亦甚雅正，“详”字可删。三名陈鸣瑜云：“即祀典之举，而征尽制之善矣。”纯正无疵。四名佘士芳云：“礼达于尊亲，圣孝之精也。”“尊亲”原是本文字眼，说“孝”不说“仁”，亦是题意如此。五名蔡邦藩云：“圣人之祭典，仁人孝子之恩也。”殊觉大雅。文三俊云：“礼有两大，而圣孝周于事矣。”“两大”新。涂一榛云：“礼隆于大亲者，有寄于礼者也。”“寄于礼”亦有意义。陈应春云：“《中庸》重礼意，而两表周礼之大者焉。”亦严整可观。李彬云：“二圣两制为祀礼，有所以祀者也。”径发“所以”字，亦得题意。张券云：“两观祀典，而六亲之制重矣。”亦大雅不群。池显交云：“《中庸》两举六礼，而原其所以制之意焉。”亦挑“所以”字。

《孟子》“人皆有不忍人之心”，解元林欲楫云：“大贤动人以真心，而揭其皆有焉。”大雅醇和，委是元破。二名骆志宾云：“论真心之皆有，原其初也。”程用下句。三名程鸣瑜云：“大贤欲全心之示，而醒以皆有焉。”“醒”字新。四名佘士芳云：“大贤以真心觉人，而决其皆有焉。”“真心觉人”，便得题髓。五名蔡邦藩云：“以人动人，而人心自有真矣。”此破最胜，不说皆有而皆有之意显然。文三俊云：“属人于人，而决真心之同焉。”“属人于人”与上“以人动人”，皆就“人”字发挥。涂一榛云：“大贤欲人全其心，而揭生机之同者焉。”“生机”新。杨莹钟云：“真心同具，而人当自识之矣。”句调不尘，洒然可诵。韦际黼云：“直指不忍之同，醒人以内照也。”“内照”字切。林光庭云：“以心观人，同得其良者也。”超脱清新，略无粘带。陈伯英云：“大贤重真心，而揭其机之不泯者焉。”以“不泯”字换“皆有”字，便觉醒目。倪楚玉云：“大贤欲人完初心，而表其皆良焉。”以“良”字代“不忍”，亦警。郑鼎云：“原

---

① 倒：原误作“例”，本破先破下文“所以事上帝”、“所以祀其先”，然后归结于“诸礼”，故曰倒破，据文意改。

好生于人，本其所以生也。”“本其所以生”是“不忍”本旨。邹孟都云：“心出于同具者，可以识其真矣。”不说“不忍”，但点其意，亦得大旨。

湖广《论语》“文质彬彬”，解元郭士望云：“道贵无敝，有时中之文质焉。”“道贵无敝”，是其用意处。罗调阳云：“酌质文之宜，要于相济者也。”“相济”是主意。陈圣典云：“圣人合文于质，要之适调而已。”重“质”字有理。王奇云：“圣人维雅，而思自然之文质焉。”“自然”有理，尽可玩索。郑之良云：“圣人思先进，而酌文质之中焉。”曰“思先进”，分明重“质”。贺逢圣云：“圣人维文治，而约之以其初焉。”从“文”反“质”，究极本初。张斗枢云：“圣人酌所以藻质者，防世趋也。”独言“藻质”，便见轻文。魏国宾云：“圣人有存雅之思，而约文质以中焉。”“存雅之思”，得夫子本怀。徐养量云：“圣人欲以质救文，而示调适之道焉。”“以质救文”，其新刮目。曹元龙云：“圣人慨文胜，而以适中者维世焉。”得救时之意。

《中庸》“今夫天”二节，郭士望云：“即生物以窥天命，而知圣心有天焉。”“圣心有天”是卓然奇论。王奇云：“宰化工于不息，圣德一天德也。”超脱可喜。张斗枢云：“天以纯统化圣，合其符矣。”先提“纯”字，亦是倒破。李化龙云：“推神功于默运，而至诚之运益见矣。”二“运”字相应。贺祥云：“极天生物，而知圣所以合天也。”亦妥帖可诵。青宗益云：“以生物窥天体，因得圣人之心体焉。”句警而意新。

《孟子》“大匠诲人”一节，郭士望云：“圣道有所必以者，得之于规矩焉。”亦自正大。吴弘功云：“工不废法，精于法者也。”浑若天成。王奇云：“法不可绌，即匠亦有然者矣。”质而不俚。张斗枢云：“从教法人，即诲艺者征焉。”语新意显。李化龙云：“匠亦有法，故教者能启人循焉。”责成大匠，便自神解。刘庭弼云：“观必循之法，即工犹持之矣。”“必循之法”，工而且雅。徐养量云：“大贤以规矩程士，而明其必不可废焉。”破得大意，浑然不凿。曹方瑜云：“论艺不离法，有贵于法者矣。”“有贵于法”，立论甚高。

河南《论语》“上好礼”六句，解元侯应琛破云：“端好以得民者，能尽其大者也。”“大”字得旨。二名苏继欧云：“大道可以得民，而上宜好矣。”亦雅正可诵。三名赵彦復①云：“论上有以化民者，在端所好而已。”“端所好”亦切本题。四名乔进璠云：“君子之所以得民心者，其主术端也。”不说“好”字，尤高。五名胡嘉标云：“君子以大道孚天下，心所联也。”归重“心”上有理。赖尔显云：“大人经世务，以好端其本也。”“经世务”方是“大人”。边之靖云：“道有可以摄民者，心相喻也。”“摄民”字新。张善继云：“观民以真心效，以上率之者真也。”“真”字可玩。傅振商云：“民洽于道，好所联也。”“洽”字嘉。方应明云：“大人以道属民心，唯无私好而已。”“属”字新，“无私”字得旨。胡徵云：“大道自可孚民，而主术贵正矣。”浑厚正大。

《中庸》“待其人而后行”，解元侯应琛云：“道寄于人，而人之责重矣。”句甚浑融。二名苏继欧云：“论道之行也，则人为要已。”句法老劲。三名赵彦復云：“《中庸》

---

① 赵彦復：原作“赵彦优”，查《河南方志》“举人栏”，应为“赵彦復”，下同，不另注。

论道，而思能行之人焉。”因道思人，则人为委。四名乔进璠云：“《中庸》重责人，而指道之所由行焉。”语亦正大。五名胡嘉标云：“《中庸》论道不虚行，而知人重矣。”典正不浮。六名陈璧云：“即道之所以行，责乎人也。”七名赖尔显云：“道有所托以行，而人当体道矣。”责重于人，自是正理。八名王允成云：“即道不自行，而行道者重矣。”不露“人”字，更觉清空。九名边之靖：“论道所以行，而责成于人焉。”十名张善继云：“观道以人行，则知不能无待矣。”贾继春云：“以行论，道寄于人者也。”方应明云：“即道以人为托，则人不可负道也。”门克新云：“合道于人，识道机矣。”皆清新圆转，不落凡境。往时中州之文，闻多旧套，今观诸破，皆自出机轴，并不拾人口中唾，则亦不当以寻常目之矣。

《孟子》“君子平其政”，解元侯应琛破云：“君子崇政体，而必持其平焉。”大雅之调，迥然自别。二名苏继欧云：“论政于君子，持大体也。”三名赵彦復云：“大贤揭政体，持其平焉足矣。”四名乔进璠云：“论政于君子，操以至一之心者也。”诸破皆佳，而此破尤胜。陈璧云：“君子之政，适于至一者也。”此与前破同，皆以“一”字代“平”字。王允成云：“观君子于政，而惠绌矣。”只说“惠绌”，而正政之意见于言外。边之靖云：“政贵法君子，以其仁均也。”语新意豁。方应明云：“论为政于君子，惟适得其心而已。”归在“心”上，是知政本者。孟绍虞云：“治贵识体，期调于适而已。”语新而意显。

山东《论语》“仁以为己任”，解元王文教破云：“以所任观士，完其心体而已。”“心体”二字于仁最切，此的确之破。王佐才云：“论士之任，任其在己者也。”“在己”二字佳，虚融警拔。谭性教云：“属仁于己，而真己完矣。”张梦鲸云：“惟士当仁，亦完己之真本而已。”邢其任：“君子满仁之量，而真体完矣。”铿铿①之意，皆得大旨。朱童蒙云：“士之任于己者，即其所以为己者也。”翛然脱俗。

《中庸》“施诸己（至）能也”，解元王文教云：“道贵顺施，圣人犹自歉焉。”纯正典雅。二名王命新云：“施宜如愿，故圣歉所施于伦焉。”淘洗莹净，居然出尘。三名王佐才云：“不愿之推，圣人犹自歉焉。”词意相联，自然刮目。四名不见，五名史高胤云：“道在平情，圣人自歉于能焉。”温润妥帖，入口②铿然。六名谭性教云：“善于施者，非全其能不可也。”以二意纽成一片，卓然动人。七名汪三益云：“平情之道，在反求所未能者焉。”即以下节为平情之道，甚足。八名以下皆无。张养晦云：“恕施之道，圣人有身体焉。”“身体”字妙。王所须云：“以己絜人，故圣心歉于自求焉。”黄明泰云：“推己于人者，必不责人而忘己也。”二破上下相照，俱为警策。

《孟子》“如智者亦行（至）大矣”，解元王文教：“即智之所以称大，而知其不当

① 铿铿：第二字原作“之”，于文意不通，“铿铿”文中屡见，内阁文库本即作“铿铿”。

② 口：原字漫漶，似为品，然于文意难通。书中屡见“入口便奇”、“入口便爽”，据以改之。

凿矣。”浑融大雅。二名王命新云：“知智大于因，而凿非矣。”轻便妥帖，较前为胜。谭性教云：“善用智①者，无所以扰之也。”亦是反破，翩翩轻举。汪三益云：“论智之大，大于无心也。”邢其任云：“大贤直指智体，以不用为用焉。”立意高卓，意在题外。

山西《论语》“诗三百”一节，解元赵守寀云：“圣人约《诗》旨，而以慎思蔽之焉。”虽不出奇，亦是正脉。王春桢云：“圣人论《诗》，而约其旨于心焉。”亦觉雅正。山西之卷不多，佳破绝少。

《中庸》“君子素其位而行”，解元赵守寀云：“君子之行，止于位而已矣。”语意简洁。张凤翼云：“君子行素之心，一尽道之心也。”亦自超然。王槐秀云：“君子心于道，惟行其所当行者而已。”重“道”是本意。阴应坤云：“君子行止位中，深于素者也。”“止”字有味。

《孟子》“犹可以为善国”三句，解元赵守寀云：“滕有可图之基，非自奋不可也。”因常为奇，定非凡品。张凤翼云：“滕可为善，惟奋乃成也。”简切遒劲。

四川《论语》“仁者先难而后获”，解元潘绍伊破云：“圣人论仁，一其心于难者而已。”用意甚确，措辞亦新。

此下诸省嘉破难得。

广东“不患贫而患不安”，程可登破云：“国家为图安计，故患有独注焉。”亦新鲜雅健。

广西“说之不以道”三句，唐天與破云：“君子衡情于道，而情无不平矣。”超然出尘。金绳绪云：“不以持己者用人，而难易分矣。”亦觉雅健。

陕西“夏后氏五十”二节，王昌宇破云：“圣王以什一善取民，而犹有泥其取者焉。”两意相挽，意见独真。

文字全看破题，一破陶洗不尽，全篇可知矣。然文字必出自性灵，始有佳破；必千椎万炼，始有佳破；必胸襟蕴藉，始有佳破。闻诸省士子多记旧文，故破不甚出色耳。

---

① 智：原作“明”，于题不伦，本节其他四破皆直指“智”字，下卷《承题》部分针对此破的承题亦直指“智”字，据以改之。

游艺塾续文规卷之十一

赵田逸农袁黄坤仪甫辑
门人刘有执无竞甫阅
男袁天启若思甫订
嗣男叶绍袁仲韶
侄孙袁祚熙载之甫同校

承　　题

"不知命"全，会元承云："夫命为实理，而礼与言皆命所淆也，一不知何以为君子?"说实理便与真知有情，而语意浑厚，有铁中铮铮之趣。胡承诏云："夫君子不言命，而能不衡命，惟其知耳。要以立身知人，则礼与言，亦何可昧哉?"有议论，可取。王家植云："盖心有真知，而学有全诣，圣人重知命，而不废礼与言，寄思君子之意深矣。"此承有首二句，便有理致，不然，只是"知"字破题耳。金汝谐云："盖命非见于天，见于吾心之不惑也，而立与知，人亦以证吾之心体而已。"语语入微，定非凡品。满朝荐云："盖命非易知，必彻之乎礼与言，而命乃至矣，君子可缺一耶?"与破关合有情。涂一榛云："夫命以定心，而礼与言亦藉以定命，说之不可不知也。"创"定心"、"定命"之语，便有眼目。王命璇云："夫礼与言，皆命之实体，知命者必兼知乎此，故全也，不然，奚得为君子哉?"开合得宜，联络有法。郭士望云："夫命，固人之品所由以定者，而礼为干，言为符，未有知命君子而不究及于此者矣。"笔力矫矫，轩举不群。

往时承题并无一股做者，多有开合照应，如罗纹承则先用一句合住，次罗纹题意而收拾之；开合承亦用一句说，次则分疏而结之；推原承亦先用一句浑融罩住，次则推其由而发挥之，故会元墨卷，专看承题起句，便迥然与众不同。如甲戌"学如不及"，孙月峰承题起句云："夫学之功至难穷也。"惟曰"难穷"，始包得"如不及"、"犹恐失"二意完。其余如曰"学始诸立心也"便宽了，包不住二意矣。戊辰"由诲女知之乎"节，田钟台起句云："夫人心自有真知也。"曰"真知"，始与"是知"意切。第二名云："天下无心外之知也。"便觉松而不切矣。辛未"生财有大道"一节，邓定宇起句云："夫财生于勤而匮于侈也。"包尽题意。二名黄葵阳起云："夫天下未尝无财也。"便不切实矣。近来作者多厌旧格，纵横驰骋，不循规矩。善作者虽格调新奇，亦有起伏，亦有照应，如项藉以二十八骑分三队，开合奇正，整然不乱乃佳。今年首篇承题，都是一直说下，惟余懋孳承云："夫真知无所不照也，故知命、知礼、知言三者，缺一不可矣。"此是罗纹旧格。王家彦承云："夫人惟出于天人间耳，则命与礼、与言，夫孰非知之当贯者，而可忽乎？"此二承略有古法存。

《中庸》"极高明而道中庸"，会元杨守勤承："夫性体本高明，而中庸其实际也，极而道之，斯真修矣。"以中庸为实际，便有识见。二名鲁史云："盖心体高明，而循之原自中庸也，故其所以为道者，乃其所以为极者与？"后二句有议论。三名梅之焕云："盖高明，性之体乎？而岂离中庸以为高明哉？故必合极于道始全焉。"不离中庸以为高明，是正大意思。四名潘澜云："夫中庸之理，原不出高明之中，极而道之，非修凝君子不及此。""中庸不出高明"，是真实语。五名胡承诏破承云："《中庸》论君子，有所以修高明之德者焉。夫德性本高明，而不极则非修，不道中庸则亦不修，是以君子交致其功与？"破重"修"字，故承亦专发"修"字，语意皆奇。六名周铉云："夫性本高明，而非中庸则无实事，故君子合而修之。"以中庸为实事，其意极高。七名王家植云："夫中庸之外无高明也，唯以所道者，特其所极，庶精一之学哉！"先合说一句，次分说二句，末又合说，是开合承。八名刘嗣传云："夫心体本高明，而中庸寓矣，极之道之，君子其有完修哉！"中庸寓于高明，其论甚正。九名张京元："夫真高明必中庸也，极而道之，斯以为君子哉！""真高明"奇。十名樊良枢破承云："君子修德，有所以成其高明者焉。盖性体高明而未始不中庸也，极之道之，而修德之学问固如此。"重"修德"说，原是上文正意。洪启聪云："夫高明为近道，而非以道范之则非中矣，此君子极而道之也。"奇而正。魏濬云："夫性体本自中庸，故高明称焉，极之道之，非两功。"此言之有理者。吴友贤云："盖性体原自高明，而高明原不离中庸也。极之道之，君子岂分用其功哉？"功不分用，此是至论。来宗道云："盖性体高明，所为未发之中也，既极之矣，安所不道哉？"以"未发之中"立论，便是出人。满朝荐破承云："论修德之功，有所以实其虚者焉。盖极高明则虚矣，非中庸之道，不幾于虚而无实哉？"以"虚"、"实"立论，最新。涂一榛云："夫心体高明，乃以中庸为高明也，极而道焉，德修矣。"以中庸为高明，是知合一之说者。董暹云："盖性体自高明，而亦即寓之于中庸者也，故夫极之者，亦即所以道之者与？"二名言"道即是极"，此言"极即是道"，各自争奇。王家彦破承云："君子极性之量，亦即性之近者而已。夫性量虽无极，而舍①中庸则无高明也，是以君子必依之与？"重中庸上，亦是一说。沈朝烨破承云："君子之养性，惟不失其灵而已。盖性体本灵，而舍中庸求高明，则灵反损也，此极与道相须与？"此破此承，皆度越常调，落落有魁元气。施尧化破承云：

① 舍：原作"合"，形近致误，据文意改。

"完所性者，惟无累乎其初也。盖性体自高明，而极之者，求以如其初而止，则中庸故足道也。"脱去蹊径，独重"初"字，亦自有见。鲍际明破承云："君子极性之量，亦率其常而已。夫离中庸别无高明也，君子极而道之，谓非率其常不可矣。"重"中庸"立说，"常"字亦新。杨鹤破承云："君子究性体之真，而无所益其初焉。夫外中庸以为高明，高明悉妄也，此君子之无所偏骛与？""无益其初"，立论甚卓，承亦重中庸，与破相合。郑栋破承云："君子于心体，真能极之者也。盖高明之内，中庸者寓，不道之而所极悉虚矣，故知君子之善修德也。"破只做"极高明"，而承却归重"道中庸"，两相互发，题意始完。余懋孳破承云："君子之修德，极心体而止矣。盖心体本高明，而实有不渝于中庸者，故能道者，即能极者也。"与前同法。

《孟子》"老吾老以及人之老"二句，会元杨守勤破承云："以吾心证人心，在必及之而已。夫老老幼幼，吾心原自足用，若何不以及人哉？"原自足用，最为有理。二名鲁史破承云："论治有所以及人者，皆始于己而已。夫惟老老幼幼也，而后不独老其老、幼其幼，则治固有所自始也乎？"破重"始"字，承因而发之。三名梅之焕云："夫吾欲老老幼幼，而谓人可已乎？是以君子有絜矩之道。"新而劲。四名潘澜破承云："图王业者，为之于其所可及焉。夫人之老幼，不异吾之老幼，以吾及人，是在为之耳。"破与承皆发"为"字。五名胡承诏破承云："有所以及人者，而恩不以己隘矣。夫老老幼幼之心一也，诚以己及人，而恩岂隘于小施哉？""恩不以己隘"原是，及破得此承，而意益明矣。六名周铉云："夫老老幼幼，真心也，心不自私，人人遍己所及，宁有涯乎？"只"真心"二字便得肯綮。七名王家植云："夫吾不能离人而别为寄也，论所及于老幼，而可自格其惠哉！""不能离人"是的确之语。八名刘嗣传云："甚矣！恩之可近取也，有其推之，而何靳于及耶？"此是推原承。九名张京元破承云："即老幼之所及，而为之者易矣。盖吾之老幼，即人老幼也，以此相及，而胡不可能者？王可以为矣。"破重"为"字，是后经以终义，承曰"吾之老幼，即人之老幼"，得一体之旨。十名樊良枢云："夫老幼一体也，老老幼幼以及之，而王者保民，不当如是乎？"明说"一体"字，便有头脑。金汝谐云："夫老幼之同情，犹夫吾也，吾欲老幼，而谓人能已乎？故王恩非遍及乎人不可。"起得有理，收得有力。来宗道云："盖人之老幼，非更有术以调之，即其施于吾者是已，此及之机至妙也。"收得好。涂一榛云："夫老老幼幼，同情也，以吾及人于以公主德也何难？""同情"二字是眼目。王家彦云："盖吾固无涯之原也，诚以吾及人，而何老幼之有间焉？"以吾为"无涯之原"，此意殊可玩索。鲍际明云："盖老幼有亲疏，而老老幼幼无亲疏，以吾及之，何壅泽之与有？"老幼，人也，则有亲疏；老老幼幼，心也，则无亲疏。程国祥云："盖老老幼幼，同情乎？同情之谓王，则因所及而及之也亦宜。"以同情立论，亦是。高鸣雁云："夫王道无过施之恩也，故老老幼幼，而随以及人，王道不过是耳。"恩不过施，乃用意处。

顺天"《诗》云'邦畿千里（至）所止'"，解元沈朝烨云："夫民止邦畿，而人心之止类然也，求止者，独无黄鸟之知乎？"平正可取。二名周廷旦云："夫尊得所止，邦畿之与丘隅皆是已，圣人发知止之叹意深哉。”虚而不实，得题本旨。三名袁中道云：“夫人心有止，不宜昧也。观于民有定止，物能知止，而察识之机亦可喻矣。”此是罗纹承。四名张时泰云：“夫至善在人，人自有止也，自止自知，宁无黄鸟之感乎？”“自止自知”，是切实语。五名达广善云：“夫惟民止邦畿也，岂谓黄鸟而亦知丘隅之止哉？则止于所止者，宜知之矣。”抑扬有法。彭之龙云：“盖有所止，则必贵知矣。止不徒在民，知不遗于物，《诗》与圣言有释也。”以“止”字、“知”字合说，便与众异。毛九苞破云：“观《诗》及圣言，而得夫止与知止者焉。夫物未有无所止，亦未有不知所止者，《诗》咏之而圣人取之，有以也。”轻逸可观。盛日东云：“夫民未有茫无所止者，而非知何以止哉？于物之明足惕也。”不说邦畿、丘隅，但虚虚点掇，遂成妙境。王兰芳破承云：“即《诗》观止，而有感于知止焉。盖民无不有止，而能止仅征于物矣，此夫子深有感与？”轻挑浅发，自是作手。李芬春云：“夫物各有止，匪知亦胡能止哉？《诗》及圣言，盖互相发明也。”“互相发明”是真实语。赵昌期云：“夫人惟有止，是以当知止也，《诗》与圣言可思矣。”轻脱不费力。

《论语》“居则曰不吾知”一节，沈朝烨云：“盖人知则必有负其知者，可徒叹莫知乎？是在审志矣。”有议论，非徒作者。袁中道云：“盖未有养不素定，而可以应人知者，此‘何以’之问，圣人所以询群贤与？”从“养”上说，得发问之意。彭之龙云：“夫人时信我，而我无以自信，如知何矣？‘知尔’之问，岂欲其急人知哉？”不急人知，是正当之语。周供才云：“盖志以有所以而后实也，不然，纵致慨于不知，而犹为虚志云耳。”有起伏，有照应，承之佳者。盛日东云：“盖知不可必，而无以应人知，则负在我矣，夫宁可以虚寄慨也？”“负在我”一句醒目。郑化麟云：“夫士为知己者用，岂其平居而乏当世之志哉？故夫子为群贤探也。”铿然可诵。施天德云：“夫自知而后可以人知也，世岂虞无知者哉，而所以当早辨乎？”首句佳。王兰芳破承云：“圣人欲观群贤之用，就其求知探之也。夫有意于知，必有所以而后可，不然，岂虚愿哉？”调轻而语逸。

《孟子》“使天下仕者（至）之途”，沈朝烨云：“夫士农工商，各有类也，而居能遂之，固知仁政之深于使矣。”妥帖。周廷旦云：“夫惟仁政能动人心也，不然，人皆有欲，岂能尽归于王哉？”此是正反承。袁中道云：“盖所以使之者，使其心也，能合天下之欲，则天下之心在我矣，此收拾人心之大机与？”重“心”字是。王兰芳破承云：“天下归心于王国，一仁所使也，夫士农商旅，人异欲矣，而不能舍王以自遂，则非仁胡以使哉？”遒劲平正。

应天“康诰曰克明德”三节，解元王纳谏云：“盖德，性体也，而圣人则尽性者也，故由文汤以溯之尧，而其源远矣。”收得有理。张榜云：“夫明德之统，文绍汤，汤绍尧，历溯于三书，亦可恍然悟矣。”明正。张鼐云：“夫明德，溯文而汤，而帝尧实始之，故征三书，而见知圣学之由来远矣。”说圣学之远与榜首同意。周泰峙云：“夫德本明也，而根于命，极于峻，三圣之能事蔑以加矣。”“德”字、“命”字、“峻”字，独发《书》旨。姚继舜云：“夫明一也，曰德曰命曰峻，德亦得其心之体乎？”归在心体上是。方冲吾破承云："稽德于《书》，帝王所以维天心焉。盖天以德为命，原自峻也，自文以溯汤、尧，而天心庶无陨坠矣。"重"天心"，立说亦新。吴世熙云："盖明德在人心矣，三书所称，恍乎如见帝王心体哉！"亦重"心"字。吴正宗："一夫学，以能明为大也，文汤与尧可考镜矣，说在乎三书也。"是开合承。

《论语》"仕而优则学"二句，解元王纳谏云："盖仕学分途也，而当其暇，则相及有机矣，奚患相妨之有？"平顺蕴藉，不愧元破。张榜云："甚矣！心之不可歧而用也，仕则仕重矣，学则学重矣，可未优而他及乎？""心不歧用"有理。张鼐云："盖务当其重，而兼及者，必于其优矣，此仕学并济之道也。"议论可取。金秀南云："盖仕与学各有所宜专也，未优而交及之，即仕学皆非矣。""各有宜专"与"仕学皆非"皆醒人目。庄世权破承云："贤者不欲偏言仕学，而两衡其重焉。夫当仕则仕重，当学则学重，岂得猥云合一？而卒致两妨也。"格奇而语秀。沈正宗破承云："贤者期仕学以实，而两立之准焉。盖仕学各有所急也，以全力赴之此，而以余力及之彼，斯均致其实乎？"以"实"字立论，亦有见。余懋孳云："夫仕不忘学，而学然后仕，则仕岂为学病哉？"语有斟酌。

《孟子》"知者无不知也"二句，解元王纳谏云："夫事有当务，此于无不知之中，独握其要者也，非智者畴能急之。""无不知之中，独握其要者①"，颇尽题旨。二名张榜云："夫兼知而兼急之，即智亦病矣，当务是急，正其所以无不知者乎？"此是正反承。三名张鼐云："夫智不尽于当务，而急于其务则精也，斯其无不知之智乎？"贵精不贵博，是用智之道。庄廷臣云："夫知缓急之谓智也，急而缓视之，可乎？故君子贵知务焉。"余懋孳云："大知自有真也，则当务之外，安足后吾知哉？"简劲。李之达云："夫智者以知而明，亦以知而荡，苟非急所当务也，即用知奚贵哉？"发挥蕴藉。

浙江《论语》"樊迟问仁"全，解元陈万言云："盖智之知正与仁之爱合也，观舜汤而益可通举错之说已。"温雅妥帖。张尧撰云："夫爱人者，必使无枉也。举错行而天下不仁远矣，信智之无妨于仁也。"联络有情，遂为绝唱。吴振缨云："盖举错明而枉者化，智何妨于仁乎？不然，虞殷何以选举仁天下也？"格新词妥。陈乾阳云："夫仁原不离智也，举错之指，正舜汤爱天下之微权矣，迟犹未达也耶？""仁不离知"，说理甚的。祝以岱云："夫爱人至化枉而极也，乃举错之知实运之，舜汤不足证耶？"先说"爱"，后说"知"，一直说下，词亦径捷。沈守正云："盖仁知异用而同源也，以知成爱，古帝王莫不皆然，而又何疑焉？"姚士慎云："夫仁智②原非二理也，以举错得化枉，虞商已事可验矣，而胡迟之终泥耶？""仁智非二理"是见道语。陈蒙吉云："夫仁智各有其用，而归于仁天下，则爱且以知成，故两圣人之举直足术也。""仁智"在用上说，有理。邵喻义云："盖仁智之不两妨，惟其举错当也，古之有天下者皆然，而迟何疑焉？"圆健。陆梦龙云："盖即举错以言仁，舜与汤其征矣，彼直以为言知者亦

① 者：原作"甚"，据前文改。
② 智：原无，据文意补。

何与？”径直不繁。

《中庸》“尊贤为大”，吴振缨破承云：“义有成其大者，以仁所资也。夫尊贤而亲亲之意始明矣，舍此而求义，岂要务哉？”是正破反承。过庭训云：“盖贤则仁之辅矣，故义无大于尊贤，重其辅也。”以“辅”字立说便不庸。沈萃祯云：“夫贤之当尊，义也，而系于君身者大，故义亦无有大焉者。”归在“君”身上，发“大”字有情。任邦俊云：“盖仁非贤不成也，以此思义，而尊贤顾不重哉？”不露“大”字。来宗道云：“盖君之亲亲，惟贤是倚，则贤之宜尊也，孰与较焉？”撇脱。

《孟子》“至诚而不动者”一节，吴振缨云：“盖诚为感物之原也，诚至而动，亦顺其机耳，而可强乎哉？”浑沦可诵。周敬先：“盖诚至，则我与物两相合矣，其必能动也，岂不诚所可幾哉？”以“物我两合”发“动”字有理。张时化云：“盖人心惟此一理也，诚则必动物矣，而岂所望于未诚者哉？”首句好。

江西《论语》“子曰可也”二节，解元龚而安云：“盖处贫富者，不容以‘仅可’止也，诗人岂直为切磋琢磨咏哉？”末句有涵蓄。陈良训云：“夫由守而化，学果何时已乎？而赐以《卫风》相证，则能通其意于贫富之外矣。”末句收得有味。黄讷云：“夫心学无穷，即贫富而可通者。守不若化，与《诗》言合矣，宜贤者引以证也。”此题之承，若两下开说，先讲上节，次讲下节，便为非法。今先说“心学无穷”，便影得下节来。刘伯洋云：“夫守不如化，宁独贫富然哉？自非达者，未能识此意矣。”语不粘带，超然出尘。吴贵德云：“夫惟忘境，而后知着境之非至也，证在《诗》悟赐也。”格新语逸。汤洪先云：“盖道贵忘情，学无止法，彼切磋琢磨之咏，不与圣言相发明哉？”错综相发，非依样画葫芦者。刘前度云：“夫‘斯’无尽藏，故得“可”与“未若”之说者，而可同《卫风》之契已。”从“斯”字说起，甚奇。邓京云：“夫一贫富耳，而不囿于无谄骄也，学固有息乎哉？甚矣！《诗》之言似夫子也。”亦超脱。纪孟礼云：“夫道之难穷，即一贫富可类观者，宜赐之有悟，而证之《诗》也。”亦先从《诗》意说起。章正岳云：“盖乐而好礼，则自得其心，不必制境矣，意切磋琢磨之如斯乎？”语亦超警。

《中庸》“中立而不倚”，解元龚而安云：“夫中稍有倚，即并①其立者亦非也，性体谓何，而宁有倚乎？”“并立亦非”，自是醒目。陈良训云：“夫立则易倚，而中立尤难之矣，非君子孰贞其守哉？”“立”是一意，“中”又是一意，“不倚”又是一意，此承檃括得尽。黄灏云：“盖中立者易倚，易倚而犹不倚也，乃见特操夫。”作此承忌犯“强哉”句，只说“特操”，与破相发，不为犯下。谌文祯云：“夫惟不倚，乃见其能立也，是以依中庸者，必曰君子。”此承最忌一句说尽，今云“惟不倚乃能立”，是反说。

《孟子》“是君臣父子”一句，解元龚而安云：“夫以仁义相接，是众著于仁义也，而倡之者谁耶？”慨然有思。李邦华云：“夫利与仁义不两存也，举一国而去彼怀，此真盛世之象哉！”开门见山。姜曰唯云：“夫仁义之于人也，抑何所不洽哉？其化至于

① 并：原无，据下文评语补。

相接不违，而后知所言之非迂也。”神采亦足。

福建《论语》“举善而教不能则劝”，骆志宾：“夫举与教合，而善否佥受益矣，激世微权，孰神于此？”凡承贵有议论，贵有断制，若依题直说，便无味矣。解元之承本正大，但不如二名之笔力耳。陈鸣喻云：“夫民各有心，而善举之，不能教之，有不自振者乎？”此承亦依题直叙，但得“民各有心”一句，便有意味。佘士芳云：“夫劝善者，民性之真也，举与教行，则机动矣，宁待使乎？”说“性善”及“不待使”，便与题切。蔡邦藩云：“盖善否殊品也，而不以举废教，则皆曲为善地耳，有不劝乎？”言“不以举废教”，便有轻重。程应龙云：“盖民欲善，故耻不能也，举与教合，是以因之之道劝之者。”首二句有抑扬，末句有议论。黄天鬻云：“夫民未必皆善，而欲善者，其良也，举之教之，民其有不劝耶？”首二句说理，凡承最忌落寞枯淡，须稍理为佳。徐景濂云：“盖欲善者，民之真心，举而且教，则真心自动，无待使矣。”黄鸣乔云：“夫善，民之真心也，善有举而不能有教，固激劝天下之大机乎？”二承皆有起有结，不失古法。邹藩云：“夫举与教合，民之天机于是乎动矣，劝宁待使哉？”亦苍健可诵。林光庭破承云：“劝民之道，有妙于使者矣。盖民之用劝，不可使也，故知舍举善教不能无术也。”亦是正破反承。潘应龙云：“夫民劝不可以督责使也，举与教并，而使之之道始神。”先反后正。史延昇云：“夫劝者民也，曰举曰教，则责之上矣。甚哉！民之有待而兴也。”“责成于上”是本意。陈拱璧云：“夫有所举，无所弃，上之作人亦多术矣，有不劝者谁也？”亦可诵。陈仪破承云：“圣人所示劝民之道，尽所以作民者而已。夫民自有真心，不作则不劝也，然则欲民善者，非举与教无由矣。”正破反承。杨光宾云：“盖真心未动，民弗劝也，举与教合，风励之道，无如此矣。”说“真心”是用意处。张士旗云：“夫善在民，不能亦在民，善劝者因之，则举教阙一不可。”以“因”字立论，亦奇。邹孟都云：“夫善举之朝，必无媮民，唯举与教兼得，而民之劝于善也，奚待使哉？”首二句是好议论。戴亮机云：“夫民之欲善，本其天性，惟善者举，而不能者教之，所以劝也。”首二句亦好。林一奇云：“盖善善否同滞，民心所由懈也，举与教并行，劝之效也，日可俟也。”调逸。

《中庸》“郊社之礼”四句，解元林欲楫云：“夫上帝，人之本；祖先，身之本。隆礼以报之，洋洋乎巨典也哉！”典则可诵，以“本”字立论，亦新。佘士芳云：“夫郊社、宗庙，礼耳，必有所以礼，非圣孝何能达其精哉？”发“所以”字。徐景濂云：“夫事帝祀先，意至精也，盖所以立乎礼之本，不徒郊庙为兢兢矣。”亦挑“所以”字。涂一榛云：“夫享帝享亲，隆礼也，而事祀之精意，则有即礼而寓者矣。”简劲。欧从云云：“夫以周之恢，王造也，帝与亲实式灵之，故自郊社、宗庙之礼行，而武周达孝见已。”首三句皆悬空写意。陈正学云：“夫国之大事在祀，而郊庙其尤重者，宜哉！周兼举以广孝也。”首二句亦是议论。林光庭云：“甚矣！礼不虚行也。故二礼之制，不足见武周，而所以事上帝祀先者，足以见武周也。”甚有意见。李彬云：“夫享帝享先，非其祭之谓也，明乎所以者，可与论郊社、宗庙之礼矣。”亦发“所以”字，而语有抑扬。邹孟都云：“夫人君为百神之主，则上帝先祖宁可乏祀？故自郊庙之礼行，而武周之制作善矣。”亦有发挥。

《孟子》“人皆有不忍人之心”，解元林欲楫云：“夫不忍之心，真心也，知其皆有，而可自失其初哉？”此承最难得好，只有一个意思，开口便完，无可骋词，无可发意，如林之作洁净纯雅，亦足称工矣。二名骆志宾云：“夫心莫真于不忍也，知其皆有，而完其初者宜亟矣。”凡承最贵发意，曰“莫真”曰“宜亟”，皆有意思。三名陈鸣瑜云：“夫不忍人，良心也，有人即有此心，谁谓有忍人哉？”归重“人”字，是题本旨。四名佘士芳云：“夫不忍人之心，真心也，人皆有之，则人当自得之。”结了不尘。五名蔡邦藩云：“夫人心即忍乎，未有忍于人者，人诚以人思之，而皆得所为心已。”亦重“人”字，而句法更活。文三俊破承云：“属人于人，而决真心之同焉。夫既为之人矣，而犹有所忍于人，则不可谓皆有之心也。”正破反承，涂一榛云：“盖不忍人之心，生机也，证之人所皆有，而可不全之耶？”以“生机”立论，原与破相发。秦钟震破承云：“大贤欲人识真心，而直揭其同焉。盖人与人同类也，而谓不忍人之心，不尽人具哉？”偏师直入，疾如飞电。卢春蕙云：“盖心之真，可自识者也，试还初而观之，岂不忍人之心有异哉？”前三句皆虚论，末句始入题。黄鸣乔破承云：“合所皆有者以论人，而得真心矣。盖人皆有真心，则不忍人之心所必有者，是在反其心而观之。”以反观醒人，亦颇真切。韦际黼破承云：“直指不忍之同，醒人以内照也。盖人共是心，矧不忍尤其至切者哉？孟氏盖直指之，令人自醒也。”承起句亦有议论。杨莹钟云：“夫不忍人之心，真心也，人皆有之，而何以不皆存耶？”末句有感慨。倪楚玉云：“夫忍人之心非良也，而初心则皆良矣，人可不自完哉？”先反后正，陈拱璧云：“夫人同则心同，故知不忍之心，天下之公心也。”简而有理。邹孟都云：“夫人孰无心？而孰为忍人之心？则具是心者，可不识其良哉？”反意发挥，格新语劲。戴亮机云：“夫人而忍人，则真心泯矣，既已同焉皆生，而宁人是忍乎哉？”凡承依题正说，不如反意发明，此等处皆可式也。

湖广《论语》“文质彬彬”，解元郭士望云：“夫文质自有中道也，时出之为彬彬，而又何偏胜之与有？”承贵反意发明，如此等题，又不可反做，一著反语，便犯上文“胜质”二句矣。此承先说“自有中道”，便切“彬彬”。二名吴弘功云：“夫文质有极，以文辅而以质主，乃得其极而精用者乎？”“主”、“辅”二字得解。王奇云：“夫道以自然为至也，匪质有其文，曷以称彬彬哉？”以自然立论，得题之解。胡澄云：“盖非质非文，而于中有适，则彬彬之雅哉！野、史无当矣。”飘然出色，如风铃雨鼓。贺逢圣云：“盖彬彬，固文质之初也，维其文而定以趋，非约之于此不可矣。”只说“维其文”，而不说质，是知时弊者。张斗枢云：“夫文胜灭质，则质固文之干也，惟彬彬质有其文，而后无为质病哉！”抑扬有法，深得重质之旨。魏国宾云：“夫雅道不可使漓也，是惟彬彬质有其文，而可以去胜心矣。”曰“雅道不漓”，便有重质意。

《中庸》“今夫天”二节，解元郭士望云：“盖不已之命，是为物命者也，命不已而圣心果有已哉？纯德胡以称焉？”翩翩有致，不乏风骨。二名吴弘功云：“盖天惟不已，其化无穷，圣人之纯也，正其所以合乎？”此题若只承下节，不承上节，意偏枯。曰

“不已”是下节，曰“无穷”是上节，末二句合收之。三名罗调阳云：“盖天惟不已，故生物之盛由之，而谓圣心之纯，非不已乎？固知圣同天也。”结构得法，有声有色。四名陈圣典云：“夫以于穆而涵不已之命，天之生物顾可测乎哉？妙于纯矣。”不露圣人，但说“妙于纯”，便见天人合一。五名王奇云①：“夫命匪不已，则物生几乎穷矣，而圣德既至于纯，与天宁有间哉？”先反后正。李化龙云：“盖生物至神，而运惟不已，孰谓至诚之纯德有已耶？”依题直叙，本非上乘，惟此承，众皆先说下节，此独先说生物，而后说不已，是以依题者而异乎众人也。曹元龙云：“夫不已之命，为生物根，而文德之纯，又非其与天合体者耶？”圆转不滞。

《孟子》“大匠诲人”一节，解元郭士望云：“夫规矩诚悬，大匠不易，而学焉者可知，彼坏吾道规矩者奈之何？”感慨有余味。二名吴弘功云：“盖由法而得所以法，则规矩为之基，观大匠诲人，可以法法矣。”用意天成。三名不见，四名陈圣典云：“夫以匠之大也，能运规矩，而不能外规矩，故诲与学共之也，法可废哉？”即一承而雅逸之气已露笔端。五名王奇云：“夫法在规矩则规矩重，不然者，而何以相授受哉？”不说正意，而意亦自足。张斗枢云：“夫匠，其小者也，而授受必以规矩，矧吾道乎？”即小形大，翩翩不群。曹元龙云：“夫规矩设，而大匠之范人与范于人者，必是物也，法其可废乎？”卓有大意，非漫作者。贺逢圣云：“夫匠之规矩，其小者也，诲与学犹必不废，而圣修宜何如哉？”曰匠小不若曰匠之规矩小，盖本文明曰大匠，而行文反曰匠小，便弗类矣，此毫厘之辨也。

河南《论语》“上好礼”六句，解元侯应琛云：“夫敬服用情，固上所愿得于民者，而好实先之，乃知居上自有体也。”循雅得法。赵彦復云：“盖起化有原，礼义信实操之，则君子之所好庸可忽乎？”直捷可观。边之靖云：“夫上下之相喻以心，而礼义信之随好以摄民也，斯经世之宏摹与？”王会篇云：“盖天下惟大道足以得民也，礼义信诚好之，而应有不爽者，则好尚贵端哉。”此二承皆有起有结，照应有情。方应明云：“盖礼义信，民之难②也，上有好下必甚，其弗降心以相从也，敢乎哉？”独发“敢”字。门克新云：“盖天下之好尚，一人之好尚是已，执大道以为天下枢，是在操主术者。”前二句有意思，后二句有笔力。

《中庸》“待其人而后行”，解元侯应琛云：“夫道不虚行，而行于所待之人，人可以自虚其责哉？”凡一句题最难作承，既无两意可相形，又无佳思可驰骋。此承起上得法，足称佳调。赵彦復云：“夫道以行而始大也，非人其孰能行之？此所以有待于能行者乎？”“道以行而始大”，是卓然之语。乔进播云：“夫道何尝不行③于世？然而未始无所待也，号为人者，宜自奋矣。”“道未尝不行于世④”，是正当之论。王会篇云：

① 云：原作“正”，据文意改。

② 难：原作“虽”，疑形近致误，据文意改。

③ 不行：原本无，据内阁文库本补。

④ 于世：内阁文库本无。

“盖道惟至大，而人其行道之藉也，故有行道之责者，当无虚所待矣。”运笔有神，风韵可掬。方应明云：“甚矣！道与人合之成体，待之成用者也，不然，天下有自行之道哉？”由体及用，敷衍可观。

《孟子》“君子平其政”，解元侯应琛云：“夫政自有体，特其平则体立，而惠于何有？”字字不虚。乔进璠云：“甚矣！政本于心也，心一则政不期平而自平矣，此政体也。”归在“心一”上有理。方应明云：“盖君子之心无陂也，以心运政，政之所以底于平与？”亦重“心”字。门克新云：“夫小惠之不足语于政，局于私也，有君子之公①，而政自平矣。”以“私”形“公”，意亦不窘。孟绍虞云：“夫敷治曰政，而平则调于适矣。识治体哉，君子乎？”此训字承。贾继春云：“夫政不平，非政也，故君子务所以平之者。”简而文。

山东《论语》“仁以为己任”，解元王文教云：“夫仁为心体，还以己完，则为士者，安得弗任哉？”恬雅不浮。王佐才云：“盖仁即己也，以此为任，而士之真己完矣。”“仁即为己”，说理甚精。史高胤云：“盖仁原管乎己，惟以己任仁，而心体完矣。”曰“仁管乎己”，曰“心体完”，皆切当之词。谭性教云：“夫仁，己之真也，以己任仁，君子所以不亏己也。”名言切理，玉屑霏霏。王所须云：“夫仁于心为真体，己有而已，任之贵，固有专属哉？”开口便得题髓。高知彰云：“盖仁必任而后不虚，士而能以己任也，则心体可自隘哉？”“任而后不虚”，是独到之语。黄明泰云：“夫仁者，己之真精神也，以是为任，士人所以完真己耳。”深入理窟，不泛不浮。

《中庸》“施诸己（至）能也”，王文教云：“盖不愿勿施，忠恕之道也，即圣人以求人自歉，而尚复有逆施乎？”有“逆施”句，然后上下相贯。王命新云：“夫心之所愿，宜施之人，宜能之己者也，不然，则于君子之道终有违矣。”联络有情。王佐才云：“盖不愿勿施，则所求皆所能矣，而圣人何犹然歉也？则不远人为道之心耳。”“所求皆所能”，说得有理。史高胤云：“夫酌人己以为施，则求人者宜先自能矣，故圣人以未能歉于道也。”不歉于身，而歉于道，深中肯綮。谭性教云：“夫不可施者，不可愿者也，可愿者孰如子臣弟友之道乎？此圣人所为兢兢也。”合说有情。张养晦云：“夫责人不能自责，可谓施其不愿乎？此夫子之恕也。”两意相涵，足称独诣。王所须云：“夫人以己为符也，子臣弟友之未尽，而逆施之可乎？”起句得旨。邢其任云：“夫惟道可以平人情，勿施于人而反责于己，斯两平而归于道矣。”是罗纹格。

《孟子》“如智者亦（至）大矣”，解元王文教云：“夫智不可以有心与也，无事如禹，其智不足称哉？”起句有理。王佐才云：“盖人性中自有智也，以因之道行之，而智不亦大耶？”点出“性”字，是章旨。谭性教云：“盖事之扰也，正以其智多也，善处事者，不自小其智而智大矣。”写意明爽。邢其任云：“盖智原从无心中生觉，故无之以为用，而其智亦弘远矣。”说理入微，断非凡品。

山西《论语》“诗三百”一节，解元赵守宷云：“夫心以思为用，思无邪而心学先

① 公：原作“父”，形近致误，据文意及下文评语改。

矣，《诗》宁有遗意哉?”大雅不群。张凤翼云：“夫《诗》之教主于淑，人心无邪则心正矣，谓不足以概全经之义哉?”亦有情思。阴应坤云：“夫《诗》为人心设也，故思①无邪一言，而全《诗》可蔽矣。”简要不繁。

《中庸》“君子素其位而行”，解元赵守寀云：“盖行之途有万，而位惟一，君子心止乎位，操术益其约哉!”“心止乎位”似犯“不愿”句，而驰骋不羁，超然可诵。张凤翼云：“盖位在则道在，素而行之，微君子其谁与?”归重在“道”上有理。

《孟子》“犹可以为善国”三句，赵守寀云：“夫君必自奋，而后可以图国，则瞑眩之说也，善国何容易乎?”声调俊朗。张凤翼云：“夫国期于善，善始于为，不然，几何而不与《书》之言疾者类哉?”格超而语逸。王春桢云：“盖善亦在为之而已矣，势何论焉？此大贤所以药世子也。”

广东《论语》“不患贫而患不安”，解元李如籀破承云：“圣人维分之思，而独以不安为患焉。夫不安则越分，患有甚于贫者矣，宜圣人特虑之也。”重“分”上说，得题旨。程可登云：“盖不安，则危之征也，讵止于贫哉？以故善患者在此不在彼。”理透而词古，李待问云：“夫国家非无财之患，而亡分之难，圣人不以彼易此也，诚计其安也。”格调新雅。

《中庸》“万物并育而不相害”，李待问破承云：“天地之大也，而物各正其性焉。夫物而害之，育之机息矣，吾因是而得物之妙焉。”以“害”字、“育”字相形，的当可取。

《孟子》“我亦欲正人心”，云腾起云：“夫人心，世道之主也。惟有以正之，而人心庶其有瘳②乎?”“人心”、“世道”本自相关，发得雅健。

四川而下，文字不多，不具论。

---

① 思：原作“观”，据《四书章句集注·论语·为政》改。

② 瘳：底本缺漏，据内阁文库本补。

游艺塾续文规卷之十二

赵田逸农袁黄坤仪甫辑
门人刘有执无竞甫阅
男袁天启若思甫订
嗣男叶绍袁仲韶
侄孙袁祚熙载之甫同校

小讲

“不知命”全，杨守勤云：“君子以定性为真修，则操持欲固，藻鉴欲精，而总之握枢于天命，司契于真知。”括尽题旨，源委分明。鲁史云：“吾人之所以自为重者，以品重，亦以守与识重，世未有真知不彻于胸中，而有品格守识之可言者也。”不拘不肆，朗然可观。周铉云：“人生具灵莹之识，而还以灵莹合天，故不通极于天非知也，而谓天道人事为歧途，亦非知也。”只开口二句，便卓然动人。王家植云：“吾人纷驰于事境，未若自有之灵明，灵明启而事境融，人品学术称纯备焉，此不借知于影响，而独彻其始终，乃征致知之重矣。”归重“自己灵明”上，最为卓识。

起讲是关节处，造语不工，则寡容色；用意不高，则涉庸境。张京元云：“尝谓心有灵机，学先解悟，夫孰不有事于求知？而影测者不窥其原本，一察者不通于大全，无论暗汶而多迷，即聪明巧智之士，有不胜其茫如已耳。”樊良枢云：“夫学成于德行，而必起知于神明，即学者莫不以致知为大务矣，然而微渺难寻，形声易溺，非天下之真知，其孰能与于此?”二起皆以词胜者。洪启聪云：“且自真知废，而世每远托天命以为知，于是有谓礼为器数而言为糟粕者，孰知命以虚为宗，实为用？其分注于礼与言者，总归于性命焉耳。”涂一榛云：“尝谓学者必洞识本原，而后裎己与程人，始有所操以为衡，乃有诎天以从我，诎我以从世，诎鉴世之理以从人，则学而未得于知也。”此起以意胜者。来宗道云：“尝谓学必始于知，盖人心有知，仰窥元化而俯察日用，安所不究？此非一意想之虚也，而谓实修即在焉。”不重意想，而重实修，亦是用意处。此类甚多，不能细列。但场中看卷，此处不能动人，便成尘阁，故须吃紧用心耳。

全章题目作起讲，最要包摄完全，又不可粘皮带骨。吴友贤云：“且天下之名理，总不出乎人心。故心无真知者，则理不明；心无全知者，则理亦不贯。甚矣！迷觉之门，其所系大也。”“真知”、“全知”，包涵题意，不甚着迹，所以为佳。沈朝烨云：“吾人欲去①迷入觉，必从知始，而溯其原可以默窥，融其机可以遍照。惟夫心涵元化，至身世交涉而不疑，而知始全焉。”“默窥”、“遍照”亦虚含题意。张泰阶云：“天人尔我之际，亦甚不可茫昧矣。有所以默承乎玄宰者，则当以任运为知；有所以显设乎律度者，则当以体验为知，而总之有当于理焉耳。”“默承”②、“显设”亦括尽题旨。祝以岱云：“且天人一贯之理，乃儒者学问之统宗，故冥契非玄而实操非迹，总之以真知为真诣，悉符其本原而止耳。”不但“冥契”、“实操”虚涵题意，而“非玄”、“非迹”用意最高。江灏云：“且吾人一生之诣，皆起于知，知有所精用，而不可眩也；知有所全用，而不可遗也。学为君子者，于此图之极焉。”“精用”、“全用”亦包题意。郑栋云：“且自行境实，知境虚，世始轻言知矣，乃知何可轻也？知有直溯其源者，一知而品已定；知有旁达其绪者③，兼知而学乃全。”“一知”、“兼知”已尽章旨，而以“行境实”、“知境虚”引起，立论不庸。陈臣忠云：“吾人学术总由知造，知有冥契，而不沦玄虚；亦有显证，而不随迹象，正就吾身根原脉络之会，而以灵明异照者完其真诣也。”以“冥契”、“显证”罗全意，而用“灵明”、“真诣”收之，亦有卓识。

有只重题中大意发挥，而不甚拘拘者。祁承爜起云：“吾人学有本原天人性命之际，学者毕世求之而难竟者也，故有旷然独契于天者，自不忍以有主之身，听浮游于人世；而以有定之识，任变乱于群言者矣。”“浮游人世”、“变乱群言”，虽暗含全意，而纵横布置，不循旧辙。郑陛云：“且学者未言力行，先言致知，非以知而遗行也，欲洞天人微显之奥，而穷人己身心之原，其功悉启之于知也。”只重“知”字，而“天人微显”、“人己身心”亦切本旨。

有小讲不能尽而顺发二比，总括大意者，如毛一鹭云：“且夫论品格者，神识为虚，修证为实，然未有神识不开，而修证足副之者，则真知贵焉。第知一耳，有默而悬者，其洞烛在气运之表；有显而寄者，其识认在耳目之前，总之，悟境一开，惺灵随透，君子固以全收之也。”得此二比，一篇大旨包孕无遗。吴友贤云：“且天下之名理，总不出乎人心，故心无真知者，则理不明；心无全知者，则理亦不贯。甚矣！迷觉之门，其所系大也，何则？知而浅言之，特虚觉耳，然试体验于身心之际，而帝则与人纲，莫不由察识以凝承，则虚见即为实修。知而约言之，亦独觉耳，然试参合于身世之交，而禔躬④与品物，莫不以精明为修证，则独觉即为兼体。”提得明彻，以后文势若建瓴而下，住手不得矣。

---

① 去：原字漫漶作“云”字，径改。

② 承：原误作“成”，据文意改。

③ 者：原无，据文意增。

④ 禔躬：原作“提躬”，据文意改。

《中庸》“极高明而道中庸”，杨守勤云：“且德性之体，虚涵而实证者也，虚故不得累以缘染，而实故不得鉴以玄虚，君子辨此矣。”“不累缘染”、“不鉴玄虚”，皆真实语。周铉云：“且德何为者也？结体于幾希未动之先，无内减、无外增者也，顾睹闻以后之浸淫渐渝其体，而性命以外之奇诡愈蚀其真，均之道所不载焉。”不但词采烂然，而意亦独诣。

题有两意，独重一意阐明，亦是常格。此题众重“高明”，而张京元独重“中庸”，便觉出尘。其文云：“尝谓圣道之不行，中庸之鲜能也，而逾越中庸者，往往惟高明之士蹈之，彼固厌中庸为不足道，而驰意高明非真高明矣，君子则何以凝道哉？”郭士望只重“高明”，亦自可观。其文云：“且道载于高明，而亦每为高明之徒所累，此岂真高明哉？驰情超朗，而中实有濡不能割之欲；一意求脱，而外犹有俯不能就之情，道所由漓矣。”

小讲有反起见意者。金汝谐云：“且天下之至神惟心，至常亦惟心。世以其常也，而沦之于嗜欲，此世情汩没之心，而非天然空洞之心；世又以其神也，而又逃之于奇诡，此后来情识之心，非元初简淡之心。”“至神惟心”，“至常亦唯心”，已自奇伟，后发二意，更觉清空。

起讲贵清虚，亦贵实诣。吴友贤云：“且夫性之所以尊者，以其出乎天地万物之上，而不越乎天命率性之常，故竭愚不肖之知能，而未及遵其易简；并竭贤智之意见，而不能尽其神奇。”“智”、“愚”、“贤”、“不肖”等，原是《中庸》本旨，而融铸出色，遂成佳调。韩仲雍云：“且圣人之道，即中庸之道也，入于声臭之先，而至道冥焉；出于知能之常，而至德显焉，知此者，知尊与道之法矣。”“声臭”、“知能”语亦甚实，而发得精雅，自然不俗。杨鹤云：“且人心之不高明，非造事之平能累之也，乃宅心之不净者累之也。自学者妄认高明，有所跳而越焉以示之奇，又有所厌而弃焉以示之不屑，不独中庸失，而高明亦非矣。”以“心”字为主，亦是用意处。余懋孳云：“且道之所以不凝者，患在不见心体而妄意非常，故内不胜物累，外不胜奇邪者，正其识卑而欲未净也，修凝君子何如哉？”以“不见心体”立论，亦有识见。

起讲下将大意提得醒，则通篇有力，如良工织锦，头绪既明，则不烦组合而丝丝入扣；又如大将出师，号令既肃，自然三军用命。洪启聪云：“且道之不凝于人也，一失于宅心，再失于径行矣，其原染于习气之外垢，溷而不能出也；游于天心之太初，闳而不能入也，而所为修德者阙乎？君子谓德性真体，原自一物不容；而学问措施，亦且寻常不释，故涤除澡雪，本培制行之大源；而炫异矜奇，岂属性灵之作用？”脉络甚明，语气典雅。郑茂华云：“且立天之道，曰高与明，乃其精明则易简尽之矣。夫人心同符天体，而后浸失也，则所为复既剥而完于既雕者，亦即以天体还人心耳，盖心体不涉一物，涉一私欲点染，则私欲为之累；而心体又不着一物，着一超旷意见，又意见为之累。”立论既高，朗然成响。王家彦云：“且今天下之所以无至德也，皆超于认性之差，而妄用其所谓学。其有堕于情者，既从缘染中日损，有以弃昭旷而即之乎卑污；其有堕于理者，又从寥廓中日增，欲以矫卑污而适成夫放达，于以期性学之合一难矣！乃修凝之君子而岂其然？”钻研入窾，决非凡士。吴尔成云：“且夫浅修之为心疵也久矣，牿其心于物，既使虚者不还之于虚；遗其事于心，复使虚者不归之于实，修凝君子不其然。尝试想于性之初，其巍焉朗焉者，何物竟使超绝无垠之体，日堕于群昏之府而不完？其纯焉常焉者，又何物竟以旷荡不检之衷，日骛于隐怪之途而不返？”亦是反起，词调俱工。

《孟子》“老吾老”二句，杨守勤云：“且人主一身，其包孕最广而讫及最神。惟情有自分，爱有自隔，斯有及有不及耳，盖亦究其所以及之者乎？”此起即用作程，雅驯典则。二名鲁史云：“人君岂穷于兼济之业，而实未尝无独至之情？知独至者之即为兼济，而及天下之故可知已，吾何以易王治于折枝耶？”本房批云：“皆实际语。”三名梅之焕云：“且人主之情用之我，不若用于人之为大；而用之人，又不若用于我之为真，故惟我有情而情无我，则私正所以成其公，王亦知所以同人乎？”立论有情，居然出色。四名潘澜云：“臣以王之不王为不为也，非亿说也。大凡天下事有所及有所不及者，则以驰骛而不足；以其所及及其所不及，则以兼济而有余，故为天下者为之堂上而已。”专重“及”字阐发，词亦俊雅。戴九玄云：“且孝慈者，圣主之所以理天下者也，而锡类之思易匮，保赤之量未弘，则其所为孝慈者，亦偶触而未真，故旋露而旋阻耳。”雅炼可完。郑茂华云：“且人主毋患恩之不足用也，但患无必用之恩，遂令一膜之外胥成睽隔，而待泽之众苦于屯膏，其于以及人鲜矣。臣谓王恩不至百姓，至之者及之也，夫恩亦何难于遍及哉？”恩方足用，而人不能必用，理本如此。沈士茂云：“臣谓王之易王，非外吾而言也。人惟置人乎吾之外，而念始局；则惟参吾于人之中，而恩始究，亦及之而已矣。”会心之语，政不在多。丘士毅云：“甚哉！恩无能用也。此中酝酿之府，即湛恩澍濡之原，其真用于吾亲，其绪余用于吾民，如是而已。”语真致远。郭一轮云：“人君为国之主，可使万里为堂下，亦可使堂下为万里，此非恩之不足，则以王之意念有所及有所不及耳。吾窃愿王之爱民，亦若爱牛可焉。”微言要语，自足动人。

有设问起者，樊良枢云：“王之不王，王不为也，盖思夫及之用当于何始，为之恩当于何施？夫恩可以及禽兽，而尤不可以及人乎？”臣语王以王道，但以“何始”、“何施”问之，警省最切。

小讲下发意者，祁承㸁云：“且人知吾心自足于吾身之中，孰知天下人乃取足于吾心之中？惟天下可入而取足于吾心，故吾心可出而遍及于天下。是以施者一而受者万，然受其所及于我，则老幼之心一也；待者万而及者一，然及其所待于人，则吾老吾幼之心，亦一足而无不足者也。”波澜萦回，无限光景。吴尔成云：“凡世主不足于王天下之理者，岂尽无仁恩？或者有所起无所及，则乘其所不及之处为壅阏，故论王者，必问其所及，而王顾诿而不为也，得无以博观老幼之伦，逖在遐方，安所人资而人赉？而近取孝慈之念，止在庭户，可以缘己而暨人。”虚活圆融，新颖脱俗。魏濬云：“人主一心有生养涵育焉，第人我之封未剖，不免我人国人为二视耳。盖见与不见之境既分，匪直民与物隔，即我之老幼，亦与民隔矣，不知人递分而为疏为戚，其未分之情，原一体合也；爱一辟而及己及人，其不二之机，又可一体周也。”朗然可诵。

顺天“邦畿（至）所止”，解元沈朝烨云：“且夫论明新之极功，至善宜止矣。是止也，按而求之，则有定体；潜而会之，则有定觉。缘所止以用知，而止可得焉。”“定体”、“定觉”，檃括有情。二名周廷旦云：“人心非止，将贸贸其何之矣？顾所止之域，即不离所知之际，昧者失之，灵者得焉。”说理甚真。三名袁中道云：“且语止而必本于知者，良以理本天储无假远求矣，而知属天机无俟力索矣，是不迁之则昭于不昧之良者固甚易也。”此题只要说“易”，不要说“难”。“理无假远求”，“知无待力索”是题中本意。四名张时泰云：“大人之学，以至善为宗，以知止而入。吾以是知天之生人，与之所止，必并与之知，以为止之之窍在能自照焉耳。”朗朗数言，悠然佳境。五名达广善云：“此心有止，而意移之则不止；此心有知，而物蔽之则不知，盖心以止宁，止以知照，其机正相待也，胡不味于《诗》之言止乎？”“意移”、“物蔽”是反说。范惟达云：“且人心有不迁之极，命之曰止，顾止根极于心精，实诚于真觉。藉言止而不言知，则所谓止者于何究竟？所谓得止者于何从适？止非所止多矣。”重“知”字讲，而又归本于心，极得旨趣。毛九苞云：“明德新民之止起于知，天下有自离其止而不知者，岂以止非所自有耶？岂以止固不易知耶？”超脱圆满。盛日东云：“大人之学蕲于止至善矣，第善不在心性以外也，返而索之，即有归宿；善亦不在神明以外也，返而照之，即有入门①。”极浑成，又极精炼。徐梦星云：“且夫学者语之以至善，畴不云深微幽渺，非可以津涯测浅近？窥者庸知至理寓于目前？远而索之，非所以为测也；真知起于日用，近而迷之，非所以为悟也，则胡不彻《诗》之解焉？”题旨超然。赵昌期云：“且至善之理，咸具于人心之知，而得其所止即为知，彻其所知即为止，盖矩度可寻，辙迹易眩，惟在人有深悟焉。”皆实际语。孙可大云：“且大人之学在止至善矣，顾止之理涵于心而露于觉，故论善而不要于止，非至善也；论止而不先于知，非真止也。”平平说去，而题旨不遗。

《论语》“居则曰”一节，解元沈朝烨云：“君子不贵人知，而惟求所以知，未知则早而待，既知则亟而酬，抱负在功名之先，宜斟酌定也。”语语精工，琳琅满目。二名周廷旦云：“人之知我，恒不如我之自知，故欲达视其所为，必居视其所以，未有挟持无具，而能抱空质以行于世者也。”隽永有味。三名袁中道云：“且为士者，有所挟于己，而未始不可用于世也，即有所用于世，而亦非辨于用之日也。”就题发挥，语不繁而意自足。四名张时泰云：“世道之柄，吾儒操之，固不可以穷居为无关人世事，而行义所达，政在隐居中求者，则吾与二三子今日是也。”会文切理，情景俱真。五名达广善云：“士屈于不知己，而伸于知己，则知不知，岂非吾道屈伸之较耶？第知者人尸之，所以知者我尸之，则未知之，先宜亟图其所以知者矣。”雅调朗然，足称作者。范维达云：“天下有豫养之嘉猷，无卒致之事功，则平居究解之学志经世者所不容暂置也。”词旨朗秀。盛日东云：“士君子当官展布，非必倚办于当官也，顾知己听之当年，

① 有入门：底本缺漏，据内阁文库本补。

酬知策之一已，酬知于既知之后，则难猝图；酬知于未知之日，则可早辨。”雅词整步，英采逼人。郭应宠云：“上所以用士，与士所以效用于世者，其建树在立朝，其预养在平居，故谭德考衷，惟使名实相应而已。”意亦透露。施天德云：“人之有所以也，人己共操之者也，人操之为己事之征，己操之为先资之信，而人非能代之策也，己实豫焉耳。”重发“以”字，而词旨精严。

小讲发意者，如周洪才云：“君子不克即用于世，而因以志自定其用，夫非曰志之时与用之时二也，而可徐图而谩及之也，居恒缮修，即当自顾其力量之所堪，原不以虚恢无用之志高谭蕴蓄；服官效职，亦只自展其穷居之所养，要不以迂疏无当之身坐失事机。”议论高华，抑扬有度。王兰芳云：“且世道之污隆，尝观士人之出处，故人知非学者之所急也，而亦非学者之所忽也。丘也，尝志大道之行矣，不能于尔无厚望焉。天下事业，谁非吾得为？而必以人不①知为讳固也；终身遭逢，谁为吾能必？而必待人知议用晚矣。”究竟之谈，非虚弄笔端者。

《孟子》“使天下仕者”四句，解元沈朝烨云：“天下有异人即有异欲，而欲足衡悬于王者，我不拂其欲，而悉以欲注而为我用，则机在善使焉。”意平而语古。二名周廷旦云：“且天下之大势必合，天下之人心而后成，顾人各有心，逆所欲而施，必将怀所欲而去，至于人携其欲，而王之欲亦穷已。”此是反起。三名袁中道云：“且天下之大势决于天下人之心，故我以力经营天下，而一不可诎夫众也；我以心招徕天下，而一未始不可诎夫众也。”信口成文，自有雅度。四名张时泰云：“尝谓人主有所自结于天下，惟其心精与天下相往来耳，故人之意欲最不可使也，而亦有可使者。”“心精”、“往来”是实际语。五名达广善云：“欲非王天下者之所讳也，患在不能联其欲耳。有如天下之欲皆中于王，而后王之欲始克遂于天下；天下不欲王，而王欲天下，窃恐独欲难成也。”独挑“欲”字，泠然出尘。范维达云：“且天下，人主之所操也，操天下者，操之以人心而已，故思畅一己之大欲，必先调天下之众欲，则行仁政以使之者，奈何不亟讲也？”起得雄炼。盛日东云：“尝谓王者，天下之所往也。人情无常往，唯有当其欲而已，故人主思自就其大欲，必先有以就人之欲而后可。”要言不烦。郑化麟云：“夫王天下者，必先收拾人心矣。然有聚而反以散，招②而反以携者，则以人实有欲，而我不能调用，是携志解体无惑也。”此是反起，亦甚新脱。潘舜历云：“大矣哉！王者之治乎。论翔洽于海内，其泽甚弘；而论发端于渊衷，其操甚约，得其所操，而无外之泽可立奏也。”驯雅有致。王兰芳云：“尝谓王者得人心以得天下，道在挈众欲而聚之，盖仕农商旅不一，要之不以才进，即以利来，才之所在，世主之所争收也，而不以仁，必竭其情，则权使非其欲矣；利之所在，世主之所厚取也，而不以仁，必竭其力，则虏使非其欲矣。”“权使”、“虏使”，挑剔“使”字，亦觉奇伟。

应天首题“康诰曰尧”三节，解元王纳谏云：“明明德之说，岂独学者事哉？虽独

① 不：原无，据文意补。
② 招：底本漫漶，据内阁文库本补。

诣之圣真不能外，虽相沿之道统不能违，故以今稽古，以近溯远，知其说之有自来也。”洁净开朗。张蒲云：“且人心道学之脉，原不息于万古，而圣人者提一心之所存，以默相禅，而圣学迄大明于天下。经文之言明明德也，此大人经世之枢，而天子修身之极也。”“学脉万古不息”，是究竟之谈。四名詹应光云：“尝谓古今道脉，原自圣德以凝承，有时窥之玄默，而理归于宗；有时澄之心源，而神凝于极，载在典谟，盖可考而镜也。”语语精炼。庄廷臣云：“且帝王之明德，即庸众之精神是也，讵别有一德以自表见？而要之帝不兴、王不作，则无以浚灵源而维道脉，此考德者必仪古昔也。”“帝王之明德，即庸众之精神”，非知道者不能为此语。舒崇功云：“且古今论学，动以圣人为极，圣人岂外吾心别有学问哉？王之所以王，帝之所以帝，惟是即本体为功夫，就复初为究竟，而众迷独醒，故足术耳。”语皆破的，精实不浮。沈正宗云：“世有污隆，德无今古，圣人之德，天下国家之德是也，天下无明之者，而圣人兴焉；上古之德，终古以后之德是也，后世无常明之者，而圣人代兴焉。”平正之调，最利场屋。方冲吾云：“自唐迄周，乃帝王升降之会也。顾世运虽迁，天心不改，故自古大圣或符其真，或溯其源，或拓其量，总之，维心精于不坠，而无翳此天耳。”“世运虽迁，天心不改”，何人能道此？毛以焞云：“人心从太虚而来，原非有晦而不明之时，而不能不借学为濯磨，何也？明昧之介，总分于此心，绝续之关，则圣学所为兢兢也。”一起便彻，自是作手。陈应扬云：“且自俗儒谓帝王之学与韦布不同，于是不以异能绝德让往圣，则以庸愚污下自怠弃，无惑古今人之不相及也。”见理极彻，风致伟然。许元翔云：“学者当先识其本体，而时密其功夫，不识吾德之本体，而或辍念于冥冥与规功于狭小，固学之所不载也。”亦自朗切。

小讲后重敷衍者，如董尊闻云：“学而有为，大人学也者，非易言也。溯之千百世以前，为能范今传后者，始可以极德之所届，而标学之所宗，故德之明一耳，寸翳有染，旋为晦根，而涉修所持，非为极诣。此论德者神圣为宗也，以其所得之德，更有至焉，极其至而德有遐轨也；此论圣者显懿相参也，以其至圣之德，各有造焉，穷其造而圣可互证已。”中四句造语至精。王懋锟云：“明明德之学，大人所以经世宰物大本原也，而亦必有大统绪以握其纪原乎？始自于穆而来，而非圣不管，究其终以昭融为极，而惟学乃精。”本房批：“一起意调超卓。”姚继舜云：“人心递有悟迷，道心永无明昧，自古心心相印，惟此明明一脉，历先后天而无失坠，故学足述也。古之明明德者，溯文而汤而尧，盛矣！意必有天授神姿，异人以为奇；意必有玄修独诣，无师以为智。且性反既不同源，则圣有所生，王有所成，不必一宗也；古今亦不同量，则帝得以帝，王得以王，各有指归也，乃兢兢含一掬之光，而续此幾微之明乎？”句句人微，自然醒目。方大铉云：“且夫子论大学，首以明德为宗，岂创说哉？亦以明德之学，非仅仅士庶之学，固从古明王圣帝所由懋真修而衍心法也，盖至德灵莹，今古总属一脉，王不得无以王，而帝不得无以帝，澄源功夫，先后总无二轨，心心以此相证，而圣圣以此相传。”庄严雅赡，神气自疏。张履素云：“且经称大学，而必曰古之明明德者，非臆说也。千古无不湛之灵机，群圣无不惺之本体，学者不程古昔，终愧圣修，盍稽帝王升降之际耶？夫人何所得于天？惟秉彝即为明德，就此德之隐隐现现者，一境不着，又万境皆真。天亦何所命于人？惟降衷即为明命，就此命之空空洞洞者，一物不容，又万物皆备。稍障之，则无以还心灵，灵且随之昏散，而现前若失矣；稍忽之，则无以觌心体，体且随之亏欠，而分内莫完矣。”意亦条畅。吴正宗云：“且大人之学，明明德于天下者也，则希大人者，谓宜求之天下，而首言明德，毋乃虚乎？不知道统于本原之清粹，学毕于心境之昭融，诸如古之有天下者，皆不外此。吾尝稽学于陶唐商周间，如文汤与尧，非所称古大人者哉？其间为王为帝，千古之真传尽开，而其祓濯之功，至今而可稽者，则自有学问之本根；其间王谟帝典，千圣之脉络常流，而其浴德之要，迄今而可纪者，则自有为学之窾会。”本房批云：“最耸秀。”

此题三节，意原相贯。首节重“克”字，凡明德有一毫未融非克；中节重“顾”字，言此明德本出于天，顾者，顾此天也，回光返照曰顾；末节重“峻”字，见此出于天者，不是一己之物，乃天下国家之人所同得者，固至大也。叶日新云：“尝论大人之学，心学也。惺其所具于心者则贵克，觅其所绥于心者则贵顾，拓其所蕴于心者则贵峻，以故古昔君臣父子之间，往往动色劝戒，矢口赞颂，类有在焉。”提此三字明白，便得题旨。

《论语》“子夏曰仕”二句，解元王纳谏云：“且世儒于仕学之理判而为二，而于仕学之迹，又似混而为一。彼夫仕者无功，辄以学自匿；学者无得，辄以仕自营，夫固托言仕学一理也，而不知正惟是理之一者，其益本相资，而不必游意局外，有亟于借资之想；其功可相及，而但当专精局内，为余力渐及之图。”即于讲后衍二比，提明大意，题旨跃然。二名张榜云：“且世羞俗吏之名，而治行罔功，辄驰神于稽古；士慕圭组之艳，而潜修未粹，已借口于匡时。出不成其出，处不成其处，而进退两无所据，则心不专于所仕，而用志分也。”语意皆精。三名张鼒云：“学者患莫大于偏徇，而道莫善于互用。夫互用者，权其所重之务，而独挈焉无所分；衡其所重之余，而兼举焉有所济，则是道也，吾以论仕学矣。”议论亦正。四名詹应光亦于讲下作二比，云：“天下有浮慕道德者，目涉世之为迂；而侈谈功名者，薄真修于弗讲，两说皆讹①，唯仕与学令调其缓急，而合适于宜，斯得之矣，何也？经纶蕴藉，理可相成，而一心难以歧用；学问事功，机本相待，而一念难以并营。”精朗秀拔，声调自然。五名周泰峙云：“夫人有专注之力，而无两涉之精，故经济未弘，而漫以诵读为真精；藏修未裕，而遽以设施为实用，遂于仕学两俱病矣。”是真正道理，足以压倒元白。六名郑茂华云：“今天下吏术、儒术之敝也，起于歧仕与学为两，而不知觭重，非也；又起于混仕与学为一，而不知互重，亦非也。”两②意互发，气度昭然。庄廷臣云：“且仕学一机也，而缓急分焉。乃天下尽仕也，而移其营职之心托之潜养，则无论仕非也，并其学而非矣；天下尽学

---

① 讹：原为“讥”，形近致误，据文意改。

② 两：此字以下“意互发气度昭然”至下文“伪学者歉于学而急试之于”，大段文字底本缺漏，据内阁文库本补。其中“徒躬簿书而膺俗吏之任”之“簿”原作“薄”，据文意改。

也，而移其暗然之志后于声华，则无论学非也，并其仕而非矣。”遣词发意，清婉切题。金秀南亦虚作二比云：“吾人职业有并重而不可并营，相成而还以相误，不可不察也。即如仕也，岂徒躬簿书而膺俗吏之任？必借途于耳目聪明，故官常无寡陋之隙耳。学也，岂徒溺诵读而薄经世之猷？必发摅于朝绅簪笏，故稽古有致用之验耳。”一阖一辟，翩翩欲飞。史启元云：“道术歧而后仕学分，仕学分而当官者薄稽古为腐儒，研理者鄙簿书为俗吏，不知世固有分而未始不合，相益而未始不相病者。”朗然之词，入口便爽。姚继舜云：“且仕与学岂判然分为两？仕必舍学，则当官无术矣；学必遣仕，则岩处无奇矣。第一心可以集两事，两心不可工一事，要自有次第焉。”发抒近实，特饶丰采。丁文炜云：“尝谓吏修职、士修学，两者讵非一轨？独无奈巧宦者拙于仕而思逃之于学也，伪学者歉于学而急试之于仕也，若然，则文章固当官覆短之藉，而功名亦鲜修驰骛之地乎？”此起凡三转，节节精神。舒崇功云：“天下无济世外之经术，亦无藏修外之宦业，仕与学曷二哉？第理不相左而途不共借，业是者宜各先所急焉，而彼以占毕妨治，以闻达怠修，于仕学两无当也。”语健而意明。佘合中云：“所贵于士者，必使见用者常不乏于用，而有用者不至终无所用，乃称完士焉。偏而执其一，必并而失其二，吾窃病之矣。”只以一“用”字播弄，而韵度可观。方大铉云：“自古豪杰士唯不出，出为名世，唯不处，处为真儒，何也？名世必不逢世，才融于养，而常渊然有性命之悟；真儒必非俗儒，识弘于器，而常廓然有变化之能。”奇正相生，开合有法。余懋孳云：“尝谓明体适用，学者不可分之为两，故宦达非游衍之途，而潜养非枯槁之藉，惟随处密修，而何仕何学莫非实际矣？”“随处密修”于题甚切。毛以燉起下亦作二比云：“自经世之学不明，而穷修廷献，遂分而为两，故不以稽古为缙绅末务，即以诵读为名利前茅，而学之蔽也久矣。不知经史图书，匪曰糟粕，可以借前箸于当宁，安可以握奇珍于巉岩？广搜博览，匪属汗漫，可以佐当官之建明，亦可以豫穷居之抱负。”笔端宏肆，如良骥初行，意在千里。孙克振云：“且自功名之士漫谈经济，而遗世之儒又妄言潜养，于是仕与学分途矣，不知明德新民，本非分畸，吾儒所以用世者，常在世外也；道德功名，原惟一物，君子所以为己者，即其为天下也，偏重或以相妨，而合一乃以兼资。”“在世外”与“为天下”等语，皆造微之论。

《孟子》“知者无不知”二句，解元王纳谏云：“且人生而具能照之体，事事待鉴，然泛而出之，不如精而入之也，使我照穷天下，不如使天下自不穷于吾照也。”善作起者，数语便开，更不兜搭，如善乘马者，一跃便上，更不迟疑。张鼐云：“且人主役我于天下，则我为天下穷也，惟我不役，而心灵常足以用天下，则智临之道，吾于此识体要焉。”意见精彻。詹应光云：“尝谓暗汶不足以当幾，则智尚矣，然有详之而反以眩，略之而适以成者，则大智、小智之辨也，抑知智之所急乎？”理明意爽。金秀南云：“且天下有大知，有小知，大知者，以不知葆知而知愈完；小知者，以知穷知而知益漏。”“以不知葆知”等语，直逼真境。丁文炜起下亦作二比，云：“人主提衡宇内，而道贵知临何与？夫贵其所以治天下者耳！顾天下事当否异局也，缓急异势也，聪明可以规天条地，而必并挈之纲纪；睿览可以瞩古洞今，而必无兼任之力量。”得此一提，便有头脑。方士骐云：“且主术在智临矣，顾名为睿览，而犹然有遗，知是百明不足掩一黯也，智不其然；事本棼错，而必督督无遗，知是百明只以成一黯也，智又不其然。”议论亦彻。佘合中亦起下作二比，云：“人主而有意于兴理也，烛物沉幾，岂不以智哉？然而有所不知，或以收智之益；而无所不知，反以受智之损，则非天下之果足以穷吾智，而吾智使自穷也，何者？智虽有余，而常以不足留之，故不竭于用而明睿开；智易不足，而竟以有余泄之，将有时不继而蔽障起。”苍然秀色。方大铉云：“且人主瞩六合而镜群品，讵不贵智？顾不善用智者好以其知穷天下，而天下始得以其务穷所知，则唯其博不唯其当之过也。”意明调古。毛以焞云：“君子明临天下，独恃有此心之知耳。是知也，操之至约，乃以该至博；出之至简，乃以综至繁，盖心可不遗乎事，而又不可役于事，则用知自有体也。”阐发明朗。张士德云：“论知者，闻其彻天下矣，不闻其逐天下也；闻以不用成其用矣，不闻无不用以为用也。”声口朗然。李之达云：“且夫国家有事之时，靡不藉用于智矣，乃吾不患其知少，而患其知多，非知之果足患也，彼其计琐屑、暗大观，而大智不智者，固未数数然也。”语多神解。

浙江《论语》“樊迟问仁”全，解元陈万言云：“尝谓帝王不能舍仁知以为治，而非分之为两也，盖其用究于人，机神于使，提其知以默俟不仁之化，而仁知全收焉。”平正典雅。二名张尧揆云：“且论主德者，不患不慈和，而患不明见，何也？天下化必兼成，权无倒置，鉴别含容互运，而明见固所以为慈和也。”语语俱出炉锤，不陈不泛。三名吴振缨云：“仁一人易，仁一世则竭于惠矣；以我行仁易，使天下趋于仁，则殚于化矣，故必有好尚而后有观摩，甄叙精而后陶冶大，睿智之所以为至仁也。”依题遣词，理趣流洽。四名周敬先：“且圣王所以陶铸寓内者，独有此仁知耳。顾兼容之与分别，不得浑之为一；而综核之与造就，又不得分之为两，故未有知不足以镜群品，而仁足以宏大化者，吾得之圣贤之相证焉。”组织成文，绰有秀色。祝以岱云：“且古帝王御世，大要不越仁知两端。顾知每阳神其用，而仁常阴畅其施，总之，广砺一世而曲为熏陶，机固无两操耳。”机圆调逸，旨趣悠然。王家相云：“尝论天下惟明哲之养人最深，而慈惠为浅，盖仁之与智分之则两失，合之则相成，而指在夫子之示樊迟也。”独重“智”上有理。沈宗圻云：“且人主之使天下也，必情法参用焉。自任法者多尚刻核，而任情者以姑息代之，混天下之人品，而因以坏天下之风俗，此亦知仁之蠹也。”文意相发，神骨俱完。陈蒙吉云：“治天下者，曲成之膏泽，不可令一念不下究；而风励之机权，不可令一日不上操，此仁智相成之妙理，而帝王已试之芳摹也。”起语整练，而章旨跃然。任邦俊云：“且论道而至于仁智，必无两妨之理也，故慈主所以钧陶一世，即哲王所以神彰瘅之用，而弘涵日之化者已。”平平说起，色泽俱佳。颜洪节云：“治天下者，无陶冶甄别之权，则必不能行覆载兼成之德，故知仁两者，悟者常见其合而昧者常见其分，合则兼收，分则两病者也。”意有三层，转入转深。来宗道云：“人主不患德意之不流，而第患风励之无术，盖贤才进退之候，乃世运升降之机，未有不秉权衡而能弘覆冒者也，说在夫子之论仁知矣。”亦重“智”字，而神采秀发。陆梦龙云：“且帝王仁覆天下，惟令天下皆远于不仁而已，而非智则仁无以为施，故妙默运之化者，不用福泽而用机权；而识相成之机者，不言并包而言藻鉴。”从“仁”说到“智”，词理俱工。

《中庸》“尊贤为大”，吴振缨云：“夫义而曰宜，非谓独行于天下而不行于人主也，唯人主握其最重者以为众宜之纲，则一身之内始无舛错，而后可导机而出也。”归在“人主”身上得旨。周敬先云：“夫为政而至修道以仁，其功亦密矣，顾仁之本体在己，而仁之翊赞在人，则仁若又有藉于义焉。”独重“仁”字，亦得源委。沈振龙云：“且君臣，人道之纪也，天下未必皆贤君，尤患无臣；天下未尝无贤臣，尤愿有君，吾因是而识义所为大焉。”以君臣立论，殊觉冠冕。贺万祚云：“尝谓吾身与仁俱来，则修身者求之仁足矣，顾性术赖于讲明，而启沃资于英哲，则有借在人以益在己者，而尊贤之义与亲亲之仁两大矣。”字字切题，无一泛语。沈萃桢云：“自昔以人为政，文武秩哉，其举之矣，顾所谓人者，将以展奇猷，则士需君亟也；将以弼主德，则君需士尤亟焉。”起伏相生，卓然玄论。任邦政云：“人主刻意修身，则求仁亟矣，顾有德败于匪人而行衰于寡与？则独修尤不如众翼之得也。仁以亲亲为大，而义且独无大乎？”亦是反起，雅有逸致。来宗道云：“尝谓天下尊卑之势，位与道相制焉。人主之位处其至尊，而有时不嫌乎自卑，则道所借资诚不欲自有骄蹇之名，亏仁圣之实也。”以卑形尊，自成一段议论。

《孟子》“至诚而不动”一节，解元陈万言云：“且涉境者不论通塞于境，而第论虚实于心，顾执其心之虚实，还而证之通塞之交，而君民亲友之必以诚，有不容不深思者。”开口便佳，不落尘境。二名张尧揆云：“吾观君民上下之际有动机焉。动非属之我也，无情之情，其独契者在感通之先，动亦非属之人也，忘情之情，其共喻者在形骸之外，则惟至诚为能动耳。”玄言独造，玉屑霏霏。周敬先云：“天以一实化万物，则物我同出之元唯此诚耳，故从夫既分之后而反证夫未分之初，则诚之动机有最不容爽者。”理甚深而出之若浅。张昌辰云：“夫人对天下以形，而联天下以心，心也者，体无不实，发无不神，故虚含灵应，吾以观无妄之真机焉。”“虚含灵应”，直透真机。祝以岱云：“且自有君民亲友以来，无日不往来于真情中，而通塞之机忽焉莫必，其故则非世路之有平陂也，人心中自起通塞耳。”语语真诠，场中未易多见。姚士慎云：“尝谓人之与人分为万心，合为一诚，故任术则愈巧而愈漓，含诚则潜握而潜证，机有必致，理有必符者。”精髓淋漓，有清风明月之趣。沈萃桢云：“夫人心中有不动之体而始有能动之用，则诚是已，乃世于诚之中既托为伪以尝之，诚之外又设为真以驭之，此宜于君民亲友间动而多格也，不但戒伪，亦当戒真。”超然出尘，令人彷徨追赏。任邦俊云：“且夫诚也者，以穆然无物为真休，而以盎然通物为真机，植体而感，触机而应，要在能诚者耳，先无物而后能通物。”直透本原。来宗道云：“尝谓世途通塞乃我心术淳漓之验，盖通塞不在世途，而在寸心，自非实有所操，置身于通达之境，即彼亦乌从与我合焉？吾以此识动机矣。”“通塞不在世途”两语奇绝①。

---

① 两语奇绝：引文中仅有一句，疑脱漏另一句。

江西《论语》"子曰可也"合下节，解元龚而安起云："且天下之足以滞人超诣者，岂必在世途之渐染？但神情所向，微有所制而隐隐不能忌，则随所造境而成画焉。甚哉！贫富之际难言之矣。"本房批云："启口便呈名理。"陈良训云："道者，清虚恬淡，甚不为俗情所溺，学者守之而脱于溺，则窥其味矣，但俗情乘不足而入，理境又乘足而碍，尤不可不锐然深造也。"俗情易晓，理境难明。赖鼎云："且学问之际，靡得而镜之。始焉患无所得，以无所得而与道隔；既焉患有所得，以有得而与道持也。"精邃之思，圆活之调。黄讷云："且学莫先治心矣，顾即境可以验心，而心忘斯能化境，学未达化，即操履诚高，其于心体犹未融也。"言言切理。刘伯洋云："且凡天下身世之感足以累人，学问得力之处反以域人者，大抵识力少耳。"归在识上，殊得题旨。吴贵德云："且人多局于方之内，而不达于方之外，彼盖犹有迷心也。夫至道之精，圣人以之为极诣；而通方之识，学者以之为悟门。"有雅致，有风裁。谌文祯云："且吾人从事于学何为也？求完性体而已。性体不染于外，而涉境固粗；性体浑全于内，而着意亦迹，惟能由所已至而造所未至，始称尽性之学焉。"从"性体"立论，想头与人不同。汤洪先亦于起下作二比，云："且学者造境不可不纯，入理不可不粹，此陶熔不息之功，圣贤相与淬砺于无穷者也。彼天下之足以累人者，唯是不齐之感遇，故得一见真守定之士，岂不足以去俗情而捐物染？而天下之最足以自累者，亦唯是一得之见解，而执一坚持力制之念，岂遽足以尽纯修①而达化境？"写意朗然。黄汝檄云："尝谓吾儒相造于道，俗累难忘，固当消融其有；化机未达，又当浑化其无，此一彻尽彻之妙，正学者自得之耳。赐也，得无以无谄无骄为已至哉？""消融其有，浑化其无"，是见道语。章正岳云："且学者不克私情，则必为境所胜矣，然未能自得其真情，则虽胜境而犹不见道。古人道学自修，正求愿息中无息，以浚发此真耳。"精儆不凡。徐僖云："且学也者，外不着一物，内不着一念，故有所染着者，是制于物者也，学必不进；有所执着者，是以制物之心自制也，学亦不进。此圣门贞遇之学，要在炼境以归心，炼心以入化耳。"造理入微，遣词亦细。

《中庸》"中立而不倚"，此起最难驰骋。祝耀祖云："且世者，人之所植也，而人且不足以自植，何哉？盖起于偏执己私以求伸，卒之私易屈而党遂孤，姑不得不倚势以为援，若君子之中立云乎哉？"声调稍别，便足会心。黄讷云："且涉世之道非一，而中为之衡。卑者倚靡靡而混俗，则失之随；高者倚矫矫而虢俗，则失之亢，而立中者鲜矣。"言言说理，更饶骨力。方应庚云："且大凡方隅所属，其强常偏，而惟中则不落方隅，故有裒然特立之操者，必其保合吾心未发之中也。""隅"从本文"南"、"北"说来，而归之"未发之中"，最为有识。黄应璧云："士人立身自有法度，岂猥随俗偏倚哉？顾识不足以定志，则独见易摇；养不足以贞操，则群邪易扰。中立难也，中立而不倚，难之难也，其惟君子乎？"以"识"字、"养"字立论，刮尽"道明"、"道行"二意。

---

① 纯修：底本漫漶，据内阁文库本补。

《孟子》“是君臣父子”一句，解元龚而安云：“兵，凶器；战，危事也，而今世人所以争之愈不止者，亦惟是一利以相戕贼久矣，夫生民之不见太平也。”感慨有余思。赖鼎于起前另作一头，起后更发二比云：“且战国之世，利令智昏，而上下之间，名实不著久矣，孟氏盖有感焉而语，说士曰：朝廷之上，莫大君臣，而父子，而兄弟，伦理重焉。夫地天犹有交泰之期，岂朝廷家庭而无一德一心之好？宇宙尚布严肃之令，岂天合人合而废尊卑大小之谊？乃仁义本性而不怀之以相接者，则利之故耳。”本房批云：“发挥最剀，而英迈之气时露笔端。”李邦华云：“夫仁义之可为说也，盖为人国之君臣父子兄弟虑至深远也。尝观不道之朝，其所怀而不能谕者，罔非相倾相危之术；其所挟以谬相接者，要皆胥戕胥贼之机，然后知仁义之利赖无穷，而不与利较功也。”反振“怀”、“接”二字，旨趣跃然。宋良翰云：“尝谓仁义之性与此生俱来，初未尝有所为利也。妄心与真心两不相敌，而客念与主念自不相当，第无若人之溺于利者何？而仁义遂为不胜之数耳。”纯雅脱俗。刘铨云：“国于天地必有与立，故仁义者，立人之道而宰世之衡也，此理何尝一日泯于天下？第利令智昏，稍溺之，未有不扬彼之波而溺吾仁义者；深入之，未有不遂彼之膻而蚀吾仁义者。”先于“去利”上发，故下迎刃而解。

福建《论语》“举善而教不能则劝”，解元林欲楫云：“尝谓民无常心，以上之意指为心，故期以豪杰，彼将豪杰自为也；薄以庸众，彼又将庸众自为也。迎而与之，无逆而距之，此其中有机焉。”冠冕正大，彬彬乎有先辈之风。佘士芳云：“夫民惟上所淑耳。善淑民者，不必其皆淑，但有所鼓焉以分途于先，又有所牖焉以合辙于后，所谓导淑之权不使而劝者也。”雅炼可诵。徐景濂云：“且国家有显挈摩励之权，示民以瑕瑜不容溷之品；有默含陶铸之术，动民以鼓舞不容已之天，此人主之真激劝，一天地之大生成也，要不过就本然好善之民心，还而劝民于善耳。”卓荦雄伟。秦钟震云：“君子之移风也，岂必易民哉？所程而衡者，品也；所震而励者，机也；可为鼓而不可为迫者，众心也；能为陶而不能为督者，真意也。察乎此，而得民之所以劝矣。”队伍飘飘，志在千里。欧从云云：“长人者，而欲一道同风也，其流品不可不分，而又不可太分。不分之则良楛同曹，民以无所观而善心息；太分之则我激无术，民又以有所弃而善心亦息。”议论流动。杨莹钟云：“长民者，谁不蕲于激扬一世哉？然而向背之途，听下之自分；而风励之权，唯上之自运，所为默相鼓而迭相摩者，自有机焉，非可概必之督责间也。”不俟钻研，自然典雅。林道推云：“子欲民之劝乎？夫劝起于民之自为矜奋，而风励之权，惟上操之。今登崇未显，纲或疏于豪杰；而矜全未广，锢仍重于凡庸，善者惧而不肖者阻，欲使之劝无由矣。”得此二比，便觉条畅。胡士芳云：“夫劝民者，何必苛求之民也？劝之机隐在形势不及格之天，劝之用神有真意所默动之趣，亦视上所鼓谓何耳?”正大之词，最利科目。倪楚玉起下亦作二比云：“夫善者，民之性也，化导无权则真性迷，鼓舞有机则真性觉，觉则贤愚佥复其性，而所激劝神矣，此非上之所能使也，盖其敏道迪德之念发于独知，而华衮有所不及慕；改行易辙之思迫于内讼，而斧钺有所不能威。”发“劝”字之意最切。李寀亦作二比云：“且天下之材品，唯上人之所铸耳。夫使人尽善也，人尽无不能也，其亦何藉于劝者？独其品格异，而上之操柄殊焉。试令高贤或屈于下乘，则风励何关？又令顽薄或苦于终摈，则更新何路？”步骤春容，发下有力。钟籲俊①云：“且一世之人材，统关君子之造就，而君子又非必日烦其令也，有所以潜用其机权，而因以熔铸其品格，要以诱之于善者固自微耳。”整暇从容，不烦雕琢。邓应中云：“且君子鼓舞天下之心亦至勤矣。有所以明试于典之中者，法之所为与天下共也；有所以默寓于典之外者，情之所为与天下通也，贤否兢劝，道所从来矣。”雅正之语。

《中庸》“郊社之礼”四句，解元林欲楫云：“且圣人竭仁孝以创典礼，其于享帝享亲尤所重，何者？诚谓其功德崇而昭格难谌也，又谓其灵爽亲而精神易接也。”既欲其难，又说其易，乃见纵横。蔡邦藩云：“尝闻称至孝者曰通神明。夫究感通之原，神人本自为一；而度悬格之机，幽明犹或有二，融而一之而礼制行焉。”雅正无疵。徐景濂云：“且大圣人满腔仁孝之款，殷勤馨荐，特假之礼以伸之，乃其中原含所以创礼立隆之意，有凝于圭璧祝厘之先，则礼文可见，礼意其不可见也，此后代考礼，当得不可见之精而会之矣。”专发“所以”字。黄鸣乔云：“且王者承乾御籙，将以答穹壤之玄贶，酬先世之鸿庥，故一时创徽猷、昭美报，托之制以垂不朽，并传之意以识不忘，若武周祀礼是已。”归在意上，乃见制礼之精。邹潘云：“且帝天下者，业已绍天阐绎，光昭先人之令德。夫宁藉升中祼献，侈改玉自显庸为哉？不知圣哲规创，将令己之心与天心亲心合为一心，则惟是吉蠲令典足寄耳。”句新调古。陈伯英云：“且国家之所以祀者二，曰敬天，曰法祖。为敬天而隆盛典，故有侯伯所不敢望，而不疑于僭；为法祖而修旷仪，故有奕世所未尝举，而不嫌于专。”宏肆之语。潘应龙云：“且明圣御宇，有不朽之心思，斯有不磨之规制，故时有所当举，即前所未起而我为先，分有所当尽，即昔所未因而我为创，非过也；总之，必有所以而已。”亦发“所以”字，俊爽不凡。杨鼎钟云：“且国家肇举鸿猷而发挥巨典，岂一寻常之任哉？非萃万国之精灵，必无以抚大物而成旷仪；非擅间世之仁圣，必无以运规恢而神制作，若武周是已。”词达气昌。林云翔云：“尝谓物本天，人本祖，而帝王则合天地祖宗以成其身者也。夫合天地祖宗以成其身，则非以宗子而昭对越之忱，以曾孙而秉告虔之念②，亦孰与垂仁孝之极思，而通不匮之意绪乎？武周得之矣。”写意甚精，非漫作者。林一奇云：“且洋洋巨典乎，契幽明，格神人，岂具文也哉？王者理为之微而礼为之显，故其制之以昭大祀，则典乃举焉，若武周之事上帝祀先是已。”古色逼人。

《孟子》“人皆有不忍人之心”，解元林欲楫云：“且天下尽人耳，人与人相处，而中若有动者心也；心与心相触，而中若有联者真也。夫真心岂难识哉？试反其初而探之。”只“天下尽人”一句，便道尽眼前光景。杨莹钟云：“混元以降，所为不与世变俱尽者，独此脉脉一真耳。人惟有所构焉而自蚀其真，反有所托焉而自疑其异，则未尝概夫人而观之也。”词意俱工，自然悦目。杨鼎钟云：“且天地生生之心得人而寄焉，

① 俊：原作“隽”，据乾隆二年修《福建通志》改。

② 之念：底本无，据内阁文库本补。

故即一人之心便可见天地之心，而人多外滑也，叩之以心而不悟；人又多内翳也，叩以心所自有而亦不悟。”瑰玮多奇。邹孟都云：“人之所托长存者，惟此真心一脉，人惟自昧其真，于是有以残刻寡恩汨其生机，而慈祥恺悌荡然无余者矣，盍反其心之真而观之乎？”词从反起，意则最真。

湖广《论语》“文质彬彬”，解元郭士望云：“尝谓圣哲之权衡因乎人心而已。人心质极必文，乘于时而就于中正者，第善用以维之原，未始专尚之以歧其趋，而何世乃有偏胜者也，则宁有异文质哉？”意真理核。二名吴弘功云：“且今天下文靡极矣，其君子竞华，耻言大雅；其小人厌朴，争事铅华，故文非真文，质非本质，此野史之敝，非酌中之矩也。”用反意起，道尽时弊。三名罗调阳云：“天地有浑噩即有文章，即缘本然之质，生自然之文，两者若受之数、止其符焉，岂其彼此觭胜至两弊也者？而若为野若为史，则文质为相戾之物矣。”淡言雅意，烛理独精。四名陈圣典亦于起下作二比，云：“天地间此文质耳，有互根之妙不容偏注者也，有均剂之衡不容参错者也，是故其凋敝而苦于不足也，不得为增补之说，恐以胜角胜，未免有衡决之形也；其浸淫而流于有余也，亦不得为裁减之端，恐因胜绌胜，未免有独任之势也。”局大思精，英英可即。郑之良云：“文靡极矣，而矫文之过，又以质胜之，不知自古无无华之朴，亦无无朴之华，则文质两者，盖非偏轻重之权也，故独任则伤，兼成则粹，庶几挽野史而进，彬彬乎文胜非，矫之以质亦非。”其论甚彻。魏国宾亦于起下作二比，云：“文质之用，与世道终始，而往往以耦持之意成其竞华之念，又以浮靡之过滋其偏胜之弊。此去野即史，文质之不相为用而反以相戾也。我想天地有元精，而后宣泄之为文章，则均调之意，原自存于宇宙；人心有真意，而后敷贲之为文明，则调剂之宜亦自该于性术。”秀雅雍容，风韵独胜。徐养量亦先发二比云：“天下有必雕之英华，而无不附之本实。既雕矣，不宜受之以尽；惟其附也，自当返之于初。文质两者交胜则交弊，顾极烂漫者极素泊，于此而定文之衡：生于质者乃真文也；于此而原质之始：载乎文者乃本质也。”丰骨棱棱，一提便醒。曹元龙云：“世运之由淳而漓也，人心之由朴而雕也，唯是文质不得其平耳，故太古之世实生华，而质有自贲之美；晚季之日华漓实，而文有不返之波。此吾所以睹野史，而不能无彬彬之慕也。”阅之平平，咀之有味。

《中庸》“今夫天”二节，吴弘功云：“尝谓赞天者曰‘行健’，论圣者曰‘不息’，盖合圣与天而并盛也，兹则无独运之化，亦无两歧之理。夫人亦知大之所以盛乎？天虽用广于覆载，而功业不露其机缄；天虽化极于生成，而主宰犹超于气数。”思致精融。王奇云：“尝谓诚一而已，无参杂者其本体，无断续者其真机，天得之以立万物命，圣得之以立天地心。观圣人者于天地，吾试以生物推之。”虽用成语，却甚切题。

《孟子》“大匠诲人”一节，解元郭士望云：“且自大圆陈上，大方陈下，即天地已若示我以不可易之形，而道所自来矣。圣人者，藏其神而假之形以喻之，拙学释形而索神，而竟以茫然，岂以规矩可脱去乎哉？”本房批云：“神机矫健，超然独解。”郑之良云：“且教学之相成，固不拘拘于法哉，而亦有不能屑越者，则得意在迹之外，会意犹在迹之中，故法不可废也，岂独射哉？”思精词雅，阐发得趣。王奇云：“业专门者，攻道为上，攻术为下，顾正学不借法于曲工，而即曲工亦可以见法重者，吾姑以规矩喻。”笔古而词健。徐养量云：“尝谓道虽精而有可循也，以有法在也；法虽粗而不可不循也，以即道所在也。乃索道于玄者，欲弃规绝矩以为便，只觉陟之无阶矣。”笔机健朗。贺逢圣云：“道不可以法求也，而法未始非道也。泛于其法，则神明之用窒；而离于其法，则持循之方失。要以法待神融，而必不容以意移，微独圣功然也，匠亦有之。”才情俱称。

河南《论语》“上好礼”六句，解元侯应琛云：“大人之所大者，唯能尽此心于天下，兼能使天下尽其心于我。顾心亦未易尽也，心显有所执，则骄慎之渐成；心隐有所匿，则悖戾之习滋。迟固当审所尚以为天下表者，而以稼圃好甚非体矣。”点缀明朗。梁廷翰云：“尝谓君子提衡一世，岂其区区与细民争业？彼其执大道为感化，而从真心为灌注，固有操术约而运量宏者，倘所谓礼义信非耶？”本房批云：“一起直捷冠冕，字字珠玑错落。”赖尔显云：“且君子执大象以临天下，惟是所好为兢兢，故出以合于众而神外契也，入以慊于独而众内向也。经纶天下者，道固不出此矣。”清和之作。张善继云：“大人提衡万民，必有要枢，故触以性天，民始识取其本来；而洽以精神，民始深入其心志。”炼句浑成，绝无痕迹。胡徵云：“且吾儒以明新合一为功，夫不期于独行，而期于经世。独行者，守艺可以终身；经世者，端轨乃能率物，此学术，亦治术也，而迟何不谙于大乎？”识高议儆，文气沛然。

《中庸》“待其人而后行”，解元侯应琛云：“且论道于生人之初，真宰固统夫元形；论道于属人之后，无为实须夫有觉。是人所托以立者道，而还托人以行者亦道，则道又有所待而权为人用。”本房批云：“神理俱溢。”二名苏继欧云：“自古为人不外于为道，尽人即所以尽道。道也者，能生人而反借于人；人也者，生于道而还以证道。甚哉！人为要也。”字字切题，神气亦畅。三名赵彦復云：“语道者曰道不远人，夫使其徒不远人，而人卒无与于道，则圣凡贤不肖，岂不均其是道？而何以道之大者，独归之圣人也？”归在“圣人”上，是题本旨。王会篇云：“道与人合并而来，亦附丽而运者也，故有人即有道，无渗漏不贯之处；有道方为人，非空虚徒抱之质。”陈璧起下亦作二比云：“尝谓鸿蒙未判，而斯道流露之机缄有泄之不自人也；形气既分，而斯道环转之实趣有操之不在道也。夫道既洋洋优优矣，其孰使弥满布濩之妙，而不滞其形生耶？其孰使随在各足之真，而不阏其动荡耶？”得此一起，气韵便觉流动。边之靖云：“道之大，大以人亦行以人也。其磅礴于天地者，活泼于吾心；其振荡于今古者，斡旋于吾衷。苟言道，不言人，而道幾滞矣。”不浅不浮，有声有色。贾继春云：“且道者，太始之精而乃人心之脉，故得其道则人之真聚，而得其人则道之真呈，理各具而责有归也。”雅驯有则。门克新云：“尝谓天下有有待之待，有无待之待。有待之待，其离合以迹，而合不胜离；无待之待，其会合以神，有合而无离，故由道与人识行机焉。”只以一“待”字播弄，而新颖明鬯，自成议论。

《孟子》“君子平其政”，解元侯应琛云：“秉国钧者，固不能外于人情，亦何可尽徇夫人情？故本乎人情者，政治之所以运；而归于无情者，政体之所以立。侨也，盖好行其惠而失之者也，胡不观之君子？”气雄才朗，藻思翩翩。赵彦復云：“尝谓为治者，不欲为近名，盖有近名之心则必喜功，而为一时难继之业，抑计其此有所满，彼有所歉乎？究且满不足以偿歉，何政之为？”以雄词说理，言言中窾。边之靖亦作二比云：“秉政者，孰不以仁济一世为归哉？顾寻众欲而一一求所为仁，不若公一心而人人自为所仁。夫惠与政均之一爱人之心也，惠有及有不及，而忍爱分，政则摄万心以取足于截然之矩，无偏觭也；惠有至有不至，而恩怨又分，政则洁寸衷以待酌于不齐之众，无亏欠也。”提掇明朗，势如破竹矣。傅振商云：“慨自王道不问，间有留心为治者，多骛之人情之外以表异，不知政虽可以炫，末俗不可以合。王道去君子远矣，君子则何如哉？”词不繁而题甚切。姚若时云：“且国所与立将在政矣，顾所谓政者，非必人剂人量，而后人衔其惠，亦非必彼啬此丰，而后我擅其德，盖自有当持之体存焉，其惟君子乎？”朗切之词，易醒人目。苏起雒云：“为政者，与其令人感，不如令人忘，何也？感则泽有塞蔽，忘则恩无偏陂，是在握衡以运者令其无乖政体而已。”开口二句说尽题旨。胡徵云：“执枢而理者，有噢咻之真心，有划一之大法，任心者或以废法，而饬法者还以全心，即此可以得治术矣。”顺题立论，风度蔼如。

山东《论语》“仁以为己任”，解元王文教云：“夫人抱仁而来，具之而为心体，运之而为力量，以自力复自体，非决机于己不可也，乃士所任何以云重哉！”意味恬雅，自足擅场。王佐才云：“且天下百为俱非真，而唯属诸己者为最真。凡任犹可诿，而惟任乎己者不可诿，故一识真己，而士之任可概见矣。”语剀情真。汪三益云：“且心体至真，而心机至决。唯以心葆心，其体乃内完；亦以自心证自心，其机无外诿，士何任而称重哉？”开门见山，足怡人目。王所须云：“尝谓人心之精神与人心之命脉，其相待而后满者乎？故夫任非外托也，有所载以显注，而有所摄以内证。盖机惟己操之，而奈何悠悠者众也？”语亦雅驯。邢其任云：“且仁勃发于心源，而就此心源之勃发处，即有宇宙同体之分量，故托宇宙于吾心而仁之量满，即己之量亦满，此仁体也。”说“宇宙同体”，便含“重”字。张梦鲸云：“士之所欲完者，独有一己耳。己之中有载之而运而不容借资之理，有触之而动而不容遏佚之神，摄其神以完所载，则士之当仁者是已。”就题说理，绝不支蔓。

《中庸》“施诸己而（至）能也”，解元王文教云：“吾以道不远人者，不远于人之心也。盖吾不能离人以为己，则不能离己以为道，要在于伦常间求之耳。”以“道不远人”为“不远于心”，于题甚切。王所须云：“且道者率性而已，得人心之同然，即得率性之本然也，奈何睽一心于万心者，百相施而百不受，百相求而百不合，违道其愈远乎？”亦是反起，发意甚明。邢其任云：“大道无情，近道若平，情平之云者，从施之偏倚处化而为浑同，又从求之过刻处融而为反己，道乃称不违耳。”笔端潇洒，描写如画。邵周达云：“道奚事远求耶？人惟此心为不可拂之真，亦惟此真心为不易竟之业，丘尝以之自证矣。”会文切理，语不必多。杜三策云：“道不易能也，而人每操一自能之心，于是责己也常虚，而绳人也常实，微独有愧于道，人己施受之间，亦甚拂矣。”打并两意，融归一辙。黄明泰云：“人己一心也，施受一机也。以心照心，则能不能之分量，一反观而已灼；以机符机，则能不能之责求，稍偏失而即鳌，此惟忠恕之君子称焉。”爽豁条畅，如食霜梨，味溢唇舌。

《孟子》“如智者亦行”三句，解元王文教云：“自性学不明，而求智者类求之乎事。事本自然，而以有意行之，此机心愈炽而智愈障也。吾观禹之行所无事，其智神矣。”大雅之词，不费椎凿。王佐才云：“且夫人具有此秉彝而为性，即具有此灵莹而为智，故智者只务尽性，而智之分量以满，不于性之上加毫末也。”见理之言，不烦华饰。史高胤云：“性体原自灵睿，觉照不离本真，故智不必远骛于性之上也，近缘自性以发露天明，故智曰觉性也。”从“性”说起，仍归“性”上，本是题旨。谭性教云①：“今天下之任事而事愈棼也，不自事起也，行事者之失也。然多事不若省事，减事不如减心，禹之治水，其明征也。”“减事不如减心”等语，皆系名言。邢其任云：“且人多不自见其心，而常以天下役其心，此揣摩之妄形结，而虚灵之变化滞矣。”“人不自见其心”，确然之论。

山西以下，不能具述。

---

① 云：原作“去”，据文意改。

游艺塾续文规卷之十三

赵田逸农袁黄坤仪甫辑
门人刘有执无竞甫阅
男袁天启若思甫订
嗣男叶绍袁仲韶
侄孙袁祚熙载之甫同校

正　讲　一

"不知命"全，会元既重"命"字，全篇脉络，自当一气贯通。讲首句找云："非必试之愉荡之乡，而已知其趋操之易乱；非必试之群妄之交，而已知其衡鉴之易昏。"把下面"礼"、"言"一齐挈起。过下云："惟知命，则必知其受采受和于此命者，而从天则固德性，是无体之卓识也；惟知命，则必知其自宣自吐于此命者，而提群言为折衷，是定后之虚明也。"上下融合，神理俱完，自然之中若有成法。讲下二段云："君子无溢而不节之情，傥不知礼，而耳目心志皆世情错出之端，其何以立？则礼非迂节，盖知命中不可无此实诣矣。君子亦无翳而不宣之鉴，傥不知言，而揣摩伺察正自心惑溺之境，何以知人？则区别必审，是知命中不可无此朗识矣。""耳目心志"等句，极透彻，极痛快，对症下药，移易不动。缴云："盖由元始窥真源，则乘除悉注于无意，而形色天性合一而凝，并万类之神一听之常理，君子所为立命，而物我同游也。本良知见天载，则理数悉浑于无情，而节文条理融通而入，并人情之歧合咸囿其范围，君子所为至命，而人己共铸也。"联三为一，原委秩如，意洽精流，若有神助。余往年评浙江乡卷，原许其可以作元，今年春榜初传，自信予言之不谬。及得其真卷读之，则其文与旧作迥然不侔若两人然。盖乡试之文，积学有年，蓄力待战，知其严思满志而出之者也，有心于元者也。会试之文，逍遥自在，如不欲战，知其任意开襟而成者也，无意于元者也，若游于尘垢之外，而卷舒自如；若得鬼神之助，而冥然合辙，殆非肉眼所能识，亦非凡情所可测也。是以修业者平时之力索强探，乃积累之粗迹；而一日之文缘凑合，则神授之真机也。通乎此者，可以言文矣。

二名鲁史作三段做，后复总收。此题曰命、曰礼、曰言，原是三物，论理原当三平，闻今年场中主司亦以三股平讲为善，但三十年前，此等题都是三平做，后因炼格渐新，遂不复肯循常辙。迩来诸生因奇思平，因过思矫，因炼格太凿，反思不炼之为高，故遇两扇题辄欲板对，遇三比题辄欲三平。上科南京“克明德”三节，沈因仲诸公皆作三段讲，“仕而优”二句，皆作两扇对，鲁公之作，正合时宜。第三梅之焕亦作三段，讲首句云：“夫命而仅仅按定数、听适然，此犹易知者耳，至于天人相与之际，戳榖耶？鞠讻①耶？有不自命造而自我造者，其机权不更微乎？识参造化，而尽其在我以胜之，君子所以不衡命而委命，而造物惟此斡旋者也，不然，而鲜不役役矣。”说“命自我造”，不离气数，直透先天，乃至精之语。讲“不知礼”云：“夫礼而区区比节度、习仪文，此犹易知者耳，至于经纬从出之原，为矩耶？规耶？有不自我制而自天制者，其节文不更精乎？反观天则，而融其真见以合之，君子所为以中立以正立，而邪僻无所摇荡者也，不然，而鲜不靡靡矣。”直探“经纬从出之原”，而本之天制，细腻精入，非徒作者。讲末段云：“苦言为忠，甘言为佞，易知也；至于佞而忠托之，而忠者反类于忤，易知乎？讱言为仁，巧言鲜仁，易知也；至于佞而知饰之，而仁者反见为拙，易知乎？自非明炳言前，而徒相人于词说者也，鲜不贸贸矣。”专辨其心术，而不“徒相人于词说”，比题意更进一层。潘澜先总提，次平叙三段，末总收，亦是常格，中间讲语甚细。首句讲云：“命而曰知，则迹其所以修，去其所以悖，如是者君子，而不然者，将以安身而立命者操何术也？谅居易之君子必不若是。”题止言知命，而讲云“迹其所以修，去其所以悖”，则不徒知而并欲行矣。中段讲云：“礼而曰知，则去危而即安，黜华而就实，如是者能立，而不然者，将以固肌肤而束觔骸者操何物也？谅自立之君子必不若是。”“去危而即安，黜华而就实”二句，是说礼之所以立处。末句讲云：“言而曰知，则是非莫眩，得失莫逃，如是者知人，而不然者，所以庸加言而鉴②谗说者操何衡也？谅知人之君子必不若是。”“是非莫眩，得失莫逃”，是言之所以知人处。后“涉世”、“出世”二比，新警不群，但收六比则太多耳。胡承诏一头两脚做，中间讲语亦精，首句云：“命者，天数也；为者，人道也，借天以摄人，而何以称君子之纯心？然而不知之，恐无以祛妄念而造于纯也。君子者，无为而为者也；知命者，有所制而不为者也，以有为冀无为，而何以望君子之真修？然而不知之，终无以解世役而还于真也。”“天数”、“人道”、“有为”、“无为”，皆开人不敢开之口。过下云：“要之谓知命后而徐议持己，徐议观人，始有所以为君子之资可也；谓知命后而遂无失己，遂无失人，悉尽所以为君子之道未可也。”一齐挈起，过下有力。后将二段讲完，复收二比，轻重得法。

文字有识见可元，力量可元，而偶厄于数屈居人后者，殆可闷闷，若六名周铉是也。其讲首句云：“命不拟人境而就，故境时供时取而我不迁，所以砥砺其人品也，不

① 讻：原作“凶”，据文意改。
② 鉴：原作“坚”，据文意改。

知易以逐境为浮沉；命不与事物为偶，故物有得有丧而中自如，亦以澄练其心神也，而不知总以物诱为趋避。识昏于元始，处处有危微之幾；神暗于浅营，扰扰无太宁之地，欲为君子，何途之从哉？命之不可不知也。”“命不拟人境而就”及“命不与事物为偶”，皆入理之微谈；“砥砺其人品”、“澄练其心神”，愈讲愈细；“识昏”四句顺讲“不知命”，而下以一句收之，甚有力。过下云：“是摄持天理之功也，而摄持从何处着力？莫若就其理之最著者知之。是检点人情之则也，而检点从何处起倪？莫若就其情之最露者知之，则礼与言也，又彻则俱彻者。”神到意到，笔力亦到。讲“知礼”句云：“人身自情牵欲染而外，谁非戴礼之官所恃以强立不返耳？此之知而以情欲挠之，将何所不挠？天则不据于胸中，而视听言动为无根已。威仪亦所以定命也，欲为君子者，胡不于真体效灵也？”“情欲而外”即是礼，“天则亡而视听言动为无据”，皆言之有理者。讲“知言”云：“人心自饰貌匿情而外，谁无内券之言所用以藻鉴于人群耳？此之知而以情貌隔之，将何所不隔？言不彻于人伦，而是非好恶为无灵也。知人亦所以知天也，欲为君子者，而奈何不于实事持衡也？”情貌不隔，则言必内符。“是非好恶为无灵”，亦创见之语。缴云：“命不涉形色，立则附于形矣。总之，神定于象先，无形照，有形亦照，而何处不主持世教？命不着声臭，言则着于声矣。总之，识超于蹈外，无声彻，有声亦彻，而何处不挽回人心？”语语入玄，字字彻髓，殆洞朗不群而独步词林者也。王家植亦以“命”字贯下，其高处在首节不多做，却于过文处重做四比，后二比云：“则礼与言之当知也，乃真知中统括之全体也；而能立之与知人也，乃全知中明照之实事也。”提得最紧。后二段实讲处亦不多，但轻轻递过，末缴云：“盖真明有暂晦之时，良知无终蔽之理。论知于根本，当于世俗难持处，剖析其修吉悖凶之原；论知于散殊，当于恒情易忽处，磨刮其自损自益之理，则其知全其德成矣，庶无愧于君子。”通篇轻扬飘洒，不甚费力，如游骑惊群，离合自在。刘嗣传起不总提三段另讲，而中间脉理则一线相承。其讲首段云：“生人之纷逐无涯，而帝降之权舆有赫，是非其命耶？鉴界者密而昭事者疏，顺承者难而衡决者易，君子所谓通极性命，其知审焉而有如不知也，必且幾幸望外，必且辍业分中，吾未见不知命而可谓君子也者，是知命其亟图也。”“生人”二句，提得雄伟冠绝，曰“望外”、曰“分中”，皆细腻。过下云：“顾命之境灵而威仪定命，尤其脉理之关；命之机微而知人则哲，尤其神明之牖。”绵密爽健，读之爽口。讲下二段皆根“命”说，末复缴云：“盖能知则以不可必者归之命，而以不容越者范之礼，是故利害得失无速于境，身心性情允协于则，此君子所为尽性至命，其源醒也；能知则以命化外来之寄遇，而以言操内信之真符，是故穷通顺逆不汩①其真，而是非淑慝不爽其辨，此君子所为知天知人，其理微也。”以“知”字总缴，而才情流动，缅缅不穷，可式也。张京元先提一头，次平讲三段，末以“知”字总缴，其讲语亦甚不凡。首段云：“命与我俱来而即以宰我，此非可意想以为知，必真见夫我之外无命，斯命之外无我，而不知者茫茫于命中，且营营于命外，我既不能定命，而复不安为命所

① 汩：底本漫漶，据内阁文库本补。

定，理与数两无所主者也，何以为君子也?”不以意想为知，便是入微处。中段云：“礼从身而出而即以律身，此非可浮慕以为知，必真见夫性天之品节，即身世之范围，而不知者未发汩其中，已发乖其节，吾既不能用礼，而并不能为礼所用，内与外两无定者也，何以立也?”“性天之品节，即身世之范围”，是精诣语。末段云：“言自心而生而即以镜心，此又非口耳以为知，必真见夫口耳之本①原，即人群之流品，而不知者既眩于言之中，又何辨②于言之外？吾不能操人之衡，而且以自昏其鉴，衡与鉴两无所凭者也，何以知人也?”“言之本原，即人之定品”，自是至理。樊良枢起提四小比，中作三段，末轻缴。讲首句云：“命非必不言数也，而君子见理不见数，惟其为君子也，故命不可以不知。苟未能洞晰乎吾性之原，而有契于于穆之权，窃恐阴阳祸福之说入焉而坠，而上下天人皆危幾也，何以主化育之神，而制造化之权哉？必非君子而可矣。”“见理不见数”与“上下天人皆危机”，都是玄语。中段云：“礼非有体，非必无体也，而君子又以之能立，惟以之立也，而礼不可以不知。苟未能达观夫会通之原，而默察夫中正之则，窃恐精神血脉之守出焉而荡，而耳目肌肤皆蹶途也，何以植德性之闲，而贞天下之动哉？虽欲立焉而无由矣。”曰“非有体非无体”，便是出人，“耳目肌肤皆蹶途”，亦是不经人道语。末段云：“言非有响，非必无响也，而君子又以之知人，惟以之知人也，故言不可以不知。苟未深维夫主心之原，而致严于似是之辨，窃恐爱恶攻取之私投之而乱，而瑕誉异同又不胜穷也，何以极人情之变，而究政事之害哉？虽欲知人而无由矣。”三段沉着痛快，句句用意，真老手也。十名前，诸卷浓淡异辙，丰约殊方，各有二种独到之识溢于言语文字之外，徐会而默识之可也。

会试十八名前皆系正魁，皆当留神细玩。十一名戴新总提后讲“知命”云：“夫命者，禀于真而不易，固不以无定或爽其有常；运于化而不拘，亦不以有方可持其至变。此而不知，则命一而我见为歧，命顺而我欲为衡，究且以觊觎于造化之权，徼幸堕好修之志，而趋操从此谬矣，其何以为君子?”曰“禀于真”，曰“运于化”，皆在气数之先，“一而歧”、“顺而衡”等语，皆造微逼真，非徒作者。讲“知礼”云：“节情制性，非礼弗严也，而筋骸之所检束恒式于志，不式于象，自非规旋矩折之内自有密察识，而摄持虽坚，情貌先焕然不相扶矣，其何能立？则立本于礼，而不知者固无以立也。”摄持坚而情貌不属，则礼非虚文矣。讲“知言”句云：“抒衷达蕴，非言不章也，而品格之所悬别必烛以理，不烛以声，自非缘表测里之间自有默藻鉴，而揣摩虽巧，心迹每贸然不相照矣，其何有于知人？是人不离言，而不知者固无以知也。”“烛以理，不烛以声”，自是的见。缴云：“盖命参理数之会，而威仪亦所以度衷，则不得谓命精而理粗，故必幽彻冥漠③之宰者，又显达秩叙之端，而择守依据之见益确；礼合经曲之

---

① 本：原作“末”，据文意及下文引文改。

② 辨：原作“办”，形近致误，据文意改。

③ 漠：原版漫漶，据残留字形及文意补。

全，而拟议尤所以极化，亦不得谓礼真而言幻，故必躬履加会之通者，又心析异同之辨，而后身心修证之途俱醒。”两相挽结，先后合缝，熟玩此作，其天资甚朗，其学识亦优。中间有理精而气不贯者，则以其作文不甚多耳。洪启聪先总提，讲首句即含下“礼”与“言”，及讲下二段亦从“命”上转去，中间实讲处不甚着词，特以意斡旋过去。如讲“不知命”而云：“泥造化之物物，混世情之罔罔，谬托天道之难晓，卒堕世人之险途。”此皆超然于绳尺之外而得诸玄诣者，定非浅学可到。讲下二段云：“以命视礼，礼即命所彀耳。夫是以有威仪度数之析以定命也，此而不能知，检押疏，心志荡，吾身何由立焉？而彼知命时所为，不规而圆，不矩而方，而必借升于绳墨者，果何为矣？以命视言，言①即命所传耳。夫是以②有离析致究之详以证命也，此而不能知，则品骘乖，是非乱，何由知焉？而彼知命时所为，缘声得实，缘闻得款，而必启知夫伦窍者，又何为矣？”汪洋自恣，不锢不班，而独抒其自得之胸襟，作者难而识者亦难矣。缴云：“会心处不必遗迹，而天性默摄于礼意，俟命超情于言前，即一知命而虚中之迹象已化。跖实处何事逃虚？而知人为知天之鉴，察则为察性之轨，即礼言兼知，而无形之摄入尤精。”明丰之谈，自然中窾。金汝谐亦重“命”字，讲处多不循常辙，自抒雅调，如讲首句云：“由一念之顺逆，而居大化祲祥之征；以道义之应违，而配宇内吉凶之数。”以此讲命，幾于入神矣。次于过文处从重发挥，而下二比只轻拖散结，清标逸韵，蔼然动人。魏濬先总提，次作三段。讲首段云：“一则当知命，命非渺也，理呈于数，君子以之参元化，无营无兢之衷，操修所以日纯也，不然，命固定之，我固争之，勿论争衡于数，即争得于数中之理，计较稍萌，而纯白已玷矣，其何以为君子?”说“数中之理”便入细。中段云：“一则当知礼，礼非象也，性秩为仪，先王以之植人纪，习焉安焉之妙，德性所以日定也，不则礼固维之，我固逸之，勿论明逸于仪，即少逸其性中之节，动作强持，而精神已荡矣，其何以立?”末段云：“一则当知言，言非外也，心泄为声，哲人以之晰衷曲，天机跃如之外，伦镜所以独精也，不则人固泄之，我固昧之，勿论骤闻易炫，即终日听其言与习其人，且是非两无所据，而权衡尽爽矣，其何以知人?”语皆入微，雍容闲雅。吴友贤通篇皆佳，三段皆顺发挥，富丽平实。讲首段云：“世宁有求为君子而不通极于命也者？命非幻化，上天缘理以定数，而人还借数以明理，使其一不知而目前之造化已迷矣。暗室屋漏，必多悖而寡修；利害亨屯，多逆而寡顺，若是而幾成德也，是行而不着之凡民也，故天下有立命之君子，有俟命之君子，而不知命者，直行险而无忌惮耳。”就“不知命”上模写，字字着题，下二段皆然。郑茂华先讲“命”字二比，次讲“不知”二比，即用过文罗起下意，末二段只轻轻叙去，不甚费词而轻脱清秀，自成一家。叶大受先将“知”字总起二比，即讲首句云：“知则现在皆素位，司契在易简，精不失为达天之识，而次可以幾立命之诣；不知则为愚乘之而惑，巧乘之而矫，内不胜争衡之

① 言：原无，据文意补。
② 以：原无，据对股补。

妄，而因以牿顺受之原。曾君子而有是哉，而奈何以命为屑越也?”一比宾，一比主，阐发甚透。过文云：“顾从玄默之际觅其本根，不得以持守为迹，而试思有生后之形骸，要于何处范围，则知有贵于礼也者；从无声之中析其真妄，不得以藻鉴为迂，而试思最易淆之品格，要于何处定衡，则知有贵于言也者。”联络有情，居然出众，只此一过，便可抡魁矣。后二段只轻拖云：“人身有主宰，受之以品节则不逾，谬谓绳束之拘，而越思检押之外，则识之既淆极，于何定有阶之惑耳？人心虽难测，泄之以声音则甚真，谬谓任耳之虚，而不穷真伪之实，则表之既溷里，于何测有售之欺耳?”语虽不繁，意亦娇娇。十八名不见。

来宗道庚子科与吾儿天启同居副榜，而来为备卷之首，甚慕其名，今得联第，豪杰登庸，自有时也。其文如生龙之活泼，如明珠之圆转，要非凡品。其总提处不单重“命”字，以命合礼，以礼合言，相推说下。讲首句云：“故命之说微矣，非可一途验，非可一成泥，而智者付之莫致而莫为，愚者以为私予而私夺，知者借造化以修人事，愚者央人事以干造化，则安天命之不知，而能脱俗情、游坦荡者，君子诚不可少矣。”不俳不比，操纵自如，且语极深奥，而词甚明显。发下不作过文，竟实讲云：“盖礼者，节文之繁缛非乎？而试明仪节从何而起？倘亦德性本体原自精微，故习之者直逊文于肌肤腠理之会而不敢肆，而如以为仪节耳，则丰于貌啬于情，不知甚矣，何以能立？言者，议论之纷纭非乎？而试明议论从何而生？倘亦心术既微昭然呈露，故听之者直立穷其端邪真似之辨而不可逃，而如以为议论耳，则采其华暗其实，不知甚矣，何以知人?”语语入微，笔端如画，毋庸刻削，而题意跃如。满朝荐以“命”字、“知”字起二比，正讲“不知命”二比，过下云：“顾命岂属窈冥？散之品式则为礼，淆之议论则为言，总天载翕张之倪。知命岂堕玄虚？证之品式则履蹈真，晰之议论则藻鉴彻，乃身心印证之实。”铸词甚整，用意甚精。讲后二段毕，缴云：“论知之所流览，则格仪章以禀帝则，缘辩论以湛天机，知之所兼到也，盖借寄觅真，而当念乃彻也。论知之①所究竟，则顺动即成律度，矢口便属典谟，知之所独澄也，盖得真遗寄，而睹体即真也。倘所称于天下，曰君子非耶?”语精意彻，自是作家。董暹三节各自做，并不纽合，中间讲语亦多不凡。讲首节云：“我身方为造物之所主，而不识其所以主之者，则中正之衡以情识而揩；我身又为造物之所移，而不识其所以密移者，则消息之机以得失而淆。盖至必然之理与或然之数两俱无凭，而趋避于是乎俱乖；无心任运与有心衡运两俱无权，而操修于是乎大惑。”此等句皆见理透彻，非漫作者。下二段亦明朗有味。沈朝烨调多隽朗，语多入微，如讲“知命”云：“一念昏而万念俱错②，只怨尤之相牵③；真识减而妄识渐增，更机械之乃设。”结云：“悟生身之根，而且洞彻身范；穷造物之始，而且流览物情。”玄言警语，层见叠出，盖得于造诣之深，而自然以溢者。张泰阶总起

① 之：原无，据对股补。

② 俱错：底本缺漏，据内阁文库本补。

③ 牵：底本漫漶，据内阁文库本补。

后三段，另讲首段云："有命之当知矣，命非渺茫，知非冥契，当身而值与随寓而安者为真耶？夫声臭之先，方有所执以处我，而存一图度幾幸之心，则有余于分外，适不足于分内，恐无以为斯世仪，而何以当君子焉？"词旨抑扬，足以激发。讲下二段云："有礼之当知矣，礼非粗迹，知非凑泊，天然各肖与绳检浑合者即是耶？夫进反之表，方有所根以域我，而存一粗疏自恣之心，则不摄于有体，适不摄于无体，恐无以为主持法，而何以立焉？有言之当知矣，言非枝叶，知非揣摩，心精流露与符契默司者皆是耶？夫议论之际，方有所杂陈以炫我，而存一漫无可否之心，则不能缘表烛里，即不能由衷证象，且无以为妍媸镜，而何以知人焉？"下语皆精，天然合辙，信是作手。吴尔成讲三段处，语亦精诣。首段云："并人也而以君子称，必其直透夫有生前之大造，以尽撤夫有生后之俗情，而恬胜操耳。苟心稍锢于形生，见不冥于玄造，方且天啬而人争以丰，天损而人争以益，犹然与庸流日汩溺于劳攘之途而靡所自振，其君子也奚以称？何者？达化之心不滓，衡命之行犹舛也。"不但透生前之大造，并欲透生后之俗情，是真知命者。讲中段云："并守也而以立称，必其直抉夫受天地之中，以为植一身之中，而强胜懦耳。苟天秩之微不晰，率性之中犹眩，方且孰轨之则而使凝？孰束其靡而使竖？犹然与天下日波靡于摇荡之域而靡所自持，其立也何所依？何者？达理之守必坚，昧礼之守必摧也。"末段云："并人也而以知称，必其直折夫群言淆乱之原，以究夫群心巧遁之故，而明胜蔽耳。苟至纷之论难合，至合之辩①难分，方且外貌迷其中情，采声遗于核实，犹然与天下日眩乱于纷纭角胜之时，而用所独瞩，其知人也何所凭？何者？察理先于万品，程材起于真知也。"抉精阐微，神流气鬯。章正岳讲三段，亦有精语。讲"不知命"云："私智未融与莫致而致者不相受，则一念侥幸，无易可居也；真见未彻与无为而为者不相融，则二念怨尤，何学能达？"语皆入窍，玄音可掬。讲下二段云："礼行乎古，其经其曲，我之规矩存焉，会而通之，必有卓然自饬者。苟不议论之所合，则情义不坚；不探仪之所生，则精神不束，其何能立？此秩叙之原，君子所当究心于履之先者矣。又如言发乎人，其衷其貌，彼之品格藏焉，沉而镜之，必有犁然可辨②者。苟论笃不顾其色，将信其所疑；至言不求其当，将疑其所信，其何所凭③？此言语之赜，君子所当澄心于聪④之先者矣。"以经曲为"我之规矩"，以衷貌为"彼之品格"，皆细腻不浮。又"秩叙之原，则欲究心于履之先"；"言语之赜，则欲澄心于聪之先"，皆有理而可玩者。彭若昌起处不提，即讲"知命"云："人世得失之故，每有理不可诘而大数实阴宰之；人心营觊之私，每有义不自克而定分常逆消之，故非冥通于莫致之机，则必不能卓然自信，而严止定于波流；非深契乎靡定之运，则必不能旷然达观，而等升沉于旦暮，欲为君子无以矣。"语语逼真，透入心髓。次作过文后分二股，

---

① 辩：原作"办"，形近致误，据上句及本句文意改。
② 辨：原作"办"，形近致误，据文意改。
③ 其何所凭：原无，据上股同位句及上下文同例补。
④ 聪：原作"听"，据下文评语改。

不事铺排，自有一种清趣。周光祖之文亦佳，先讲“知”字二比云：“夫知非从耳目入也，其虚而含者，原以性天之觉体默证于人我之一脉；亦不从意想出也，其灵而贯者，原以祇对之实际显露于形神之交关。”根极理路，句句深入。讲中间三段，皆有精到之语。首句云：“分内之相畀既亲，而意外之相遭转化，即有灵亟，吾自有吾命也，造物之所愚弄不与也。”中段云：“无形之矩矱先调，而有象之防闲徐合，即有变化，吾自妙吾立也，尘世之所颠踬不受也。”末段云：“受响之根宗既湛，而传声之变态愈呈，即有参观，吾自神吾知也，流品之所纵横不乱也。”说理既真，措辞亦粹。祝以岱之文，句句从心苗中流出，并无一毫因袭，最当潜玩。讲首句云：“夫人亦知学之必先知命乎？命参理数而居其会，于乘除合辟之外别立主张；亦治物我而统其同，于形神声臭之间旁通脉络，故试悟于先天之付畀，而空凿之见自熔，不然，意识纷驰，欲为率性之君子不可得矣；又试证夫日用之流行，而阴阳之意自释，不然，营求妄起，欲为居易之君子不可得矣。”字字新奇，可喜可愕。过下云：“盖天命原最微渺，必独铸不毁之精，共证玄同之域，乃始足当真解，而知命亦最精实，凡无体中之显设，无声中之宣泄，亦可一一见真相。”“独铸不毁之精”等语，皆独创之谈，并非人间所有。讲后二段云：“故夫秩然而陈者不有礼耶？有常之天则，正我肢节脉理受绳受束之区，而体认不亲则形骸无主，将何所握以内固也？显然而布者不有言耶？偶呈之天籁，正人神情意态自献自吐之际，而鉴察不密则品格已淆，更何所凭以外观也？”“受绳受束”等句，从不经人道过。凡作文须要自开炉冶，道几句从来人说不出的言语，乃为奇特。此等文字惟会试场中有之，然即会试场中亦不可多得者，幸毋易放过。华玄禔之作亦非凡品，中间三大①段讲云：“有如不知命，而君子不可幾矣，盖命潜于声臭之先，而实司夫穷通之数，惟息息与维皇相对，则游神于淡漠而其养自恬，否者无论索命于声臭以后失命之精，且恃其侥幸之私智而与命相衡者有之，奚可也？有如不知礼，而立不可必矣，盖礼出于自心中正之则，而遂为神明之卫，惟念念与节文相摄，则域心于静定而其守自坚，否者无论荡心于矩矱之外失礼之精，且并其五官之用而乱荧无主者有之，奚可也？有如不知言，而人不可知矣，盖言虽属人唇吻，而实输人心曲，惟缘表测里，因端睹妥，则握鉴于空明而其品自呈，否者无论不能究生心之隐祸，决人品于悬断，即近在觌面之顷而漫无识别者有之，奚可也？”不拘不纵，潇洒出尘，脉络整然，神情流动，盖魁选也。陈镳超朗不群，中多独到之语。鲍际明奇思异藻，种种惊人。讲首句云：“有一成之命在于先天，其分不加不损，知之则有以消轶越之思，而宁为顺，毋宁为衡；有密移之命在于后天，其机不僭不爽，知之则有以作媮惰之气，而宁为修，毋宁为悖。”“先天”、“后天”，创自肺腑，锋芒灿然，易于赏识。讲一节云：“凡离境求立犹易也，一当震撼击撞之冲，辄百节无附而立难，知礼者原性制情，即观会通于矩外，益显强立之操焉，岂其聩聩于礼者而能？若是必非之道已。凡据形求知犹易也，一当微暧变幻之交，辄万想无凭而知难，知言者考衷核辞，即冥亿逆于象先，益炳综别之明焉，岂其汶汶于言而

---

① 三大：原作“工夫”，于文意不通，而下文确为三大段，故改之。

能？若是必昏之鉴已。”“离境求立”与“百节无附”等语，必非汩没于时文者所能言。束云：“是以君子默体阴阳之撰，虽有玄修，必探经纬，自有以贞德性而固防维；潜浮消息之宜，虽有实诣，必穷议论，自有以辨官材而叙流品。此之谓全知，此之谓至命尽性之君子。”此则精炼之词，从容长啸，声振林木。祁承爔识高意朗，绝无烟火气，讲“不知命”云：“衷情乏旷远之识，惟觅利害，迫人于眉睫，而不能释然于造物之权；随在无自得之心，只恐成亏，迭变于须臾，而不免微萌夫争胜之念。”此等句皆不随人口吻而超然独到者。王命璇搜精剔微，往往出人意表。讲首句云：“谓之曰知，非徒卜度之知也，灵明之昭彻即存养之默证，安身立命之本体，其悉管于此矣。如于此而不知，消息盈虚，以无心委之，既不能参合于声臭之元；迓福祈天，以己心邀之，复不能密摄于昭事之实，欲为君子无由也。”语皆心得，说理逼真。张鼐磊磊有奇气，亦可抡魁。讲中三段云：“欲为君子，则莫急于知命，命制我而我默契造物制我之意，则数不衡而理自彻，守贞养定，君子之品也，不知而役世情以徼造化之幸，其于品格则已亏矣。试思何以不为君子，而命可不知与？欲能自立，则莫急于知礼，礼坊吾而吾独观本性自有之坊，则节不若而精自摄，形强神固①，特立之贞也，不知而乖天则以随万物之靡，其于精气固已伤②矣。试思何以不立，而礼可不知与？欲知人，则又莫急于知言，人之朕露于言而吾洞悉其自献之朕，则形不混而精先告焉，表见里呈，周知之鉴也，不知而溺浮词以逐群情之变，其于操鉴固已疏矣。试思何以不能知人，而言又可不知与？”词真意剀，直逼大方，绝不似联科文字。周炳谟妙契深心，直窥理奥，讲首句云：“最不可不知者曰命。夫命之说渺矣，有如妙契之以通于造物先，直可以消人之欲心，夺人之械心，而使日游于淡，是居易之概也，不然，而昧于莫致之数，将营逐无已时乎？必且饕富贵而失性命之精，殉利达而捐廉耻之节，行无完名，则不知命者之为也。”“日游于淡”，非见道者不能为此言。讲中节云：“次莫切于知礼。夫礼之用严矣，有如会通之以夹持于形性间，直可以杜游气之棼，塞柔情之窦，而使日就于绳，是强立之操也，不然，而间于范围之则，将靡荡何底止乎？究且血脉不治而精神乱营，耳目交役而百度胥失，身无端操，则不知礼者之为也。”“杜游气之棼，塞柔情之窦”，此实体贴于身心而得之者。讲末节云：“次莫急于知言③。夫言之变甚不可诘矣，有如疏观之以洞察乎声气之原，直可缘发以窥存，即华以核实，而使之无可匿，是人物之衡也，不然，而昏于聪听之哲，将材品何由定乎？竟且令曲士争鸣于大道而学术淆，佥壬混迹于忠良而国是乱，贤否倒置，则不知言者之为也。”“曲士争鸣”、“佥壬混迹”，放胆之文，极其驰骋。毛一鹭一气呵成，丰神流动，提“知”字二比，即讲“知命”云：“命也者，其理若定若移，将有必知之则。以顺受破其迷情，不至营机心以衡造物；以居易黜其侥幸，不至域械事以干大化，而不然者，方且顺受之情穷外，规避之情穷内，彼其

① 形强神固：底本作“形强固”，据内阁文库本补。

② 伤：原作“饬”，此处宜作“伤”。

③ 言：原字后衍一“言”字，疑误。

行尽如驰，日欺歉于人情世故中，而得为君子耶?”直闯玄关，自与凡品各别。次挈下二节意□①作一过文，更复以知礼知言交②互递四小比，而总结之曰：“未知命以前，患其迹而不神，故以乘除消息之运，先开其领会之门；既知命以后，患其玄而无着，故以规矩得失之场，一实其空虚之见，总之成就一君子而已矣。”从头至尾，梭梭相接，而神光陆离，可称高调。江灏亦有识有养之士，讲“命”字云：“命非渺也，其粗者为一定之数，可以销寻常驰逐之幻念；其精者为太极之秘，可以洞造化原本之真诠。”理数兼举，直透本来。后二段亦佳，盖高手也。郭士望亦矫矫出尘，其讲“不知命”云：“睹闻显微，有不必然之戒惧；而出王游衍，有不必涉之帝灵。”此等句皆出人意表。柯昶讲“不知命”云：“见巧营之幸获则趋避滋，慨成数之莫逃则修持阻，吾意世有君子，即不皇皇逐逐与司命争权，而行素以尽顺受之理，未可轻废也。”皆切理之谈，无一浮字。过下云：“是以有知命之君子，则有知礼之君子，升沉任诸运，而操纵禀诸躬矣；有知命之君子，则有知言之君子，得丧委诸虚，而法戒委诸实矣。”血脉联贯，略③无痕迹。

“极高明而道中庸”，此题朱子以“德性”、“问学”分作两橛，然则“极高明”者并不须问学，而“道中庸”者遂与德④性无干矣。注中“极高明”训“不以一毫私欲自累”，“致广大”训“不以一毫私意自蔽”，意自内出，欲从外来，故《蒙引存疑》等书讲此句，俱要在遏外来之物欲上讲，作者都讲一套遏欲说话，而于本文“高明”字面反不相像，此时文之大病也。又训“道中庸”为“处事”，“尽精微”为“说理”，故作此文者，全要“事”上发挥，不许犯他“理”字，最为可笑。往年予作“故君子尊德性”一节文字，只依经文，浑融合讲，并不分配。今年诸作，则脱尽支离之习矣，卧病林皋，睹之不觉大快。会元杨守勤起云：“性含一掬而与天为体，与物为量，此夫不层累而高，不拂拭而明，而实自中自庸无容增损者。”“中庸”与“高明”打成一片，才是真正脉路。接云：“故人亦知德性之高明矣，而驰骛乘其颇僻，则逐高明正以反中庸；人亦知中庸为德性矣，而厌忽遗其故常，则离中庸正以累高明。”说中庸亦是德性，甚得肯綮。实讲云：“君子非能俯益以极高，而培之植之，崇真体也。至若作用纷起容有穷，奇而畔正者可云极乎？而知能易简所必循焉，惟无以畔之者累之耳。君子非能增设以极明，而洗之涤之，还真明也。至若智故萌生容有抉，幽而反晦者可云极乎？而轨迹夷易所必遵焉，惟无以晦之者累之耳。”只就“高明”上模写，并不牵扯注脚。此二比已讲尽大意，因将“中庸”提起讲云：“偏倚易溺，由意见之未融，极之者以戒惧充虚明，务游之无营无染之天，而原非意见为驰骋，故寓高于卑，是为至高；寓明于暗，是为至明，而象帝之先者，必期顺帝之则。隐怪乘人，由情识之用事，极之者由慎

① □：底本空此一格，据内阁文库本，空格内实无字。

② 交：底本无，据内阁文库本补。

③ 略：原作“异”，形近致误，据全文通例改。

④ 德：原误作“性”，径改。

独见天载，直还之不屈不淄之境，而原非情识为寻求，故即卑登高，高乃日积；即暗为明，明乃日章，而因物察则者，正以体物不遗。”两意交挽，浑融合缝，气度冠冕，语意春容，真元作也。束云：“盖天下无卑暗之中庸，而君子恬栖淡宅，斯有余不足之端悉化，因中庸之所以澄于虚；天下亦无乖戾之高明，而君子履中蹈和，斯昭融高朗之体自绝，尤高明之所以跖其实，德修而道凝良不虚耳。”说到无卑暗之中庸，乃知内外原非二辙。鲁史中二比云：“吾性中岂别有发越之象？而第引其不私者以渐至于忘私，若见其为高之极耳。要之心思之所不到，正耳目之所不惊者也，率而循之，宁无后世之述，而隐怪曷务焉？吾性外又岂别有昭揭之功？而第扩其去私者以返合于无私，若见其为明之极耳。要之圣哲之所不至，正饮食之所不废者也，践而行之，宁其遁世之穷，而半途弗已焉。”根极理要，不纵不矫。梅之焕通篇皆佳，实讲云：“性真无耦，原超万物而独伸，非必抗之使高，第伸者，无失其伸之权，斯高之所以极乎？试探高中之实际，岂玄虚也乎哉？其超万物而出其上者，正囿万物于中而合其则，本其所极者率而道之，而平常之轨协矣。性灵无蔽，原融万象而常惺，非必耀之使明，第惺者，适还其惺之体，斯明之所极乎？而试察此明中之真境，岂明察也乎哉？其融万象而涵其鉴者，即酌万象于心而持其衡，本其所极尊而道之，而偏倚之私化矣。趋操在人事之表，履蹈在人事之内，盖神化性命，不能离跬步以虚衍其机，而舍平淡之作用，神奇且于何着乎？安见天道之不为极耶？显践乎日用之迹，默契于日用之精，盖饮食飞跃，莫非从性天以鼓其鬯，而舍趋朗之心体，矩度且于何运乎？又安见夫极之不为道耶？”意极明朗，言多透宗。周铉精思粹识，转发转深，此擅场之作也。起云：“性非缘染于物情何尝不高？而至高中又自有默成之规矩。性不侵蚀于物化何尝不明？而至明中又自有天则之范围，独不胜夫浓艳之识驱之，于是有借正觉为旁识者，而缘隙而入，其入必偏；依情而出，其出必谬，初体始不合矣。”“浓艳之识”一句转下有力，只此一起，便可冠场矣。讲云：“高者极于无卑者也，惟是不肯俛然出世故之下耳，遂可离世故以成其旷乎？希微淡泊之真，自当以其宜禀则于日用，循循焉与愚不肖之夫妇同其知识，而何敢于天理上驰一分也？则其所遵以为途者也。明者极于无暗者也，惟是不肯味然受人一情之役耳，遂可脱人情以寄其朗乎？声希味淡之内，自且以其则程量于真常，依依焉与生民之饮食同其不厌，而何敢于性分外加一分也？则其所植以为履者也。”浑是一团理趣，无一泛语。后二比云：“分三极者，只此一中，外此岂复有高明之路？彼颇僻自恣者，皆从不自坚之理境而差者也，故执中用中，愈敛愈固，而后可以还诣极之本体。通天地者，只此易简，外此自别无高明之途。彼素①隐行怪者，皆从不自反之一念而差者也，故庸德庸言，愈淡愈真，而后可以游通极之大观。”“只此一中，外此岂复有高明之路”等语抉精入微，直透心髓。结云：“盖君子以发育峻极为体，虽中和位育之至极，尚不辍此心之戒惧，何自而生屑越之端？君子以三千三百为用，

① 素：原作“索”，据《四书章句集注》原句改。

虽风俗尚习之醇疵，且敛为吾心之疚恶，何自而生好奇之想①。”言言中窾，字字逼真，而意象委纾，秀色可掬，置之首选，谁曰不宜？王家植讲云：“从本原中②体会其不卑不染之真，而从日用间调适其不偏不倚之妙③。高者非有增益，惟不失其高而纤欲毕除，乃为极耳。但恐此念稍驰于高④，将浮游之气莫与制之，而默以驯雅冲和用维其笃实，终不令吾儒有穷高莫返之意见矣。明者非为炫耀，惟还复其明而微私不染乃为极耳，但恐此念偏逐于明，将索隐之智莫与改之，而阴以规矩范围豫调其气脉，终不令吾道中有求明反晦之情识矣。”串合有情，词亦楚楚。刘嗣传讲云：“原原本本之天，一物莫尚；而纷纷纶纶之际，万应皆中。非必积累为极，第就吾常伸之体无为屈挠，此中不见有巍然崇峻者乎？而超卓之意想，调剂之以归于平，易知易从，皆日用持循之帝则也，而高不属玄渺已。非必炫骛为极，第葆吾常觉之真无为蔽亏，此中不见有炯然澄朗者乎？而开豁之灵襟，退藏之以凝于实，不增不损，皆阅历泛应之彝常也，而明不涉幻寂已。”气平而语畅。后二比云：“有贞观贞明之体段，而竟不离中庸为作用，则大虚游衍皆坦夷平淡之真；有至易至简之猷为，而要不外高明为主宰，则经常率履皆天真性术之秘。”涵泳有情，悠然可玩。张京元高才卓识，政自不凡。起云：“以高还高，以明还明，第无受以天损；而吾守吾中，吾寓吾庸，又何于人益？”开口便见肺肝，自然令人可爱。接讲云：“理自在天地万物之表，又何不在日用饮食之间？特就其不可即者见为高明而即之，而无不可即中庸而已，惟中庸故愈不可即也。理藏于隐微声臭之先，又何不着于耳目睹闻之际？特就其不可幾也见为高明而幾之，无不可幾中庸而已，惟中庸故愈不可幾也。”就中庸处愈见高明，乃是中的之语。后二比云：“盖人惟所处之非高，故思有所驾焉以表峻，而中庸之守，则举夫奇能诡术极力而莫陟其藩者，吾自不胜其高，而又何怪之行矣？人惟所见之非明，故思有所眩焉以示察，而中庸之见，则举夫深心玄解极力而莫窥其似者，吾自莫掩其明，而又何隐之索矣？”此又说惟高明故道中庸，与前比开合相应，乃是一线文字。樊良枢亦是高材，实讲云：“本高也而何以极其高？卓识之襟宇，超于法象，而伸于万物，孰有屈吾性而据其上者？而卑近之外别无卓识，惟即此卑近之理，引为实修实证，而必由乎是也，乃其所以愈平愈超者也。本明也而何以极其明？昭旷之神灵，与化育同游，而与飞跃同活泼，孰有污吾性而障其内者？而显见之外别无昭扩，惟即是见显之理，率为庸言庸行，而不离乎是也，乃其所以愈抑愈朗者也。”“卑近之外，别无卓识”与“愈平愈超”等语，皆从至理中流出，非泛然者。戴新作亦朗然不群，声色皆胜。实讲云：“君子非能于本分增念，第令大公

① 风俗尚习之醇疵且敛为吾心之疚恶何自而生好奇之想：此23字中除“生”字以外的22字底本缺漏，据内阁文库本补，“生”字在内阁文库本中亦缺损，据对股补。

② 中：底本无，据内阁文库本补。

③ 妙：底本作“用”，据内阁文库本改。

④ 非有增益……但恐此念稍驰于高：据对股分析，底本此处脱漏26字，查内阁文库本为此26字。

不受减于①尘芬，即径寸恢上覆之规，而于其间自有真矩矱，则以事制事，初不矫事以从理者，又尺寸循之而无少乖忤者焉。亦非能于分外除念，第令一真不蒙翳于纤垢，即渊默葆下济之光，而于其中自有真条理，则以心起应，初不凿事以生心者，又权度随之而无少逾越者焉。太虚之浑涵原不着一物，而冒乎物者实不离物，故澄之并飞，跃之皆空，调之乃饮，食之俱适，总不过扩之成体，敛之成用，有存发而无精粗也。人之葆摄亦不涉一象，而不囿象者实不必遗象，故贤哲驰骛，而莫窥其樊，夫妇循习，而各返其朴，亦不过其境愈超，其道愈平，有分合而卒无内外也。”语既精深，意复条畅，殆是有识有养之士。金汝谐起云：“夫心一而已，可指曰孰为高明，孰为中庸哉？但觉其超万缘而独存，却世垢而不染，见为心之境界迥别，而神化处即其经常处也；但觉其夷行而无奇，德淡而不厌，见为心之制行自坦，而坦夷处即其嵬焕处也。”他作虽串讲，犹以“高明”、“中庸”为二事，渠则合之为一矣，意见最卓。魏濬后二比云：“端言楷步之士，或以拘见窒虚明，君子以心为万理呈露之区，故洞属之衷聚为实地，而拘曲之心尽化；清虚高旷之儒，或以虚见隳实功，君子以心为万物受程之则，故精实之处无非超诣，而玄邈之意不乘。”其文通篇皆佳，而此二比尤铿然可诵。吴友贤正讲云：“于是乎极之于可极者焉，吾能屈物，而不为物屈，我能遣欲，而不为欲遣，此高明之尽境也，而尽境岂外现前乎？神情愈卓越，愈觉日用饮食之为真，依乎中也，寓乎庸也，道体本如是，率其常焉而已。极之于无可极者焉，我本无物，亦不与物较屈伸，我本无欲，亦不与欲争净垢，此高明之正境也，而正境岂容欹侧乎？胸次愈濬朗，愈觉居室夫妇之为实，中不偏也，庸不易也，道真当如是，顺其旨焉而已。”只作二比文字，而搜玄阐秘，字字珠玑，非学识素高，安能有此？叶大受中二比云：“道无象可执而反之，德性中有常伸物表者，吾勿以私牿之，则何弗高也，何弗明也？顾舍此中正之途，别无高明之境，则率其固然自有平而不嫌于平者，是君子所定为终身之依者矣。道无方可循而索之，德性中有独超方所者，吾勿以私障之，而高自若也，明自若也。顾离吾夷易之境，更无高明之奥，则循其常然自有易而不厌于易者，是君子所依为不逾之则者矣。”“高”、“明”不分讲，而语皆精核，跃然动人。沈士茂末二比云：“若离用言心，则静证而冥观第增隐怪之歧，惟按之于中庸，而穹窿旷朗之体乃即此与知与能之真，夫是以出于世而不晦；外心言道，则适俗而通时反坐庸愚之障，惟本之于高明，而日用饮食之间固已合无声无臭之载，夫是以入于世而不尘。”冥心理阃，阐发最真。来宗道先讲“极高明”，浑浑发下，疏朗爽剀，亦是作家。满朝荐亦不分“高”、“明”，实讲云：“极之者厌凡远，而游意于天地之表，诚最巍最焕矣，政惟是最巍最焕者于何托根耶？因就天地自然之则禀以为程，随所注措悉就为范围，而最巍最焕者皆真诣也。极之者薄拘挛，而驰于万物之上，诚莫逾莫掩矣，政惟是莫逾莫掩者于何莞枢耶？因就万物当然之极奉以为型，随所举动悉归于约束，而莫逾莫掩者皆实修也。”浑雄典雅，朗然可诵。涂一榛后二比云：“天下惟中庸之理名迹未尝震世，精神可以证圣，则高明莫过于

---

① 于：原无，据对股补。

中庸，而以私心为充拓，则卑暗之尤也，必澄之昭旷而后体会名理者，有所握其宗。天下惟高明之怀隐怪不能乱，遁世不能悔，则中庸莫近于高明，而以卑污附经常，则叛中之尤也，必游神矩矱而后宅心旷达者，不至离其常。”一字一句，俱属真诠。董暹中二比云：“磊磊落落之中不受一物侵，而吾亦极其无一物者以与造物游，则高明之体段得，而此无物之衷有终身由之而不尽，一念合之而即是者，何衺超焉？盖无不足于性中，而宁有余于性外也？空空洞洞之内不受一私点，而吾亦极其无一私者以与太虚接，则高明之本体完，而此无私之内有出之即为途辙，而遵之愈觉平淡者，何奇轨焉？盖一毫不可以妄增，又一毫宁可以妄逞也？”酝藉妥帖，一洗俗套，非宿学焉能有此？沈朝烨学邃养深，理精词绮。中二比云：“试想道之玄机，不过从睹闻隐微藏其朕兆，而随念发越亦随念收敛，即穹窿澄澈而步趋仅涉寻常；试想道之旨趋，不过从知能飞跃露其天机，而随境含神亦随境合轨，即奋扬昭融而检点罔逾尺寸。”全篇皆奇，此二比尤觉精粹。吴尔成讲云：“君子者，欲循其事事之常，先澄其无事之宰。天下莫高于心体，岂层累以加崇？惟祛之净尽，万欲皆平，一真仍耸，而卓焉为穹窿无上之真源。天下惟心体至明，岂拂拭而加朗？惟涤之无余，烁其群欲，耀吾一真，而湛焉为照彻无涯之极诣。”首先散用二句便有力量，便觉活动，发“极”字最为透彻。周光祖起云：“夫极以究竟名也，如必骋悠谬之途而荡乎无归，则天地万物寄于何处？道又以率由名也，如必泥筌蹄之迹而物焉不化，则经曲等杀根于何门？”如此提掇，便管摄有情。中实讲云：“尝试观夫嵬然而上参者无象可迎，有精自结，我还我性，而高已极矣，而且课虚以为高乎？体段虽峻，则固日用间设之以为经，而无反无侧，人以为固然者也，是所以遵其途而必赴也。尝观夫莹然而上彻者无尘可拭，有照自澄，我湛我性，而明已极矣，而且耽玄以为明乎？流览虽遍，则固行习中视之以为素，而无倾无陂，人以为同然者也，是所以循其执而不乱也。”太羹玄酒，自是逼真。祝以岱中二比云：“吾性本来虚，本不受一物之加，君子特还返其虚融之一脉，而高自极。夫既已无所增加，而又安所容造作乎？任真而出，至平坦也，乃其至玄远矣。吾性固有灵，源不受纤翳之障，君子特葆合其灵惺之一脉，而明自极。夫既已无所障碍，而又安所不显易乎？率意而行，至暗淡也①，乃其至昭彻矣。”敲骨取髓，直透本原。收二比云：“盖高明不可象，正藉无倚之真常以宣露其妙蕴，少穿凿便成隐怪之歧；中庸不可能，正藉旷朗之卓识以流衍其神机，少卑暗亦坐庸愚之障。”高谈名理，独得神解。施尧化中二比云：“念私欲之为累，每乘人之卑暗，乃反观自性，其所称天地为游者固在我也，则推而极之，令毋失其故焉。试自体认日用常行间，有按之无奇，循之莫竟者，则隐微中具造化之橐籥矣。念物欲之相撄，每因人之尘浊，乃默察性天，其所称万物为命者固甚卓也，则推而极之，令毋毁其初焉。试自体验反躬实证时，有印之暗然，徐而日章者，则方寸中得品汇之根柢矣。”认题写意，真景跃如。陈镳中二比云：“高而仅离情境未也，性体可通三极，必并超理境而会其宗，高乃极于无垠，然得无标胜于耳目之外乎？夫道之卓越者常起于

① 也：原无，据对股补。

平淡，则骜高与不高一也，因应变化，有自规自矩之轨辙在，率以为经，而隐怪无可虑已。明而仅彻物障未也，性体可烛人心，必并彻理障而洞其奥，明乃极于无际，然得无驰骛以为明者乎？夫道之章者常归于暗然，则炫明与不明一也，经纬①错综，有不偏不倚之准则在，循以为常，而奇诡可无虑已。”说理真切，无一浮泛语。祁承㸁起云：“吾以为人心无事理外之高明，而游心昭旷者，自遵夫坦夷之境；日用皆性真中之实境，而极意平实者，乃真为峻朗之机。”着此二比，文体便觉平正。接云：“德性不内偶群念，更何物得侵其高明之体？吾不使一物之可加，而适还其独立不昧之心，则心岂虚而无寄之心乎？合万事之咸宜者，正所以成一私之不累，而遵道以行，若循之以出入而弗逾矣。德性不俯徇物情，更何地可容其隐慝之态？吾不使一念之得参，而适如其超然独朗之性，则性岂更有形上之性乎？惟庸行之皆真，乃所以成全体之尽彻，而依乎中庸，若履之准绳而弗过矣。”“德性不内偶群念”等语洞透玄理，非浅学可拾取。又收二比云：“盖此衷之朗彻者独真，则奇衺②无可淆，其念自见，夫宇宙间惟此真常之一道，即时措而出，纵横变化，无非实体于中庸；衷情之融适者已至，则隐僻无所眩，其心真识，夫心性中止此目前之至理，自率性而行，显见隐微，总之实证其本体。”一味说理，精意溢出。杨鹤讲云：“谓高者可一蹴而造，则性地何浅而不深？极之又极，令太虚寥廓之神超于象表焉，而要之寄心于卓绝者，乃道内之神情，非道外之神情，则易简无奇正所以参齐法象也已。谓明者可旦夕而彻，则性真何薄而易究？极之愈极，令③虚圆洞朗之妙融于自得焉，而要之还返其清虚者，乃率性之超诣，非离性之超诣，则寻常日用正所以磨莹性灵也已。”极力发挥，词意俱彻。张鼐讲云：“一念未起，从幾微内涤除，而不使妄幾出于真性之上，太虚之所以增其峻也，就此起念之际随事体认，而觉有不可逾越者存焉，坦坦乎中正而趍，循吾太虚中之矩矱而已；一物未接，从寂惺内刮磨，而不使纤尘掩于本体之上，昭旷之所以益其朗也，就此感物之间随动检察，而觉有不容驰骛者存焉，斤斤焉夷易为则，由吾昭旷中之尺度而已。”会文切理，句句入细。郭一轮讲云：“高之极也，循之以自然之途，则不增而自崇，不然则日减，吾惟率于易简，调于至当，令中庸与我常相依附也，则其浑然而无倚着者，固其所以超然而无上者也；明之极也，授之以本然之矩，则不暴而自朗，不然则日暗，吾惟迪于经常，期于永久，令我与中庸常相允蹈也，则其粹然而无偏驳者，固其所以炯然而常觉者也。”理精而意彻，有学有识者也。郑栋初二比云：“君子反观自性，见夫嵬然焕然者隐跃心目，而总不越乎寻常轨辙之间；还摄心灵，俾其常峻常朗者适得本来，而惟实履于日用显设之际。”冲和正大，是举业正宗，近来后生绝不肯作此等语。末二比云：“盖极者，纤毫必殚之谓，而择乎中庸，服膺弗失，则一由而心倪露，弥由而

---

① 经纬：原版漫漶，据内阁文库本补。
② 衺：原作“衰”，据文义改。
③ 令：原文脱漏，据对股补。

心量完，此衷之卓而无耦，旷而无蔽者，更何①所亏歉于本初？极者，终始俱彻之谓，而依乎中庸，须②臾弗离，则乍率而心绪足，常率而心境满，渊乎而超③乎万象，炳乎众有者，更安所欠④缺于元始？”语新而意高，非浅浅者。郭士望讲云⑤：“物⑥所不能至意能至之，讵不高明？顾人心之沉沦不必自物生，而喜怒哀乐之发稍不本⑦中和，即其沉沦之处，吾特游意众物之表，而曾不别⑧寻一蹊径矣。情所不能至神能至之，讵不高明？顾人⑨心之垢汶不必自情生，而鸢飞鱼跃之境稍不得其⑩昭察，即其垢汶之处，吾特游神众情之表，而曾不别设一轨辙矣。”语出独创，意入渊微，非浅学可到。末二比云：“盖卑者不可以为高，暗者不可以为明，此显与高明背者也，然要以声尘臭腐为卑暗，非以愚夫愚妇为卑暗也，故举世所望而震者，乃或知能不遗于居室，此以得君子高明之自。张之使高，炽之使明，非明此阴以高明托者也，然要能张炽于心思嗜欲之上，非能张炽于庸言之上也，故举吾所循而习者，乃或睹闻忽通于天载，此可以得君子高明之实。”纯谈名理，愈彻愈工。陈臣忠讲云：“高非更加恢旷，第以本不受屈者，令之常伸物表而高极矣，乃其常伸者，正于日用应迹间妙合机宜，则以时中为的，真见喜怒哀乐之节，即须臾不可离，而驰骛之想悉化矣。明非更加察识，第以本不受染者，令之常莹尘外而明极矣，乃其常莹者，正与目前斟酌处默符窾会，直以大中为矩，真见夫妇知能之良，即圣人不能尽，而炫耀之念俱融矣。”认题阐真，独造玄境，前后更多心得语。

“老吾老以及”二句，此题两“及”字，不着功夫，以心证心，便是了当。大意只欲提醒齐王良心，使其见诸行事。杨会元之作，最为得体。起云：“概论当反之人，老幼尽矣，而家与家相阅，则人老人幼与吾老幼，其人一也；究论所及之心，老老幼幼尽矣，而人与人相阅，则共老共幼与吾自老幼，其心一也。”提得明白，令齐王见此，晓然无疑。中讲云：“吾庭闱怙恃，不必苦⑪颠连而思安，而试以及人，尚忍四境中有苦颠连乎？惟是孝敬所钟，正其黎献迎之辄亲者，而就此扩充，即树畜倡导无不调剂，皆从吾老为沾溉已耳。吾朝夕顾复，不待闻啼号而思怀，而试以及人，尚忍同体人有苦啼号乎？惟是慈爱所切，正其苍赤遇之辄通者，而就此引伸，即抚摩鞠育无微不悉，无非就吾幼为沾暨已耳。”题中两“我”字最妙，是要齐王察识真心处，今只从吾老吾幼阐

---

① 何：底本漫漶，据内阁文库本补。
② 须：底本漫漶，据内阁文库本补。
③ 超：底本漫漶，据内阁文库本补。
④ 所欠：底本漫漶，据内阁文库本补。
⑤ 云：底本漫漶，据内阁文库本补。
⑥ 物：底本漫漶，据内阁文库本补。
⑦ 本：底本漫漶，据内阁文库本补。
⑧ 不别：底本漫漶，据内阁文库本补。
⑨ 顾人：底本漫漶，据内阁文库本补。
⑩ 得其：底本漫漶，据内阁文库本补。
⑪ 苦：原作“颠”，据下文改。

发一体之情，齐王虽愚，亦必心开意肯。次二比云："凡家喻户晓者其及甚劳，此之为及，第令勿侵其利，勿夺其时，则善贷不穷，非必有费于吾也，若何不以贷之者及之？凡人煦人噢者其及有限，此之为及，第令各率其性，各遂其欲，则同焉各得，原非有及于人也，若何不以同之者及之？"此题原证"是心足王"之旨，故只欲说其易，不欲说其难。缴云："盖人主纵至忍，未有不自爱其老幼之得所，试察其自及者从何托根？从何溢发？而命脉立通，何弗及也？人主一念忍，未有不坐视老幼之失所，试察其不及者从何隔阂？从何湫底？而疴痒已通，何难及也？是心足王，谓其足及耳，亦必及之而后足乎？"极力接引，笔端如画。鲁史讲云："骨肉相关，何至视其衰耄而不一锡之以安逸？故时其饱暖，达其欢爱，总谓之能老，而试思人老何独不然？则一念之真爱与斯人之合爱并流，而更不烦增设矣。毛里相属，何至视其稚弱而不一与之以抚摩？故时而鞠育，时而怒笞，总谓之能幼，而诚思人幼何独不然？则一念之真慈与四境之同慈并发，而更不费安排矣。"曰"不烦增设"，"不费安排"，最得肯綮。后二比云："境有偶不偶，斯意有注不注，而惟以殷殷内起之实分而均被之，则无两念亦无两时，若疏导以通，而少长之覆露无遗；人有触不触，斯仁有萌不萌，而惟以隐隐外溢之端广而锡类，则无不到亦无不给，若倾储以出，而海宇之沾溉何涯？""无两念亦无两时"，"无不到亦无不给"，皆是精诣之语。梅之焕通篇皆佳，起云："君门远于万里，凡天下之为老为幼，有欲而不能自遂者，即王何由尽见？然而未尝不自见其欲。堂下隔于九阍，凡天下之欲老欲幼，含情而不能上诉者，即王亦何自动情？然而未尝不自有其情。"不随人口吻，而自发己灵，超然中窾。接讲云："人各以老为老，王者独合天下之老以为老，有如一堂聚顺而耆年冻馁，至有扶杖而叹匪民者，于吾老老之心忍乎？不忍乎？则亦老以及老而俾人之得安者，亦犹吾也。人各以幼为幼，而王者独合天下之幼以为幼，有如一室煦噢而赤子向隅，曾无拊循而歌孔迩者，于吾幼幼之心忍乎？不忍乎？则亦幼以及幼而俾人之得怀者，亦犹吾也。"说"合天下为老幼"，始尽王者分量。后二比云："非人尽为赐，而第使老无失其为老，幼无失其为幼，即我老之幼之也，是以不损之为赐也；非必家尽为予，而第使人得自老老，人得自幼幼，即我之老老幼幼者所使也，是以不夺之为予也。"不必外求，即心便是，此是题中章旨。潘澜末二比云："如曰家而施之，户而给之，则及亦不足，第使其精相往来，意相灌输，而人之老幼不殊乎吾，则即念而是耳；如曰人尽老之，人尽幼之，则及有时病，第使其欲恶与共，忧乐与同，而吾之老幼可及乎人，则取譬甚易耳。"剔得"及"字明白，便见"是心足王"。胡承诏讲云："人我不无相隔，而以吾相及之念化其相隔之念，则外何必其不关己，内何必其不关人？而疏导之后，自觉融通。人己原可相递，而以其可及之机，沛其可递之运，则端何必仅在己，委何必不在人？而圆转之余，殊无隔阂。"炉锤之工，骇心洞目。周铉起云："民心有欲，岂能一一遍测①？其内而证之家人父子，原与一脉相生则无微不显；吾外而证之千情万态，悉从一心遍现则无欲不通。"直从一体处发挥，深入阃奥。中二

① 测：原字左边部首为提手旁，疑误。下页文中"涉"作"秽"，可证其部首有误。

比云："何人无亲①？吾②与吾亲相惠顾而元气以满，即与民情风化同一气运矣。试以此心提灌输之脉，而其生心而不已者已勃然而欲出，出者，及之幾也，一沾溉而想百姓之天在此举也。何人无情？吾以吾情相倚蓄，而元气常流，即与爱利保聚同一脉络矣。试以此酌乎施之途，而其并生而莫遏者已跃然而欲动，动者，及之倪也，一提挈而万姓之脉在此行也。""民情风俗同一气运"等语，吞吐六合，恢恢无尽。后二比云："吾远而求好恶于民，求所不及，不免有偏枯之病，而此老老幼幼特决幾于分行之境，澄一念则寻之无倪，澄百念则出之无亏，常见欢欣交洽，天下百脉随以苏；吾近而调分愿于己，既调所及，犹为有待之仁，而此之及老及幼特输毂于递运之官，萌一念一念所可到，萌万念万念所可到，顿觉生生真③脉，归于一腔而不隔。"思深词畅，不作沾沾语。王家植起云："大凡天下之悲愉休戚，心相属则一，可比之而无不合；君人之体悉抚育，情相遇则通，原推之而无不直，故举人老人幼之散殊，而覆载之生灵尽；举老老幼幼之施暨，而王衷之慈爱周。"得此一提，便有纲领。后二比云："盖吾所谓保民者，以所及者保之，播其德意，斯邕其生机，此不忍之所以宏远而无外也；吾所谓及人，以所保者及之，吾为汪涉④，即吾为湛恩，此不忍之所以真切而靡留也。"浅淡中描景，绰有真趣。刘嗣传讲云："盖天下之老欲终、幼欲托者，虽仰沫承流之难罄；而吾恩之仰有事、俯有育者，自见前觌体而皆真。吾度不能尽天下老之也，吾岂不能老吾老乎？庭闱惠安之爱，潜跃吾不忍之良，环观海隅，其谁非吾之耆耋，而忍令不蒙噢咻也？则有其及之，而人之老吾老之矣。吾度不能尽天下幼之也，吾岂不能幼吾幼乎？天亲顾复之怀，默触吾不忍之真，旁观生齿，其畴非吾之赤子，而忍不蒙煦妪也？则有其及之，而人之幼吾幼之矣。"意之所及，便成佳境，亦高手也。张京元中四比云："人皆有老，吾第见吾之老则老老者，若局于庭闱而人我有分，人我之老何分？试即吾贻安修腆之时，一念真诚已熙然宇宙之太和，而以此及人，我之老安即人之老安，吾所谓及人之老者即吾之老⑤，老而具在矣。人皆有幼，吾第见吾之幼则幼幼者，若仅于襁褓而人我有歧，人我之幼何歧？试即吾诚求顾伏之顷，一脉天机已蔼然父母乎万灵，而以此及人，我之幼怀即人之幼怀，吾所谓及人之幼者即吾之幼，幼而具在矣。精流而念溢，无不含摄即无不暨及，所隔者形骸，而不隔者神理；性合而情周，无触不灵即无人不到，以所及及者有限，而以无及及者无涯。"清旷自如，不费椎凿。樊良枢起云："王者之道，尊年而尚齿，恤孤而收弱。其为德也，公而无所不遍；其为术也，巧而无所不施。私用之而不广夫及之路，则人我之封未开，必有己忧己乐而与人漠不相属者；博求之而不得夫及之原，则视仁之若等未明，未有民忧民乐而惟我闵不相通者，故以吾域吾，尤堂下之蔽也，而吾以及人，则域外之观矣；以人视人，亦小大之见也，而有以及人，则一体

---

① 无亲：原版漫漶，据对股及本股文意补。

② 吾：原版漫漶，据对股及本股文意补。

③ 真：底本漫漶，据内阁文库本补。

④ 涉：原作"秽"，据文意改。此字虽通"秽"，但此处不能以后者代替前者。

⑤ 安即人之老安吾所谓及人之老者即吾之老：底本无，据内阁文库本补。

之视矣。”善作文者，不泥其词而但善发其意，此题作者多将老幼提起，樊公独发其相通之意，词显理明，一篇大旨，了然在目矣。金汝谐前二比云：“一情者，万情之窍会，故老幼之欲生欲养，不必遍诘之于林总，即一室之亲而情可知；一施者，百施之枢要，故老幼之以恬以熙，不必概见之于闾阎，即一家之仁而恩可知。”语新而意婉，真是作家。末二比云：“及有周匝而无漏之意，故时乎政之所及，则视老幼之一荣一瘁，不啻家人之号吁于前，而经理之必周；及亦有疏通而无滞之意，故时乎政之所未及，则视老幼之一喘一息，不啻吾身之自疴自痒，而体恤之必到。”挑剔“及”字，毕力发挥。魏濬中二比云：“不先人而后己，则休戚之象在庭闱之密迩者，其体验为最真；因以己而及人，则乂安之术自内庭而徐流者，其调剂为益顺。”一气说下，两股原是一股。接下云：“盖事有情形未协者，犹有待于推度，老曰老，幼曰幼，直以自有之分还归其人，非以所不必者强增之也，是不贷之恩也；人有意愿未符者，犹有待于比拟，以老及老，以幼及幼，直以同然之欲推及于人，非以所不愿者强授之也，是有源之泽也。”用意斡旋，愈深愈畅。末结：“吾想四境之众未得其所，王未必一一周知；而九族上下环而待恩，王必不能释然于念。”提醒良心，分明与齐王对语，非善作者不能及也。吴友贤全篇发理，新雅逼人。起云：“孰知夫王道之大，惟是合天下之人共为一身，而操极于己，即见人情；王仁之用，惟是同天下之念发为一念，而因□①愿于人，即为解泽。”句句皆是精言。中二比云：“从吾以自观，其为老且幼者非其父兄，即其子弟，于吾不啻一体也，业已一体矣，而犹有歉焉未遂，必有不能自安者，即此不自安之心，而及人之真景象不觉隐隐而俱呈矣；由吾以观人，其为老且幼者均为父兄，均为子弟，吾不异同体也，业已同体矣，而犹有缺焉未周，必有不能自已之心，而及人之真意念不觉跃然而俱动矣。”“即此不自安”数句，挑剔最真，提撕最切。后二比云：“及之者非必取天下人，一一而就我斟酌也，今王之仁爱特患无实心，心出于实而融之靡不流，则寸心可以照万国；及之者又非取吾之心，在在而就人解推也，人主之德泽第患无实政，政发于实而施之靡弗济，则独念可以调众心。”此是定理，倘肯发心，即綦隆可致，惜齐王之不惜耳。郑茂华起云：“凡人同得者分，各适者情。老欲安，少欲怀，此同得之分不相假者也；而吾不独丰，人不独啬，此各适之情可推及者也。吾以心观心，而愉怫共此天机，既由分以证合；吾即以心推心，而疴痒浑符一体，自由独以普同。”句句新，字字雅，琳琅之器，原非凡品。接讲云：“计吾之老与人之老，犹是一气也，吾不难二三父兄是眷是厚，独于人老而嗟颠沛哉？是一气之中而横分甘苦，此必不然。夫亦即念休养，即念推致，俾以养以恬者得被鸿休而渐及焉，所忻快矣。计吾之幼与人之幼犹是一脉也，吾不难二三子弟是顾是复，独于人幼而悲困顿哉？是一脉之中而横分荣悴，此必不然。夫亦即念抚摩，即念推广，俾无夭无札者得饫醇泽而次及焉，所体邕焉。”不作詹詹之态，而随题写景，直逼真境，如末二比中所谓“以一念为衡，而达之咸归于在宥；以同然为契，而绌之共荷于生成”等语，清新雅炼，秀色可飧，真词林杰出者

① □：底本此处为一字空缺，但据对股分析，似不应有此字，内阁文库本即无此空。

也。沈士茂起云："今夫尽天下之人而计之，其愿欲似无量也，然不过老者老，幼者幼，而天下固已足矣；即王之心于天下者而计之，其周渥亦似无量也，然至于老者得老，幼者得幼，而王心亦已安矣。"其词甚平，其理已透，善作者不以奇崛为高，此类是也。结云："要之最易隔者一膜，然迫于老幼而自真，惟真，故吾心人心同矩而出则及所通也；亦最难齐者万欲，然发于老幼而至公，惟公，故自起自推盈量而往则及所遍也。"词明理畅，大方之作。丘士毅起云："试究言人之老人之幼欲煦然并育于寰中乎？则王之意必谢不能也，倘还镜之，而吾之老吾之幼不荡然交适于庭内乎？则王之恩岂虑不足也？王胡不以一家视不忍之端？而真想不从一家而壅；以万姓为旁通之宇，而至仁必与百姓均沾。"以真言发真理，不事修饰而跃然动人。来宗道后二比云："及有渐次之义，恩隆于此，波流于彼，若递相发于一脉之中，而惟无所壅，其脉则触境自通；及又有顺导之义，彼不底滞，斯此不偏枯，若共相窍于天动之顷，而惟无所窒，其天则到处自畅。"来公之文如行云流水，到处平铺，不可逐句摘选，姑录二比以供清玩，其所长不尽于此也。涂一榛不分老幼，一滚讲云："吾只觉一气论沾，不得偏安乐以伤老幼之心，而人在性命之内嘘吸共和、望安而望怀者，谁非斟酌于吾之元气？其遗之也，第从堂皇轸念普而及焉，而人己熙矣。吾只觉一脉贯注，不得壅恩泽以牿老幼之和，而人在脉络之内荣瘁相关、待养而待字者，谁非饱满吾之太和？其外之也，第从朝廷触念霈而及焉，而人己恬矣。"只"吾只觉"三字就警拔，承上转下，略无痕迹。中间如"人在性命之内"等，劈开鸿蒙，从天而下，直是奇特。后二比云："盖生机内槁，则一膜之外与我已不相属，而老老幼幼动于内者，勃然有发而必竟之势，此真全摄群老群幼之命于一掬慈祥中，而因此及彼，更不劳酬给焉耳；真意外壅，则一堂之上与我若倍相隔，而老老幼幼发于外者，油然有生而莫已之端，此真默括及老及幼之势于方寸仁爱内，而何吾何人，更不费比拟焉耳。"曰"不劳酬给"，"不烦比拟"，然后见心量之自足。董暹起云："吾谓吾之与人所隔者形骸，而不隔者嗜欲，则老幼之情可触类而观；吾之人与人之人所间者亲疏，而所不间者伦类，则老老幼幼之情又可触类而施。"说理既明，下可顺笔成文矣。陈国是原系吾乡积学，资识俱高，《论语》、《中庸》二作俱不及见。末二比云："盖有观听较密而恩施无待者，吾老幼各得之欲尽出而符彼之欲也，此因其所及及之，而其覆被者真；亦有耳目较远而恩施有待者，吾老幼一体之情率致而慰彼之情也，此由其所及及之，而其覆被者广。"通篇尔雅疏畅，此二股跌宕有情，录以为式。王家彦缴云："盖吾以天下为藏，而即藏者合并以流，即谓以人治人可也，而吾亦不必立矣；天下以吾为会，而即会者当体以合，即谓以吾还吾可也，而及亦觉以渐次矣。"说"吾亦不必立"、"及亦觉渐次"，直透性宗，言思莫及。沈朝烨后收四比云："其有可权及者，弘施博济，调停区画而用不穷；其有可意及者，密想潜求，婉转灌输而源不竭。及之端在约取径寸而分愿均，及之机在捷收旦夕而肤髓洽。"语语匠心，发挥殆尽。吴尔成后二比云："故其分之异者，不得受之以同，则至尊之养自殊，君公之爱自别，而殊势位不殊嗜欲，则就此家人隆渥之施，已有刨而必遂，引而必伸之机，而所及已不可遏；况其情之同者，不得受之以异，则因老以知人老，因幼以知人幼，而疴痒同抑搔亦同，则就此乾坤胞与之怀，又有人人仁寿，人人怙恃之想，而所及更不可穷。”有建瓴之势，沛然不穷，而两比混成一比，是大方文字。张翿起云：“吾就王之不忍一牛者而想之，其必有对老者而恻然念焉，即此未现于四境，而就王之老，王已不能无念也；其必有对幼者而怵然隐焉，即此未彰于万民，而就王之幼，王已不能无隐也。念先动于吾，则其可及者有朕，当使其流焉而不壅；念既藏于吾，则其能及者有源，第令其决焉而必达。”对境着色，生机可挹。收云：“盖吾老吾幼之恩，即系吾王堂上之生意，从此生意自为渐被，即因物付物而有余；老老幼幼之心，总是吾王戚戚之天倪，从此天倪自为周流，即由己及人而无尽。”文中有画，须眉俨然，提醒齐王，已无遗力。周光祖后四比云：“共是一元之籥，我是谁我，人是谁人，则老幼是谁老幼，并念而往，虽似有灌注之势，而一触之无不跃跃以顿醒；既托同类之途，耳可传耳，目可传目，则神又可传神，先时而到，虽微有把握之机，而一被之无不悠悠以共适。堂上之与堂下，谊不得隔而成其两慹也；前念之与后念，性不得歧而令其两用也，足王之故，断可识矣。”虚融透露，尽属禅机，必平日究心内典者。秦钟震末二比云：“以一家之意欲调万方，则无待衰年仰煦，稚齿求依，而若有及见及闻之感，迫其不得不出之爱，爱者天动，而及者机流①也；以一体之生成均庶类，不过取甘旨余欢，抚摩遗泽，出之以亲亲仁民之序，而人含不期而及之恩，恩尚有限，而及始无穷也。”文字有在题中讲者，肖题而止；有在题外讲者，出奇无穷。此二比皆在题外播弄，最得“及”字之神。鲍际明讲云：“吾一腔而含老幼之生理，极笃至亦极活泼，可以证人于己，可以印己于人，而从吻合起经纶，则王者所为脉脉以及也；吾一掬而惺老幼之真机，最微渺亦最流畅，可以置吾于人，可以铸人于吾，而从本原密发挥，则王者所为肫肫以及也。”描写逼真，说理更透。祁承爜后四比云：“故特患起念之不真耳，一真则自无二体相安相恤之意，若一体中之顾复同时以毕运，而更何有阻而难及之心？亦特患举念之不实耳，一实则更无异境相养相矜之意，盖一气之转旋息息以相通，更何有②隔而不及之处？信乎！心无所封，意往神来之中，即民物之托命；而功有所及，远近亲疏之际，正心体之全收。”波澜萦洄，无限光景。程国祥末四比云：“时乎袒割隆恩，问孤彰德，人浸之以醇膏，而家被之以渗漉，是因其可及而先为及也，及之情专，而及之用显。时乎乐利贻仁，熙皞袭祉，人利之以不庸，而户沾之以不竭，是虞其难及而使无不及也，及之泽远，而及之施长。当是时，若进苍生于几席，而以安以怀，共联为属毛离里之众；若置闾阎于心腹，而有终有长，并融为肢节腠理之联。”该博之才，精透之识，是必老于文学者。郭一轮起云：“今夫王拥全齐之众，而合内外远近以成尊，其在密迩庭除者，有为王之老乎幼乎？此耳目闻

---

① 流：底本漫漶，据内阁文库本补。

② 有：原无，据对股补。

见之①所及②，其受王之涉泽者必多。在畿甸郊圻者，亦何莫非王之老乎幼乎？此耳目闻见之所不及，其望王之膏泽者必深。”就“吾”身上发挥，字字切实。郭士望讲云：“谓蠢动犹有情，岂以老幼之群无得所之愿？然必以吾老幼为端，则起念于笃挚者，并其疏处亦不解，纵势或不及，情必有及之矣，何也？引之有绪，自不穷于其所及也。谓含气犹冥念，岂以人之老幼而无必到之情？然必以老吾老幼吾幼为基，则动念于恳切者，并其薄处亦不携，纵数或不及，理必有以及之矣，何也？溢之有基，自不谬于其所及也。”意剀情真，读之令人耸然，且从物说到人，原影爱牛本意。余懋孳首二比云：“至真之念，域之以我而泽遂阏，不见我而见真，而我未始不人及也；大同之情，分之以人而恩遂滞，不见人而见同，而人未始不我及也。”说理极透。后二比云：“几席之恩动而不觉，试觉之，而轸恤一念私之则一室之精神，公之则宇宙之元气，即试所不及而心及之，而体万物之真机以完；庭除之情忽而不察，试察之，而爱敬一掬反之则赤子之知能，究之则皇王之恺泽，即心所不及而法及之，而家六合之真元以具。”议论宏大，到处逼真。戴九玄全作皆胜，前半篇云：“王无虞是心之离王也。天下有老，而是心足以老之，吾老则尤老之；天下有幼，而是心足以幼之，吾幼则尤幼之，故不老幼吾之老幼，而老幼人者，情之逆也，情逆无亲；止老幼③吾之老幼，而不老幼人者，施之阻也，阻施无众。均老④耳，而一念而锡吾之老安，即此一念而及人之老安⑤，是不必转⑥念而更酌，亦不俟竭泽而更施，而吾老人老⑦同在康和保乂中矣。均幼耳，一念而俾我之幼怀⑧，即此一念而及人之幼怀，是不必设身而更议，亦不俟分余而更与，而吾幼人幼同在乳哺煦妪中矣。”不事浮词，独抒真理，后半亦佳，不能备录耳。周炳谟后二比云：“盖恩之出于吾，原一腔肫肫之意所流露，老触之而老，幼触之而幼，莫非生意中本然之作用而非有勉强；恩之及于人，原一念脉脉之真⑨机所盎溢，无异老而老之者同，无异幼而幼之者⑩同，莫非真机中自然之及物而岂待安排？”思致沉郁，气魄昌大，非浅学可到。李若星缴云：“夫谓之及者，非朝方布泽而夕衔其惠乃为及，惟浑乎尔我形体之迹，而以天下付天下，未起念而痌痒相关，才起念而立达互动，虽其政治之所未及者，精神已先及之，故至仁被老幼而我不知。谓之以我及人者，非仁先播于此途起，而图讫于人始为及，惟恃乎玄同无畛之念，而以人愿惬人愿，不家给人贷而仁已

---

① 之：原无，据对股补。
② 及：原版漫漶，据残留字形及对股文意补。
③ 幼：原版漫漶，据对股及本股文意补。
④ 老：原版漫漶，据对股及本股文意补。
⑤ 安：原版漫漶，据上文补。
⑥ 转：原版漫漶，据残留字形及文意补。
⑦ 人老：原版漫漶，据对股文意补。
⑧ 怀：原版漫漶，据下文补。
⑨ 真：原版漫漶，据残留字形及文意补。
⑩ 而幼之者：此四字原版缺损，据文意补。

流，不政拊惠摩而仁①益洽，纵僻壤之未易骤及者，意念已潜通之，故老幼日饫于仁，而老幼不知。”用意最精，措辞温雅，有养之士也。

禅家有三种语：其一为随波逐浪句。谓随物应机，不主故常也。其二为截断众流句。谓超出言外，非情识所到也。其三为函盖乾坤句②，谓六合齐收，泯然俱③尽也。窃谓此三④等句法，惟会试有之，有时随波逐浪⑤，依题摹写，不主故常。有时截断众流⑥，用意入玄⑦，言思⑧莫及。有时⑨函盖乾坤，迥出尘寰⑩，六合⑪无外⑫。今年墨⑬卷种种出奇，时文至此，为极盛之⑭会矣。

---

① 仁：原版漫漶，据残留字形及上句文意补。
② 坤句：原版漫漶，据残留字形及文意补。
③ 谓六合齐收泯然俱：底本缺漏，据内阁文库本补。
④ 三：原版漫漶，据残留字形及文意补。
⑤ 会试有之有时随波逐浪：底本缺漏，据内阁文库本补。
⑥ 截断众流：底本缺漏，据内阁文库本补。
⑦ 入玄：底本缺漏，据内阁文库本补。
⑧ 言思：底本缺漏，据内阁文库本补。
⑨ 时：底本缺漏，据内阁文库本补。
⑩ 尘寰：底本缺漏，据内阁文库本补。
⑪ 六合：底本缺漏，据内阁文库本补。
⑫ 外：底本作“主”，据内阁文库本改。衡之句意，以“外”为是。
⑬ 今年墨：底本缺漏，据内阁文库本补。
⑭ 盛之：底本缺漏，据内阁文库本补。

游艺塾续文规卷之十四

赵田逸农袁黄坤仪甫辑
门人刘有执无竞甫阅
男袁天启若思甫订
嗣男叶绍袁仲韶
侄孙袁祚熙载之甫同校

正 讲 二

北京“《诗》云：‘邦畿千里（至）所止。’”场中出题，不新则不足以得士，新而无理则不足以服人，如此出题，最有意思。凡书各有宗旨：《大学》以学为宗，《中庸》以性为宗。论学则不重本体而重工夫，故不言至善而言止；论入大学之道，则先知止后能得，故不言得止而言知止。如此出题，非大有学识者不能也。沈朝烨起云：“我思人之终身学术无托于虚浮，安身立命之原最宜早摄；而人之当境修持无昏于妄想，反观独照之趣全属真明。”唤醒“止”字、“知”字，便得题中骨髓。次依题二比，又衍二比云：“试绎之邦畿之内，四方虽广，必非涣散而无属，秩然固有统也，吾就民之止以见止也；试通之邦畿之外，万象虽赜，皆非纷逐而无主，隐然各有寄也，吾又推民之止以见众止也。”由“一止”说到“众止”，收尽本注，亦是道理当然。讲完缴云：“世途皆役役耳，而究及于生平之依据，何处发念？何处归根？则本体不亏而要领挈。”此比应前“无托于虚浮”。对云：“尘识尽惘惘耳，而默窥于性术之昭融，起化有因，还真有路，则灵原常运而主宰惺。”此比应前“无昏于妄想”。阐发精明，究极阃奥，有愈玩而愈不穷者，其得元全在此二比。此等文字极利场屋，后生辈不识场中脉路，专喜格外虚花，往往不满，可笑也。第二名周廷旦格调超脱，神情散朗，有腾空绝影之势。起亦从“止”与“知”二字提挈：“今将以宁一不二之境绳人以止，即仁知犹局于见，矧日用之颛蒙者乎？然而凡此生民无不有止也。今将以灵明绝虑之精绳人以知止，即贤知未穷其域，矧庸愚之一察者乎？然而凡有可止无不能知也。”下即将诗文并夫子赞语俱揭起在前：“《诗》不称民止邦畿乎？《诗》又不称鸟止丘隅乎？孔子又不尝寄慨缗蛮，而曰鸟犹知止乎?”此总绝佳，真得元之体段。后只以大意凌驾发挥：“夫择居莫若聚民之共趋都会也，自有情宜，然此蠢然者何情？而飞栖不定之际，亦若有择焉而后止者，则苟于天地之间偏得一窍，夫固已定其趋矣。托身莫若安民之各归宁宇也，自有识数，然此翩然者何识？而徘徊欲下之顷，亦若有托焉而后安者，则苟于血气之中偶分一灵，夫固已审所归矣。”从“邦畿”讲至“黄鸟”，联络有情，中间如“偏得一窍”、“偶分一灵”等语，乃入理之谈。凡文字先论识趣，识高则才思有据，趣到则词章不壅。细阅袁中道文，神清骨清气清，含深诣远到之致，于冲夷澹泊之中，望而知为积学士也。周卷总二诗、圣言于前，而后阐衍，袁轻轻点缀诗文，而重讲末句，各自一格。先讲“邦畿”二比，即从“止”字递下，隐出“知”字，而以诗文婉转，云：“凡歧路易眩耳，而彼亦似有观照之明，若见栖息之地，更无善于此者，盖就目前可止之处，惺然托以为安，而驰逐之机顿尽也。谁牖其聪明？而亦介于觉也。凡半途易尽耳，而彼亦似有抉择之明，若见藏身之地，惟此为最善者，盖就目前宜止之域，莹然不迷于往，而转徙之端不乘也。谁启其神识？而亦自不昧也。”不离时调，而借以发挥至理。“就目前可止处，而驰逐之机顿尽”，发得“止”字甚透。又收二比云：“乃知天下有荡平之极，可神遇之而即可身宅之者类如斯也。有心无心之间而适中其则，若恍乎示人以栖神之哲矣。天下有近取之理，可偶晰之而即可永据之者类如斯也。非难非易之内而密喻以天，若恍乎示人以尽心之路矣。”题只说“知”、“止”，此并“得止”之意槩括出来；不徒曰“神遇”，而且曰“身宅”；不徒曰“乍晰”，而且曰“永据”，发其意之全，以补其题之偏，令读者涣然会心。第四卷张时泰亦新亦脱，中二比云：“丘隅之止，黄鸟知之矣。彼岂其亦集爰止之余，而漫以自托者乎？而何必丘隅？彼岂其决幾翔集之间，而特知所止者乎？而何得不丘隅?”先曰“何必丘隅”，又曰“何得不丘隅”，半与半夺，文机甚圆。达广善此作格新调新，而词采秀逸，当是文场迅矢。起云：“夫止也者，圣神建之为皇极，颛蒙遵之为道路，一人持之为帝则，万姓率之为周行。是何异帝址，据上游而都会方内？是何异皇图，奠神京而辐辏群黎?”前四句提得“止”字明爽，亦是元格，后四句讲“邦畿”，亦甚超脱，无一毫俗气。通篇讲语，皆从虚处着精神，洵是高手。第六、第七皆不见刊文。第八范维达意洽神流，朗健之作。第九彭之龙提“至善”含《诗》意，最有识见，后面一气过下，笔力甚雄。毛九苞起云：“曰邦畿曰民止，则托生于内，无虚而无寄之物，随其偏全巨细，具一自然之分位者，皆邦畿类也；日用应酬，无悬而待合之理，任其神明变化，总归不易之范围者，皆民止类也。”不实讲“邦畿”，而但推其类，虚融活泼，最有神机。过下云：“不然，胡止于丘隅，有若《诗》之云黄鸟乎？不然，胡知其所止，有若孔子之取黄鸟乎?”不正讲而反讲，非时文甚熟者，不能及此。盛日东中二比云：“彼其止偶托于是，虽仅一物之止，而不可谓物止非止也；彼其知偶露于是，虽仅一物之知，而不可谓物知非知也。”亦自铿锵可诵。此题①煞有玄解。《大学》“止至善”，乃圣门至精至微的公案，传者却以邦

---

① 题：底本缺漏，据内阁文库本补。

畿、黄鸟释之，比例甚粗，殊不相肖，殊不知人之为学，不怕不能入微，只怕当面蹉过，倘能即事知归，则世间万事，何事不可依据？即如邦畿之止，岂非天然不易之规模？盖至精的工夫都在至粗中，所谓尽天地都是悟门也。又人之知止，不怕聪明智慧少，只怕知见伎俩多，但能无心，就是究竟，故举黄鸟之无知者，以见无知处乃有真知，聪明智慧总用不着。独廿二名徐梦星甚得其解，前二比云：“身心性情之中原有止则，而非醒之以自证自悟之精神，只令所止觌面而坐失；凝神内照之顿即得性真，而非澄之于何思何虑之境界，更令所知转妄而转迷。”后二比云：“故人谓黄鸟无知，而吾独谓惟其无知，是以真知出焉，即境之妙触境之明，盖两得之而两合于符也；人谓黄鸟无意求止，而吾独谓惟不求止，是以真知得焉，即境即止，盖两忘之而两化于道也。”此等处皆须深玩，不如此讲，终不破的。吴士观过云：“以是论止，则自本自根之妙随物具足，此不待知而无不止者也；论知，则自惺自昭之体触处皆灵，此无不止而无不知者也。”《大学》言“知”、“止”，而此曰“不待知”；题中只言“丘隅”、“黄鸟”，而此曰“无不知”、“无不止”；所谓先经起义也。郭应宠中二比云：“盖天下有不易之所，止则定，不止则倾，定倾之故，蠢不借知于灵。倘非有诱然之觉，何以不自蹈于迷途之若斯也？天下有各宜之所，止则安，不止则危，安危之辨，天不靳知于物。倘非其一隙之明，何以能择地而不舍之若斯也？”如“蠢不借知于灵”、“天不靳知于物”等句，说出真正道理，不可概以恶谈视之也。王兰芳原是吾乡有养之士，其文极相。本题起云：“故以民心论止，不若就其身所居处论止为显也；而以民止验知，又不若就蠢类之止验知尤显也。”接云：“岂独夫性天中当有宁极之乡？即其形骸，谁能终身驰逐而无有止息乎？而唯邦畿为辐辏之所焉。诗人盖浅言之而有可思者。亦岂独夫秉夷者难处非据之地？即一黄鸟，宁肯终日彷徨而不择宁止乎？而于丘隅有翔集之明焉。诗人又微言之而可儆者。”必如此讲，然后见形骸有止，而邦畿非粗；然后知黄鸟有知，而丘隅当择；诗人真是浅言微言，而待人之深思自得者。非造诣精深者不能及此。后云：“故不离知以为止，知即止之灵机也，何处不可以得止者？讵谓于丘隅而若独呈其象也？不离止以为知，止即知之实用也，何止不可以启知者？讵谓于黄鸟而若独适其天也？”二比亦自泠然。赵昌期此作不深不浅，多实际语。中四比云：“人心之知，觉而有体，故万情之趋赴，听其自为险易，苟约之不得不然之地，则惟知乃真；真知之觉，圆而不滞，欲任情之去取，终且归于龃龉，苟准于自然而然之机，则惟知乃合。吾想禀受以来，其错综变化在在而具，而卒无间于偏全者，此知也耶？吾想有识以后，其微彰隐显历历备尝，而卒无分于灵蠢者，此知也耶？”说到“无间于偏全”、“无分于灵蠢”，乃是本题的当说话。孙可大中二比云：“谓鸟有心耶？谁增智故而令其所止也？盖鸟无心也，无心之栖息，其与天倪最近，无知而无乎不知。谓鸟无心耶？谁启灵明而得其所止也？盖鸟有觉也，有觉之回翔，其与人事相通，有知而总归于天动。”“与天倪最近”、“与人事相通”等句直闯玄关，悠然绝唱。程式通篇俱就“所”字上着力，而逸气烟翔，更足豁目。前半云：“天下之迁徙至无方，而惟谓之止，则标的禀为会归，不得以意为去来；民心之趋操至不一，而惟止其所，则环向望为归宿，不得任情于进退。故邦畿其四方之极乎？惟王大居正，是荡平正直之真建树也，千里其托足之基乎？惟民会有极，是遵道遵路之真表仪也，止之时义大矣哉！”解脱世尘，大开心境，非有大悟大慧者不能道也。

“居则曰”一节，此题上二句俱不消实讲，只当以意斡旋，而重发末句。沈朝烨初起二比，次讲云：“尔居恒不病莫知哉？约结之气郁而未消，曰不遇知己，终难暗投耳。”此半比实讲“不吾知”。“慷慨之怀勃而欲发，曰吾一遇知己，辄自振拔耳。”此半比暗讲“如或知尔”。从实含虚，有高屋建瓴之势，即接讲云：“此岂漫无挟持而敢为迂阔也者？计尔独迹时寤寐皇王之略，所讲求甚精，而一朝受知，何以效托？此又岂素无根柢而谬为虚愿也者？计尔静摄时盱衡当世之务，所谙练甚悉，而一旦辱知，何以吐奇？”前曰“漫无挟持”，后曰“素无根柢”；前曰“寤寐皇王”，后曰“盱衡当世”；大雅之内，筋骨凛然。中讲云：“处蓬茅而遥冀遭逢，尔诚不能必人知，而或当宁网罗且持旌至焉，宁无先资之策足备驱驰乎？试举而熟数之，而梗概昭矣。守沉默而自羞炫鬻，尔固未尝徼人知，而或国家延揽且推毂及焉，宁无盟心之素足抒经济乎？试揭而并矢之，而材品占矣。”先说“遥冀遭逢”，是说“他求知”；次说“自羞炫鬻”，又说“他不求知”；先说“网罗持旌”，是说“君”，次说“延揽推毂”，是说“相”；堆锦成章，一字不苟。后股四比云：“盖乏可知之具则负身，不能报人之知则负世，身世两负，纵苟且塞责无为也，而考衷叩蕴，术将奚从？还顾畴昔而索然尽，则前负涵养；已膺事权而退然沮，则后负勋猷，前后两负，纵勉强支吾益愧也，而离隐出潜，道将奚试？品业殊方，有大用，有小用，而各完分量；趋向异路，有用而用，有不用而用，而俱惬本情。”八比文字，比比发“何以”之意，甚奇甚难，如层峦叠嶂，升一阶级，另有一番光景。先曰“何以效托”，次曰“宁无先资之策”，三曰“术将奚从”，四曰“各完分量”。末二比影下四子①发挥，妙处全在“各完分量，俱惬本情”二结语上。周廷旦前二句皆实讲二比，次将末句讲完大意后，复翻空献奇，全不沾粘题目。如云：“意者令天下睹大儒之效，有异于寻常表树者乎？则吾不能知，独其藏器以动，必先自定一规模②。彼以行义观所达，而尔以穷居失所求，谅非尔心也③。抑或令当世蒙经济之用，有异于驰骛为名者乎？则吾不能知，独其挟策以从，必先自设一程量。始以特达求知己，而终以苟且失素望，谅非尔志也。”后又足二比云：“盖士苟有为，必不借知希自贵之说以缘饰固陋，故感慨不知，则必信其所可知④；道之将行，亦不以遁世无闷之心而讳言事功，故冀幸人知，则当思用其所以知。尔将何以哉？其有以语我矣。”文字最忌重叠，前既讲尽，后须更进一步，如百尺竿头，别求舒展，此等处正宜细玩。袁中道净扫铅华，独抒素调，前二句不讲，虚虚递过，实讲末句云：“独计以遇合未至之

① 四子：指子路等四人，末二比檃括评价下文四子各言己志的类型及怀抱。见《论语·先进》。
② 模：底本漫漶，据内阁文库本补。
③ 也：底本漫漶，据内阁文库本补。
④ 知：底本漫漶，据内阁文库本补。

时，而能者曰不遭，不能者亦曰不遭，吾安知壮夫之感慨，非即腐儒之所托逃耶？一旦遇合至矣，向之遥度于事外者，今且实立于事内，而断乎不容以不知解矣，果何所挟以应世也？以机会未乘之时，而材者曰不遇，不材者亦曰不遇，吾又安知志士之待时，非即俗儒之为观望耶？一旦机会乘矣，向之位不配能者，今且能以乘位，而断乎不容以不知辞矣，果何所挟以效用也？”发抒新卓，最有口吻。末缴云：“盖知之权难预设，而知之具可素定。使所以在所知之前，则吾之所以待用者固自裕也，而何愧于人知？使所以在可知之后，则吾之所以应彼知者果安在也，而何憾于不知？”才思有余，议论更透。张时泰此作亦奇，将正意讲完，后面不甚敷衍，只轻轻收拾：“人各以蕴藉为事业，今第以所蕴卜之，而规模业有大都；士竞以勋猷酬知己，今即以他日验之，而左券已在生平。试当用舍之未定，而以求志相讲明；又试以师弟之质证，当明廷之见资不可耶？”语①不烦而意独至。达广善通篇清新，实讲正意完，缴云：“盖我有以而人不知，则生不逢时，不失藏器之待；人知我而我无以副，则德不配望，何取藉甚之名？乃知预养于今者，方可以符券于后；彼周章于既知之后者，且不免失望于未知之先也。尔尚深计其所以，毋令天下指涉修者以为口实，而曰处士纯盗虚声可也。”俨如师弟面相聚谈，亦是作手。彭之龙讲完正意，不作缴语，又设疑端，以穷其未尽之情：“道德之士，无意人知也。无其意，岂无其具？而天下之真经纶，每在衡门泌水之中，则以道德之士律尔，而以固不容辞。即功名之士，必藉人知也。我藉人，人亦藉我，而济世之实用，必非猝应立办之业，则以功名之士自律，而以甚不可轻。一职之寄，必以诚效，苟凿凿其可行，虽穷厄而何伤？一生之业，尚期靡愧，徒欲速以成功，将过情之何补？二三子其试陈之。”他人到此，或用“盖”字，或用“故”字复缴上文，惟此作一线到底，而意亦未尝重复。盛日东讲完正意，则用“况”字转下：“况尔之幽栖也，或可以遗贤之责仰绳乎当途，藉尔已宦达，讵能以设施之疏俯逭其官守？方尔之居恒也，或可以异日之经纶徐讲于闲燕；藉尔已受知，讵能以目前之劻勷骤应于临事？故无其知无其以，则鲜修何以愤世？有其知无其以，则薄积何以匡时？虽有超世之姿，而区画不能卒裁；虽无随世之想，而主张不妨豫定。二三子第言之，吾且有以卜之矣。”明知讲意不可重出，而意外生意，婉转发挥，此老笔也。施天德讲完缴云：“盖上之征士也以名，而士之报上也以实，浮名易袭，而实见之行事则难以券持；上之信士也常在后，而士之自信也常在先，后效难期，而先事之经纶尤非以卒办。故使有所以而尔知也，守贵而利更不窘，其施则既知，而愈显未知之符矣；使有所以而不尔知也，道暗而章原不减，其略则可知，而自化莫知之感矣；尔安得无道而处于此？”如煮茧抽丝，不离本条，而新新无尽。窃谓此题中二比不当讲杀，宜虚融发意，欲吐不吐，如蜻蜓点水之状乃佳。十三名毛九苞、十四名周洪才、四十名王兰芳三作皆为得体。毛通篇皆玲珑发挥，并不说尽。初二比云：“见以学而弥恢，识由养而先定，苟非胸中具一规模，安能取未尝经涉者，不疑不惧，徐定时艰也？士可养而不用，不可用而不效，苟非平日素有擘画，安能

---

① 语：此字前衍一“而”字，径去。

并非所尝试者，旋施旋效，应若转圜也？”不曾实露“何以”字面，次以“才谞”、“学术”衍二比，亦不说完，次缴云：“盖不知犹若可诿，知则事权属我，敢不效其名实？不知犹可藏拙，知则覆按有人，何所匿其短长？向使既知之后，犹夫未知之先，尔且无以谢知者；而执不知之叹，按其所知之虚，彼谓吾党之果不可与有为也，尔何以也？”前面许多说话，皆从虚中布景，末只用“尔何以也”一句收住，最得此题之髓。周洪才先论起二比，次以“知之在人在我”衍二比，即实讲二比云：“诚试反而自证之，独知局干不同，而或可以全用，或可以偏用，尔必有所挟以投当世，而未遇而荦荦，既遇而寥寥，则空质足羞矣。又试远而自计，其成就识趣不同，而或可以用，用或可以不用，用尔必有所据以酬主眷，而居恒而相慕，遇合而相负，则空名可愧矣。”亦不说杀，即接上云：“穷而必通者身也，豪杰无百年常困之理，则尔之思遇乎知者，犹知者之思遇乎尔也，吾固以尔之有所以，而逆谅乎尔之有所知；实而难副者用也，国家无一时取办之功，则尔之有求于用尔，即人之有求于尔用也，吾又即尔之有所知，而随望尔之有所以。”只虚发“以乎”之意，不脱题亦不执题，但中间讲语稍露圭角，不如毛之妥帖耳。王兰芳通篇皆不讲杀，中四比云：“夫士也，自甘琐琐，与波浮沉，此复何望？吾有以谅尔之不屑也，然而卓然砥柱者何物？又惟尔独觉中所自揣焉，古人所为量而后入者此耳。夫士也，自甘冥冥，愤世绝俗，此亦何补？吾有以信尔之不为也，然而从容斡旋者何事？又唯尔潜养中自植焉，君子所不得已而应者此耳。生平学力，人各一品局，稍迁就以赴声华之会，不得言以，惟是含藏既固，一朝出之而无损故我，斯真学问也，而他日树①立而无负，即今日指述而无惭。国家气运，时各一经纶，稍驰骛以冀功名之成，不得言以，唯是拟议既定，一旦就之而不爽尺寸，斯真作用也，而我不徒取料于事后，抑将逆证于言前。”全于虚处播弄，笔端欲舞。

“使天下仕者”四句，“使”字从仁政来，正要见反本之意。向也兴兵构怨而不服，今也发政施仁而自来。沈朝烨前后俱从仁政上提掇，甚得章旨。起云：“夫使之之术惟仁政矣。吁俊隆朝廷之典，宽租流畎亩之恩，减征榷无财货之侵渔，安即次无道里之乏绝。而凡若仕若耕若商贾行旅，方且分计之而随人各得，有斟酌剂量之权；方且合调之而尽人咸宜，有联络辐辏之势。”总此一段在前，行文便有次第。末总云：“士农商旅之抱欲而待我，皆隐有所挟以求通，而仁能隐中之，使相为不解，而固结依乎精神；士农商旅之剖欲而示我，又显有所附以求遂，而仁能显收之，使交畅不阏，而歌舞动乎颜色。”收拾得法。周廷旦中四股亦自清洒，不拖泥带水，所以胜人。大抵文字于浓题装点得淡便佳：“士何国不可容？而欲立于主之朝，盖曰是行吾膏泽也者，不必舍所学而徙之也，王实使之愿入其籍矣。农何理不可出？而欲耕于王之野，盖曰是缓吾征求也者，不必载耒耜而他之也，王实使之愿为之农矣。以王之市无私廛也，独不能使商贾欲藏乎彼？亦各操其赢以居，而上不与争什一之利，岂有他虞焉？以王之关无横征也，独不能使行旅欲出乎彼？亦各挟其资以往，而上不为阻四方之志，岂有他适焉？”袁中道

① 树：原作“竖”，径改。

通篇皆佳，起云："夫人主之良法，固托人主之良心而始流；而天下之私心，又借人主之公心而始遂。欲之所必至则曰使，使之机神，意不祈而神自谕焉；使之所密动则曰欲，欲之机捷，身不至而心先至焉。"以"使"字、"欲"字对提，最得肯綮。中四段云："何国无朝？王之朝乃王养士之恩所培植之朝也。天下士不同而同择君，必且曰吾安得列官联而为仁君臣也？何国无野？王之野乃王养民之恩所灌注之野也。天下民不同而同望泽，必且曰吾安得服南亩而为仁君氓也？孰有操奇赢于市而市无苛政，如王之市者乎？小人逐利，宽而无扰，亦其愿也，蔑不欲藏矣，孰有听往来于途而途无密纲，如王之途者乎？羁旅之人，至而如归，亦其愿也，蔑不欲出矣。"后更以"何也"发四小比，霏霏玉屑，灿灿露华，盈箧而来，倾囊而出，如入山阴道中，令人应接不暇，真名笔也。第四名张时泰首句另讲，下三句散文另叙，得重士之意，最可师法。文云："望其朝以为此仁政之所自出，列其职以求佐仁主之下风，仕之愿忠者众，王其有以使之矣。由是而使耕者知有薄敛之仁在，何以不耕于王野？由是而使商贾者知有不廛之仁在，何以不藏于王市？由是而使行旅知有不为暴之关在，何以不出于王途？既以疏逖之踪，不夙备班行，而犹得仰圣明之在，御贽未载而神已驰；方恨辇毂之远，不日被醇醲，而犹得当至仁之在，宥疆未出而意已系。"其得中魁全在此，其不得中元亦在此。达广善起云："夫士人抱策而思展，农夫负耒而谋食，商贾权子母而计赢余，行旅背乡井而筹道路，盖人人有欲哉，而未必人人之克遂其欲也，然幸而有王之仁政在矣。"起亦得法。中四段只作两段轻叙，后面另自以意发挥，局面不凡，机更圆转。范维达起云："盖天下万灵皆君所有，惟心则人所自有。仁政所施，能令天下毕输诚于我，而心乃始为君有也，则使之之术大；能令天下咸倾志于我，而心始尽为君用也，则使之之机神。故仁政是收摄天下之真精神，而行仁政是激发天下之大机括，而王果有以使之矣乎？"入骨之谈，能令万夫辟易。中四段亦将"仕者"另讲，后复以意铺叙："王之朝野市途有几，不能容天下之迹，而能容天下之心，天下之为士农商旅者何极？名虽系之天下，而心已属之吾王。"声韵轻逸，神情更畅。彭之龙起云："当其施发之时，尽举生人意欲之端，揣之无形而洽之有象，皆是物也，是王以一人之独欲，普为天下之众欲；则就政仁之内，尽喻吾君推置之诚，感其已及而跂其暨及，如一心也，是天下又各以一己之私欲，偏仰一王之大欲。"此起亦甚融炼。过下云："谓仕者而有不欲立于王之朝非情矣。凡王之门，可以观光，而载质之思，注心一齐，以民之望犹①若此矣，况若农者乎？又况若商贾行旅乎？此不厚其税敛，彼何界于陇亩？凡耕之所为同也；上无利其算缗，下忍弃其乐郊？群商旅之所欲又同也。"亦重首句，而点缀有法，极文字之变。末二比云："于是而王之所操以联属群志者，亦至神矣，其有所以使之耶？兴兵结怨之后，忽睹解泽之下流，故虽耳目之所不及者风声及焉，而一仁潜握鼓舞之机，不使而行自速。至是而天下之所愿以输心一人者，亦甚夥矣，胡其皆欲如此耶？举此加彼之际，原非形骸所得分，故虽术业之所不符者神情符焉，而众心默运维城之势，不招而欲

① 犹：原作"尤"，据文意改。

自合。反本而求大欲，效固若此矣。”“兴兵构怨”、“举此加彼”皆本章紧要语，举此以告齐王，正中其膏肓之疾。盛日东挑剔“天下”字甚明白。盖海内之地，齐集有其一，则所谓使天下者，乃举彼八分中之士农商贾，而皆系心于齐也。起云：“王诚发政矣，施仁矣，其所浸灌者，特齐之境内也，而仁之所风，能使由齐以迨天下，无不想望其浸灌之泽，而豫附恐后。”末四比云：“实政能沦人之肌肤，而风声尤能动人之心志，彼已各餍其欲，则心志之动结为爱戴，以神而不以貌；实惠能入人之骨髓，而风猷尤能悚人之情性，彼已各当其欲，则情性之悚转为企慕，以心而不以迹。推之不过堂下之一念，而极之万国，皆属包罗，见使之用神；合之直通四海之精神，而总之权度，不越寸心，见使之机约。”色泽风神，迥出尘表。吴士观先提二比，接二句云：“吾谅其情之所必至，而究其德之所阴驱。”自此做下，便有行云流水之态。郭应宠起云：“王诚发政矣，施仁矣，仁乘政以运庙堂，无不沛之湛恩。若曲体其欲，以与天下相沾濡，沾濡之所加，皆真意也。政由仁以推遐迩，无有阏之闿泽。若各投其欲，以与天下相鼓舞，鼓舞之所及，皆天机也。试观当时，若仕若耕若商旅，孰非所仁之人邪？上不见招徕之迹，而心之驱者远。试观当时，若朝若野若市途，孰非所仁之地邪？下未见归附之势，而欲之动者神。”得此一总，势如破竹矣。潘舜历起云：“彼天下之人，非垂绅而仕，则秉耒而耕，非挟奇赢而为外来，则负襁袵而安即次者也，此四者，天下之人尽是矣。曩吾王欲辟欲朝，欲莅欲抚，夫亦欲致此天下之人而竟不可得者，则以使之者非也。”此起甚活，较四句平提者，便觉板矣。收云：“是何向者兴兵构怨而不能者，一旦俄顷而致也？是何向者在廷诸臣力供而不能辨者，一旦转盼而臻也？则王其慎所以使之者矣。”亦就本色语收转上文，而勃发恳到，神情整之①。施天德总提处亦佳：“盖天下若仕农若商旅者，非怀才而冀一试，则怀土怀利而冀一使者也，顾身未即之以得所被，而且心先意之以卜所趋，非其声气为应求，则其作息出入为顺适者也，故每掉臂于所不顾之邦，而常系心于所属餍之处。”先将仕农商旅提喝分明，非止貌须眉，且貌神气矣。王兰芳此作甚奇，先以“权使”、“虏使”作二比，反点“使”字，次将“士之欲”、“民之欲”分二比，见殄瘁凋瘵之后施仁易感，然后实讲中四比云：“吾见仕者皆欲立于王之朝，而在朝之俊杰无论已；耕者皆欲耕于王之野，而在野之草莱无论已。仕者犹抱奇而媚于一人也，况商贾争锥刀之末，何不欲藏王市焉？耕者犹去乡而适此乐土也，况行旅计往来之便，何不欲出王途焉？”本文只说“仕者欲立于王之朝”，此则曰“在朝之俊杰无论已”；本文只说“欲耕于野”，此则曰“在野之草莱无论已”，因其欲立欲耕者，而并及其已立已耕者，是进一步法。又将商贾承仕者，行旅承耕者②，伸缩做二比，虽非题中正意，而雉蛇假合，天地间却有此等道理。接下云：“士谊急于见功，农情迫于卫生，若必于王乎宽解之；商贾机知多，其望恩也微，行旅阅历广，其观风也审，而若独于王乎慰释之。”就四民之真境，发恋主之真情，皆不经人道语。收

① 之：底本漫漶，据内阁文库本补。

② 者：原无，据上文补。

云："故非必弓旌之所罗，疆理之所经也，亦非必身沐不廛之泽，亲沾不征之德也。谓之欲，则四民者，形骸之所未赴而精神赴焉，若待形骸以言合，其合浅矣；谓之使，则一人者，耳目之所未及而风声及焉，若待耳目以言德，其德隘矣。"得心应手，言言破的。

南京"康诰曰克（至）峻德"，此题亦出得好。圣经云："古之欲明明德于天下。"此"古"字原不说上古，只说中古，正指尧汤文王之属，盖尧五百岁而传道于汤，汤五百岁而传道于文，此孔子所由得统者。传者释明德而引此三圣人，正见孔门前面已有此项工夫，不是今日创说。解元王纳谏起云："洙泗以前，先有帝王之学术；圣经未作，先有典谟之昭垂。"此二比最为破的。讲中间三段，不必于意外求奇，但当就题上摹写。如所谓先者，乃众所不能而文独能者也；所谓顾諟者，乃回光反照而注目于不睹不闻之内者也；所谓峻者，乃以天下国家之大摄入于性体之中，而无所不包者也。王讲首句云："有如《康诰》之言文也曰克明德。彼夫临保互惕，直摄入于声臭不交之地而完其缉熙，至今诵丕显焉。故味克之一言，是于人所难能而独能，似乎以全力注之已。"曰"独能"，曰"全力"，最像"克"字。讲中比云："溯之《太甲》之言汤也曰顾諟明命。彼夫心事交制，直还视于皇降有恒之初而凛其对越，至今诵懋昭焉。故味顾之一言，是于人所不见而真见，似乎以触目惺之已。"曰"真见"，曰"触目"，极像"顾"字。讲末句云："又溯之《帝典》之言尧也曰克明峻德。彼夫性体之安安者，觉规模之荡荡冠古铄今，如汤文皆在闻知之列焉。故味峻之一言，是又以满其量之谓大，非以增其初之谓大。"曰"荡荡"，曰"满量"，亦切"峻"字。收云："王承帝德，而递衍其峻之脉，故有以登道岸而妙日跻；帝开王谟，而先挈其明之精，故有以格上下而被四表。帝与王一天授也，克与顾一天精也，欲明明德者可以法矣。"即缴即结，更无烦语，且春容典雅，不疾不徐，蔼然元作也。第二名张榜起处不作虚辞，但实提三段于前："由夫子而前有文王也，武之诰以克明德称焉；由文王而前有成汤也，尹之训以顾諟明命称焉；由成汤而前有帝尧也，史臣之赞以克明峻德称焉。"此一总亦是元作，次讲三段，于"克"字、"顾"字亦善体贴，讲完缴云："天下惟内顾为最明，故以克明参之顾諟，而知还灵在心目之专凝；亦准天体为峻极，故以明命合之峻德，而知人心同乾元之覆冒。"极精极炼，跃然动人。第三名张鼒起云："精微之秘在渊乎穆乎之地，不容窥测于语言，而统绪之垂，即浑浑噩噩之书，有可远寻其脉络。"只虚说三书可引，并未尝犯明德工夫，所以为妙。中间重讲三段，而缴处亦无繁语，盖起缴皆轻，而实讲最重，是得大体格者。四名詹应光虚起二比，即入正讲云："一稽武之告叔，不曰文之学臻敬止也，而直曰克明德，其谓太宇粹清，尘纷涤而常朗，有可懋缉熙于一心而式孙子于万祀者，丕显哉文谟！油然动后人绳武之思矣。一稽尹之训甲，不曰汤之学昭圣敬也，而直曰顾諟天之明命，其谓贞观于赫，心目注而常惺，有可效灵承于天载而树标准于神孙者，日跻哉汤德！勃然启后人由旧之想矣。一稽史臣之赞帝，不曰尧之学懋钦明也，而直曰克明峻德，其谓心精卓越，本原净而常趋，有可揭一中之芳轨而开千圣之心传者，格天哉帝范！昭然抉乾坤未发之秘矣。"莹润恬适，极利场屋，故备录之。

文有不必炼格，不必说意，而措辞典丽，可以决中者，此类是也，宜细参之。五名周泰峙其格极奇，起便入题，不作一字泛语，讲“康诰”二比完，另作一过文云：“是德也，原其始，固与太虚而俱来，稍隔一念于本初，即非天明；究其归，必统性体而浑成，稍减一毫于分内，即非完诣。”暗含下两节意，即过下云：“则明命其所从来乎？而太甲以顾諟称矣。盖汤以不弛之心精与帝命相缩结，而若即借照摄以葆其天光，则真原彻也。峻德其所究竟乎？而帝典又以克明称矣。盖尧以无阂之心宇秉至德为模范，而遂已恢心极以揭其巍焕，则真量满也。”作一头两脚做。缴云：“是盖还光明之性体于不显，而自心以通极于天，复则天以立极于人，适符粹懿无疵之体；运缉熙之心源于宥密，而纯然者之无所间，且固然者之无所亏，乃显万古于昭之神意。文之所得于汤，而汤之所得于尧者，无非此德也夫？”脉络联贯，回翔中度，而词亦腴鬯，易醒人目。郑茂华起云：“是德也，体极虚融，而显界之自己，则陟降处凛寓明威；机潜冲漠，而默绥之自天，则平夷中实涵卓诣，然而明之者鲜矣。”语最沉着，亦甚透露。七名黄愿素亦不作起股，只重讲中三段，缴处亦无繁文，此是正格。中间挑剔本题字眼甚明，讲“克”字云：“有心祛妄非克，有意还真亦非克。”讲“顾”字云：“见之以目非顾，即见之以心亦非顾。”讲“峻”字云：“稍执隅象非峻，锐意广运亦非峻。”克虽训能，然有意担当，便非性体；顾虽在心目，然其注意处常在不识不知之中，故不顾人心，而顾天命；峻虽训大，然有敛之无朕，恢之无象者。此等发挥，最得真髓。八名王建和之作亦奇，先总三段云：“一征于康诰，彼扬文谟也，而胡止曰克明德耶？一征于太甲，彼扬祖烈也，而胡止曰顾諟天之明命耶？一征于帝典，彼赞放勋也，而胡止曰克明峻德耶？”此一总亦得头脑，次正讲三段完，将文及汤、汤及尧联三作两缴上，此亦是古法。庄廷臣起四比，缴四比，中间三段轻轻递过。缴云：“三圣之功业易见而粹精难知，乃《书》不言其行事，而独揭显烁之懿于恍①兮忽兮之中；况三圣之心精可婾而言诠易晦，乃《书》又达观于本原，而独约性反之旨于若希若夷之秘。”语甚精莹，且二比合为一比，殊有法度。周炳谟起云：“德之真藏于宥密，而推其原则锡予在凝承，有默迎显证之机；德之神惺于径寸，而究其量则灵明包万象，有无穷无极之体。”“真藏宥密”说文王，“锡予凝承”说成汤，“神惺径寸”说顾諟，“明包万象”说峻德。体认亲切，语多精诣，中间三段，亦讲得秀爽，文繁不录。孙养正以独创之格抒独得之见，亦将三句总起云：“尝观《康诰》有曰克明德，其即我明明德之说乎？”此句最得肯綮，乃一篇之眼目。接下云：“再考《太甲》，有云顾諟天之明命。夫不曰明德，而曰明命，则溯流穷源，而若自有凛然者在。远稽《帝典》，有云克明峻德。夫不曰明德，而曰峻德，则知微之显，而又自有焕然者在。”次将“克明”讲二比，“顾諟”二比，“峻德”二比，既不作对偶，亦不作过文，但六比连珠讲下后，缴重末句云：“盖至文章之焕与天罔极，而卒无加于明之本体；光被之烈举世于昭，而止满其明之分量。《帝典》所称，斯亦明明德之极功矣。”有“明明德之极功”一句，便与首节起句相应，

---

① 恍：原作“芒”，通“恍”。

而关锁有情矣。董尊闻起云：“寸翳有染，即为晦根；而渺修所持，非为极诣。”此是精到语。中间三段各作过文，讲完首句云：“斯缉熙遐轨乎？而德原于天则未详也。”讲完二句云：“斯懋昭遗烈乎？而德成于峻则未及也。”联三比为一比，贯串有情。姚继舜亦将三段总喝起，次实讲云：“文何以克明称？常心以暗剥明，文心以明还止，彼去知识、绝畔援，而不已之纯已登昭之岸，岂即冥之域？则无克也，无不克也，缉熙之衷，其功力固如此。汤何以顾諟称？常人目与形遇，汤心目与天遇，彼一出王、一游衍，而明旦之思本不着于显，夫岂沦于隐？则无顾也，无不顾也，日跻之敬，其真境固如此。尧又何以峻德称？人之心境有涯，帝之心境无涯，彼开幾希、剖精一，而如天之量完太极之体，以会于无极之原，则非峻于人，而峻于天也，钦明之思，其体段又如此。”说理最精，措辞亦鬯。吴伯敬先提二比，次作一头两脚做，“克”字、“顾”字，亦体认明白。讲首句二比完，过下云：“则人所不能而尧独能也，故曰克明也。”过下云：“明德具之人，而在人者岂有隔于天？试探之于穆中，其为万象昭彻而与吾心潜出潜入者，非明命乎？神牖一故则目瞩皆真，有不离日用而恍然若睹者，汤之新新其衷而日跻焉者也。”语亦俊朗。又讲末句一股，即缴云：“溯观于德所自来，则天命不属之渺茫，即于人事中现，汤不敢以逆也，而学未有不窥根宗者，安见文之昭、尧之则，而无得于反镜之真？统观于德所自有，则大化不取之外来，即于心量中□①，尧非能为增也，而学未有不究统宗者，安见文之止、汤之新，而不极其充拓之尽？”互发得旨，而词更矫健不群。舒崇功通篇皆佳，起云：“德何以称明？虚灵之真天命之，其光明峻朗之体，即上圣不能益性初。德何以还明？恒惺之机人操之，其反观内莹之神，非上圣不能绵心法。”神采焕发，读之竦然。讲中三段云：“在《康诰》则以克明德称，诚谓德自昭融入，纤私则暗。文能以一尘不累之宇，点证于帝则之先，盖观泯歆援、纯缉熙，其握明之枢有独早者，所为鉴不拭而恒炯，非已昏而求照也，克明之说也。在《太甲》则以顾諟明命称，诚谓命自显赫乘，稍懈则障。汤能以一息不弛之衷，返照于帝降之始，盖观铭日新、勉日跻，其惺明之窍有独勤者，所为神不昧而若觌，非结象以瞩目也，顾諟之说也。在《帝典》则以克明峻德称，诚谓德自含弘着，微疵则碍。尧能以荡荡巍巍之襟，直满其光大之量，盖观思钦明、中允执，其开神明之户牖，有先于圣而肇辟者，所为天不廓而高明，非直被格之足云也，则帝克明之说也。”句法铿锵，有敲金戛玉之态，熟之最利场屋。沈正宗之文，格极庄严，气极浑厚，有太羹玄酒之风，有一唱三叹之趣，不可以一句一段摘而论之者，读者须玩其全篇而讽咏之，庶有得耳。佘合中先散起云：“德者，人之心体；明者，心之真体。而明有自来，吾以极于命；就其明而积之，吾以谓之峻，非有两也。”重“明”字发挥，讲首句云：“未尝去明而专言德也。”次句云：“未尝去明而专言命也。”末句云：“亦未尝去明而专言峻也。”认定“明”字，尽力发挥。缴云：“明德属人，明命属天，要以径寸之灵机澄而彻之，还为

① □：此处底本原作“其”，内阁文库本同，但于文意不通，疑为“完”，与对股“现”字相对，书中屡见“心量完”、“完心量”之说。

乾始，而千古绵绵之脉，周王得其归宿，商后摄其根宗；顾諟如守，峻德如登，要以中情之抑畏层而累之，自跻巍高，而宇宙不朽之真，商书操其精念，尧典诣其极阶。”镂心刻骨，字字推敲。方士麒格亦甚新，起处不作泛语，从小讲下即入题讲首句二比，又从首句转下“顾諟”二比，云：“夫《康诰》不称克明德乎？文之怙西土也，则一德所丕扬也；而文之登彼所也，则克明所缉熙也。顾德非虚授，直从霄汉中冥而付焉，是曰天命，而明德本原会是矣；明非假托，直从心目中凝而结焉，是曰顾諟，而克明工夫统是矣。”又从天命转到尧身上，云：“想懋昭之主，奚藉禔摄为真境？独念芒芴一窍，天命于此沃根。夫不有凝眸之观，若著为形者乎？而命最真亦最宏，则不事拂拭而崇峻本原，悉昭彻于钦明中者，唯有尧而已。想日跻之圣，奚假葆认为真幾？独计希夷一朕，天命于此含元。夫不有俨若之思，若结为象者乎？而命最显亦最廓，则不事祛练而峻极本真，悉莹净于濬哲中者，尧一人而已。”以三书联为一意，而语语有神，愈玩愈有味，后收二比亦佳。吴世熙起处作六小比，意亦贯串，不觉零碎。中三段两头一脚，重讲“峻德”句云：“钦明在天，天郁而不得不㘜也，明之所流，浩无边际，吾以此见明德之大；洞达由性，性含而不得不现也，明之自流，毫无执着，吾以此见明德之安。”语亦精彻，末又收四小比。毛以焞亦起四比，缴四比，中三段轻叙，中多隽词。首句云：“盖德之体原无所不昭彻，圣人非能于其上增一分炫耀也，第无失其明之常而已。”下二段同此。缴云：“冥契于一元分布之初，而炯炯不昧之良时时操摄；默勘于一掬虚含之境，而绵绵若存之觉念念提醒。”语语匠心，神理俱足。陈俊林起云：“德从何来？从天命来也。命入乎至微，为希濬无营之主，则虚体自湛，故可以言明；命骰于至纷，为群象托根之始，则实用自弘，故又可以言峻。”便将三段一气提明，又衍二比，然后入大讲，缴云：“盖第曰克明，只象夫明体之浑成，而一念顾瞻弗及之怀幾于无用，故以汤合之文，而后知明德明命，原不隔天人，因而想亦保亦临，文亦自亹亹者，而造基无两也。第曰顾諟，只象其严翼之寸衷，而此际虚融高朗之体疑于有极，故以尧合之汤，而后知明命峻德，原不分体用，因而想日新又新，汤亦幾巍巍者，而究竟无两也。”机溢神流，如珠联璧合，绰有天巧。陈应扬起云：“明德也者，自人得之为德，自天予之为命，本来有克举之精神，究竟有峻极之地位，凡王之所以王，帝之所以帝，率是道也。”只就本文字面提起，檃括得好。讲完三段缴云：“盖德藏于人心，而指其元本则曰天命，于此见天人合一之妙焉。其目在之者，其力胜之者也，由文观汤，而后先一揆。德涵于渊微，而究其分量则曰峻德，于此见显微无间之真焉。彼亦一克明，此亦一克明也，由文观尧，而远近合辙。”讲有根据，亦是作家。许元翔又是一格，起处不作对股，只散二三句，便入题讲首节二比，下二节各用过文云：“顾克明者，无始无终之力，而德有始也。非力直贯于德之所自始，则或以时勤时怠丧其始来者，《太甲》以明命言德，而以顾諟当克明，此德常惺于有所惕，汤之所以懋昭也。明德者，无大无细之力，而德至大也。非功直图乎德之所为大，则或以不该不偏亏其究竟者，《帝典》以峻德言德，而必于峻极为克明，此德终完于无所亏，尧之所以钦明也。”上下相承，打成一片，殊觉有理。王腾程，旧曾识之于昆山，爽朗不群，兰芳可掬，今读其文，大类其为人。起云："德从性分完，何尝昏昧？然一息不提醒则缉熙有间，何以登宣朗之域？德从帝命来，原是峻绝，而毫念不灵承则危微不剖，何以还昭旷之初？"括尽章旨，不浮不漏。正讲云："则有《康诰》所称克明德也者，文非于本体之上别有所洗涤也。我不受染，谁为染之？故灵光不蔽，纤障莫容，纯然于畔援歆羡之外，摄元始之真脉，而德明矣，是不已之精神也。则有《太甲》所称顾諟明命也者，汤非于心性之表，更有所执着也。天所宠畀，谁有戏涂？故帝命有赫，结为真象，恍然于无声无臭之中，见太初之流露，而命凝矣，是圣敬之体认也。则有《帝典》所称克明峻德也者，尧非于虚明之地别有所充拓也。德本同天，又谁隘之？故超万形而无偶，含法象而莫逾，直于性焉安焉之境，妙全体之默成，而峻德明矣，是执中之心法也。"理精词逸，都从玄想中来，而钻研中却多自得语，盖资学俱优者也。祝可仕起云："德之渊然微，盎然欲兆也，是于穆之真宰，而生人托命之根也；德之莹然照，巍然莫及也，是万灵之命脉，而化育流行之主也。""于穆之真宰"说顾諟，"万灵之命脉"说峻德，词新气秀，令人刮目。讲中三段毕，缴云："克之义，在存理以遏欲；而克之幾，则又在认天理从出之原，而妄元无妄，乃不令神明之颓堕。克之极，在致虚以穷微；而克之纯，则又在浑明旦旁烛之机，而穷无所穷，乃不令私意之潜滋。"与首比应，而熔铸联合，萧然出尘。叶日新从吾游最久，其人重义轻利，万金家产，挥霍殆尽，而犹苦志于学，与之谈经术，评时艺，未尝不欣然有得也。小讲先将"克"字、"顾"字、"峻"字提明，起云："德非外假，明非添入，是已心与天心相陟降之精也，夫孰于其精而妙会之？是内心与外心相弥纶之懿也，夫孰于其懿而极全之？"以"德"字、"明"字作主，而以天人内外衬贴，甚有法度。缴云："圣有性反而德，则若太和之陶铸于一元，故德乃命之真精，命乃德之大原，心法卒衍之为治法；世有升降而明，则若命脉之流贯于一身，故克乃顾之实体，顾乃峻之实际，道统即垂之为治统。"曰"若太和陶铸于一元"，"若命脉流贯于一身"，是说真实理，与曹含斋"自尧舜至于汤"小束同格。

"子夏曰仕而"二句，按此二句，仕与学原非二事，认作二事，则仕时不学，何以恢扩政理？学而不仕，又流于枯寂之弊，所谓幼学壮行者何在？子夏揭出一"优"字，就下一"则"字，最是吃紧。仕而未优不言学，一优就去学，学所以明仕之理也；学而未优不言仕，一优就去仕，仕借以廓学之用也。有谓仕与学并用不得，而以子夏之言为偏者，故单重学一边说；又有谓优者，充足有余之意，仕到优处即是学，学到优处即是仕。如此两项说，子夏当日胡不言学而优则仕，仕而优则学？又胡不用一"即"字？毕竟非立言本意。王纳谏不粘本色，惟就中抒发性灵一段，神光灼灼，莫能掩之者。其起即接小讲说去，云："而不知正惟是理之一者，其益本相资，而不必游意局外，有亟于借资之想；其功可相及，而但当专精局内，为余力渐及之图。"开合得势，起伏有情，正所谓单刀直入，所向无敌，便是百千万亿众亦压倒他，矧乡省耶？中两大股最难发挥切实，尤最难分晓截然。此卷两起大讲处，各以"学"、"仕"先点掇分明，而讲仕、讲学、讲优则学、优则仕体会逼真，不着一毫脂粉，亦不露一毫思索，却是此题不可增减的一般："学以为己，不可缓也，顾吾方职务填委，计所以受宪于大府，书绩于司勋者且拮据不遑，此时但寓学之理，未亲学之事，惟仕而优则学耳。综六艺之同异，考千载之志林，因以见吾今日，何事践家修？何事愆古训？是学亦仕之证据也。第时方仕为主，而公余搜讨，则其偶而涉之者耳。仕以及物，不可废也，顾吾方草茅诵读，计所以羹墙于图史，寤寐于圣贤者且乾惕靡宁，此时但培仕之基，未显仕之用，惟学而优则仕耳。一吐胸中之奇，大副当世之望，还以视吾昔日，顿觉想象者亲见，而郁悒者发抒，是仕亦学之究竟也。第时方学为主，而持满溢发，尤其徐而俟之者耳。”股中转转折折，委委蛇蛇，妙在“因以见吾今日”，“还以视吾昔日”，两接相生。他卷于束处，非重学一边足意，即用妍词互发，却少一段神识，此独揭出“理”与“心”两字立论，何等器局？何等丰采？篇中不了之义到此地步发出，令观者击节叹赏，云：“仕学之理分求之而愈以合，何者？仕不为俗吏，学不为伪儒，机相入也，正不必旁骛其神也；仕学之心递用之而愈以专，何者？缙绅饶名理，处士负经纶，用相须也，正不必两营其念也。”又缴转起与提意，上下文方有归着。张榜此作甚奇，两扇遥对，其起处又对而不对，绝佳，云：“则心不专于所仕，而用志分也。”后比云：“然则学缓乎？非也，学固素优于未仕之前矣。”不拘板格，而大意泠然在言外。其余精思妙语甚多，大都从先正文中得来，积学可知矣。三名张鼒作细密春容而神情流动，庄重温逸而蕴藉渊深，当是细心有养之士。其中两大股亦自妥洽宏朗，起云：“盖仕非以究学之施，而学非以储仕之积哉？离学术则无所得功名，顾杂学术以骛功名则功名犹病也，谓涉世之作用宜满也；离世务即无所得经术，顾杂世务以营经术则经术犹疏也，谓居身之涵养宜充也。”此二比极得肯綮，大意谓不学无术，何以出仕？则仕亦从学优过来。不仕无义，何以言学？则学正所以壮行，甚是了了。第四名詹应光调平而词雅，理实而气清。先提二比，次依题二大股，云：“知不学无术，而潜养邃修，以窥圣贤之阃奥，学固宜急哉？而非所论于入仕时也。仕则居官受仕，重在设施，襄圣明而宏翊赞之勋，司民社而效奠安之力。业已优于仕矣，夫然后搜帝典、采王谟，孜孜探索，即朝夕不置焉，非徇口耳也，盖以文章饰吏治也。知不仕无义，而广布博施，以标掀揭之猷，仕固宜急哉？而非所论于典学时也。学则横经刺艺，重在涵养，游千圣之藩而探其旨，漱百家之渊而究其精。业已优于学矣，夫然后弼帝治、普王猷，而皇皇厝注，即拮据不恤焉，非慕通显也，盖以经术经世务也。”发得雅邕，正是科目文字。末复收六比，亦不觉零碎。周泰峙起云：“吾以为学不妨仕，即以学其所无忝于仕者也；仕不妨学，即以仕其所素得于学者也。”将仕学一理意发得明透。两大比收足处，脱化之极。前比收云：“盖执所建立而质之往迹，且恢所见闻而需之将来，此之为学，固寄情于展布之余力，而非请息于当官之既倦者也。”后比收云：“盖握其先资而遘会于世，且拓其蕴藉而责券于实，此之为仕，固表见于蓄极之绪余，而非博名于勤修之属厌者也。”详密吐露，望而知其为佳士。郑茂华起缴皆佳，起云：“夫仕岂偏出，而学岂偏隐哉？当其仕，则涵养泄为规恢，而规恢有所不逮，其借资乃在旁印，故学基乎仕也而还以成仕；当其学，则经纶原储于抱负，而抱负匪猎虚声，其实用正在展采，故仕预于学也而还以验学，要其优何如耳？”只“仕岂偏出”、“学岂偏隐”二句，已道尽当时之弊，又归重“优”字，最为有理。缴云："盖惟优则当境不虞其旷废，亦惟无旷于当境也，而后出竟其用处，亦完其修；惟优则余力不妨于兼涉，亦惟兼涉以余力也，而后道德可佐功名之用，功名亦显道德之藏。"词意遒劲，气力亦充，不越题中"优"字，恳恳发挥，所以为佳。庄廷臣先以"不优"反起二比，次发"优"字二小比，然后入讲二大扇，其扇末收处极有精神。前扇收云："不然，始本谓学优可仕，而终逃之于学，纵①稽古为荣而尸旷谓何？又况占毕无补于树②立乎？"后扇收云："不然，始本谓仕以验学，而终逃之于仕，纵功名可策而隐衷难欺，又况华朊足以损其学术乎？"周炳谟两扇实讲处，字字说理，语语入微，全录之："谓之曰仕，即一职一任之委寄，亦有未易卒办者。人惟实以身任事，而后知称塞难也，故必朝考夕纠，充然有余闲者在，而后乘以学焉，则是学也，可使耳目开发，而建有获之功；亦可使典章练习，而收不迷之效，岂徒缘饰之虚文哉？而不然者，以缙绅代经生之业，浅尝之已分有用之神，深溺之必旷当官之业，又何贵学也？谓之曰学，则自心自性之潜修，正未有易完粹者。人惟实以心力学，而后知究竟难也，故必积厚养完，卓然有信心者在，而后乘以仕焉，则是仕也，可以一日展生平，而证性术之设施；可使天下见经纶，而识真儒之作用，岂博爵禄之浮荣哉？而不然者，以薄积于当世之知，以治身既苦于修缮之无时，以治世又拙于建明之无策，又何贵仕也？""人惟实以身任事，而知称塞难"，此是真实说话。先"开发耳目"，次"练习典章"，及"浅尝"、"深溺"等句，皆有玄解，非苟作者。黄愿素前后意只平实，中两段轶宕凌厉中而循绳仿准，足处又从"未优"意一翻，见必优而后可也，云："夫仕何仕也？君倚毗，国倚衡，诵读向慕之雅，欲得于亲见；生平郁蓄之蕴，欲罄之大行云。虽偶触之聪明，可以破当官之疑；旁通之智虑，可以周当世之务，然在仕优以后则可，一毫未优，正毕力敷施之日，而岂委蛇论学时耶？学又何学也？入为圣，出为神，终古未决之疑，直沉潜于一念；一生未竟之业，在奋迅于须臾云。虽道足致主，不必辞荣为洁；机适逢世，正宜转塞为通，然在学优以后则可，夫苟未优，正潜养晦修之日，而岂翘然自见时耶？"用意俱从反处提醒，股中只前数句揭出仕学原由，以后凡五转，俱反收反转，不烦正言，而题意自悠然可掬。他作于股头互发互反者多，惟王建和另寻门路而声响铮铮。前比云："知嗜学者，徒见学在仕之外，别有一种清静恬寂之趣足以自适，即身当仕时，犹溺其心以就之，虽旷官亦不之恤。"后比云："如嗜仕者，徒见仕在学之外，又有一种显名厚实之荣足以自遂，即身方学时，且役其心以于之，虽辍业亦不之顾。"反提两路，分明是眼前口语，不嫌稍③实，束处淡淡描神，一团理趣溢于言外，堪耐咀嚼。用"况乎"二字递下云："仕即以行学，仕得职即学在其中矣，安见致用非穷经之绩也？而何必以仕之心分于学？学即以明仕，学得力即仕在其中矣，安见伟抱非洪施之略也？而何必以学之心杂于仕？彼自古非无讲学勤政之士，而卒不闻相碍而

① 纵：原作"终"，据对股改。
② 树：原作"竖"，径改。
③ 稍：原作"哨"，据文意改。

反相资验者，诚各当其优也。”不事雕缕而悠飏可诵，其品格高人一步矣。金秀南只讲“仕优”与“学优”意，而“则学”、“则仕”轻轻入缴，当与程文同格。末二比云：“此非必有所倾注于此，遂有所忽遗于彼，学术事功本共域而藏，而出则经宇宙，处则缮身心，精神固不可以两骛；亦非必有所余闲于此，后有所黾勉于彼，道德功业，原并念而营，而进非为稽古，退非为梯荣，意虑固不可以旁驰。”深得归重本旨，而词调亦井井有条。贡万程文气尽自舒徐，而态度袅那，更堪赏玩。提先揭明大旨，中间浅浅做二比，末又从优学悬发四比，有如珠联鱼贯。提云：“吾人学而后仕，仕而行学，其机固自一贯，然当仕则仕重，当学则学重，其心则难两驰。”二比的有旨趣。末云：“世固有官业未成，侈谈名理，仕以学误者；亦有德业未究，巧取世资，学以仕误者。此皆不于既学既仕之时，待其优以及之，而守官之与学道偏有所妨。世固有以涉猎世故之心研理，并其学亦伪者；以空疏无实之衷应世，并其仕亦旷者。此又皆于当仕当学之时，不必优而为之，而职分之与性分交有所废。盖吾仕而有待于学，则亦转其仕而暗修可也，何至以资仕者为仕病？吾学而果可以仕，则竟从所学而效用可也，何至以验学者为学病？”四股层层意毫不重复，机趣固佳，理致亦密，巧于变幻者也。史启元作以豪逸之才发清旷之致，阅者望风解颐，故自起以下至两实讲尽录之：“如仕则经世务者之为也，岂其不学无术而可入官？然区区占毕之学，其于经世末矣。学则明心性者之务也，岂其应世无奇而后称穷？然皇皇通显之仕，其于暗修后矣。”反提两比，不说尽题目，意旨涵蓄为佳，不用转语，又总六句于提之下、实讲之前，入讲处亦不用转语，竟实实落落，粘定“优”字发挥，上下文气相接而成，大有笔力，云：“达识睹其大全，明体适用，不分为两；精神具于旁骛，经纶诵读，总俟其余。自临民莅事以来，庶政旁午，岂有顷刻之宁？而或者大受不穷于小知，长材尚溢于短驭，于是有迎刃之能而无窾会之不解也则优；又或者国家相安于无事，时平每戒于纷更，于是有卧理之名而无丛挫之可虞也则优。斯亦长吏者考古之一时已，亦藉是以明吾仕之非漫尝耳。自执经考艺以来，坟典错陈，岂有俄顷之暇？而或者一朝决千古之秘，须臾剖群圣之宗，于是养裕于家修，而尽己亦可尽人也则优；又或者皇帝王伯之变明，君民使事之谊著，于是识周于世故，而修己自可治人也则优。斯亦学古者行义之一时已，亦藉是以明吾学之非枯槁耳。”讲“仕”、“学”处，讲“优”处，醒豁昂爽，不囿蹊径。孙养正首篇千椎①百炼，着力之极，此篇似一扫而成，反有逸趣。提云：“仕以天下国家为实，而学以身心性情为真，所从来矣。仕也者，学之所假途以抒其蕴藉者也，而当其仕，则不得舍仕而言学；学也者，仕之所明试以完其作用者也，而当其学，则不得舍学而言仕。”起句轩昂，不屑作小家语，中多磊磊不群。董尊闻两股起处甚轩豁，前比起云：“今之仕者谬托之簪缨非仕，典学为仕也，几欲代仕以学焉，然而学在仕之外，则以其明理兼之课绩，相左矣；即学在仕之中，而或执妄之见，探幽之说，仅仅可以托空言，而秉钧持衡，不可据以为实事，则明理与课绩遂两废焉。”后比起云：“今之学者矫托之诵读为

① 椎：原作“稚”，据前文“千椎万炼”改。

虚，经济为实也，几欲当学以仕焉，然而仕在学之时，则以其致用求之明体，相背矣；即学在仕之后，而或纷纭之烦，综理之密，区区可以饰吏治，而征今按古，不可执以为文章，则致用与明体遂两虚焉。”雄才骏发，古色逼人，绝无烟火气。李一献先以“拙宦”、“伪学”反起二比，即接云：“此一而反二之之说也，吾以为此两者，彼与此有不代操之势，前与后有不互胜之权。”得此一总，机局甚活，说理甚透。作二大比完，缴云：“盖学仕非截然分为两物也，苟既优而不及之，将仕不能按学之浮而体于实，学不能收物之理而贮于心，则弊在不合；又非可过然杂于一时也，苟未优而遽及之，将欲兼举之而兼致其壅，两涉之而两忘其半，则弊在不分。”弊在“不合”、“不分。”佳甚。姚继舜先反起二比，即喝出本文：“乃今仕者身民社而口谈性命，不近名理乎？而缘声课实，何如优游循理之得也？学者薄潜修而高谈经济，不类通达乎？而考衷叩蕴，何如沉潜典学之益也？则仕与学两愧之矣。吾试权之，必仕而优则学，学而优则仕乎？”此与张鼐同格，且皆是当境之谈。缴云：“盖士有见在之位，即为见在之职，故潜显二操，皆当精其心于职内，无分其心于职外；士有可兼之力，即有当兼之事，故施养一机，毋令不足于事，亦毋令自有余于事，此可定事学之准矣。”语不繁而意自足。丁文炜不另作起股，起即入题，中间讲语尽有玄诣，云：“吾以为经术经世，仕诚不可无学，然但当在未仕之先，谅其学而应之；不当在既仕之后，置其仕而营之也。必仕而优矣，畴昔之所期业已展布无遗，而第谓组修未粹则致用悉舛，于是朝课夕考，毋爱须臾之逸而隳千古之功，则仕以学证，非以学妨①也。令仕而学者尽若此，吾亦何病其为学矣？达道行义，学诚不可废仕，然但谓吾有可仕之具，不当挟之以自私；非谓吾无可仕之具，而徒徼之以徇世也。必学而优矣，生平之所得业已充养有素，而特以经纶未究则蕴藉皆虚，于是树骏流鸿，毋耽独善之娱而弃济世之业，则学以仕展，非以仕误也。令学而仕者尽若此，吾亦何病其为仕矣？”如谓“当在未仕之先，谅其学而应之”，及谓“吾有可仕之具，不当挟之以自私”，皆是名言，从理窟中流出。李春鳌亦起二比，将本文喝出，然后做二大股，其缴处煞有精神，云：“仕不仕关学之究竟。未优也，而急于典籍，拙于委任，毋论学之不当，只成诵读之末，纵学之而当，终非有用之章，故其精以为经纶，而其余以为学问，有偶涉而无并用。学不学系仕之印证。未优也，而急于效用，拙于博访，毋论仕之不②当，只贻负乘之羞，纵仕之而当，终非有本之务，故其精以为身心，而其余以为注措，有徐发而无两营。”思隽意精，言言入理，如击碎宝瓶，片片是玉。吴伯敬讲首句云：“盖思所仕何事？将于一人分重，而于万人托重也，敢自暇逸乎？即处纷纭轇轕之会，已不赢余力而让功矣，则仕且优乎？”讲次句云：“盖思所学何事？将于古人为稽，而于今人为楷也，敢自息宁乎？即极隐微独觉之中，亦且潜吾精以求入矣，则学且优乎？”精神透露，转折生风。舒崇功提股云：“仕一也，

① 妨：原作“访”，据文意改。

② 不：原作“印”，据对股改。

已任则仔肩欲副，未任则先资宜操，势不得与学而并力；学一也，家信①则能信乃慊，朝食则参证已多，势不得溷仕而并驰。计惟有优也，而后可相及乎？”构思精入，而姿态横生，玩之灿然。庄世权乃虞卿之侄，余忝世交，知其人卓荦不群，此文亦甚中窾，起云：“士人惟仕学两途，非出所学而登仕籍，即学所仕以韫宏猷；而士习之弊亦惟仕学两途，非服官而谬托宦成，即稽古而漫侈有获，无怪乎司牧无良史，士林鲜真儒也。”提仕学合一处甚明鬯。按此题原不为一人说，盖各指其事而言之。盖论仕则可称有余力，论学则终身无止足之期者，优亦难言；论仕而优则可学，论学而优则固有可仕不可仕，亦不可执杀。当时朱元晦亦疑此二句子夏倒说，盖就一人身看，当先说学而优则仕，后知子夏是有感而言，原不就一人身上看。庄公讲云：“吾为仕者计，其仕而优则学乎？”下扇云：“吾欲学者计，其学而优则仕乎？”各就一人身上说，两不相混，最得题旨。缴云：“盖优有足此通彼之意焉，彼有所骛，则此有所侵也；优有酌量饱满之意焉，分以内毫无欺，斯分以外毫非越也。”单承“优”字收二比，最为破的。沈正宗起云：“仕者即民社而羹墙具在矣，而泛滥文词以为高，则舍仕言学，所学者何事也？学者即性情而位育具是矣，而抵掌己务以为通，则舍学言仕②，所仕者又何事也。”“即民社而羹墙”，“即性情而位育”，乃是的当不易之谈，非有大识见者不能道此。实讲云：“学虽以资仕，而时方仕则有仕之事，以其事自课之，而所肩未易胜也。当艰难埤益之时，而曰咏歌先王，问谁筦要枢而朊仕者？惟退食矣，委蛇矣。据此时而论之，亦可为仕之优矣，因举吾所经纶者，欲不愆于典谟而更为讲习焉，君子之既学而仕有如此。仕虽以展学，而时方学则有学之事，以其事自按之，而其途固甚遥也。当毕力探讨之时，而曰鞶帨仕进，问谁奉身心以毕学者？惟富有矣，日新矣。据所至而言之，亦可为学之优矣，因一吾所寤寐者，欲亲见于当世而出为廷献焉，君子之未仕而学有如此。”字字入微，深得题旨，如曰“时方仕则有仕之事”，“时方学则有学之事”，极得子夏立言之意；如曰“据此时而言之，亦可为仕之优矣”，“据所至而言之，亦可为学之优矣”，语有斟酌，洞中肯綮。缴处先说尽其一自不必兼夫两，次说兼夫两又止欲尽其一，句句皆是名言。此布帛菽粟之文，有资实用。卜二南两起句煞有余思，前比起云：“夫仕者勋猷在躬，日拮据而不必称，尝试为之自按其绩，而知肩之难也。”后比起云：“夫学者道谊在心，日体认而未必副，尝试为之自课其功，而知途之远也。”意巧语真，不烦雕镂而光景自肖，美才也。施所学通篇皆脱蹊径，而缴处尤奇，云：“必仕之优，则职业何时可毕？必学之优，则心境何时可信？第谓精神无实用，则浮游于泛涉之途，骛乎此者业为卤莽，而驰之彼者因为决裂；规恢有专寄，则凝精于切近之地，其所及者固已奏效，而其所不及者亦且专举。”直所谓思入乙玄，词臻三昧者，时艺之工至此，亦可与宜僚之丸、宋人之削共传不朽矣。徐仪世起云：“服官常于莅政，而或者借朝市以藏修，则厉端滋于丛挫，而有心宦隐，并今日之立名砥行者，学亦不真；伟

① 信：内阁文库本同，据文意疑作“修”。

② 仕：原误作“生”，据对股及本股文意改。

抱裕于宕极，而或者希薄植为先资，则躁进丧其暗功，而负耻渺修，并他日之敷政立朝者，仕固可出。”真实之谈，有关士习。缴云：“盖乘退食之暇，潜窍于吟披，则文章以饬吏治，古训以炼先猷，是谓名世，即真儒之涵养，而潜居之邃蓄，正缘以展其所欲舒；薄捷取之荣，荣①华于道德，则穷养而裕绕施，韦布而储公辅，是谓宕修，即廷聘之经纶，而从政之观吟，益得以显其所素习。”神理烨然，色泽亦罾。此题作者皆重“仕而优”、“学而优”，独余合中重下“则学”、“则仕”另立一意见，另构一机局，令人冥然会心。起处亦不作泛语，小讲下即入题云：“尝观世之秉圭组者，盖亦知鼎禄不可虚，慨然而抱鳏尸之虑矣，于是毕精神而专用之仕，以为不分其仕，仕乃称是固然耳。不曰应变靡穷，素蓄易尽，倘其事故猝乘，而我之耳目与纠纭两不相习，尚足云仕乎？则莫若乘综理之暇而锐意于篇章，盖芳规炯鉴，足备稽参，不妨仕且以济仕深于仕者也。又尝观世之高幽栖者，盖亦知世味不可着，泊然而希清修之行矣，于是敛志意而专用之学，以为不杂其学，学乃纯是固然矣。不曰苍生倚望，舍我其谁，倘其还证经传，而我之试用与古人绝不相肖，尚足云学乎？则莫若及此诵习之裕而兴念于岩廊，盖匡王辅世，可证穷修，不病学且以显学深于学者也。”众人皆虑仕者不优而学，渠则虑仕者优而不学，一则曰“应变靡穷”，一则曰“苍生倚望”，一则曰“耳目不相习”，一则曰“古人不相肖”，皆是入理之谈，一字不可易。方大铉则上下并重，其讲“则学”、“则仕”处尤觉精莹。上比云：“不徒借博物洽闻为今日当官之藉，而能以有道神识化其荣朊，并化其才技，则何作用非本体乎？是仕之资于学也至精也。”下比云：“不徒借崇阶显秩为今日展布之会，而能以无涯局量广其孤介，并广其道德，则何本体非作用乎？是学之资于仕也至大也。”如此讲学与仕，方是当行。余懋孳发“优”字最为新脱，上比云：“当其优而神不空寄，印证事中则学在事中，精研事外则学在事外，庸人以之养尊优者，君子以之浚本源。”下比云：“当其优而位适我膺，大叩大鸣固以摅夙蕴，小投小效亦以吐绪余。庸人以之明明意者，君子以之验真修。”最有思致，悠然可泽。张士德束云：“盖显藏之机，吾在在虚而委顿，即在在实而修证；舒卷之权，吾可以分效其用，即可以合取其资。”刻意不作寻常语，而词理更真。蒋允化重“学”做，亦甚不群，不将二句板对，而一直讲下，如独茧抽丝，端绪相承，一毫不乱。闻南省场中大主司立意两平，故重“学”者多不录，此作既独抒真见，又不碍主司之目，而独能入彀，是必有一段精光动人，令人不能舍者，然本房座师亦定非皮相之士，故能拔之于规矩之外耳。今年主司要以读书为学，其主意即载程文大结中，然孔门为学固不废读书，亦不专在书本上，如曰：“吾斯之未能信。”岂专为参求典籍耶？场中凡讲得“学”字稍深者皆不与选，独孙克振不以读书为学，亦能中式。讲云：“功可被民物，而蕲慊于独知；才可供展错，而期斯之能信，盖帝王事业，不过发抒其名理之蕴，而作用反之本根，庶心上之经纶足以振奇勋于不朽耳。”张履素虽以读书为学，而其讲

① 荣：此字原仅以一点示之，应为重复符号，上字为“荣”，此字亦应为“荣”，且于文意不相格。

"学"字甚精，如云："仕优则神闲，闲则可以典籍代簿书，稽古考艺在退食委蛇之后，岂若经生家直规规章句也者？适以经术印世务也。"说到不"规规章句"，然后不离文字，亦不执文字，而圣门学术庶可想见一切矣。乔时敏此作原可抡魁，起云："不知仕有余学亦有优，仕而优，可以其余力而用之于学；学未优，不可以其全力而分之于仕。"平平提起，而其重学轻仕之意悠然见于言外。讲上句云："且仕者而第簿书期会之为兢兢乎？簿书期会之为仕，仕亦宁有优时？要使经纶幾务间，人与仕相习，仕与人相安，即日不暇给，而宽然余闲者自在也，此乃真仕之优矣。第于其时，举生平所印证者，更一练习之于当官，至昼考国职，夕省典常，而又何经术之以世务妨也？乃知已仕者不辍学，矧其未仕者也？"以"簿书期会为仕，仕宁有优时"，此是真实说话；又云"即日不暇给，而宽然余闲者自在"，讲得"优"字最透，不以搜稽简编为学，而以练习当官为学，何等识见？讲下句云："且学者而第呫毕记诵之为孜孜乎？呫毕记诵之为学，学亦宁有优时？要使身心体验间，静常逸于事，动常逸于心，即惟日不足，而安然余裕者自在也，此乃真学之优矣。第于其时，举生平所抱蕴者，直一设施之于经济，至君必勋华，俗必雍皞，而又何世务之为经术病也？乃知将仕者不谈仕，有急于仕者也。"沉郁之思，精莹之态，种种奇绝。周光祖亦重"学"一边说，而于起末倍着精神，云："吾谓士必考盘迈轴，养恬以市高，则功名亦道德之路，而不仕则任属谁肩？士必担圭折爵，梯荣以尸素，则道德又功名之招，而不学则基属谁奠？盖优与不优，其称塞故不在仕也，而未优以思优，既优以克展其优，其器局故先在学也。"另寻门户，自辟荆榛，胸中无纤毫尘嚣，方有此等文字。缴云："盖天下有仕名，有仕实，名者每以始借成终弃，而此竟以一生之研究，潜握夫仕路之大统宗；天下有有用之学，有无用之学，无用者或以先资隳末路，而此竟以两境之参稽，发挥夫道脉之真体验。"嶙峋如巉岩古柏，突兀如峻岭苍松，斯亦奇已。陶人群中两股足处甚有风旨，云："优则政简之庭可以证向今古，岂前此为见闻之学，而今此为经济之学？即见闻即经济，无非是矣。优则道充之富可以驰聚参两，岂合此为行道之仕，而离此为用世之仕？即行道即用世，无非是矣。"语多独造，无限光芒。许元翔实讲亦甚的确："使仕而轻言学乎？且将于日不暇给之时剽窃绪余，摭拾枝叶，而本职反缺而弗修。必也列冠冕，即思效职，有夙夜匪懈不言瘁者，而自公之暇，斯取之为拓聪牖明之用焉。不然，即学足贯天人乎，终吾职业之长物已。使学而遽言仕乎？且将于手不停披之顷叨取富贵，苟且功名，而身心反歉而未满。必也当诵读即务暗修，有三年典学不至穀者，而自信之余，始出之为展采错事之猷焉。不然，即仕足要钟鼎乎，终吾道德之訾垢已。"讲"仕优"而曰"夙夜匪懈不言瘁"，讲"学优"而曰"三年典学不志穀"，皆是当理之谈。其余亦皆出自肺腑，发挥透彻，缴处亦佳。此题作者都说仕而优然后学，学而优然后仕，与本文"则"字终隔一尘，独叶日新此作极得"则"字口气。起处云："吾以仕之优为当官者规，又以学之优为尚志者最。"分开两路说下，缴云："盖优者，充然无亏之谓。如欲其充然而无亏也，必以建明之身验张弛于诵读，以含葆之念展抱负为经纶，庶可完吾心源之实际。优者，绰然有余之谓。如使其绰然而有余也，即官成非尸素，而名益光于简册；岩薮非枯槁，而烈随著于天壤，总蕲终吾懋修之实功。”发“优”字得解，而驰骤迅发，更有余思。

“智者无不知”二句，此题最不宜发露太尽，全要讲“于无所不知之中而灼有全知，于众务之中而审当务为急”意。若说个无事于知，知岂能一一周览，却不碍了下文“不遍物”也？榜首于“无不知”三字，只轻轻点过，而重发下句，亦得肯綮，云：“知者固无不知，然妙不在无不知。天授其灵，随在炯炯，然天精亦戒于亵用，岂宜旁而漏之，以务所不必务也？性生其哲，触境醒醒，然上哲无取于疲神，自当收而摄之，以务所当务也。”先提“智者固无不知”二句，最有力量，最有头脑。“随在炯炯”、“触境惺惺”，是讲“无不知”。先说“岂宜旁而漏之”是宾，次说“自当收而摄之”是主。从反而正，从虚而实，雅有法度。中股用“吾以事与理相酌”、“吾以事与时相权”二意作起句，极冠冕，极庄严。末股云：“盖惟智最灵，而倥偬百务一一衡诸其心，是故缘肯綮之熟尝，得要领之专挈，是挈一以该万，非挂一以遗万也；惟智最虚，而纷纶百务又无一得扰其心，是故能留神于事之外而不后，自能执枢于事之内而不烦，其不烦以御烦，非厌烦而就简也。”先说“一一衡诸其心”，次说“无一得扰其心”，亦是从虚而实，二比联为一比，非全靠“虚”、“灵”二字分眼目也。第二名张榜先虚二比，次以“知”字、“务”字提二比，然后实讲云：“知其利，知其害，又于其中知利害之大小，于是乎冒小害以亟就其大利，捐小利以预杜其大害，计有不还，顾而无伤乎遍知也，举其要者，智也。知其端，知其委，又于其中知端委之变迁，于是乎执大利之柄而百利将自集，塞其大害之门而百害将自除，计有以渐收，而年无不遍知也，举其全者，智也。”“知其利”、“知其害”等句，是讲“无不知”，以下讲“当务为急”，想其光景，发其理趣，甚是朗彻。张鼐作极费苦心，股股粘着“无不知”讲。起云：“天下之务烦矣，而综而理之者，凭于人生之智。智操于神明洞朗之地，鉴物远而衡事则甚精；智扩为渊微旁烛之机，观变周而凝神则甚简。”他卷非反振即虚讲，此独挈出“智”字，透露一番精光。中四股云：“于务之中而灼见祸福利害所积聚之原，则棼然者其绪，而此独其①根本之图，纤毫失其理，而一废即百弛，此其当务孰加焉？而能不兢兢擘画与？于务之先而独观精神命脉所系属之处，则樊然者其余，而此独其窾要之地，瞬息乱其经，而暂靡必久坏，此其当务孰急焉？而能不汲汲营度与？精其无不知者，以择其所当知，而以一知总大智之用。即令其塞耳为聪，掩视为明，而当务之所旁照多也。用其务他务者，以急其所当务，而以一务收万务之成。盖至于明见四表，幽彻六虚，而大智之所旁及周也。”纯以发意为主，而意不伤神，语语入细，真是作手。詹应光先起二比，次即从“无不知”讲到“当务为急”，流水二比，后四股股股粘着“无不知”，亦甚透彻。云：“庶务日有所感于我，而纷至沓来宜辨也，谁谓智者有遗知哉？第纷至中有大窾会，沓来中有大指归，即不役役于明，可指庶务而握其宗者，是所当为之急图也已。我日有所应于众务，而烦琐剧屑宜析也，谁谓智者有弗知哉？第烦琐内有

---

① 其：后原有“根夫”二字，疑衍出，据文意去之。

真机括，剧屑内有真要旨，即不规规于明，可约众务而识其原者，是所当为之急计也已。虚明中启天下，何事不洞烛于中？唯是以心神镜事幾，舍职详而职要，虽幽遐奥蹀不处炯然，而卒无所累履明之窍。灵觉外通天下，何事得眩惑于外？要之以真明烛事情，惟职简毋职烦，虽隐微暧昧随处洞然，而竟无所役灵觉之天。”一气呵成，有贯珠之势。周泰峙二句分做，先讲“无不知”二比，次转下四比纯讲“当务为急”，直写题意，不作一饾饤语。郑茂华中讲甚有奇气，云：“有众务于此，多寡盈缩，不胜棼亦不胜剖，而独其间有四海之务毕萃于一人，一人之务操功于一念者，此其当务何如？有并务于此，张弛合辟，不胜变亦不胜裁，而独其间有百年之骛责成于一日之务，一日之务握枢于一息者，此其当务何如？”起句亦自棱棱，且“众务”、“并务”亦是本题字面，不妨播弄者也。庄廷臣提云：“夫智者，觉性也，语性则寂而见天地，虚而鉴物品，皆智也，未有性而可与天下并驰也；智者，照体也，语本则一念而瞩幽遐，一息而周海宇，皆智也，未有体而可与天下并营也。”从“智”字提起，精莹透露，自有玄机。末比云：“况一代之命脉其转移有渐，而谓之当务，则张弛而握钧陶之权，苟绥之岁月，即绸缪于他务而机不及图矣，故智者急焉，而徐以俟群纷之自定。即一时之治忽其斡旋有幾，而谓之当务，则纤悉而筦闳巨之谟，惟急之顷刻，即他务未遑而势已无旁落矣，故智者务焉，而缘以听群心之自一。”此题“急”字亦宜体贴，独此发得“急”字透，且两意相生，不重复亦不纤巧。金秀南中二比云：“当务乘窾会而定，则共是大机宜、大筹策，而中必有一二切要之图，当入吾之朗彻者。智者虽发慧于宇宙无穷之名物，而若收其慧停而注之，窾会中有社稷苍生无急此者，而直为凛凛也。当务耦时势而起，则共是关利病、关安危，而中必有一二切近之务，当归吾之洞览者。智者虽扬光于天地至赜之法象，而若韬其光凝而摄之，时势内有天下国家莫急此者，而用是切切也。”细入芒勾，理超物化，而词更足以达之。黄愿素泛起四比，中只实讲二大比，云：“是以周知远览，聪明之所出入，智者不谓多方，夫宁广肆为名也者？要以至广综于至要，精而择之，万事之权与可立决也，是正无不知中有此独照也。随时观变，神情之所旁昭，智者不乏真知，夫岂炫骛以为奇者？要以至博御于至约，衡而应之，万化之根柢可立断也，是正无不知中有此洞烛也。”议论真剀，亦自朗然。姚继舜先亦将二句流水二比，次四比亦比比带“无不知”发挥，如云：“秉昭旷之观，岂不流览无垠？而政惟独持昭旷者，虚明有所主，无所移，日讨一二机宜，重务经营，是急于庶务若毫不经心，乃流览庶务而挈其领也，其神朗也。恢域外之见，岂不神游大象？而政惟见超域外者，聪明有所用无所杂，日举二三根本，要图维持，是急于众务若莫①不关情，乃神游众务而提其衡也，其识远也。”“庶务”、“毫不经心”等语，直逼真境。丁文炜先讲“无不知”二比云：“聪明可以规天条地，而必无并挈之纲纪；睿览可以瞩古洞今，而必无兼任之力量。”然后转下径讲“当务为急”二大比，然后缴云：“想其以常湛之灵莹，遍彻幽遐，而巨细咸归参酌；故以其独到之心思，剪除苛细，而张弛具协机实，此天下事所以

---

① 莫：原作“漠”，据文意改。

赖有知者耳。”起合有情，关锁有法，亦是作家。李春鳌亦从“无不知”讲起，不作对比，但散起云：“夫知者，识测天地，明烛万有，鉴为空，而事自不穷于鉴；衡为平，而物自不遗于衡，夫非无不知之谓哉？而政惟其无不知也为能”云云，转下重讲“当务为急”，后二比云：“人之心思有限，精太用则耗，而惟得其一万将自理，故左驰右骛，人所知尽能索而不足者，智则明明觉觉，而职要即职详也，而灵睿为独完；人之耳目有穷，明太炫则敝，而惟举其一百将自该，故旁溢四出，人所殚情竭力而不足者，知则洞洞瞩瞩，而兼巨即兼细也，而明莹为独至。”其格亦新，其词亦秀，盖莹然独照而不逐蔓芜者。舒崇功先提二比，亦以流水二比发下云：“极明哲之宏览，即该洽不足罄其识；察明哲之用心，非急务不以役其神。”次实讲二大比，亦不脱“无一不知”意，云：“彼夫睿纵先天，出其余照，犹将旁烛无极也者，而不以旁烛用明也。天下国家之故有似粗实巨，似迂实切者，昏庸置之若遗，彼见谓难缓而乘时举之，虽端凝穆清，所提挈恒炯炯也，其秉度精也。彼夫觉莹全体，出其末光，犹将细察秋毫也者，而不以细察炫明也。一时万世之计有顾前无及，诿后难图者，狂愚视之方漠，彼见谓最急而勤思布之，虽收视冕旒，所总揽恒惺惺也，其用权当也。”洞识事情，从容合辙。沈正宗亦将二句上下分讲，起云：“夫我所谓智，天聪天明，照知四方，谓天下之事有遗于智之外哉？第智者，有渊然不测之神识，而常不妄耗其识；有旷然远览之慧照，而常不尽用其照。无不知也，非无不务也。”不甚着词，但散散叙过，极得轻重之体，且曰“无不知也，非无不务也”二语，最得肯綮，所谓立片言以居要者也。过下云：“天下之务，固有图其百未必治，振其一而天下遂以堙者；废其百未必乱，弛其一而天下遂以摇者。”是入理之谈，得此一转，势如破竹矣。缴云：“故有务于此，众急之而智者缓焉，非逊于任也，当务之所不在，不敢有越思，而弃天下所共就，正以若愚而完大智之体；又有务于此，众缓之而智者急焉，非伤于果也，当务之所在，不敢有玩心，而执天下之大纲，即可以大知而总小知之用。”用意极精，措辞极雅，通篇如浑金璞玉，读之平平而味之无极，真佳作也。施所学之作，平淡中时有佳思。先提明白，正讲亦股股带“无不知”意，中二比云：“擅古今之神知，而不敢以屑越其神知，其所殚精毕虑为之兢兢者，固国家之大机宜而必不当已者也，则于其气运淳漓，人心治乱，而疏观之者审也；苞天地之聪明，而常主于检柙其聪明，其所朝指夕据而为是皇皇者，乃今日之大枢要而必不当省者也，则于其挽回气运，斡旋人心，而斟酌之者精也。”精到中有恬愉之趣，所以为难。方大铉末四比云：“是故务所当，罢也则耳目不为障，城社不为炀，而旷然剔蠹厘弊，以悬日中之照；务所当，举也则聪明廓于四门，睿虑谋及百世，而焕然振纲揭要，以显总览之神。盖兼于所知而知之，知之粗也，即赫赫然炫明于显，而伺察之处正其暗吻之处；专于所务而务之，知之精也，即穆穆然藏明于晦，而简当之极乃其精明之极。”矫健骕捷①，可举乌获之重，而追楼季之尘。余懋孳亦抱奇之士，其文通篇皆佳，亦二句分讲，先讲完上句，始转入下句云：“急者从万幾中而独提其要，有一

---

① 骕捷：疑为“腾捷”之误。

举百举之妙焉，吾悬哲而照，何幾务不属其聪明？而第于此要焉者一专注之，潜①神定虑，聪明不屑越而固，万幾以无事而运矣。急者从庶政中而独揭其原，有一成万成之理焉，吾秉德而临，何政务不经其睿智？而第于此原焉者一急图之，湛思葆真，睿智不旁出而纷，庶务以坐照而彻矣。”挑剔“急”字，甚觉明鬯，而体认精切，非浅学可到。毛以焞亦上下分讲，讲完上句，即从“知”字发下云：“顾其知也，特心之自照乎物也，匪其一一而照之者也；特物之自晰于心也，匪其一一而晰之者也。人心无散而不聚之神，惟君子屏万营而独司其窾，故神运而不劳；宇内无泛而杂施之务，惟君子捐一切而独挈其经，故务用而不役。”句句雅驯，字字朗健。陈于京亦是末段好，云：“盖为当务，则身虽筦众职，有首重焉；明虽酬万应，有独注焉，此为急则彼不得不缓也，故以一心专一务而知不纷。惟急当务，则迹象有不及，意已远焉；耳目所不到，神已通焉，急者先缓亦不独后也，故以一务议众务，而知不隔。”心思沉细，意味隽永，戛戛乎陈言之是去。张士德中二比云：“尝试观宇宙之变态矣，不散为万形，统为一毂。夫知者，第以空明印焉，庸有眩其灵者乎？而政惟此不眩中轻重所分，乃得捐一切不急之务而独营之，神情凝于肯綮，而非滑滑以自迷也。尝试观人臣之纷纠矣，不折为百态，合为一枢。夫知者，第以全觉通焉，庸有障其明者乎？而政惟此不障中疾徐畛别，乃得灼万幾统括之处而默提之，灵心照于窾会，而非敝敝以自瞀也。”玄思睿旨，愈出愈精，非大有学识者不能到也。李之达起云：“聪明借资于耳目，而耳目则有所及，有所不及矣；神识浚发于性灵，而性灵则何必不知？何必尽知矣？吾以为智者即无不知乎？而当务之为急焉。盖智有以用为用者，而遐观逖览，固其朗照之神；智有以不尽用为用者，而挈领提纲，乃见聪明之实。”首二比发意于题外，题说“无不知”，而此却云“何必不知”、“何必尽知”，有矫矫不群之态。后二比承上转下，有千里赴壑之势。乔时敏中比、末比最得旨趣，云：“耳目心思，以能用为奇，而知者遗之而不用，其遗之而不用者，于所务寻其枢纽之宗，然而计其所以待用也，而所能用者其后已；耳目心思，又以无不用为奇，而知者用之而不尽用②，其用之而不尽用者，于所务总其橐籥之原，然而计其所宜首用也，而所无不用者又其后已。其无不知也，人谓知者之精神无不到也，而知者之精神实有不到也，夫其急当务者，固其无不知之智所为储而蓄也。其急当务也，人谓知者之精神有不到也，而知者之精神实无不到也，夫其无不知者，固其急当务之知所为触而莹也。”不炫奇，不索远，而只就本色翻弄播置，无处不佳，亦幾于函牛③之鼎，刬犀之器矣。马人龙末四比云：“盖务有殚精赴之之义焉，而精凝于一，自不至以屑琐耗其神，非故养我天明，以当夫剖断之用；急有竭智图之之义焉，而志息于机，自不至以广漠驰其虑，亦岂胶于隅曲，而自隘其旷达之观？故事一也，非无不知之外别有所当务也，就此纷纷纶纶，机缄隐著之际，迷者见以为缓，智者见以为急耳；

---

① 潜：原误作“偺”，据内阁文库本改。

② 用：原文脱漏，据文意补。

③ 牛：原误作“中”，径改。

知一也，非舍其无不知之体而姑小试于此也，就此若远若近，形势甫判之初，迷者骛彼而遗此，知者举此而该彼耳。以是而照临天下，不恢恢乎其有余哉?”才思渍涌，笔意淋漓，至中所自得处，则又因文见道，矫矫入玄。陆明扬中二比云：“虚中察变衡，以理之所素定而参于势之所适遭，谁为事机之最迫而不容纾旦夕者乎？亟并力图之，讵以猥琐分吾虑焉？静后观时度，于日前可见之形而揆以后日隐忧之伏，果谁为事势之最危而不容缓须臾者乎？亟殚心营之，讵以细务役吾神焉?”言言泄针芒，字字窥元始，可为理道之谈。荆之奇中比亦佳，云：“吾一人仅一耳目，而至使天下之所有皆为耳目之所周，则其昭察何烦？独计此昭察中有不越耳目所得，而还可寄耳目者，实是当时得失之林所最吃紧处，而一知以提众知之原者，惟此之为务耳已。吾一耳目仅一觉照，而至使庶务之所分皆吾觉照之所合，则其旁骛何涉①？独计此旁骛中有不外众务所诱，而尤足统众务者，斯政当日经营之故所最肯綮处，而全知以极偏知之变者，惟此之为急耳已。”精莹绝世，描写逼真，似不从人间来，其神化所至耶？王腾程起云：“故有不知非智也，而暗汶者无以与玄览之哲；然无不知亦非真知也，必当务者始可以寄独照之宗。”二比亦不为题窘。次二比云：“神灵在握，则宇宙之幽渺棼赜，何妨旁用其聪明？而智者曰神太泄则反昏，曷若得其肯綮关纪纲之最切要者而务之乎？故其所亟为剂量而把握其柄者，正其衡鉴定也。变化在心，则事幾之游移转徙，何妨外骋其知解？而智者曰不小智则不大迷，曷若相其枢纽利害之最先图者而务之乎？故其所独为参伍而统摄其衡者，正其昭旷虚也。”抉精阐奇，开人不敢开之口，读之不觉神王。叶日新亦分做，讲“当务为急”云：“明②虽落天地，弗遑也，彼天地间有不容不区画，而筹一计举于百计胥尔统括者，名为当务，圣天子独察此务而急之，殆睿哲与雄③断并运也已；识虽穷古今，弗恃也，彼古今中有不容不经营，而矢一④虑举亿万虑胥尔兼总者，名为当务，明天子独灼此务而急之，殆朗鉴与振刷⑤交致也已。”意所独到，自豁尘目。

---

① 涉：原版漫漶，据残留字形及文意补。

② 明：原版漫漶，据内阁文库本补。

③ 雄：内阁文库本作“群”。

④ 一：底本为“二”，内阁文库本为“一”，据文意“一”为是，改之。

⑤ 振刷：底本漫漶，据内阁文库本补。

游艺塾续文规卷之十五

赵田逸农袁黄坤仪甫辑

门人刘有执无竞甫阅

男袁天启若思甫订

嗣男叶绍袁仲韶

侄孙袁祚熙载之甫同校

正　讲　三

浙江“樊迟问仁”全，凡作长题，第一要体制好，先看题中大意，何处当重，何处当轻，何处当合，何处当分，一一酌量明白，理会成文。第二要格局新，或众人做处，我偏不做，而化有为无；或众人不做，我偏发挥，而化无为有，纵横变化，不蹈常辙。第三要有断制，如太史为诸人作传，平平铺叙中，时寓品骘之意，而惩劝俨然；又如汉廷老吏断狱，据法立案，一字移易不得，方是老手。第四要浑融合缝，掀翻题目，任意衡决，而使人读之若见其当然，是谓浑融；通篇凌驾，而于题目紧关意思纤毫不漏，是谓合缝。第五要神情流动，逐段铺叙，而精神流贯，如出一线，若文與可画竹，不逐节生枝，先有成竹于胸中，然后一笔挥成，神采自然流动。浙江文字，往年真与两京不同，自差京考以来，渐脱尘筌，渐逼佳境，一科胜一科，榜首以下，各擅才华。仆所见惟二十余首，皆非凡品。陈万言此作精莹雅炼，自足冠场。先将首节喝过：“夫子因樊迟之问仁也，而第曰爱人；及其问知也，而乃曰知人。”“第”字、“乃”字皆其用意处，即讲二比云：“泛而提爱与知之名则异，而惟统而按之于人，若有不烦两用者；虚而揣仁与知之用犹歧，而惟实而推其人之所以知、所以爱，又若有可以互成者。”两“人”字原是题中紧要字眼，人多遗而不点，今曰“统而按之于人”，“实而推其人之所以知、所以爱”，皆有识见。只以“胡迟之未达也”一句过下云：“夫子不言仁知之所分，而第思其衡于何定、惠于何施，就人品清浊之间，未始不默寓其曲成之柄；亦不言仁知之所合，而第思其鉴所自悬、化所自究，就铨衡用舍之际，正可以阴行其鼓铸之神。”得此二比，气脉便觉舒徐，章法便觉定足。“彼其为直为枉，似有区别，而孰知夫精于举措者，濯磨之世，枉直终于俱化也？则其所为使者妙也。即其且举且错，似无兼容，而孰知夫妙于使者，陶冶之中，举错渐可相忘也？则岂独为知者发也？”一比剔“使”字，一比归到“相忘”上，又深一步，并不露“仁”字出来，所以为佳。末节将舜、汤轻轻一并喝过，缴云：“乃知向所谓枉直之不容偏溷者，正虑不仁之人入而妨吾仁，至于不仁远，而一举一措，隐然可以见化导之恩矣；向所疑仁知之不无偏饬者，亦止虑所知之人不足全吾爱，至以不仁之远合之使枉之直，而一知一仁，又跃然可以得相成之妙矣。”必如此总收一番，才见仁智相成之妙用，而仁固所以成其智，智尤所以合乎仁，上下气脉至此收拾无遗，真杰作也。第二名张尧撰讲首节云：“樊迟问仁知矣，夫子一则曰爱人，一则曰知人。夫爱者，其周泽渥也，第贤愚同量非爱，而曲以施其程叙者为爱，则夫子论仁意也；夫知者，其持衡严也，第黜陟异用非知，而潜以泯其综核者为知，则夫子论知意也。”先将本文①喝过，而就“爱”字、“知”字另发一段真意，其炉铸便大。即发下云：“迟也未达，而不观之举措之间乎，而不观之举措之使乎？枉直之分，惩劝出于精察；枉直之合，睿照寄以甄陶。”如此过下，甚轻甚便，而分合四语，蕴藉流丽，大能动人。接讲云：“是知也，见谓知人之称哲，而实则仁者能爱也。若以铨叙非长厚之术，彼用舍大明之德，能令人心翕然振拔者，是何机权？若以布德非衡鉴之司，彼才品既分之余，能令世风喁然丕变者，是何作用？”先散提知仁合一之理，遂反讲二比，发挥极透。讲末节云：“吾乃知玄明之主，选举公焉，直士征庸，包荒之所以章其鉴也；褒直之朝，激厉广焉，仁风翔洽，圣哲之所以鬯其和也。昔舜汤之有天下，至使不仁者远，其用爱甚博，乃圣人只以伊尹、皋陶之举收其效耳，岂非举措之间有于知，而举措之使有深仁耶？甚矣！夫子之言富也，而子夏已观其深矣。”陈先将本文轻叙，而发二比于后，张先做二比，而轻收本文，各自一杼轴，各有风采射人。第三名吴振缨讲完首节，发二比云：“扩容盖者，不必使瑕瑜莫辨，忠佞互参，始示含弘之量。而秉衡铺者，奚至择以察而必靳情？因择而自分，乃为智临之真。”机圆调逸，剀练出尘。讲“樊迟未达”下云：“是但知有枉直，则举之之心穷于枉，而孰知澄汰之为磨砻也？但知有举措，则爱之之心穷于措，而孰知精明之寓熔炼也？品流无幸进之阶，则庸违者势必更创而自新；朝廷悬倡导之标，则技濯②者渐必化枉而为直。”酝藉妥帖，一洗俗套。第四名周敬先先以“仁”、“智”总发二比，然后入题，凡人不做而我做，便觉醒目。其讲“举错”处全重“仁”上，亦有见识：“不知人之爱人，必有所以明征吾爱而仁之用始达，故以所予形所夺者，是知以显仁之无私也，不失为兼容之宏度也；亦必有所以默寓吾爱而仁之机始神，故以所弃为所收者，是知以济仁之不遗也，正所为曲成之微权也。”问答融化，又不阙略，而织组精工，甚耐咀嚼。末节止将正意反讲二大比，而以本文轻收，布格构思，种种不凡。第五名张昌辰首

---

① 本文：此后衍“本文”二字，径去。

② 技濯：底本前一字缺漏，后一字为“恶”，据内阁文库本补改。据本卷“濯磨之极，元性益呈”云云，内阁文库本为是。

节下不另发，但于“举错”节云：“淑慝未分，虽意周寰宇，呼噏未赴于机神；彰瘅未决，虽惠笃慈和，转移非符于雅化。故未有精明主鉴而贤奸不别者，为直为枉，若明动其兴跃之机；亦未有公道旁昭而下士不奋者，一举一错，实潜授之磨砺之术。”篇中旨意都于此处发明，神势如破竹矣。第六名张时偕、第七名陈乾阳，首节下皆不另讲。张云：“夫爱非即爱其所知者耶？知非即知其所爱者耶？大凡以己化人，其恩小；以人化人，其恩大。溷正人于小人之中，其观化难；拔一人于众人之上，其观化易。”陈云：“夫爱与知之相戾久矣，夫子曷为并提而准之？此非于仁之外，别有一智以相对也，彼真性中自有所为灵炯者也；亦非于爱人之穷，别借一知人以相济也，彼朗照处原即所为肫恳者也。”凡文字贵有头脑，提得明白，发挥甚易，不待苦思，而游刃有余地矣。第八名祝以岱神思焕发，旨趣悠长，前半篇皆佳，云：“樊迟之问仁知，岂亦欲究相须之用乎？乃夫子以爱人知人当之。夫爱即人心中同具之真脉，必使吾之恺泽与人之情识常相忘而爱乃至，苟沾沾示德，即自隔其生成；知即人心同具之灵明，必使吾之耳目与人之心志常相通而知乃深，苟察察示标，反内伤其纯白。是以善制治者辨枉辨直，举错两权，每分而不合；而即枉即直，举错两用，又每合而不分。要使砺世磨钝，鼓人情于刑威爵赏之中；而化导转移，驱人志于法象形骸之外。此何如作用也？虽有栽培，不废倾覆，是为覆为载之宏模也。此何如机权也？借此甄别，广彼裁成，是至恩无恩之大造也。”以格则圆融，以词则精雅，此万选万中之文也。樊迟粗鄙，其学问小而不大，故夫子不以心德浑全为仁，而以爱人为仁；不以心体明哲为智，而以知人为智，欲其不求仁智于一身，而求仁智于天下也。第九名张奇龄识得此意，讲云：“以仁论，天下有一之不被吾爱则仁体穷，心之所为不隔也，故仁在爱人；以智论，天下有一之滥被吾爱则智又穷，心之所为益神也，故智在知人。此其道亦甚妙矣。世道之痿痹，亦本体之未见也，爱以别之，而宇宙之精神始生；趋向之迷罔，亦一体之大痛也，知以形之，而耳目之变动始神。”以“世道之痿痹”为“本体之未见”，以“群生之迷罔”为“一体之大痛”，乃是樊迟对症之药。过下云：“凡爱人者，不专于举而兼以错，故爱枉者不在化直之后，而即在错枉之时。”只此数句，已道尽大意，何等明白？何等融畅？收云：“盖其精微之相摄，在一念不忍之原；而变化之迭呈，又在一机互用之际。”以雅炼之词，发精到之意，虽置之第一无忝也。第十名不见①刊文。十一名沈守正亦是奇士，其文通篇皆佳，讲云：“煦煦非爱即非知，仁者将实行其爱之意，则何仁非知？察察非知即非爱，知者将实收其知之用，则何知非仁？苟达斯旨，虽言仁不言知可也，虽言知不言仁亦可也；虽谓仁者知人可也，虽谓知者爱人亦可也。”浙江旧时文字只是循规傍矩，并未尝悬空说一句话，此作却纵横自在，于形色相②貌之外别构面目，骎骎逼古矣。接下云：“吾安知举直错枉，独为知之作用，而非仁人公爱公恶之真心耶？吾安知化枉为直，独为知之机权，而非仁人欲立欲达之鼓铸耶？迟之一质于夫子，再质于子

① 不见：底本将此二字合刻为一，似“觅”字，据内阁文库本改。

② 相：原作“象”，按现代惯例改。

夏，而犹未悟也，其疑专在知也，不知古帝王之以知显其施，以仁藏其用，而化不穷也，其机正在用知也。试观舜之治有虞而不仁远也，以举皋陶；汤之治有商而不仁远也，以举伊尹；可见二圣之爱人也，其妙全在知人，而其以知成爱也，其妙又全在知一人。然则独言知，而仁固已流行于其中矣；独言知人，而爱人已蔼溢于其际矣。”说“爱人全在知人”，“又全在知一人”，最得此题言髓，且一脉落下，理极细而机极圆，岂易及哉？王家相首节尽泯其问答，而以意浑讲云：“仁智之德，虽皆根心以生，乃其用则每因人以显，故天下有一人遗于覆庇，一人逃于鉴别，其为亏损实多。然使爱焉而无所简择，知焉而无所曲成，亦于分量未满。”铺叙处略无痕迹，发挥处甚得真情。宋秉衡讲“举错”节云：“虽有三旌，不废五罚，总为天下而设此鼓舞之权；既以程材，亦复造品，总因天下而善为仁智之用。”词既精莹，理亦条畅。过庭训、姚士慎二作，文机甚熟，浓淡得宜，极利场屋者。姚于“使枉为直”后提云：“盖天下所仰伺人主，与人主所以磨砺域中者，惟此黜陟二柄；而人主一举而斯世共荣华，一错而斯世共戮辱者，惟此平衡一术。”凡文字过接处，正是急弦搭①矢时候，稍不迅利，便滞文机，此提甚佳，宜玩。沈宗圻之作亦甚明朗，中二比云：“以爱惜人才之心，而权衡早具，吾即仁见知焉；以鉴别品类之法，而陶冶默成，吾②即智见仁焉。”发仁智合一之理甚透。收云：“然后知两圣人之爱二相者浅，而爱天下者深也；两圣人举二相之功小，而使天下之功大也。”尾闾得钥，万派咸归。贺万祚原是吾乡老学，其文甚精甚炼，一字不苟。起云：“夫恩施欲遍，非以含茹废抉择之明；藻鉴欲精，不以综核伤慈和之理。固有仁不偏爱，知不偏知者。”得此一起，便觉莹然。讲后段云：“然则用舍不为太苛，以用握用舍之权，而因使为不可舍，是借不爱以行吾爱而爱始周也，爱周则胡专言知？彰瘅不为太察，以瘅济彰之用，而因使人尽可彰，是知从爱生而非爱觭也，不觭则胡专疑知？而迟也，犹然未达，非子夏何以知其言之富，而以舜汤二圣人证哉？”一直发下，挽转有力，神情流溢，得势得机，非老手不能也。费彦芳之文，轻扬有思致，亦是场中利矢。讲“举直”接下云：“有直无枉者，主所不能使也；举直化枉者，主所能使也。圣主不以不能使者为爱，而以能使者为爱，此果沾沾言智乎？如以智而已矣，是迈众之英不遴于虞廷，而阿衡之体不进于亳都也，是风动之治，不宜见于用直之朝；而式围之化，不宜见于起莘之后也，胡为乎舜举皋陶，汤举伊尹，而不仁者远耶？”承上起下，何等顺利？有如良骥下坂，驻足不得。末收云：“仁主患不爱人耳，诚爱人则欲化尽天下，必思照尽天下无二念也，谓仁穷而济以知已非矣，而矧言悖也？仁主尤患不知人耳，诚知人则独厚一人，即所以蒸厚万人无二机也，谓以知而全仁亦非矣，而况言妨也？此正夫子曩者举措之说，微子夏之发明，迟犹以为专言知哉！”意在笔先，神游象外③，收合有情，洵是佳作。任邦俊首节喝过，即承云：“将无涵育之朝，未遑区别，

① 搭：原作“答”，音近致误，径改。
② 吾：原误作“各”，据文意改。
③ 外：原缺，据文意补。

简核之主，终歉包容乎而非也，仁以广濡沫，而亦非藏垢之媒；智以精别识，而亦非苛察之术，是故举直错枉，智者当明操其权以彰睿断；而使枉为直，智者又默运其化以易人心。”发本题大意，明朗剀切，而风骨色泽，种种动人。讲末节完，反缴云：“藉谓仁覆之治，必捐弃聪明，将师锡不扬而聿求不简乎？又藉谓智临之用，必弊流操功，将虞不风动而商不式围乎？”机锋错落，令人跃然。大抵场中应举文字，全要有一种秀色，亦要有一段超众处，方为利器。即散卷亦往往有绝伦者，如邵喻义、徐从治、来宗道，皆非浅浅者。邵虚起二比云：“世未有不爱而可言仁者，则有所爱，有所不爱，亦不可言仁，而所由全其无不爱者，曷故耶？世未有不知而可言知者，则有所知，有所不知，亦不可言智，而所以要于无不知者，又曷故耶？”重人所轻，详人所略，真化工肖物手。徐于“举直”发二比云：“仁知无情，为能默酌天下之情，而欣慕之私，皆藉为甄陶之用，此其机权之不可测识者也；仁知未尝明示之的，为能默移天下而就于的，而鉴别之日，已成其善贷之心，此其并念之不分先后者也。”浅深合律，调剂有方，抽思入微，言言中窾。来中二比云：“彰瘅并用，在朝廷惟此机权，而以清议佐宸断则爱憎不参，而举错始为天下重；邪正两途，在编氓亦惟此流品，而主权伸士气则贤愚佥奋，而天下始为举错用。”通篇大雅，有浑厚之气，而此二比尤精。李士嵩之作亦佳，“化枉为直”后发二大比云：“朝廷以大赏罚成千古之真是非，而磨砺者神，则由知而扩其无外之规恢者何在？不当以举错为知囿矣。宇宙以万好恶符一人之公黜陟，而肖捐者速，则因知而溥其无涯之化理者何在？人不当执知而泥知矣。”刊落陈言，独标神理，如健鹄凌风，翱翔上下，无不如意，可敬也。陆梦龙通篇皆不实讲，皆于虚处玲珑发意，首节只一句喝过，另自讲云：“夫爱者此人，知者亦此人，此非夫为枉为直，群然听命于我之人，而不能自使者耶？既曰爱之，又曰知之，此非夫有举有措，井然不混施于人之爱，而足以相使者耶？”提此二比，下略说“枉直”三四句，即入末节，更不费词。缴云：“盖至于枉直较明之后，人趋人变，即欲复别之为枉直而不得，而觉恩施之覆被无穷；盖至于举措鼓动之化，自劝自威，即欲但名之为举措而不得，而觉彰瘅之规模已远，则子夏所为富哉意乎？”超脱之极，如天马行空，踪迹俱化，盖神品也。

“尊贤为大”，按此章言“亲亲”者，尽仁之实也；“尊贤”者，求仁之辅也，而礼又所以达仁之分也，总是修身中事，盖“修身”、“亲亲”、“尊贤”三件，原是九经中大节目，故举一“尊贤”，必须粘“亲亲”来，而“修身”亦在其中，此是场内大主司本意。陈万言起云：“义以合宜得名，则互揣于当然，而试思国政之张弛轻重，所藉为衡毗者何人？且义以辅仁效用，则默参于化本，而试思君心之彝伦天性，所资为启沃者何人？贤是已，则尊贤之为大已。”前比顶“宜”字，后比顶“仁”字，脉络分明，词亦古雅。次二比云：“寸长一技，不足以当优崇之典，而惟谓之贤，方且可以佐论思，方且可以托宫府。有草茅而默以屈朝廷之体者，贤自足以当尊，而其大可知也。隆礼优貌，不足以结豪杰之心，而惟谓之尊，不难寄之以腹心，不难重之以左右。有密勿而潜以隆国士之遇者，尊始足以得贤，而尊之大又可知也。”前比说“贤”，后比说

“尊贤”，皆不脱“大”字。其收股云：“盖有一人而关举朝之缓急者则大，而惟约而按之贤之身，举所为大原大本者，无不于此提衡，而君之心宜有此先务。有一事而握皇躬之枢筦者则愈大，而惟实而究之尊之念，举所为修道修仁者，亦复从兹夫辅，而义之中亦宜有此要领。”翻弄有致，结构高华，淡淡描来，而大原大本，修道修身，俱已说透。张尧揆前二比云：“朝廷之纲纪，其联属最宏，孰为启迪？而联属之贤也。彼其未遑庶政，先致登崇，见为尊一贤而不敢慢，而不知不慢于贤，乃所以不慢于亲，以及于天下，以此思大，大可知已。君身之伦常，其绾结最广，孰为启沃？而绾结之贤也。彼其未暇他务，先隆敬礼，见为尊众贤而不敢二，而不知不二于贤，乃所以不二于亲，以及于天下，以此言大，大可知已。”不虚讲“大”字，即粘定“仁”、“亲”上发挥，最有识见。又先说“纲纪最宏”，“伦常最广”，暗埋“大”字之意，后即举“不慢于亲，以及于天下”而实证其大，可为破的。惜二比讲尽，后面不复可措辞耳。缴云：“夫有吾亲，因有吾身，则惟亲得而生之，亦惟贤得而辅之，所固然者耳；有吾心，必用于吾亲，仁以亲亲为大，则义必以尊贤为大，其自然者耳。”粘定本章正意，更不走作。吴振缨起云：“在君立于臣之上，则势不并尊，而渐成其倨，不知道在而势绌，有一人自见卑，而义不为倒置也；君尊于臣之上，则意必自贤，而动拂其宜，不知师人而不师意，有一人自忘其尊，而义不为偏轻也。”如此挑剔，甚是起眼。实讲二比云：“思庭闱之内，孰为仁之所始，则孰为仁之所藉？一念结英豪之想，有爵禄荣朊不足示重，而真下其心以咨之，盖自事使以来，而独此为最宜已。思宸旒之前，何以成仁而为人，则何以辅仁而成大？一心切赞襄之益，有弓旌枚卜不足为文，而真抑其体以事之，盖自临御以来，而独此为最大已。”亦粘着“辅仁”上发挥，中间如“真下其心”，“真抑其体”等，体贴“尊”字甚切。缴云：“向令凭高自亢，蔑贤而鲜助，则出入之失经，不能为以人敏政之主；而恩义之睽隔，何能为以仁修道之人？以此推之，义果有大于尊贤者耶？”收拾本章大旨，贯串有情，遂为名笔。周敬先通篇皆佳，起云：“是必于此身从出之元而独有所绾结焉，则宜者在本不在末，而义始大；又必于吾心用情之始而独有所充拓焉，则宜者于心不于境，而义始大，此果孰为之哉？其惟尊贤乎！”一起便归着本原，言言破的。中二比云：“以亲之根于一本，岂赖贤为增益？而或稍任吾爱，即流为有余，此惟贤者能洞晰其辨，则亦唯尊贤者能曲当其施也。盖以造膝之雅，而培天性之脉，政足成天地之大义耳。以亲亲之溢于自性，亦岂藉贤为辅翊？而或过任吾爱，即以有余生不足，此唯贤者能默挽于微，则亦唯尊贤者能显协于极也。盖以屈体之谊，而懋展亲之益，乃足当古今之通义耳。”句句根仁亲讲来，而发挥“大”字甚透。张昌辰中二比云：“欲为此身任彝常，而一息不贯，道未昭揭于皇序，贤也者，素真积此彝常，以内养一人之深爱，则折节忱恂之典，固肫肫一脉，所为浑涵而无外者也，孰有大于此矣？欲为此身明伦纪，而一念不彻，道未宣朗于穆清，贤也者，尝修明此伦纪，以外协五位之敦睦，则梦寐贤哲之思，正恳恳一元，所为广运而无涯者也，孰有逾其大矣？”亦从“亲亲”来发“大”字，明切可诵。张时化后二比云：“在宫在府，是不一人，然必有一人之人，而若千万人得其理，故举一贤则已尽人，而此外旁求皆绪余耳；一日二日，是不一事，然必有一事之事，而后千万事得其序，故举一尊贤则已尽事，而此外机务皆末节耳。”松松写景，大意已透露无遗，且笔气更轶宕。陈乾阳此篇浑融超脱，可为上乘。前二比云：“宜有与事适当之意，吾分中更有何事？硕彦在望而不蒙钦崇，此有不乖谬者耶？而非然有不适当者耶？宜有与性欣合之意，吾性中更有何念？亲爱内郁而不藉启沃，此有不沴盭者耶？而非然有不欣合者耶？”从“宜”字发挥，甚有源委，且股法顿挫，绰有卓趣。中二比云：“吾惟吾亲，因有吾身，为吾亲以屈折此身，正不必云为贤屈折也，只觉于天性中自然之裁制，惟尊贤独挈其要；吾惟吾亲，因有吾亲亲之心，本吾亲亲以绸缪此心，正不独云为贤绸缪也，只觉于真意中自定之机宜，舍尊贤皆属其绪。”真恳透彻，起伏有情。末二比云：“盖非有不可解之至情，未必有不可忽之至谊，仁原以含此义也；而非浃洽于股肱之际，安能培植于骨肉之间？义还以妙乎仁也，以此思大，大可知矣。”以仁义合说有理，且前面更不说杀，至此方足出“大”字，此文之有理者。张奇龄起云：“盖义之条理虽赜，乃条理之所托命，则惟在心心相贯之际，以阴制其纲维；义之变化虽广，乃变化之所剂量，则又在念念冯依之实，以内通其脉络。”即接下实讲云：“故仁者，人也，沃其心志而迪其耳目者，贤也，君之仁且待贤而成矣。一念之敬共，而己之精神收焉，凡宰制揆物有待于君身者，皆于贤总其大维尔。亲亲者，仁之大也，翼其情谊而迪其良心者，贤也，仁之大且待贤而成矣。念念之缩结，而己之性天通焉，凡轨物贞度发窍于亲亲者，皆于贤握其大分尔。”即从上“仁”及“亲亲”发下，源委甚真，而笔力宏放，不落凡境。姚士慎中二比云：“人主所最大者无过伦纪，而贤则从庭闱根本之地，默用其调护，所以使情不伤义，分不掩恩，而元后树惇庸之轨者，皆此启沃之，所资者大也，则斟酌于根本之间，而舍尊贤谁大矣？人主所最大者，无过性术，而贤则从本来发动之倪，潜施其葆养，所以使真不为妄浇，天不为人眩，而密勿邕仁孝之思者，皆此疑丞之，所裨者大也，则权衡于性术之先，而舍尊贤谁大矣？”发“大”字甚明，而沉雄俊爽，极中肯綮。沈振龙起云：“夫义以宜为仁资矣，离仁而求其宜，则虽万举万当，无开修睦之本原，言宜而合之仁，当其卑己尊人，已属化裁之要道。”词雅而意真，妙得题解。贺万祚起云：“义以宜得名，顾宜于事而不宜于身，犹偏举而非大；即宜于身，而非宜于身之所自出，亦踦重而非大。”真意剀切，开口自是不凡。中二比云：“朝夕顾问，未见其尊，惟朝夕之所开发，不以顾问而以格心，即肫仁之念郁而未惺，必藉其讲明而始畅者，而崇事宜何如矣？左右劻勷，亦未见其当尊，惟密勿之所涵濡，不以劻勷而以辅德，即骨肉之恩惨而欲薄，必藉其调护而后联者，而优渥宜何如矣？”顾问不尊，而格心为尊，此是进一步法。学深识邃，卓尔不群。后二比云：“合天下之幾务，无大于此身，而此身之所为牖①其明、弭其失者，非若人莫倚，则以身之大成其为大，而无不宜；极此身之祇事，无大于吾亲，而吾亲之所为动其真、联其间者，惟若人是资，则以亲之大益成其为大，而亦无不宜。”前面只曲写“大”字之意，到此方实说“大”字，

① 牖：原版漫漶，据残留字形及文意补。

文之有条理者。费彦芳中二比云："君之身不可一日不范于纲常，而隆礼英贤，正以讲求吾纲常，夫为纲常而隆贤也，是举天地之不可逃，性天之不可解者，直寄之一二英贤也，匪细故矣；君之心不可一日不摄于伦纪，而优崇硕辅，正以内弼吾伦纪，夫为伦纪而优贤也，是举一本所由登，足体所由联者，尽付之二三贤士也，诚巨典矣。"发"尊"字、"大"字，透露之极。且先曰"匪细故矣"，后曰"诚巨典矣"，从虚而实，雅有法度。任邦俊起云："吾知义惟曰宜，必握枢众宜之先而可环应无穷者，乃谓之大；必参会众宜之中而可符合无间者，乃谓之大，而大于何在？尊贤是已。"从"宜"字发下，是正龙正穴。即接下云："有仁而后为人，有贤而后可辅仁，则贤直吾所藉以成人，而关系岂轻？亲亲而后完仁，尊贤而后能亲亲，则尊贤直吾所藉以尽伦，而机宜匪细。"从仁亲转到尊贤，语语有根，虚写"大"字之意，不曾说尽，所以为佳。来宗道先将"尊"字挑二比，次将"宜"字发二比云："乃谓之尊，则非独位①号隆也，将必卑躬折节，以通其款曲焉；又非独接遇殷也，将必寤寐思维，以钦其丰范焉。果于义何取？而尊之乃尔也，盖惟方正之士，与人主共任伦常之责，以彼挟持之重而故轻之，必不宜矣；亦惟师保之严，能令人主默受切劘之益，以我倚毗②之宏而细视之，愈不宜矣。"意切本题，语多独创，深邃之士也。沈宗圻后二比云："故论贤之效，不必极于尽人性、尽物性始见其大，而但就人主本原之地独为培植，觉无穷之生意尽归收摄；论尊贤之益，亦不必极于万事均调、万化参赞，而即从方寸橐籥之原默为斟酌，觉无涯之擘画总属主张。"思致缜密，词调清润，真佳作也。此题最易讲尽，惟邵喻义先起"仁"字二比云："仁虽不外假之真心，而耳目之提醒不切，则发念不依于性灵；亲亲虽无所解之至情，而朝夕之讲明不殷，则天理易移于日用。"过下云："惟是天下有贤者焉。"讲"贤"字二比，然后讲"尊"字，并发"大"字，从源而流，自微而显，并无一句重叠，是得意得势之文，亦平日有养之士也。

"至诚而不动"一节，此题原是结上语，全要会上文君民亲友、诚身应物处，由思诚而到至诚，则以之事亲取友，事君治民，无不响应，更无先后之分。"不诚"句只是足上句之意，非有二层也。陈万言起云："夫诚非他，第一真自凝之内，勿以二三漓其神，而自真自合，精有隐隐通之者矣；诚之至，亦止伪妄不参之中，弥以真实固其体，而愈实愈流，机有脉脉鼓之者矣。"描写至诚神感神应之光景，苍然可掬。张尧撰起云："盖念有时息，惟诚无息，即群动方寂，而其推荡之妙不自已也；事或有阂，惟诚无阂，即众动已纷，而其流通之神不自知也。"亦甚真切。后二比云："境变之推移无意相遭，而忽然以解者动也，当此忽然之际，绸缪所不入而精气入焉，即令绸缪可继，而两情之龃龉愈深；意念之郁勃无形相靡，而漠然以通者动也，就此漠然之内，应感所不露而真精露焉，即令应感可饬，而万形之纷纶难齐。"说理精确，朗朗可诵。吴振缨通篇皆佳，讲"至诚"句云："于芒忽之中，勃然而两心自喻，非要约之谓也，有归根

① 位：原版漫漶，据内阁文库本补。

② 毗：原版漫漶，据内阁文库本补。

而后有发动，若迎其候也，动者不知所以然；于授受之外，忽然而潜为巽入，非欣附之谓也，有蓄积而后有流通，若因其缄也，动之者亦不知所以至。”二比精神甚王，词旨甚恳。讲“不诚”句云：“神以燥而不流，己与人成对立之形，而谁为联络？机以械而不运，心与心为提防之地，而谁为交通？”爽朗之词，令人刮目。周敬先起云：“盖诚而曰至，是从形骸之中，而洞见夫太极之精也，物之所以森然备也，而一有所亏则间隔起；亦从雕琢之余，而复还夫一元之真也，物之所以廓然通也，而一有所杂则壅阏生。”暗承天道、人道说来，意甚剀切。张昌辰通篇皆缴上一节，甚为得体。起云：“一念虽微，惟从群心返照，莫不会通于太始；众形虽涣，试观一理潜藏，无不露跃其真机。”亦承天人说，而玄言粹语，跃然动人。张时化起云：“诚者，吾心之真实理也，是宇宙之精神所会合而涵者也；诚者，亦我心之活泼机也，即形骸之阂碍可融洽而化者也。此则感者能感，应者能应，若启若翼，于人心而乌得不然？此则感者忘感，应者忘应，自洋自溢，于人心而乌识所以然？”用两个“此则”字双绾说下，而一则曰“乌得不然”，一则曰“乌识所以然”，变幻不羁，文势甚活。讲“不诚”云：“彼自漓其真实之意，即耳目亦自成隔，而奚以贯彻于人心？彼自窒其活泼之机，将民物悉置膜外，而奚以联属于一己？”意到之文，机圆语畅乃尔。陈乾阳起下即揭“至诚”阐发二比，顺题分叙，一直说下云：“至诚者其于身世相关处，独认一念不起之天，此时动之根若培焉而不牿；而又于心性寂然时，独司众志萌生之候，此时动之机露焉而不知。故至诚也，欲不动不可得矣；不诚也，即欲动不可得矣。”直抉源委，不作经生训诂语，是大有见解者。张奇龄笔势铮铮，通篇皆好，起云：“物我之动境，皆非世故所得而与也。内有可据之实体，则众念之归依，相须于心术之蕴，而条贯通矣；外有不散之实用，则精气之流荡，一致于百虑之微，而变化生矣。”提起“动”字阐发大意，已自了了，而章法更超然出尘。末二比云：“故存诚之功虽极于思，而思之根未冥，则意中之接构尚在，天犹碍而不神也，必于世情消释之地显真醇之元命，而真机始运，是所谓两无意之中诚自遇焉者，夫岂作而致其情乎？思诚之学虽极于人，而人之情未彻，则外境之形迹复生，天犹隔而不灵也，必于浑然纯笃之境任实念之流行，而精神始化，是所谓两不测之中诚自和焉者，夫岂迫而强之应乎？”思能独到，意欲空群，使阅者倍添一分彩色，此英年得意之文也。祝以岱起云：“溯生身立命之始，形骸尔我总结根于不二之幾希；究彼酬此应之原，志虑精神亦联贯于一真之脉络，故惟至诚者，抱真而虑，举有主之血脉人情，已默往默来于其内，此时之收摄为最微；载真而行，举各具之性体，咸自献自输于其中，此际之神机为最邕。”此文通篇皆佳，而起处尤出色。宋秉衡末二比云：“诚不过我所自凝以为命，而天命无处不流，故我之天开，人遂无不开之天，倘稍杂以人为，则我之耳目肝胆且叩之不灵。神哉诚也！而或通或塞，曾不容以纤毫矫勉焉。亦不过我所自率以为性，而性真无处不现，故我之性启，人遂无不启之性，倘稍参以情识，则我之神魂梦想且难以还证。微哉诚也！而或启或闭，曾不容以斯须假借焉。”二句合讲，神思甚畅。贺万祚收云：“盖惟诚者，暗然内修，本贵施不贵应，然就所应者以返验其主张之根源，则真伪之机立辨；惟诚者，渊然独蕴，原证己不证物，然试执在物者以还征其在物之真体，则通塞之介自分。”意真词洽，似眼前光景，人却不能道。王家相前二比云：“其戒欺以求也，功惟严之独，而独时之感发最微，天下之人情物态，若有与吾心而俱隐跃者；其闲邪以存也，学惟寓诸庸，而庸中之鼓荡最神，人世之机械变作，必有随吾诚而默销融者。”其阐发最真，非浅学可到。沈萃桢通篇皆重上句做，而下句轻迤在末，讲云：“诚则寻常日用之际自具灵通，而觉有一念一息与人不相二者焉；诚则人情世故之间无烦计揣，而觉有念念息息与我适相喻者焉，故以诚观我，则静定之衷，精神亦止于舍，而不知惟止，则若隐若跃，自有流行而不滞者，神自为动也，未有诚之翕者，不能为辟者也。以诚观物，则凝积之后，意念亦归于忘，而不知惟忘，则若吹若嘘，自有鼓荡而不已者，念自为动也，未有诚之复者，不能为通者也。”句句自心苗中流出，而阐发恳至，直逼玄境。陆梦龙先提“诚”字、“动”字云：“夫所谓至诚者，是于方寸中自发自慊，肫然而独抱人心之全体也；夫所谓动者，是于两物中非往非来，忽然而自贯天下之神机也。”提此二比后，以君民亲友实讲，甚得题意，而语皆入微，非苟作者。来宗道通篇皆佳，讲云：“动之机甚微，此不知所出，彼不知所入，默相激发而不容已；动之机甚捷，此操其必至，彼符其必应，两相绾结而不可解。而兹惟诚至矣，葆摄之纯独全其粹白，此时遂觉我之为我，物之为物，有一原而浑具者，而以一会万，万心所以响应也；缘染之尽还返乎自然，此时又觉我之即物，物之即我，有情识之俱融者，而无情之情，群情所以毕通也。”先发“动”字意，下面文势一笔挥成，超卓之识，处处入微。

江西“子曰可也”二节，此题极难入手，尤①难立格，宜于起处玲珑，“其斯”句醒发。方曰“可也”，而遽曰“未若”，乃是与中之夺，全要在“乐”与“好礼”之外发挥一段“未若”的真景。下节是论学知《诗》，不是因《诗》悟学，全要发子贡一段悟境，盖因夫子乐与好礼之教，而悟得道理无穷，亦不死定在“乐”与“好礼”上。往年在金沙，将此二节题与王宇泰、于中甫辈做过十余遍，颇觉入微。今阅江右诸公之作，各句中窾。榜首龚而安前半篇云：“有如赐之以无谄无骄质也，岂不常力持于波荡之冲，参决于真妄之介，而夫子乃仅可之云乎？盖无谄果其至也，则乐天知命者何人？无骄果其至也，则循理处善者何人？溺不如制其防，虽溃其功易操；制不如忘其性，若足其天难定。足乎此者，损之而无所损，益之而无所益，是莹彻无瑕之真体也；求进乎此者，损之又损以至于无可损，益之又益以至于无可益，是澄彻性体之真诣也。”全不泥着“乐”与“好礼”上，而空空发挥“未若”之意，甚得玄解。后半篇云：“乐与好礼之义，油然若解会于不能已；而切磋琢磨之旨，恍然若旁通于不自知。其斯之悟真，得意而得象，得象而为言乎？乃知真性不染，而以心遣遇，只为粗疏之学问；真修无欲，而遇与心融，乃见精密之工夫。通乎诗人之旨，而学道者诚无有止息之期矣。”轻轻铺叙，神理俱足，若米家父子写水墨，妙在笔意之先，而绝不为俗套所束缚，最上一乘之文也。第二名祝耀祖起云：“即贫富足以见道，即无谄无骄，亦足见造道者之得

① 尤：原误作“有”，音近致误，据文意改。

力，夫子直曰可，而广子贡以贫而乐、富而好礼，此何说也?”唤起题面，下就好阐发，即接云：“若谓人世之感遇不齐，固必自浓淡之交先立其提防，何可以能守为易得也？而心境之渣滓难化，又必从忮求之根尽去其勉强，安得以一守而遽足耶？乃知愈恬而愈淡者，世味也，而即可以悟义理之变化，每更故而得新；转制而转粗者，人情也，而即可以知学问之究竟，当无瑕而求粹旨哉，淇澳之诗殆谓是与。”亦从题目外浑融发挥，而笔气疏爽，大觉隽永。陈良训讲云：“道中无骄谄，有无之之心，而心胸见解，我始得以自操；道中亦无无骄无谄，犹存无乏之心，而摄伏矜持，太虚未必净尽。试观贫而乐者，彼且不知贫，而第行吾活泼之趣，此何境也？又观富好礼者，彼且不知富，而一见吾天则之初，此何境也？则无谄无骄可矣，而未若于此道也。”大抵场中炼格之法最为紧要。龚顺题衍意，祝揭题文于讲前，此卷收题文于讲后，各自中窾。讲下节云：“如谓目前所到，即属①渊源，则无谄何不如乐？盖道无限量也，类然非勉自淬励，莫窥名理之奥矣。如谓淘洗甫及，即可愿②息，则无骄何不如好礼？盖功无止足也，类然虽欲自修证，难竟学问之涯矣。始从人欲中克治其妄机，又从天理中磨砺其真机，意议不设，乃是本体；乾健不息，乃见工夫。盖切磋琢磨，《诗》若寄咏，而赐恍悟及此也。”亦收题文于讲后，而玲珑变化，洒然尘表。黄灏起云：“我想人心有贫富，因有骄谄见；有骄谄，因有无骄谄见，乃还质太虚之本体，更无倘来之繁③累矣；默观人生之恒性，尽是真趣之洋溢矣。”意极渊微，直窥玄奥，想翻阅禅书而有得者。讲下节云：“始而淬励，若见为尘情之已祛，而精求之，则精之中又有精焉，其孰者为我底止？乍而磨砻，若见为俗念之已净，而密求之，则密之中又有密焉，其孰者为我究竟？”沉着痛快，尽脱尘筌。赖鼎起云：“从接构论，则贫富幻境也，于心元未尝有也；从心体论，则贫富真趣也，无谄骄之心亦不得着也。”从容说理，绰有余思。后比云：“前此之学问，至此始见得力，而得力最难，则学问愈见其无涯；后此之工夫，至此益无着力，而着力不得，则息肩正见其无期。宜赐诵切磋琢磨之诗，而怅然有得矣。”见解既真，词理更洽，即缴处亦佳，不及备录。黄讷过下云：“斯其道不在境界而在心源，不在浅尝而在深造，非夫从人欲中切磋之尽，至于妄穷真见，安能触处而观性机？非夫从天理中琢磨之极，至于力到真融，安能随事而露本体？是无骄谄也者，所以治其有贫富之心也，片翳未除，犹为太虚之障；是乐与好礼也者，所以融其无骄谄之心也，矜持尽化，乃为砥砺之精。此子贡咏切磋琢磨之诗，而恍焉有悟于斯也。”撇开题目，自抒一段真见，摹写得趣，调韵冲然。宋良翰讲云：“就贫而论，不独谄心当忘，而无谄之心亦当忘，其进而乐也，处贫之道必如斯而可耳；就富而论，不独骄心当化，而无骄之心亦当化，其进而好礼也，处富之道必如斯而可耳。”先唤起“斯”字，亦是作法。过下云：“乃天下事，何莫不然哉？以我而求之道，卒有难竟之工力；以道而责之

① 愿：此字后有一字空白，疑多余。
② 愿：原版漫漶，据残留字形及文意补，又，书中屡见“愿息”。
③ 繁：底本漫漶，据内阁文库本补。

我，觉有无涯之事业。”必如此发挥，然后见夫子所教不独为处贫富，而子贡所悟亦不独在“乐”与“好礼”上，最得此题之解。姜曰唯讲云：“盖有所谓乐焉者矣，乐不自贫生而自性生，乐其性自不陨于贫，夫是谓之化齐之妙境，而无谄者视此为何如？盖有所谓好礼者矣，礼不从富有而从性有，得其好自不诎于富，夫是之谓处一之化境，而无骄者视此又何如？”“乐自性生”，“礼从性有”，乃是的确之谈。只以一句转下云：“而赐也，犹得仍其前识，自以学之所造至此，而遂无可加耶？”转换有力有机，上乘之作。刘伯洋讲云：“贫原无谄，去其谄而可矣，及与子游于性天恬淡之中，而知我自有乐，不缘贫取也，可但曰一无谄而已乎？富原无骄，去其骄而可矣，及与子涉于义理忻合之域，而知我自有礼，不缘富好也，可但曰一无骄而已乎？”就本色字面阐发，脉融神醒，令人解颐。又总收过下云：“盖有意摄境，境乃不撄；无心合道，道乃益至，此其故有毕世不能殚，而生平不足恃者。赐已恍然悟矣，而曰有是哉，子之所谓也！其切磋琢磨之解乎？”先总四句，便觉文气顿剉，情景悠扬，又复以散语过下，何等自然？何等分晓？迥不可及。吴贵德起云：“昔赐之以无谄无骄质也，而夫子第曰可，盖仅愧乎世之以境易心者，庸讵知圣德渊微，已至犹若未至？而达人观化百境常如一境。”以精到之词，发恳至之理，真所谓要言不烦者。谌文祯此作极新极脱，后半以虚意阐发更超，云：“夫理欲易淆矣，几为剖别，乃得呈露；天真难纯矣，几为洗涤，乃得粹白。凡力所可到之处，皆力所能用之处，粗之而涉其藩，精之而诣其极，其究竟无穷期也；凡力所已用之处，即力所未用之处，粗尽而得其精，守尽而得其化，指归有定所也。盖心与境摄者，尚属人力；境与心忘者，乃为天然，而要之人力尽时，天然始见，故夫子始曰可也，继曰未若，《诗》所咏切矣复磋，琢矣复磨者，其谓斯乎？”不待钩玄吊诡，只平平说理，自有神解。方应庚过下云：“此夫子举一乐以加于无谄，而凡天下之愈进而愈不足者，类如斯已；举一好礼以加于无骄，而凡天下之愈造而愈难尽者，类如斯已。”必如此讲，然后见道理无穷，不止“乐”与“好礼”。又接讲下云：“大道无涯，吾方为修治，方谓有阶级之可循，而骎而上之，又有一阶级也，道体何若斯之精密乎？试一旷观焉，只觉从前之粗浅，而岂容拟成境以自安？至理无穷，即勉自探合，方谓有分量之可窥，而深而入之，又有一分量也，理致何若斯之微妙乎？试一研究焉，只觉见在之粗疏，而安得狃一察以自足？此子贡一闻圣教，而恍然以《卫风》证也。”明快洞达，词旨了然。汤洪先过下云：“乃知生平克治之功苦矣，仅能消外来之物染，而不染之性真有非一克治而遽能融者，是何弥钻而弥坚也？旦夕渐磨之力至矣，仅能涤性中之瑕，而无瑕之道体有非一渐磨而遽能粹者，是何愈入而愈深也？”是精诣语，趣味悠然。陈受卿此篇亦可作元，讲下半篇极像因论学而知《诗》之意，云：“吾知夫《诗》之所谓如切如磋者矣，所谓如琢如磨者矣，彼非谓处贫咏也，倘亦进于乐者机耶？非谓处富咏也，倘亦进于知礼者机耶？夫人一念私，即一念窒碍，其何以能乐？惟稍进不已，至于荡涤之极焉，而后全体呈露，无之弗乐矣，功之所以无涯际在斯也。夫人一念私，即一念逾检，其何以能好礼？惟内治愈密，至于陶熔之极焉，而后德性冲恬，无之非礼矣，学之所以无止法在斯也，有味于风人之旨哉。”会文切理，其精细处能发人所不能发，佳哉！张宸过下云：“即斯以观，乃知得一理更有一理之精微，其不可以涯涘测者类如斯矣；进一分又有一分之分量，其不可以程途限者又如斯矣。”发义理无穷之意甚透，亦是高品。黄汝檝末二比云：“由《诗》以论贫富，乃知贞遇之外复有忘遇，其不可满足者类如斯；由贫富以窥道岸，又知津涯之上复有无涯，其不可间歇者类如斯。”发挥真①切，深入理奥。章正岳此作亦精，过下云：“人情之为损②为盈，非性所有，有而之无，则制物而未尝忘物；天理之可乐可好，从心所生，生而不已，则适情而何必御情？吾不知经几陶融，而后本体之精粹至乎斯也；吾不知经几炼习，而后日用之恬愉至乎斯也。”语语精炼，可谓一字一金。收云：“盖未涉之途，其念尚隔，非刻意致精，不能进而观化；已凭之地，其念多执，非微心独诣，不能入而会真。”说理处入理之窟，写神处游神之庭，真得此题三昧。廖应兆过下云：“使二者分列而观，则摄外来之境，与提在中之趣，其低昂可以参验，然总不出此贫富之交也，而相悬如是，则天下无息肩之学可知矣；即一者合并而论，则不累于欲境，与不累于理境，其得失③可以互证，然统惟在此贫富之中也，而大较如是，则斯学无驻足之期可知矣。”阐发甚明，掉转有力，非大有力量者不能道此。

“中立而不倚”，按中立有独立于中，四方无助之意；不靠精神奋发，不藉意气主持，不用格套依傍，是谓不倚。旧时杨复所先生有二句文字甚为得旨，龚而安之作甚得此意。起云：“君子谓人与人相与，而人必不可逃，不能遗世以独立，何乐乎形之以崖岸？又谓人与世人相溺，而溺不可复返，在乎超世以自立，则不得不界之以方隅。”提得“中立”意明，后便好做。实讲云：“柔靡奄忽之气，久渐于人之肌肤，而君子独挺立于大中之矩矱，时方风波摇荡，如不胜震撼，而中之有主者自若，初不以睽孤寡助因而遂转移之境也，有不期同俗而期同理者矣；唱和唯诺之趋，久入于人之志气，而君子乃特立于中正之提防，时方朋党纷然，互相标榜，而中之无偶者常坚，初不以四顾无依因而游转徙之途也，有不求人信而求自信者矣。”句句着题，抒写甚彻。又接二比云：“泛而曰是非之弗顾，犹其浅也，即涉识力斡旋者，不免倚于识力，君子所凭者，名节也，而原无凭名节之见也。廉隅常露，识力常融，而岂弱植之所贞？泛而曰利害之弗徇，犹其粗也，即藉意气主持者，不免倚于意气，君子所仗者，正义也，而初无伏正义之心也。风裁自峻，意气自恬，而岂凡守之所拟？”从浅入深，月斧神工，精采百倍，此等文字何忝两京？主司可谓得人矣。祝耀祖讲“中立不倚”，虽不依此解，而其文亦卓荦不群。末二比云：“即当风流波靡之日，挺乎以正义自持，原非激烈于意气，故其中立在一时，而已峻为千古之闲，夫何至意尽而弛，忧孤危于末路？纵知希寡闻之秋，暗然以庸德内完，亦非峻没其城府，故其中立在方寸，而已游于宇宙之宽，又何至不知而愠，顿挫抑其初心？”沉雄傲拔，压倒万夫。陈良训亦得此意，文亦甚之。中二比

① 真：底本漫漶，据内阁文库本补。
② 损：底本漫漶，据内阁文库本补。
③ 失：原作“夫”，据文意改。

云："当其信心既笃，不借缘群情，则一人之识解，一是之议论，挺然独峙其中耳已，乃无缘而植，不因无缘而倾，即势甚孤危，而挺然者持之不易，何倚焉？当其认理既真，不仗策群势，则一念之精明，一息之向往，卓然自树其中耳已，树之也无凭，守之也不必有凭，即境甚摇疑，而卓然者贞于一致，何倚焉？"精思古韵，色色奇绝。李邦华通篇皆好，起云："徒曰立，则偏秉之以为枢者似矣，而非凝然一中之主持，并其立而非也；徒曰中立，则旁挠之以难持者众矣，而非毅然虚中之操持，并其中立而亦非也。"一起便自精采。实讲云："天命人心之懿无形可据，唯是葆而不离，则此中隐隐具不仆之体非立乎？顾体之不仆者一，而纷出以仆吾之体者万，君子天宁于极，即情识意见总为中用，何至倚焉而不胜迁就也？易简神化之妙无迹可执，惟是凝而不散，则此中亭亭表不拔之基非立乎？顾基之不拔者微，而错起以拔吾之基者众，君子心栖于真，即妄念游虑悉听中役，何至倚焉而不胜倾圮也？"运思渊邃，而说理精融，真是高手。缴云："盖外焉，毁誉之纷纭，是非之攻夺，其摇人而易倚也，犹可矫持于波靡震撼之冲；内焉，私意之牵引难割，畸见之胶执不解，其制人而易倚也，实难潜消其迎合比附之窦。"发"不倚"甚精，沉细的确，令人徘徊追赏。黄讷后二比云："君子未尝结一途之迹，盖亦有参经权以并运而不胶于立也者，总之执无偏无党之理，独立于靡荡易摇之冲，而岂其矫情而戾俗？君子未尝却万缘之化，盖亦有随时宜以处中而有似于倚也者，总之持无过不及之懿，卓立于方圆易向之关，而岂其刻意而尚行？"沉着之思，最中肯綮。姜曰唯末二比云："中无常主，稍着于迹而转徙焉即倚也，而君子惟其理之所然，不惟迹之所是，冲然立于四虚之境而系援绝矣。其立原非界限之是凭，则立即为中，而迁就之私何乘？立有正位，一牵于情而偏执焉犹倚也，而君子即性以树范，不任情以为缘，凝然植于不仆之途而道枢得矣。其中原无方所之可执，则中即为立，而依附之私何起？""中"与"立"原非两层，足破此题之髓。董有光末二比云："吾想其以为立身，苟不愧于名义，则天地万物皆与立之区，先圣后贤皆并立之侣，即不然，而自修自证，亦足成吾一是，而何必为迁就之计？禔躬诚无诡于道德，则形神可以相对，肝胆可以相依，万一声应气求，后世不无知己，而何必起依违之私？"道人所不道语，足眩奇观。刘伯洋缴云："盖其中立也，原非借助于群和，故涉乱世之末流而独断独行，不至抚心而自疑；其不倚也，亦非硁守于一节，惟持圣贤之心事而独知独证，不因寡援而自失。"更贾余勇，自足动人。方应庚起云："人心各有凭藉，彼夫情缘所染、习诱所引，皆能消定力为柔情而使之倚；亦各有矜尚，彼夫学问所扶、名义所激，皆能化纯衷为偏着而使之倚。"单提"倚"字，便与众人不同，而措辞入微，雅有韵致。中二比云："豪杰无依附之操持，而彼真信其独是则介然不移，此非有所挟持而出也，一中之理原涵于天命，而载命以立寰中，要亦宅于太虚而趣操自裕也，何倚焉？士人无矜持之竖立，业已真见其共是，则超然忘我，此非有所因援而然也，一中之理原具于性真，而率性以立人寰，要亦同体太空而正大自完也，何倚焉？"沉思朗调，翛然出尘。纪孟礼收云："圣贤无意气之作用，彼其所为中立者，原天命人心之正，非防其倚而倚之根自化；豪杰无凭藉之操持，彼其所为不倚者，亦中行独复之常，非因其立而立之迹尽融。”二比披枝见根，敲骨出髓，极中此题之窾。黄应璧中四比云：“以一身为国家立纪纲，有举朝不以为可者，弱植者当之，鲜不易虑焉，君子曰彼自否，吾自可，何必借众论以成吾可也？凛然朝端之上，而议论风裁毫无倚着矣。以一人为斯世立名教，有众人不以为是者，委靡者当之，鲜不易念焉，君子曰彼自非，吾自是，何必合群心以成吾是也？挺然世道之中，而意见宗旨毫无倚藉矣。不必居恒而自见其志，遂为中立，即至于利可弃、名可捐，而所立者断不可改，尤为不倚之至；不必违众而独行其道，见谓中立，即至于生可舍、身可杀，而所立者确不可移，尤见不移之真。”爽剀奇宕，绰有英雄之概。黄廷极此作旨趣隽永，神采冲和，亦是奇作。中二比云：“凡属后天者，不无倚于才力中。由天命而来，乃赋予中原有此生身立命之符，君子于此而托神焉凝然有主之衷也，然直性天之自为定静，而非才力把持也，何倚也？凡属情识者，不无倚于意气中。由吾性而牵，乃方寸中实有此立身行己之则，君子于此而葆精焉确然不二之境也，然直心性之自为凝一，而非意气强摄也，何倚也？”“不由才力把持”，“不假意气强摄”，发得“不倚”甚透，而机圆调①逸，如庖丁解牛，踟蹰四顾，真有目无全牛也者。

“是君臣父（至）接也”，此题原是顶针文法，又是一气顺下语，着不得一毫讲说，只宜顺题浑浑敷衍，自露一段精光可也。龚而安于起讲下紧紧就上文说来，点出“是”字做二比，一脉相联，词理俱密，绝无凑泊之习，极得解元家数。起云：“今秦②楚自仁义一言之后，吾不知其君视其臣，不知其父视其子，不知其兄视其弟，既无不怀仁义以事之者矣。”必如此点掇，方有势有情，且于此句有归着，而又可紧唤醒题中“是”字。接下云：“是君臣父子兄弟之间，非无利也，而利不胜仁，将尽黜其攘夺者而返之于慈和；亦非不爱利也，而利不胜义，将尽去其不肖者而依之乎天理。”此二比重讲“去利”，轻拖“怀仁义”，至中二比将“去利”、“怀仁义”重讲，而留“相接”意在末二比发明，极有次第，脉络分明，是举业之有正传者。末二比云：“人各有心，心以藏心，而必冀其所欲得，则君父兄不能夺之于臣子弟③，而何相亲相逊，无功利巧诈之私有如此？生民有欲，欲之不得，而且逞其所不惮，虽臣子弟亦不知有君父兄，而何兴仁讲让，各得安其性命之情有如此？”不露“仁义”字出，但以“人各有心，心各有欲”发明“相接”之理，而以“有如此”此三字收足，最像结上之词，且春容轻逸，有飘然出尘之趣。祝耀祖起云：“夫仁义也者，无论君臣父子兄弟而皆有之者也，其或忍于肆虐，而濬下以自奉；又或敢于效尤，必相夺而为快，本来之真心澌灭殆尽者，则亦惟利是怀，而未知有仁义故也。”提出“仁义”，将“君臣父子兄弟”字面一齐揭起，甚有力量。中二比云：“是堂陛家庭之间，不联而自固也，其于利所在，见谓一本中而

---

① 调：原误作“机”，据全文通例改。

② 秦：原作“齐”，误。本题出《孟子·告子章句下》，文中述秦楚构兵，孟子劝宋牼以仁义而不是以利说秦楚之王罢兵，据以改之。下文同，不另注。

③ 君父兄不能夺之于臣子弟：文中极力渲染人心各异，必冀其所欲得，君父兄之于臣子弟本有生杀予夺之权，而此时臣子弟出于私欲，则不予理睬。恐文意理解有碍，特予疏通。

相吞相噬者，必此物也，有不去之若浼者乎？是孩提赤子之良，一触而即起也，其于仁义所在，见谓同气中而以亲以逊者，止此物也，有不怀之以相接乎？”一股说“去利”，一股说“怀仁义”，分明是题目上说话，而却透出许多精采，是能点铁成金者。黄灏此作风神俊朗，机调超逸，且“相接”二字提掇甚明。起云：“如先生以仁义说而君父兄之事者，油油此怀，将仁义与利不两存之道也，而人于仁义与利，又不两怀之术也，故观接于朝，朝罢侵渔之政，而仁义之秩，为令共者穆如矣；观接于家，家黜熙穰之习，而仁义之洽，为孝弟者雍如矣。”提起“接”字，便是题中真正宗旨。接讲云：“想其神情意想，尽为仁义之所渐靡，而曩焉尘念一旦濯磨而不自觉，濯磨之极，元性益呈，堂陛廷闱，宁有一处之非仁义也？想其肌肤骨髓，尽为仁义之所沦洽，而前此垢念一旦涤除而不自知，涤除之极，真心愈露，周旋晋接，宁有一事之非仁义也？”句句中窾，字字会心，能舒能展，雅有法度。赖鼎先虚发二比，即入题云：“今秦若楚，其所怀者章章若是，是以其所悦者夺其所爱，而即以其所去者易其所怀。”只此数语，真境蔼然。李邦华先以“怀”字、“接”字反起云：“尝观不道之朝，其所怀而不能谕者，罔非相倾相危之术；其所挟以谬相接者，宁皆胥戕胥贼之机？然后知仁义之利无穷，而不与利较功也。有如先生一说，而秦楚王以下皆仁义矣。则是上自朝、下逮家，形骸之所不贯，而蔼乎相孚之精神常通；廷以内、封以外，尊亲之等各殊，而油乎相浃之意念无两。”绝不剿袭尘言，而自抒己见，自出机局，最易醒目。末复以“怀”字、“接”字收云：“仁义而不根于怀，犹惧其饰而多虚，惟缘所显出证所默藏，然后见爱敬之酝酿者益厚；仁义而不证于接，犹虑其匿而多假，惟本以真心出为达施，然后见雍和之适通者自足。”俊①朗畅达，加人一等。姜曰唯提云：“君与臣相接，父与子相接，兄与弟相接，其显设而不可废者，伦之所秩也；其默喻而不容已者，则情之所召也。”此起最明白，最朗健，得此一提，通篇文采具足矣。熊震末二比云：“当其悦也，仁义在口耳之间；及其怀也，仁义在肌肤之内，此而于利，不啻熏莸视之矣，岂曰好而姑以去乎？究其怀，仁义之沦洽已深；究其接，仁义之被服犹广，此而于利，不啻土苴弃之矣，岂曰舍而适以取乎？”从“悦”字说到“怀”字，从“怀”字说到“接”字，不杂本色，而意味自隽。谌文祯末二比云：“彼披其衷而来，此笃其忱而往，彼与此胥感发于无为而为之内，而浇漓尽泯。下非有所要于上，而含淳以事；上非有所觊于下，而倾诚以接，上与下咸酝酿于大道为公之内，而雍睦顿臻。”发“相接”字甚透，而词气雅驯，可玩可味。张宸末二比云：“举国抒素而一人匿情，风俗犹郁而不鬯，必求之君臣父子兄弟，而无人非仁义，则庙堂无市行，闾里无市心，风移俗易而偕之大道；外貌可揣而中情难测，仁义犹假而不真，必要之于隐微幽独，而无念不悬恻，则天下为一家，中国成一体，去薄还淳而升之大猷。”愈发愈深，摹写真剀，佳作也。黄汝檄起云：“先生果以仁义说秦楚，俾怀而相事焉，是握出治之原，而夙弊顿消；端运化之枢，而淳风遍洽。”发得“是”字有力，即接讲云：“朝堂之上，向焉相与只为富强谋耳，今则主计

① 俊：原作“后”，据内阁文库本改。

者不言有无，佐计者不言封殖，尽遏其利端，而蔼然仁心义质，泰交洽于一堂也，所为涵濡素也。家庭之内，向焉所接只为奇赢计耳，今则相生者不忍赋恩，相序者不忍悖德，尽塞其利窦，而油然仁渐义摩，太和溢于一家也，所为感通速也。”意味融洽，模写逼真，当是有养之士。

游艺塾续文规卷之十六

赵田逸农袁黄坤仪甫辑
门人刘有执无竞甫阅
男袁天启若思甫订
嗣男叶绍袁仲韶
侄孙袁祚熙载之甫同校

正　讲　四

福建“举善而教不能则劝”，此与“举直错诸枉”不同，盖举直错枉者，人君驭臣之法；而举善教不能者，乃大夫爱民之仁。然所治之民善者少，不能者多，而上之待民，举可一时行，教不可一日竟，有多少工夫在，有多少曲折在，故凡为牧民官，须养吾一段兼善之心，举善者、不能者，皆联之一体之中，而于教不能处尤须着力，全要从一片真心爱育处触发。康子之问“求使民劝”，夫子告之，全是要抹杀他一个“使”字。举不特荣之爵禄也，即一言之提撕，一行之引掖，皆所以开其向往之门也。教不必家喻户晓也，凡躬行示其标，礼乐熏其俗，皆所以广吾曲成之路也。解元林欲楫通篇皆雅炼不群，起云：“民之品不一矣，或树美于幽，而孤芳不能自显；或惰行于冥，而沉夸不能自拔，靡不仰赖于主者。”“幽”字、“冥”字，皆其着意处。中二比云：“天下之蕲急得者，莫如荣名，吾简其好修，风于有位尊矣，彼不能者，岂其无有怠心？则亦曲而引之于劳来匡直中，勿绝也。夫且弓旌迫于前，而木铎驱于后，虽甚无良，畴忍自玷于清朝焉？天下之期亟收者，又莫如厚实，吾拔其吉士，被之车服实厚矣，彼不能者，岂其无有外心？则亦群而熏之于道德齐礼中，勿外①也。夫且旌②币贲于此，而师儒熏于彼，虽其弗率，畴忍自锢于圣世焉？”两路双承，后面归重在“劝不能”一边，最得旨。后二比云：“盖使君子为君子易，使众人为君子难，圣王御世，尝俾君子益奋

① 外：底本缺漏，据内阁文库本补。
② 旌：原作“旗”，据文意改。

于所易，而众人亦不阻于所难，故擢德之典与范俗之坊并树，而人多奇行。以无用绝天下易，以有用引天①下难，感主握机，常使有用者不置于无用，而无用者悉化为有用，故清途之招与迷途之翼并设，而国多俊民。”发意出色，精光动人，其得元处全在此二比。其末二比又全在“不能”上发意，是深明题旨者。第二名骆志宾亦是奇士，起云：“子大夫欲求民劝乎？盖有微术于此：慎登庸之典，广薪櫄之泽，辟正士汇征之门，开凡愚向往之路。”总此四句，便觉局面不同，精神流动，场中触目处全在这里。即接讲云：“朝家之名器有数，宇宙之贤良亦有数，其精而拔之，非惟以华衮重英豪，且将使英豪重华衮也，故天下咸知为善之荣；才质之孕毓有方，教之裁成无方，其宽而诲之，非惟饰兴学之名，且期修育才之实也，故天下咸知务学之急。”以高华之词发清新之调，题旨朗然。合讲又二比云：“智愚不共一品格，而可共一陶铸，吾以其旌别者晰其品格而使之分，复以其化导者弘其陶熔而使之合，则虽有不孝，可策而励也。当宁无私恩赉，而当有大造就，吾以国之上爵表其恩赉之公，而复以乡之三物恢其造就之仁，则虽有非材，可企而勉也。”“劝”字亦重在“不能”一边，而神色苍古，遂成绝调。末二比又分开，与首二比相应，云：“或有谓赏典人所共艳，不妨多予以示褒，则其法近滥，夫滥于官秩，弊犹在朝廷也，滥而淆于才品，则士气不神，害且移之人心矣，纵日陈艺极，何俾于激扬？故必首之荐举以定其衡。或又谓无僭人所共憎，不嫌过惩以示戒，则其意近刻，夫刻而伤爱，弊犹在主德也，刻而绝其自新，则风化莫回，害且移之世道矣，纵日悬爵禄，何补于磨钝？故必参之启迪以导其穷。”“示褒”、“示戒”原是寻常话头，一则曰“移之人心”，一则曰“移之世道”，便深入理趣。第三名陈鸣瑜起二小比最精：“爵赏不虚设，而贤良是擢，即砥世之大权；象魏不徒悬，而风猷是程，即鼓民之神术。”温润妥帖，有浑金璞玉之气。末收云：“盖天下善常少而不能常多，故树豪杰之标者，宜启颛侗之途风之；所靡者少而教之所渐者多，故使民之知慕，不若使民之知趋，唯举与教偕修，故贤与愚竞奋。”归重“不能”讲，原是题旨当然，而神采流动，自是不凡之笔。第四名佘士芳起云：“我思继善之懿，统贤愚而均铸，其无劝而无不善者，取精自维皇；而习染之杂，判善否而歧趣，其必待劝而式善者，借途在主术。”此起在题外泛论，声口响亮，便能动人。中二比亦只是寻常说话，而其起云：“凡人砥行之意，犹属后念；显庸之慕，独其本怀。”得此四句，便化淡为浓，甚耐咀嚼，可见文字不必句句求工，但一股中有几句出色，便能令人改观矣。大抵场中文字布格不拘一律，只要成家。五名蔡邦藩此作两段做，亦自铮铮可人。按此题原是夫子激劝康子意，故此起就今日民心上说下，甚有来历。其文云：“试思今日民心，计惟铨收一途最可相劝有成，假徒总颛蒙而别之，曰若也善，若也不能，我知是非之公，其不磨灭于人心明矣；抑彰瘅之典，其独关于功令亦旧矣。”凡文字格局太旧，则布势造语必须不落凡境，然后可以出尘。此文两段做，其格甚腐，得此一起，若从神化而来，不若分毫蹊径，自能化臭腐为神奇矣，宜熟玩之。接下讲云：“然第以好善，出于一时爱惜之

① 天：此前衍一“天”字，径去。

意，而不明示之表旌，犹虚赏也，何如慨然举之，而忠以之显，良以之遂，熙熙乐登叙焉？又第以恶不能者激于一时惩创之意，而不谆复于训诲，犹迹罚也，何如悯然教之，而风百于一，课否于能，温温受呕煦焉？”二比都是平常说话，而摅阐真实，极婉极鬯。程应龙此作又是一格，竟将“劝”字提起，下面只混做去。提云：“故民之忻然有劝心也，起于慕善心，然而使吾尽捐名器以诱民，民未必善，有立少而观多者，其道在举善；又起于蕲能心，然而使吾徒绌①不肖以愧民，民且诬能，有磨钝以鼓锐者，其道在教不能。”举善原为民寻个样子，不是捐名器以诱之，此言“立少而观多”，极中肯綮。末股用“于是”二字接入讲云：“于是贤智者企而欲聘，若跂踵于不待教之豪杰；愚不肖激而知奋，亦鼓志于强为善之庶民。蒙举与教者，善而获报，愚而愈励，而志益坚；未举与教者，积行以待举，闻教以私淑，而志方锐。”股股相生，而不受缠绵。总收二句云：“民之劝也，岂在使哉？”极老健，且夫子意正折康子“使”字，此收极妙。黄天鹭提亦从“使”字说来，最有源委：“夫使之机强加之善者，既已善矣，无所以使之也；加之不能者，既已不能矣，使又重拂之也。”呼吸得势，点缀分明。末二比发“则劝”处更有深意：“君道师道合而共成一陶冶，则民无偏举之思，并无自矣之念，乍融其良，而真心油油生矣；善与不能合而默成一鼓舞，则民有竞赴之念，而又恐有自外之意，深入其中，而良心隐隐动矣。显而验之睹听之间，人不尽举而善者众，教不户谕而不能者可，若趋若赴之所以速于劝也，民之心为善动②，而因为上动；微而探之意象之表，自心之中有华衮焉，自性之内有曲成焉，不赏不教之所以神于劝也，民之心若为上鼓，而实为自鼓。”劝是民自家劝，前言“为善动而因为上动”，后言“若为上鼓而实为自鼓”，竟就民良心上阐发，绝不袭他人咳唾，又后意比前更进一步，贯串得法。徐景濂末比云：“凡鬯民情之所爱，劝必真，故蒙举则爱公道在朝，蒙教则爱大化在③野，此其劝在彼此，互自濯磨，真有上若鼓而下若赴；凡激民情之所耻，劝必倍，故举后则耻以变塞负持知，教后则耻以匪才亏雅化，此其劝在衾影，还为警惕，不知劝之谁而劝者谁。”以“爱”字、“耻”字形容良心，是大议论。文三俊末一段大有英气：“可使征辟所加，显施为有形之华衮；可使炉锤所及，默滋为无迹之陶熔。可使出吾薪槱者，艳趋其名，而竞附日月之光；可使入吾鼓铸者，懋迪其实，而共荷覆载之德。”人皆以“使”字为非而辟之，此就用“使”字发挥，是独创之调。接下又云：“盖以善受举，即家可得之于朝；以不能受教，即子难得之于父者也。举在善之后，上第知之以为智；而教在举之先，君实爱之以为仁者也。民之劝也，固其心之不得不劝耳。”矢口悬河，挥毫倒峡，雄才大略见笔楮间。林守柖中比云：“大心以俯群材，而视贤愚两途共橐籥于乾坤大奇，斯物物不遗其范围；精心以剂众品，而借加矜一念转剥复于阴阳更奇，斯在在均蒙其激发。”雄伟之调，刻画之思。李彬此篇亦甚简练，提云：“计以民

---

① 绌：后空一字距离，然与上股相核，似应无字。

② 动：原误作“劝”，据下引文改。

③ 在：原作“大”，据上文“在朝”改，二词对举。

生异品，苟一入陶熔则贤愚可齐；民习易漓，而加意作新则丕变自速。”极唤得醒，下顺题做二比，即接云：“则褒章不及而风声被焉，习尚难纯而教化熔焉，鼓舞之所以尽神也，神化自有以宜民。贤者获奖借而能益奋，愚者荷矜容而善可企，曲成之所以不遗也，生灵宁忍于自外?”句句生意，字字争奇。施鹏通篇皆工，提云：“吾以谓之劝，勃发于风声气习，动而不自知，此其机当有所先；亦踊跃于耳目精神，奋而不自禁，此其道必有所主。”只就本色翻弄，自能脍炙人口，随即将题喝过，接下云：“旌于朝而域中无遗德，训于俗而宇下无弃人，握鼓倡于一举一教之间，而善不能皆其变化之所必至也。当其举则无隐而不禄，当其教则无类而不收，作甄陶于一善一不能之间，而举与教皆其精神之所欲通也。”笔阵飞扬，机调澹荡。末比云：“上与下惟是恳恳相成之念其鼓动最神，此之举不遗教，就其中微有分别乎？要不胜其相成之念也，毋论善之举在今日，不能之举在异日，即此恳恳之念而变动之机固已毕于此矣。”不向题外寻觅，竟就“劝”字上摹写出无限光景。李爽通篇另具一机局，讲“举善”句完，云：“澄叙流品至明也，登明吁俊至公也，山薮而弘藏纳至宽也，父母而兼师保至恕也。”讲“则劝”完云：“群当世之智愚贤否，使咸识栽培照育之为大生；概斯人之良裕利钝，使尽知风雨露雷之皆至教。转相慕也，且竞相先也，乐相收也，又幸其无相弃也，各熙熙然劝于有道之世者，岂虚文之伪披以至于是哉?”造语掷金石声，不作铮铮细响，此以调度胜者也。涂一榛起云：“夫民原乐为苦，不甘为不能，而御民者怜才之心不胜其督过之心，故所以程下之品病于太混，而绳下之纲又病于太苛也，怀能者困于混而见长难，待教者束于苛而见短易也。试准以辨才之鉴，修士与庸凡原难一视，则途不得不分而为两；通以兼成之术，旌别与陶铸原自并用，则权不得不合为一。”只起头二句，已是说尽民情，后二小比中有大规模，浑融可观。柯昶缴云：“天下无泾渭不分之人品，亦无薮泽不藏之太虚，唯明察与慈惠并行，机自融于感奋；人主有激扬庶汇之微权，亦有贤愚佥受之实益，唯识拔与熏陶均具至，化自洽于更新。”说理甚精，措辞亦称。范熢细玩三作，皆奇绝有致，料是孤寒刻苦之儒，知己希逢，良工心折，故其所作皆沉郁恳到。初篇后二比云：“夫人亦有久尝于习气之播迁，至于百激而不武，千喻而犹迷者，乃兹之所举者何物？所教者又何教？以其真心觅其真心，自然神奋于举而意柔于教，所斩绝其习气者自倍。夫人亦有自任其本性之圆明，不待启窦而后知，指迷而后觉者，况兹之善者既以举，不能者又以教，则以其同然得其同然，自然迫欲得之而迫欲肖之，所鼓鬯于本性者更切。”句句出自肺肝，以独造之词写难描之景，可法也。邹藩实讲云：“徒曰贤书而罗之，举犹易耳，茂异誉髦，众属耳目①，吾何爱国士之知，不以风宇内也？将铨叙之彦神收之缥帛之先；徒曰泽宫而育之，教犹易耳，造化栽培，无私弃物，吾何靳曲成之恩，不嘉与濯磨也？将庸愚之类精铸之条诰之先。”谓贤书非举，泽宫非教，皆是深一步法，不如此则文无光焰耳。欧从云后二比云：“其浅者则因举以思学，曰吾且为善于家，而取旌于朝也；因教以就教，曰吾退而无以自拔，吾进而且以负于上

① 目：原作“自”，据文意改。

之训也。时益争自濯磨，以勉称至意，而其劝也，在当世是非之迹。其深者则见苦以思善，被化深而性善以呈也；去不能以就能，熏陶久而良能以鼓也。方且厚自淬励，以求慊其一念，而其劝也，在方寸是非之真。”搜精剔髓，洞彻人情。陈应春初二比云：“吾不能尽捐名器，餍天下之人心，惟是旌币所加，务尽迈种一德之选，则官常本之士衡而爵禄始贵；吾不能一概包荒，致贤愚之同滞，惟是乐正所熏，期尽匡直辅翼之法，则驽下加夫鞭策而乐育尤殷。”贤人原不因爵禄进修，今曰“爵禄始贵”，乃是正大议论。缴云：“盖好善羞慝，原秉彝之真心，而趋避之途已显揭于功令；嘉善矜愚，实优容之至意，而激扬之当又震悚其精神。故分以示其的，则若者扬旌，若者警铎，无心之低昂一出，而贤人不肖并收拭于不争之天；合以神其机，则前之从绳，即后之取赏，不测之爱敬时用，而君子小人交鼓舞于不倦之地。”前二比见一举一教，全是因民，后二比根前发挥，铿然成韵。韦际黼收云：“勃焉而气张，则善何以为人之善，而能何以非己之能也？激切自奋，而其劝在耳目记睹之前。徐之而机熟，则未举者且不可胜举，而既教者且不待教也，从容弗迫，而其劝在鼓舞摩荡之内。盖使其合爱之中不无相形，而殊品之后还归同调，则鼓舞所为神哉。”笔气豪宕而风骨遒然，佳作也。李彬起云：“计以民生异品，苟一入陶铸，则贤愚可齐；民习易污，而加意作新，亦丕应自速，其惟举善而教不能乎？举非徒显庸已也，于以掖其趋而广其辅，弘开向往之门；教非仅提携已也，所为立俱立而达俱达，一本锡类之思。”前二小比甚雅饬，次二比亦深求发意。史延昇起云：“吾以有善无恶之衷，原民之所素具，而特以贤愚分格于造扬；即释回增美之术，亦民之所自有，而特以向背借途于主意。”浑融雅炼，有大方风致。赖朝选讲云：“举非为是禄秩之宠异也，登明选公，嘉与天下甄拔，而毋拘文法，毋循资格，令民誉无不伸之气也，则善益思奋矣；教非为是科条之约束也，诱掖奖借，乐与天下维新，而匡其不逮，翊其未至，凡庸有欣赴之思也，则不能益励矣。”“毋拘文法”、“毋循资格”等句是其人细处，至“民誉无不伸之气”、“凡庸有欣赴之思”，则意更彻矣。林一奇讲云：“善之举也，谓天生才实难，斯吁俊加焉耳，而登吁所不及者熏陶及焉，则天地生成之恩，更有溢于论及后官之余，智愚所以不同能而皆趋也；举之必善也，谓国需贤实亟，斯简又隆焉耳，而简命所不及者涵濡及焉，则国家薪槱之化，更有弘于登庸俾人之外，贤不肖之所以不同才而皆赴也。”“天生才”、“国需贤”二意乃是的对，而春容蕴藉，不费椎凿。邓应中后二比云：“盖举之途广，非惟善者知所感奋，即不能者希心荣宠，亦极意进修，是以举为劝而并以举为教者也；教之意微，非惟不能者知所激励，即善者受教弘多，亦进思无已，是以教为劝而并以教为举者也。”举教互发，精光逼人。

《中庸》“郊社之礼”四句，此题若说郊社以祭天地，宗庙以祀祖宗，人谁不知？今不曰事天地，而曰事上帝，不言后土，不是省文。郊以祭天，所以事其生物之帝也；社以祭地，所以事其成物之帝也。以其至尊无对故曰上，盖自其主宰而言谓之帝，不徒事其覆载之天地，而并其所以主张乎覆载者，皆自我以酬酢之。所可自尽者，一人对越之衷；所不可测识者，造化主张之蕴，此其所以难耳。宗庙之礼，上章已说过，“事死如事生”，“事亡如事存”，乃制礼之最精处。夫事生易，事死难，事死而如事生则尤难。今不曰“事祖宗”，而曰“祀乎其先”，则是事其死者亡者而欲如生者存者也。所可自致者，一时现在之心思；而所不可忆度者，先人已往之精意，此非孝之至者不能及也。解元林欲楫起云：“夫圆丘方泽，岂其所燔柴荐璧之故事？即九奏对舞，岂其修清庙钟簴之伟观？”四句磊落冠冕，压倒群英，即接下云：“要必有所以为郊社者，其以事上帝耶？上帝邈矣。向固尝报不荐之孚，而二至未亲，则对越之诚尚郁，惟是大路而升中，弁冕而郊坛，若有陟而降之者，而非悠悠不可亲也①，盖国家阜陵昌炽之运，非徼福于帝不及此，其自亿万生灵咸式赖之，而一人无论已，故此一事也隆覆载也。”不但色泽苍然，而意亦渊然，如云“非漠漠不可问”，“非悠悠不可亲”，便实与天地相陟降矣。下比对云：“宗庙者以祀乎其先耶，先公往耶？向虽尝厘羹墙之慕，而裸将未亲，则七庙之恫可虞，惟是仰视榱桷，俯察几筵，若有精气之鼓舞，而不可解于心也，岂无音容之恍惚？而不可即为象也，盖国家卜世卜历之符，非假灵于先不及此，其自数世而后犹覆露焉，而一人无论已，故此一祀也溯本源也。”末缴云：“当其时明德而荐馨香，宏模巨典既不夷于群望世室之仪；斋心而俨对越，宗子曾孙亦不委于祝史有司之典。协气流而民物无夭札，帝若以戬穀答明禋；瓜瓞绵而奕世有载德，祖亦若以堂构绥孝子。其礼顾不重，而义顾不深哉？”此篇方整，可作程式，不徒以笔锋②争胜者。骆志宾机局超脱，意趣不凡。起云：“盖尝按周官典故之遗，当年擘画之实有所为。观象于圆方，隆仪于圭璧，其郊社礼也；祫分于大小，义严于疏数，其宗庙礼也。”提挈分明，自是大方文字。次分讲二比，又合二比云：“盖凡气所可摄，即诚所可通，吾不竭吾诚，而高者自高，则气涣于上；远者自远，则气漠于幽，于心奚忍？斯礼盖从不忍一念而制者也。脉之有可接，即责之无可委，吾不尽吾责，而脉间于上，则天神不格；脉间于幽，则人鬼不享，于分奚敢？斯礼盖敢不敢一念而制者也。”“不忍”、“不敢”二意发得极佳。束云：“诚敬之内，具中和位育之蕴；而创建之顷，泻于穆鬼神之奥。”思亦入细。陈鸣瑜将题意提挈在前，后面只虚虚阐发，最堪咀嚼。起云：“夫武周之时，盖有郊社之礼焉，有宗庙之礼焉。匏茧之遗羞，可以寄神明之盼飨，而覆载高厚之思，不悚而日惕；行苇③之忠敬，可以将曾孙之至意，而春秋雨露之感，不触而日新。”前比末云：“明禋不足以答其飨，而祝嘏岂足以矫其虔？齐肃在衷，亦何妨于燔瘗之昭荐也？”后比末云：“聿修无以临其报，而时举岂足以渎其仪？焄蒿在怛，亦何妨于圭币之荐陈也？”此二缴极精，最得神祈难格之旨。总缴云：“盖人主与上帝一气，原为通属，故非穆然会两间精意之微，必无以仰承乎履戴，郊社也者，正所以通冥汉而会之以精者也。人主与宗工一脉，原为往来，故非怵然体四王志事之大，必无以远接乎创

① 而非悠悠不可亲也：据下股分析，此句前缺失两句，其中一句据引文分析，应为“而非漠漠不可问也”。

② 锋：原作“铮”，据文意及全文通例改。

③ 苇：原作“韦”，据《诗经·大雅·行苇》改。

承，宗庙也者，政所以萃志意而休之以神者也。”“通冥汉”、“萃志意”是真实语。佘士芳起云：“夫周之先，虽封内有祀，已与大社殊，矧言郊耶？虽世室有举，已与大社异，矧言庙耶?”从“周之先”说来，便得题中源委。接下云：“兹何以礼行郊社哉？若曰凡此有生均禀玄造，我业名宗子矣。自天威肃将以来，乾坤亦既改观，犹然丘泽阙觋也，故总民物以荐之两间，而即荐明德之馨以与之灵承，务举君临后所侍帝而亮者，皆以简之帝衷，而直为此奉若也。又何以礼行宗庙哉？若曰吾此发肤孰非遗体？我业名曾孙矣。自大统克集以来，侯王亦既殊奉，犹然禴祀之典也，故萃亿兆之涣以酬之几筵，而即酬求言之思以与之动荡，务举缵绪后所绍先而理者，皆以质之先灵，而直为此敛翼也。”发事帝祀先意皆透。末合讲云：“有祀之事，则玄黄苍璧升其中也，三年五年特其典也，固所以备斋戒之忱，而享帝享亲成一大享；无祀之事，则顾諟惟天俨临汝也，羹墙惟亲式堂构也，尤所以抒如在之精，而天心亲心合为一心。”祀而祀，人所共知，不祀而祀，乃为尽礼，未可以蹊径目①之也。蔡邦藩起云：“试思武周当日承德，以后缵先之绪，当以候易王之势，假犹胶胶然曰封内山川，胪之祀典；高曾昭穆，式在旧物，岂不亦善昭事矣？顾其所为精气相求，喘息相属者，本不在岁时秩节，而况失所以事之心则非孝；又其所为天王称尊，宗子缵大者，自当有一代旷观，而或失所以事之礼则非达孝。”抑扬转换，头绪甚明。缴云：“盖追吾天地祖宗之德，无物可称，不过以生成者转酬生成之思，以顾复者转答顾复之爱，其实帝天为赫，曾孙为虔，已脉脉在祼将之先。况察吾前人之志，事之微有权可通，必其因亲事天，而继述始弘；事亲如天，而继述始善，若彼禋类不遑，吉蠲不隆，终拘拘于变通之宜。”雄辩惊座，雅合此题，所以为佳。程应龙起云：“彼阐一君一相之心思，而立因天因人之令典。有守志事以继述者，坛社庙貌之仪按古修之；有通志事以继述者，坛圻禘祫之规一旦新之。”语极雄伟，开口不凡。缴云：“盖对越求其最真，即显赫之明命，蒿怆之灵爽，犹惧杳茫难即，此事祀者取以通其神；祗承期于无间，虽覆载之宏规，堂构之家法，犹恐精神相隔，此事祀者取以会其脉。”末路深入一层，令人刮目。黄天鬻两扇实讲云：“夫上帝之德弘矣，一人藉其宠绥，亿万姓荷其生成，此而事之，仅一弥文之为兢兢也乎？而有所以事者，在其位其礼其乐之外。夫固一人之精粹与万姓之心思，合而共成一酬报者也，而圜丘方泽，礼特藉之而起耳。先世之德巨矣，一人藉其统绪，亿万姓庇其遗泽，此而祀之，仅一缛节之为兢兢也乎？而有所以祀者，在所践所行所奏之外。夫固一人之穆清与万国之精诚，合而共成一奏格也者，而三年五年，礼特因之而制耳。”挑发“所以”字甚明。徐景濂中四比云：“夫封内山川，周初奉天之忱非有杀，一旦俨然于泰郊泰坛，此何以浅议之？则燔蒸对越之文也，庸知戴天履地之精诚悉萃此矣？岁月禴祫，周初追远之念非有歉，一旦肃如于五年三年，此何以迹视之？则羞馈著存之象也，庸知尊宗敬祖之真悃悉泄此矣？彼若曰吾今中天地而称王，则仰承覆载生成之泽，何敢一日忘报？况礼不必沿山川旧典，即垂冕黻于圜丘方泽之跄锵非僭也，盖以徼天地之灵，还

① 目：原作“自”，形近致误，据文意改。

答天地之贶，则事上帝之所以也。若曰吾今缵祖宗而新命，则返顾水木①本原之恩，何敢须臾忘念？况礼不必袭禴祀常仪，即饬俎豆于昭穆贵贱之献酬非泰也，盖以昌祖宗之绪，益隆祖宗之尊，则祀其先之所以也。”删尽葛藤，独谈神理，气扬词逸，足称独唱。文三俊起云：“盖新承天地祖宗之历，势不得以侯邕谢帝灵，以后裔遣先祧，则事与祀有变足而通者，礼之无执滞也；长藉天地祖宗之庆，理不得深施而浅报，厚念而薄伸，则事与祀有恢之而闳者，礼之无屑越也。”有意有理，声响不凡。缴云：“盖两圣精神，每默蕴于阴阳人鬼之外，不陟降而临，不羹墙而孚，其所以事而祀者，悖礼求之而非矣；两朝制作，每绸缪于登笾几筵之中，将享之与馨，爱悫之与虔，其所以事而祀者，遗礼求之而非矣。此仁人孝子之②郁勃不容已，而格帝享亲之旁皇无外者也。”沉思雅调，精采逼人。唐虞治起云：“其心以为自凝命以来，天地相为睽间，则必有旷仪，乃为所以事；不能于一本之内，相为辽邈，则必有巨典，乃称所以祀。”专挑“所以”字甚明其透。次接讲云：“今之泰坛泰峙，非昔之祀上公而望四境也，正以父天母地，俨为生民在矣，为民而请命，则睹两间之弘化，其若生若成者，孰非帝命之隆施，而敢忘寸效乎？故圜丘方泽不时不举，陶匏茧栗不备不陈，所为升中而荐者，总以昭格之忱，而为上帝答幽贶也。乃今之太庙夹室，非昔之二昭穆而吾太祖也，正以化侯为王，巍然已自显庸矣，易新而更制，则溯一姓之本原，其为创为垂，此孰非厚德之流光，而敢忘追荐乎？故时食合食以数享之，大事有事以时修之，所为焄蒿③而献者，总以永思之则，而为先人扬盛烈也。”意精词畅，极得享帝、享亲大意。李震时起云：“武周之于天地体位悬矣，乃无以一身之微对越于玄冥之表，不已隔乎？而郊社之礼何为？其于祖考音容邈矣，乃无以万世之下追接于百代之前，不已远乎？而宗庙之礼又何为？”“一身之微”，“万世之下”等语，极得题中口气。萧鸣盛起云：“盖周之先，即名山有祀，大川有祀，亦惟是守侯封之典以无陨王章，不闻有类上帝而将享之者；即宗公有惠，禴祀有时，亦惟是遵有国之常规，以无越侯度，不闻有临清庙而对越之者。”前比末收云：“是礼也，升中柴望，皆属弥文，意必有超于祝史之典，牛羊之将者，岂惟赫赫百神欣享其祝？凡于穆而下无不式灵之矣。”后比末收云：“是礼也，陈牲荐醴，皆属褥节，意不徒在孝子之虔，曾孙之将者，岂惟洋洋烈祖俨来居歆？凡在宗公而下无不凭依之矣④。”此二收极精，发题旨甚透。胡士芳前比末云：“若将假无穷之度数，以表无限之悃忱，而一念敬思，直有以通帝载而合其漠斯已者，是所以事上帝也。”后比末云：“若将托外貌之烦缛，以写中心之爱慕，而一念孝思，直有以格幽玄而契其原

① 木：原作“本”，据文意改。

② 之：此字后衍一“之”字，径去。

③ 焄蒿：原作“君心蒿”，据全文通例改。

④ 是礼也，升中柴望，皆属弥文，意必有超于祝史之典，牛羊之将者，岂惟赫赫百神欣享其祝？凡于穆而下，无不式灵之矣。是礼也，陈牲荐醴，皆属褥节，意不徒在孝子之虔，曾孙之将者，岂惟洋洋烈祖俨来居歆？凡在宗公而下，无不凭依之矣：此二比又见于下文冯时来文，仅个别字不同。萧文中“典”、“享”、“祝”、“来”，冯文分别作“陈”、“受”、“贶”、“幸”。

斯已者，是所以祀其先也。”“假度数以表悃诚”，自是实理。潘应龙前比末云：“非无以也，盖以亿万姓藉上帝生成，其鸿恩莫报①，予一人为天之宗子②，敢陨越于下以贻明神羞？故肇举鸿礼，岂惟献片念之精忱？且萃万姓之灵爽而上彻苍穹矣。”后比末云：“非无以也，盖以数百年藉先人燕翼，其鸿烈难忘，予一人为后之宗社，而始祀是亟，敢废坠不举以为先灵玷？故肇称旷仪，岂惟见庙貌之尊严？亦输渊衷之肃穆而上格玄冥矣。”二缴皆精，发“所以”字甚透。总收云：“礼被于无形，则俨帝鉴于步趋至虔也，凛祖宗于羹墙至慎也，即身未临清庙郊禋之际而真已孚；礼昭于有形，则凛凛升中至仁也，穆穆上礼至孝也，即身一举黄琮玉瓒之仪而诚以贯。”极力发挥，精神更倍。涂一榛讲云：“礼行于郊社，以人而交天也。王者相代天工，出往实关帝鉴，其可奉天道、肃天威者，无所不为昭事，计特于冬至夏至，凛然见降临之象，举国家安阜之功，不敢自有而归之天地，而因以表其寅畏之衷，斯王者之心与天地之心两相流通，而圭璧璜琮之内有事，圭璧璜琮之外有所以事者也；礼行于禘尝，以孙而合祖也。王者统承祖绪，心精实通世德，其所仪先典、绍光泽者，无所不为承祀，计特于时享岁祀，宛然见萃涣之象，举岁时因革之政，不敢自隐而告之宗庙，而因以表其祗若之思，斯王者之神与祖宗之神两相融贯，而焄蒿凄怆之内有祀，焄蒿凄怆之外有所以祀者也。”发“所以”字极透，会理措词，不是经生口吻。秦钟震起云：“夫玄功叩赞，明德荐馨，而笃行冥符，格幽为本，则有祀典所载。大坛大圻之异制，而礼于郊祀也者；三月五年之异举，而礼于宗庙也者；斯二礼者，皆武周创也，而皆从报本生也。”词丽而意精，一起便得本旨。实讲云：“万物之本于天地也，日章章于无言之利，而上帝灵爽，其式凭固有归者，王者业为之子而事之，则怠缓非事，图度而虚应亦非事，将明禋至意居吉蠲将事之先，而直以郊社酬生成之万一，是根本之一藉也。人之本乎祖也，犹兢兢于追远之厚，况七庙功德，其报称宁有穷者？王者业为之后而祀之，则固陋非祀，备文而侈观亦非祀，将孝享精诚在牲祝告虔之外，而立以庙祀洽水木之遐思，又报本之一藉也。”模写“事”字、“祀”字极明极切，读之令人洒然。范熚起云：“圣人以为我身非我有，吾先祖之所自出也；我先祖之身非祖有，乃上帝之所自成也。”从祖宗推到上帝，此文之有源委者。接云：“祖身业为上帝所自成矣，则有上帝乃有吾祖，倘不有以事之，吾之孝不有郁而未鬯者乎？于是郊社之礼行焉。若曰巍巍圣宇，酬功何日？即时有灌献，岂足摅其悃乎？只今清宁未毁，其生生而不灭者，谁不共铸于一元之炉？即吾祖万形中之一形，万气中之一气，初不以上帝为恩，而无恩之恩其恩大，则事之有所不容已耳。我身业为先祖之所自出矣，则有先祖乃有吾身，倘不有以祀之，吾之孝不结而未抒者乎？于是宗庙之礼行焉。若曰濯濯厥灵，报德何期？即时有裸将，宁足展忱素乎？只今庙貌③如故，其绵绵而未绝者，谁不共饮于上世之醇？即吾身万派中之支流，

① 报：原作“赧”，据文意改。

② 予一人为天之宗子：据下股分析，此句后缺失一句，约五字，疑为“而始事是亟”。

③ 貌：底本原作“皃”，据内阁文库本改。

万枝中之繁叶，初不以先人为笃，生我①而不笃之笃其笃也至，则祀之有所不容已耳。”通从一派上发挥，情理俱到。邹潘两扇讲云：“其郊社也，说者曰此以报天地之德。夫覆载生成，恩故高厚，岂仅此登豆之不腆？其报之也，亦曰事之耳。我一人自亮工以来，天威时保，何日不曰明曰旦？特藉于冬至夏至之仪，以通其昭事之悃，而登郊坛以告虔，若举屋漏顾諟之精，上帝临汝之念，毕萃而注之此也，而所以事之者至矣。其宗庙也，说者谓此以答祖宗之泽。夫宗功祖德，堂构万年，岂仅此骏奔之一时②？其答之也，亦曰祀之耳。我一人自缵绪以来，明德显懿，何日不见羹见墙？特藉于四时大袷之典，以致其禋祀之诚，而奉牲体以盥荐，若举平日蒿怆之爱，视听音容之思，悉凝而注之此也，而所以祀之者至矣。”说到“屋漏顾諟之精”，则郊社非徒报德，实有精意存焉，所宜潜玩。总缴云：“分之则荐其馨香，重玄可孚；昭其芬苾，九庙可假，而宗子之孝与曾孙之虔，直通上下先后联为一气，而不但受厘之缛文。合之则泰坛之履，惕于著存；榱桷之瞻，严于帝鉴，而受命于帝即受气于亲，直潜天地祖宗而冥为一心，而宁复时恫之足凛？”“上下先后联为一气”，“天地祖宗冥为一心”，方认得制礼本意。冯时来前扇缴云：“是礼也，升中柴望，皆属弥文，意必有超于祝史之陈，牛羊之将者，岂惟赫赫百神欣受其贶？凡于穆而下无不式灵之矣。”后扇缴云：“是礼也，陈牲荐醴，皆属缛节，意不徒在孝子之虔，曾孙之将者，岂惟洋洋烈祖俨幸居歆？凡在宗公而下无不凭依之矣。”依题布景，靡不匠心。韦际鬷起云：“当其时宇宙辟而再造，统纪起而更新，祈天永命之制，原当简在之心；振谟扬烈之图，尚通精气之表，乃创二大礼焉，曰郊社、曰宗庙，则吾将究其所以矣。”起得有源，且磊落正大，深得墨卷之体。前扇缴云：“盖至于家国天下，犹知覆载深恩毫不敢忘，然后知无疆之明命与不磨之心精，两相绾结，所为质愈密而承愈亲者也，是郊社所为设也。”后扇缴云：“盖至于奕代孙子，犹知堂构家法原有所自，然后知前朝之精英与今日之仪礼，适相符合，所为视无形而听无声者也，是宗庙所为设也。”“无疆之明命”，“不磨之心精”等语，深得武周制礼之精意，真名笔也。林光庭前比讲云：“彼其以宗子而戴高厚，不以一豆登之间图报也明甚，意其荐馨香者，为吾心严对越者耶？帝命日在灵承，虞其恍惚而难亲，而直于郊坛见天之际，俨若陨若坠之思，盖托此礼以事天，并其所以事天之心而毕献之矣。”后比讲云：“彼其以曾孙而承谟烈，不以一骏奔之仪飨格也明甚，意其陈珪瓒者，为吾心畅嗣守者耶？祖德日见羹墙，虞其杳渺而难据，而直于假庙见祖之际，深有严有翼之③念，盖托此礼以事亲，并其所以事亲之心而尽注之矣。”挑剔“所以”字，意婉词明，不落尘境。翁竟成缴云：“故其对越之虔，致俨于肃穆；骏奔之敬，祈赉于思成，此武周钦事天享亲之事而行之者也，其所以事而祀之者远也。乃其昭事之忱不厘介而虔，骏惠之思不裸将而肃，此武周通事帝享亲之志而将之者也，其所以事而祀之者微

① 生我：此二字据对股分析，疑为衍出。
② 时：原版漫漶，据残留字形及文意补。
③ 之：此字后衍一“之”字，径去。

也。”以壮丽之词，发精深之思，跃然动人。林道推实讲云：“夫武周前，此犹未郊也，而今也，升中告虔，礼至明备，彼岂以陶匏茧栗寄其仰覆荷戴之思也者？盖曰君业为天地宗子，而精神与相辽绝，则明威其谁式凭？是故躬亲乎对越之位，而神接乎高厚之原，兢兢然提醒此心，以求无愧于神明。盖敬事结于方寸，而假可见之事以将之，此郊社所由设也，而谓其睹生成以归德者，浅乎言事矣。武周前，此亦未禘也，而今也，明禋如在，礼至隆重，彼岂以俎豆圭璋寄其水木本原之念也者？盖曰吾业已袭先人遗祉，而意绪与相睽隔，则灵爽其将谁依？是故身执乎裸将之举，而精通之凄怆之外，钦钦然检束此心，以求无忝于前人。盖至季敛于无文，而假有文之祀以达之，此礼所以行之宗庙也，而谓其抚丕基而图报也，粗以乎言祀矣。”以制礼归之“此心”，是知本领工夫者。曰“提醒”，曰“检束”，深达古人精意。林云翔实讲云：“大路而升中，弁冕①而郊坛，人曰武周之事上帝耳，而非所以事也。所以事者，郊坛未履，临汝常存，圭瓒躬膺，精爽如在，天子中和参赞之思与上帝化育生成之德，毕联络于馨香盥荐之间，乃称事乎？而区区图报告而祈鸿休，又其绪已。九献而荐馨，九成而来格，人曰武周之祀其先耳，而非所以祀也。所以祀者，清庙未列，祗肃常凝，太室甫临，音容若即，即人子水源木本之怀与祖宗百世相感之精，毕收摄于奏假②无言之顷，乃称祀乎？而仅仅藉假庙而表著存，又其文已。”只就“所以”二字尽力铺扬，而转入转深，直透心髓。邹孟都起云：“乃武周以天地与我原为一本，岂有于一本之中自生隔阂，令精诚不上格于玄穹？先人与我原为一体，岂有于一体之中自设睽违，令孝思不幽彻于冥漠？”从一本一体上发挥，乃知天地祖宗与吾心本相缩结，而礼所由设可想见也。林一奇起云：“彼其事生事存之心，即未尝以显庸之制妄徼大造；而其善继善述之终，犹自能以意绪之真独创巨典。”即以本文之意，发二圣报本之心，最为深切。

《孟子》“人皆有不忍人之心”，人不是同得天地生物之心以生，乃同得天地生人之心以生，故人与人同托根于玄造而独得其秀，而灵者不但不忍于物，而尤不忍于人也，求仁者求此，积德者积此，舍此而外，别无学问矣。此心不特初生时有，即老死亦未尝灭者；不特圣人有，即汩没之甚亦未尝亡者。孟子指赤子入井一段光景，最为真切。人不但有所戕忍于人，为自失其本心，即使涵养收拾，尽复本来一段光景，而不能实落有仁爱及人，亦只是自了汉，故孟子引先王仁政以证之，总之，只完此本来一念而已。林欲楫首二比云：“我之外有人，而以心观人，无之非我，有不忍于我而忍于人者，非其初矣；人之外又有人，而以心并观，无之非人，有不忍于一人而忍于千万人者，又非其初矣。”说尽大意，后可迎刃而解。骆志宾起云：“当其载形而赋，共一情气也，未始有异人也；其合理而凝，亦共一主宰也，未始有异心也。无异人则其关节运动，皆吾精

① 冕：原作“晃”，据文意改。

② 奏假：原作“奏鬷”。《诗·商颂·烈祖》原句作“鬷假无言”，《礼记·中庸》引作“奏假无言”。鬷可作奏、祷告解，据《中庸》改之。

吾魄，吾神吾①觉，安有可忍之心？无异心则其递流默注，皆共悲共愉，共荣共瘁，安有忍人之心？”深入理窟，奇奇怪怪，不蹈常径。接讲云：“试观三代以下，凡夫兵争之相夷，战伐之相残，在三代以上，必皆以为不可忍之事，而要之非今遂无是心也，利欲未昏，矜悯时露，则皆有恻然而不能遏者焉；试观暴弃之徒，凡夫设机以造祸，挟术以召殃，在操存之士，必皆以为不可忍之务，而要之非彼独无是心也，夜气犹惺，哀矜时切，则皆有愀然而不能禁者焉。”剀切之论，不妨纵横。陈鸣瑜讲云：“时非不有忍人之念，而或以此念之忍顿倪彼念之不忍，忍者其偶然，而不忍者其常然也，忍不忍之念相为有无，而非忍不忍之念独为有无也，不得执偶然之有，以议其常然之无；亦非不有忍人之人，而或以此人之忍顿开彼人之不忍，忍者其独有，而不忍者其皆有也，忍不忍之念递为起灭，而非忍不忍之人原有定品也，亦不得执此人之忍，而议彼人之无不忍。”思致极深，议论极恳。佘士芳讲云：“静观元气流行中惨舒之脉，何自不一？故人当其惨，必共觉其未舒，而欲以舒其惨者，人人若不得已焉，非舒彼也，自舒而已。动观生机扬翊时悲愉之象，何自各分？故人受其悲，必尽觉其未愉，而欲以愉其悲者，在在若不能禁焉，非愉彼也，自愉而已。”说到“自舒”、“自愉”，极令人有醒。后四比云：“盖凡曰忍者，必其心知人所欲而故抑之，人所不堪而横发之者也，即此割焉以逞微，独忍人正以忍心，人而忍心，必非无②以为心；凡曰不忍者，必其真有所决而不自返，意有所勃而不自郁者也，即此谡焉以遂微，独不忍人正以不忍心，人而不忍心，乃其所以为人。故粗而歧任，一腔生意不属己，有痿痹之患，况此活泼之地，其关节之相属何如？精而万物，一息生理不遂已，有剥落之痛，况此偕生之性，其精气之融液何如？而谓有忍有不忍者，不识心并不识人矣。”深研极本，说人所不能说的道理。蔡邦藩后二比云：“其或有忍一人以全千万人，亦心之不得不忍也，而非其心忍③也。如使乎居而罔视其疾痛犹人，疴痒犹人，虽一夫颠连，且有非吾忍之而若吾忍者，愈见其不忍之真。又或有人人不忍而一人独忍，此其人之丧心也，而其心本非忍也。如其还照而觉即庸众犹是，圣贤犹是，不待满腔沦洽，而一掬不忍反独真恳者，愈见其具足之量。”意到语到，沉着痛快。程应龙起云：“吾知人子能抱空质而游世，所谓心者，是恃为主宰者也；又不能矫生理而独存，所以为心者，盖托为命脉者也。惟恃为主宰，则众庶俱托此窍，一心可通万心；惟托为命脉，则不忍便是生机，万心咸若一心。”只就“心”字提掇，而大意了然。中二比云：“吾以内观其寂然之境，一中初分而此念有独惺者，是人之众所共包而涵焉，未有涵之而忍残之者也，则当其寂同具好生之真；吾以外观其介然之神，意念方倪而真性自毕呈者，是同胞之伦所共联而属焉，未有联之而忍伤之者也，则及其感均露好生之倪。”钻研沉细，直透本根，非浅学可到。黄天翯中二比云：“当其寂，而生生之意不知其从何而伏？然而人我融结之真静中最为关切，试求

① 吾：原无，据文意增。

② 无：原误作“五”，据文意改。

③ 忍：原作“而”，据本股及对股文意改。

之静寂之会，而不忍一念人人可以自得。迨其感，而生生之意不知其从何而起？然而人我一原之真动时最为郁勃，试求之萌动之顿，而不忍一机人人可以互证。”“寂”、“感”二意体认最真。近来后生作文，都不喜立柱，故不知其精到耳。徐景濂起云：“盖人视人一体耳，凡天下人之疾痛痒病，具苞孕于惺惺不忍之一脉，则此心叩以人即起，藏于人自真者也；人视人幻形耳，凡天下人之形色相貌，具灌注于肫肫不忍之真元，则此心在一人独真而无偶，在万人并念而同符者也。”提得“人”字明白，而命意剀切，直透本原。下接讲云：“忍人者杀机，不忍人者生机，天地间何物不含生意？岂人心不含蓄此生机？试微窥之嗜杀之衷，觳觫之真倪尚不泯也。如曰此矜生而彼残忍，心与心原觭向，不然矣。忍人者妄心，不忍人者良心，宇宙内何人不关其肺腑？又何人不动其良心？试冥勘之牿溺之念，幾希之善根犹相近也，如曰有慈和或有惨礉，人与人不同心，不然矣。”刻画沉着①，语语透心，定非凡品。文三俊起云：“人之生也，根不忍之天心亭毒而出，则其体亦不忍之体也，岂其生前抱之而形后离之？人之游也，与不忍之人心混沌而处，则其本体亦不忍之同体也，岂其独觉涵之而对象汩之？”勘旨真而铸词警。中二比云：“人之自人，其习异也，而苟不能于七情之外别其心知，则亦向隅必隐，剥肤必戚，断不忍以一念之杀机于宇宙之阳春，夫人自有此心耳；人之相人，其分异也，而苟不能在覆载之内自成肢体，则亦共痛为拊，痒为摩，断不忍以匹夫憔悴为自性之温养，夫人皆有此心耳。”语语钻研，极细极豁。李震时讲云：“夫谓之人，则形质貌体犹我也，嗜好情欲犹吾也，倘相肖相比之中，未免有偏荣偏瘁之患，即不能人施之人济之，而此中恻然动念，有并生平恩怨付之两忘者，无问圣愚已。夫谓之不忍人，则人之情关于我者最亲也，我之情用于人者最切也，我最亲最切之人，坐视其可悯可哀之状，即未必人指之人摘之，而此中惨然不乐，有并外来诽誉置之不较者，无问丰啬已。”意极透彻，词又雅驯，洵是作手。胡士芳讲云：“人试观此心未起时湛然无念耳，倏遇物态之憔悴，反之于一体之怀，觉有凄然感怆者，谁非不忍之心所萌动乎？况人与人相类，正脉之相为流注者，奚独于一体之中而独忍之也？人试观此心乍启时澄然无构耳，偶值颠连之触目，即弗为坐视之安，觉有恻然不宁者，又谁非不忍之心所勃发乎？况心与心相通，正人之同此真机者，奚独于皆有之心而独异之也？”描写逼真，词复跌宕，学识兼到者也。张瑞图后半篇云：“意刃交靡，情欲交攻，皆情识之纷构，而不为心，惟直穷其发念之原，当有油然抱其不忍以出者，而人无知愚一矣；强者胁弱，众者暴寡，皆势力之相倾，而不名为心，惟直究其有念之区，当有恻然抱其不忍以入者，而人无古今一矣。或一人也，人以妄念忍之，我以真念痛之，则皆有之一征也；或一人也，我以习心忍之，人以初心隐之，则皆有之又一征也。甚有舍生捐躯以伸其拯救者，其忍于己也，正其不忍于人也；甚有锄强抑暴不少爱惜者，其忍于忍人之人也，正有见于人之不可忍也，人试内职取而真心见矣。”认题写理，愈发愈透，神情流溢，沛然不滞。庄重岳前二比云：“计人与人之托生也原自同气，其呼吸相通也，精神相注也，乌

① 着：底本无，据内阁文库本补。

有相通相注之中，而忍为乖睽者？盖维皇未始私赋予，而恺悌一脉，贤非独丰，愚非独减矣。计人与人之分形也本出一体，其休戚相关也，悲愉相属也，乌有相关相属之内，而忍为戕害者？盖大造未始偏炉铸，而慈祥一念，圣不任增，凡不任减矣。”直从源头上说来，极得本旨。次二比云：“忍之念薄，而吾人本来之良酝酿于至厚，故赤子抱大人之神，愚夫具圣人之体，皆其念之厚而不薄者也；忍之机逆，而夫人最初之真流溢于至顺，故片心达足王之倪，幾希回夜气之息，皆其机之顺而不逆者也。”就“忍”字发明，皆不经人道语，所以为工。涂一榛后二比云：“此心不牿于危，则为赤子之心，天下尽皆赤子，即当智故纷纭之日，而此心隐然若有不释者，犹得以剥后之复幾寻最初之真。此心时露于微，则为平旦之心，何人不有平旦？即当物引陷溺之后，而此心肫然有不能已者，犹得以幾希之生理操同然之契。”智故不能斲，物诱不能亡，说尽真心光景。秦钟震讲云：“意有不忍于己者，亦不必其遽忍于彼，盖谓之人己同域而处，方寸中共有此爱护耳；情有不忍于所亲者，亦不必其遽忍于途人，盖谓之人己同气而感，太虚中更无着此惨刻耳。”以人己立论，意到情真。次二比云：“即旦昼既牿之后，或认情为快意，而其初固惺然一脉所凝聚之人也，以为有忍有不忍而非也；虽耳目既移之积，至转生机为杀机，而其初固盎然一掬所保合之心也，以为时忍时不忍而非也。”说得“忍”字透，理意俱足。范煃后二比云：“不忍触于感矣，乃当其感时，智刃纷劘而情柔横触，反为感所害也，夫惟适恬夷之境，则此心酣畅；当震撼之冲，则此心机陧，实又一心密迫于安情之欲溢，人自体会不到耳。不忍隐于寂矣，乃当其寂时，学虑未纷而婴儿未孩，则犹为寂所储也，夫惟断计较之缘，则介不容分；却人我之障，则思无再计，了了一真横结于中心之莫喻，人亦不识何以至此耳。”字字寻真，言言入髓。邹潘讲云：“其触人于阽危也，若我之所自呻自吟，而不爱其情，即令众所甚拂而故强之，彼所不堪而故投之，在我亦有默然不能自释者，此不释然之心，则皆有之验也；其出人于疾苦也，若我之所自痒自搔，而不爱其力，即令智械之深而天心时见，旦昼之牿而夜气来复，在我亦有爽然不能自觉者，此不自觉之心，则皆有之验也。”刻骨深谈，洞心骇目。陈应春中二比云：“无论慈祥之品，其惺惺生理靡所不昌，即求之刻薄，而清明之气一回，亦不能于斧斤斲丧之余，禁本念而不发；毋论淳和之代，其蔼蔼生意靡所不遍，即求之诡①薄，而生杀之机一转，竟不能于天地剥落之后，断仁风于不续。”语皆独创，理逼真诠。缴云：“盖世运与时升降，而此心为不槁不涸之天根，故论人者，必就并育以转不害之原，而本来之体自觌；旦昼有时牿亡，而此心原自息自滋之雨露，故论心者，必由幾希以通妙合之窾，而生人之理自明。”镂骨寻真，一洗俗套，三复令人起敬。杨莹钟讲云：“肫肫一脉，原苞孕于太始，而人得之以生，则必反而各得其所自生，即势足逞、机足乘，而此肫肫者，犹有所注而不忍动也，人人然也，固未有计貌则合，而揆真则异者也。恳恳一根，原分布于胞与，而人并之以主，则必并而均念其所

① 诡：底本漫漶，据内阁文库本补，但于意难通，疑为“浇”。

主①，即情偶触、念偶萌，而此悬悬者，已有所溢而不忍遏也，人人然也，故未有一腔为我，六合相睽者也。”直发真心，意甚恳切，而笔力遒劲，烨然可观。缴云：“从妄②心论，则千派万棼，不胜刻核之变；从真心论，则一真耿耿，自有不变之常；从后念论，则弥染弥戾，不胜转徙之歧；从初念论，则一念惺惺，当作慈和之主。”以“妄心”形“真心”，境界更切。韦际黼缴云：“盖人之言不忍也，以为保全之难；而吾之言不忍也，以为灭息之亦难。夫其不容灭息者，正其未及保全之始而有触皆通者也。以忍言人，则不忍惟是大圣大贤；以皆有言人，则不忍无论至愚至贱。夫其无间愚贱者，正其贤圣不加之体而随人各足者也。”万形有敝，真心不灭，故“灭息之难”等语乃独创之词，无所因袭，所以为妙。陈正学缴云：“盖忍者，杀机也，造物恶杀，每于萌处啬其用，而具造物之心者，不能无沴戾以干天和，故忍人之心，不必人人之皆无。不忍者，生机也，天道好生，恒于剥后露其全，而体大生之撰者，常因真境以见天心，故不忍之心，自信人人之皆有。”“因真境以见天心”，乃是逼真之语。林光庭讲云：“人之于人也，愉怫相通，悲忧相触，而何忍一气所分之人，有一哀号不平之介其侧乎？固知其慈心恻念，皆不忍人之心所流溢也，而心心相印，不绳约而同矣。人之于人也，歧则异形，合则同体，而岂忍群萃而处之人，有一怨周莫诉之惨其衷乎？固知其周全保护，皆不忍人之心所遍满也，而心心并发，不符券而合矣。”意恳切而气豪爽，翩翩上乘之文也。陈伯英缴云：“故心谓之有，则得之本来与要之究竟，同此必有之心也，非以偶触而可谓有也；心谓之皆有，则触之独觉与露之全觉，同此皆有之心也，非以独得而可谓之皆有也。”只就本题字面提掇阐扬，便成妙境。陈镳起云：“不命之为人则已矣，如名之曰人，计喜怒哀乐，有异于人之喜怒哀乐者乎？欣则俱欣，奚忍使独戚？唯不忍人之独戚，正心之常惺③处也，谁则无之？能自外于人则已矣，如犹然是人，计肢体发肤，不同于人之肢体发肤者乎？荣则俱荣，奚忍使独瘁？唯不忍人之独瘁，政心之常荣处也，谁则无之？”“不忍人之独戚，正是心之常惺”，入理之谈，自然刮目。林道推讲云：“试观人身中一有疾痛疴痒，此心辄有愀然不乐者，何也？不忍故也，而以人观人，初分之始皆一身也，不忍之身，而顾忍之人耶？又试观万物中一有夭札瘁枯，辄为恝然不宁者，何也？不忍故也，而以人爱人，并生之中倍相属也，不忍之物，而顾忍之人耶？”语意恳到，阐发详明。杨鼎钟讲云：“试思此一身耳，疾痛疴痒，触之而皆觉，夫唯其一身故觉也，而以身视人，一体者何独不然？而谓恝然不动念，必非情也。试思彼异类耳，号呼觳觫，动之而时戚，夫彼其异类犹戚也，而以物衡人，同类者何独不然？而谓帖然不关虑，犹非情也。”写意甚精，直逼真境。倪楚玉讲云：“人生命理不毁，方成其心，而命于何属？一点慈和即其命也。其不忍于并生并育中有偏肥偏瘠者，乃造化维均之职，人人有同原矣。人生性灵不灭，方成其心，而性于何宅？一掬恻怛即

① 主：原作“生”，据对股及本股文意改。

② 妄：原作“真”，据文意及引文改。

③ 惺：原作“欣”，据后文改。

其性也。其不忍于皆同皆得中有独荣独瘁者，乃率性共由之路，人人有同宗矣。”说理详明，句句恳恻。缴云：“盖嗜欲不参其灵府，则一元之理独全，而命脉腠理，一皆宇宙太和之气象；刻核不入其衷曲，则好生之意常流，而疾痛痾痒，无非一体相关之念虑。”“嗜欲不参”则真心不毁，是真实语。林云翔后二比云：“此心从先天孕毓而来，故本无残忍，原有慈祥，胥全具于无形无朕之中，以有不忍而见此心之体；此心不涉人间游念而得，故愉拂相通，悲忧相触，胥统同于并生并育之中，以皆有不忍而征此心之良。”“此心从先天孕毓”及“不涉人间游念”，至理盎然，金石可镌，此言难泯。陈拱璧讲云：“同境而顺拂异遭，则惨焉伤心；同形而成亏异状，则穆然系念。是心也，非其结于情、根于性，欲遏而不能自遏者乎？安见此独丰而彼独啬也？十拂而一顺，则顺者亦悲；十亏而一成，则成者亦戚。是心也，非其含于虚、证于觉，欲已而不能自已者乎？安在彼独增而此独减也？”“顺者亦悲”，“成者亦戚”，是心念所不到。郑鼎讲云：“幾希之隐见，常存容天盖地之襟怀，即或恩者时蕲，似不忍有独注，而要以所及广其所不及，卒归于不忍也，是皆有中之真包涵也；一掬之范围，常完民胞物与①之度量，即或爱有独重，以忍者有外格，而要以畸轻成其畸重，卒无伤于重也，是皆有中之真推致也。”气象轩豁，语意近真，文之最佳者。邹孟都讲云：“溯之乾父坤母之初，人与我本属一家，岂有一家之中，而忍其有疾痛之状乎？故务全一念，能则假之以恩，不能则洽之以意者，何非不忍之流溢也？盖无人弗有矣。反之成形负质之始，人与我本属一体，岂有一体之中，而忍其有痿痺之处乎？故肫恳一念，势在则绸之以惠，不在则动之以情者，何非不忍之呈露也？盖无人不具矣。”反本穷源，真心如见。钟籲俊讲云：“一念而天性呈，不忍即与俱呈，而蔼然有与人生全之意焉，此非必转念而生是心也，肢体不殊则精元常贯，痛痒不觉其相关，凡载心而生者同一脉矣；一息而真机露，不忍即与俱露，而盎然有与人并生之意焉，此非待思议而运是心也，毛里不二则命脉常通，忧悴不觉其相触，凡载形而生者同是心矣。”“肢体不殊则精元常贯”与“毛里不二则命脉常通”等语，说理最精，不涉尘境。

诸省直惟福建得见九十魁墨卷，故所取独详，即名次甚后，而文品甚高，有出于寻常蹊径之外者，盖闽文极盛之会也。

---

① 与：此字原文脱漏，据《四库全书·礼记大全》补。

游艺塾续文规卷之十七

赵田逸农袁黄坤仪甫辑
门人刘有执无竞甫阅
男袁天启若思甫订
嗣男叶绍袁仲韶
侄孙袁祚熙载之甫同校

正讲五

湖广“文质彬彬”，《蒙引》谓须用七分质，三分文，方是“彬彬”，此依稀猜度之言，非真见也。文质无弊，所弊者胜耳，若有一毫偏重之意，不论文质，皆非究竟。且文是何物，质又是何物？总在吾德性中流出，若欲分二者而较量之，则文质原不是二物；若欲合二者而凝会之，则文质亦不是可凑泊底东西。须是养得心体中和，舒之则英华，卷之则笃实，从气实处生华，则质即是文，日章不离暗然，则文即是质，是谓成德，是谓时中，是谓君子。解元郭士望首二比亦重质上说，中二比云：“有升有降者，世道之常，即文质亦何能久而不敝？要以观时之所欲赴与其所欲弃者，而通其变以挽其趋，则就其所不容遏处，皆朴心之必欲流，而藻章之必欲附也。乃文乃质，均而亭之，是为天下之至平已。自合自吐者，生人之精，即文质亦必不能久而晦没，要以观情之所积重与其所积厌者，而衡其度以抵于宜，则就其所不得已处，而文必无裁减之端，质亦无增补之路也。一质一文，剂而施之，是为天下之至和已。”“朴心之必欲流”、“藻章之必欲附”等语说得甚精。后二比说“非必有较量”、“非实有低昂”，俱破的之语。吴弘功讲云：“太朴过琢，则玄黄剖于无用，惟以素生藻，藻著而太羹之精犹凝，素有待也，藻有待也，美在其中，而有本之文灿矣。真意尽漓，则藻缋病于太甚，惟以白受采，采焕而太白之意犹存，白自含也，采自流也，暗然日章，而不炫之文蔚矣。”从质说到文，而词气悠扬，自然可玩。罗调阳讲云：“文质之主张也听于理，理固有因质受文而文不增，即文昭质而质不减者，此以制其胜者也，故不必质如文，文如质，而惟求以如其理而止，则无不暗然也，亦无不灿然也，而根本荣华彬彬天理之中已；文质之化我也听于心，心固有酌文于质而质不损，酌质于文而文不益者，此以杜胜机者也，故不必文埒质，质埒文，而惟求以如其心而止，则无不淡然也，亦无不郁然也①，而朴茂之章②光彬彬③人心之雅已。”说“不必文如质，质如文，而惟求当理”，此彻骨彻髓之谈，非大有识见者不能到。陈圣典讲云：“综文质之所必合，华不离朴，朴不离华，而任之则两参而两相适也。盖亦有时敷贲非缘饰，用以呈太素之元精；淳庞非简略，用以流无穷之经纬，夫亦措之如其当而止耳，浑合于齐一之域，是钧调之极也。镜文质之所自分，华不掩朴，朴不揜华，两兼之而两相济也。盖亦有时物采所必陈，不得不宣泄其干；藻缋所必黜，不得不酝酿其光，夫亦施之之其则而止耳，妙用于翕张之变，是分剂之宜也。”本房批云：“精融雅鬯，洒墨成珠。”诚然，诚然！郑之良讲云：“浑沌辟而经纬呈焉，雕琢返而淳朴还焉，在天地相根之原，总之，文者枝叶，质者根荄也，其何得无轩轾？有苞孕乃有宣泄，有发挥必有储蓄，在人心相生之机，总之，文者流派，质者原本也，其何得无低昂？惟是貌必肖里，辉光发于笃实，毋炫耀而烁中；藏表不觭里，文明溢于浑厚，期参酌以归乎大雅。”通重“质”字做，而奇藻玄音，夺人心目。胡澄讲云：“日为斧藻也，而章于何心？日为含章也，而暗于何心？试想笃实之与辉光，非事均调，而自有均调，恶知夫天明地察之仪，而非淡然不著之真所自为节宣乎？彬彬之盛，顺适于身心性情之表矣。何所缘饰乎？而舄奕自流；何所收摄乎？而声臭尽泯。试思文明之与有孚，孰为品节？而自有品节，又恶知纬地经天之猷，而非笃恭不显之神所自为贲濡乎？彬彬之盛，错综于规恢措注之间矣。”“章于何心”、“暗于何心”等语，极得题中本旨，而精言雅调，种种奇绝。接下云：“未尝不懋夫声名文物之华，而朱④弦洞越之意岂或漓之？冥斟冥酌而华实并茂，是太素之元精所以节文也，而隆杀岂因人意？未尝不崇夫太羹玄酒之风，而青黄黼黻之观宁有之焉？不致不和而条理自得，是无文之至文所以郁鬯也，而增损岂与时移？故知裁礼裁乐，不出文质之互成；而监文监质，总归一中之参契。”从心苗中流出，绝无烟火气，而后四语尤佳，有飧风饮露之态。王奇意见极高，问学甚邃，当是楚中独步之才，讲处皆工，全录其四比云：“试就其文求之，而炳炳朗朗，何烨然其大观哉？然而非无根之藻绘也，经纬之文章托无名之朴以自显，是附质之文，非蔑质之文也，而彬彬乎华实之并茂矣。试就其质求之，而沕沕穆穆，何浑然其太素哉？然而非无文之椎鲁也，暗淡之精神载天然之条理以日章，是至文之质，非离文之质也，而彬彬乎精采之俱融矣。谓有所持衡而归于平，是文质可两分之物也，不知率性而流，则朴茂与菁华不同域而共呈，即质即文，尚分之莫得所以分也，而何处可施其权衡？谓有所参伍而调于适，是文质可凑合之物也，不知任天而动，则笃实与光辉自按节而曲中，非文非质，尚合之莫得所以合也，而何处可容其

---

① 然也：底本缺漏，据内阁文库本补。

② 章：底本漫漶，据内阁文库本补。

③ 彬彬：原版缺损，据对股文义补。

④ 朱：原作“疏”，应作“朱”，据《史记·礼书》改，与下股“青”相对。

剂量?”奇思逸调，云蒸霞变，不可方物。贺逢圣讲云：“风气日开，以穆者已不能不泄于文，而礼反自始、乐反自生于尽制之后，力葆夫未雕之脉，而性术之所鼓铋，无有以浮靡漓其质者，如是者彬彬；风会日盛，铺张者已不能不侈于文，而度数议制、德行议节于饬貌之后，力完夫未凿之真，而肢体之所发挥，无有以巧伪伤其质者，如是者彬彬。”全归重质上，而以古词①发新调，卓有前辈矩矱。又二比：“酌分数以为均，讵犹不免袭于其迹，惟是剂量损益自有不易之矩，而虞夏之忠敬即寓于郁郁监视之中；借绸缪以为美，观犹不免囿于其习，惟是穷变通久与以不倦之宜，而殷周之斟酌原不逊于醇醇无为之理。”愈入愈深，而高华流丽，卓然大雅。张斗枢起云：“惟是分之以主主转，俾色泽依天真而烁；合之以神参伍，俾英华从暗简而流。”着此四语，便觉从容。后二比云：“宇宙之精英易散，当使之闷而不流，惟文非有余，质非不足，则从暗生章，章亦归暗，彬彬然酌盈济虚之道也，而祛乎崇雅，既甘为节而不苦。人心之淫靡何极？尝使之约而还醇，惟文以敷真，质以铺采，则从素抒光，光亦归素，彬彬然去大去甚之风也，而舍华表朴，淳白为贲而不伤。”句句敛文归质，而精神焕发，愈出愈奇。李化龙讲云：“文明开则景运重响，而文非饰观，必有为之主宰也者，斯有为之敷贲也者。仪章根愿悫而质，卒不令愿悫晦于仪章，参伍而布之，罔弗宜已。文物备则风化惟新，而文非娱目，必有为之根柢也者，斯实为之宣扬也者。物采原真诚以出，卒不令真诚掩于物采，错综而施之，罔弗靡已。”思致情深，词藻庄炼。魏国宾讲云：“非必有心于低昂，试求太素之初止有此雅致，而大雅之中色泽寓焉，即色泽之缤纷亦以济雅道之穷，而必不使初意为之尽掩也，是去相胜而适均，彬彬然有参和之妙矣；非必着意于轩轾，试求太始之先止有一敦朴，而太朴之中章美含焉，即章美之浓郁亦以涌愿朴之变，而必不②使本始为之悉漓也，是矫偏重而相济，彬彬然得调适之义矣。”直穷太始，句句重质，而理精词俊，旨趣盎然。曹元龙讲云：“太朴无文，则乾坤之体制不昭，然而雕琢太甚，每致元气之过损，惟是素自存也，华自流也，彬彬然苞塞之文而文不离质，是依然太朴未散之遗也，而不徒逐缤纷之习以膻世者矣；太素无文，则生人之羽仪不立，然而熳烂已极，每致元神之寖削，惟是白自含也，彩自贲也，彬彬然郁勃之文而文兼乎质，是犹然太素尚凝之意也，而不徒工椎③琢之章以炫美者矣。”说“依然太朴未散”是有道理，而精思雅调，悉抒独诣。

《中庸》“今夫天”二节，分而言之，有天地山川，合而言之，皆天也。此节书有华严景象。单言天，则见天大而无外；就天中指出地来，地又大而无外；就天地中指一山，山亦大而无外；指一水，水亦大而无外。盖一山一水，完全是天覆的力量，并不少欠分毫，然后见天之所以为大，正是帝网无尽的法门。然此皆就其生物处说，若说到命上，则三光之系、万物之覆，皆其粗迹矣。这个“维天之命”与“天命之谓性”一样，

---

① 词：原作“同”，据文意改。

② 必不：原作“不必”，据对股及文意改。

③ 椎：原作“锥”，据全文通例改。

就洪钧未赋、品汇未受处说天地，不但高明博厚，兼重悠久，朱子谓“本以悠远致高厚，而高厚又悠久”，则彻头彻尾，浑是不已的物事。到得文王，言“纯”依旧归到“至诚无息”上，盖纯则元化停蓄不二为根，而生长收藏，皆真体中之变化矣。郭士望此篇甚佳，起云：“天命一息断续，必不能造物命，而生之发也不盛；人心一息断续，又必不能凝天命，而功之运也有强。”先将不已之意提起，最得肯綮。讲上节云：“今夫天无所不冒，其自地以上皆天也，其自地积渐以往，名山大水皆天也，昭昭不足为其多，无穷不可得其际，三光于此橐其倪，万汇于此庇其宇，自是于积气生积块，积块生积形，一天也，凝而为地，化而为山川，衍而为山珍水族之物，罔不托而载，则莫非天也，莫非天所为生物之不测也，而天之天从此①可窥矣，圣之天亦从此可窥矣。”叙得变化，不繁不漏，甚有法程。接下讲云：“盖不生能生生，不化能化化，彼其声臭俱无处，诚天之所以潜其神，故无象而为象宗，无形而为形君，彼其广博繁衍处，政天之所以寄真精。若是乎《诗》言天命之不已，与言文德之纯异也，而纯与不已有二②乎，何也？人心原无绝续之期，而以一醇一疵③为期；人心亦无莹垢之隙，而以一联一间为隙。纯者④凭一理以为宰，绳绳乎始于何造，终于何竟？并无自而寻其一念代换之端。纯者任一真以为脉，绵绵乎莫得其门，莫得其域，亦乌自而考其出王游衍之迹。此其举生长收藏胥变化于一腔之宇，而覆载生成共流注于无尽之意，不穆乎一不已之天命哉？而不测之功用著矣。”浑融透彻，无际可寻，通篇皆佳，故全录之。罗调阳讲云：“浑然之天不生瑕隙，即不生止息，回旋终始，念念相代，此心有四时之运焉，而奚其已也？粹然之天不着点染，即不着去来，往复周回，息已相续，此心有五行之禅焉，而奚其已也？盖天道运而无积，故维玄维默⑤凝其命，而万象无停机，亦与之无停机，则不已者即生生不穷之体；圣德纯而不已，故缉熙敬止含其光，而太虚无纯极，亦与之无纯极，则不已者即发育万物之枢。”前二比发挥甚透，后二比返照有情。王奇前半篇讲云：“今夫天一耳，倪之昭昭而天在，极之无穷而天亦在，为二曜枢，为五辰纽，为洪纤高下宇，何其无尽藏与？然而未足以穷无穷之功用也。自天而下，下而及于地，凡地之生物，孰非天之生物乎？自天地而分，分而及于山水，凡山水之生物，孰非天之生物乎？”讲处固当超脱，然太凌驾，则遗漏多而题意不明，此作不冗不浮，极得要领。讲下节云：“离合之迹起于真妄之互乘，而宅心于无妄之宇，则一息可贞为千古；存亡之端起于理欲之迭主，而栖志于无欲之境，则千古可收于一息。”思精而词朗，真佳作也。郑之良起云：“如徒以显然之迹而谓圣业无本乎？是以昭昭无穷而尽天矣，以地与山水之生物而尽天矣，是不得其所以为天者也。”先将所以为天意振起，极有笔力。讲下节云：“虚灵之心体，原自纤翳不留，亦自瞬息不断，惟不牿其心体，而恒惺恒朗，

① 此：原版脱漏，据文意补。

② 二：内阁文库本作“一”。

③ 醇一疵：底本漫漶，据内阁文库本补。

④ 纯者：底本漫漶，据内阁文库本补。

⑤ 默：底本无，据对股应有一字，据内阁文库本补。

有绵绵若存者焉，盖精则自续，非联之而后续也。缉熙之心性，本自纤尘不容，亦自顷刻不住，惟不失其性体，而常明常觉，有息息相推者焉，盖粹则自联，非约之而后联也。”体认既真，发挥又透。张斗枢讲前半篇云：“今夫天默运于浑沦之表，固一物不能窥其倪者也；而亭毒于形象之间，又物物不能出其藩者也。吾从昭昭以及无穷，宁直日月星辰、丽形万物借覆已哉？即隤然者地，沂然者水，峙然者山乎？然天高地下，觉宇宙之无穷；而岳贡川珍，识鸿钧之造物，如此乎天之大矣！使非有所以为天者为之根宗，则物物雕之，而次息之功已穷；即择物贷之，而敦化之原已竭矣。倘《诗》所云于穆不已者，意在斯乎？”不独凌驾得体，抑亦点掇有情。后讲云：“盖惟天统物，尽物化消息于前，而天之不已自若也，故天道运而无所积，而大生广生，皆于穆中之法象；惟文法天，尽客尘递变于前，而文之不已自若也，故圣道运而无所积，而经纬变化，皆缉熙中之本体。”古雅精炼，绾结无痕，巧夺天工矣。李化龙起云：“天之司命也，有真宰以斡旋之，而脱离真宰，则造化易测；人之符天也，亦有真精以冥合之，而遗弃真精，则赞化无基。”檃括显意，易醒人目。接讲云：“夫人以生物观天，而未密窥其所以，则将谓天之无纪极也，不尽于昭昭，而系者覆者之所以然，谁则知之？将以地极天之覆，谓广厚不尽于撮土也，而若载若振之所以然，谁其知之？又将以山水极天之覆，谓卷石、一勺不为限也，而陆珍水错之所以然，又谁知之？徒索于生物之功，则至赜者，似涉迹象；远溯夫生物之原，彼虽默者，宁有停机？”挑剔“所以”字，而丰神俊逸，下语有神。贺祥起云：“夫天统一元、君万象，无生倏为有生，生不知其始也；有生著为大生，生不知其底也。第见夫昭昭者而天在焉，无穷者而天在焉，与天以下之凝为地、峙为山、流为水者，而天亦在焉。”提得甚奇，秀色可掬。过下云：“吾固观《诗》所称于穆不已，而知帝天有命，是曰大生之枢；吾又观《诗》所称不显文王，而知圣德最纯，是天命之体。”联络有法，泯然无迹。青宗益讲上节云：“吾以窥其至细之域矣，吾又以究其至大之用矣，岂惟奠三光、覆万物皆其生意？即罄①地之载，穷山川之产，总属生②机。”点掇得宜，如星流电掣，不可摹拟。讲下节云：“众人方炫耀于耳目，文独浑而不露，其凝神在耳目之先也，是纯粹之极也，纯粹之极不可间以动静矣；众人方驰骛于形迹，文独戢而不浮，其注精在形迹之外也，是真纯之谊也，真纯之谊不可辍以终始矣。”发“不显”字独透。

《孟子》“大匠诲人”一节，规矩原是粗迹，神巧寓乎其间，固不可执规矩为神奇，亦不可废规矩而别求神奇。孟子见当时学者多薄视成法，而争求超诣，故发此论。盖道理之至精至微者，即在至粗至庸之中，未有不得其法度，而先得其精意者。解元郭士望提云：“万物之形状，固不胜其错出，而圆就规方就矩，至此极矣；生人之智巧，固难穷其③变态，而规以不圆为圆，矩以不方为方，亦自妙矣。”说到不圆不方，绰有态度。

---

① 罄：底本漫漶，据内阁文库本补。

② 生：内阁文库本作“天”。

③ 其：原作“自”，疑误，据对股改。

中实讲云："能可笼上下于形内，而空虚不着之中，吾且不能自范其形，而何以使人共范其形？况学焉者心自为师，未操之而欲其相忘，其将能乎？盖目触指旋，技乃可奏，而妄意大匠之有他谬巧而不能也。智可错万象于目端，而意象难执之境，吾且不能自中其程，又何以令人各中其程？况学焉者意自为度，未习之而辄为破坏，其可得乎？盖心慕乎追，功乃可效，而妄希大匠之别有便门犹不得也。"词腴意隽，神理流溢。陈圣典讲云："我想大匠操斤，而一纵一横动中天机，彼有神于规矩之外者矣，要亦神于其外，而非越①其外者也，越则诲者之心巧势不能无据而呈，而还质效艺者之心只不相证也，夫庸得于一定之方圆越之？我想大匠抡材，而非甘非苦动呈奇趣，彼有妙于规矩之中者矣，要亦妙于其中，而非离其中者也，离则诲者之心思势不能凭虚而传，而还印受教者之衷固不相肖也，夫庸得于当然之尺矱离之？"脱尽尘筌，多饶古趣。张斗枢讲云："空虚不着之中，无以范物之形，何以使人共范其形？惟有规矩在，则审曲面势，现前皆指授也，师以是，弟子亦以是焉，外是目瞬指旋，非无进于歧而称国能者，而此固不必以矣。意象难执之境，无以定物之衡，何以使人自定其衡？惟有规矩在，则挥斤引墨，当下皆法程也，教以是，学者亦以是焉，外是疑鬼疑神，非无擅其巧而成独解者，而此固有不必矣。"思精语警。李化龙起云："夫规矩，法天象地而立者也，执而拘之，所为中机中解恍若神技也者，象固不能囿也；越而荡之，所谓中程中度截若天定也者，法又安得圉②焉？使废法而可，大匠岂不擅伎俩？而何引诱之间动遵准则？又岂不具神识？而何成法之外别无奇术？"笔调清新，绝无尘态。后二比云："得心应手之神，岂曰法所能泥？然缘法可以运神，舍法而神将安寄？故善教者不必法外寻奇，教学者以所不能知，而子弟之率由自谨。运斤成风之巧，岂曰法所能限？然由法可以用巧，外法而巧将安施？故善诲者不必创为淫巧，示学者以所不能，而后学之循习自端。"责成大匠，便自得解。徐养量云："应手之妙，固可以得意，而得意由于得象，如外规矩以为意则意穷，并所以传意者亦穷，是师不能得之于弟子，而弟子不能得之师者也；千变之容，岂必于拘形？而由形因以会神，如外规矩以为神则神穷，并所以传神者亦穷，在大匠何以进于技？而在学者亦何以成其事乎？"情词恳至，自是不凡。青宗益起云："不知规矩者，法也，法立而岂能于法外别授一意旨？学匠者，法法者也，法法岂能于法外别求一窾会？"笔朗词苍，题旨亦彻。后缴云："即人心至神，原有无形之规矩在，然大匠自为操纵，犹以无形运有形，岂其诲人而不传其形，空令肖其神乎？必不其然。即学者至捷，原不拘有定之规矩，然此必功深力到，方能以无定御有定，岂其学艺而未得其制，先解其意乎？必不其然。况规矩既设，而毁方破觚，犹不可胜数；倘规矩一废，而私智淫巧，当不可以法绳。"二比构思甚精，末缴更复有力。曹方瑜云："竭目力之所到，则规矩所不至而聪明至焉，然此妙规矩者也，非能越规矩者也，惟缘法以寄其独到之妙，而甘苦徐疾，始不病于无资；整心虑之所周，则规矩所后及而灵慧先焉，

① 越：原无，据下文补。

② 圉：底本漫漶，据内阁文库本补。

然此神规矩者也，非能悖规矩者也，惟因法以尽其必周之谋，而心手神志，始不苦于无据。”思妙言微，几乎一字一解。魏国宾实讲云：“形象未立之先，此规矩已有先物则而具者，天下有不规而圆，不矩而方者乎？盖人之所设，亦天①之所造也，规矩彀于天，则何可以人为增减？即司契为象，必以是定之化诲，而学者亦若范焉而不敢越矣。民用既前之后，此规矩已随成器而寓者，天下有圆不中规，方不中②矩者乎？盖迹之所在，亦神之所寄也，规矩妙于神，则何可以迹为出入？即程才效伎，必以是著之话言，而学者亦若域焉而不能外矣。”说“人之所设，亦天之所造”，极为恳至。接讲云：“其有冥契于善诱者，不疾不徐，以我用规矩，不以规矩用我，此之谓教学而相成也，然途有所必借，亦惟师心而希顿悟；其有胶滞于训诲者，或甘或苦，局于方之内，不通于方之外，此之谓教与学两不入也，然径有所必遵，亦惟守法以图渐进。”“途有所必借”，“径有所必循”，是至当之论。曹元龙后二比云：“虽以大匠运斤成风之技，则得于象先，而规矩为迹也；悟于象内，而规矩即神也。绳墨似不得而限之，然而雕琢刻画，皆规矩以内之神奇也，必不自坏法门而开奇衺③之路。虽以学者而希得心应手之妙，则不离规矩，而方圆可悟也；妙于方圆，而规矩可忘也。规矩似不得而拘之，然而错综神化，皆规矩以内之变态也，岂其先废师资而冀捷得之巧？”议论剀切，浩然洪声，自然触目。

河南“上好礼”六句，君子劳心，小人劳力，樊迟请为稼为圃，夫子只教之以好，盖为者，身劳之；好者，心联之也。其所好礼义信，皆不是好一身之物；如好礼，乃是好万民秩叙之典，思必中必正以为天下，则举一世而纳之齐庄寅畏之中，好义好信皆然，此便是大人家法。大率儒者学问不至于经世则分量不完，而经世学术不本之大道则施为皆错，切须记取。解元侯应琛起云：“上下之分虽悬，所以④端轨度通意旨者总由此心，则不越一身而自有约束联属之道，亿兆之势虽涣，所以不摄持神乎契者总关此好，则不离一心而自有感通倡率之方。”提处不露礼义信，而虚融点掇，便能动人。大率此等题通场皆提礼义信，此独不露，定是高手。中三段云：“惟礼可以立敬，徒饰外肃之文非好也，惟是本仪则以彰轨，而至情浃洽，真有绳趋矩步而毫不少逾，则民将式于所当好，触于所当检，相率祗承，而不觉慢易之潜消者，盖礼范躬而躬范世也；惟义足以服民，浮慕宰制之迹非好也，惟是本化裁以当机，而中心笃嗜，真有因时制宜而毫不少越，则民将契于所甚好，协其所甚愿，相率景从，而不觉强梗之悉化者，盖义制我而我制民也；惟信足以联情，假推诚之名非好也，惟是本真实以应裁，而衷情恳至，真有衷可披愫可见而毫不少伪，民将精神注于所好，意气孚于一诚，且不自有其情，而还以其情输之我者，盖我以心示民而民以心信我也。”结构绵密，无一字不中节。苏继欧

---

① 天：原作“文”，据文意及下文引文改。

② 中：原无，据上句补。

③ 衺：原作“袠”，形近误用。

④ 以：原无，据对股补。

开口先喝出“礼”、“义”、“信”三字，即提云：“三者其显设在规恢，关兆姓向背之枢；其根极在心源，握众志从违之准。”梁廷翰亦提云：“夫是礼义信也嗜之自上，则把持约束泯于无用，而贯讲在意气之微；孚之自下，则耳目心志并于一途，而神感在形疑之表。”此二格正同，不将本文缠绕，便觉直捷。梁末二比云：“当其相为感孚也，则提轨物以为衡，挈权度以为准，握纯赤以为孚，从渊涓隐微内默为流通，而总非粗迹之羁縻；暨其相为浑化也，则钦承而非震栗，畏摄而非矜持，赴趋而非要结，从肝胆肺腑中潜为孚格，而总皆真情之鼓舞。”收得浑成，绝无牵强拘迫之态。胡嘉标起云：“今夫谈理道者，谁不曰礼义信哉？其操之于上，则感通民心之具；其趋之于下，则式彰主德之符。第上明示之而真心不贯，主之心已与民隔；惟上精注之而潜为鼓舞，民之心自与我通。”亦只提一句，而发挥爽剀，无一剩语。中三段云：“礼可以肃民志，而我是用好焉，不徒躬蹈仪文之粗，而直以心严体统之防，其周规折矩者，悉一人真精所流而注也，则上以其肃然不可慢者先天下，而民岂其①有肆志？其敬也，盖心有不敢不敬耳。义可以慊民心，而我是用好焉，不徒身附名义之迹，而直以心运裁制之宜，其无偏无颇者，悉主上之实意念所昭而布也，则上以其凛然无可訾者先天下，而民岂其有玩心？其服也，亦心有不敢不服耳。至于人主之作孚惟信，信而诚根于好，则不惟无朝令夕改之操，而肫肫一念，进于未言未动之先者，已入人于心术之微，则我输其情于人，而人谁能吝其情于我？其用情也，亦心有不敢不用耳。”讲“妙”字真切，挑“不敢”字亦明。张善继缴云：“返观上心，其饬躬而调停，纯志而一虑者，不过以一念之独嗜，而造四海同然之具；返观民心，其寅畏而默摄，固结而不解者，实以佥同之心志，而默大君默格之理。”最炼最确。胡徵提云：“世有大人者，是尊居人上而长有斯民者也。上势远而易欺，故莫若显揭以好念，而天下亦惟本然为可好，则非道无以慊寸衷。民习骄而难伏，故莫若阴销其敢心，而天下亦惟当然为不敢，则非道无以摄乖志。”独提“好”与“不敢”，迥异时吻。

《中庸》“待其人而后行”，此道终日在面前，只是人不肯行，愚不肖者既不信当下便是而自弃不行，贤智者又过求乎外而当面蹉过，是以举道而属之圣人。既曰“大哉圣人之道”，则必有待而行者也，谓之曰待，则愿见甚殷，人不可以自弃，谓之曰行，则必实见之行事，而后所谓大者不虚也。解元侯应琛起云：“顾其大无待也，而其行未始无待也；其大非人之所能为也，而其行亦非道之所能为也。愚夫愚妇可以与其知余，道何尝有待而足？天地圣人难以穷其分量，道实则有待而行。”次第铺排，渐通真境。接讲云：“高下散殊，皆道并包，而所借以行此并包者，道岂能自为运量？必待夫心源宏廓之人，然后能陶冶造化，橐籥群生，以无外斡旋无外，若握磅礴之机而拓之行也，盖道为之期，而人为之应也。洪纤曲折，皆道错综，而所借以行此错综者，道岂能自为沉布？必得夫心体精密之人，然后能独观会通，妙运经曲，以无间经纬无间，若操充周之用而使之行也，盖道为之需，而人为之副也。”只以目前之理阐发精粹，悠然入解。

① 其：原无，据对股补。

苏继欧起云：“道以一真为槖籥，而真不能自运量则待之人；道以神圣为管摄，而人不皆神圣则待之其人。”只就题中字眼略加点缀，便成妙境。接讲云：“天地万物，皆道并包，而行此并包之道，必待停毓化工者出焉，而后能参赞乾坤，陶冶万灵，以一心宏位育之猷，而造化之机缄赖以不郁，若道为之期而人为之应已；礼仪威仪，皆道经纬，而行此经纬之道，必待包孕精华者出焉，而后能独观会通，妙运危制，以一人达秩序之宗，而人心之太朴藉以不雕，若道操其券而人为之符也。”发抒宣朗，充然不竭，是有气概文字。乔进璠讲云：“形色象貌尽谓之人，惟是方寸之广博有大于天地，大于万物者，是能行洋洋者之人也，此其人必钟造化光岳之精而后出，即出矣，亦非旦暮可遇者，而道固处其虚以待之矣；俦伍伦类皆谓之人，惟是一掬之精密有小于三百，小于三千，是能行优优者之人也，此其人必值景运休嘉之会而后生，即生矣，亦非一二多见者，而道恒居其静以待之矣。”体贴“其人”字面，醒豁可诵。缴云：“故行之势主于迅，曰待则迅者有需之渐矣，道之以迅而成需，其厚望于人为何如？待之象主于静，曰行则静者有动之机矣，人之以动而效静，其迈往于道又何如？不然，道而待人，何负于人？人不行道，有负于道，人负乎道也，于道何损？”相题说意，议论有神。王会篇首二比云：“吾想此道而不行也，则发育者何物，峻极者何物，贯彻于典礼者又何物？而天下之不可一日不行者此道。此道不有待而行也，则能发育者谁，能峻极者谁，能运彻于无间者又谁？而斯道之所不容一日不待者此人。”真是窍源，说话不随人口吻者。缴云：“不然，道岂虚器？人岂幻形？而奈何以至大之道不曰道，而曰圣人之道也，则人其勉而无负此道可矣。”回顾本题，脉络如见。陈璧后四比云：“道，虚境也；人，实证也。惟实以印虚，则无待之迹而有待之理，方寸之陶铸，握宇宙惺惺不息之命脉。道，无为也；人，有觉也，惟有以妙无，则待者无迹而所以待者无①心，幾微之变化，操元化存存不已之神机。然待就其相成而名也，非操道以俟人，非缘人以附道，实不落后先矣；行特就其昭著而名也，非前此道犹止而不流，至此道始行而无滞，原无成毁者矣。”深入无际，字字神解，技盖至此乎？赖尔显讲云：“此道在圣人未生以前，非遂沦于无也，泯其朕遂以泯其迹，故必待圣人整顿调停，区画措置，而后益昭著于斯世，是道其体乎？人其体道之具乎？而所曰浑沦②者，道固不能不待人以为合辟矣。此道在圣人既生以后，非始彰于有也，显其用并以显其神，故既得圣人经制裁酌，补宜经纶，而后益分布于两间，是道其枢乎？人其载枢之官乎？而虽曰弥漫者，道固不能不待人以为翕张矣。”用意精深，气魄博大，非浅学可到。边之靖讲云：“其行之之著，至于亘天地而察民物，而必待其撰体天人之人。试观其一元冥合之中，于穆契其宰，斯流衍神其用，吾心不息，而后两间之命脉亦不息矣。其行之之尽，至于贯礼节而总类俭，而必待其功合体用之人。试观其形神相守之境，元精合其倪，斯弥漫沛其机，吾精常运，而后生民之达道亦常运矣。”气沉毅而词焕发。梁廷翰通篇皆好，其文云：“道之流行也，

① 无：内阁文库本同，然据文意疑作“有”。

② 沦：原作“伦”，据内阁文库本改。

游无涯之域，拓无尽之倪①，见以为旁皇无垠，而岂自为流行哉？要必待大心之人以纳之，然后淆之两间，散之万象者，还而罗之不遗，而道之大极无外者，始不至湮闭而不通矣。道之运行也，探至细之倪，入至渺之域，见以为充足无间，而岂自为运行哉？要必待细心之人以体之，然后显之经曲，昭之度数者，返而收之方寸，而道之小极无内者，始不至滞塞而不达矣。故有谓道为真精，人为虚器者，既多一分别之见，而惟是道待人载，则道妙于虚，人合其真，即耳目肢体无非运道之官，而又岂能舍人为枢纽②？又有谓人以形运，道以神运者，复多一牵合之私，而惟是以人附道，则道游于漠，人效其灵，即心知肝胆皆为纳道之府，而又岂能外人为运转？”精莹流动，游刃有余，几无剩思矣。傅振商亦是作家，讲云：“凡待者，必理有所附，而真体藉以效灵焉。附于形器，则真何由显？惟无涯之神与抱无涯之心者，遇则以真精载③玄理，道之所以充周不滞也，而常行者始不游于寂已。凡待者，必神有所依，而天机借以恢张焉。依于流品，则妙何由呈？惟无间之理与操无间之心者，合则以性情扩具体，道之所以变化不穷也，而可行者始不归于玄已。”发“待”字甚透。接云：“盖太极之精有觉④则呈，待之而机与人会，方且与天地品汇共为⑤变化，与经礼⑥曲礼共为昭布，则待与行两合，而道未尝增；玄默之体不能自见，故待之而机与人违，方且钦⑦发育峻极之神而无其迹，韬经曲分布之妙而藏其用，则待与行两分，而道未尝减。”说理入微，精言转密。方应明后二比云：“是非人能操道之权，而以声臭参于穆也，道无权，以人为权，耳目视听之官，即神理流行之藉；亦非人必藉道之灵，始以形色翼天性也，人至灵，悉道之灵，手足持行之会，亦道真凭依之时。”精思勃发，直透题旨。门克新讲云：“发万物而极天地者，道也，孰操茂对之权乎？孰奠清宁之理乎？人也！匪人则中和位育之化，岂凭尽而建也？摄礼仪而管威仪者，道也，孰完忠信之朴乎？孰开受采之门乎？人也！匪人则淡简又质之真，岂悬空而造也？”真切之理，俊逸之词。接讲云：“道，虚位也，待于何所？人，实象也，待于何施？夫惟原相合一，自日相附丽于无容需待中，若有需待矣。道不终晦，行岂待人？道唯自行，行岂谁人？惟一根会合，故两机互运于流衍处，更无阏抑矣。”雄心不没，一吼山动矣。孟绍虞后二比云：“人之未得道，岂暂停躯壳？委而不运，则流衍布濩之机，以无着而归于乌有。人之既得道，岂始达率性？运而无息，则周流活泼之用，以乘人而沛于无端。”神趣潇洒，声色俱足。苏守范讲云：“道之量弥扩弥宏，宏则葆全之不易，其行将孰在乎？惟是世有全修之人，其径寸足以罗宇宙，其襟怀足以包万象，固量与道俱宏者也，必待此人，

① 倪：原版漫漶，据对股及文意补。
② 纽：原作“细”，形近致误，径改。
③ 载：底本原无，据对股应补一字，查内阁文库本知为此字。
④ 精有觉：底本漫漶，据内阁文库本补。
⑤ 为：原版漫漶，据对股补。
⑥ 礼：原无，据内阁文库本补。
⑦ 钦：底本漫漶，据内阁文库本补。

而后以全修葆全体，见斯道至大之量矣。道之体愈约愈密，密则研穷之不易，其行将孰寄乎？惟是世有密修之人，其精莹足以澈秘旨，其灵机足以通奥窔，固心与体俱细者也，必待此人，而后以密修窥密体，见斯道至细之倪矣。”意融词彻，大是作手。

《孟子》“君子平其政”，政不独是纪纲法度，正是精神德爱之所流布处，平亦不是调停其法，全要从吾心术中无偏无党，当因当革，当因而又革，革而又因，绝无一点私曲，如天地之应物，随感赋形，略无偏倚，若在事迹上调停，便不能恰好矣。孟子此语全要抹杀子产沽誉之心，而示之以荡平之路，将依阿世界之心尽情磨洗，坦坦夷夷，不作纤毫陪奉态，这便是平政。解元侯应琛讲云：“阙廷之上与郊圻稍有偏重，则即此偏重之处，必有隔阂而不平者，惟是以贵准贱，以亲准疏，如悬衡而约之，此无少低，彼无少昂也，盖荡然示天下以坦夷之途者①，而我无心也；辇毂之下与幽遐稍有异视，则即此异视之间，必有壅阏而不得平者，惟是视高若卑，视远若近，如持绳而絜之，此无少丰，而彼无少啬也，盖廓然与天下以正直之路者，而我无意也。”语意浑融，规模阔大，洵是元作。接讲云：“民所共有者，我以因为政，因则以彼之利，利彼之身，而忘其施受之迹，无不覆耶？无不载耶？如是之谓平，而德意固已流于经纶，煦妪卵翼可无用矣。民所未有者，我以创为政，创则以一该万，以劳成实，而去其偏枯之惠，谁任德耶？谁任怨耶？如是之谓平，而精神固已逾于耳目，拊遍濡沫不足道矣。”用意甚奇，如惊涛湍流，照耀人目。缴云：“故有时好恶不作，偏党尽融，而上之颁布实符其下之愿望者，是以平为平也；即有恩威异同，宽猛异施，而体统在上不必曲徇于下者，是以不平为平也。”情理透露，大是名言。苏继欧通篇皆好，前二比云：“平者纪纲所垂，不以意为低昂，是无偏无党之规也，惟于此程量得准，将耳目所未及者，胥得缘纪纲以受成焉，而自辇毂迄郊圻，较若画一已。平者法度所悬，不以私为轻重，是无反无侧之道②也，惟于是衡量得均，将睹听所未逮者，咸得禀法度以均沾焉，而由一人暨万姓，毫无觖望已。”写“平”字极透，音调尤雅。中二比云：“政有执大象以平其平也，则招其所同好，去其所同恶，此不任德，彼不任怨，煦妪泯于无端，乃为钧陶寰宇之规模；政有运调停以平不平也者，则中外一准钧衡，遐迩不偏盈缩，此无有余，彼无不足，擘画曲而尽制，乃见范围六合之气象。”阐发“平”字，愈透愈奇。末二比云：“盖本之以大公至正之人，而喜怒爱憎尽归销熔；敷之为荡荡平平之治，而踊跃咨嗟尽归覆露，此王道之卓轨，经世之宏猷也。”神气振扬，回顾有力。乔进璠讲云：“自私自利之念，其不平易曙也，即政而能施于人，则受恩之少处与受恩之多处，已觭于多寡而不平矣，惟是不树怨亦不树德，参之公道而擘画昭焉，则令之施不知经几斟酌，而其平如衡可知也。一人一物之齐，其不平易睹也，即政而尽利乎人，则见德之速处与见德之迟处，亦歧为迟速而不平矣，唯是不市怒亦不市喜，审之时宜而规制定焉，则一政之

---

① 者：原无，据对股补。

② 道：原版漫漶，据内阁文库本补。

出不知费几权度，而其平如砥可知也。”发平政处，何等精莹？何等明快？赵彦復讲云：“不必问民之环而鼓舞者何如，而惟是心曲中无偏无党，则张者应张，弛者应弛，而政已不忒矣，即哀矜之色，何事煦①煦间左？而要以彼此不致觖望，于平衡之体胡不宜焉？其宣畅也，不必问民之待我悦豫者何如，而惟是径寸中无私无曲，则修者应修，革者应革，而政已不颇矣，即姑息之爱，何事温谕斯民？而要以前后不致亏欠，于长世之术胡不当焉？”深不骇人，浅不偶俗，匠心铸词，言言中窾。后二比云：“盖政之平者，心平也，此心诚平，已无不平。举隐恻慈惠之意，明悬之公平正直之间，则虽布为章程者，亦无嫌于象魏之迹。政之平者，民平也，苟民亦平，又何不平？举疾苦隐瘼之状，阴绥之纪纲注措之中，则虽列为民典者，曾何异于抚摩之爱？”“心平”、“民平”，大有刻画。缴云：“所覃之为惠，仅偶出于一时，即不于其惠之穷，而已知非经久之道；布之为政，遂相沿于不刊，诚不尸其泽之施，而安在非弘远之规？”得此一缴，词意俱足。胡嘉标讲云：“政有可以顺施者，即以顺之者为平，其明典天下以逸而非凡也，徐俟天下以化而非气也，即惠爱可以餍民心，而总之不失平衡之体；政有可以拂施者，即以拂之者为平，其强天下以劳而强非厉也，刑天下之淫而刑非酷也，即严毖成以滋民怨，而总之不碍乎公平之规。”层见叠出，满眼化机。赖尔显后二比云：“政有利在数十年之后，而不必狃便于一时，吾宁无所建白于今，以徐待于后，而必不以所建妨所未建；政有为亿兆人之利，而不必属餍于一人，吾宁无所邀惠于此，以姑待于彼，而必不以小成误其大成。”才情俱畅，有闳肆之态。王允成后二比云：“故爱而还以爱出之也，则相承不以笑貌，相媚不以骦虞，前者颂呼而后者亦不至觖望也，并生并育，而恍观天地好生之德；爱而不概以爱加之也，则亭之毒之，而非偏于优渥，培之覆之，而不嫌于爱憎，此弗任恩，彼亦不致任怨也，共灌共输，而允符帝王无私之理。”摹拟精切，词采流丽，非凡品也。边之靖后二比云：“一人之私意，必不能周乎四境之隐欲，惟公一心而众欲悉彻，即恩不必己出，而天下已无荣枯偏据之形；庙堂之推解，必不能偿乎闾阎之挹取，惟提一纲而万境共熙，即人不甚德我，而吾仁亦无欠缺不满之处。”说“惟公一心”，“惟提一纲”，最得肯綮。梁廷翰讲云：“亿兆之情欲无涯，必在在斟酌，处处饱满，则分愿始平，而君子持无颇之衷以调剂之，则予以噢咻，恤其疾苦，凡贪生负气俱收之卵翼之中，而荡然均平，无复有余不足之恨矣；四海之黎庶至众，必人尽含醇，世尽饮和，则愿欲始平，而君子秉大公之心以极济之，则调其习性，体其好恶，即匹夫匹妇俱纳之濡泳之内，而坦然平夷，无复此足彼遗之叹矣。”平政都本心上说，是题本意，而词藻流丽，意趣活泼，尤可嘉尚。方应明后讲云：“有时周其虑于匹夫之下而政平，有时崇其体于万民之上而政亦平；有时下其施于不竭之府而政平，有时神其感于不测之地而政亦平。盖有心之于平者，抑凌厉为屑越，是矫枉而过者也，上不平而下不平矣；无心之于平者，即平易为公正，是得中之体者也，己先平而政自平矣。”发“平政”翩跹得趣，

① 煦：底本作“洵”，内阁文库本同，但“洵”仅用于“洵河”。此处疑作“煦”，因书中屡有字的结构倒错的现象，此处疑将“火”字底四点移至左边，又少其一点，故据文意改。

后段归到“无心”上，尤为出色。门克新通篇皆好，前二比云：“寻常而条规画，易为平耳，君子直从斋戒神明中握①荡平之枢，灵蠢好丑共铸一念也，一政之所提衡已；截一而奉法令，平之迹耳，君子直从喜怒哀乐中调②众庶之和，彼此遐迩共酌一境也，一政之所权舆已。”次二比云：“盖血气心知本共联为一体，而分恩分怨，则觖望之情生，而政之运量也无权；情欲嗜好原共通于一心，而恩怨两忘，则畛域之迹化，而政之灌注也甚密。”探奇入奥，沉海底而得之，盖采珊瑚手也。后二比云：“总其平之心，不过淡然可常耳，惟可常则坚四时而不易，是规天条地之模也；即其平之久，不过闷然无奇耳，惟无奇则百姓日游而不知，是准今酌古之谊也。”愈入愈深，更觉警拔。孟绍虞讲云：“政不无巨细，岂惟颠倒而后非平？即极意整顿，而或有幾微之乖舛亦谓之颇，惟是平其心以为平政之本，称量其巨细，无敢臆为低昂，而极其均以调也，如是为平已。政不无缓急，岂惟错谬而后非平？即竭精总将，而或有纤毫之拂戾亦谓之偏，惟是平其情以为平政之根，量度其缓急，无敢私为轻重，令其适于宜也，如是为平已。”沉思剀议，朗朗有致。

山东《论语》“仁以为己任”，仁原不是一己私物，今曰为己任，则是举天地万物公共之理，而以一身负荷之。既负荷之，则思天地何以立根，万物何以立命，俯仰上下，更无可推诿，耳目肝胆，皆是天地万物所托命处，只得尽力担当，此其所以为重也。解元王文教讲云：“仁之体公，而纤私翳之己乃疚，彼直时为提醒，俾外诱不得障焉，盖以己之精神，还己之故物，而毫不敢自怠矣；仁之周巨，而褊心壅之己乃小，彼直力为提摄，俾物累不得投焉，盖仁之真为己，则即己之力为仁，而毫不容他诿矣。”发“任”、“仁”朗透出人。接讲云：“任或出于臆由者有时而仆，唯即己任仁则以己完己，固从无可用力中实用其力也，即意气有所不着而其任非虚；任或出于依附者有时而弛，唯由己而任则以己责己，固从无可负荷中默为负荷也，即依附有所不事而其任始真。”识透洞垣，言言名理。王命新讲云：“凡血气心知，其孰非仁之所化也？吾即以化于仁者而并委之，以为仁之用，则其承当者始果。即耳目手足，又孰非仁之所凝也？吾即以凝于仁者而并操之，以为仁之役，则其荷担者始力。”说“任”字直截痛快。王佐才起云：“形骸躯壳，皆假合之幻质，而曰任，则所谓得之则灵，弗得则槁者也；事功节义，犹驱驾之余能，而曰任仁，则非其体认弗真，即其气靡弗胜者也。”提得新妍，便觉醒眼。前二比云：“精神命脉，己之本体，而即以仁为本体。夫士也，真从己不睹之中潜握精神命脉之根元而毫无渗漏，无渗漏③之谓任矣，则所谓以己完己而不遗余力者矣。经纶参赞，己之功用，而即以仁为功用。夫士也，真从己莫见莫显之内溥运经纶参赞④之弘猷而毫无亏欠，无亏欠之谓任矣，则所谓还己于己而曾弗推诿者矣。”脱尽尘言，独抒玄理。后二比云：“论其任之之专，则思虑非己有会⑤仁之府也，运动

① 握：底本漫漶，据内阁文库本补。
② 调：底本漫漶，据内阁文库本补。
③ 无渗漏：原无，据对股补。
④ 赞：此字后衍一“己”字，径去。
⑤ 会：原版漫漶，据内阁文库本补。

非己有行仁之官也，一切神情意气悉为贯出，是谓以任为任，而其任易见。极其任之之神，则己之灵妙处即是仁，而不知其为仁也；仁之栖舍处即是己，不知其为己也。一切意想情识总归浑忘，是谓以不任为任，而其任难知。”凡文字创说始佳，人说过一遍，便觉涉套。此二比精工之极，但“易见”、“难知”等语已被前人道过，便减几分风采。史高胤中二比云：“己有外廓，皆天理流行之处，取天理所流行者，以一身体会之，视听无所引，言动合乎矩，而耳目口体莫非行仁之官。己有中扃，总天真凝注之区，取天真所凝注者，以一心冥会之，情识无中滑，神明有常湛，而心思意虑皆存仁之舍也。”细腻爽朗，语多独到。谭性教讲云：“仁而止于修证，独以为局而不足任也，试观天下之种种色色，孰不从仁中受形受象？而真元不毁，则天地民物之性有默绾于斯者，是己之以拓轫为任也，己弗拓之而谁拓之也？仁而止于施济，扰以为粗而不足任也，试思吾身之喘息呼吸，孰不于仁中效精效灵？而放心一收，则喜怒哀乐之情有俱调于适者，是己之以葆合为仁也，己不葆之而谁葆之也？”举“天下之种种色色，咸从仁中受象”，最切题旨。后二比云：“任非强仁以附己也，即仁即己，是以己任己也，故得力之处，挠我者不能分其权；会心之境，爱我者不能共其趣，而任之①之勇可知。亦非强己以从仁也，即己是仁，是以仁任仁也，故赴仁之时，弱志柔情举不得入；依仁之际，躁心浮气举不得出，而任之之精又可知。”玄言奥旨，发明殆尽。汪三益起云：“以仁观己，则仁之灵惺即己之命脉，指何为己？士不歧己于仁，则己全其己即任得其任。以己观仁，则己之命脉即仁之灵惺，指何为任？士唯荷仁于己，则己任之仁即仁任之己。”提得精神，即接讲云：“仁从何附命，非与己同源而来乎？唯以己自有之生机，载己自有之生理，以是为仁，则静与天休，动与天游，心思志虑浑合为当仁之主矣。仁从何托根，非与己同体而立乎？唯以己自具之真精，载己自具之真性，以此为任，则心涵其虚，虚含其灵耳，手足合并为力仁之官矣。”语语精诣，良工苦心。王所须讲云：“仁者，生生②之脉理也，以真脉为葆合，见太宇之大全焉；任仁者，亹亹之心源也，以自心为担荷，见径寸之独惺焉。”从切实处发挥，无一闲言剩语。接讲云：“彼其视听者己乎，言动者己乎？而一注于仁，则此心之本来，务以一息摄万象，其在在圆满者，在在引为己身之分量，而跃然随形色以托基者也，无他诿也。彼其中和者仁乎，行生者仁乎？而一肩于己，则当境之自具，期以一掬净万缘，其处处祛竦者，处处即为己心之灌注，而惺然附躯壳以俱来者也，无假借也。”“在在圆满”等语皆逼题髓。葛之麟讲云：“仁之体无涯，要不能离己以为体，则虽极之官天地、府万物，总属实际也，而真精之依附，外是惺惺者孰为凝承？仁之用无穷，要不能离己以为用，则虽极之妙位育、隆参赞，总属纯修也，而形神之绾结，舍是肫肫者又孰为担荷？”词理俱到，足斤足两。邢其任前二比云：“仁不为虚渺，即己之真，己不为躯壳，即仁之官，是仁与己非有两体；能体认，即为真精神，能充到，即为真力量，是任与仁亦非有两念。”将仁与己打

① 之：原无，据对股补。

② 生生：原作“主主”，据对股同位词及全文通例改。

成一片，识见最高。后二比云：“仁，虚窍也，虚则一物不容之中，含万物皆备之理，故隐隐而动己不昧也，汩汩而流己不留也，自为提醒，使天机腾踊于此内，要不过完己之法象；仁，实体也，实则于脉脉真精之宇，发惺惺流转之神，故呈露于一隅而己自适，周洽于全体而己自遍，力为摄持，使其机飞跃于此中，亦不过立己自有之乾坤。”无一字不深入，无一语不见道。张梦鲸起处先将“识”字、“精”字提在前，接云：“识明则返照于一腔，而直剖乎形神之介；精注则结契于神明，而任在乎声臭之先。”承上转下，题旨甚明。接讲云：“合一身之形骸血气，皆一真之融结，则孰非己之真命脉乎？以己之孕灵含粹者而己自任之，理与形还相附也，则气与精转相赴也，无以我担当之迹而负荷深矣。总宇宙之载形肖貌，皆性体之周流，则孰非己之真运量乎？以己之包孕森罗者而己①自任之，一虚万象涵也，而一惺②百体摄也，无以我强持之劳而育任精矣。”理趣洞彻，而气象复轩翔，非苟作者。高知彰讲云：“仁之量大，即宇宙民物皆真机之所必彻，一有睽隔，则其量即此而隘，士唯于不容隘处觅承当，见有合并而来者无容他诿，即是一念之激昂奋迅，有不至塞天地、横六合不止者，而精神无所懈弛矣。仁之理微，即视听言动皆至理之所流通，一有渗漏，则其机即此而窒，士唯于不容窒处为担负，见有当体即是者无可退避，即是一念之独往独来，有不至于贯③呼吸、彻动静不止者，而意气无所倦勤矣。”博大深沉，有养之士。李之茂起云：“夫仁与己合并而来者也，离仁则己为委形，所以常运常觉者何物？离己则仁为虚理，所以一触一惺者又何物？是仁托于己而己④又成于仁也。”挑“己”字、“任”字，大有力量。中二比云：“一元浑浑，从何处可以担当，然能外己为附丽乎？故以元形还而负乎元人，有一人凑泊之劳，而一空中自修自证，有不至天机来舍不止者，是士于无可负荷中而负荷然已。一真脉脉，从何处可以寻求，然能外己为停注乎？故以真我还而负乎真精，有不见添入之迹，而一心中默认默取，有不至万善俱融不止者，是士于微可期待中而期待然已。”语卓思玄，何等精彻？黄明泰后二比云：“任之以成己，则己之形骸，皆仁所炉铸；任之以克己，则形骸尽捐，浑是天真仁得，而其任始无参差未化之虞。以当仁为任，则仁之体用，皆己之精神；以熟仁为任，则体用浑忘，全是天机游衍，而其任始无矜持未融之处。”莹彻雅邕，深入名理。王国宾讲云：“夫己仅形色耳，而形色中之天性非仁乎？乃士也，直从虚湛之宇力为体会，真有载之俱入，载之俱出也者，盖仁原属己，则亦完己之本真而止，而以己心任己仁，任亦不得更诿矣。夫己特象貌耳，而象貌内之元神非仁乎？乃士也，直从灵莹之言极为葆涵，真有与之偕来，与之偕生也者，盖己原是⑤仁，则亦完己之本体而止，而以己仁为己任，任亦不得转弛矣。”钻研极细，名理跃如，定非凡品。

---

① 己：原作“而”，据本股文义及对股同位词改。

② 惺：此字后衍一“而”字，径去。

③ 贯：底本作“头”，据内阁文库本改。

④ 己：原无，据文意补。

⑤ 是：原作“不”，据内阁文库本改。

《中庸》“施诸己（至）未能也”，此章书朱子引横渠之言，作三段平释，原非《中庸》正意。如此出题，最可破俗儒之套，不愿勿施与自责未能，总是忠恕之道。旧说谓三，一曰是因爱己而得爱人之道，下四句是因责人而得责己之道，尤属支离，盖所施之己即是未能之己，勿施之人即是子臣弟友，既有所不愿，则不可过求于人，有所勿施，则不可不刻责于己，人己一身，施受一理，乃为忠恕之道。解元王文教讲首二句二比，即接云：“此忠恕也，由此心而推之，则可以平物我之情而不远于道；由此心而尽推之，则可以维纲常之重而不远于君子之道。”得此一总，遂使上下文意贯通。后缴云：“故此四者而为已能也，则所求即所愿，而施之常道；唯此四者而为未能也，则所愿非所施，而求之益乖。此其于君子之道何如？而去忠恕之心远矣，丘又安能自已哉？”点出“施”、“愿”二字，然后两意合成一意。此卷于上下实讲处多不甚着力，一过一缴，题旨跃如，此最利之格也。二名王命新活如游龙，逸如天马，步骤不凡，声调自别。起云：“夫人己之见一分，则其施之也，尝见己而不见人，而施未必如人之愿；其求之也，尝见人而不见己①，而能未必如己之愿，孰知此一愿也，固人己之所同?”起句即根小讲说来，中含二节大意，挈得甚明，末二句即喝出“愿”字作总，以起下文。接下云：“试设以己为人，则己之愿不离于己而可得也；即设以人为己，则己之施不离于愿而已通也，又岂至逆施逆根也哉?”如此实讲，如空中鸟②过而无迹，真绝唱也。复接云：“故从人之施论，则宜达其愿于人；从己之能论，则宜满其愿于己。达其愿于人，则道之所不违也；满其愿于己，则又道之所无不能也。乃丘窃以子臣弟友之间而自方于君子，其所为求之人者，未始非所愿也，而何以未能耶?”势如转圜，承上发下，而下一节以数语散收之，笔力甚健。缴云：“虽不敢以不愿施之人，而常以可施尽之己，要亦以有能托之愿，而未尝以真能见之施，则君父兄友，固非诸人之可概论者，而反可不如愿以施乎？丘思以实修自励矣。”以切实之词，缴未尽之意，上下打成一片，题旨昭然。三名王佐才③起云：“乃忠恕何以近道也？非谓其以未能者求之人也，则以其不愿者施之人也。”只此二句，题目已明。正讲云：“非必人之施己，果违其愿，第从方寸地默为检点，知己之不愿在是，即知人之不愿在是，而群情自现其真；亦非必不愿之来，力制其往，第从真切内溢为公溥，其所不愿于己者，即所勿施于人者，而乖志各调于适。”从真切处说理，句句人微，字字破的。过下云：“夫就不愿以④观愿，而子臣⑤弟友之间，其所求者可知；据勿施以证施，而君父兄友之际，其不可安于未能又可知。而丘则以所愿者求子而施之父者，未如其愿矣；以所愿者求臣而施之君者，未如其愿矣；以所愿者求弟与友而施之兄友者，未如其愿矣。”建瓴而下，略不费力，而神

---

① 已：原作“人”，据本股文意及对股同句文意改。

② 鸟：此字后衍一“迹”字，径去。

③ 才：原缺，据前文补。

④ 以：原版缺失，据对股补。

⑤ 子臣：原版缺失，据前文及文意补。

联脉贯，有弄丸之趣。后二①比云："岂谓伦常尽阙于躬始为未能？即尽者什九，亏者什一，而全体有幾微之玷，是即为不愿之施而未能。岂谓訾议丛集于众始为未能？即阳负巨积，阴蹈微瑕，而衾影抱疚恶之惭，是即非勿施之术而未能。"说理精邃，自是动人。缴云："有愿也而不通之施，则道之即己而在者以有我障；有施也而不如其愿，则道之即人而在者以有物歧，不亦有欠于忠恕，而为君子羞乎哉？"语警而意完，不泛不漏。大率二名是少年得意之文，三名是学力功深之作，各有所长，未易轩轾也。谭性教起云："人纵欲远道，必不能远人，人与己均抱此不虑之真觉也，其愿同也；人纵远人，必不能远己，己与人均挟此不学之良能也，其求尤同也，唯忠恕者得焉。"道不远人，原是此章本旨，又收"唯忠恕者得焉"一句，则起下有力。接云："以己之身为纲常合并之身，则于天理中斟酌人情而愿出焉；以己之愿为群情辐凑之愿，则于人情内权衡天理而施平焉。""天理"、"人情"上讲，于"道"字有情，且语新而意警。过下云："顾所谓勿施于人者，非他人也，非吾之君亲，即吾之兄弟朋友也，非有迩事远事之任，即有恩合怨合之托者也。"如此提掇，上下相应，题旨焕然。后二比云："此之所求，岂人之必不可施乎？伦理而不可施，谁其当施者？然推之而无人不可责备者，实反之而无念可宽假者也，有贵于求者也。此之所未能，岂人必不可愿乎？纲常而不可愿，谁其可愿者？然浅求其愿，欲至即能至；深求其愿，愈尽愈无尽者也，有妙于能也。"说到伦理当施，纲常当愿，然后见所施所愿全在日用常行处，文字便打成一片矣。张养晦过下云："盖施与受代交也，我与人对立也，我可施，人亦可施，我可求，人亦可求，两施而两不相得，谓恕道何？两求而两不相能，谓君子何？予愧乎？君子即不敢淆子臣弟友之道，可弛于人人而有不求之心，亦岂遂以孝弟忠信之事少塞乎己责，而无不能之歉？则庶乎不愿之施勿见于躬，而终无奈此四者之多阙何矣？"先将施受之理论明，而后将下节大意一齐挈起，此是霹雳手，最易醒人者也。王所须起云："乃忠恕者以取譬为付物之衡，以因救为从心之矩，以前后左右悉庸精神之贯彻，以喜怒哀乐孰非血脉之流行？故等施耳，彼与此两酌之，而物我之歧可通也；等愿耳，往与来均衡之，而远迩之歧自合也。"放开心胸，一笔扫去，而言言精炼，俱人理窟。接云："此非曲情以藉众，而第念念调剂，则自求者不患操修之不亿，而正人者不患刻责之不恕。此非矫情以自拂，而第在在谙健，则未能者，我欲明示以绳纠；而求人者，又当还镜以指摘，此不愿勿施之说，君子之道可反观也。"说理愈精，令人辟易。缴云："盖世路多歧，即寻常日用动有不易之情识，而责厚则施逆，顿逾②大道之违；居身有准，凡纲纪彝常内有自然之权度，而愿同则衡平，得见人情之约。"收拾得法，绝无渗漏。邢其任讲下节云："道原于天命，而君父兄友正天命之托实处，此托实者，人人各有分愿，我既公而望之，人③则何不还以自④爱也？道根于率性，而子臣弟友正率性之实际

① 二：原作"一"，径改。
② 逾：原作"愈"，据文意改。
③ 人：原文误作"又"，据文意改。
④ 以自：原作"有者"，于文意难通，据下股改。

处①，此实际者，人人各有平施，我既严以纠之，人则何不还以自绳也？”说到托实处，便见真切，不然，“天命”、“率性”语落窠②臼，乃后生辈所厌观，一得点化，便成佳调，所谓化腐为新者也。杜三策通篇皆好，缴云：“盖丘所未能之道，乃丘常谓人以能之道，苟心口自语，丘自尽之心稍与课人者不相合，是人与己两为左也，施忠之谓何矣？况丘求人之道，原非隐怪不可能之道，苟密心自忖③，丘自完④之诚略与责人者不相符，是施与受互为戾也，不愿之真心又谓何矣？”构思深密，殊可讽咏。黄明泰之作亦朗健，末二比云：“非因己之未能，并辍其求⑤人之念，第平心而思，我何以求人，人又何以求我？两心必欲其相喻，则当求人时已切反躬之惭。又非借人之未能，以自释⑥无能之愧，第平心而思，吾所求人者何念，所当自尽者又何念？两念必欲⑦其有相肖，则一反躬而更多不恕之愆。”说理精，措词雅，不俟凑泊，浑然天成。

《孟子》“如智者亦（至）大矣”，此题乃孟子至精之语，全要在性体上讲。人性中本无一物，本来无事，但从其不学者以为能，从其不虑者以为知，则感应往来，各有自然条理，终日应事，终日无事，圣人尽性，不过如此。今人所以不能作圣者，只为自家多事，未感则先行忆逆而神识豫驰，既感则随事营营而机心转炽，盖不以我应事，而反以事役我，此智之所以可恶，而去世愈远矣。然所谓行所无事者，不在离感绝应，沉空守寂，但要识看得此前种种变化，皆吾心之故物，增不得一毫，减不得一毫，不必穿凿，虽穿凿亦无用者，唯以无心处之。无事于心，如风之过树；无心于事，如月之行空，其智岂不大哉？解元王文教起云：“吾以为天下未尝无事也，即事之中而故增一意见，则无事者扰为多事；就事之内而弗参一情识，则有事者卒归无事，此其智与否胥系之矣。”只此数语，说题已明，开门见山，令人心豁。实讲云：“非必弃厌以屏事，但事有宜适，吾且因而应之，初不以私意参焉。将见私意不参，本体益湛，尚有一毫憧憧者以纷扰我乎？太虚之所以无惕者此矣。非必脱略以省事，但事有窾会，吾且顺而调之，初不以妄念着焉。将见妄念不着，内境愈莹，宁有一毫役役者以汩没我乎？灵明之所以无蔽者此矣。”本房批云：“风神发于蕴藉，高古运以深沉，识学兼到。”诚然！后二比云：“天下万境总宇宙之客形，吾不以事付事，则事转滋蔓，而其事甚⑧棼，其志日⑨乱，即以称智而不足；人世百为，悉虚灵之变化，吾诚事出无事，则事非矫揉，而其事弥简，其精弥一，即号为大智而有余。”说到万境皆客形，乃是见性之语，且两意

---

① 处：原作“在”，据上股同位字改。

② 窠：原作“科”，径改。

③ 忖：底本漫漶，据内阁文库本补。

④ 完：底本漫漶，据内阁文库本补。

⑤ 求：原作“取”，据内阁文库本改。

⑥ 释：底本原作“什”，据内阁文库本改。

⑦ 欲：此字后原有一“愆”字，位于行末，但“愆”实应是本股最末一字，即本股末四字应为“不恕之愆”，刻工因“之”、“愆”并列二行之行末，而误将两字位置颠倒，现予以复位。

⑧ 甚：底本无，据内阁文库本补。

⑨ 日：底本脱漏，据内阁文库本补。

双收，与起处相应，真佳作也。王命新起云："事之有无不在天下，而在吾心。"此语极得肯綮，古德云："愚人除事不除心，智者除心不除事。"最可玩索。实讲云："事之机未然而预揣之，则异日必相忤而成扰，唯听其机之自定而已。即天下所不能胜之事，亦何不定也？识自卓矣。事之势且然而矫拂之，则目前即相反而为梗，唯任其势之自集而已，即古今所不敢承之事，亦何不集也？见斯超矣。""异日相忤"与"目前相反"，下语皆有斟酌，而理到词超，定非凡品。王佐才通篇皆佳，前二比云："幾务虽甚轇轕，总此浑沦中自分自散之条①理，吾相时度务，一如所为条理而止，则率一分天机，即葆一分天明，而浑沦中之睿哲呈矣，即疏瀹之智不啻矣；经纶虽至鸿巨，总此纯白内不增不减之窾会，吾捐知弃故，一如所为窾会而止，则不落一毫人益，即不受一毫天损，而纯白内之光昭溢矣，即随刊之智不过矣。""自分自散"、"不增不减"等语皆中窾会，非见在皮肤者。次二比云："如谓黜聪掩明而后言无事，则无即成幻，唯是参伍错综，各调于适，则触机以起者还因性以付，是有事而实无事也；如待功成事集而后言大智，则智亦涉粗，唯是因应变化，悉率其真，则本性常流者即朗照常彻，是不用知而自无弗知也。""黜聪掩明"在事前，"功成事集"在事后，语语精密，不染一尘。缴云："盖性之体湛，守其体而凝之，则未雕未琢之天已含无穷之见解；性之机圆，如其机以出之，则何思何虑之境自现不尽之灵明，不亦独秉全智，而与大禹争烈哉？"归到性上，最得题髓。宋怀诚缴云："在禹以可分可合者顺水性之自然，故知冠古今，自巍然树平成之伟烈；吾亦以自合自辟者顺人性之本然，故智绝穿凿，自居然媲神禹而同称，何也？依本体为作用，则作用即本体，而率性真为知识，则知识亦性真，谓之大智，讵不信哉？"匠意挥毫，词情两彻。史高胤提云："智之体虚，虚则以无为宗，未感而含无事之原；智之用灵，灵则以无为因，既感而妙无事之应。"说无事之理，凿凿如见。后二比云："虽未能绝应缘而空之，然日运于百千之途，而意必固我之尽无者，适如平旦之候焉。夫平旦则无妄排矣，令智者而常葆平旦之气也，性灵当不加毫末已，其斯为常惺之智乎？虽未能沉寂而守之，然②日交于纷纭之迹，而矫揉造作之不事者，常如赤子之初焉。夫赤子则无情识③矣，令智者而时葆赤子之良也，性真当不增毫芒已，其斯为如神之智乎？"行所无事，正不必绝应缘，沉空寂，唯尽黜意念，必不事安排，则平旦赤子而性体完矣。语甚入微，非浅学可到。缴云："盖殊途百虑，悉属宇宙之客形，故知识弥增，雕琢弥甚，则性本以有事而昏，而其智小；任天率性，悉属虚明之变化，故其神常湛，其睿常含，则性真以无事而澄，而其智大。"亦收到性上，更觉透彻。谭性教起云："如智者，亦若禹之行事乎？无非却之而无也，却之而无④者，固自在也，是画诺之智也；无又非弛之而无也，弛之而无⑤者，将愈多也，是丛脞之虞⑥也。"反起

① 条：原作"调"，据文意及下文改。
② 然：此字后原衍一"于"字，径去。
③ 识：底本脱漏，据内阁文库本补。
④ 无：底本作"有"，内阁文库本同，疑误，据文意改。
⑤ 无：底本作"有"，内阁文库本同，疑误，据文意改。
⑥ 丛脞之虞：内阁文库本作"丛挫之愚"。

有力，其曰“非却之而无”，“非弛之而无”，是匠心语。接讲云：“天下之事机，总不出心灵之变化，昧者见之以为异，智者见之以①为常，行之则无事矣；人心之聪明，每不受世变之束缚，昧者以智争之而益棼，智者以恬忘之而自定，以定行之则无事矣。”“事机不出心灵”等语，直窥理窟，剖破先天。中二比云：“古今创见之事穷其原，无不从溟漠中起，而智者幾心之灼不与事迎，无所以迎之，则纵经营之图不遗余力，而以我转事，非为事转也，大智之所以不役也。宇宙不测之事觉其终，无不从太虚中散，而智者圜中之照适与境肖，有所以肖之，则纵挽回之术不厌多方，而就事止事，非必缘事生事也，大智之所以不察察也。”模写沉着，名理复畅。缴云：“见在事之内则小，明在事之外则大，而行无事者，直游之于险夷平陂之表，则时操时纵，皆心之所不惊，神之所不系者也，不泄漏其神明，神明之所以愈完也；识事之梗概者智小，洞事之窾会者智大，而行无事者，直入之乎幾微端倪之内，则自起自伏，皆变之所不能撼，械之所不必增者也，不增益其耳目，耳目之所以愈彻也，不将与禹并称明德②哉？”两比俱以“小”字形“大”字，而语语入微，精明透彻。汪三益起云：“无事非绝感离应，唯因其感而感之，因其应而应之，则感应在事不在心，事自有而心不有，亦谓之无智之所碍也；无事非遗形绝迹，唯不遗形而不留以形，不绝迹而不授以迹，则形在外不在心，事自有而心自无，总谓之无智之所以无蔽也。”将“无事”归在“心”上，识见极高。实讲云：“反不学不虑之初，非唯无机也，而且无意也，不起念以解不雕之朴，机械无而无机械之念亦无智，唯此忘中之莹彻，其莹彻最至矣；观可循可由之辙，其满虚间有候矣，其合散各有宗矣，不生心以拂当然之途，巧故忘而无巧故之念亦忘智，唯此忘中之光明，其光明最彻矣。”“不起念”、“不生心”等，正发首二比未尽之旨，而词极精莹，非泛然者。后二比云：“变化日新而不离其故，则我心有不随变化俱驰者，自变自化也，实无变无化也，出乎宗而还乎宗，而智之元本不毁；往来日交而不撼其体，则此心有不偕往来俱逐者，自往自来也，亦无往无来也，发乎源而归乎源，而智之本体益昭。”归在“智”上，亦有源委。邢其任起云：“吾以为天下纷纷巧中，总不游物象之先；而自性内趋神解，正不落百态之后。”此四语飘飘如有仙气。正讲云：“智之体常静，而静能生慧，是慧念也，不逆亿于事先，不拘挛于事后，直从吾之灵窍中透发，故偏举之而偏应，全举之而全应，其静见本来之体，固自昭彻耳。智之用常动，而动且生明，是明体也，不安排而合，不假勉而得，直从吾之真虚中起照，故会于独则为一心主，洞于事则为群物贯③，其动观灵府之用，固自妙合耳。”从“智之体用”上发挥，理窥玄奥，语契先天，真有金石之响。后二比云：“有事者用之以旋转乾坤，其灵意几何？即能行④矣，曾无几而灵意已闭，固不⑤若从有情无情之间化⑥其私智，则精方凝

---

① 以：原无，据上句补。

② 德：底本缺漏，据内阁文库本补。

③ 贯：原版漫漶，据残留字形及文意补。

④ 行：底本漫漶，据内阁文库本补。

⑤ 不：原作“已”，据文意改。

⑥ 化：底本漫漶，据内阁文库本补。

而神已到，其谁得以昏其鉴①？有事者用之以橐籥万②有，其灵光有几？即能行矣，曾无几③而灵光又塞，固不若从有心无心之际去其雕琢，则真④相察而明与会，其⑤谁得以滑其神？”精思粹语，愈出愈新，自是作手。高知彰讲云：“应感方来，而不为接构，不为物引，一任其机于盈虚聚散之交，则不扰之天，其天自湛，无胶无系之中，固万应之所坐照也，其朗鉴精矣；情缘既起，而不为创作，不为伺察，一顺其情于往来消息之中，则不扰之光，其光乃焕，一真自如之境，固物交之所以莫逃也，其照察自觉更神矣。”后四比亦佳，不及备录。朱童蒙起云：“盖事变之来，无容穿凿，其为盈为亏、为合为辟者，自有可寻之脉络；应事之道，难以师心，其调之停之、斟之酌之者，当循其因应之机宜。”不假雕琢，直抒所见，豁达开爽，自然动人。

---

① 鉴：底本漫漶，据内阁文库本补。
② 万：底本漫漶，据内阁文库本补。
③ 曾无几：底本漫漶，据内阁文库本补。
④ 真：内阁文库本作“其”。
⑤ 其：底本于此字后有一“又”字，内阁文库本无，从之。

游艺塾续文规卷之十八

赵田逸农袁黄坤仪甫辑
门人刘有执无竞甫阅
男袁天启若思甫订
嗣男叶绍袁仲韶
侄孙袁祚熙载之甫同校

正 讲 六

山西“诗三百”一节，《毛诗》三百，皆圣人无邪之训，故《郑》、《卫》等篇，孔子《大序》，子夏《小序》，皆以为刺淫之诗。朱子尽废其说，而直诋之为淫诗，及注此章则曰“言恶者惩创人之逸志”，依先作刺淫之解，盖其说有时而穷也。作此题要体圣人教人学《诗》之法。《诗》三百皆是心之精微，故惟思足以贯之，虽变风变雅，亦发乎情止乎礼义，故惟“无邪”足以盖之，不特陈王政美盛德之什为醇厚无私，即士女相谑赠华揽袂之章，其情甚真，其词甚正，故即“思无邪”一言，而全经无遗旨矣。解元赵守宷精雅宏畅，洵为佳作。讲云：“天下万形万象皆从思入，而当其入之时，稍不检，辄有不觉为邪之所盘结者，吾绝①其受病之源，而塞其暗乘之隙，则不必借咏什为美刺，而吾心自有法戒之矩在矣；天下万缘万染皆从思出，而当其出之时，稍不检，辄有不觉为邪之所横发者，吾立其有主之衷，而杜其未萌之欲，则不必借讽咏为劝惩，而吾心自有是非之的在矣。”以“出”、“入”二字作眼目，发“无邪”意甚透。次云：“时而以吾之思蔽《诗》于有言之中，则名物象数，《诗》之所不能摄者，吾思足以摄之。苟祛邪念，而不使窥神明之户牖，则浅言者亦可以深思，而深言者可知也。时而以吾之思蔽《诗》于无言之中，则六合千古，《诗》之所不能载者，吾思足以通之。苟除邪虑，而不使杂知识之本根，则无言者尚可以用思，而有言者又可知也。”“有言”、“无言”二意亦新，且词华卓荦，故自超然。张凤翼起云：“顾《诗》，声也，

① 绝：底本作“结”，内阁文库本作“绝”，从之。

声于何起？必有所以开其窍而握其枢。‘三百’，迹也，迹岂无精？必有所以发其源而宰其秘。”发得“蔽”字透。正讲云：“思者，隐念也，隐则淑慝潜于方寸，匪力为防闲，何以杜其隙？惟兢兢葆摄，俾疵垢不得参焉，则有淑无慝，而四始之章，所为咨嗟而咏叹者蔽于是已。思者，又动机也，动则善恶介于毫芒，匪严为克治，何以折其萌？唯翼翼操存，俾瑕纇不得乘焉，则有善无恶，而六义之陈，所为揄扬而讥讽者于是蔽已。”“隐念”、“动机”，亦新亦雅。缴云：“盖思之境转入转迷，曰无则化有念以归无念，而一腔精纯，动罔不臧，诗人劝惩之情发挥殆尽；无邪之境愈醇愈粹，曰思则祛妄机以保真机，而一掬渊懿，行无不得，诗人美刺之旨该括无余。”思致深泳，多发人所未发。王春祯前二比云：“人非骤而即于邪也，造端托始，则思实启其窦；而人亦不能槁而屏乎思也，正本澄原，则《诗》已严其防。”开口便见题目，而春容闲雅，不落俗套。接讲云：“思藏于蜎蜎，是人所不及窥，而邪萌固易滋也，唯即《诗》而流览焉，则不特美刺列于指顾，而感慨咨嗟，殊有穆然启人以深思，而激发为最真者，是邪萌可不遏而自绝也，其寓意精已。思兆于幾希，是己所不及觉，而邪念未易闲也，唯就《诗》而讽咏焉，则不特劝惩昭于目前，而咏叹淫佚，殊有悠然动人以余思，而儆觉为最真者，是邪念可不祛而自融也，则寄旨约已。”先言“人所不及窥”，次言“己所不及觉”，从粗入微，绰有条理。赵同泰讲云：“优柔平中之韵，诚令人庄诵之而躁心释，潜玩之而浮气收，即如妖淫士女赠华揽袂之章，接之有不赧然负愧者乎？负愧之念，正念也，惭愤之极而康淫之念辍矣。温醇忠厚之音，固令人浅读之而戾气平，深读之而和气酿，即如志士劳人慷慨悲歌之牍，聆之有不怵然怀惕者乎？怀惕之念，正念也，灵竦之至而愉逸之志消矣。”通篇皆佳，此二比尤彻，纵横变化，曲尽题情。阴应坤正讲云：“陈法成之实，则不得不极其形容，如艳冶之音，可与典则者而并录也；伤悲之语，可与温厚者而兼收也。要使人一再读之，而跃然悚然，正性顿昭于篇什，则《诗》之标以为鹄者矣。示微渐之防，则不得不极其婉转，如明许人以好乐，而特欲其不淫也；明许人以怨诽，而特欲其不怒也。要使人反复诵之，而可喜可愕，邪思默化于讴吟，则《诗》之持以为的者矣。”不浅不深，恰中肯綮。后二比云：“当其作之于初，人心有郁结而不能达者，《诗》能委曲以达之，本灵性而抒声韵，其无邪者，不必露无邪之概也；及其垂之于后，人心有芒昧而不能开者，《诗》又能委曲以开之，即声韵而证性灵，虽甚邪者，亦可获无邪之用也。”不但开当时之郁结，又能开后人之芒昧，然后见《诗》之为用大，而“三百一言”，皆非长物矣。

《中庸》“君子素其位而行”，训诂家有六释，凡不用他字而直解之，如曰庸，平常也，此是正释。用一“犹”字，如曰命，犹令也，此是借释，盖令本不是命，特借彼以明此耳。此节注云：“素，犹见在也。”玩一“犹”字，则“见在”本不是“素”，须要认得明白。我所固有曰素，《易》所谓素履是也；一事不为曰素，《诗》所谓素餐是也；华采不饰曰素，《汉书》所谓朴素是也；膻尘不染曰素，陶渊明所谓“素心人”是也。惟是“见在”一境，无可拣择，无可挪移，至恬至淡，正是操持之会，故欲素其位。近来真儒讲解理学大明，故山西小省，而解元文字全从恬淡处发挥，予见之不觉击节，曰："行正是日用操持处，行文稍涉念虑思惟，便犯下'愿'字矣。"赵守寀讲云："人心有棼驰之见，则所见皆浓，而惟素之途淡，淡则举一切诡行异见不以人之胸中，而合天之符，率性之矩，日用食息，无不依于位也，即庸行即大路矣；人心有泛滥之想，则所想皆躁，而惟素之意恬，恬则一切骄心浮气不以杂之美明，而道履其坦，行服其常，梦寐魂魄，无不依于位也，即遵道即唇行矣。"以"浓"对"淡"，以"躁"对"恬"，发"素"字最精最邃。次二比云："凡天下纷沓之事①，苟为宇宙之所有②，即属身心之所营，然而君子不遍注也，不遍注，故宇宙之英华，皆此位之效灵，而无枯槁之堕；凡吾人精力之用，苟属身心之所具，又皆宇宙之所需，然而君子有专注也，有专注，故身心之图度，皆宇宙之实用，而无渗漏之嫌。"布意铸词，纯然名理。缴云："盖行之所以若启若翼者，精鼓之也，而一时之精止足供一时③之用，苟以百念营百位，则精散而不可以旁枝；行之所以时翕时散，神为之也，而见④在之神，止足供见在之行，惟以百翕聚一位，则神⑤专而乃可以潜入，此君子之行所以素位也欤?""一时之精，止足供一时之用"等语，自是名言，无人道着。张凤翼讲云："位之乘人也，有原来者，有适来者，厌之非行，而避之亦非行，君子曰此固闲我也，吾亦重吾闲，是故位以素定，则行以位贞，任尘缘之迭⑥至，一行乎其所不得不行已。尔人之于位也，有宜经者，有宜权者，矫之非行，而泥之亦非行，君子曰此固囿我也，吾亦爱吾囿，是故素宰夫位，则位制夫行，随客感之纷投，一行乎其所不容不行焉耳。"脱浮抒真，语语中的。后二比云："故位在一成而不移，则方以合其矩；位在屡迁而不局，则圆以中其倪。大率以素为的，以行为赴，率其当然而无滞迹。或一事自为一位，则各守之以适其宜；众事浑为一位，则共遵之以协其便。总之以素为衡，以行为用，由其固然而无客心。"任意驰骋，词采烨然。缴云："盖天下惟见在者为真境，舍素别无所为位，故惟知素之常，而后能守位之正；亦惟见在者为真修，舍位别无所可行，故惟知位之分，而后得善行之机。"真境真修，愈说愈切。王春桢起云："涵之为素心，固已完真体于宥密；而率之为素履，无非会真境于目前。"四句流丽可爱。接讲云："位有固然之位，固然，素也，吾遵吾素，则虽有通有塞，而禀成命以周旋者，直举吾精神力量悉域于是，而载以入、载以出也，则素所安处然已；位有适然之位，适然，亦素也，吾率吾素，则虽倏此倏彼，而乘化工以旋转，直举吾心思意绪毕注于是，而与俱往、与俱来也，则素所寄寓然已。""载入载出"等语，发"素"字最沉着。王槐秀讲云："天下之位有万，就吾身之所处而遽处一焉，遽⑦则易生忽心，而君子曰见在者，即其定在者

---

① 事：底本漫漶，据内阁文库本补。
② 有：原作"者"，于文义不通，疑作"有"，前文亦有同例。
③ 时：原作"位"，据文义改。
④ 见：底本漫漶，据内阁文库本补。
⑤ 神：底本漫漶，据内阁文库本补。
⑥ 迭：底本漫漶，据内阁文库本补。
⑦ 遽：原作"递"，据本股及对股文义改。

也，精将凝之，神将注之，日惟奉其位以周旋，而犹恐遗于素之外者多也，乌有阙略而不行者已？即吾身之位有万，就目前之所处而偶居一焉，偶则易生①玩心，而君子曰偶然者，即其宜然者也，凭之为宇②，依③之为安，日惟载其位以运量，而犹恐亏于素之中者多也，乌有舍置而不行者已④？”此“行”字原是着力处，说到“阙略”、“舍置”，便见“行”字有力。赵同泰前二比云：“君子以人于适值之时恒见为有待，不知今日而有待，异日又复有待，而何日可以自由？而苟见为难委，则目前亦蹈履之时。人于倘来之境恒见为偶然，不知今日而为偶，异日又复为偶，则无时不可以自恕，而苟见谓当然，则见在即操修之会。”北方应试，最忌因袭，此文从心苗中发出，转折挑剔，绰有见解。接⑤云：“吾载吾天命维玄之灵秘，何处不剖其奥也？鸢飞鱼跃，尤触目以章其趣，而位所适值，其天真有不烂然者乎？烂然之天真耀我心目，是即我安身立命之地也，亦敦吾践履而已矣。吾率吾真性澄湛之灵源，何处不泄其蕴焉？糟粕煨烬，皆随物以衍其真，而位所偶遭，其理趣有不横溢者乎？横溢之理趣豁我中扃，是即我尽性践形之地也，亦谨我躬行而已矣。”天真烂然本与“素”字相反，说到安身立命处就有根据，文有相反而相发者，此类是也。“行”字在“素位”之下，故以“敦吾践履”收之，此是入细处。末二比云：“其有时而以宁静不迁为位乎？则镇定其位者亦镇定其行，终始可以励贞，久暂可以炼性，固见其有渊澄岳峙之操持。其有时而以迁徙不居为位乎？则因转其位者亦因转其行，倏忽而操纵殊方，呼吸而伸缩异运，尤见其有随方合节之妙用。总之，行吾素而已矣。”理趣流溢，奔轶绝尘。阴应坤正讲云：“宇宙如彼，其寥邈讵不足恣吾之驰骋？而要之目前者吾位⑥也，位在是，行亦适如其位而止，即人世之递升递沉，君子独淡然驭之若素也，唯率目前为持循而已。乾坤如彼，其阔绝讵不足堪吾之挥霍？而要之现在者吾位也，位如是，行之亦如其位而止，即世路之倏变倏迁，而君子独恬然处之若素也，唯据现在为率履而已。”曰“淡然驭之”，曰“恬然处之”，发得“素”字亲切。次二比云：“人惟认位不真，故不勉越畔而经营，而君子视日用寻常无非真境，故惟于当境之内，庸拟议而成变化；人又惟认位太真，故不免离跂而思趋，而君子视天地万物犹为寄寓，故止于当境之内，著意念而起经纶。”“认位不真”对“认位太真”，从浅入深，发抒宏畅。缴云：“盖素有固有之义，其适值者，即其素具者也，君子所以参元化耳；素有适安之义，其应得者，即其可行者也，君子所以符运命耳。”“固有”、“适安”二义，发得明尽，俨如注疏。

《孟子》“犹可以为善（至）不瘳”，为善国，须就人君精神上说，盖兴道致治，不在国势，而在君心。君心诚奋发有为，国势虽微，犹可振也。又须玩“善”字。为

---

① 易生：底本漫漶，据内阁文库本补。

② 宇：底本漫漶，据内阁文库本补。

③ 依：底本漫漶，据内阁文库本补。

④ 已：内阁文库本作“也”。

⑤ 接：原版漫漶，据文体结构此处应接上所引前二比。

⑥ 位：原作“仁”，形近致误，据文义改。

善国与为强国异，以五十里之国而兴兵结怨，诚难角胜于诸侯，惟退而法古施仁，自可陶淑其民，庶此孟子意也。又此“善”字，虽与性善之善微有不同，然作文直须根性道说来。唯人性本善，故人人可以为善，虽未能臻时雍风动之盛，而师尧法舜，固可以自善其国俗也。引《书》意全在听言上，方与《商书》“启心沃心”合，盖“世子疑吾言”者乃其受病处，今须确然深信，猛然振作，而直以古圣贤自期，则所闻之法言固苦口之良药也，愈苦而愈甘矣。赵守寀前二比云：“吾谓滕之犹可以为善国也，谓君之精明足以振刷；欲滕之勉于为善国也，谓君之委靡不难顿革也。”重在君身上说，最得《书》意。接讲云：“试思吾人之性，同一尧舜之道耳，昔人何以信，而吾何以疑？则疑者正其受病之源，而委其余也，砭治何可以不急？又思尧舜之道，同一性善耳，昔人何以信而勇往直前？吾又何以疑而逡巡畏缩？则怠者正其受病之本，而疑又其标也，攻击何可以不早？”直从尧舜性善讲，是得看《书》三昧者，以此应试，何愁不利？后收讲云：“任情之便，并其降衷之性而失之，将耳目心志日廿于沉痼，而日复一日，遂盘据于腠理而不可解；任习之移，并其秉彝之性而迷之，将神明知识日游于浅近，而日深一日，遂伏匿于膏肓而不可驱。彼欲疾之瘳也，尚不惮于药之瞑眩；而欲国之善也，可惮于力之振拔哉？”语意真切，题旨焕然。张凤翼中二比云：“有能上念苍姬之余裔，不可久困疮痍，而奋然绍天阐绎，乐与斯世维新，则调剂之所及，虽未能骤臻全盛，而犹可衍国祚于灵长；下念叔绣之遗封，不可自甘沉痼，而毅然起敝维风，嘉与斯民更始，则经济之所加，虽未能遽登熙洽，而犹可奠国基于清穆。”本题字面一一模写斟酌，而爽便雄发，气压万人。王春桢讲云：“触善念于闻言，而作其为之气，则仰止所勤，即当师勋华以为范，而振古之徽猷，正医国之善物也，不必畏其难而少有所退托矣；景善道于前修，而鼓其为之力，则治统所承，即当绍唐虞以为隆，而箴我以芳规，正爱我以药石也，不必弛其志而苟有所因循矣。”句句不合掌，而体贴孟子口气，俨如面命。过下云：“盖国势所局，既偏受其不足，而几无以完孤危之祚；则主术所操，当更求其有余，而后有以延凋瘵之脉。”像题铸意，圆活如矢。王槐秀起云：“论国则疆域之分封有限，而惟曰善，则以性术起经纶，奚难昌泰隆之运？论善则性分之运剂无穷，而况曰为，则以励精开太平，奚难奏清和之休？”发“善”字剀切，语不外索，而情意逼真。赵同泰起云：“以争雄角力，则一隅之地诚不足跨视诸侯；以布德修和，则蕞尔之基亦可以登宏上士。”极得题旨，诸卷不及。阴应坤后半篇云：“盖国之强弱听于为，能为即转弱而为强，不能为遂摧强而为弱；君之勤惰决于心，心奋即振惰而为勤，心怠即靡勤而为惰。《书》曰：‘若药不瞑眩，厥疾不瘳。’有以哉！信乎？为寿身计，则不废药石，斯置其身于精明强固之域；为寿国计，则不恶药言，庶措其国于泰山四维之安。”发“为”字透，而敷衍条畅，灿然夺目。

四川《论语》“仁者先难而后获”，学者求仁，最怕有一易心。人之精神都从忽略处漏泄，人之意气都从慢易处①消磨，故以“先难”告樊迟，非欲驰心于艰难者。先

① 易处：底本漫漶，据内阁文库本补。

者，乃以之为主而并归一路，终日营为，并无有一事出乎其前者，用功愈深，见道理之未易洽而孳孳不懈，安敢有望于获？盖其存理之念，即其遏欲之念，先难后获，理本相贯，而功实相成者。解元潘绍伊起云："该见仁有难境，非亟力则其真体不还；而仁有天机，稍意必则其先者成妄。故并其神于真宰，而属念无分；虚其衷于真天，而宅神自淡。"一直讲下，冲融和雅，卓有元气。接下讲云："人难遣矣，天难澄矣，仁者一事于难，愈觉机神之不易洽，其心灵有縻恋于斯而不自知者，彼人尽天还，特其优游中自然之契合，而彼亦何意焉？妄难融矣，真难反矣，仁者一心于难，转觉隐微之不①易净，其意念有鼓注于斯而不自已者，若妄隔真反，特其精进中自呈之天趣，而彼亦何心焉？"天人真妄，难不难②有分别，而中间讲语始曰"一事于难③"，既曰"一心于难④"；始曰"机神不易洽"，既曰"隐微不易净"；始曰"优游中契合"，既曰"精进中天趣"，其柔筋细骨，亦犁然有辨，非漫无分别者。收云："盖难者，特其真之不可骤凝，而非索之于艰也；先难者，特其衷之笃有所往，而非操之以市获也。"极得题旨，非浅学可到⑤。二名方塘起云："彼庸言庸德，绝非奇诡，何得有难？彼深造自得，机不容遏，何得无获？而先之者，止此素心，即为不易竟之神理，实为独往其精；后之者，正唯素心，即不属增益之外遇，安得妄歧其念？"提挈甚明，爽朗可诵。接讲云："理本平，一日企之则不足，穷年究之而亦不足，以此思难，难何如也？仁者亦唯竭蹶而趋，则夫先之者，操一常惺念也，念惺于真，即功深力到，要亦徐俟其候焉，而理境常纯，心境常淡矣。理本庸，而粗以滞之则有亏，精以涉之而亦有亏，以此思难，难何如也？仁者亦惟望之而赴，则夫先之者，操一向往心也，心向于真，即理融神洽，要亦驯至之机焉，而内念常前，外念常却矣。"讲"难"字有味，从先讲到后，甚有条理，而股末双收，尤觉明尽。三名朱綵云："务内敛即防外泄，而并心一路，无恃两念以分之；凝道心即化尘情，而尽屏妄缘，期养全力以赴之。"先难后获，本是一项工夫，发得甚确。接下云："灵源一掬，难在收人之所易驰，吾力守其驰，以密证收摄之妙，而稍有默计，其收之意亦获念之驰也，方其定虑时抱真于一，夫⑥已并所获，忘之则不驰，愈以成其收矣；诱慕百途，难在净人之所易染，吾力断其染，以复还净尽之境，而稍有徐候，其净之意亦获念之染也，方其澄念时栖神于恬，夫已并所获，融之则不染，益以成其净矣。""灵源一掬"，"诱慕百途"，构词甚新，而写意亦透。四名喻思慥起云："难之神翕，获之念棼，翕极或欲假获以自舒，而不知此念一萌，属餍先已生矣；难之功苦，获之意适，苦极或欲假获以自愉，而不知此念一起，纯白先已杂矣。""难"字、"获"字，双提互发，意贯词圆，足称作手。实讲云："剖仁之幾，必判理欲洞毫

① 不：此字后衍一"可"字，径去。

② 难：原版缺损，据文意补。

③④ 难：原作"仁"，引语与原文不一，准之题目，原文为是。朱熹于此题注云："先其事之所难"，原文"一事于难"即本于此。

⑤ 到：原版漫漶，据全文通例补。

⑥ 夫：原字为"失"，则应属上句，然据下股文字，疑为此字。

芒，而无一或眩于中，此之难，难在彻仁之微。仁者图回结想，期一觌仁之体，若万营皆妄，惟是为急者，诚先之也，至理融见彻而幾析则获矣，第亦俟①之耳，而何寘念焉？满仁之量，必罗天地、包民物，而无一或遗于外，此之难，难在尽仁之大。仁者取精担负，期一完仁之用，若他事可谢，惟是不容诿者，诚先之也，至功深力到而量完则获矣，第亦听之耳，而何庸意焉？”“万营皆妄，惟是为急”等语，深入理窟，极得题旨。后二比云：“先之之至，而仁与我一，究且难无其难而获忘其获，先其事者，夫岂无自然之得？但可有后获之验，而不可有计获之心，一有则并其先者非矣，况有意求获即不可获乎？难之之尽，而我与仁会，究且先无其先而后无其后，后其获者，岂真明置之于彼？但一心于难以内，不分心于难以外，不分则所谓获者自化矣，况极力于难则难即是获乎？”一比中凡有五转，段段相生，愈出愈奇，此川中高士也。五名马绍愉起云：“夫为仁非称至难者哉？昧其难，而修诣之心不胜驰骛，既怠于所当先；即知其难，而澡雪之心旋萌艳羡，又分于所以先，而仁愈难矣。”独提“先难”，最为有见。实讲云：“渊衷期不染，而涤纤私于纷纭，湛一真于昭旷，有难完之体验也，敢少懈乎？惟是独惺独证，神情固结不二也，而此固结之时，即得失默化之时矣。分量原无涯，而扩寸衷于万有，运元会于一息，有难竟之工夫也，敢稍缓乎？唯是若趋若赴，血脉流注不已也，而此流注之日，即后念潜消之日矣。”“固结之时，即默化之时”等语最真最透。后二比云：“仁，淡境也，先难者于平淡内力研其身心性命之精，而一计乎获，则不无浓郁之想而淡境杂；仁，又定境也，先难者于凝定中深探其归根宁极之宗，而一属乎后，即已成纷扰之见而定境摇。”精髓洞彻，神光陆离。四川之文，止见五魁，已是卓越，倘得尽见而备录之，当不减中州也。

《中庸》“舜其大知也与”，此是虚题，有一字犯下文便不是，有一字违下文亦不是。智之本体原是大的②，本无涯涘③，本无边际，人能化其形骸而不以己身域之则大，能虚其襟怀而注之不盈则大，能以智而尽愚之用则大。作文要句句影照下文，句句不犯下文，如水中明月，可望而不可即，乃为妙境。解元潘绍伊讲云：“知之体涵于形骸，不域于形骸，其分量亦何大？自有舜而虚明洞朗之衷形骸释，而分量斯满焉，彼其注不盈而斟不竭，盖知之体至是始扼，而裒乎出古今上矣。知之用约于虚灵，不隘于虚灵，其包括亦何大？自有舜而虚无洞彻之天灵明耀，而包括悉会焉，彼其虚若溪而空若谷，盖知之用至是始该，而卓乎超民物表矣。”“不域形骸”、“不隘虚灵”等语模写大智，直逼真境。次二比云：“论知则恃聪明者非知，即凭意见者亦非知，惟舜有其知，又能不自有其知，故坦然立于聪明意见之外，而虚明之脉独会其全；论大知则有所隔于中非大，即有所遗于外者亦非大，惟舜④则藏知于己，又不限知于己，故傥然游于狭隘

① 俟：原作“矣”，据文意改。
② 的：此“的”字结构与全文语气似不相类，姑妄存之。
③ 涘：原作“埃”，内阁文库本同，据文意改。
④ 惟舜：原版漫漶，据残留字形、上股及本股文意测之，应为此二字。

局促之上，而良知之妙独擅其真。”挑剔甚工，发挥近真。缴云：“盖舜亦忘乎其有知者，其忘也，所以知也；舜亦歆乎其自小者，其小也，所以大也。”曰“忘”曰“小”，得舜心事。二名不见，三名朱綵讲云：“哲后不示人以疑，于是乎显出其知，烛于无疆，而善逢者不得蔽，巧投者不得遁，炯然独睹之中，有参宇宙以为明者，知何无处不遍哉？而秉政决机，此为独大矣。明王不予人以情，于是乎神用其知，藏于不测，而百虑不得角其长，群智不①得窃其旨，朗然真觉之内，有潜神明以为机者，知何幾不入哉？而晰微察隐，此为独大矣。”“显出其智”与“神用其智”皆不经人道语，以创铸之词，发独到之见，人所难及。讲毕，又拖二比云：“吾想洪荒以前，运尚含于浑噩，而取灵于众，合圣于愚，舜以其知开之；又想唐虞以降，气渐漓于炫耀，而收视于冥，返听于默，舜以其知涵之。”铿铿余韵，悠然可想。喻思慥起云：“舜则大智若忘，置天下于智之中而人不知；至智若愚，智超于天下之外而舜不有。”须如此讲，方逼真境。接下讲云：“智敛于内触于外，而藩篱易为之域，舜之藩篱撤矣，无域愈无限，乃能智朗于内，复晰之外，而虚灵透悟之体，有日炯炯于衷而非可以涯涘者，夫智而莫可涯涘则大已；智起照于觉亦借照于愚，而形骸易为之隔，舜之形骸浑矣，无隔愈无量，乃能智炳于己，复不滞之己，而虚圆浩大之体，有日惺惺于衷而非可以测度者，夫智而莫可测度则大已。”句句摹题，含而不露。后二比云：“盖智者，真知也，舜与人同真知，不与人同壅②蔽，此知在在周浃，在在洞彻，不得智大而小据之。舜之大虚之极也，故必有所以大而妙于智之外者乎？智者，良知也，舜与人同良知，不与人同茹纳，一处此智之呈露，处处此智之分灵，不得智大而小用之。舜之大运之神也，故必有所以智而宰于大之内者乎？”“真知”、“良知”，写意甚透。马绍愉起云：“吾谓一非巧伺以索隐也，无念而觉念常惺，则神识濬于蝌蛸；又非一察以竞奇也，一念而众念咸融，则宏览揭于昭旷，是知蕲于大而不少概见也，其相舜也与。”意新词雅，起便出群。正讲云：“人心虚则生明，有所以翳之则不虚，舜也更何纤毫稍翳乎？虚明之体段，原如是其昭融，舜亦如是以还之，非有增而自不减也，是不假磨砻而莹者也。人心灵则生照，有所以隘之则不灵，舜也曾何幾微少隘乎？灵明之分量，原如是其寥廓，舜亦如是以究之，非有益而自不捐也，是不藉澡③涤而彻者也。”“虚明体段”，“灵明分量”，发“大知”最豁。

《孟子》“当今之时”一节，此题两“时”字相应，“当今之时”下，便当将上三节意一齐罗起，则下面势如破竹。“事半”、“功倍”全根“民④悦”说。“惟此时为然”，一则惜斯民之倒悬，而先忧在念，一则愤时君之自弃，而坐失良时也。解元潘绍伊起云：“吾见今之仁，是民跂望而不可得者也；而今时之行仁，是又民心所惧其不得

① 不：原版无，据文意增。
② 壅：底本漫漶，据内阁文库本补。
③ 澡：原作“藻”，据文意改。
④ 民：原作“灵”，据《四书章句集注·孟子集注·公孙丑章句上》改。

而忽得之者也。赈恤溢望外，则向来之喘息遂苏；而膏润洽肌肤，则生平之水火已脱。”相题下笔，机神两到。后收云：“夫以今之民悬望甚矣，惟此时足慰其引领之心；而今之君膏泽屯矣，惟此时足收其欲合之志已耳。而奈何凭万乘者忍万民之命，而竟不念倒悬①之民哉?”乘时树功之意发抒殆尽，且收得极紧，劲捷可观。朱綵此作当全篇通玩，其精神通在接续处，不可逐股摘也。起云：“当今何如时哉？水火陷溺之众，饮之恩膏则可苏，而重之困束则立毙，寄命于举手转盼②之须；大旱云霓之望，急之顷刻则可延，而迟之须臾则莫必，正介于得失生死之间。”提挈大意已明，从此势如建瓴矣。接下云：“特未有起而极之者，吾而乘万乘之威权，纾待恩之赤子，布好生之仁政，收积怨之人心，则所乘者势也，而世之以为汤武，尤今时易乘之势；所布者仁也，而杯水渥于雨露，尤今时易布之仁。其民之悦之，有不犹解倒悬哉?”从上起下，意贯词明，迅如流星，余光耿耿。又从此“悦”字讲下云：“悦则幸其脱我于厄，并幸其投我于生，而踊跃欢呼，是所以坐收一统，不劳于涵濡者也；悦则幸其歼我之仇，又恐其不为我之后，而神往情投，是所以拱手受成，而无俟沦洽者也。”将“事半功倍”之意一齐讲明，不必逐句敷衍，而题意已畅矣。缴云：“盖恩不期众少，期于当厄，则时每假我以集事；事不计浅深，祈于底绩，则我即乘时以成功。此一时也，于民为至危，于上为至便，是古之所不然，而今之所独然也。”此缴剀切有致，但末后不须更对，对则稚矣。喻思慥起云：“今之时何时也？是古帝王之汪涉，易而为暴虐之时也；是古帝王之功泽，变而为憔悴之时也。”只此一起，题旨跃如。马绍愉后二比云：“不必需百年为创垂也，闿泽一经覆露，则民心翘企，即驱除之藉，俄顷可以剿③抢攘，而无前之伟伐树；无俟合两朝为拮据也，膏润甫一沾暨，则寓内景附，即愤发之资，须臾可以翼昌炽，而不朽之宠业成。”将本章之词，发本题之意，语典情真，便是压卷。

广东“不患贫而患不安”，此题全要看得“贫”字与“安”字明白。贫之所由起也，不起于溪壑之不盈，而起于上下之相夺，故君什臣一，度支有常供，贫不必患。“患”字在心里说，患贫之心一起，则愿欲无涯，而名分易犯，故贫不可患。“安”字照下文，从“均”字、“和”字生来，君臣辑穆，无一念不相浃洽，而各有宁宇，斯之谓安。安则府库皆其财，而贫不必患，唯患贫，则必不安，而终至于贫，此上下相关之书意也。解元李如籀起云：“尝试观夫国家有寡欲无营，而互有不可解之情者，何也?则安之所贻也，安非安于不贫也。有多藏厚植，而渐有不可支之势者，何也？则不安之所酿也，不安非不安于贫也。”提“贫”与“安”相关之意甚明，得题之解。正讲云：“纳贡食采，其帖然共域于此也，本无不足，贫奚患乎？所患恶不足之念最为无涯，我恶不足，谁肯捐其有余者？而疑忌之祸曾不旋踵焉，是可为凛凛已。君什臣一，其同然共得于此也，本自有余，贫奚患乎？所患欲有余之念最为无厌，我欲有余，谁肯甘其不

① 悬：原作“恶”，形近致误，据文意改。
② 转盼：原版漫漶，据残留字形及文意补。
③ 剿：原作“勦”，内阁文库本同，但于文意相悖，疑与“剿”形近致误。

足者？而上下之际因以生心焉，是可为鳃鳃也。”“患”字从心上发挥，而脉络整整，绝无一点尘气。缴云：“诚上恬下熙，即偶值匮乏，而起视堂帘，已有丰亨之象，虽贫何害？况常安则常不贫乎？诚上猜下疑，即宽然余饶，而环视精神，已有萧索之象，虽不贫何益？况不安则贫立至乎？”精思叠出，更无剩旨。云腾起首二比云：“天下原无有余不足之形，而人情自生有余不足之见。安者，未始见为有余而患贫，则我欲独有，人将不安于无矣；安者，未常见为不足而患贫，则我恶不足，人将不安于不足矣。”无形有见，是至理之谈，而人我校量，亦情所必至。中二比云：“人之愿欲无涯，惟制以有涯之分则相安，而厌贫之念一起，则无涯之欲逆恣，将朝廷名分一析，而填夫众欲之壑，此其决裂在名分者，将何极也？患有先于贫者矣。人之凌竞难制，惟域以有制之义则相安，而患贫之念一生，则无制之欲遂侈，将朝廷名义一决，而逞夫群情之愤，此其败坏在名义者，甚可虞也，患有深于贫者矣。”说到“名分”、“名义”上，极得题旨。缴云：“盖国家之外张者形势，形势莫病于国计若盈而国体先亏，惟亏者益亏，则盈者终诎，故不必多取以盈壑，而愀然独抱国体亏损之惧；国家之内疑者人心，人心莫病于形迹若聚而神情先散，惟散者不收，则聚者必涣，故无暇屑计以聚贿，而穆然独怀神情涣散之虑。”“形势”、“人心”，议论剀透，而正大轩豁，足冠词场。三名以下俱不见。九名程可登讲云：“盖富莫富于上下耦俱无猜，而积储为小；则贫亦莫贫于主臣自起危疑，而虚耗为轻。”说理极精，真是奇绝。接讲云：“论两①相孚之情，堂帘虽隔，而真精神浃洽是之谓安，不安而相孚之情睽，渐开瑕隙矣，瑕隙不已，立见②危乱之象，此其视贫为何如，而恶能不皇皇患也？论交相成之谊，俞咈虽殊，而真意味绸缪是之谓安，不安而相成之谊绝，遂构祸端矣，祸端不已，立睹危亡之兆，此其较贫竟何如，而胡得不凛凛患也？”发“安”字甚切，而珠玑错落，灿然不群。后二比云：“虽积贮空虚，当事者类以为深恤，庸知夫可患尤有什伯此者乎？惟夫此怀疑而弗信，彼挟诈而弗忠，君臣之间，不胜异意焉，纵与心计之，徒持筹而希殷富，亦只无益矣，故语最可患者，独在是耳。虽闾阎萧索，主计者每以为隐忧，庸知夫当患更有千亿此者乎？惟夫上负位弗顾其下，下负能弗奉其上，堂陛之际，若隔九阍焉，纵与聚敛之，臣握算而冀饶足，亦甚无补矣，故谈至当患者，惟有此耳。”镂心刻骨，大是沉着。十二名陈琛云：“帑藏赋有常供，画分而守之，赢无不可自操也，何贫而何患？惟是彼此出而相侵③，上下还而相忌，则国家之神气，已受其耗败之实矣，即庾盈廪羡，更何益于成败之数乎？所可悚然惧耳。度支岁有常额，量入而出之，源流实不必外借也，何贫而何患？惟是家怀蚕食之谋，国有并吞之渐，则本根之蹶动，业不在枝叶之虞矣，即粟红贯朽，更何救治乱之理乎？所当早为计耳。”讲“贫”字、“安”字，皆中肯綮。缴云：“盖患贫之与患不安，机相左也。苟见谓患贫，则安分之心不能少待，故出而共逃于名分之外

① 两：底本无，内阁文库本有，据对股“交”字，有“两”为是。

② 见：底本漫漶，据内阁文库本补。

③ 侵：原版漫漶，据残留字形及文意分析补之。

者，势也，即此患贫之日，而不安之隐祸已伏处于心腹之间。不患贫之与患不安，机相通也。苟见谓不安，则患贫之欲不敢少纵，故入而共守于名分之内者，亦势也，即此不患贫之日，而治安之情形已兆于恬熙之内。”讲“贫”、“安”相须之意甚透，而气度悠扬，更饶精思。五十六名李待问讲云：“患贫者，贫从国计而止耳，乃失之国计与失之人情者孰甚？我已生情，人孰无情？形虽羁縻，而宫府之相猜，肘腋且动摇也，胡可后也？患贫者，贫从度支而见耳，乃度支之诎与分守之诎孰多？我且逾分，人孰引分？中实倾轧，即名义之相尝，公私犹反侧也，胡可置也？”意沉着而语儆切，定非凡品。

《中庸》“万物并育而不相害”，并育不害，全要在天地生物处见，故李解元文字从“持载”、“覆帱”说来，最为有见。若万物既生之后，则强凌弱，众暴寡，虎狼之噬，兵刃之侵，其相害处多矣。天地于万物，举大者、小者，动者、静者，燥者、湿者，无一不毓之于覆载之内，是谓并育。就并育之中，各各赋与，各各满足，未尝分大以与小，亦未尝割燥而补湿，如雷以鼓万物，而动不碍静；日以熯万物，而燥不碍湿，是谓不害，故摧折剥落，而生意盎然，栽培倾覆，同为发育。其曲折具《中庸疏意》中，今不复赘。李如籀初二比云：“共一陶冶而来，原无差等，故同囿广大之中者，恣其自取焉，虑无不餍其情而往；各得化机以生，非有丰啬，故群在高下之间者，任其斟酌焉，卒不见觖其望而争。”字字不合掌，而词新调逸，秀色可餐。后二比云：“无事调剂也，而性命各正，即笃生之内，不无栽培倾覆之殊，要不过善其因材之笃，而所为不害者自如；非为区别也，而生意交鬯，即并生之际，或有剥复生克之异，要不妨夫生息之公，而所谓不害者自若。”肖题而出，理明意爽。云腾起讲云：“凡物之立命也以情，而受精于太乙之举，蠉飞蠕动，各适于亭毒之区，其保合太和者，其各正性命者也，曾见有此分灵彼益蠢，而各争于其所乎？其奚害焉？凡物之肖形也以气，而受气于太始者，举形色①象貌，咸饫于无垠之宇，其诱然皆生者，其同然皆得者也，曾见有动碍静独②乱群，而或拂于其趣乎？又奚害焉？”阐发真诠，语语入细。次以“何③也”二字发下云：“害生于互为凌竞，而试观万物，有有质而无情，有有情而无机，是载其恬愉者也，而万物各游于无④竞矣；害又生于自为封畛，而试观万物，彼此同此合脉，彼此同此区宇，是恣其饱满，而万物各撤于其畛域矣。”纵横论辩，绰有余姿。收云：“故勾萌甲拆，畅其生意；而剥落腐朽，还寓神奇，此不相害者之显于气机也。又或节制其过，而长育潜滋；消息其穷，而生意益茂，尤不相害者之隐于陶铸也。”析理愈微，深入玄境。三名以下俱不见。五十六名李待问讲云：“聚者聚，分者分，随欲与群之为容，而无所取予也。正唯其不私取与之处，物各有性，性各有情，沐玄化而俱动荡焉，未始分膏以酌润也，何害焉？应者应，求者求，随声与气之取欲，而无庸彼此也。正唯

---

① 色：原似作“也”，据内阁文库本改。

② 独：原作“动”，于文意难通，此处应反意对举，故改之。

③ 何：内阁文库本作“可”。

④ 于无：底本脱漏，据内阁文库本补。

其无庸彼此之处，自有太和，自为保合，禀生机而与鼓舞焉①，未始摧枯而附荣也，何害焉②?”发明造化生物之意，详尽无余，而脱去陈言，精光触目。后二比云：“育之以调适固也，而摧折为甚，其虔刘轧夺，第可求之物情之私，而不谓之相戕；育之以资给固也，而生克为甚，其推迁代谢，正可观其茂对之时，而不属之互偪。”“育”字、“害”字，必如此讲，方为透彻。

《孟子》“我亦欲正人心”，“我”字虽对三圣说，略重孔子一边，盖孔子承禹周，而孟子又承孔子也，解元之作极得肯綮矣。“欲”字承上节“惧”字说来，盖惧转为欲，所以反邪而从正也。“人心”二字最重，万古此学术，万古此人心，不随世运而隆污，亦历百诱而终难泯灭者。凡仁义之正与禽兽之邪，此心中皆有真见，横议流行，一时暂蔽，略用拨转，而千了万当矣。盖由此心以见乎其事，则心乃制事之源；由此心以发乎其政，则心乃从政之本。吾正人心，而世运、民风一齐变了，此孟子知本之论。正人心的工夫全在辟邪说上，此处且未可露，全要讲得“正”字明白。“正”不是将我心去正他人之心，亦不是有所加益于人心之上，只提撕指示，转其机关，便无邪僻矣。作文“正”字要从词说上讲，方与孟子“好辨”有情。李如籥起云：“天地不欲春秋以前之人心与洪水猛兽而并烈，故不特有禹有周公，而又有孔子；天地不欲春秋以后之人心与杨朱墨翟而并亡，故不特武周以后有孔子，而孔子之后又有我。”重孔子发挥，甚有识见，而词亦矫矫出尘。后二比云：“今日之人，无以异于禹周之人、孔子之人，其心至今在，特无奈其为暂蚀耳，则夫因人心以还人心者，其功有因，而其责固不可诿；然今日之人心，甚远于禹周之时、孔子之时，其变为愈深，正可乘今亟正耳，则夫返邪途以归正道者，其功倍急，而其权又曷可以轻哉?”发孟子愿学孔子之意甚透，即以“是故”二字拖下云：“是故③惧以成欲，孔子听知罪而弗辞，而禹周藉以不坠，欲以释惧，予也后圣人而复起，而人心庶其有瘳乎?”模写逼真，精神百倍。云腾起云：“凡事在显失，皆可徐修，而唯是人心流贯于隐见之微，浸淫乎世道之大，则矫枉归正，不容缓图；凡事出于共济，不难振举，而唯当是时内抱独醒之见，外当群枉之冲，则虑切孤踪，有难轻置。”说孟子自任意，如在目前。接下讲云：“故我非有求多于人也，自古风气代有淳漓，纪纲不无隆替，而吾人一心，则历万古而未有污隆，至于今而始倾侧也，我亦欲正之而已；正非有矫拂于人也，吾人浮念不无往来，意气不无出入，而至正一念，则历百诱而卒难泯没，至于今而始迁徙也，我亦欲正之而已。”人心本自当正，发明详尽，殊有神解。缴云：“盖人之真心常喜正，妄心常忌正，而唯返妄为真，则正道自现；人情唯众正则易从，唯独正则难回，而欲以独挽众，则我心良苦。”说理甚精，豁人心耳。十二名陈珍起云：“夫人心何以待正也？从外蔽者，此中之蠹蚀必多，吾直欲彻其外蔽，而令此心有真主，则人心正；从内迷者，在外之浸淫益甚，吾直欲砭

---

① 舞焉：底本无，据内阁文库本补。

② 何害焉：内阁文库本无。

③ 是故：原在上文“而其权又曷可以轻哉”句尾，系误刻，今据文意复位。

其内迷，而令此外无物诱，则人心正。”只说“外蔽”、“外诱”，最得异端害道之旨。中二比云：“虽未尝有禹周之权，而正唯是无权之寄，默抱忧思，以济其权之不及，将时时见之以直道，使人心与直道而俱还也，则予之欲实与人心同不朽可矣；虽未尝敢借春秋之笔，然正唯是愿学之私，隐关忧惕，以竭一念之无他，将人人道之以性善，使人心与人道而相肖也，则人之实与予欲为存亡也。”以禹、周、孔子平对，虽是旧格，而就本色挑发，亦自令人刮目。末二比云：“不必以吾心正彼心，而第就彼自性中一提其正脉，而幾希禽兽之路，彼当自决其趋；不必以吾道正彼道，第就彼不安之念一发其良，则至亲路人之分，彼当自觉其是。”说理甚真，措词更雅。李待问收云：“盖正若大道，然原无奇衺怪僻之途，当其道设，而反侧已平矣，即今是昨非，犹虞挽回之晚；正之若持衡，然不在耳提目击之力，当其衡定，而偏陂已融矣，而潜移默夺，愈深私淑之忧。想为我兼爱之说，虽浸淫于人心，而所以力扶其微者，恃有我在也；又想归杨归墨之辈，已遍满于天①下，而所以终图其胜者，又恃人心在也。”此半篇文字就题发挥，字字透髓，而机神颖异，词气铿锵，真名笔也。

陕西《论语》“尊五美屏四恶”，尊者，恭敬捧持之谓，盖奉之为主，而委其身以服役之，敬之如神明，崇之如师保，而不敢少忽者也。美与善不同，如惠是善，惠而不费乃是美，是良法，是徽猷。从政者所最当尊者，美而有五，不止一端，必如是而始全也。屏者，驱逐远离之谓，不但不见之于行，亦不使接之于目，内拔其根，外绝其迹，而不使加乎其身者也。恶不独不便于民，兼不利于己，为弊薮，为秽行，不可不屏者也。此题六个字须要字字还他明白。玩“从政”二字，“王道”、“王化”等语皆不可用。解元刘士龙滚做，文甚雅驯。中二比云：“其或美未形、恶未著也，则凝神注想，沃其根而澄其原，盖默从起念时酝酿销熔，而非徒铺张之虚文，涤除之粗迹也；其或美方形、恶方著也，则毕志竭虑，培其机而绝其蔓，盖显从设施间崇奉创艾，而良法无一之不增，瑕纇无一之不减也。”词炼而新，调整而逸，极利场屋之文。王昌宇两扇对二大比，复合作总缴，格甚平正，词亦新妍。郭封②先总提二比，次分二大比，末复互缴。主司批云：“精研宏畅，笔端别有机锋。”诚然，诚然！王汉儒③省议有色有声，实讲云：“谓之美，视滋垢者已自异趋，矧曰五美？其贻泽未有穷也。吾方锐意上理，欲追隆古之雅化，可令法躅觌面而失乎？惟是出身加民互相剂，而遵为长便者，不难委心以奉行，乃彰庙堂之敷施乎？而要非过为钦也。美不尊则为疵政，兹固从精神中崇为楷模已。谓之恶，视萃善者已自殊科，矧曰四恶？其流毒未有已也。吾方与世更始，欲维末季之颓俗，可令覆辙在前而复蹈乎？惟是主术民情弗相调，而仅为自便者，不难极力为痛革，乃见主上之振刷乎？而要非过为杜也。恶不屏则非纯政，兹固从神明内独严

---

① 天：原文此字后有一“在”字，应为末句“又恃人心在也”之“在”字，刻工任意调整，今据文意复位，下文不另注。

② 封：原作“美”，查《陕西通志》万历三十一年癸卯科乡试刘士龙榜，郭姓者仅郭封一人，所谓“郭美”当即此人，“封”误作“美”。

③ 王汉儒：原名后有“有色”二字，疑为衍字，径去。

之为炯戒已。”中间如“精神中崇为模范”等语，皆肖题摹拟，毕力形容，非苟作者。姬文胤以“美”、“恶”串讲云：“凡政之有裨于理道者，何者非美？兢兢然奉以出入，即师保之尊不严于此矣。至于四恶，诚恐为理道之蠹，则绝而远之已耳，盖其敦尚徽猷者，又未始不驱除厉阶矣。凡政之有益于生民者，五者为美。凛凛秉以周旋，即神明之尊不肃于此矣。至彼四恶，惟恐为生民之殃，则驱而逐之已耳，盖其注意良法者，又未始不鉴戒弊政矣。”一尊一屏，原是不平，串意发挥，殊觉警策。

《中庸》“莫显乎微”，注以“微”为“细事”，其解亦粗，反不若墨卷所讲为细。曰隐曰微，总在心体中，自其退藏而不可见，则谓之隐；自其精密而不可执，则谓之微，作文全要发“莫”字。宋儒谢氏解此二句重“幾”字，谓事未形而幾已著，此幾最真，最不可遏抑者，故莫显。杨氏解则重“独知”，谓人不知而己独知，己之所独知甚是明白，有胜于人之所知者。朱子合二说而解之，然当串看，惟幾已著，故己独知之也。刘士龙首二比云：“于万形俱屏之中，而忽萌片念，止一幾希也，夫岂涉于彰明？然其所起之心，即所照之心，微与显且不得分之为二，就此渺茫中而灼然莫掩者，宁得以意秘也？于万籁俱寂之天，而偶发端倪，止一萌芽也，原非出于较著，然于彼为动机，即于此为出机，微与显且不得俟之以候，就此发动时而森然毕彰者，宁能以意遏也？”惟“微与显不得分之为二”，则“莫显”之旨，透彻无余矣。次二比云：“世有谓微基乎显者，则当其未显，或得容吾矫饰，惟即微即显，则自萌自知之处，便属互觉互察之神，而矫饰于何用？又有谓显根于微者，则乘其方微，或可容吾涂粉，惟即显即微，则雷声龙见之境，不出收视返听之内，而涂饰于何施？”抒精阐秘，无一字不新，无一句不彻，纯然名理之文也。郭封中二比云：“事未来也，自无意中忽发为一意，斯时也，心事虽未显为迹事乎？而心事惺然，则吾所发之心，即为所照之心，虽毫发不容以自昧，殆莫显于方寸，而大庭为微已。事无起也，自无念中倏起为一念，斯时也，心绪虽未显为事绪乎？而心绪灼然，则吾念起之时，即为念烛之时，虽毫发不容以自昏，殆莫显于径寸，而①广众微已。”钻研沉着，词旨朗然。末收云：“虽曰离在外之人，然能离人未能离心，隐隐跃跃，殆幾微有同于陟降也；虽曰藏在外之象，然能藏象未能藏念，活活泼泼，即一掬有同乎帝鉴也。”“能离人未能离心”等语，更觉精莹。王汉儒讲云：“以其事端未露，天地不能测其朕，见为微矣，然事端虽未露，而此心之神已先动，以我窥我，尚有毫发之得自昧②乎？不必论其外之征验者何如，而语天下之至显莫是过矣。以其事机未泄，鬼神不能窥其秘，见为微矣，然事机虽未泄，而此心之精已先觉，以我照我，尚有锱铢之得自假乎？不必论其后之应违者何如，而语天下之至心莫若是矣。”认理真而议论彻，且发“莫”字甚明。后二比云：“盖心惟无，则一切俱无，微则出无而入于有矣，从天从人，政于此分途，我即欲闭藏，而指视之众已严于幽独，安所容其闭藏之力？心惟寂，则一切俱寂，微则离寂而向于感矣，为理为欲，政于此歧

① 而：原无，据对股补。

② 昧：原文作“味”，据文意改。

径，我即欲掩饰，而肺肝之见已揭于闲居，安所容其掩饰之力?”愈发愈精，词理俱彻。姬文胤讲云：“其志虑甫萌，不过在寂然冥然之中，此时即天地且不能窥其朕也，而吾以自有之灵明，照吾甫萌之志虑，则为善者①几，为不善者几，有情形毕露而毫发不容者，显莫显于此矣。意念始发，不过在若存若亡之介，此时即鬼神且不能测其秘也，而以吾本体之灵觉，发吾始发之意念，则微善微不善，有举世莫觉而真②心独朗者，显莫此为最矣。”发旨精鬯，理趣最饶。缴云：“天下惟形迹较著者，其彰彻未甚，而吾人惟心曲微妙者，其吐露尤真；夫人惟共见共闻者，其掩护可加，而夫人惟独知独诳者，其隐匿不易。”说得精细，令人解颐。

《孟子》“夏后氏五十（至）父母也”，此题正说“取于民有制”，上节从夏后贡法说起，以及殷周，总见其取民之善，而独解“助”、“彻”者，以其异乎“贡”也。下节极言贡法之不善，而曰“恶在为民父母”者，政见子民之责当尽也。当时履亩之法行，而先王之井田尽废，故孟子极言贡之不可行。解元刘士龙布格平正，摛词清雅，原系擅场之作。起云：“试观夏后殷周之君，谓民以财为生养，则肥瘠当筹，而奚可益上以损下？我实作民父母，则抚摩宜急，而安得剥民以自封?”提挈甚明，一篇大意，朗然如见。下节头绪颇多，最难调剂，渠只以意点掇过去，云：“运有丰凶，宜酌量以求其平，而等丰岁于荒年，则胶而昧乎变；民有贫富，宜调剂以期于适，而责完额于穷黎，则困而难为支矣。”不但切题，又且雅整。后单收云：“然惟贡之流弊故至此，若助则安有是耶？而善不善从可知矣。”收得甚紧，题意了然。王昌宇、姬文胤起处皆将夏贡另做，最为有见。郭封讲首节完，补云：“当其时，人人享乐岁之欢，免凶岁之苦，岂非助此义，贡亦此义哉?”将下节丰凶之意暗暗点掇，便觉上下有情。

广西、云贵文字不多，不具论。

① 者：原版无，据内阁文库本补。

② 有举世莫觉而真：本卷此7字后的大段文字底本原缺，据内阁文库本补。

《游艺塾续文规》附录卷次

内阁文库本游艺塾续文规卷之三

赵田逸农袁黄坤仪甫辑
门人刘有执无竞甫阅
男袁天启若思甫订
嗣男叶绍袁仲韶
侄孙袁祚熙载之甫同校

了凡袁先生论文（旧文规所刻者一篇不载）

凡欲静坐，须先息心，日常随事练习。难忍处须忍，难舍处须舍。忍得一分，便有一分受用；舍得一分，便有一分安乐。习之久久，工夫渐熟，自然触处有益。日间有暇，随意静坐一二时，调和气息，放下身心，一切善恶都莫思量，游情杂念，尽情抛舍，洁洁净净，常要完寂然不动之体，才觉昏愦，即奋迅振发，不容一毫懒散，就昏愦处，猛自提撕，修惺惺法以胜之。惺不离寂，寂不离惺，离惺而寂，是谓顽空，离寂而惺，是谓狂慧。但论对治之法，散乱时，须以寂治之；昏沉时，须以惺治之。然其惺也，单提一念，匪二匪三，惺也而未尝不寂其寂也。惟灭妄心，不灭照心，寂也而未始不惺。大抵人生世间，只有忙闲二境。闲时吾不随他闲，以吾之惺而寂者主之；忙时吾不随他忙，以吾之寂而惺者应之。忙闲之境既合，则昼夜之故可通，昼夜之故通，而死生顺逆无不一矣。

昔韩退之谓："愈生之夕，月在斗，故动而得谤，坎坷终身。"苏子瞻亦谓："命在磨羯，平生多遭诽谤。"自古以言语文字得罪者，不少矣，而二公独归之于命，则薏苡之毁，窃铁之疑，皆可处之泰然矣。吾不幸而名满天下，则谤亦宜满天下。汝以孺子而窃重名，则致谤之本在此不在彼也。吾为汝计，不但当委之于命，而直当责之于身。谨将陈公之教，镌之肺肝，不使须臾忘却，如读书而思及此，便当百倍加功；检身而思及此，便当百倍收敛；嗜欲之发而思及此，便当百计销磨；穷途拂郁而思及此，便当百凡忍耐；接人而思及此，便当百倍谦虚；处事而思及此，便当百倍谨慎。以此操心，以此虑患，而果增益其所不能焉，皆陈公之赐也。吾尚将踵其门、升其堂而拜谢之，不然，孤负吉人之诲矣。

释家谓："一佛出世，必生一调达谤毁而挫辱之。"虽是天生圣人，遭一番谤毁，定有一番警省，受一分挫辱，定有一分动忍。是故桓魋，仲尼之调达也；臧仓，孟氏之调达也；邢恕与侄子，程正叔之调达也；李定诸人，朱元晦①之调达也。昔有论阳明先生当杀者，阳明粘其疏于壁，早暮观省，以求寸进，年余，果觉气日柔，心日细，而动静自能中节，如此然后不负天生调达之意耳。彼言言设计攻人，我一一消归自己。彼方污吾之名，吾藉以进吾之德；彼方阻吾之进，吾藉以改吾之非。就心体入微处，默默洗涤，切切磨练，不容丝毫放过，则诽谤交加，皆良药也，敢不稽首以拜明赐？

民生于勤，死于逸。勤则血气常运，疾用是寡，而后王之，民逸适以短年。是故君子进德修业，贵及时也。农及工商，皆终岁勤动，而无一日之旷。士独何人，可以自逸？坎坎伐檀，顾为食力者所笑。先辈读书有三年图，今特绘以相示：每月下列三十日，每日作三分，如清晨修业无旷，即用笔抹上一分；午间无旷，则抹中一分②；薄暮无旷，即抹下一分。旷则空之，用以自检。

与张举人书

作文之法，在涵游性灵，使心苗常活；不在躁急心热，欲速求工；在打透机括，使词源沛然；不在饾饤掇拾，疲精役气。不论作文不作文，常要凝定心神，屏除杂念，眼耳鼻舌身意都要在题目上。凝之久久，则文机自活，文窍自通，譬之植木者然，根深则枝茂，乃气实生华，而非袭取也。用之则文章，舍之则性命，又何妨焉？此皆仆之所尝致力而未能者，谨三熏三沐而献之几杖之前，足下其俯听之毋忽。

答钱明吾论文书

尝闻先辈云："文有即奇而正，而若不睹其奇者，文之上也；雄伟俊拔，而不诡于绳尺者，抑其次与？"乃若兄之所论，是文之次也，非上也。而至谓尽性致命，更有在焉，则非矣。留心性命，屏除俗虑，诵中习存，作中习养，使腔子内精神常聚，生机常活，此举业本领工夫也。禅家谓："尽大地俱是悟门。"故洒扫应对，可以精义入神，岂有终日理会圣经贤传，而反作障碍者乎？绎先师之秘旨，养吾气之浩然，理趣融液，而不溺于游辞；洞彻本源，而不牵于旁意。炼之如精金在镕，不足色不止；裁之如美锦制服，必称体斯完。止则如罗汉入定，行则如流水出山。庄重如端人入觐，袍笏俨然；蕴藉如美女惜春，有言不尽；其纵横出入，如韩信将兵，多多益善；化腐臭为神奇，如

---

① 朱元晦：应作苏子瞻，疑撰者笔误。

② 分：从此字开始，至下文《答钱明吾论文书》中"绎先师之秘旨"一句的"绎"字，原版脱漏一叶，据国图本补。

钟离丹熟，点铁成金。以此而发泄性灵，以此而文名天下，庶无愧于斯文矣？

寄张公子书(张公子因考试不利愤甚，故以此书慰之。)

世间之物，小小成就者即不论，凡欲成百围之木，不知经多少风霜；凡欲成万斛之舟，不知受多少锤凿。古今豪杰，其学问得力处，皆从困苦中磨练出来，有遭一蹶而终身受用不尽者，足下固自奋可也。即举业一节，已精益精，茫无尽期。句炼矣，而刻琢太工即伤气；气畅矣，而驰骋太过即伤格；格正矣，而拘牵排列即伤意；意工矣，而描写过当即伤理。使稀纤备至，精粗毕协，若豪杰称工，而俗眼未识，亦是我辈欠缺处。作文之法，不但当仰合高纵，尤当俯循俗忌。故善文者，以平浅之辞，发精深之意，使识者得其意，不识者得其辞。程子云："立言之道，不使知德者厌，无德者惑。"执事试看《论语》、《孟子》，其词何等平正！其意何等精深！此万世作文之轨范也。天下无自是之豪杰，亦无自足之学问。故常惭往行之谬，则德日新；常知旧业之非，则文日进。如修德者执称往行皆是，作文者而自谓旧业皆工，则终身不能进步者矣。仆以豪杰待足下，故足下学业已工，而仆尤喋喋进规，足下果以豪杰自处，亦岂肯以今日所造为已足耶？况男子当读之书，仆读之三十年而未尽；男子当为之事，仆为之三十年而未得其涯也。足下英迈夙成，正不当以鄙人为例，然遭蹶而思奋，则野人之所亲尝而有味者。幸毋忽。

与于生论文书

鄙人尝论作文之法，大概有五：一曰存心，二曰养气，三曰穷理，四曰稽古，五曰透悟。夫文出于心，心粗则文粗，心细则文细。其心郁者，其文塞；其心浅者，其文浮；其心诡者，其文虚；其心荡者，其文不检。历历验之，若蓍龟焉。愿吾弟扫除外好，归并一路，收摄此心，绵绵密密，无丝毫间断。使腔子内精神常聚，生意常活，此秀才本领工夫也。杜牧之论文，以气为先。盖气和则文平，气充则文畅，气壮则文雄。凡欲作文须先养气，毋轻喜，惧气之扬也；毋暴怒，惧气之拂也；毋多言，惧气之躁也；毋妄动，惧气之失常也。动静语默，端详闲泰，常使太和元气周流于四体间，发为文章，自我盎然者出之而已矣。文有词有理，而理为之主，故理明则词显，理密则词精，理当则词确。理譬则主人也，词譬则奴仆也，未有主人精明，而奴仆不从令者。人惟不知穷理，而徒求工于词句之间，故用尽苦心，终不能出人头地耳。然穷理之学，不可全靠他人讲贯，须深造而自得之。遇题目难处，不得放过，如孤军遇敌，猝意向前。又如汉廷老吏断狱，推勘到底，一处精则其余皆得其精矣。作文最忌蹈袭，又忌杜撰。前辈文字，其章法皆有源流，凡布置结构，开合起伏，自有天然节奏，虽离娄之明，不能废规矩也。故古文不可不读，但读古文，不得以多为胜。仆旧读《庄子·养生主》一篇，反复熟玩，偶有所窥，乃知《庄子》三十三篇文字，总是一个机局。吾弟只把

《文章正宗》一部精择而熟参之，朝玩暮讽，使古文时在唇吻间，则出词吐气，自有古风。若待招之而后来，麾之而后去，已落第二义矣。昔严沧浪论诗，借禅为喻，谓："禅家一味妙悟，诗家亦一味妙悟。"悟之一字，岂易言哉？不可以有心求，不可以无心入。张旭学书，见公孙大娘舞剑而悟，何哉？其力已到，其机已熟，适相触发耳。凡六艺之学不熟则不悟，不悟则不精，岂特不精也哉？不悟则局于艺，而与性命为二矣。故作文者须要有孔子闻韶之志，使意气凝聚专一，而不复知有他。一日大悟，如斲轮者不疾不徐，如解牛者踟蹰四顾，乃神解之文，而非力索之文也。仆庚午春读书于南京燕子矶，是时颇知学矣。承许、沈二君资我薪水，胸中无一毫杂累，终日作文，沉思默想，收视返听，执管凝神，停章入梦，颓然如醉，兀然如痴，蠢蠢然又如不晓事者。数月之后，一日偶从诸友登矶，远望江云，恍然如囚人脱枷，不胜鼓舞，欲举胸中所得告许、沈二君，又默默无举口处。自后题目到手，便能成章，从前许多苦心极力处，皆用不着矣。承吾弟虚怀下问，漫述其所尝致力者以请正。

与陈颖亭论命书

原拟送老丈至圆通，同坐十余日，荆妇以弟年老，出外不便，遂不得来。谨将所受异人口诀录献，幸依诀而实行之。向算尊造，谓："运正贪财坏印，今当尚义轻财。"而其事犹未悉也。两候尊颜，见心甚虚，听甚恳，实有求道之念。弟如隐而不言，岂成其为报执事？谨将弟之所现行者，试数之于前。弟田租不多，每岁量除三分之一为行义之资，先将族人之读书者，与贫而不能婚葬者，量助若干，凡二十余条。次将亲友之贫者，存而衣食不能自给，如沈望湖辈；没而子孙不能自立，如李见亭辈，皆薄有所助。又次将乡里贫民丐户，每岁二度放粮，以济其乏。又次买鱼虾螺鸟，日逐放生，放得多欣然畅怀，如有所得。又次在嘉兴如楞严、三塔，在苏州如灭渡、接待等处，岁斋僧数千，而于造像刻经、修桥布路之属，凡扣门者，率不敢虚其所求，内思破己之悭，外思纳人于善。凡有利益，无不兴崇。我辈平日辛勤刻苦，为子孙创业者，死来皆用不着，所可待以瞑目而释然无憾者，惟此修德行义之事而已。大抵人受命于天，生来之福有限，积来之福无穷。如命中有福十分，今日受用一分，前面只有九分；又受一分，前面只有八分，受一分即销一分，此众人听命于天者也。吾辈果是用《易》，君子便当深绎圣人"积善余庆，积恶余殃"之说，而实为趋吉避凶之事，密密修持，孳孳奋励，尘尘方便，处处圆融，则受福一分，便可积福十分矣。老丈聪明，胜弟十倍，所未到者，不遇真正明师，未曾于见闻觉知之外，实落用一段工夫耳。弟幼受云谷老师之教，即知静坐摄心，或经夕不寐，或经旬不出，而人事多魔，不能打成一片。后因出游有暇，得整坐十个月，朝暮未尝交睫。于禅门工夫，先息粗细二尘，次过欲慧二定，然后备证十六触，而入初禅，大觉大悟，如梦之方醒。然有觉有悟，犹为幻为病，离此觉悟，方入第二禅。始知向来为聪明所迷，觉照所误，如鸟之出笼，廓然见天地之远大，而悦不自胜。然悦在犹为患为病，离悦而后入第三禅。凡人为学，惟内无所悦，故外面可喜可慕之事，得以动之，到得内有真悦，则充然自足矣。若三禅则不徒悦，而且乐焉。盖喜从心生曰悦，喜从外畅曰乐，故二禅之悦以心受，三禅之乐以身受，不但手足舞蹈，熏然顺适，觉得一呼而与六合上下同其通，一吸而与六合上下同其复，真与天地万物同其和畅者。当时正欲究竟其功，而弟偶因事归家，遂中道而废，至今悔之。然从此而遍交天下豪杰聪明智慧者，如麻似粟，并无一个半个知归根复命者，是以世智浮慧愈高，而去本地风光愈远。纵步步圣贤，早已错用心矣。弟知世儒学问迷误已久，不但佛教不行，即孔孟脉络，居然断灭，故从来只和光混俗，未尝敢以真实本分之事开口告人，而今特举以告足下，为爱足下不同众人也。虽然，语不投机，半字犹赘，恐似一柄腊月扇子，用不着耳。

与邓长洲

某幼受教于异人，谓学问之道，只是收心。当将平日孟浪精神，归并向里，而静坐一法，乃是捷径要门。然其工夫从喧入寂，从显入微，节节自有证验。不得明师指示，路头一差，则修证皆谬，纵坐百年，亦无益也。仆因依之静坐，初坐旬日，便觉杂念顿空，满腔澄彻。师曰："此粗尘息也，伏念隐情，微细流注，依然在耳。"更坐月余，遂将余尘尽扫。师曰："细尘息矣。"从此当有二定出来，先入欲界定，已空欲障；次入未到地定①，旋空色障。师曰："从此入禅不远矣。当有十六触法，汝勿畏勿惊，其时欲界之身将尽，色界之身未来，粗细相违，故多抵触。"某依教修持，更不动念，一夕，恍然大悟，如梦之方醒。师曰："此入初禅矣，然觉悟尚存，即为障碍。"遂尽情遣之，如痴如愚，不存一毫知见。又月余，觉喜从心生，性体一开，欢欣无量。师曰："此入第二禅也。然稍存喜悦，即障本来，从此遣悦，而入第三禅，则心中隐隐之悦，且畅于外而为乐矣。"盖二禅之悦在内，三禅之乐在外。初觉一指和畅，次觉满身和畅，又次觉六合之大，蠛蠓之微，无不和畅者。盖一念中和，而天地万物一齐贯串，乃是实事。正欲究竟其功，以有事归家，遂成堕落。从此而读"五经""四书"，见孔孟之言，句句皆是家常实话，而宋儒训诂，如举火焚空，一毫不着。悯正学之榛芜，开久迷之眼目，"四书"作便蒙书，经作详节，大删朱注而略存其可通者，于嘉靖乙卯年刻行，五十年来遍传天下。当时并不书弟之名，故家家传习，而并无议论。近有友人改作《删正》，而列弟名于上。夫不书名，则意在指迷，而可以相忘于物议；一书名，则迹涉贾誉，而遂来众口之呶呶。盖世间所忌者正在名，而今适犯其所忌也。此与贵属书林无干，敢以解纲之仁乞之左右，吴县曾父母处并望转达，惟台下念之。（以上十二条论心语。）

王元美作文章九命，一曰贫困，二曰嫌忌，三曰玷缺，四曰偃蹇，五曰流窜，六曰刑辱，七曰夭折，八曰无终，九曰无后。后又作恶病为十命。渠谓："文人多穷，其质

① 定：原作"位"，"欲界定"、"未到地定"均为佛家术语，径改。

情诚有合者。贫老愁病，流窜滞留，人所谓不佳者也，然而入诗文则佳；富贵荣显，人所谓佳者也，然而入诗文则不佳，是一合也。泄造化之秘，则真宰默仇；擅人群之誉，则众心未厌，是二合也。”而历引古人以证之，余窃不敢谓然。夫善相马者得其神，牝牡骊黄可略也。善论文者，亦论其神而已矣。故文舒者，其神必泰；文温者，其神必和；文清者，其神必隽；文冠冕者，其神必轩豁；文条达者，其神必通畅；文蕴藉者，其神必停蓄。若影之于形，修短曲直，未有不似之者也。人之贫富穷达，顺逆寿夭，皆神之所为。故晨得美食，宵有佳梦，神告之也；凶祸将至，其事未发，先惕惕弗宁，亦神启之也。今如所引古人弗敢妄论，即如近世桑民怿、唐伯虎、王稚钦辈，读其文，或浮而躁，或肆而狂，其佳者，或促如急管，或凄若繁弦，其神固飏飏不附体矣，安得不穷？安得不缺？又安得不夭也哉？伊尹、周公，身为先觉，位居冢宰，既寿且昌，福入万国，文又安能穷之乎？雅颂之篇，推骈臻之福，咏万年之寿，又何尝不佳乎？吾愿文章之士，广其胸襟，平其意气，勿骋其所有余，而务养其所未至，一毫乖戾勿着于心，使词气所出，铿然如金，温然如玉，俨然如端人正士之立于朝端，此所谓台阁之文也。经纶在抱，到处坦途，遇之或顺或逆，如空中花、梦中境，勿论可也。

昔鲁与齐战，曹刿问战于公，公曰：“衣食所安，弗敢专也，必以分人。”对曰：“小惠未遍，民弗从也。”公曰：“牺牲玉帛，弗敢加焉，必以信。”对曰：“小信未孚，神弗福也。”公曰：“大小之狱，虽不能察，必以情。”对曰：“忠之属也，可以一战。”越王勾践将报吴，甲兵既具，问战于申包胥，包胥诘越王之所以与之战者，王曰：“饮食不致味，听乐不尽声，愿以此战。”曰：“善矣，未可以战也。”曰：“吾老老幼幼，问疾葬死，愿以此战。”曰：“善矣，未可以战也。”曰：“吾修令宽刑，施民所欲，去民所恶，称其善，掩其恶，愿以此战。”曰：“善矣，未可以战也。”曰：“越国南则楚，北则晋，西则齐，玉帛、子女以宾服焉，未尝敢绝，请以此战。”曰：“善哉，蔑以加焉，然犹未可以战也。夫战，知为始，仁次之，勇次之。”今士人应试，亦可谓战也。其怠惰而不学者毋论已，三年笃志，足不窥园，精其业，利其器，进而鏖战于文场，然而有胜不胜者，盖不讲于所以战之理也。夫古人论战，不论坚甲利兵，而论事神治民、问疾葬死等事，此岂迂也乎哉？盖战而修其武备，犹试而修其文词，此人事当尔，不必论也。进退得失，其机甚微，其来也，若启之；其去也，若夺之，默主于人事之外，而人不得窥其缄者，此谋臣智士之所以栗栗危惧，而鄙夫浅儒见在眉睫者，固不虞冥冥之中有真宰也。愚谓士之所以试者，其道有三：一曰正心术。世间一切事为惟心所造，一毫机械藏于胸中，则心术坏矣。静视世人，凡舞机御物者，其后必不昌，往往得奇祸。上天之所恶者，莫甚于机，此灌园老人所以辞子贡，而宁处于拙也。吾愿诸友，已过事勿追，未来事勿亿，见在事勿着，或顺或逆，勿起爱憎心，便是不着。嗒然如遗，兀然如槁，默然如纪渻子之养鸡，则神完气足，不但可以精白其德，而亦精业应战之要术也。二曰积阴德。《易》曰：“积善之家，必有余庆，积不善之家，必有余殃。”此义不发于乾，而发于坤者，重阴也。论善于庆，论不善于殃，惟阴有之，阳无是也，何者？人有德，人知之则享令名，名亦福也，不复有他庆矣。名过其实，则反灾焉。人不知则为阴德，庆始及之。孔子曰：“丘也幸，苟有过，人必知之。”夫仲尼有过，不幸己知，而幸人知，曷故哉？凡人有过，当如日月之食，稍有掩护，即为阴恶矣。君子待人，期隐其恶而称其善，其自待也，善欲阴而过欲阳，非望报也，士君子之立心宜尔也。罗一峰计偕舟次姑苏，梦范文正公来谒，谓之曰：“来年状元属子矣。”罗谦让不敢当，范曰：“某年某楼之事，诚动太清，以此报子耳。”罗昔年曾拒一奔女于某楼中，念此事人无知者，此梦当不妄，及赴试，果夺标焉。嗟嗟！梦寐即白昼之为，暗室即康衢之见，此君子所以贵慎独也。三曰务谦虚。《书》云：“满招损，谦受益。”《易》曰：“天道亏盈而益谦，地道变盈而流谦，鬼神祸盈而福谦。”凡穷士将达，其人必有一段谦光可掬，苟侈然自满者，即举业甚工，未必第也。累试累验，百不差一。丁丑与冯开之同处于燕市，见其敛华下气，恂恂默默，面被人斥讪，怡然顺受。予告之曰：“吾阅人多矣，未有谦虚若此而不发者。”斯言犹在开之之耳也。祸福无门，惟人所召，气盈者必非远器，纵发亦无受用。此是眼前确然之事，稍有识见者，必不忍自狭其量，而自拒其福也。况谦则受教有地，而取善无穷，尤修业者所必不可少者乎？修此三者，勤以励之，恒以持之，庶可以战矣。昔人有言：“志于道德者，必得道德；志于功名者，必得功名；志于富贵者，必得富贵。”夫道德在我，为之则可必得矣。至于功名富贵，得之有命，何可必得哉？然得之固有命，而求之亦有道。惟修前三者，而不起希望，不萌怨尤，此求之之道也，亦以见求之无益于得者，失外亦失内；求之有益于得者，得内亦得外也。以义为利，《大学》丁宁于末简；仁义未尝不利，《孟子》发例于首章，呜呼深哉！

自古文章之士，多遭忌嫉谗毁。屈原见忌上官，韩非见忌李斯，毋论已，他如张九龄、萧颖士之见忌于李林甫，颜真卿之见忌于元载，韩愈之见忌于李逢吉，李商隐之见忌于令狐绹，韩偓之见忌于崔胤，杨亿之见忌于丁谓，苏轼之见忌于舒亶、李定，若近代之李献吉、薛君采辈亦遭谗阻，坎坷终身。或以材高起妒，或以词藻惭工，百懿不录，一眚见疑，含沙射影，信耳吠声，无所不至，是则宜然矣。予孤寒下士，铅椠未工，身非蛾眉，浪窃文人之号。人或有言，甘之如饴，然立朝之日，宜遭摈斥。今养拙东皋，杜门诵古，又以著述之谬，挂名弹章，当自反自责，勤勤改过，而增修其德，庶不负哲人玉成之意耳。

坊间刻《四书删正》，偶将“斯远鄙倍”“倍”字误刻“俗”字，世人遂谓予擅改经文。夫予虽甚寡昧，岂有改经之理？况注中明云：“倍，凡陋也。”夫既改“倍”为“俗”，则当释“俗”字，不当释“倍”字，既释“倍”字，则本文之不改可知，此甚易辨者。盖辞、气二字并重，宋人谓辞为目，气为纲。同是一句说话，出之以和气则人信从，出之以戾气则人不服，故辞之有气，犹颜之有色，均之至重者。今朱注云：“倍，与背同，谓背理也。”若以倍为背理，则于辞通，于气不通，故更训为凡陋，庶辞、气二字皆通耳。是予所更者乃注文，非经文也。夫娼疾之人，中有忮心，惟幸人之有过，而不知理甚明显，何得于明白处自起疑猜？可笑也已。

人生在世，此日一过，不可复得，是故寸阴可惜也。古人以三年为离经辨志之期。

傥千日内潜心力学，不令隙虚，何书不可读？何事不可成哉？予作读书功程图，以三年为率，每月界为三十日，进修功程，随日纪之以自考。偶有过言过动，亦书于册，期寡之又寡，以至于无。我亦自置一册，与汝互相策励。年逾七十，锐气全销，而一息尚存，不容少旷，进德修业，日日要见功程。如读书，前日看得书旨如此，今日看来又觉精深；如行事，前日看得道理如此，今日思之，又觉未尽；如改过，前日已知非而尽改之矣，今日体验，又觉所改之中，又有过焉，此所谓日知其所亡也。若自谓前日所读之书，所行之事与所改之过，皆已尽善，不复求进，则永断日新之路矣。君子从知起能，能成知绝，是能也者，乃道之有得于心者也。时时存养，默默保任，岂可使月有忘哉？故须①记之以自考。我若少旷，即为不勇之夫；汝若少旷，即为不孝之子，勉之！

进德修业只是一事，若只以读书作文为业，而置身心性命于度外，非学也。汝今于十二时中，须扫除杂念，涵养性灵，即事即物，不厌不弃，偶有走作，即收拾归来。时而读书，则整襟对案，俨如圣贤在上，潜细默玩，藉以管摄元神；时而作文，则以洁净之心思，发圣贤之旨趣，并不使一毫闲思杂想介乎其间。盖人之一心，最难把捉，心之不能不着于物，犹火之不能不丽于木也。孟子论“集义”而曰：“‘必有事焉’，知其不能离事，而即事以调剂之。”读书作文亦事也，虽非息心之道，亦是聚念之方，能专精于此，而不以他念杂之，正所谓主一无适也。凝聚得久，精神自然收敛，智虑自然精明，定有一旦豁然贯通之理。盖举业文字，最没紧要，费日力于此固可惜，而疲精神于此尤可惜。今能如此用功，借他规程，养吾心体，不但光阴不虚，而精神常敛，道德日新，圣贤用功不过如此。我昔年同沈介川、许星石读书于南京燕子矶，万缘放下，一尘不染，而终日作文。行亦文，坐亦文，卧亦文，绵绵密密，无丝毫间断，忽一日随众登矶，见云光接水，恍然大悟，词源顿开，不烦驻思而信口成文矣。此亲试验之良方也。毋忽！

今诸生修业，三六九日作文，余日则看书几板，随将时文选定，此通行之法，实至陋之规也。盖工夫最贵专一，如一日作文，而两日不作文，心思何由而联属？意趣何由而贯通？此其得益必浅矣。又，看书既非心得，则必杌陧而易忘。即一年能完经书，至明年则前书茫然不省，而所选之文已复不时，又将从前选起。年年如此，岁岁相因，乃终身不究竟之功也。况时文好者少，不好者多。好者入目，未必有益；而不好者入目，最能坏人真趣。如与不善人居，初亦甚恶之，既而默默熏染，不自知其肺肝之尽换矣。汝辈用功，当作焚舟之计，如作文便将别项工夫尽从并省，一眼看着题目，两耳听着，念念思着。一篇才完，便呈友人批抹，应时改定，又换一题，如此用工，月余文机便活，文势便熟矣。熟则三六九试笔可也。如看书，除素所明白者，且不必再看，其稍有未明者，细心理会，必俟此篇融通透彻，然后看第二篇。果能鞭心入微，反躬默体，玩之于虚闲澄寂之中，触之于语言文字之外，由此而看前日已明之书，则明白处更觉生意无穷。即看所未见之书，亦可因文会理，此皆功之反求诸内者也。至于时文，当倩人挨

---

① 须：原作“虽”，据国图本改。

题集定，俟作此题，然后检此文，何处是彼神到？何处是彼意到？何处是彼理到？何处是彼词到？以他山之石，攻吾之玉，点彼顽铁，使尽化黄金。盖不以时文看时文，而以我看时文，尝其一脔，因为之发其至味。此所谓转法华，不随法华转也。

我朝令甲，“四书”从朱注，仍元旧也。后成祖下诏，谓朱熹一人之说，不足以尽六经之旨，征诸儒集《四书五经大全》，颁布学宫，使士子诵习，法至善也。今天下咸局于朱说，不复有看《大全》者矣。吾儿须先将经文潜心玩绎，次将朱注字字而体贴之，《大全》诸儒之说，亦须一一参考，务求至当。盖博则众长兼采，约则一字不留，此在豪杰之自得耳，未易为众人道也。至于《性理》一书，成祖曲尽教人之道。吾童时蒙苏一山先生逐句讲解，始通其文，后遇方外异人，别有所授，然后《皇极经世》、《律吕新书》诸篇，始贯串而通晓，亦尝为汝辈略陈其要矣。《通鉴纲目》，其书不出于朱子，乃赵公讷斋所创，故义例多讹，而宋元纲目尤杂而未纯。汝旧尝阅过，亦能识其颠末矣。然看书易，记书难，开卷了然，掩卷茫然，何益之有？凡记书，自有要法。朱元晦尝称唐仲友善记，一部十七史，皆在指头上轮得转，此不过编成檃括，随事记之耳。韩退之云：“纪事（者）必提其要，纂言（者）必钩其玄。”此得稽古之要领者。汝于全书既已阅过，今《性理》只将我所纂出者，《纲目》只将《纲鉴要览》从头细阅，明日复从前检其所标出者，记则已，不记则将书一看，日日如此。待看完之后，每早将二书从头一检，此不过片饷工夫，最不费力。如得百日，则看过百遍，便烂熟矣。他日有暇，或有事他出，不得做正经工夫，将此二书随身，时时一检，终身可以不忘。盖有至敏之资质，决当做至钝之工夫，所谓“上乘兼修中下”也。

今天下秀才，只攻前场，不复肯加意于后场，即有司校士，亦全不以论策为轻重，故祖制大隳，而士习益陋。然君子自处，不应若是。汝七岁能诵“五经”正文，八九岁时，《老》、《庄》、《史》、《汉》、《韩非》、《吕览》之属，亦既啜其糟而吮其膏矣。今不以泛滥为高，而以精指为准。将旧时所熟玩者，删其繁猥，每书只存精确者数首，悠悠熟读，绵绵细玩，详其脉络，会其旨趣。读《史记》须要得其跌宕之气；读《汉书》须要得其严整之风；读《老子》须养吾恬淡之心，会其无为之旨；读《庄子》便须渺末世界，傲睨帝王，而使胸中常有一段不羁不局之趣，翕其精神，注吾肺腑，开口如在舌尖，下笔如在笔底，然后从而作论、作策，庶有三分古气，可以压倒元白矣。

读书之法，必先整襟危坐，收敛元神，开卷伏读，优游寻玩。其未得也，绵绵密密，如鸡之抱卵，意气专一，而百虑俱空；其既得也，一言会心，是非双遣，如龙之腾空，而翛然于尘垢之表。作文之法，在涵泳性灵，使心苗常活；不在躁急心热，欲速求工；在打透机括，使词源沛然；不在饾饤掇拾，疲精役气。不论作文不作文，常要凝定心神，屏除杂念，眼耳鼻舌身意都要在题目上①。凝之久久，则文机自活，文窍自通，譬之植木者然，根深则枝茂，乃气实生华，而非袭取者也。

士人不肖者，类束书不观，游谈无根；间有读书者，又汩于括帖，专事饾饤，拘牵

① 眼耳鼻舌身意都要在题目上：此句原作“去意作文”，于意难通，从国图本。

讲说以合注，又拘牵训诂以合经，而圣贤之意远矣。读书之法，将本文朗诵精思，先会通章大意，识其指归；次将一句一字，求其下落，皆须体之于身心，验之于日用。灼见其句句可行，字字不妄，然后将大注一体贴之，再将《大全》诸贤之说，一一考索之。有所不合，不妨再思，不可轻悖前贤，自是己说。极之而果有所不通，则当尊经而略传，不可信传以疑经；当借传以明经，不可驱经以从传。此尤今日学者所当知也。（以上七条读书语）

汉成帝读《尚书》百篇，博士莫晓，征天下能为《尚书》者，东海张霸通《左氏春秋》，以左氏训议解《尚书》百二篇上复，按秘书无一应者，吏当霸辜大不谨，帝奇其才，赦其辜，亦不废其经。杨子山为郡上计吏，见三府为《哀牢传》，不能成篇，归郡重作上，孝明奇之，征在兰台。王元美尝记此，谓永乐中之罪朱季文，嘉靖中之罪林希元，弘治中之罪荐董文玉者，为未尽右文之意。先，曾祖落泉先生尝言季文奇士，其所著书尽有精义，即句读间亦多可采者。《论语》“固天纵之”，“之”字作句，“将圣”二字连下读，太宰以多能为圣，是因末而证本，子贡言圣又多能，是即本以该末，见得多能皆天纵之余事，最为有理。子贡对曰：“然非欤？”然字不断作一句读，犹言“然则非欤？”疑为起信之端，不疑则不悟，总来只是一个疑意，非“方信忽疑”也。《孟子》：“晋人有冯妇者，善搏虎，卒为善。”“善”字作句，“士则之”，“之”字作句，“野”字连下读，此千古一定之理。当时肉食者鄙，不复细阅，一概废毁之，岂但非朝廷右文之意？兼亦非朱子求益之心矣。予著《删正》，孙东瀛欲进之朝，予力辞之，而议者纷纷，几不能自立。试举《论语》前数条，与四方豪杰共订之。如《论语》“学而时习之”，此是《论语》第一义。夫不学而能者，性也，学而非性矣，所谓反之者也。盖学则乖自然之体，不学又无入道之门，故夫子教人因学以复不学之性。学则须习，习则须时，所谓时习者，其紧要在复性，以不思不虑为工夫，以不识不知为究竟，习之久久，渐近自然，而性真呈露故悦。今乃不复自己之本性，而欲效他人之所为，是何等学问？况本注三段：第一段言“明善复初”，第二段言“时复思绎”，皆重致知上；第三言“学者将以行之”，曰将则学时犹未行耳。此是朱子自家学问，原非孔门学术，反不如时文兼知行之为优矣。二节“朋，同类也”，夫同门为朋，出自《尔雅》；同志为朋，出自《易大传》。自古无以同类为朋者，不然，圣人之于民亦类也，岂皆朋乎？又云：“自远方来，则近者可知。”夫论学则自近以及远，论应则重远而轻近。孔子道高德博，三千之徒，不远千里而来，至鲁问孔子，则曰：“此吾东家丘耶？”可见远人之观听最公，而近人之耳目易眩，若言“近者可知”则鄙矣。与人与众，原是乐体。如我一人为善固乐，不如一家为善尤乐，一家又不如一方一国。若说己之善及人，人来信从我然后乐，则私而小矣。大舜一生学问只是舍己从人，然则我去信从人，与人之善及我，又何尝不乐耶？三节“愠，含怒意”，含字是，怒字非。以理论，则成德君子何怒之可含？以字义论，则“南风之熏兮，可以解吾民之愠兮”，天之大暑，何尝怒他？只是令人闷耳。此等处皆未尽善。次章“本，犹根也”，《尔雅》释荷云：“其本蔤，其根藕。”则本与根明是二物，何得混而为一也？且本惟一干，根有千条，故《淮南子》谓本干莫易。若根则有一边死而尚可活者，何得混称哉？又言：“凡事专用力于根本。”夫事有万殊，本惟一致，岂有一事即有一本耶？又岂有事时有本，而无事时即无本可务耶？又言：“学者务此，则仁道自此而生。”然则孝弟为根本，而仁反为枝叶矣。要知道原在本先，惟本立而道生，则在未萌芽处做工夫，乃是真务本；仁原在孝弟之先，但从一念真心处保任，则仁民爱物，总在孩提一念中；乃收末而归之于本，非推本而散之于末也。第三章“鲜矣仁”，注谓“专言鲜，则绝无可知。”仁者，本心之德，言鲜则可，言绝无则不可。第四章注言“有则改之，无则加勉”，夫曾子之意，专虑不忠不信不习。如果用心真切，虽待人十分诚恳，断不敢自信以为忠；交友虽言言皆实，断不敢自任以为信。此文王“望道未见”之心，孔子“学如不及”之意也。若曰“无则加勉”，便非圣学，以忠信为传学之本，益觉支离。以此言之，则其差谬处，恐十不止于六七也。今举世贸贸承讹习舛已。既不能明，又禁他人使不得明，甘心为世儒护短，而忍使孔孟之旨不白于天下，可惜也。然此犹论道理耳。至于礼仪名物，凡费考究者无一不谬。如：“至于犬马，皆能有养。”《礼》：人子养亲，有六珍之奉。下三珍曰犬、豕、鸡，以犬为重。上三珍曰马、牛、羊，以马为重。是犬、马乃六珍中之最贵者，故曰“至于犬马”。有力者皆能备之，以有养矣，不敬，何以自别于今之孝者乎？如论：“犬马待人而食，亦若养然。”即甚鄙陋，必不至以犬马比亲。朱子云然，由其读《仪礼》不熟耳。如“射不主皮”，乡射大礼原以五事观德，合于五事，虽不中也取；不合，虽中也不取。此《礼》经原文也。今乃云：“但主于中，而不主于贯革。”非《礼》文之意矣。且以贯革为穿皮，何其陋也？如“揖让而升，下而饮”，按《大射礼》云：“司射反位，上耦出次而南，揖进上射，左右当阶北面揖，及阶揖。上射先升三等，下射从之中等，上射升堂而左，下射升，上揖并行，皆当其物北面揖，及物揖。”非“三揖而后升堂”也。况升堂之后，尚有三揖，不可谓揖上于升也。其饮不独射毕而饮，自宾升、取爵、适洗①及无算爵，其仪甚众。取觯立饮，特其间一节事耳。且不胜者升而取饮，亦是升而饮，非下而饮也。故此六字，郑玄原作一句读，古注疏皆遵用之，以揖让二字贯下，谓揖让而升，下揖让而饮也。朱子乃背古注而升字作句，其谬甚矣。又“巧笑”二句，在《卫风·硕人》之二章，“素以为绚”句，孔子删之，非“逸诗”也。注谓“疑其以素为饰”，是疑其把素作绚，子夏之愚，未必至此，但有倩盼之美质，而又欲加华饰，便有可疑处。《考工记》先曰绘画之事“杂五色”，后曰“凡绘画之事后素功”。郑玄注云：“凡绘事先布众色，然后以素分布其间。犹美女虽有倩盼美质，亦必以礼成之。”今谓“以粉地为质，而后施五采”，非《考工记》之意矣。《礼记·明堂位》谓夏有四琏，商有八琏，今乃谓“夏曰瑚，商曰琏”何也？其注宁武子“当文公之时无事可见”。春秋列国世卿，其父死，其子始代其位。武子，宁氏八世孙，成公四年，其父宁速尚莅盟，则武子未尝事文公也。如此之类，不能殚述。元晦十九岁

① 洗：原作“诜”，据《仪礼注疏·大射第七》改，《十三经注疏》，中华书局1980年影印版，第1032页。

登进士，五甲立朝，四十九年而归，归未几即没，故其所著述，皆在车马驰骤中匆忙辏集，何得遍考群书？固宜其无一不谬也。

太祖高皇帝既尊儒教，又刻释道二藏，谓二氏暗助王纲，收之礼部，而不与世儒之辟佛。成祖文皇帝又刻二藏于燕都，加精焉。其范世教人，意至深也，然梵筴尊重，流行尚寡。予与冯具区辈谋易之以书册，虽未能全刻，而诸凡可阅可传者，已刻十之二三。由是四方学士始传习而诵法之。中有根器俊利者，触发性灵，露出前生见分，笔力足以运之，多于时义中谈玄说妙，直逼性灵，真有道前人之所未发而卓然印心者。然胸中原无此见，不过从书上得之，纵见得十分精融，说得十分明快，亦是依通，而非性通也，从眼藏外入，非从心藏内出也。其间又有可笑者，狃于世俗之见，未尝一窥宝藏之门，只从时文上传递，得二三分说话，欣然掀弄，以为己橐，认其浮响，忘其本来，良可叹惜。吾愿有志者，不徒玩其文言，兼思绎其意义。盖古之至人，不以文字为教，而专以性命开人，隐本显末，隐大显小，英华有不必于尽发者，吾侪顾以文字求之，何异取萤火焚山，失之远矣。

管登之曰：古人动必称天称鬼神，日监在兹，情状如见，是有郊社禘尝之礼。幽明生死，如佛氏所言，三世因果，十方重重，无尽法界，皆实理也。程朱概目为荒唐幻妄之谈而扫去之。言天则曰即理也，焉有临汝之上帝也？言鬼神则曰屈伸之义也，焉有受祷之上下神祇也？言人死则曰形销而神灭也，焉有游魂为变也？其见既已疏矣。又如性本无生，故亦无灭，此实十圣同然之真心；众生度尽，方入涅槃，此亦千圣同归之实际；特儒典引而不发，发自释氏之口耳。程朱概以为虚无寂灭之教，而力排其说。然则真心果有生灭乎？圣学果无究竟乎？又戒儒者毋以名利心希孔子，孔子自有出世心法，通乎毘卢法界，则乾元统天之旨是也，参乾元可以不历僧祇而获法身矣。亦毋于纲常外求佛行，佛门所重，普贤万行，具在儒宗，如礼仪三百，威仪三千之矩皆是也，循孔矩可以越历三祇而成正觉矣。又谓诃佛骂祖，此病莫甚于辞章家，即使前因深厚，不落三途，而导伪导狂，亦损三祇功德，不以退位造殃，亦以分身受报，而证果之期远矣。此深识因果者。秀才工举业，久溺于世儒之言，非大豪杰必不能超然深信，然辟佛之果报，恐不止退位分身而已也。昆山魏校，讲学修行，素敦厚德。其提学广东时，曾毁六祖之钵。既毁，钵中有“魏禾女鬼木交”六字，众官传览，知先世之谶记不虚。及患病沉重，梦中往见阎王，问及毁钵之事，魏对：“钵有旧谶，原该毁于我手。”王曰：“汝前世修苦行三十年，福报甚重，今削尽矣。生当绝嗣，死当入无间狱也。”放之归，约三日而反。及出门，见其叔以铁钩悬于梁上，哀呼求救，魏欲入，门者不许，托之代奏，遂传命得释。既醒而寻问，则其叔先患背疽，是夜卒。越三日，魏殂，果无后，嗣子亦夭，何其报之酷也！

内阁文库本游艺塾续文规卷之四

赵田逸农袁黄坤仪甫辑
门人刘有执无竞甫阅
男袁天启若思甫订
嗣男叶绍袁仲韶
侄孙袁祚熙载之甫同校

了凡袁先生论文（旧文规所刻者一篇不载）

制衣所以御寒也，有衣而不免于寒，则虽锦绣尽饰，皆为无用之物矣；医之用药，所以疗病也，有药而不能治病，则虽按医经制奇方，皆为无益之举矣。习举业所以应试也，为文而不利于场屋，虽千椎万炼，枉费苦心，何益之有？昔归有光熙父，博洽有盛名。嘉靖庚子，张龙湖主南京乡试，得熙父卷，大加叹服，称为天下士，然以其经书义涉古奥难识，终不与首选。龙湖心实重之，谓海内无两也，尝自诧曰："世安有具只眼如张治者识归生耶?"熙父素恬静，不问家人生计，益闭门修业，直欲以古文为时义。用心愈勤而去时调愈远，是以累困春官。比丁未，龙湖主会闱，熙父复不第。庚戌，公又以阁学典试，戒房考吏部章员外曰："君为归生乡人，必识其文字。"章亦自谓必得之。已，得一卷，词指亦古奥，荐之龙湖曰："此必归生无疑。"龙湖复细阅之，喜曰："真归生卷也。"时礼部尚书华亭徐公为提调，阅五魁卷，语龙湖曰："第二名和雅精粹，是会元正脉。"众考官皆以为然。龙湖告徐公曰："第一名必归有光卷，吾乡试时不以为元，至今愧之，今必取之为首。"及拆卷，则一名乃泉州傅夏器，而二名乃嘉兴汤日新也，龙湖嗟惜。是夕展转不能寐，传命索其落卷，读之，大非庚子时文矣。大恚曰："归生负我，何乖谬至是?"又历五试，至乙丑，余公同麓当为分考官。余旧曾识面，因窗友李见亭北行，寄书规之，谓："场中看文，当为国家求真才，勿拘拘于词气间，须略皮毛而重神理，更当细阅后场。凡老成淹贯之士，其策论必精。"余公报曰："谨如命。"及进场，熙父卷果在同麓房，览之，语同事诸君曰："此可中否?"众咸难之。同麓曰："此去有司之绳墨甚远，然非凡品，姑置之，俟检后场以定去留。"及读二场论，乃曰："真巨儒笔也。"时高新郑主试，同麓不敢送初场文字，但以二、三场送阅，遂得中选。夫熙父之文，岂不工哉？然古而不今，深而不浅，质而不华，奥而不显，大非利中之具。是以乡试后蹉跎二十六年，幸遇余公收之于绳墨之外，不然，几终身沦落矣。故举业文字慕古者，必不合时；师心者，必不谐众。虽濡笔腐毫，辍翰惊梦，吾见其愈眩也。善修业者，不独自慊隐衷，须要博通众志，每作一首成，即呈众人订正，虽愚夫之言，吾必择焉，然后巧心拙目，两不相违。熙父负盛名，雅自尊重，人无得而訾议其文者，譬之玉不受琢磨，终不得为美器焉；马不受驾驭，终不得为良材。

己未科，乡人沈君绍庆为仪部主事，职司提调，检熙父卷，心念其久淹滞，欲振之，而卷中句字多刺时目，为改其最骇人者，誊入之。熙父下第归，闻而大怒，移书徐宗伯，言其卷中某某等字本汉人语，苏家兄弟常①用之，乃为浅学所诋。不知惟其为汉语，所以大背时格，苏家可用，而今固不可用也。呜呼！钓者负鱼，鱼何负于钓？

春而东风解蛰，夏而大火西流，秋而素瓦凝霜，冬而寒林缀雪。雷火霜雪，各司其候，惟其时也。时之来也，万物无所避其踪；时之往也，天地不能留其钥。文而谓之曰时，决当随方合节，局局争新，过时不可，不及时不可。昔荆川先生尝言："时艺不可自适己意，须寒暑温凉，各随时态。"故其己丑以前之文，如墨义及初出窗稿，温润典雅，气格甚正；及其改官翰林，莫子良诸公从之游，其所作"有故而去"七句，"克伐怨欲不行"全章等篇，精微渊懿，沉着痛快，其文又是一格；归田以后，与诸生修业，如"子莫执中"一节，"郑人使子濯"一节之类，脱尽浮华，独抒真景，又是一样文字。惟其不执一格，而能随候效灵，不恃前之所修为已工，而惟恐今之所作为未善，故以苍颜白发之歌工，而声调不减于后进也。茅鹿门前辛卯登科，至后辛卯尚课儿孙为文，六十年来，大都一辙，是以文虽工而不时耳。后生辈居今之时，乃欲反古之调，此何异当夏令而飞雪满空，当冬天而炎威熯物？不惟失时候之正，且将以灾沴而召祸矣。

予前作《举业彀率》等书，极论文当炼格。二十年来，学士弟子咸知格之当炼，而颠倒体裁，眉目尽别，翻成恶习。吾儿天启与沈因仲同笔砚，力变其弊。凡题皆依文正做。上年因仲进场，首篇三句，格作三段做；次篇二句，格作两扇格，遂得入选。盖时人炼格者，多反不若不炼者为新也。今当量为斟酌，不可太炼，亦不可不炼。如应天程式：《大学》义虽三扇，亦略有起缴；《论语》义虽两扇，亦先作散起，使低昂合节，各适物宜可也。题有定义，工自意中；文无定格，巧运格外。

后生谈文，往往浮慕古人，意轻时作，此似解不解。毋论举业之文以时为胜，须知学贵虚心，即后辈纤词，时流变调，有一言一调可采者，亦须舍己从人。大抵文以专诣为境，以饶美为材，师匠宜高，捃摭宜广。

我朝洪武四年开科，头场文字用经疑，至今朝鲜遵用之。后停科举几二十年，复开科始定今制。当时刘三吾诸公实主其事，仿宋之《论》、《孟》古义，变散文为对股，体俳而势弱。宣成以前，寂寥简短，犹未成章，如矿洞初开，鼓铸虽动而银色未足；正

---

① 常：原作"长"，国图本同，据文意改。

德以后，始渐丰饶，如开讲法师上座引经说义，种种可听而寡精义；至嘉靖初年，阖辟驰骋，一首至千余字，如酒池肉林，惟骋丰富而寡芍药之和，无可咀嚼。其时张罗峰始行限字之令，而荆川、方山、昆湖诸公出焉，时义始有定局矣。传之未几，又复泛滥，一幅千尺，多疵少淳。隆庆改元，又复限字，王葵阳、邓定宇诸公擅名场屋。至于近日，专尚新奇，体格俱变，高者如临济谈禅，棒喝交驰，毫不可解；卑者如山徭强作汉语，不免鴃舌，然恣谈名理，深入幽微，则今日之文，亦云胜矣。

文字要得摄精夺髓之法，如阅魁元墨卷，有称意者，须反复熟玩，早暮观之，弃其糟粕，吮其英华，而使彼之精神命脉咸在我胸中，出之即肖，庶有益耳。又有多闻阙疑之法，如场中题目，每一题当集录墨卷数十首，博观而约取之，稍有可疑，即置之若弃，盖彼此互参，则蹊径尽露，疑殆俱阙，则取用益精，此良法也。时艺写六经之意，传先圣之神，须抒发性灵，典正可则，照烛三才，晖煌万有，理义待之以阐明，幽微藉之以昭显，非小物也。迩来作者，惟采新声奇调，足人听闻，而于身心性情毫无干涉，是以发唱惊筵，操调险急，雕藻淫荡，全不雅驯，犹五色之有红紫，八音之有郑卫，可屏绝而不可效法者也。

作文最忌蹈袭，须自开一堂奥，自造一炉冶，作几句不经人道语乃佳。古之作者，如宝月盗东阳柴廓之什，其子几欲成讼；延清爱刘希夷之咏，遂至杀人；魏收、邢邵交骂为任昉、沈约之①贼，甚至有生剥少陵，挦撦义山之刺。近世作时义者，多尚剽窃，终非上乘。凡文章句意，创见可观，说过一通，又重说之，便可厌矣。余于小儿书馆中书一对云："举业传贤圣②之神，切勿借他人面孔；文章传祖宗之脉，终须露自己精神。"盖深规之也。

人之材敏钝不同，敏者援笔立就，钝者竟日乃成。然文字不论迟速，只欲工耳，速而拙，固不若迟而工也。《鹦鹉》一挥，《子虚》百日；"煮豆"七步，《三都》十年，固自不妨并美，但场中七篇，在风檐寸晷中，要自不容迟滞者。此须拟习之久，转生为熟。求熟之法，当屏去旧文，专精默想，到做不出处，如推车撞壁相似，便是好消息。切不可歇了手，务要从此处努力向前，从思量不及处加精进，从神思郁塞处求通达，多则一月两月，少则一二十日，文机一开，如泉源涌出，随地流溢，自然顺畅。若未动笔，先去翻阅旧文，则终身不熟矣。

举业文字有甚不通者，互相沿袭，不知其非。如"四时行，百物生"，删去"四时"、"百物"，只曰"行生"，所指不知谓何。如"继善成性"，删去"善"字、"性"字，只曰"继成"，是何道理？如"苍生赤子"，删去"生"字、"子"字，只曰"苍赤"，知是何物？如"独行不愧影，独寝③不愧衾"，删去"行"、"寝④"、"不愧"，只曰"衾影"，一发无谓。改"鼠"为"璞"，呼"驴"作"卫"，此是时文陋习，稍

① 之：原误刻为"云"，据何良俊《何氏语林》改，明嘉靖刻本。

② 圣：原作"神"，据文意及通例改。

③④ 寝：原作"寖"，据文意及通例改。

有识者不为也。

韩退之曰："养其根而俟其实，加其膏而希其光，根之茂者其实遂，膏之沃者其光晔。"此言最尽作文之道。今秀才文字所以不嘉者，不能养其根，加其膏耳。文之根在心，养之之法，须扫除习气，屏绝嗜欲，使胸中常有一段清明境界，自然启口容声，不涉鄙秽；文之膏在理，理富则膏润，须大开法眼，深入理窟，然后谈微说妙，悉中肯綮；此秀才本领工夫也。故文章有得失二途，有本领者得之，无本领者失之。得则如鹤戾九皋，响彻云路，失则如夜蛙鸣露，非无声致，而终不脱污泥中；得则如幽径落花，虽复衰悴，委艳动人，嫣然有态，失则如剪彩为花，绝无生意；得则如汉三老沿乡课农，言言皆实，失则如优人登场，虽悲欢种种，全非真境；得则如王谢门中子弟，动止可观，失则如刁家奴挥散金帛，原非己物；得则如百宝流苏，不俟雕刻而妍倚可爱，失则如拙匠琢山骨，斧凿宛然；得则如刘安鸡犬，随主飞升，雅有白雪之致；失则如纳银冠带子弟，虽在缙绅中，全无文雅面目；得则如四瑚八琏，宗庙增重；失则如镂冰为玉，日出潜消。善阅文者，察其得失于笔径之间，而真伪犂然矣。

陆士衡曰："其始也，收视返听，耽思旁讯①，精骛八极，心游万仞；其致也，情②曈昽③而弥鲜，物昭晰而互进，倾群言之沥液，漱六艺之芳润，浮天渊以安流，濯下泉而潜浸④。"今作时文，无出此语。其始也，须包蓄千古之材，而又欲一尘不染；牢笼宇宙之态，而又欲万境皆空，聚精含神，如不欲战。其发也，须如千钧之弩，一举透革，又如良骥骋康庄，整步初行，意在千里，纵之则文溺落霞，卷舒绚烂；其转也，须如清泉出峡，流丽无穷，又欲如明珠走盘，圆转不滞；收之而意尽也，则如鼙声一击，万骑忽钦，寂然无声；意或未尽，则余音袅袅，一唱三叹，有朱弦疏越、太羹遗味之趣，乃成佳作。

文字最要情真。屈平、宋玉，哀怨最深，故读其文，使人断魄销魂，涕泪俱下。苏武、李陵，万里生离，百年死别，故其诗缘情结绮，词有尽而意无穷。今士人作文，不患无识，最患无情：不信孔孟之言句句是身心实理，而漠然视之，无一丝干涉，故其为文，如抟沙，如嚼蜡，握之不成团，吮之无遗味。今作五经题目，须潜神体贴，会文切己，言言消归自身，字字约入性体，口未语，先悟之以心；笔未举，先求得其实，然后从而发之，斯文有实诣矣。

文章理义只在本题中，不烦外索。即如人身以魂载魄，生有此体，质即有此态度，不必借妍于人也。如今年应天出"康诰曰：'克明德'"三节，克是允恭克让之克，明德而力量有所未优，非克也；即优矣，而体验有所未实，非克也；即实矣，而倏明倏暗，缉熙未能，亦非克也。中节"顾諟天之明命"，即从"克明德"说去，言此所明之

---

① 讯：原作"迅"，据陆机《文赋》改。

② 情：原作"精"，据陆机《文赋》改。

③ 曈昽：原作"瞳眬"，据陆机《文赋》改。曈昽：日初升微明的样子。

④ 浸：原作"进"，据陆机《文赋》改。

德即从天而出者，人虽为不善，而不为不欲之真心昭昭灵灵，瞒蔽不得，此便是上天明白教我，非天之明命乎？顾者，回光返照之谓。人之精神常聚于目，能收敛而内观，此德之所由以克明也。末节又从"顾諟"说去，见得天之明命非我一人之私，乃合家国之人而同具者，故曰峻德。不明明德于一身，而明明德于天下，原是《大学》本旨，只就题中搜索，其理义原自有余。今不窥本旨，但骋浮词，求之宇宙之外，而失之耳目之前，所以愈工而愈远也。

场中看文，如走马看锦。譬犹张锦于此，而令人走马观之，文采烂然，虽不甚细，而隐约之间，可赏可恋；再观之，则文理细密，整然入微；三阅之，则丝丝入扣，秀色烂然，歌乱甫毕，肃然动容，掩卷之余，彷徨追赏，此万选万利之文也。其或窘裂边幅，郁而不畅，令人初看不佳，或初看虽佳，而词理多疵，不堪细绎，皆非利器也。

物相杂故曰文。文须五色错综，乃成华采，又须经纬就绪，乃成条理。今作时义者，惟欲显明，不尚委曲，如讲章直说，何以为文？不知文章之妙，全要转换变化，即之若近，而测之愈远；观之若简，而讲之愈深，如《维摩经》中说一丈室置恒河沙、诸天宝座，丈室不增，诸天不减，又一刹那定作六十小劫，有多少神化在此？岂可以凡情测者？为文不到此处，终不能工也。

时文全以肖题为主，依文会意，眉目逼真，乃称佳作。然肖题之外，尚须看一段风神活泼流转，触目赏心，斯为上乘。倘于题悉肖，而情神不流动，正如抟泥为像，绝无生色，有何佳趣？昔息斋李衎传文與可画竹之法，风竹雨竹，各极其态，最称相肖。后苏子瞻亦画竹，但扫数笔，虽不甚相似，而萧然出尘。时人谓东坡之笔妙而不真，息斋之竹真而不妙。故时文不独肖题，兼有神气为美。

时文篇法有提起，有过文，有收拾，须要八股之中，股股气脉相接，一意贯通，绝无痕迹。如中间诸股又有发端，非法也。其章法即是股法。一股中亦须一意到底，其文亦有三转、四转及五转者，但须脉络相承，转入转细，起伏顿挫，有力无迹，方成章法。句法贵老忌嫩，贵圆忌方，贵活忌滞，贵庄重而又忌累坠，贵溜亮而又忌轻浮，贵妥帖而又忌软弱。输写便利，要如弹丸脱手；绰约华秀，要如初日芙蓉。前辈谓百炼成句，非虚语也。字法最忌句中有冗字、俗字、粗字、嫩字、腐字，急宜黜去，务使六律和鸣，五彩夺目可也。近日时文，一字稍尘，通篇寡色，尤须留意。

元时浙中每岁有诗社，聘一二名宿如杨廉夫辈主之，刻其尤者为式。嘉靖中，我父参坡先生修举遗事，亦约谭舜臣、孙太初、董萝石辈为诗社，月有会，会则分题面试，互相评订，一时诗学，甚是斐然。今作举业，不可不联文会。予少时与李见亭诸公立社，每五日一会，虽大寒大暑，亦不少辍，故彼此得益，各有成立。今时立会有二弊：一则患不能恒；二则患会时不肯直说，咸谓良朋难遇，嘉会难联。予谓不然，求友之道，全在反躬励行，使彼此情意相连。《中庸》曰"取人以身"，吾身不正，曷能取人？故凡会中阅文，我先以真心待人，句句直说，人亦当以直报我。待人能事事加厚，人亦岂肯自处于薄？此所谓先施之道也。只患先施之未能，何忧哲人之难遇？果能如此用心，岂但文会可联？因文讲德，相规相劝，可以砥砺身心，可以发明伦理，近可以为终身之倚仗，远可以订千古之心期。朋友讲习，人间第一乐事也。但狎昵之友，言不及义者，切须远之。如以为交义已定，因循不绝，则默默渐染鄙俗之态，沁人心骨，如雾露中行，虽不见其露水，而湿气已潜透矣。

今人看墨卷，专訾议其短；如后生与前辈相处，专检点其失；二者皆非求益之道。文章安能字字尽善？但有一种可取处，不妨中式。故善看墨卷者，意不足则求其词，词不足则求其气，气不足则察其神。文字原有神来、气来、词来、意来种种不同，随方审视，求其得意处而取法之，方才有益。如但嫌其丑，不采其长，则我与墨卷分为二途，好秀才所以不得中式者，其病皆坐于此。与前辈相处，须虚心领教，随事讲正，则一言一动，皆有裨益。如但伺候其过失，则虽圣人异居，亦只见其可非可议，而不见其可法可传矣。

袁洪愈贫居吴市，绝不知名，丙午南京发解，竟亦称选。其时首题“周监于二代”一节，众皆以文盛立说，袁独不然。盖武周制礼，实监夏商而为之，观禹汤之精意而酌其风会之流，使古先圣人之道灿然复明，故曰“郁郁乎文哉”。监者，斟酌损益之谓，非加增添饰之谓也。郁郁者，文质合宜之谓，非以文灭质之谓也。孔子从周，即从先进之意，非从其繁文缛节也。一题合意，遂得首选，此公后亦不以文名。今之有盛名者，大率皆因科第之高，宋人所谓倚籍圣贤也。惟邵圭洁、吴嵚辈间关不能得一第，而世竟传其文，所谓豪杰之士非欤？唐以诗取士，而杜子美终身不遇，踯①躅浣花，竟以诗名后世，韩退之四科不第，不得已就张建封之辟，而竟以文显。此其诗文实工，可抑之于一时，而不能终淹于百世者也。

秀才最忌腐烂时文入其肺腑，又忌文理未精而文机先熟，盖记诵杂则笔端搅扰而不清，结构易则文势粗犷而弗粹，此词场大病也。宜将所记时文尽情抛舍，不使一字一句留于心田中，只将前辈好文一两篇从容涵泳，返俗为雅，令心肝尽换。遇有操觚，先以理为主，以意为辅，理意停当，然后抽其芬芳，振其金石。其文机过熟者，亦须令熟处放教生。凡下笔而一思即有者，皆屏去勿用，务从思量不到处、意想不及处重立乾坤，深求奥妙，自然从粗入细，而化臭腐为神奇矣。今每科辄有十八房同门稿，只看此一部，已自至足，其余种种，不烦入目也。

予于时艺本无所解，亦非所好，只因浪有时名，从游者众，不得不潜神以玩其旨，养气以培其基，而与诸公相砥砺。然予之时义，实从静养中得其端倪。辛未下第回，与钱明吾修业东塔禅堂，明吾终日潜思，埋头经史，而予潇洒自任，或焚香静坐，或闲检梵册，并不留心举业，每至会课日，予文辄觉少进。盖学不二境，乃见学力。不论作文不作文，而时时收敛身心，如禅家之观话头，念念不舍，自然意念不杂，而德业日进。如励精于铅椠之间，而肆志于应酬之日，鞭策于咿唔之际，而放逸于谈笑之中，此非善修业者也。

凡看时文，善者取之，不善者弃之，此众人之常事，非豪杰之良规也。凡豪杰看时文，善者取之无论已，其不善者，亦须默比于意中删改之。以彼之俗而触吾之雅，以彼之浅而发吾之深。金从矿出，圣以凡修，覆蜣生于粪丸，莲花托根于污泥。用得此法

① 踯：原作“掷”，径改。

熟，甚有佳趣。治玉者两玉相砺，其光不发，一玉一石，肤理莹然，故曰："他山之石，可以攻玉。"非虚言也。

嘉靖以前之文，质而未华，郁而未畅，其失也朴，然其朴也为真朴；今日之文，七窍既凿，五采烂然，其失也靡，然其靡也为伪靡。

文章不在字句争奇，要之成章耳。质则如布帛菽粟，自有实用；文则如雕琼法锦，流光灿然；重则如黄钟大吕；轻则如流水行云；各适其趣而已。倘未成章，则傅粉调朱，益增丑态，徒勤斧凿，反坏良材，无益也。

凡文字，苦思则丧其天真，不思必不得佳趣，须由思以入于不思。其始也，收视返听，研精殚神，细绎真诠，而寸心几呕；推敲一字，而修髯尽枯，守湛寂于蒲团，凝重玄于铁砚，盖思之不得不措也。其既也，文机初活，藻思潜通，情淅沥而互来，词昭融而并进，然犹披沙拣金，斥俗选雅，去一字之瑕，求片言之溺，务使织丝成锦，经纬秩如，琢玉成器，温润可掬。到此田地，如泉源流溢，旨趣盎然，如弩之机，如剑之锋，不可思量，岂容拟议？此作文之上轨，亦入道之要门也。

大匠教人，不废规矩，故凡欲学文字者，须从法而入，一阖一辟，一呼一应，一起一伏，皆须讲求而固守之。然艺之精者，入乎法又须出乎法。倘师心自用，不循规矩，于艺必不精；其有执规矩而不化者，亦非妙手也。

近日时文，虽不必十分炼格，题目到手，亦须审其轻重难易，而酌量下笔，前辈所谓："人所易言，我寡言之；人所难言，我详言之。"此味秘诀也。

学者修业，其弊莫大于不自振。洪范六极，弱居一焉。一念精进，奋迅激昂，静则雷覆，动出雷行，群疑以消，朝夕以励，何书不可读？何艺不可精？何事不可为哉？倘一念因循，则终身堕落。何论其辍？即当其作，亦彷徨顾盼，不能专精毕力，此修业大弊也。

文章出自性灵，须人品高，学术正，胸中常有一段清明光景，然后发之为文，自然清和典雅。近日诸名家如管佥事志道，资禀高明，闻道最早，守礼之矩，会禅之精，以三教之宗师，为一方之标榜，故其为文，温润妥帖，有①台其为文雄伟俊②拔，一洗俗套，如腾空宝气，光烛斗牛。顾吏部宪成，胸湛冰霜，节坚松柏，出规入矩，非法不言，故其为文，如玉笛横秋，闲云度岭，潇洒出尘，绝无烟火气。杨侍郎起元，心同赤子，量比苍溟，讲千圣之绝学，起末俗之支离，故其为文，借假谈真，直透理窟，如天风环佩，遗响白云。王检讨肯堂，性敦孝友，学绍家庭，谦厚冲抑，不以高才自眩，故其为文，细密谨严，会词切理，如三代法物，模范秩然。刘祭酒曰宁，醇肠谦德，高志俊才，察至宝于迩言，赏犹龙于方外，故其为文，清爽超轶，精神独朗，如日月印潭，清虚湛寂；又如鹏鹗冲霄，一劈万里。以上诸公，皆人伦之冠冕，后学之师承也。然揆厥所由，实系耿天台先生督学南中，专尚德行，奖恬退，抑奔竞，讲孔孟之正学于流风靡靡之时，而管登之、焦弱侯辈，遂翕然奋起。近有遭先生论劾者，造伪史谤之，而吠

① 有：此前疑有脱文，而非续评管佥事志道之文。

② 俊：原作"竣"，径改。

声者遂呶呶多口。先生居乡时，其孝友大节，直无间于父母昆仲之言，熏其德而善良者甚众。登第后考选科道，例当谒①分宜父子，先生独关门不上。铨曹拟先生为吏科，分宜抑之为道。时诸御史之出差者例有厚馈，先生按甘肃，第以枸杞四斤侑空函，一时相诧，以为奇节。及差回，具疏论吴太宰鹏，实击分宜之党而触其讳。于时执友罗公汝芳虞其不测，为货黑羊以待之，幸而不为分宜所中则天也。先生以不党分宜为华亭所重。隆庆初，督学六年，俸满迁大理丞，竟以左袒华亭，重新郑之怒。新郑起相，修却言官，先生几以风霾之察除名悫，赖江陵之救，留根于谪②籍，而望风旨者复搜求之。假令新郑不早逐，则罗织之祸必至矣。先生以不袒新郑，故为江陵所重，万历初起谪籍，历中丞，又以不能媚灶见疏，除服里居，而江陵夺情之议起，缄书含讽，以伤其意，遂不内推，而推外抚。抚闽而荐逐臣迁客，多及江陵之所不悦者，由是大为所忌，致令省掖参劾。假令江陵不遽损，则其祸又不可胜言矣。此其立朝大节，彰彰在人耳目者也。予从先生游，见其内介外和，量宽心细，不以气节沾沾自喜，而以委曲济时为中道。每传坐听教，觉其精神常贯满于一堂之中。凡所启发，不以悟门为急，而以行门为先，循循有序，闻者莫不动心有进，真如春风发物，不知其所以然而然也。若先生者，非所谓成德君子哉？而不肖者被之以无根之谤，犹孔子之遇武叔，孟子之遇臧仓，本无足怪者，而人或信之，则不察之故也。

学士大夫谈文者众矣，所谈虽甚玄妙，然只可资人才识，不能资人德器；止可发人文思，不能发人道心；则功业之可流亦浅矣。予前所著《文规》，劝人收心，劝人积德，劝人立命，以儒流当修之业，而劝其存一脉自爱之心，其用心良苦矣。《孟子》曰："王之好乐甚，齐其庶几乎？"今天下所濡首而专心者，惟举业耳。倘真能缘之以收心，因之以积德，予惟恐其好之不甚也，然岂欺世云乎哉？古今文字，以枝叶求之，则根本亦为枝叶；以根本求之，则枝叶即为根本。举业虽小物，予实从此得悟。往年修业于燕子矶，收视返听，凝神定志，终日作文，钉钉胶粘，更无杂念。一日登矶，偶见云影垂江，恍然大悟，通身汗流，不但辞源一开，滚滚不竭，而应事接人，种种轻便，始知现前一念之忘，即是究竟之门；始知此身与三教圣人无二无别。今之修举业者，果能扫除嗜欲，归并一路，如纪渻子养鸡，强阳尽敛；如痀瘘丈③人之承蜩，用志不分，必有豁然贯通之理。纵使未能得悟，亦可因事收心，而精神渐定矣。

今天下善阅文者，莫如荆石王老师。其看人文字，不但能悉其利弊，并其心术之微，行谊之实，一一皆解，悬断真如秦越人隔垣洞人肺腑，无一谬者。往时会试，其去取全凭房考，丙戌老师主试，皆经亲阅，故得人为盛。其前序有云："尝叹世有大欺而习焉不察者。夫④今主司之程士，其有不搤吭谈成弘之际者乎？其亦有以成弘之文课子

---

① 谒：原作"竭"，径改。

② 谪：原作"滴"，径改。

③ 丈：原作"夹"，径改。

④ 夫：原无，据《四库全书》本《文章辨体汇选》卷三百二十三所收《丙戌会试录序》补。

弟者乎？士之字雕句缋、剽猎诸子二氏之唾余，见谓弗收，至主司自为辞，非诸子二氏无取也，籍①具在此，可谓不欺否？臣以为②明兴迨③今，太平盛理，如日方中。皇上绍隆棫朴④，弘振典谟，久道之化，且日融⑤月浃。士当其扶舆元气尽泄之时，势不得不日趋于文，而主司业受其必趋之势，羞太牢以进，自不得复籍口含菽饮水之适也。故臣⑥今者相士，神识藻采，无所偏遗，间亦颇参⑦诸子二氏微言不诡于六藉者，惟剽猎雕缋无取焉，而臣⑧又不敢自犯绮语戒，以明不欺。”夫人臣事忠焉耳，忠者，不欺之谓也。今天下人臣，有能事君不欺者乎？有能以真心报国，以至诚造士，如吾王师者乎？夫成弘⑨之文朴矣，然汙樽杯饮，礼文未备也。当棫朴绍隆之时，而欲寻茹毛饮血之适，此帝王不能得之于下民，上天不能得之于下土者也，何也？时不顺也。岂惟是哉？太平盛理，文物日新，漱百家之芳润，采二氏之精英，譬之土鼓废而箫韶兴，汙樽息而瑚琏出，必欲舍箫韶瑚琏，而返土鼓汙樽之风，不但时不可行，于理亦甚悖矣。

作文之法，始于拟议，终于变化，不拟议则不能入乎法，不变化则不能出乎法也。试观《文选》，诸公多以拟古而入，如拟“行行重行行”，拟“西北有高楼”等，不一而足，而惟江淹所拟至多亦至肖。朱元晦教其子：凡古人有名文字，皆摹拟作一篇。此良法也。姚禹门洪谟，质颇明朗，孤贫无师友，秀才。郑教谕福建发魁，最有时名。闽中先辈旧有“所谓故国者”三句文字最佳，命其拟作一首，凡经半月，十余改始就绪。复命拟王守溪“齐景公有马千驷”二节，又拟荆川“鸡鸣而起”、“子莫执中”一节。拟毕，适方山先生考试，遂拔第一，而明年中式矣。今年所刻各省真墨卷，惟福建所刻最多，予各拟作一首，呈正大方，以供清玩。

举善而教不能则劝

此题须要得孔子告季康子之意。其所谓举，只是推贤让能，不是擅操用人之柄；其所谓教，亦是代君敷典，若说王道王政等，便非本色语矣。又要切鲁国光景乃佳。举不是以利禄诱人，只是动其好德之良心；教不是以言词宣说，乃以实德相仪。又，举不独善者劝，可以为旌善之典，亦可以为磨钝之方，人无不劝也；教不独不能者，劝可以订顽，亦可以成俗，盖尽人而蒙益也。

---

① 籍：原作“范”，据王锡爵《丙戌会试录序》改。
② 臣以为：原无，据王锡爵《丙戌会试录序》补。
③ 迨：原作“迄”，据王锡爵《丙戌会试录序》改。
④ 棫朴：原作“朴棫”，据王锡爵《丙戌会试录序》改。
⑤ 融：原作“隆”，据王锡爵《丙戌会试录序》改。
⑥ 臣：原无此字，据王锡爵《丙戌会试录序》补。
⑦ 参：原作“采”，据王锡爵《丙戌会试录序》改。
⑧ 臣：原无此字，据王锡爵《丙戌会试录序》补。
⑨ 弘：原作“孔”，据文意改。

善劝民者，惟不遗之而已。盖善与不能，均当造就也。一有遗焉，何以动民之真心哉？夫子告康子曰：子大夫佐君牧民，君之需贤甚亟，当罗而致之；国之训典素章，当修而布之。其机皆在己，不在民也。吾明语子：彼民有善者，有不能者。先公以贤贤造鲁，善固宜举也，而举岂荣之以禄位哉？因民望之所素归者，为斯民登崇之，所以触其好德之衷者至切也。我鲁以礼教开基，不能固宜教也，而教岂渎之以词说哉？举身心之所实得者，联斯民陶铸之，所以植其躬修之范者至严也。故贤才本不可遗，而吾咨询既广，登吁必先，将不爱吾之爵禄，以伸豪杰之气，至材质之未粹者，三物六艺，悉心训之，而迪德作人之化，固不尽于书名里选之间矣；爵赏亦不可滥，而吾闻见既真，登庸始及，将思慎吾之禄位，以开众正之途，至造诣之未优者，三年九载，从容养之，而淑人训士之方，固有出于缥帛招贤之外矣。不特蒙举者感恩思奋，而风之所鼓，咸①知德之必见录，而争自濯磨，合一时之智愚贤否，而被之乐育之仁，能无蒸蒸奋耶？不特受教者循规自淑，而化之所洽，咸知诲之必当遵，而争相砥砺，合一国之豪杰颛蒙，而囿之以甄陶之化，能不欣欣起耶？虽善者，原不以利加修，惟选举得人，则名器始重，而升斗之禄，皆足为砺世之资；在不能者，其初本无不善，惟曲成有道，则气习顿融，而造就之深，适足以复其本来之性。盖我独操其鼓舞之权，而何烦督责？民惟俟其真心，而岂假苛求？殆不使而自劝也，子其劝之②。

郊社之礼　四句

此题若说郊社以祭天地，宗庙以祭祖宗，人谁不知？今不曰事天地，而曰事上帝，不言后土，不是省文。郊以祭天，所以事其生物之帝也；社以祭地，所以事其成物之帝也。以其至尊无对，故曰上。盖自其主宰而言，谓之帝，不徒事其覆载之天地，而并其所以主张乎覆载者，皆自我以酬酢之。所可自尽者，一人对越之思；所不可测识者，造化主张之蕴；此其所以难耳。宗庙之礼，上章已说过："事死如事生，事亡如事存。"乃制礼之最精处。夫事生易，事死难，事死如事生则尤难。今不曰事祖宗，而曰"祀乎其先"，则是事其死者、亡者而欲如生者、存者也。所可自致者，一时现在之心思，而所不可忆度者，先人已往之精意。此非孝之至者不能及也二。

《中庸》两举王制，而发其所以制焉。盖享帝享亲，巨典也。武周为上帝与先而制之，岂轻哉？凡礼不足以通冥漠，祭不足以妥先灵，则王者不举焉。其创制显庸，明德为本，甚不可以掌故玩之也。昔武周以其孝之达者而制为典礼，则必有通彻上下之精思；又以其孝之至者而崇事天亲，则必有造极幽明之至意。吾即其礼而窥其所以焉。谓

---

① 咸：原误作"减"，据文意及对股同位字改。

② 文后有行书批语云："此文立意虽确，而机颖不新。"

郊社可以祭天地，犹其浅者耳，惟谓之上帝，则其所以事者至精也。盖自其主宰而言，谓之帝，不徒事其覆者载者，并其主张乎覆载者，咸自我以对越之。使所制之礼稍有未周，则二至之弥文，无以报两仪之大德矣。必思上帝无一日不临我，我无一日不敬上帝，举其夙夜之出王游衍者，而毕献之于此礼，行于泰圻泰坛之内，而意在于陶匏茧粟之先，固有灌鬯未将、殷礼未举，而上帝之威灵已宛然与我相陟降矣。谓宗庙可以报祖宗，犹其粗者耳，惟谓之曰先，则其所以祀者至深也。盖自其既往而言，谓之先，不徒事其生者存者，并其死亡之既往者，咸自我以联属之。使所制之礼稍有未善，则死亡之昭报，不能如生存之侍养矣。必思先人以大业贻我，我守大业以报先人，举其百世之精神流贯者，而毕注之于此礼，行于三月五年之间，而敬出于笾豆焄蒿①之外，固有黍稷未荐、牲醴未陈，而先人之精意已俨然与我相固结矣。拆之则尊者临之于上，亲者鉴之于幽，彷徨顾视，无地可着怠荒，而以禋祀献精诚之万一；合之则祖宗生我之身，天地又生祖宗之身，一脉贯通，精意结于冥漠，而以无言申奏格之鸿休。此武周所以尽制而善继述也。

人皆有不忍人之心

人不是同得天地生物之心，以生，乃同得天地生人之心，以生，故人与人同托根于玄造，而独得其秀而灵者，不但不忍于物，而尤不忍于人也。求仁者求此，积德者积此，舍此而外，别无学问矣。此心不特初生时有，即老死亦未尝灭者；不特圣人有，即汩没之甚亦未尝亡者。孟子指赤子入井一段光景最为真切。人不但有所戕忍于人，为自失其本心，即使涵养收拾，尽复本来一段光景，而不能实落有仁爱及人，亦只是自了汉，故孟子引先王仁政以证之。总之，只完此本来一念而已。

大贤论心于人，而明其皆良焉。夫以人视人，畴不相爱者，此良心也，人所同也。孟子意曰：今天下之丧其良心者众矣，人因是而谓心有良者，有不良者，此认识情为本体者也，吾观其本体而知其皆善焉。是故返之形生之始，已与人均生于大造，实同胞耳。形骸虽隔，而痛痒潜关，其戚然而相顾者，是造物之元命也，元命何有起灭也？求之神发之初，人与人联属于性灵，本一体耳，血脉常通，而恫瘝独切，其恻然而相恤者，是铸命之真情也，真情原无丰啬也。天地之大德不过曰生，而吾得之以为人，则太始造命中，原不带丝毫惨刻也，以本无惨刻之人，不忍戕同类并生之众，而方寸涵六合之太和；秉彝之真性不过好生，而人禀之以为心，则神明灵觉中，固无地可容残虐也，以原无残虐之性，不忍伤宇内并育之伦，而一掬钟八纮之生意。自太古以至今日，世变几更矣，而心不更也。时值浇离，而夜气清明，恍见鸿濛之境界，此景此情，古人涵于浑噩之中，今人形于偶触之际，其生机常不息也，何也？今之不如古者，在习染之深，

① 焄：原作“嵩”，以笾豆祭祀，通神明焄蒿之气，故应作“焄”。

而此心之凝结于先天者，原不受世情熏染也，醇漓两不能到，夫何间乎？自圣人以至愚人，其相悬至远矣，而心不远也。世①习剥蚀，而幾希一动，俨然圣哲之胚胎，此德此幾，圣人以慈和毓之而具在，愚人以混沌涵之而有余，其生理常流通也，何也？愚之不如圣者，在改念之后，而此心之植根于太虚，原不涉流识也，摄散两不能及，曾何异乎？盖其所谓有者，不以寻求而得，不从磨砺而生，而脉脉一灵，天壤间何人不具？其所谓皆有者，不必增减于太初，不必借灵于外物，而肫肫一念，感触处何地不流？同在生成，孰无至德？均叨覆载，宁废仁心？是以知其皆有也，人亦知所自重哉！

丁丑会试，予先年八月进京，修业于护国寺，闭关谢客，穴墙以通饮食。日惟焚香静坐，调息冥心。冯开之来访，因求同坐，启关纳之。时黄葵阳为馆职，亦请解同修静功，谓予辈不可全抛举业，因三六九日作文七篇，余日皆凝神习静。至试期近，始出关接诸同事者。彼以扰扰，我以闲闲；彼以嚣嚣，我以澹澹；彼以役役，我以欣欣；气韵沉寂，胸襟洒然。头场初毕，葵阳阅文，击节叹赏曰："会元无疑也。"及场中果定予为第一，蒲州主试以"御夷"一策，予深辟和议之非，大触其怒，弃弗录。当时俺嗒之封，王公鉴川实主其事，原是利国便计，而书生不谙远略，矢口雌黄。初亦不知其故，今检《世宗实录》，明书云："报入礼部，左侍郎张四维首以为可。"盖王即张之母舅，而予之所诋，乃深触其忌也，其见黜宜矣。然因是而开璞见宝，名重四方，身非刘蕡，误得佳誉，可愧矣！墨卷久梓行，复录于后。

子贡问曰何如　三节

此题只重"行已有耻"一句，下"使于四方，不辱君命"，乃子贡所长，不重也。然不曰"有敬有义"，而曰"有耻"，最有深意。子贡是通达有为者，夫子不欲其通而欲其守；不欲其达而欲其塞；不望其有为，而望其不为，故教以有耻。耻者，乃不为不欲之真心。盖称孝称弟，必信必果，皆是行己内事，皆就子贡之所不能者而教之也。论士之品则愈下，论子贡身上则愈难，此是夫子善陶铸处。若曰圣人有所不满焉，则误矣。

观圣人历告贤者，而士之品尽之矣。夫德可过而才不可过也，是故士品有三，而总之立本为重焉。且士不患设施之未裕，而患涵养之未宏。养盛而隆施，则作用皆为至德；有本而无用，则笃实亦可维风。此论士者所必稽焉，而于子贡尤切也。故夫子因其问士，而告之曰：所谓士者，岂徒以其材耶？必收敛至纯，禔躬完愧怍之性，而出而专对，即以其守身者彰华国之猷；纤毫不苟，内省全羞恶之良，而使以传宣，即以其正己者善交邻之节。于己也有耻，于君也不辱，庶可言士矣？斯士也，不必于亲长间稽实

① 世：原无，据文意及对股同位字补。

德，而明体适用，是能以真性起经纶者也；不必于言行间观操持，而立本运谋，是能以醇修为措注者也。夫子所以教赐者亦微矣。赐不察而求其次，夫子则以德行为本，才猷为末，而举称孝称弟者示之，身未出于庭闱，而伦叙之惇可以观德矣；赐又不察而求其次，夫子则以植节为重，运用为轻，而举言行硁硁者示之，事不出于庸修，而小人之志可以观贞矣。夫孝弟非他也，是亦行己之大端也，大人之经济，原不出赤子之知能，而顺德在躬，隐然负四方之望；言行非他也，是亦行己之一节也，达士之运谋，总不离一念之坚确，而枢机既慎，暗然抱君子之光。盖徒守其空虚无用之体，固为遗世而病心；专事于才华通达之图，亦且以文而漓实。此士之所以贵立本也，而今之从政者，卑乎无足议矣。

回之为人也　一节

“回之为人”，“人”字亦要紧。举回之生平学术，则回乃博文约礼人也。先曰“择中庸”，次曰“得一善”，乃由博而约的工夫。不能扩一心以通万心，而心量不周于沙界，则其所择之中庸定有欠缺处，虽自以为中，而实非中也；不能会万善以归之一己，而行门不彻其本原，则所得之一善犹有挪①移处，非一得永得之真境也。回惟真知之，故能真行之。其所以拳拳弗失者，非作而致其情也，大悟之后，终身不迷，乃欲罢不能而自然不惰也。以自己之精神，守膺中之故物，明即为行，而行则转明矣。

大贤以能行为明，而于道也深矣。盖道必知之真，而后能守也。不求明于知，而求明于行，庶矣乎！夫子以是称颜子也。意曰：世未有真知而患其不能守，亦未有真得而患其或失者。顾道之择也惟人，而心量不周于万有，则以影响心择中庸，虽中亦偏也，安能守也？其得也亦惟人，而性命不彻其根源，则以情量心得一善，虽一犹歧也，安能守而不失也？惟回之为人也，从知起行，而不敢认见闻为实际；因行葆慧，而必欲以实诣为真修。由博归约，而精明所照，纯粹出焉，大悟之后，毕世不迷，而将有才之必竭也；得约忘博，而纯粹所凝，保任周焉，见道既真，一得永得，而自欲罢之不能也。得而曰善，则继成性以出，而知识无所参也，以其知识之不参者，而时保夫性中之觉，遇理境则忘理以观妙也，涉事境则因事以冥心也，拳拳乎以解后之元神，守膺中之故物，而始终靡间矣；善而曰一，则从本原以出，而二三无所杂也，以其二三之不杂者，而时厘夫悟后之修，于道念则久照而愈精也，于习念则有觉而即化也，拳拳乎以吾身之定力，保膺内之真明，而久暂无违矣。方其择善而有得也，非理从外入也，情识尽融，天真自见，毫发无增，何缘有得？特拟其乍惺若有得耳。及其守善而不失也，非有物在膺也，纤毫有着，全体皆迷，本未尝得，何缘有失？特拟其惟一若无失耳。即悟门为行门，而终身不惑；以践履为察识，而一念常惺。贤哉回也，道其明矣。

① 挪：原作“那”，据文意改。

我亦欲正人心　一节

虽承三圣，实重孔子一边。盖由孔以承周，由周以承禹，而正人心则实孔子事也。上曰“吾为此惧”，此曰“我亦欲正人心”，“欲”字从“惧”字生来，“正”字从上“闲”字生来。人心乃千古道脉之本，原无不正，只因处士横议，仁义充塞，而人心始有邪思，故欲正人心，须息邪说，而欲息邪说，又须距诐行，放淫词，盖诐行乃邪说之见诸实事者，淫词乃邪说之流为荡佚者，距之放之，皆要在言语上攻击之。末二句上文已说过，此处重说，句句要似收拾击应之词乃佳。

大贤欲以道援天下，而自托于言焉。夫异端之惑人心，圣人所不容也，大贤欲以道辟之，多言奚病哉？孟子告公都子至此，意曰：圣贤之匡时也，在上者立功，在下者立言，功之益在世道，言之益在人心，均所以奉天开治也。若禹、周公、孔子可睹已，我将何为哉？正以道在人心，万古不息，而所以惑之者，邪说也。邪说之行，盈于天下，而所以鼓之者，诐行与淫辞也。我亦欲本斯民固有之道，以拯其既溺之良心；而即人心所惑之端，以遏其方兴之异论。邪说本虚，而诐行则见之实事矣，吾立言以距之，而往圣济时之略，将以此而绍其统焉；邪说为害，而淫词则益于听闻矣，吾昌言以攻之，而先圣救时之功，将以此而缵其绪焉。上之无拨乱反正之权，禀明命于天子，而独以空言回一代之横流，予岂好为是谆谆哉？杨墨之道不息，则不特无父无君，同于春秋之弑逆，而洪水猛兽之害，皆将萃于人心矣，虽欲不严其词，不可得也。下之无正名定分之典，托南面于遗经，而独以绪纶明百王之大法，予岂好为是喋喋哉？孔子之道不著，则不特知我罪我，负其笔削之初心，而大禹、周公之道，皆将绝于横议矣，虽欲不辟其邪不可得也。盖在三圣也，禹之后有周，周之后有孔，奉天心而以治易乱，皆不得已而建辅世之弘猷；在我也，由孔而承周，由周而承禹，体圣意而用夏膺夷，亦不得已而著救时之竑议。惧其生于心而害于事，则不得不为事辨之；惧其发于事而害于政，则不得不为政辨之，而实非有所好矣。外人之称，殆未谅予心矣乎？

左太冲、谢灵运、邢子才篇赋一出，能令纸贵。王元真、徐孝穆、苏道衡朝所吟咏，夕布遐方，未必其文之果工，特人自重之耳。予癸未应试，是科蒲州当国，考官不敢取予，然黄榜未开，而予文已脍炙都下，盛传四方矣。后予南还至德州，接其州守，出予卷相示，盖会元之卷未传，而予文先至，其见重一时如此。岂文之果工哉？逐臭之夫，固无地不有也。

吾之于人也　全章

本文只说谁毁谁誉，不说无毁无誉，说无则其权在我，说谁则其柄在人。观下节引“斯民”为证，断然该作“谁”字看。况夫子开口便说“吾之于人也”，其意可知。

圣人以已意验民心，而深信其不可枉焉。盖直道在民，心无古今一也。圣人亦犹行古之道者，安得而枉哉？且夫君子所以劝惩天下者，独此好恶两端，由吾心而达之天下，无二情也；由上古而迄于今日，无改念也。是故三代尝行直道矣，自毁誉之行于天下也，则古之所无者，为今之所有，而明王之泽久衰，然天下所以果行毁誉者，则谓今之民非古之民，而荣辱之权可枉也。（如此提明，上下方成一片。）若以吾而待天下之人，则独执其是非之柄，而共由于大道之公。有所恶也，吾与人同一非心也，谁可得而容其毁者？（如此讲，方是“谁”字本旨。）有所好也，吾与人共一是心也，谁可得而容其誉者？毋论毁以损人之真，吾不敢肆其厚诬，而片言靡当，即誉为诱人之术，亦必验其端绪而语语皆真。（试不是占之于将来，乃是验其小而知其大也。若论将来之善，则悬空臆说，岂得为试？）时当东周之际，而明王赏罚之典久不行于朝廷矣，然心含灵觉，千古不磨，而今此之民，即禹汤文武所以赏善罚恶，而独擅其熙洽之隆者也；世当浇漓之后，而明时彰瘅之风久不行于天下矣，然性秉灵明，万世不毁，而今此之民，即皋伊周召所以彰善瘅恶，而弼成其正直之治者也。总总群黎，其一念隐衷，有当熙皞而称隆，入衰微而不泯者，吾虽欲行其毁也，果于谁而毁之？熙熙赤子，其本来真性，有遇圣人而向化，处末世而不衰者，吾虽欲行其誉也，果于谁而誉之？故不但有志于三代之英而秉直维风，不敢肆其爱憎之口；兼亦有感于斯民之直而守公畏法，何所容其枉道之私？然则吾非自谓无毁无誉，正以斯民之不可毁不可誉耳。不然，徒自枉其好恶之真，而于人心竟难枉也，岂不惕哉？

修身则道立　一节

此题依《或问》，则重修身、尊贤、亲亲，皆自身而推者；故大臣、体群臣，则自尊贤之等而推之；子庶民、来百工、柔远人、怀诸侯，皆自亲亲之杀而推之。正德丁丑会试，出“敬大臣”六句，鲁铎破云：“《中庸》论九经之效，有自尊贤之等而推之者，有自亲亲之杀而推之者。”与程文相合，遂中会元。汪应轸之文极精确，然不合书旨，遂中第二。予作此题，全依《或问》，并考经文轻重叙讲。

圣人进君图治，而历陈其可致之功焉。盖为其事者必有其功也。随事以考其所致，而容可自诿乎？且谈治者类不欲计功矣，然己与人一心也，事与效一理也，外之景从，皆内之实验，而可不考哉？所谓九经者，岂不以吾身为重哉？始也以道而修身，既也身修而道立，可以刑九族而式官联，可以范臣民而仪百辟，必如是而后慎修为无歉也。由是而求身之辅，则义以尊贤为宜者，资其启沃，而理可不惑焉：由是而求身之本，则仁以亲亲为大者，笃其情义，而族可不怨焉。于尊贤而推其等，则敬大臣而庙谟有成算，事幾奚眩乎？体群臣而百僚效忠荩，报礼奚轻乎？此其枢不在臣工，而在密勿者也。于亲亲而推其杀，则庶民子之，而竞劝于野焉；百工来之，而足用于国焉；以柔远人，而宾旅如归矣；以怀诸侯，而万国同钦矣；此其机不在远近，而在庙堂者也。故行此于天下国家，而效以类臻，则不敢谓伟绩之无前，惟念夫太平之难恃，而无虞盛治，尽为儆戒之危机；考此于天下国家，而化犹未洽，则不敢求治功之速效，惟忧夫王道之尚亏，而邦国未孚，总属一腔之未粹。一日行乎其事，即当一日稽乎其效，而用以自警者，公其念之。

孔子有见行可之仕　三句

此题不是说圣人之仕必欲行道，而委曲以冀其通也。“际可”、“公养”皆是道当如此，依此而仕，便是事道。夫子尝曰：“鸟兽不可与同群，吾非斯人之徒与而谁与？”这便是仲尼心事。若道之不行，则已知之矣，何必委屈迁就为哉？况此章书大旨原论交际，先以孔子证之，因万章疑其非道，故从“行可”说到“公养”，正举孔子之交际，以明其致恭之本心。《注》明白说此“交际问馈不却之一验”，则其意可知矣。

圣人仕必以道，而有不必于隆遇者焉。甚矣！圣人随遇以尽道者也，故所就有三，而为道惟一矣，宜孟子发之以晓万章也。意曰：君子遇则随时，而道则自尽，故其仕①也，有屡迁之迹，而无已甚之心。吾谓孔子为事道者，何哉？非谓人之莫容其道，而委曲以求通也；又非谓道之必期于行，而迁就以期合也；有一体之真心，则经世乃为实用；有行义之大节，则接人可以尽伦。夷考其时，因推毂之有人，而预见其用行之绪，感同升之在望，而亲见其小试之端，见行可之仕孔子有之：固不必考其礼文，而迎机即就；亦不必资其鼎养，而遇合即留矣。然见可则用，不可则止，势不得而久淹也，于是乎有际可之仕焉：道虽未必其可行，而遇隆晋接，任匪虚拘，吾仕焉而已矣。然际可则出，礼衰则去，势又不得而终淹也，于是乎又有公养之仕焉：礼虽未必其致隆，而推食自公，廪庖相继，吾仕焉而已矣。机方偶合，已绝望乎？大行而顾，降而自卑，则以道相交，何必为他辞之却？兆在端倪，已违心乎？隆遇而顾，退而弥屈，则以礼相接，何必疑尊者之心？盖猎较之从似过，而因人为兆，固居鲁事道之至情。况交际之心曰恭，而随遇可留，亦不拒国门之一验，是以迹有三就，而淹不三年，盖以见其重道之心，而实非有所枉也。不然，道之不行，已知之矣，而又何必俯就为哉？噫！人咸谓夫子冀道之行，而姑为是屈就也，然行可变为际可，又变为公养，而道卒不行，则向之屈者为徒辱矣。知而为之不义，不知而为不明，圣人岂有是哉？然则三仕谓何？曰：道虽不行，而君臣之义不可废也，为行义也，为鸟兽不可同群，而人不可避也。

---

① 仕：原作“士”，据文意改。

丙戌会试，钱明吾正有盛名，予谓其文不利于中，明吾问会中谁最利者，予谓叶道及可作会魁，明吾未之信也。及试毕，道及以文求正，予谓可魁，道及曰：“予不愿魁，只求必中，毋使空返可也。”予笑曰：“中何可必？此是一路文字，识则魁，不识则归耳。”叶问予文何如，予曰：“吾文用意甚深，而措辞甚浅；说理甚细，而运气甚平；炼格甚奇，而规模极整；此不论识不识均当收录者也。”钱明吾曰：“公自丁丑以来，庚辰、癸未皆擅场，为时所忌，故坎坷耳。今吴县厚德，太仓明鉴，其必利无疑也。”及揭晓，予与道及皆为复所杨先生所取，而道及果本房第一。候见杨师，杨曰：“吾系《书经》二房，该取十八卷。初时只取平正者，既足数矣，陆葵石过访，阅而语予曰：‘为朝廷求贤，须取俊伟有识者，宁取有瑕玉，毋取无瑕石。今公所取，皆平平无奇者，恐不足当荆石先生之鉴赏。’予因同之遍游各房，观其所取，皆新奇出色，可喜可玩。归而遍阅落卷，重取十六卷，惟袁与闵二卷，要平亦取，要奇亦取，毕竟不能易。如叶公之卷，初亦在落卷中，几不中矣。”杨公丁丑曾与予会，见予文字，因语予曰：“初阅卷时，见尊作说理细腻，认题真切，而冠裳温润，得会元正脉，即疑为公作，犹未之信，及阅三场，予始信定为袁了凡之作，海内秀才断无此学识也。知公累科遭忌，初呈三卷，不敢送公文字，后始夹于中而浑送之，遂得中式。若论其实，不特本房该第一，各房诸卷并无有及者。”文章自有定价，不能掩也，附录于后。

故君子名之　一节

此题首二句只是承上转下之词，不宜重做，正意只重末二句。若认“言无所苟”为“谨言”，而以“慎话”、“禁发”等作讲词，则大谬矣。夫子不直曰“谨言”，而但曰“言无所苟”，最有斟酌。盖言者，所以称此名也，有此名，必有此称，如名一不正，而称之不可已，则出之口者，皆苟道矣。本文“所”字正指名而言，“无所苟”者，谓名正而言无苟也，言一不苟则事必顺，而礼乐刑政皆不苟矣。“而已矣”三字极重，乃收拾一篇之意。

观名为化原，而君子有慎心矣。夫政必有原，而名正则言行皆正矣，是故为政者慎之。且夫天下事从原而图，则有其端甚微而其系甚重者，是不可以迂而忽之也。观名不正而推之言事无一可者，则知名非虚器也，宣之为训辞，践之为实诣，皆于是乎统焉者也；正名非细故也，涣汗之协宜，规恢之中节，皆于是乎出焉者也。故君子先正其名，必求其言，而言必求其可行焉。夫名之必可言，而名有不正，则告之宗庙，播之国人者，明知其不可言，而不免苟且以言之，是苟者在言，而其发端则在名也。君子先言正名，而务致其详慎之虑。言之必可行，而言有未顺，则建之朝署，措之邦畿者，虽毕力以求成，而不免一蹶而俱蹶，是苟者在言，而其流弊则在行也。君子因言顾行，而独抱乎兢惕之思。方其未有言也，则思出言之本何在，而天地经常急为整顿，使由经常而颁之辞令者，无丝毫苟焉，此不苟而片语惬心，将百为顺轨，不烦规画而理道无余蕴矣，事其悉于此矣！及其方有言也，则念立言之意何居，而国家伦物亟与辨明，使由伦物而布之诰词者，无幾微苟焉，此不苟而一言当理，斯万化仰成，不俟更张而经世无遗事矣，道其尽于此矣！是以识微之士，深计之臣，谟训未颁，纪纲早定，而精神之所凝注者，常存乎制礼作乐之先；经纶未播，名实预端，而意念之所殷忧者，实超乎明刑敕罚之外。子之迂我也，毋乃未审乎？

执其两端，用其中于民

执即“允执”之“执”，谓操其柄而取舍由我也。执一者多，执两者少，执两端所谓总持法门。天下事只有两端，大与小成两，厚与薄成两，高与下成两，吾皆总而持之，则不偏执，然后用中于民。夫用中于贤人君子易，用中于匹夫匹妇难。盖两端未执，则民所告者，皆浅近之言；两端既执，则舜所用者，皆精微之理。此系题目大关键处。

圣人以权取中，而其智可想矣。盖执中无权，其智不足①称也，权两端而用其中，非圣人孰能之？尝谓乐取善者，其兼收在雅量，其精择在虚明。舜之得称大智者，由此道也。当问察而有善，果何以用之哉？彼中非有定形也，两端相较，中斯形焉。苟是非未操其柄，可否未振其枢，是有端而不能执也。倘见大而以小为非，见薄而以厚为过，是执一而不能执两也，欲得中而用难矣。舜也，总全理以并观，而度时宜以措注。事有大小，而由小至大，皆在掌握间，持两衡而低昂之，可以小，亦可以大，而其考衷而措者，措民心之公善而已矣。事有厚薄，而自薄及厚，皆在操纵间，握两机而出入之，可以厚，亦可以薄，而其稽正而行者，行民心之同得而已矣。两者悬而互度，而民之中从圣心之精而出焉，盖凡民以见求中则中亦成见，圣人神明洞彻则见即为中，是民之所陈未必悉纯一之蕴，而吾则用其纯一者于民矣。两者会而为一，而民之中由圣心之一而成焉，盖下民以守为中则中随事隐，圣人务持浑化则随事显中，是民之所告未必协精粹之极，而吾则用其精粹者于民矣。是可见执一以求，则见闻觉知处处至于相窒，即有圣哲微渺之论，而或不免于见遗；执两而用，则浅深高下在在可以为中，即工瞽一得之愚，而亦将会为至德。大哉！舜也，斯其不可及哉。

事孰为大？事亲为大

此题宜照下文“本”字发挥，盖事亲所以为大，其工夫全在不学不虑之先，其余一切服役皆从此起。若谓惟亲为大，则君长岂小物耶？

---

① 足：原作“从”，据清华本《游艺塾文规》改。

大贤较所事，而独揭其大者焉。夫事所以尽分，而惟事亲则称大矣，是故君子以行孝为先也。孟子意曰：道有近而实远者，其大原所在，学者所当首讲也。人惟薄庸行为疏节，而得其大者或寡矣，是故吾之身不能无所事也，而又不能概有事也，必有为大者，亦曰事亲是已。夫由亲而外，凡秩叙中所当祗事者，皆非小伦也；由事亲而外，凡服役间所当尽心者，皆非细务也。何谓事亲为大哉？盖就身之所自生者而溯观其始，莫如亲；就事之所从出者而直窥其原，莫如事亲。爱始于孩提，而推其分义之恢弘，即慕至终身，亦不足以悉其无涯之理，岂理之难悉哉？天经地义，原不与百行为伍，而特立于真性未凿之先，于此一尽其心，而赤子知能之良，固服之终身而不能望其涯际者矣。道行于一本，而究其德用之闳廓，即横乎四海，亦不足以尽其不匮之思，岂思之难尽哉？至德要道，原不与万善为徒，而完具于颛蒙未判之始，于此一竭其力，而家庭唯诺之节，殆达之四海而不能满其分量者矣。故庭帏未出，怙恃独深，而视膳问安，足以冒二纲之大义，凡圣帝明王所以等鸿图于覆载者，此其用情为独至焉；学虑未萌，瞻依独至，而知年爱日，足以盖百世之弘经，凡仁人孝子所以配伟节于乾坤者，此其用意为独隆焉。能不待学，而达之天下则为大能；顺根于性，而冠乎群伦则为大顺。以此尽性，而亲恩罔极，则为敦大经；以此维风，而锡类无疆，则为树大法。故曰事亲为大，然必守身以事之，斯可称纯孝矣。

内阁文库本游艺塾续文规卷之五

赵田逸农袁黄坤仪甫辑
门人刘有执无竞甫阅
男袁天启若思甫订
嗣男叶绍袁仲韶
侄孙袁祚熙载之甫同校

了凡袁先生论文（旧文规所刻者一篇不载）①

按《说文》云："论者，议也，反复辨难以求至当者也。"刘勰云："论者，论也。弥纶群言，而研精一理者也。"故论之为体，辨是非，别妍丑，即碍以求通，研深以入微，穷于有象，追于无形。凡受题下笔，必有一段出人之意见发之，为千古不可磨灭之议论，方为入彀。或举古今所不决之疑，而出真见以剖析之；或从众人意想所不到处，而从容发至理，以新人之耳目。如汉廷老吏断狱，以片言折衷，而人莫不心肯意服。若但能责人，亦非高手。必思我若生此人之时，居此人之位，遇此人之事，当如何应酬，如何处置，必有至当不易之说。若苏子瞻《范增论》、老泉《管仲论》，皆用此法。

立意高，说理透，不为玄言奇语，而见者自然屈服。虢国夫人有天然国色，但淡扫娥眉，而三千粉黛一时低首，此文之最高者也。词理兼修，华实并茂者次之；意见庸庸，专事造语，此最卑而最可贱者也。近来时论，本色愈卑，而修饰愈胜，专欲藉文采动人，自造语外别无工夫矣。汝须扩充真见，洞透至理，见得亲切，自然断得分明，理既高远，自然言能出众。讲性理而洞彻精微，论治道而深究利害，便是大文字。前辈如柳宗元作《四维论》："夫礼义廉耻，谓之四维。"柳谓"廉耻"即在"义"字中，只可为二维。得此意为主，又何烦词采之助哉？欧阳修作《泰誓论》谓文王未尝称王，发明千古不白之冤。苏轼作《贾谊论》，谓非汉文不用贾谊，乃贾谊不能用汉文。苏辙作《三国论》，不取智勇，而取不智不勇；张耒作《文帝论》，谓文帝薄待周勃，乃是

① 此行文字本卷原无，据国图本补。

深爱之，而引宣帝待霍光为证，意见精确，最能动人。又如苏轼、秦观皆有《晁错论》，在苏轼则谓袁盎非能谮杀错，乃错自取杀；在秦观则谓汉惟斩错，然后可以破七国之兵。其意见皆出常情之外，故必熟于世故，老于人情，有忧深虑远之明，有通微知性之哲，然后可以作论，非徒求工于文字而已也。

论贵圆忌方，贵老忌嫩，贵雄健忌懒散，贵移易不动，忌浮泛不切。起伏处贵有照应，开合处贵有波澜，驰骋处贵有节制，铺叙处贵有曲折，过接处贵无痕迹。譬喻贵亲切，引用贵确当。或沿流讨源，而血脉整整；或从根发枝，而千条灿然。或将无作有，而意味甚深；或以实形虚，而指意如见。藏光焰于平实之中，发精神于题目之外，要使一句一字增减不得，而句句有法，字字尽心，方为合辙。只缘学者束书不观，因陋就简，时文之外，全不理会。先进既以荒谬而中式，后进遂以空疏为高致，而反笑苦心于论策者为迂阔而失计，可悲也已。

我朝试论有破题，有承题，有小讲，有入题，有原题，有大讲，有腰，有结，原系国初诸儒仿《论学绳尺》而制此式也，中式者中此而已。今作墨卷论，亦须将宋人旧论一一检阅，有辨论格，有诘难格，有问答格，有关锁格，有借宾形主格，有从浅入深格，有摘字贯题格，有贬题立说格，宜遍考而静参之。苏子瞻《王者不治夷狄论》，乃是制科墨卷六论中之一，有冒有承，有讲有缴，规模极整。前面闲说甚长，后面正说甚短，及读之全不觉其长短，盖后面一句转一句故也。今之时论，皆有段落，殊不雅观，须融通而变化之。如干宝作《晋帝纪总论》，徐伯鲁谓："贾谊《过秦论》后，仅见此篇。"然其中间实以安民立政、民风国势为眼目，惟其笔力圆劲，故全不见其比排之迹。又如苏子瞻《贾谊论》，"深交绛灌"与"默默待变"本是两柱，而文势融通，一意贯串，遂成高调，皆可矜式者也。

刘勰谓论有四品：曰陈政，曰释经，曰辨史，曰铨文。近日徐伯鲁著《文体明辨》，广为八品：一曰理论，二曰政论，三曰经论，四曰史论，五曰文论，六曰讽论，七曰寓论，八曰设论。今我另设八目：一君德，二治道，三心学，四臣道，五敬天，六爱民，七尊贤，八评论人品。汝于此八类各作一篇，场中题目无出此矣。

作论之法，须依于忠厚，止于理义。可标驳群彦，不可戏薄圣贤；可据理陈词，不可以强词夺正理。众毁而吾独誉之，发①吉人之心事，抒千古之幽光。若众誉则不可轻毁也②，有③过处可求无过，无过而求有过则刻矣。文章之微，关系心术，学者慎之。

论有三等：一是性理论，贵研精阐微，根极理要，以《左》、《国》之词华，发程朱之心事，使确然不易，灿然有条，此最难者也。一是政事论，贵独稽政源，参酌流弊，弥纶群言，折衷是非，陈法则句句可行，警世则言言可惧。此亦不容苟作，然较之性理，则粗而易骋矣。一是人物论，贯串古今，诠次贤哲，贬一人而有益于天下，则毁

① 发：原无，据国图本补。
② 也：原无，据国图本补。
③ 有：原无，据国图本补。

之不为薄，如韩愈之《争臣论》，苏洵之《辨奸论》，皆非无实之公言也。其褒者语不多而美独至，如曾子之称孔子，止“江汉秋阳”三言耳，而大圣人①气象俨然在目。司马迁作《孔子②世家》，语愈多而揄扬愈不足，系识见不侔耳。此作论者所以贵有识也。

凡作论，须要有一段千古不可磨灭之见，然后可传。万形有弊，惟理难磨，理不胜，词虽工无益也。先辈如柳子厚之《四维论》，欧阳修之《朋党论》，唐庚之《议赏论》，近世唐荆川之《四皓论》，予之《三监论》，皆确然不可易者也。说理既透，立意既高，不烦雕琢词华，自足千古。次之则修词矣。

学作论，须将《左传》、《国语》、《韩非》、《吕览》之属，各摘数篇，熟诵沉思，有作即拟之，不似则易之，始于拟议，终于变化。盖其初学也，惟恐其不似，既也，又恐其袭焉而不化矣。至于变化，则心肝骨髓，全是古人，启口容声，无非高调，若待招之而后来，麾之而后去，已落第二义矣。

论贵古，贾生《过秦》其最也；论贵圆，苏氏兄弟称绝调焉。故学论者，取材于古，而尤当畅之以苏文。（以上十条作论语。）

汉表无四六，自唐而后，其体始定，故场中之表惟出唐宋及本朝。表之用有六，曰进、曰谢、曰贺、曰辞、曰谏、曰请。今场中所用者，惟进、谢、贺而已。进表则解题宜详，如书籍则备叙其著作之由，祥瑞则遍列其生成之实；贺表则颂圣处宜详，解题处宜略，多有不用解题者，以不可及前朝衰飒事也；谢表入题自叙处宜详；各自有体。

四六盛于六朝，然皆风烟月露之词，于政事礼乐、典章文物之体未备也。自唐开元十二载诏以诗赋取士，自此八韵律赋盛行，煅炼研磨，声律始细。然当时作者，如陆贽、裴度、吕温辈，犹未能极工；至晚唐薛逢、吴融辈出于场屋，颇臻妙境；及宋嘉祐、治平间，相传四百余年，师友渊源，讲贯磨砻，口传心授，以骈丽之词，叙心曲之事，寓行云流水之态于抽黄对白之中，而四六始称绝唱矣。汝今作表，须将《宋文鉴》中所载诸表，从头一阅，而于王介甫、苏子瞻③诸公所作尤宜尽心，庶有古人浑厚气象，而不至于浅薄也。

人知四六只是修词，不知以养气为重，如气弱调卑，则成俳矣。王荆公与吴冲卿至厚，及荆公出，而冲卿尽力排之，公备闻其语，因中使传宣抚问，以表谢曰：“臣本出④羁单，自甘沦弃，晚由朴学，上误圣知。智曾昧于保身，忠每怀于许国。谗诬甚巧，切忧解免之难；危拙更安，特荷眷怜之至。况远迹久孤之地，实迩言易间之时，而离明昭晰于隐微，解泽频繁于疏逖。此盖伏遇皇帝陛下，以上仁含垢，以大智容愚，弗⑤使南箕得侈⑥簸扬之状，更令北户坐蒙临照之光。藹然垂尽之病躯，沱若横流之感

① 人：原无，据国图本补。
② 孔子：原无，据国图本补。
③ 瞻：原作“轼”，径改。
④ 出：原无，据《四库全书》本《临川文集》中《李舜举赐诏书药物谢表》补。
⑤ 弗：原作“勿”，改动文本依据同注④。
⑥ 侈：原作“肆”，改动文本依据同注④。

涕。惟①困穷②无理，犹致命于一餐；顾冒昧不赀，敢忘怀于九死？”句句解谗，字字精切，而意融语沛，一气呵成，此以格胜，而不以词胜者也。

子瞻之表，笔力疏畅，意象圆融，不事修词，专欲达意，遂使六朝声律之文变成浑厚，此乃四六中之古作也。其《谢赐衣马金带表》云：“服章在笥，贲及衰残；衔勒过庭，喜先从御。伏以物生有待，天施无穷。草木何知？冒庆云之渥采；鱼虾至陋，借沧海之荣光。”末云：“士岂轻于千里？念非其人；言有重于兼金，当思所报。”此缴最佳。《谢复官表》云：“七年远谪，不意自全；万里生还，适有天幸。骤从缧绁，复齿缙绅。伏念臣才不逮人，性多忤物。刚褊自用，可谓小忠；猖狂妄行，乃蹈大难。皆臣自取，不敢怨尤。会真人之勃兴，与万物而更始，而臣独在幽远，最为冥顽。迨兹起废之初，倍费生成之力。”末云：“臣敢不益坚素守，深念往愆？没齿何求？不厌饭蔬之陋；盖棺未已，犹怀结草之忠。”不烦雕琢，自合程度，真佳作也。

四六贵以明白之词，达微婉之意，吐气雍容，叙事详尽，令读者心明而意服。予在宝坻，当久荒之后，逃亡至众，闾阎萧然，而郭参政守法，严征急如星火。时张弘轩为抚台，宽然长者也。予以启求之云：“叨居一邑，大淹五年，屋有饥乌，野无宿草。闾阎悉窜，犹征无主之粮；田地尽荒，更急未耕之赋。敲朴徒繁于下吏，纤毫无补于皇家。亟抚疲民，已下停征之令；广招佃客，仅成辟土之谋。但宽两月之诛，便满三农之望。倘至期而无成效，请褫职以谢监司。伏愿俯遂私求，曲挠成法，但得稍延于万命，更何顾惜乎一官？”即蒙允诺。郭公百计求参提，竟不行。及秋成，邑民争相输纳，历年所负，无升合欠者。郭复行文嘉奖，予启谢云：“向也违令而不征，期以一官易万民之命；今也因丰而上纳，遂以一时完数岁之逋。”盖实录也。又绣衣使者至县，取便道往玉田，见四野田禾茂盛，而予方告灾，谓以熟作荒，牌提该吏。予启白云：“天灾时有，人事宜修。望洽无穷，值已稔常如未稔；爱民至切，视无伤犹若有伤。稽邑中丰熟之由，实台下栽培之力。专以聚人为急务，故逃亡至众，而今尽归来；不以屯种为虚文，故地土久荒，而今皆开垦。然痛定而思痛，更宜恤众之穷；当丰后而保丰，岂敢知苗之硕？恭承严命，期竭鄙衷，既欲图安于未危，自应以荒而视熟。餐风暴日，谁怜种植之劳；暑雨祁寒，宜动艰难之想。”代巡见启，即批该吏免提，更以手书慰劳，而参政之谮，不能入矣。春秋列国，所以救难扶危者，全藉词命之善，词之不可已也如是夫。

文字贵以理胜，虽责人而人不怒乃佳。吉甫与子瞻兄弟初亦相厚，后有隙，子由作右司谏，极论其蠹国残民，子瞻作谪词，诋之为元凶。吉甫既至贬，所谢表末云：“龙鳞凤翼，固绝望于攀援；虫臂鼠肝，一冥心于造化。”言子瞻兄弟与我所争者，虫臂鼠肝而已。子瞻见此表，笑曰：“福建子难容，终会作文字。”

表与启不同，启犹可随己创意，表须要有朝廷气象。词极华采，而不卑弱；语极豪

---

① 惟：原作“虽”，据《四库全书》本《临川文集》中《李舜举赐诏书药物谢表》改。
② 穷：原作“蒙”，改动文本依据同注①。

纵，而不怒张。雍容揖逊，有冠冕佩玉之气，乃为本色。王岐公作《慈圣慰表》云：“雁飞银汉，虽阅荣于千龄；龙绕青山，终储祥于百世。”滕元发《乞致仕表》云：“云霄鸿去，免罹矰缴之施；野渡舟横，无复风波之惧。”此皆以韵胜者也。

用事以的确为难，如王陶《自陈州移许州谢表》云：“有汲黯之直，未死淮阳之郊；无黄霸之才，愿老颍川之守。”陈州乃淮阳郡，许州乃颍川郡，黄霸自颍川入为三公，而我不敢愿也。其的确如此。邓温伯《知成都谢表》云：“扪参历井，敢辞蜀道之难？就日望云，愈觉长安之远。”此四川的确之语也。

用事贵切，当移易不动。范文公随母冒朱姓，后《复姓表》云：“志在投秦，入境遂称于张禄；名非伯越，乘舟偶效于陶朱。”此联虽唐人旧语，然实范氏当家故事也。秦少游《馆职谢启》云：“窃观前史，具见鄙宗。西蜀中郎，孔明呼为学士；东海钓客，建封任以校书。虽为将相之品题，实①匪朝廷之选用，夫何寡陋？遽尔遭逢。”《三国志》蜀秦宓博识，孔明呼为学士；唐诗人秦系自号东海钓鳌客，张建封署为校书郎，是亦秦氏当家故事也。叶绍袁入泮，予贺一联云：“雄文初丽，愿追少蕴之宗风；清德弥光，幸守子昂之家法。”亦叶氏故事也。

文字要真切，使人可爱可怜，乃为妙境。丁晋公在海外十二年，《北迁道州谢表》云：“心若倾葵，渐暖长安之日；身同旅雁，乍浮楚泽之春。”又《谢秘书监表》云：“炎荒万里，岁律一周，伤禽无振羽之期，病树绝沾春之望。”人亦哀之。王荆公因王雱死，舍宅为寺，《蒙赐寺额谢表》云：“臣生乏寸长，世叨殊奖。贱息奄先于犬马，颓龄俯迫于桑榆。独念亲逢，莫有涓埃之补报；永惟弘愿，岂忘香火之因缘？”又云：“荣禄虽多，不逮养亲之日；余年向尽，更为哭子之人。”真情溢于辞表。许安世《谪官谢启》云：“贱贫于有道之朝，自知愧耻；负犯于可封之日，无足矜怜。”引咎自责，深得责降之体。

四六格上句起，下句应，最要呼答有情。丁谓云：“补仲山之裳，虽曲尽于巧心；调传说之羹，终难谐于众口。”二句如出一线。元厚之感荆公荐引，致仕后以启谢曰：“眷林泉之乐，方遂乞骸；望衮锈之归，徒深引脰。”亦得体。其作《荆公再相麻》云：“忠气贯日，虽金石而为开；谗波稽天，孰斧斨之敢阙？”世虽竞以为工，然不免有偏枯之病。上句忠气贯日，则与金石为开有情，可以相衬。下句谗波稽天，则与斧斨似无干涉矣。此四六之病也。

唐宋表俱用四六，而体亦不同。唐人声律极精，对偶极切，如奇珍杂宝，辏合相配，铢两悉称。宋人以声律之文为叙事之体，明畅过于唐人，而典丽不及也。既曰拟唐拟宋，则亦当论其世而各肖之，斯为合格。

表有声有律，平仄相间。宫商迭宣，朗然可颂者，声也；对偶精切，分毫不爽者，律也。（以上十三条作表语。）

以身言书判四事观人，原是古法，至唐而判始腴畅，大要贵决断明允。令狐楚自河

---

① 实：原作“且”，据《四库全书·淮海集》改。

南召人，至阌乡遇大风，有裨将饲马逆旅，屋毁马毙，到京公遂大拜，裨将南还，以马死畏帅之责，具状请判以为据，公援笔判曰："厩焚，鲁国先师惟恐伤人；屋倒，阌乡常侍岂宜问马？"众服其当。刘贡父作国子监直讲，英宗幸学，诸生迎驾，惟直者不得出，乃潜出窥探，堂官以为罪，申贡父，贡父判其状曰："黄屋初出，孰不愿观？青衿何为，乃独块处？可免罪。"诸生闻之，哄然称服。汝今学判，试于闲时将《大明律》一检。此书不但可以治人，兼亦可以律己，解得判题明白，自然易做矣。

自成周乡举里选之法废，而后世专重科举。太祖高皇帝知其不足以得人也，故洪武四年停科举，至二十年后始举行。又，当时三途并用，以荐举为第一，最重，贡次之，科第又次之。正统、成化间，亦尝行荐举，而吴與①弼、陈献章出焉。嘉靖初年，亦尝下令重荐举，而事卒难行。今舍科举外无路可进矣，然朝廷既不能更科举之陋规，亦当尽科举之正道。

凡看经义，须观其识见，察其理意，而有真心为国家求贤之意。如王阳明阅穆孔晖之文，而知其为东国名流；余同麓见归有光之文，而知其为文章宿彦；张江陵阅邓以谠之文，而知其为恬淡无求之士。丙戌王荆石老师主试，谓不必避二氏百家，且要求真才为世用，故是科得人为多。近来每科建议只用平正，而于高皇帝发挥道理之意不复讲求，只依朱注，而于成祖编集《大全》之意更不考究。甚至题目只出旧者，使人人得以揣摩，而帖括饾饤之徒，尽记旧文以入彀。科场本以网罗豪杰，而今反为浅庸易售之地，非法也。又士之长才卓识，皆在论策中，吾诚不忽于此，而专意检阅，庶亦可以得人。即如五判，真能体祖宗立法之意，而必求通晓，必求合律，亦可得深明律意之人，而今则略不入目，遂使同号诸生互相抄录，五判有不差一字者。夫使判而可废也，则奏停之可也，既用之，亦须禁诸生不相蹈袭，此只在监试官一加意耳。但同号而五判雷同者，照例贴出，不许终场，则人人自爱，而判不至于虚设矣。今我教汝辈经义务求心得，论策务求博洽，表判务求稚炼。彼以虚求，我以实应；彼以例设，我以真修；彼徒循其假名，我则务为实学，此所谓真实举子也。（以上三②条作判语。）

策场全在讲解考究，切不可记诵旧策，以取厌有司。天地间大学问如天文地理、律历兵刑之属，杜氏《通典》以十八事尽之，《文献通考》广为二十四目，我壮年欲为经济实学，逢人而下问，遇事而广询，作《经世略》三百卷。曹含斋并取《袁氏通史》一千卷，许为我梓行，不意含斋物故，而底稿遂失，然其事皆能通晓而详说之也。汝先将策目列于空簿之上，每目留空纸十余张，我每事先将大旨与汝讲明，将紧要曲折开注于首，以为本领。他日或闻人议论，或翻阅群书，定有互相触发之理。偶有所得，即随手札记于各条之后，久久淹贯，学问愈精。遇考而发之为文，即为名世之言；倘遇事而见之于用，即为经世之学。盖有此定本，而接人读书，可以日知其所亡，不然，则闻言若醉，释卷茫然矣。

---

① 與：原误作"举"，径改。

② 三：原作"四"，而文中所列实仅三条，径改。

太祖高皇帝开科令曰："试策只许直陈所见，不许修饰文词。"最为有理。盖以策试士，正欲其通达治体，敷陈确实，粉饰虚文，有何用处？他日又语刘三吾曰："唐虞询事考言，今试策是其遗意。"命廷试只用策一道。又，士子在学，设官教之，而以提调之权归之有司。孟月试经义，仲月试论表，皆在黉宫，教官主之；季月则专试策，有司主之，其重策如此。今时既不重策，间有阅策者，亦止取其文采，而不取其练达，故为今之士，作今之策，文词亦不可略，但当以博洽为主，工文次之耳。昔楚人有瞿九思者，博洽士也，谬器予。黄葵阳以其父子试策皆不凡，语予曰："是必有定本。"予往询焉，曰："果有之，先祖所订也。"盖取两汉奏疏，随类删定者。今重订以示汝，亦书之于册，熟记之。倘初时以其易记而不读，则临时欲记而不能矣。汝今所登记者，必皆贯串成诵。如失今不熟，则后日所书愈多，愈难温习，虽日日登记，无益也。

嘉靖初年，言官建议谓："《周礼》乃经世之书，当与'五经'并行，请于五策中问《周礼》一道，不遵者有罚。"故自戊子以后，每科皆有《周礼》问目，亦是良法，今则不复然矣。此非敢悖明制也，乃不熟典故而遗之也。今须摘其要义，寻其大旨，而融会贯通之，亦是吾儒实学。

策欲博古通今，古惟宗《文献通考》，今惟宗《大明会典》足矣。鲁钝之甚，不能遍阅二书，但将策目三十个，每题拟作一篇，亦胜拾残膏剩馥，以欺主司也。（以上四条作策语。）

骚坛漫语

今天下谈诗者，类曰以唐为宗。此侊侗之谈，非确论也，当辨其体，而随时论之。如五言古诗，决当以汉魏为宗，涉唐一字，便非本色。七言古诗起自《大风》、《柏梁》，沿于六朝，而畅于李杜，亦当宗汉，然后备考齐梁诸作，以畅其支，兼综李杜诸公，以尽其变，未可以唐为限也。至于五言绝句，其源出自古乐府，决当以两京、建安为宗。其妙处在神与境会，忽然而来，浑然而就，无阶级可寻，无声色可指。如"打起黄莺儿"，"山中何所有"之类，无一字可增减，无别意可搀入，所以为妙。至唐人则多费雕琢，间落魔境矣。七言绝句以专诣为境，以神情为材，以流动自得为骨。故赋得意事，咏之使人志惬神怡，飘扬轩举，赋失意事，则令人意态彷徨，歔欷欲绝，取象逼真，最能动人，句字不多，而涵蓄甚远。盛唐诸公，惟青莲最胜，而中晚唐及宋人亦间有佳者，要当诠择而涵咏之。师匠宜高，捃摭宜转，此不易之论也。惟五言律诗，沈宋造基，王孟畅旨，漱六朝之芳润，开一代之声华，此则当以唐为宗者，然而犹有说也。诗以骨气为主，自近体一创，衰风大播，古色全稀矣。今须以骈俪偶切之中，亦带三分古气，取裁于陶谢，追踪于曹刘，庶几气象浑雄，音节响亮。且无论其至者，即如"落星依远戍，斜月半平林"，此梁元帝诗也；"寒鸦千万点，流水绕孤村"，此隋炀帝诗也；移在今日近体中，其音响岂不远胜唐人？盖唐人之诗，亦从曹刘陶谢而出者，若只学唐，而于唐人所从出者略之不究，虽穷年极慕，终不得而至唐矣。若七言律，则初唐绝稀，盛唐亦少，总之亦不过三百余首，而杜甫几居其半，且多系大历以后之诗，不纯于盛唐者也。大都七言律，中唐作者渐多，温润妥帖，声调始细，故盛唐多失粘拗体，而杜律无之，以其渐入中唐耳。晚唐及宋元，皆衰飒不足取。窃谓七言近体，惟我朝为盛，作者既繁，流风渐畅，途遵上乘，间出骊珠。观近日穆考功所辑，大略可睹也。

古诗当宗汉魏，近体当宗盛唐，姑就时人所尚言之耳，论至理，则诗之道决当以《三百篇》为宗。变风变雅，犹发乎情，止乎理义，若正风正雅，则本乎性情，纯乎道义，可以感发灵襟，可以紬绎理趣，可以移风易俗，可以孝亲忠君，其用甚大，前辈谓《诗》以美王化，正人伦，非虚语也。故学作诗者，先须熟诵本经，而其诵之之法，当以孔子《大序》、子夏《小序》为主，晦翁《诗传》，不使一字入目。今之初入翰林者，凡习《毛诗》，只看严氏《诗辑》最为得法，反复涵泳，会其意趣，究其指归，借古人文字，养自己性情，一语一默，一动一静，常要有温柔敦厚之气，此作诗之本领也。由是而作古诗，则用汉魏之遗音，写《三百篇》之正谊；作近体，则以唐人之声响，发雅颂之本怀。所咏者“采采芣苢”，而所指者则在王化大行；所赋者葭豝驺虞，而所示者则在仁政及物；言近而指远，即小而喻大，颂而不谀，怨而不怒。或芳草萋萋，或银河皎皎，或松风荐爽，或梅雪争清，吾咏之一本于无邪，而非流连光景；或楚臣被放，或汉妾辞宫，或羁客裘敝，或孀闺泪穷，有所吟咏，一依于忠厚，而无转薄怒张之习。故事嚚顽之亲，而惟知母氏之圣善；事狂暴之主，而惟觉天王之圣明。诗而至是，则风花雪月，皆涵泳性情之具；而草木鸟兽，皆可为颐神养志之资。虽举斯世而跻三代之隆，谁曰不可？使曹刘见之，当赧然寡颜；李杜见之，当怃然失色；北海、信阳辈见之，亦必敛手称惭，而悔昔业之未工矣。

诗与文别是一类，其体夐然不同①。文贵达意，诗贵蓄意；文贵疏通，诗贵微婉；文之意常在言中，诗之意常在言外；故文忌重复，诗喜重复，其意要使人反复讽味，悠然而得，恍然而悟耳。不但全篇，即句中亦有重复之字，如“采采芣苢”，分明多一“采”字；“王在在镐”，分明多一“在”字。盖必多此一字，而后句法始微婉，意味始深长也。即数句中亦有重复一二句者，如上云“云谁之思，西方美人”，下云“彼美人兮，西方之人兮”。盖必叠此二句，而后见风人寄兴之远，寓意之深，令人诵之，悠然有不尽之思焉，诗之体宜尔也。选诗犹有此意，如梁元帝《春日》诗，用二十三“春”字，鲍泉奉和，亦用三②十“新”字。渊明《止酒》诗用二十“止”字，略无虚复，字字有味。其余一首重二三字或七八字者，比比有之，不尽述也。即唐律诗，如沈佺期《龙池篇》：五“龙”字，二“地”字，四“天”字；崔颢《黄鹤楼》：二“白云”，二“黄鹤”，二“去”，二“空”，二“人”，“悠悠”、“历历”、“萋萋”，速

① 同：原作“用”，形近致误，据文意改。
② 三：原作“二”，据原诗统计后改。

用三叠字；李白《凤凰台》：三“凤”，二“凰”，二“台”；《鹦鹉洲》：三“鹦鹉”，二“江”，三“洲”；叠字愈多而词情愈胜。王济之曰：“唐人虽为律诗，犹以韵胜，不以饤饾为工。崔颢、李白之作，气格超然，不为律缚，固自有余味也。后世取青媲白，字虽切而意味索然矣。”此论最确，盖自晚唐而宋、而元、而今日，诗绝无犯重字者，间或偶犯，众必以为大病而揶揄之，由是避忌愈严而词情愈陋，点窜愈密而气格愈卑，毋惑也。然唐诗之犯重字者，不止如前四首而已，如沈云卿《过岭》八句中犯三“何”字：“洛浦风光何所似？”“南浮涨海人何处？”“何时重谒圣明君？”王摩诘《出塞》诗压二“马”字：“暮云空碛时驱马”，“玉靶角弓珠勒马”；苏颋《望春宫》一句中“望春春”连用：“东望望春春可怜”；李颀《赠鲁五》用二“青”字：上句云：“门外青山似旧时”，即接云：“怅望青天鸣坠叶”；张谓《赠杜侍御》犯二“难”字：“铜柱朱崖道路难”，“由来此货称难得”；杜子美《借马》诗亦犯二“马”字：“江阁邀宾许马迎”，“醉于马上往来轻”；此类甚众，不能殚述，而后人之所指摘者又不止此。凡字不同而义同者，皆以为瑕颣而非笑之，如胡元瑞诋王维《早朝》诗：“绛帻”、“尚衣”、“冕旒”、“衮龙”、“佩声”，五用衣服字；《春望》诗：“千门”、“上苑”、“双阙”、“万家”、“阁道”，五用宫室字；《郴州》诗：“衡山”、“洞庭”、“三湘”、“夏口”、“溢城”、“长沙”，亦六用地名；又李颀《送魏万》云：“朝闻游子唱离歌，半夜微霜初渡河。”颈联复云：“关城曙色催寒近，御苑钟声向晚多。”朝、曙、晚、暮四字重用。王敬美诋沈云卿《嵩山石淙》：前联“行漏”、“香炉”，次联“神鼎”、“帝壶”俱压；君下又诋王摩诘《九成宫避暑》：三四“衣上”、“镜中”，五六“林下”、“岩前”，皆以为诗中之玷。又，蒋一葵指岑参《渭西郊行》诗，愁、羞、悔、忆四字并用在一联中：“愁窥白发羞微禄，悔别青山忆旧溪”；孙逖《洛使入京》：首联“云间”、“山上”，次联“河边”、“林①下”，三联“府中”、“署里”，末联“东阁”、“西征”，嫌其太犯。不知盛唐诸公之诗所以为高者，正以其天动神流，不知藻饰，意在言外，触景成章，是以词多重复而神骨苍然，秀色堪把。学者当熟玩潜思，法其高远，而不可以为病也。今之谈诗者，不详考格调，不理会性情，而惟忌句字之重复，此皆三家村里学究教小儿号嗄者耳。如依其所诋毁以评议古人，不特盛唐诸公不为所容，而《三百篇》皆无完诗矣，岂通论哉？

诗非小物也，敷陈王化，叙正人伦，皆根极理性之谈也。是故论本体，则曰“无声无臭”；论工夫，则曰“日就月将，学有缉熙于光明”；称其人则曰“其心塞渊”，“淑慎其身”；勉其人则曰“夙兴夜寐，毋忝尔所生”。谈治功则曰“威仪抑抑，德音秩秩，无怨无恶，率由群匹”，何其扬厉之深长也？美盛德则曰“雍雍在宫，肃肃在庙”，“不显亦临，无射亦保”，何其致颂之恳恻也？好德则曰“皎皎白驹，在彼空谷，生刍一束，其人如玉，毋金玉尔音，而有遐心”，何其委曲而留恋也？恶恶则曰“取彼谗人，投之豺虎，豺虎不食，投之有北，有北不受，投之有昊”，何其愤嫉之深也？报上

---

① 林：原误作“柳”，据原诗改。

则曰“民之质矣，日用饮食，群黎百姓，徧为尔德”，何其祝愿之深永也？惧祸则曰“惴惴小心，如临于谷，战战兢兢，如履薄冰”，何其悚息而不宁也？哀群小肆毒则曰“谓天盖高，不敢不局，谓地盖厚，不敢不蹐，惟号斯言，有伦有脊，哀今之人，胡为虺蜴？”何其指斥之维严也？同胞视戒则曰“我虽异事，及尔同僚，我即尔谋，听我嚣嚣。我言维服，勿以为笑，先民有言，询于刍荛”，何其忠告而善道也？欲作诗者，须于此等处反复涵泳，俾有几分道义入其肺腑，然后发之吟咏，庶几正大光明，有温柔敦厚之趣。世之浮薄纤人，胸中原无纤毫道义，偶有小材，颇通文墨，滥竽词场，猖狂自恣，直视诗为淫佚浮浪之词，玩世长傲之具，不曰青樽绿酒，则曰翠竹黄花；不曰野树山云，则曰清溪明月，而竟不知性情理义为何物。偶见有谈及道理者，辄摇手闭目，以为外道，流弊盖非一日矣，而于今为甚。呜呼！六义不明，四始不具，而徒求妍于声调之间，诗果如斯而已乎？

诗以理，性情多寓意于言外，或意虽形于言，而优柔微婉，读者不觉也。有言古不言时，而意在刺时者，如《甫田》、《采菽》之类是已。有言彼不言此，而意在刺此者，如《叔于田》全述叔段之事，而实刺郑庄，《椒聊》全述沃之盛强，而实刺晋昭是已。有前数章皆含蓄，而末章始见意者，如《载驱》之类是已。有首尾全不露本意，但中间下一二冷语，使人默会者，如《硕人》、《猗嗟》之类是已。有言轻而意重者，如《凯风》言母氏劳苦，而不言欲嫁是已。有先从轻处说起，渐渐说得重者，如《四月》忧世乱，而先叹征役之劳；《頍弁》刺危亡，而先说不晏乐百姓是已。读诗与读他书不同，须优游浸渍，乃可会其言外之旨；作诗亦与作文不同，须点缀玲珑，酝藉含蓄，使言有尽而意无穷，乃为妙境。不熟玩《三百篇》，必不能仿佛风人之体裁，纵词调高华，亦蛙鸣蝉噪耳。故予尝谓读尽天下书，只谓之多闻人，不可谓诗人。才优倚马，笔擅雕龙，只是文境，非诗境也。

初唐之诗，承陈隋余风，浮靡相尚，沈宋研磨笔调，始作律诗，至开元、天宝，最称雅正，然皆五言律也，若七言律，则盛唐作者惟子美为优。如“旌旗日暖龙蛇动，宫殿风微燕雀高”，“三峡楼台淹日月，五溪衣服共云山”，雄语也；“锦江春色来天地，玉垒浮云变古今”，“五更鼓角声悲壮，三峡星河影动摇”，壮语也；“丛菊两开他日泪，孤舟一系①故园心”，“思家步月清②宵立，忆弟看云白日眠”，“映阶碧草自春色，隔叶黄鹂空好音”，“竹叶于人既无分，菊花从此不须开”，情语也，亦怨语也；“花径不曾缘客扫，蓬门今始为君开”，“岂有文章惊海内，谩劳车马驻江干”，“自知白发非春事，且尽芳樽恋物华”，便语也；“香飘合殿春风转，花覆千宫淑景移”，“蓝水远从千涧落，玉山高并两峰寒”，“珠帘绣柱围黄鹤，锦缆牙樯起白鸥”，丽语也；“岂谓尽烦回纥③马，翻然远救朔方兵”，“一去紫台连朔汉，独留青冢向黄昏”，活语也；“江上

① 系：原作“蓑”，据原诗改。
② 清：原作“消”，据原诗改。
③ 纥：原作“绝”，据原诗改。

小堂巢翡翠，花边高冢卧麒麟”，“织女机丝虚夜月，石鲸鳞甲动秋风”，幽语也；“香稻啄余鹦鹉粒，碧梧栖老凤凰枝”，“波漂菰米沉云黑，露冷莲房坠粉红”，深语也；“路经滟滪双蓬鬓，天入沧浪一钓舟”，“黄牛峡静滩声转，白马江寒树影稀”，远语也。千汇万状，兼今古而有之，所以为优①。然其失处亦不少，如云“予见乱离不得已，子知出处必须经”，岂有律意②？“总戎楚蜀应全未，方驾曹刘不啻过”，曰“应全未”、“不啻过”，殊欠工致；“乱波纷披已打岸，弱云狼藉不禁风”，即“乱波纷披”四字已可厌，又继以“已打岸”三字，益不成诗矣；“迁转五州防御使，起居八座太夫人”，直而不文；“青青竹笋迎船出，白白江鱼入馔来”，俗而不雅；“车箱入谷无归③路，箭栝通天有一门”，“入谷无归路”、“通天有一门”，乃学究语耳；“篱边④老却陶潜菊，江上徒逢袁绍杯”，曰“老却”，曰“徒逢”，便有衰微气象；“帘户每宜通乳燕，儿童莫信打慈⑤鸦”，曰“每宜”，曰“莫信”，分明漏出宋人蹊径；“虞罗自各⑥虚施巧，春雁同归必见猜”，“必见猜”三字全无诗意；“厚禄故人书断绝，恒饥稚子色凄凉”，“厚禄故人”、“恒饥稚子”虽有意而气实卑；“数问舟航留制作，长开箧笥拟心神”，曰“留制作”、“拟心神”，皆非诗语；“药裹关心诗总废，花枝照眼句还成”，曰“诗总废”、“句还成”，不但味浅，而且格弱；“舍舟策马论兵地，拖玉腰金报主身”，上句犹可，下句则俚矣；“推毂几年惟镇静，曳裾⑦终日盛文儒”，“终日盛文儒”有何意趣？“念我能书数字至，将诗不必万人传”，“能书数字至”固是俗谈，“不必万人传”亦非庄语，只“将诗”一“将”字，气味甚卑；“朝廷衮职谁争补？天下军储不自供”，上句“争”字不可施于衮职，下句“天下不供”大非诗境；“昔去为忧乱兵入，今来已恐邻人非”，下句犹可，上句全欠。他如“唯⑧待吹嘘送上天”，如“富贵必从勤苦得”，如“愧似相如为大夫”，如“丈人才力犹强健”，如“大家东征逐子回”，如“令弟尚为苍水⑨使”，如“衰年正苦病侵陵⑩”，如“逍遥公后世多贤”，如“一体君臣祭祀同”，如“闻君话我为官在”，皆拙而近秽。非其才力不足，乃近体始兴，不能尽工也。

唐人以诗取士，学者皆童而习之，故杜之博，李之豪，王之清，贾之瘦，各自成家，高下疾徐，皆合律吕，玩而咏之，有闻韶忘味之境，乃可得其声响。今人作诗，多在成名之后，或老年适兴，聊以自娱，未有专精忘味者，虽极高妙，总未成家。昔人谓

---

① 优：原作“经”，据前文“盛唐作者惟子美为优”一句改。
② 意：后有一“志”字，疑衍出，径去。
③ 归：原作“通”。
④ 篱边：原作“江篱”，据原诗改。
⑤ 慈：原作“老”，据原诗改。
⑥ 各：原作“觉”，据原诗改。
⑦ 裾：原作“居”。
⑧ 唯：原作“直”。
⑨ 苍水：原作“沧海”。
⑩ 侵陵：原作“相侵”。

唐诗精，宋诗浅；唐诗活，宋诗滞；唐诗自在，宋诗费力；唐人诗如贵介公子，举止风流，宋人诗如三家村作富人，盛服揖宾，举止羞涩；殆非虚语。

今人谈诗者，咸谓一联点景，一联用意，须相间成文；或一联指事，则一联寓情；此只是诗家死法耳。唐人诗于景、意、事、情外，别有一种思致不可解说，但可默会，难以言传，此后人所以不及唐也。如陆鲁望《白莲》诗云："素蘤多蒙别艳欺，此花真合在瑶池。还应有恨①无人觉，月晓风清欲堕时。"妙处不在言句上，宋人都不得此意。东坡咏荔枝，梅圣俞咏河豚，皆不可言诗，特俗所谓偈尔。

李于鳞②之诗，构思颇远，造诣亦工，佳者固多，而颣句亦不少。王元美谓"诗至于鳞而化"，则殊不然，盖其所长者在步骤唐风，不敢出格，而其所少者，正苦未化耳。姑就其七言近体言之，如《上朱大司空》诗云："河堤使者大司空，兼领中丞节制同。转饷千年军国壮，朝宗万里帝图雄。春流无恙桃花水，秋色依然瓠子宫。太史但裁沟洫志，丈人何减汉臣风。"元美赞"春流"一联，以为不可及，是则然矣，既曰"兼领中丞"，又曰"节制同"，何也？"转饷"二句及末联，特乞人颂语耳。《送王中丞》云"天下军储飞挽来"，模仿杜工部"天下军储不自供"之句，不知此杜诗之最陋者，岂可学也？《送大司寇应公》云："西曹官属衔知遇。"《答南海欧生》："中原才子动相闻，谁复高名得似君？"《送杜青洲》云："此地功名谁得似。"皆直而不文也。他如《寄贺殷少宰》云："史才经术并称雄。""兼典诸儒《白虎通》。"岂成说话？《题周天球小像》云："东墙休挂乔家女，夜恐周郎作后身。"鄙俚之极。《送冯学宪》云："始信工文官自达。"又云："还披绛帐延诸少，为报西施剩浣纱。"何其不经也？《答③许殿卿》云："何来一札大梁城。"《过吴子草堂》云："就此一樽无不可。"此岂律诗句法哉？中间此类甚多，不能一一指出。大率看前辈诗，当虚心平气，需徐涵泳，好丑自不可掩。倘好而不知其恶，恶而不知其美，则失真矣。于鳞《白雪楼稿》拟古诸作，刻画太似，令人见之欲呕。虽元美亦不能掩其恶而深讥之，可见人心自有公道也。

盛唐诸家，其名姓可考者凡二百二十一人，七言近体作者无几。玄宗止有一首，中二联云："梅花百树障去路，垂柳千条暗回津。鸟飞直为惊风叶，鱼没都由怯岸人。"不但句法不佳，兼亦声响不叫，未可言律也，其余诸子寂无作者。储光羲最有时名，亦只一首，殊不工。杜甫而外，独王维有二十首，句秀调清，足称国手，然其尽善者，不过《雨中春望》、《和贾至早朝》、《温汤寓目》、《酬郭给事》、《送杨少府贬郴州》、《酌酒与裴迪》、《积雨辋川》七④首而已。其余如《听⑤百舌鸟》"亦有相随过御苑，不知若个向金堤"，岂成说话？七言近体要骈俪中带苍古气，古不近俗，新不嫌弱。其《辋川别业》云："优娄比丘经论学，伛偻丈人乡里贤。"则全无风采，古而近俗矣。其

① 恨：原作"限"，据原诗改。
② 鳞：原作"麟"，下同，径改。
③ 答：原作"送"，据原诗标题改。
④ 七：原作"六"，但文中列出七首，径改。
⑤ 听：原作"题"，据原诗标题改。

《送方尊师》云："山压天中半天上，洞穿江底出江南。"则巧嫩无骨，新而近弱矣。《唐书》本传称其五言独优，而不及七言，盖实录也。孟浩然有四首，王昌龄有两首，皆可观。高适有七首，中有绝佳者。岑参八首，语奇体平。崔颢止二首，而《黄鹤楼》遂为一时之冠。李颀有七首，词调既新，又长玄理，可与王维、高适旗鼓相当。贾至只《早朝》一首。李白有八首，《鹦鹉洲》为最，然效颦《黄鹤》，规仿可憎，七言律毕竟非其所长也。李憕一首，刘方平二首，万楚二首，元法①一首，皆不甚工。张谓五首，祖咏一首，崔曙一首，略可诵。独孤及有八首，亦不见佳。严武二首，阮咸②一首，綦毋潜一首，略具声响而已。是二百余人中，有七言近体传世者，不过二十二人而已。二十二人中，杜甫为最，王维、高适、李颀、岑参次之，崔颢、张谓又次之，其余不足观也。

凡作诗未论才质，先论心田，未论工夫，先论人品。若心地光明，无纤③毫尘垢，如陶靖节④不曾刻意雕琢，直写其胸中之趣，自然出尘。人品高迈，有凤凰翔于千仞意象，则其出词吐气，定自不凡。今人以鄙秽之胸襟，图不朽之盛事，浑身落世情窠臼中，而欲扬矻风雅，何异濯缨泥滓之涡，振衣风尘之路，去诗道甚远。虽能袭字句，具声响，亦如乞儿说饱，终非本色。

近日谈诗者谓凡涉议论，便入鬼道，此殊不然。如杜牧《赤壁》诗云："东风不与周郎便，铜雀春深锁二乔。"《题项羽庙》云："江东子弟多豪俊，卷土重来未可知。"李商隐《咏贾生》云："可怜夜半虚前席，不问苍生问鬼神。"高骈《写怀》云："却恨韩彭兴汉室，功成不向五湖游。"此类皆议论有情，寓意微婉，足称绝唱。若使一味造词，绝不用意，虚靡无用，岂成其为诗哉？又谈者谓作诗不许用大历以后事，尤为可笑。诗贵得其精髓，不在袭其皮毛，如句句用唐以前事，而意味浮薄，终非古调。倘得温柔之旨，会风雅之情，虽以今日之事，咏今日之景，有何不可？如杜子美《潼关吏》等篇，开口便说天宝间事，而其诗浑厚直起，出六朝之上。事在目前而意起千古，此是文章妙境。又谓起句不许借韵，然考之唐人，亦间有之。唐诗有全不拘韵者，如王建《凉州歌》云："三秋陌上早霜飞，羽猎平⑤田浅草齐。锦背苍鹰初出按，五花骢马喂来肥。""齐"字不在"肥"韵。盖诗歌之道，天动神解，兴发情流，直写厥衷，匪由人造，三篇中但抒直意，不局细音。以"友"韵"采"，以"南"韵"心"，有何不可？末世风颓，矜虫斗鹤，专拘声韵，不尚性情，刻画虽严，割绝先露，诗道之衰，非一日矣。

徐祯卿谓："古《诗》三百，可以博其源；遗篇十九，可以约其趣；乐府雄高，可以厉其气；《离骚》深永，可以裨其思。学者于此四事，不能沉思熟玩，得其精华，虽

---

① 元法：人名疑有误，待考。
② 阮咸：人名疑有误，待考。
③ 纤：原作"系"，据文义改。
④ 陶靖节：原作"陶潜节"，径改。
⑤ 平：原作"羊"，据原诗改。

欲工诗，其道无由也。”又曰：“因情以发气，因气以成声，因声而绘词，因词而定韵，此诗之源也。然情实窈渺，必因思以穷其奥；气有粗弱，必因力以夺其偏；词难妥帖，必因才以致其极；才易飘扬，必因质以御①其侈；此诗之流也……若夫妙骋心机，随方合节，或约②旨以植义，或宏文以叙③心，或缓发如朱弦，或急张如跃括，或始迅以中留，或既优而后促，或慷慨以任壮，或悲凄以引泣，或因拙而得工，或发奇而似易，此轮扁之超④悟，不可得而详也。”所论最彻，殆可为诗家之指南，熟复而绨观之，有余师矣。

王元美云：“四言诗须本风雅，间及韦、曹，然勿相杂也。世有白首铅椠，以训故求之，不解作诗坛赤帜；亦有专习潘、陆，忘其鼻祖。要之，皆日用不知者。”又曰：“拟古乐府，如《郊社⑤》、《房中》，须极古雅，发以峭峻；《铙歌》诸曲，勿便⑥可解，勿遂不可解，须斟酌浅深质文之间；汉魏之辞，务寻古色，《相和》、《瑟曲》诸小调，系北朝者，勿使胜质，齐梁以后，勿使胜文，近事毋俗，近情毋纤，拙不露态，巧不露痕，宁近毋远，宁朴毋虚可也。”

“关关雎鸠，在河之洲。”按：雎鸠，《尔雅》以为王鸠，即郯子所谓雎鸠司马氏也。既以为司马，必主击搏，故郭璞以为雕类，有似于雕，非雕也。《左传》称其鸷，而有别苏氏曰“鸟之鸷者不淫”。《淮南子》曰：“猛兽不群，鸷鸟不双。”《阴阳自然变化论》云：“雎鸠不再匹。”风人取兴之意端在于此。徐铉云：雎鸟“常在河洲之上为俦偶，更不移处”。故有河洲之咏，盖水之大者惟河，而洲又在水中，人不能以之，为兴取孤洁离群之义。“在”字有安处之意。《易·乾卦》言：“或跃在渊。”安于渊也，《书·尧典》言：“有鳏在下。”安于下也，字字有意，非漫说也。《淮南子》又曰：“雎鸠兴于鸟，而君子美之，为⑦其雌雄之不乖也；鹿鸣兴于兽，君子大之，为其见食而相呼也。”古之说诗者如此。“窈窕”，宫室深远之义，借喻幽闲静一之状。《诗》之大序出于孔子，见周之国史，无容议者。小序出于子夏，朱元晦疑其多杂汉儒之笔，遂悉屏弃之，而自为之说，然所谓汉儒者卫宏、毛苌辈，岂浅浅者哉？愚谓虽未必无汉儒之杂，而出于孔门者固居多也。且当时去古未远，其言或有所本，不宜轻废。如《雎鸠》之诗，序以为后妃之德，而其所谓淑女者，毛、郑诸公皆指三夫人、九嫔、二十七世妇臣、八十一御妻之属而言。盖后有德不妒，思得淑女，以配君子，求之而未得，忧贤女之在下而展转反侧，其思深而不伤，幸而得之，则喜贤女之同升，而琴瑟钟

① 御：原作“定”，据《四库全书》本《迪功集·谈艺录》改。
② 约：原作“钧”，据《四库全书》本《迪功集·谈艺录》改。
③ 叙：原作“尽”，据《四库全书》本《迪功集·谈艺录》改。
④ 超：原作“妙”，据《四库全书》本《迪功集·谈艺录》改。
⑤ 社：原作“礼”，据《四库全书》本《弇州四部稿》卷一百四十四改。
⑥ 便：原作“使”，据《四库全书》本《弇州四部稿》卷一百四十四改。
⑦ 为：原作“取”，据《四库全书》本《淮南鸿烈解》卷二十改。

鼓，其情和而不荡，此其所以为正风之首，而《螽斯》、《麟①趾》皆其应也。朱子乃改为文王思太姒。夫未婚而求妻，至于“寤寐思服”，岂可以训哉？《葛覃》，大序以为后妃之本，小序谓：“在父母家，则志在女功之事，躬俭节用，服浣濯之衣，尊敬师傅②，则可以归安父母，化天下以妇道也。”朱子讥其浅拙而更之。夫王者之本，在知稼穑之艰难，后妃之本，在知衣服之缔造，此国家王业之本，何故讥之？且使讥之而更者或有精义犹之可也，今无大意义，直欲尽废其说，此文人好胜之习也。《卷耳》序以为后妃思贤，而朱子谓后妃思文王。夫后妃虽不与国政，而辅君子求贤审官，所以贤妃为十乱之一。言君子之行役，外执劳苦，内忧国政，是我之所怀也，故卷耳易采，倾筐易盈也，乃置之周行，而悠然有深思焉。崔嵬高岗，仆马皆病，皆设言以寓其深思之意耳。虽是设言，然谓大夫行役而山高马倦，则可谓后妃思夫而至于崔嵬高冈，则不成说话矣。杨用修尝言：宋儒与谈后世之诗且不能解，而欲解《三百篇》，真是枉事。谅矣！

孔子勉人学诗，而曰：“诗可以兴，可以观，可以群，可以怨。”夫所谓兴者，非劝善惩恶也，触发其性灵，振起其生意，一旦豁然，如寐者之忽惺，如仆者之忽起，悟境现前而习气尽脱，无丝毫沾带也。所谓观者，非徒考见得失也，目力大开，眼根忽静，烛渊微之至理于吟咏之间，而因文可以见性也。所谓群者，温柔敦厚，乖戾潜消，与人处而志相洽也，则愈敦三让之风，其或未孚，则勤修三反之节。此皆诗之妙用也。所谓怨者，性情贵正，惟怨最难，以乐易之衷肠，当歔欷之逆境，裴回循咀，且悲且和，忠厚熏心，怨而不怒，则诗之益人不小矣。迩之事父，大则如虞舜之历山号泣，小则如七子之棘心自伤，养志承颜，负罪引慝；远之事君，大则如周公之居东待察，小则如宁武子之饘櫜从昏，靖志匪躬，委身报国，此皆诗人之作用，风雅之余润也。吾愿攻诗之士稍进于是，则庶几矣。

诗以性情为源，以礼义为则，以无邪为宗，以温柔③敦厚为体，以兴观群怨为法。使其不本于性情，不止乎礼义，而邪僻敖慄④，虽工无益也。盛唐诸公，其所作犹有可观者：李白《宫中行乐词》云：“君王多乐事，还与万方同。”因君王之晏游而劝其与民同乐，虽圣贤之告君不过如此。岑参《送南海尉》云：“此邦多宝玉，慎勿厌清贫。”适乐土而劝其安贫，深得忠告之意。陈子昂《送魏大从军》云：“勿使燕然上，惟留汉将功⑤。”期望甚远。王维《早朝》云：“仍闻遣方士，东海访蓬瀛。”忧时爱主之心，蔼然可掬。高适《送魏八》云：“此路无知己，明珠莫暗投。”欲其守身自重也。《送白少府之陇石》云：“谁断单于⑥臂？今年太白高。”望其立功报国也。杜甫《宿左掖》

---

① 麟：原作“骥”，据《毛诗注疏》卷一改。

② 尊敬师傅：原作“尊师重传”，傅又误作“传”，据《毛诗注疏》卷一《葛覃》小序改。

③ 柔：原误作“气”，径改。

④ 敖慄：疑应作“傲燥”。

⑤ 功：原作“名”，据《四库全书》本《陈拾遗集》卷二中原诗改，否则失韵。

⑥ 单于：原作“匈奴”，据《四库全书》本《高常侍集》卷二中原诗改。

云："明朝有封事，数问夜如何。"忠谏之情，溢于言外。孟浩然《临洞庭》云："欲济无舟楫，端居耻圣明。"贤才，济川之舟楫也，无贤才则国空虚，可耻孰甚焉？上句人犹可及，下句人不能道也。七言如王维《兴庆阁应制》云："为乘阳气行时令，不是宸游玩物华。"明皇《从蓬莱向兴庆阁道中春望》本是巡游玩物，而却进之以乘时布令，真得纳约自牖之义。司空曙《酬李瑞》云："昨日闻君到城阙，莫将簪弁胜荷衣。"李方出山，而劝其以荷衣自重，何其忠厚也？李嘉祐《题武陵驿》云："明主频移虎符去，几时行县向黔黎？"当春田零落之时，而动抚育黔黎之感，君子用情当如此。张谓《赠杜侍御送贡物》云："越人自贡珊瑚树，汉使何劳獬豸冠？"又云："由来此货称①难得，多恐君王不忍看。"何其温柔敦厚也？卢藏用《奉和立春游苑》云："幸预柏台称献寿，愿陪千亩及农辰。"所游者立春之上苑，而所思者千亩之农辰，居然雅颂之旨。韦应物《寄李儋》云："身多疾病思田里，邑有流亡愧俸钱。"此思此愧，士大夫当切切存心，不可一日忘也。此等句法，自中唐以后绝稀，盖惟知"杨柳依依"之为工，而不知讦谟定命，偏有风人雅致耳。今之作者，专尚虚浮，绝不知性情礼义为何物，《三百篇》之意荡然尽矣。

前辈谓作诗炼句不如炼字，字法有虚有实，有沉有响，虚响易工，实沉难雅。宋高宗在德寿宫游聚景园，偶步入一酒肆，见素屏书俞国宝《风入松》一词，嗟赏之，诵至"明日重携残酒，来观陌上花钿"，曰："未免酸气。"改"明日重扶残醉"，改"酒"字为"醉"字，变寒酸为富贵，精神顿觉百倍，此可为炼字之法。

王荆公少以意气自许，故诗意惟其所向，不甚含蓄，如"天下苍生待霖雨，不知龙向此中蟠"，"浓绿万枝红一点，动人春色不须多"，皆直道其胸中事。后为郡牧判官，从宋次道尽假唐人诗集博观而约取，晚年始尽深婉不迫之趣。盖诗以道性情，全藉雍容酝藉，温厚微婉。以荆公之才，犹须熟考而始变，况质未必高而养未必邃者乎？切宜加意。

---

① 称：原作"真"，据《四库全书》本《全唐诗》卷一百九十七中原诗改。

后 记

当本书的校订最终告成时，其间甘苦，实难忘怀。本书校订的难度远远超出了最初的预料，难度源于两个方面：一是版本方面的问题，二是八股文校点方面的特殊性。

最初见到《游艺塾文规》正续编（以下分别简称《文规》、《续文规》），有感于其诸方面的价值，却未顾及其版本的细节之处，一旦着手，种种烦难不期而至。《文规》仅存一种版本，漫漶缺漏之处甚多且不必说，但这种情况如果可能的话，可以依据残留字形及对股同位字加以考量，没有可能的话，也就只能付诸阙如。尤其会造成校订困难的是刻者大量使用随心所欲的生造字：当一个字的笔画较多时，刻者会任意减少笔画，例如“异”、“翼”、“冀”三字，后两字出现时往往仅是在“异”的繁体字之上加上一点一撇；每当竖行中横向空间位置狭小，而字又是左中右结构时，刻者往往会挪动字的部首以迁就空间；凡此种种，不一而足，均造成了辨认的困难。若生造字“从一而终”也就罢了，偏偏同一个字在不同的地方有时又有不同的面貌，在掌握其生造的“规律”之外还得提防种种例外。如果这样的字乃理解文义、标点文句的关键字，其费时劳神可想而知。这样的字又相当地多，我开始只能以空格表示，一一记录在案，然后在校订的过程中时时“瞻前顾后”，识别填补。有赖于此，初稿完成后留下的大量空格到了第四稿时居然所剩不多，定稿时仅余下如今的 19 空而已。《续文规》校订的初稿完成后，我才知道此书有日本内阁文库本，因而《续文规》初稿校订的困难以及我的处理方式与《文规》校订相同。也正因为如此，当我在《续文规》校订中对许多字的判定后来从内阁文库本中得到证实时，虽不得不改写校记，但心窃喜之。

为了使校订工作做得尽可能地好，笔者先后在北京和合肥两地查阅了国内现存的《游艺塾文规》正续编的所有本子，日本内阁文库本《续文规》也得以作为参校本。校订本《续文规》正文除了无法确定的 8 字（《续文规》前的《小引》残缺前半页约 65 字，不计入正文内），只能以空格示之以外，底本各种残缺包括整页缺失的文字均得以补全。加上《文规》校订本中的 19 空，正续编合计仅缺失 27 字，这样的结果让我深感庆幸。

八股文是一种特殊的文体，校订八股文自亦有特殊性。两股相对固然可以彼此提供参照，但如果标点错误，也就意味着上下股一起错。本书中出现的八股文，包括全篇和部分，虽然未按八股文的结构体制如破题、承题、起讲、缴结以及正讲各部分排列，但在实际标点过程中却是应当了然于心的，而要让每一句话各按其位，其实并不是一件轻松的事情。以往笔者在研究八股文与明清文学的关系的过程中，虽也读过和分析过不少八股文，甚至尝试过八股文的写作，但面对《文规》正续编中大量节引的文字，依然要复核题义及朱注，尽可能在全书相关章节中寻找到此节文字所属全文的破题、承题、起讲，等等，循此理解此节文字的意义，从而加以校点。如果不这样做，仅仅孤立地理解文义，有时颇有力不从心之感。八股文的写作虽也重视字词的出处，但为了适应上下股对偶的要求，随意连词、自造新词的现象十分普遍，类似的新词有的在迄今为止的各种工具书中均难以索得其解。还有，墨卷的作者们有时候会在同一股中几处使用同一字，而它们被取用的意义却并不相同。这些方面无疑都增加了理解和标点的难度。

当然，无论是版本问题，还是八股文标点的特殊性方面，其中都包含校订者的学养和水平问题。在高明者笔下，上述我感到烦难的一些问题或许就不成其为问题。对于我而言，迄今为止，全书中尚有若干文句的理解不能惬意。例如，《续文规》卷十四中“子夏曰仕而”二句，舒崇功提股云：“仕一也，已任则仔肩欲副，未任则先资宜操，势不得与学而并力；学一也，家信则能信乃慊，朝食则参证已多，势不得溷仕而并驰。计惟有优也，而后可相及乎?”其中“家信则能信乃慊”一句颇费猜详。我初疑“家信”应作“家修”，但核之内阁文库本，亦作“家信”，因无版本依据，不敢擅改，仅以校记表示我的疑问。此例尚不致因文义理解而导致标点之误，而有的情况就不同了。《续文规》卷九《顾仲恭论文》列“时艺三十戒”，其中戒“影”云：“时论多有影作者，如‘莲花似六郎’、‘医来’、‘闻鸡起舞’之类，已自可耻，不知那一鄙夫移此陋于时艺，至今人作比兴之题，多用此法，习为固然，不可究语。”“闻鸡起舞”习见，“莲花似六郎”检索可得，而“医来”一典出于何处，所指何事，所取何义，不见使用此典的原文，实难明了，现在如此标点，只能是姑妄为之了。“学识何如观点书”，信然!

本书的校订，本意在于提供一部原汁原味的明人评析明代乡会试八股文墨卷的文本。耗时近两年的校订工作进程中，笔者字斟句酌，小心翼翼，不敢懈怠，但限于主观和客观的因素，书中肯定存在一些类似于上述两例的疑似之处，甚至可能有字的误判和标点的失误，我真诚地期待读者的批评和行家的指正。

时至今日，八股文依然是传统文化中的一个十分复杂敏感、充满争议的话题。校订《游艺塾文规》正续编，或许有人会有这样的疑问：“不就是八股文吗?值得如此认真对待，费心劳神吗?”更有甚者，会质疑此书校订的价值，而这种疑问本身恰恰说明了此书价值的一个方面，因为这种疑问存在的前提还是传统观念中对八股文不屑一顾的偏激态度，而持此疑问者可能对八股文并无起码的了解。确实，出乎其外，今人可以一如既往振振有词地数落八股文，抨击八股文，但是在对八股文缺乏起码了解的情况下一概而论地数落和抨击八股文，不免失之肤浅和简单化，此书的校订出版，至少可以提供一部让人们了解明代八股文特别是明代乡会试中式者们的墨卷的文本。然而，这种最基本的认识价值远不是笔者校订此书的初衷。真正入乎其内，今人对八股文会有更为宏阔的视野，笔者在校订的过程中将《文规》正续编通读数过，这种感受尤其强烈。且不说别的价值，仅就其中大量征引的明代乡会试中式者的八股文而言，亦可窥知其尚有特定的价值，如儒学研究资料价值，以这种特殊的文体阐述儒家经典中关于文艺的命题和见解的理论价值等等。

若干年前，我读商衍鎏先生的《清代科举述略》，见第七章开篇有云“将八股文之篇法、股法、句法、字法、炼句、修词，种种而详说之，万语千言不能发其秘，穷年累月不能究其源”，知先生个中高手，自无虚言，无奈一时尚不能领略其详，此次校订本书，方可谓略窥一二。试举破题一例，以概其余。“仁者其言也讱”全，袁黄依次作元破、魁破、一般中式者之破，并加以比较分析云：

> “圣人即言以论仁，而发其所素慎者焉。”既不与众雷同，又浑厚大雅，语有含蓄，淡而不厌，此元破也。若欲作魁破，当云：“圣人论仁于所发，而因稽其所存焉。”通场皆说“言”，此独不露“言”字，既新且雅，但意味稍薄，此魁破也。若不论高下，只欲中式，当云：“仁人有尚实之思，圣人以言发之也。”新能触目，奇足起予，主司虽在昏梦中，亦必警省而见收者也。

不能不承认元破、魁破、一般中式者之破三者之间确有高下之分，而且所析深细入微，所谓“淡而不厌”、“意味稍薄”云云，颇中肯綮，并非故弄玄虚。书中所引元、魁及一般中式者之文的区别也大率类此。今人谓其应试作文非治学可，谓其毫无经典阐释的水平则不可，更何况那些治儒家经典的学问家在场上场下作八股文，难道两者之间就毫无融通渗透之处而判然为二？谓投机者不学无术可，谓绝大多数中式者没有学识水平则不可；谓八股文追求“代圣贤立言”的效果可，谓八股文毫无作者发挥的余地则不可；谓八股文非文学作品可，谓其没有文学因素则不可。谓予不信，本书可证。

总而言之，要想了解八股文对儒家经典的阐释取向，鉴别八股文对中国古代各种文体要素的综合，以及把握八股文所包含的其它丰富的文化信息，袁黄的这部《游艺塾文规》正续编确实是不可多得的范本。在笔者看来，这部书与南宋魏天应编选、林子长笺解的《论学绳尺》遥相呼应，前者是指导八股文写作的专书，后者是指导“论”的写作的专书，从南宋的试论到明代的八股文，两者之间无疑是有历史的继承关系的。这两部专书得以流传至今，自然有很大的偶然性，但我们却可以从中寻找科举文体、科举文化发展演变的历史必然性。鉴于此书多方面的研究价值，所以我向《中国科举文化通志》的主编陈文新教授力荐此书，蒙陈教授欣然同意，将之作为该丛书之一种。武汉大学出版社下决心出版包括本书在内的这套丛书，决策者们的眼光与气魄令我深感敬佩。

本书的策划、校订与标点工作主要由我承担。我的硕士研究生徐姗姗同学参与其事，在文字处理、资料查询方面协助我做了不少工作，理应同署。

借此机会，我要感谢国家图书馆、清华大学图书馆、安徽省博物馆、安徽省图书馆为本书校订所提供的支持。尤其值得一提的是安徽省博物馆。本以为古籍在博物馆就是秘不示人的文物，孰知当笔者递上介绍信时，一位女副馆长二话不说，立即批转古籍部，笔者毫不费力地读到了“安博本”《文规》时，心里着实感动了好一阵子。

日本内阁文库本《续文规》的查阅，我是请在日本学习和工作的外甥女戴琛做的。为此她四进内阁文库，抄补缺文，核对疑难字句三百多处。正是从她提供的信息中，我得以知晓内阁文库的卷三、卷四、卷五的内容多有不同于底本之处，又请她将此三卷复印后寄给我。《续文规》的校订工作能做到现在这样，是和她的努力分不开的，在此我向她遥致祝福。当然，也要特别感谢内阁文库。闻戴琛转述在内阁文库阅览汉籍善本之便利，资料复印等服务工作之到位，令我感慨不已。

《续文规》卷前的《小引》阙失近半，又系行草书成，不少字颇难辨认，赖同窗王乃森兄精于书艺，对照《草书大字典》细加辨析，半字不弃，所获良多。后来非常幸运的是，我查阅到了《小引》中所引大段文字乃出自王锡爵《丙戌会试录序》，原文与乃森兄辨析的结果几无不一。高情厚谊，不可不及之谢之。

本书校订难，审阅也很不易，这可能真难为了陈文新教授。责任编辑朱凌云女士为了保证书的出版质量，细微之处，严格把关，在此我一并致以诚挚的谢意。

本书即将定稿之际，正值纪念高考恢复、1977 级大学生入学 30 周年。2008 年 1 月 26 日，笔者与当年扬州师范学院中文系 1977 级的 100 多名同窗相聚在扬州石塔宾馆。漫天飞雪，宾馆大门前街心花园中巍然挺立的银杏树银妆素裹，唐代的石塔如同玲珑剔透的少女，亭亭玉立在枝繁如盖的银杏树身旁。窗外寒风凛冽，室内温暖如春，阔别 30 载、如今大都已年过半百的当年学子，谈起 30 年前铭心刻骨的“赶考”经历，无不感慨唏嘘。我望着窗外素有“唐宋元明清，从古看到今”之美誉的石塔路，却总会不知不觉想到自己手头即将校订完稿的这部《游艺塾文规》正续编，想起隋唐以来一脉相承的古代科举制度，想起自己所属的从“老三届”到“1977 级”的这一代人大起大落的人生命运。

这三者之间究竟有什么内在联系呢?《文规》正续编最让我震撼的是，明代科举社会竟然在宋元经义的基础上造就了这样一种文体——每一位乡试或会试中式者的同题八股文都可以在破题、承题、起讲以及正讲各个部分等段落层面上进行比较，判断高下。这种文体的造就绝对是一种群体的历时性行为，其目的就在于最大限度地追求论文式考试的客观公正性，而隋唐以来的古代科举制度所要保护的就是这种普遍的社会公正(以诗赋取士也不例外)。过于追求考试文体各段落的可比性，无疑会损害经义内容的表达，于是从宋代以来，反对考试文体程式化的呼声不绝于耳，而科举制发展的总体趋势却是为了公平适当牺牲效益——科举制能够取代察举制的根本原因本来就在于它在选士方面能够维护社会公正。现代高考制度与古代科举制度自然有根本性的不同，前者以哲学、自然科学、人文社会科学等一切人类优秀的文明成果作为考试内容覆盖的范围，但通过公开、公平、公正的考试手段选拔人才这一点却是两者共同的。20 世纪 60 年代中期至 70 年代末，短短的 11 年中，中国高校招生制度伴随着意识形态的变化而变化，仿佛浓缩了中国古代选士制度由察举制演变为科举制的漫长历史。1977 年恢复高考，恢复的首先是选拔人才体制所必须的、人们心头所期盼的公开、公平、公正，曾经是“老三届”高中生的绝大多数人于是在上山下乡、耗费了十年青春岁月以后终于苦苦等来了大学梦圆的机会。

效益有赖于社会公平。1977 年恢复高考，在全社会形成了尊重知识、尊重人才的良好风尚，“读书无用论”得以彻底清除。其时中国社会在经历了“文革”重创 10 年之后处在一个历史的转折关头，虽然百废待举却处处是希望的田野，从文化荒漠中跋涉过来的每一位中国人对知识充满渴求，一本英语教材在上海新华书店出售时，门前能排起长长的队伍。科学的春天初露曙光，改革开放的浪潮即将拍天而起，百舸争流、千帆竞发的局面的出现已经为期不远。得风气之先，一个中国现代教育史上特殊的大学生群体 1977、1978 级（当然应当包括迟我们半年入校的 1978 级），演绎出 4 年虔诚笃实的求学生涯也就是很可以理解的事。虔诚源于他们大学梦圆的艰难，笃实源于“老三届”上山下乡所经历的实际生活的磨练。

在纪念高考恢复、1977 级大学生入学 30 周年的时候，我非常怀念当年在扬州师范学院中文系度过的校园学习生活。出于提升自己知识层次的需要，学习必然具有持久不衰的动力。记得当年同学们听课时的专注，让每位任课老师赞叹不已。课后不同年龄层次的提问同学往往将老师围得水泄不通，以至于为了保证老师的休息，有的同学不得不善意地加以干预。我记得讲《离骚》的吴寅官先生被学生要求字句落实忙得不亦乐乎，口中念念有词“吃不消！吃不消！”而慈眉善目流露的却是由衷的赞赏之意。

同学们将学术讲座视为课堂的延伸。大多数学术报告座无虚席，曾华鹏先生讲鲁迅小说时，阶梯教室中甚至过道里也坐满了人。同学们有浓厚的学术兴趣，也不乏领悟高水平学术讲座的实力。记得有一次北京来的一位学者做讲座，1978 级的蒋寅兄坐在我的前面，讲述中这位学者将文学史上两个“方回”混为一谈，蒋寅见我记下，连忙告诉我这个错误。蒋寅兄今日治学有成，有以使之。

由于学术兴趣浓厚，大家对书的感情异乎寻常。书店里新书的信息在同学间源源不断地传递，一本有价值的新书一经大家论证，买回的往往是好多本，我有好多种书就是这样买来的，如李泽厚的《美的历程》、杨伯峻的《孟子译著》等等。买书当然只能是必要的补充，同学们便大量借阅图书馆的藏书，迄今为止，扬州大学瘦西湖校区图书馆的不少冷僻书的借阅卡上均有 1977、1978 级学生的署名，可见其时同学们阅读面之广。

在纪念高考恢复、1977 级大学生入学 30 周年的时候，我们十分怀念当年在扬州师范学院中文系任教而今已经故去的恩师们：任中敏、徐沁君、谭佛雏、李廷先……扬州师范学院中文系 1977、1978 级同学的学习态度又是和当时系里群贤毕至而形成的浓厚的学术氛围分不开的。恢复高考，1977、1978 级入校后，师长们长期被搁置的专业知识得到了用武之地。在 1977、1978 级的课堂上，一代名师以他们精深的科研成果为基础，开设了一堂堂精彩绝伦的学术讲座和一门门深受学生喜爱的选修课。例如谭佛雏先生开设《王国维诗学研究》课时，一口湖南口音，讲述的又是叔本华哲学与静安先生诗学的关系，理论思辨色彩很强，以我们当时的知识结构，自然不能完全领会其中的精义，可是无一不为先生举重若轻、深入浅出的解析所折服，听得如痴如醉。一时间教室里，宿舍里，饭桌上，都有人在讨论“有我之境”与“无我之境”。时至今日，即使我在校订本书时，面对书橱中耸立的诸位先生的大著，也会感受到一种无形的压力，令我不可苟且和懈怠。

在纪念高考恢复、1977 级大学生入学 30 周年的时候，当年扬州师范学院中文系 1977、1978 级同学中，最引人注目、为大家所钦佩的恰恰是学者群体：如从事中国古代文学研究的蒋寅、戴伟华、李昌集，从事中国现当代文学研究的汪晖、徐德明，从事美学和文艺学研究的高建平、姚文放，从事古汉语及语言学研究的华学诚，如今他们都是各自领域中的一时之秀。学术薪火相传，扬州师范学院中文系 1977、1978 级在历经 30 年后能够涌现出这样一个颇为整齐的学者群体，不能不说是一件令人十分欣慰的事。而在“官本位”意识愈演愈烈的当今，诸位同窗聚会言谈之间，首先推重的依然是书生学者，这又不能不说是一件难能可贵的事——当年的扬州师范学院中文系 1977 级同学依然保持着对于今天许多人而言已经渐行渐远的学术情怀。

借助于本书后记的篇幅，我赘言纪念高考恢复、1977 级大学生入学 30 周年的种种感受，记下自己在校订本书过程中的雪泥鸿爪之思，也想给暗中流转的时光留下些许印记。虽非此书后记题中必有之义，却也是文中浑融可有之义。

我感谢 1977 年力主恢复高考、为 1977 级提供了历史机遇的先辈和所有的人们。

谨以此校订之书纪念高考恢复、1977 级大学生入学 30 周年。

黄　强

2015 年 5 月 8 日

于扬州虹桥西侧望湖楼

《中国科举文化通志》书目

历代制举史料汇编

历代律赋校注

七史选举志校注

唐代试律试策校注

八股文总论八种

游戏八股文集成

翰林掌故五种

贡举志五种(上)

贡举志五种(下)

明代科举与文学编年(上)

明代科举与文学编年(中)

明代科举与文学编年(下)

明代状元史料汇编(上)

明代状元史料汇编(下)

四书大全校注(上)

四书大全校注(下)

钦定四书文校注

《游艺塾文规》正续编

钦定学政全书校注

《清实录》科举史料汇编

梁章钜科举文献二种校注

二十世纪科举研究论文选编

《礼部韵略》与宋代科举

科举废止前后的晚清社会与文学

《儒林外史》的现代误读

游戏八股文研究

元明科举与文学考论

明代八股文选家考论

唐代科举与试赋